7급 헌법
기출문제
정복하기

7급 공무원 헌법

기출문제 정복하기

초판　　인쇄　2024년 07월 01일
초판　　발행　2024년 07월 03일

편 저 자 | 공무원시험연구소
발 행 처 | ㈜서원각
등록번호 | 1999-1A-107호
주　　　소 | 경기도 고양시 일산서구 덕산로 88-45(가좌동)
교재주문 | 031-923-2051
팩　　　스 | 031-923-3815
교재문의 | 카카오톡 플러스 친구[서원각]
홈페이지 | goseowon.com

Preface

모든 시험에 앞서 가장 중요한 것은 출제되었던 문제를 풀어봄으로써 그 시험의 유형 및 출제경향, 난도 등을 파악하는데에 있다. 즉, 최단시간 내 최대의 학습효과를 거두기 위해서는 기출문제의 분석이 무엇보다도 중요하다는 것이다.

7급 공무원 기출문제 정복하기는 이를 주지하고 그동안 시행되어온 국가직 및 각 지방직 기출문제를 연도별로 수록하여 수험생들에게 매년 다양하게 변화하고 있는 출제경향에 적응하도록 하였다. 본서에 수록된 기출문제 일부는 수험생의 기억에 의해 복원된 문제를 재구성한 것으로, 실제 문제와는 다를 수 있으나 출제유형 및 경향을 파악할 수 있게 하여 공무원의 꿈을 이루고자 노력하는 수험생들에게 커다란 보탬이 되고자 하였다.

7급 공무원 시험이 점점 더 치열해지고 있다. 하지만 위기는 곧 기회라는 말이 있듯이 지금 당장 어렵다고 인생의 방향을 쉽게 결정할 것이 아니라 공무원이라는 안정된 직업을 위해 매진하는 것이 장래 긴 시간을 두고 볼 때 현명한 선택인 것이다. 자신을 믿고 끝까지 노력하여 합격의 결실을 맺기 바란다.

Structure

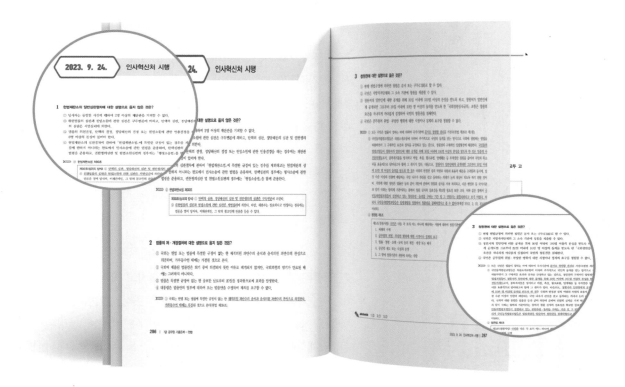

최신 기출문제분석

최신 기출문제를 비롯하여 그동안 시행된 7급 공무원 기출문제를 수록하였다.
매년 시험마다 반복적으로 출제되는 핵심내용을 확인하고, 변화하는 출제경향을 파악하여 실제 시험에 대한 완벽대비를 할 수 있도록 하였다.

상세한 해설

상세한 해설을 통해 한 문제 한 문제에 대한 완전학습을 꾀하였다.
더하여 정답에 대한 해설뿐만 아니라 오답에 대한 보충설명도 실어주어 별도의 이론서를 찾아볼 필요 없이 효율적인 학습이 될 수 있도록 하였다.

Contents

7급 헌법

1 탄핵제도의 헌정사에 대한 설명으로 가장 옳은 것은?

① 1948년 헌법은 탄핵사건을 심판하기 위하여 탄핵재판소를 설치하도록 규정했는데, 대통령과 부통령을 심판하는 경우외에는 부통령이 재판장의 직무를 행한다고 정하고 있다.

② 1960년 제3차 개정헌법은 헌법위원회에서 탄핵을 심판하도록 규정했는데, 헌법위원회의 위원장을 대통령이 임명하도록 했다.

③ 1962년 제5차 개정헌법은 헌법재판소에서 탄핵재판을 담당하도록 했는데, 탄핵판결은 심판관 9인 중 6인 이상의 찬성이 있어야 한다고 규정했다.

④ 1972년 제7차 개정헌법은 탄핵심판위원회를 두었는데, 탄핵결정은 공직으로부터 파면함에 그치도록 규정했다.

>**ADVICE** ① [O] 1948년 헌법 제47조 탄핵사건을 심판하기 위하여 법률로써 탄핵재판소를 설치한다.

　　　　　탄핵재판소는 부통령이 재판장의 직무를 행하고 대법관 5인과 국회의원 5인이 심판관이 된다. 단, 대통령과 부통령을 심판할 때에는 대법원장이 재판장의 직무를 행한다.

② [X] 1960년 헌법 제83조의3 헌법재판소는 다음 각호의 사항을 관장한다.

　　5. 탄핵재판

③ [X] 1962년 헌법 제62조

① 탄핵사건을 심판하기 위하여 탄핵심판위원회를 둔다.

② 탄핵심판위원회는 대법원장을 위원장으로 하고 대법원판사 3인과 국회의원 5인의 위원으로 구성한다. 다만, 대법원장을 심판할 경우에는 국회의장이 위원장이 된다.

③ 탄핵결정에는 구성원 6인이상의 찬성이 있어야 한다.

④ [X] 제109조

① 헌법위원회는 다음 사항을 심판한다.

　　2. 탄핵

2 감사원에 대한 설명으로 가장 옳은 것은?

① 감사원장과 감사위원의 임기는 헌법사항에 속하며, 4년으로 하고 있다.
② 감사원은 기능적인 측면은 물론이고 그 조직적인 면에서도 독립기관이라 할 수 있다.
③ 감사원은 국무회의나 국무총리에 대한 종속적 기관이 아니므로 그 권한행사에 있어서는 오직 대통령만이 구체적 지시를 할 수 있다.
④ 감사원은 국회·법원 및 헌법재판소에 소속된 공무원의 직무에 대해서 감찰할 수 있다.

 ① [O] 헌법 제98조 ② 원장은 국회의 동의를 얻어 대통령이 임명하고, 그 임기는 4년으로 하며, 1차에 한하여 중임할 수 있다.
　　　③ 감사위원은 원장의 제청으로 대통령이 임명하고, 그 임기는 4년으로 하며, 1차에 한하여 중임할 수 있다.
　　② [X] 헌법 제97조 국가의 세입·세출의 결산, 국가 및 법률이 정한 단체의 회계검사와 행정기관 및 공무원의 직무에 관한 감찰을 하기 위하여 대통령 소속하에 감사원을 둔다.
　　③ [X] 감사원법 제2조(지위) ① 감사원은 대통령에 소속하되, 직무에 관하여는 독립의 지위를 가진다.
　　④ [X] 감사원법 제24조(감찰 사항) ① 감사원은 다음 각 호의 사항을 감찰한다.
　　　③ 제1항의 공무원에는 국회·법원 및 헌법재판소에 소속한 공무원은 제외한다.

3 직업의 자유에 대한 단계 이론의 관점에서 볼 때 제한의 강도가 가장 약한 것은?

① 시각장애인에 대하여만 안마사 자격 인정을 받을 수 있도록 하는 것
② 대학 졸업 이상의 학력 소지자에게만 학원강사가 될 수 있도록 하는 것
③ 학교교과 교습학원의 교습시간을 05 : 00부터 22 : 00까지로 제한하는 것
④ 경비업을 전문으로 하는 별개의 법인을 설립하지 않는 한 경비업과 그 밖의 업종을 겸영하지 못하도록 하는 것

 헌법은 제15조에서 "모든 국민은 직업선택의 자유를 가진다"고 하여, 개인이 국가의 간섭을 받지 아니하고 원하는 직업을 자유롭게 선택하는 '직업선택의 자유'뿐만 아니라 선택한 직업을 자신이 원하는 대로 자유롭게 행사할 수 있는 '직업수행의 자유'를 보장하고 있다. 직업선택의 자유와 직업행사의 자유는 기본권주체에 대한 그 제한의 효과가 다르기 때문에 제한에 있어서 적용되는 기준도 다르며, 특히 직업행사의 자유에 대한 제한의 경우 인격발현에 대한 침해의 효과가 일반적으로 직업선택 그 자체에 대한 제한에 비하여 작기 때문에, 그에 대한 제한은 보다 폭넓게 허용된다고 할 수 있다(헌재 2002. 12. 18. 2000헌마764).
　※ 판례의 입장에 따르면 직업행사의 자유에 대한 제한의 강도가 가장 약하다. ① 시각장애인에 대하여만 안마사 자격을 인정하는 것은 주관적 사유에 의한 직업선택의 자유이고 ② 대학 졸업 이상의 학력 소지자에게만 학원강사가 될 수 있는 것도 주관적 사유에 의한 직업선택의 자유이다. ④ 경비업과 그 밖의 업종을 겸영하지 못하게 하는 것은 당사자의 능력이나 자격과 상관없이 객관적 사유에 의한 제한에 해당하는데, 이는 객관적 사유에 의한 직업수행의 자유에 해당하여 엄격한 비례의 원칙이 적용된다(헌재 2002. 4. 25. 2001헌마614). 결국 ③ 직업수행의 자유를 침해하는 교습시간 제한이 가장 약한 제한의 강도를 갖는다.

✎ **ANSWER** 　1.① 　2.① 　3.③

4 「헌법재판소법」 제68조 제1항에 따른 헌법소원심판에 대한 설명 중 옳은 것을 〈보기〉에서 모두 고른 것은?

㉠ 자연인을 수범자로 하는 법률조항에 대하여 민법상 비영리 사단법인인 한국기자협회가 청구한 헌법소원심판은 기본권침해의 자기관련성을 인정할 수 없어 부적법하다.

㉡ 한정위헌청구는 원칙적으로 적법하지만, 개별·구체적 사건에서 단순히 법률조항의 포섭이나 적용의 문제를 다투거나 의미 있는 헌법문제에 대한 주장 없이 단지 재판결과를 다투는 헌법소원 심판청구는 허용되지 않는다.

㉢ 교도소 수형자에게 소변을 받아 제출하게 한 것은 형을 집행하는 우월적인 지위에서 외부와 격리된 채 형의 집행에 관한 지시, 명령에 복종하여야 할 관계에 있는 자에게 행한 권력적 사실행위로 「헌법재판소법」 제68조 제1항의 공권력의 행사에 해당한다.

㉣ 간접흡연으로 인한 폐해는 담배의 제조 및 판매와는 간접적이고 사실적인 이해관계를 형성할 뿐, 직접적 혹은 법적인 이해관계를 형성하지는 못하므로 비흡연자인 임산부가 담배의 제조 및 판매에 관하여 규율하는 담배사업법에 대해 청구한 헌법소원심판은 부적법하다.

---

① ㉠, ㉡, ㉣

② ㉠, ㉢, ㉣

③ ㉡, ㉢, ㉣

④ ㉠, ㉡, ㉢, ㉣

> **ADVICE** ㉠ [O] 그런데 심판대상조항은 언론인 등 자연인을 수범자로 하고 있을 뿐이어서 청구인 사단법인 한국기자협회는 심판대상조항으로 인하여 자신의 기본권을 직접 침해당할 가능성이 없다. 또 사단법인 한국기자협회가 그 구성원인 기자들을 대신하여 헌법소원을 청구할 수도 없으므로, 위 청구인의 심판청구는 기본권 침해의 자기관련성을 인정할 수 없어 부적법하다(헌재 2016. 7. 28. 2015헌마236).
>
> ㉡ [O] 법률의 의미는 결국 개별·구체화된 법률해석에 의해 확인되는 것이므로 법률과 법률의 해석을 구분할 수는 없고, 재판의 전제가 된 법률에 대한 규범통제는 해석에 의해 구체화된 법률의 의미와 내용에 대한 헌법적 통제로서 헌법재판소의 고유권한이며, 헌법합치적 법률해석의 원칙상 법률조항 중 위헌성이 있는 부분에 한정하여 위헌결정을 하는 것은 입법권에 대한 자제와 존중으로서 당연하고 불가피한 결론이므로, 이러한 한정위헌결정을 구하는 한정위헌청구는 원칙적으로 적법하다고 보아야 한다. 다만, 재판소원을 금지하는 헌법재판소법 제68조 제1항의 취지에 비추어, 개별·구체적 사건에서 단순히 법률조항의 포섭이나 적용의 문제를 다투거나, 의미있는 헌법문제에 대한 주장없이 단지 재판결과를 다투는 헌법소원 심판청구는 여전히 허용되지 않는다(헌재 2012. 12. 27. 2011헌바117).
>
> ㉢ [O] 교도소 수형자에게 소변을 받아 제출하게 한 것은, 형을 집행하는 우월적인 지위에서 외부와 격리된 채 형의 집행에 관한 지시, 명령을 복종하여야 할 관계에 있는 자에게 행해진 것으로서 그 목적 또한 교도소 내의 안전과 질서유지를 위하여 실시하였고, 일방적으로 강제하는 측면이 존재하며, 응하지 않을 경우 직접적인 징벌 등의 제재는 없다고 하여도 불리한 처우를 받을 수 있다는 심리적 압박이 존재하리라는 것을 충분히 예상할 수 있는 점에 비추어, 권력적 사실행위로서 헌법재판소법 제68조 제1항의 공권력의 행사에 해당한다(헌재 2006. 7. 27. 2005헌마277).
>
> ㉣ [O] 청구인 김○정, 전○영은 이 사건 심판청구 당시 임산부였던 자로서 간접흡연으로 인하여 자신들의 기본권이 침해되었다고 주장하나, 간접흡연으로 인한 폐해는 담배의 제조 및 판매와는 간접적이고 사실적인 이해관계를 형성할 뿐, 직접적 혹은 법적인 이해관계를 형성하지는 못한다(헌재 2015. 4. 30. 2012헌마38).

5 형사보상청구권에 관한 설명으로 가장 옳은 것은?

① 형사피의자의 경우, 보상을 하는 것이 선량한 풍속 기타 사회질서에 반한다고 할 특별한 사정이 있다 하더라도 보상의 전부를 지급해야 한다.

② 형사보상의 청구는 무죄재판이 확정된 때로부터 또는 검사로부터 공소를 제기하지 아니하는 처분의 고지나 통지를 받은 날로부터 6개월 이내에 하여야 한다.

③ 면소나 공소기각의 재판을 받은 경우에 형사보상을 청구할 수 있는 경우가 있다.

④ 형사보상제도에 따라 형사보상금을 수령한 피고인은 다시 「국가배상법」에 의한 손해배상을 청구할 수 없다.

⟩**ADVICE** ① [X] 형사보상 및 명예회복에 관한 법률 제27조(피의자에 대한 보상) ② 다음 각 호의 어느 하나에 해당하는 경우에는 피의자보상의 전부 또는 일부를 지급하지 아니할 수 있다.

3. 보상을 하는 것이 선량한 풍속이나 그 밖에 사회질서에 위배된다고 인정할 특별한 사정이 있는 경우

② [X] 형사보상 및 명예회복에 관한 법률 제8조(보상청구의 기간) 보상청구는 무죄재판이 확정된 사실을 안 날부터 3년, 무죄재판이 확정된 때부터 5년 이내에 하여야 한다.

③ [O] 형사보상 및 명예회복에 관한 법률 제26조(면소 등의 경우) ① 다음 각 호의 어느 하나에 해당하는 경우에도 국가에 대하여 구금에 대한 보상을 청구할 수 있다.

1. 「형사소송법」에 따라 면소(免訴) 또는 공소기각(公訴棄却)의 재판을 받아 확정된 <u>피고인이 면소 또는 공소기각의 재판을 할 만한 사유가 없었더라면 무죄재판을 받을 만한 현저한 사유가 있었을 경우</u>

④ [X] 형사보상 및 명예회복에 관한 법률 제6조(손해배상과의 관계) ① 이 법은 보상을 받을 자가 다른 법률에 따라 손해배상을 청구하는 것을 금지하지 아니한다.

③ 다른 법률에 따라 손해배상을 받을 자가 같은 원인에 대하여 이 법에 따른 보상을 받았을 때에는 그 보상금의 액수를 빼고 손해배상의 액수를 정하여야 한다.

6 헌법상의 공무원제도와 관련된 기술로 가장 옳은 것은?

① 공무원 정년제도에 대해서는 연령구성의 고령화를 방지하고 조직을 활성화하여 공무능률을 유지·향상시킨 다고하는 목적 때문에 합헌이고, 계급정년제도도 합헌으로 보는 것이 헌법재판소의 입장이다.

② 공무원의 범죄행위가 직무와 직접적 관련이 없고 과실에 의한 경우라도 금고 이상 형의 선고유예 판결을 받은 경우라면 당연 퇴직토록 한 소정의 법률조항은 직업공무원제도와 공무원의 신분보장을 규정한 헌법 제7조 제2항에 반한다는 것이 헌법재판소의 입장이다.

③ 「국가배상법」 제2조 제1항 단서 중의 경찰공무원은 「경찰공무원법」상의 공무원을 의미하므로 전투경찰순경 은 이에 해당하지 않는다는 것이 헌법재판소의 입장이다.

④ 헌법 제7조 제2항은 공무원이 정당한 이유 없이 해임되지 아니하도록 신분을 보장하여 국민 전체에 대한 봉사자로서 성실히 근무할 수 있도록 하기 위한 것임과 동시에, 공무원의 신분은 무제한 보장되나 공무의 특수성을 고려하여 헌법이 정한 신분보장의 원칙 아래 법률로 그 내용을 정할 수 있도록 한 것으로 봄이 헌법재판소의 입장이다.

> **ADVICE** ① [O] 국가공무원법상의 <u>공무원정년제도</u>는 공무원에게 정년까지 계속 근무를 보장함으로써 그 신분을 보장하는 한편 공무원에 대한 계획적인 교체를 통하여 조직의 능률을 유지·향상시킴으로써 직업공무원제를 보완하는 기능을 수행하고 있는 것이므로 이 사건 심판대상조항은 공무원의 신분보장과 직업공무원제도를 규정한 헌법 제7조에 위반되지 아니한다(헌재 1997. 3. 27. 96헌바86).
> 따라서 이 사건 <u>계급정년규정</u>은 입법자의 입법형성재량 범위 내에서 입법된 것이라고 할 것이므로 이를 공무 원신분관계의 안정을 침해하는 입법이라고 할 수 없고, 또한 소급입법에 의한 기본권 침해규정이라고 할 수도 없다고 할 것이다(헌재 1994. 4. 28. 91헌바15).
>
> ② [X] 공무원에 부과되는 신분상 불이익과 보호하려고 하는 공익이 합리적 균형을 이루는 한 법원이 범죄의 모든 정황을 고려한 나머지 금고 이상의 형에 대한 집행유예의 판결을 하였다면 그 범죄행위가 직무와 직접적 관련이 없거나 과실에 의한 것이라 하더라도 공무원의 품위를 손상하는 것으로 당해 공무원에 대한 사회적비난가능성이 결코 적지 아니할 것이므로 이를 공무원 임용결격 및 당연퇴직사유로 규정한 것을 위헌의 법률조항이라고 볼 수 없다(헌재 1997. 11. 27. 95헌바14).
>
> ③ [X] 전투경찰순경은 경찰청 산하의 전투경찰대에 소속되어 대간첩작전의 수행 및 치안업무의 보조를 그 임무로 하고 있어서 그 직무수행상의 위험성이 다른 경찰공무원의 경우보다 낮다고 할 수 없을 뿐만 아니라, 전투경찰대설치법 제4조가 경찰공무원법의 다수 조항을 준용하고 있는 점 등에 비추어 보면, 국가배상법 제2조 제1항 단서 중의 '경찰공무원'은 '경찰공무원법상의 경찰공무원'만을 의미한다고 단정하기 어렵고, 널리 경찰업무에 내재된 고도의 위험성을 고려하여 '경찰조직의 구성원을 이루는 공무원'을 특별취급하려는 취지로 파악함이 상당하므로 전투경찰순경은 헌법 제29조 제2항 및 국가배상법 제2조 제1항 단서 중의 '경찰공무원'에 해당한다고 보아야 할 것이다(헌재 1996. 6. 13. 94헌마118).
>
> ④ [X] 헌법 제7조 제2항은 "공무원의 신분과 정치적 중립성은 법률이 정하는 바에 의하여 보장된다"라고 규정하고 있는 바, 이는 공무원이 정당한 이유없이 해임되지 아니하도록 신분을 보장하여 국민전체에 대한 봉사자로서 성실히 근무할 수 있도록 하기위한 것임과 동시에, 공무원의 신분은 무제한 보장되는 것이 아니라 공무의 특수성을 고려하여 헌법이 정한 신분보장의 원칙 아래 법률로 그 내용을 정할 수 있도록 한 것이며 …… (헌재 1997. 11. 27. 95헌바14).

7 국가배상청구권에 대한 설명으로 가장 옳은 것은?

① 신청인이 동의한 때 배상심의회의 배상결정에 「민사소송법」 규정에 의한 재판상의 화해 효력을 부여한 것은 행정상의 손해배상에 관한 분쟁을 신속히 종결·이행시키기 위한 것으로 헌법에 위반되지 아니한다.

② 국가배상 성립요건의 직무집행판단은 행위자의 주관적의사를 고려하여 실질적으로 직무집행 행위인지에 따라 판단해야 한다.

③ 국가배상 성립요건의 공무원 개념은 국가공무원과 지방공무원의 신분을 가진 자에 한하고 공무를 수탁 받은 사인(私人)은 해당하지 않는다.

④ 국가배상청구에 있어서도 오랜 기간의 경과로 인한 과거사실 증명의 곤란으로부터 채무자를 구제하고 또 권리행사를 게을리 한 자에 대한 제재 및 장기간 불안정한 상태에 놓이게 되는 가해자를 보호하기 위하여 소멸시효제도의 적용은 필요하므로 헌법에 위반되지 아니한다.

> **ADVICE** ① [X] 위와 같이 배상결정절차에 있어서 심의회의 제3자성·독립성이 희박한 점, 심의절차의 공정성·신중성도 결여되어 있는 점, 심의회에서 결정되는 배상액이 법원의 그것보다 하회하는 점, 신청인의 배상결정에 대한 동의에 재판청구권을 포기할 의사까지 포함되는 것으로 볼 수 없는 점을 종합하여 볼 때 이 사건 법률조항이 위에서 본 바와 같은 입법목적을 달성하기 위하여 <u>동의된 배상결정에 재판상의 화해와 같은 강력하고 최종적인 효력까지 부여하여 재판청구권을 제한하는 것은 신청인의 재판청구권을 과도하게 제한하는 것이어서</u> 헌법 제37조 제2항에서 규정하고 있는 기본권 제한입법에 있어서의 과잉입법금지의 원칙에 반할 뿐 아니라, 권력을 입법, 행정 및 사법 등으로 분립한 뒤 실질적 의미의 사법작용인 분쟁해결에 관한 종국적인 권한은 원칙적으로 이를 헌법과 법률에 의한 법관으로 구성되는 사법부에 귀속시키고 나아가 국민에게 그러한 법관에 의한 재판을 청구할 수 있는 기본권을 보장하고자 하는 헌법의 정신에도 충실하지 못한 것이라고 할 것이다(헌재 1995. 5. 25. 91헌가7).
>
> ② [X] 국가배상법 제2조 제1항의 "직무를 집행함에 당하여"라 함은 직접 공무원의 직무집행행위이거나 그와 밀접한 관계에 있는 행위를 포함하고, 이를 판단함에 있어서는 행위자체의 외관을 객관적으로 관찰하여 공무원의 직무행위로 보여질 때에는 비록 그것이 실질적으로 직무행위가 아니거나 또는 행위자로서는 주관적으로 공무집행의 의사가 없었다고 하더라도 그 행위는 공무원이 "직무를 집행함에 당하여"한 것으로 보아야 할 것이다(대판 1995. 4. 21. 93다14240).
>
> ③ [X] 국가배상법 제2조 소정의 '공무원'이라 함은 국가공무원법이나 지방공무원법에 의하여 공무원으로서의 신분을 가진 자에 국한하지 않고, 널리 공무를 위탁받아 실질적으로 공무에 종사하고 있는 일체의 자를 가리키는 것으로서, 공무의 위탁이 일시적이고 한정적인 사항에 관한 활동을 위한 것이어도 달리 볼 것은 아니다(대판 2001. 1. 5. 98다39060).
>
> ④ [O] 민법상 소멸시효제도의 일반적인 존재이유는 '법적 안정성의 보호, 채무자의 이중변제 방지, 채권자의 권리불행사에 대한 제재 및 채무자의 정당한 신뢰 보호'에 있다. 이와 같은 민법상 소멸시효제도의 존재 이유는 국가배상청구권의 경우에도 일반적으로 타당하고, 특히 국가의 채무관계를 조기에 확정하여 예산수립의 불안정성을 제거하기 위해서는 국가채무에 대해 단기소멸시효를 정할 필요성도 있다. 그러므로 심판대상조항들이 일반적인 공무원의 직무상 불법행위로 손해를 받은 국민의 국가배상청구권에 관한 소멸시효 기산점과 시효기간을 정하고 있는 것은 합리적인 이유가 있다(헌재 2018. 8. 30. 2014헌바148).

✏️ **ANSWER** 6.① 7.④

8 헌법개정에 대한 설명으로 가장 옳지 않은 것은?

① 대통령의 임기를 4년으로 하고 중임을 허용하는 내용의 헌법개정은 가능하지만, 그러한 헌법개정 제안 당시의 대통령에 대하여는 효력이 없다.

② 관습헌법도 헌법의 일부로서 성문헌법의 경우와 동일한 효력을 가지기 때문에 그 법규범은 최소한 헌법 제130조에 의거한 헌법개정의 방법에 의하여 개정될 수 있다.

③ 대통령이 헌법개정을 발의하고 제안된 헌법개정안을 공고하면 국회는 공고된 날로부터 60일 이내에 의결하여야 하며, 국회의 의결은 재적의원 3분의 2 이상의 찬성을 얻어야 한다.

④ 헌법개정안은 국회가 의결한 후 20일 이내에 국민투표에 붙여져 국회의원 선거권자 과반수의 투표와 투표자 과반수의 찬성을 얻으면 헌법개정은 확정된다.

》ADVICE ① [○] 헌법 제128조 ② 대통령의 임기연장 또는 중임변경을 위한 헌법개정은 그 헌법개정 제안 당시의 대통령에 대하여는 효력이 없다.

　② [○] 어느 법규범이 관습헌법으로 인정된다면 그 개정가능성을 가지게 된다. 관습헌법도 헌법의 일부로서 성문헌법의 경우와 동일한 효력을 가지기 때문에 그 법규범은 최소한 헌법 제130조에 의거한 헌법개정의 방법에 의하여만 개정될 수 있다. …… 한편 이러한 형식적인 헌법개정 외에도, 관습헌법은 그것을 지탱하고 있는 국민적 합의성을 상실함에 의하여 법적 효력을 상실할 수 있다. 관습헌법은 주권자인 국민에 의하여 유효한 헌법규범으로 인정되는 동안에만 존속하는 것이며, 관습법의 존속요건의 하나인 국민적 합의성이 소멸되면 관습헌법으로서의 법적 효력도 상실하게 된다. 관습헌법의 요건들은 그 성립의 요건일 뿐만 아니라 효력 유지의 요건이다(헌재 2004. 10. 21. 2004헌마554).

　③ [○] 헌법 제128조
　　① 헌법개정은 국회재적의원 과반수 또는 대통령의 발의로 제안된다.
　　제130조 ① 국회는 헌법개정안이 공고된 날로부터 60일 이내에 의결하여야 하며, 국회의 의결은 재적의원 3분의 2 이상의 찬성을 얻어야 한다.

　④ [X] 헌법 제130조 ② 헌법개정안은 국회가 의결한 후 30일 이내에 국민투표에 붙여 국회의원선거권자 과반수의 투표와 투표자 과반수의 찬성을 얻어야 한다.

9 소급입법에 대한 설명으로 가장 옳지 않은 것은?

① 진정소급입법이라 할지라도 예외적으로 국민이 소급입법을 예상할 수 있었던 경우와 같이 소급입법이 정당화되는 경우에는 허용될 수 있다.

② 형벌불소급의 원칙은 행위의 가벌성에 관한 것이 아니고, 형사소추가 얼마 동안 가능한가의 문제에 관한 것이다.

③ 부진정소급입법은 원칙적으로 허용되지만 소급효를 요구하는 공익상의 사유와 신뢰보호 요청 사이의 교량과정에서 신뢰보호의 관점이 입법자의 형성권에 제한을 가하게 된다.

④ 법률 시행 당시 개발이 진행 중인 사업에 대하여 장차 개발이 완료되면 개발부담금을 부과하려는 것은 부진정소급입법에 해당하는 것으로 원칙적으로 허용된다.

> **ADVICE** ① [O] 이 사건 귀속조항은 진정소급입법에 해당하지만, 진정소급입법이라 할지라도 예외적으로 국민이 소급입법을 예상할 수 있었던 경우와 같이 소급입법이 정당화되는 경우에는 허용될 수 있다. 친일재산의 취득 경위에 내포된 민족배반적 성격, 대한민국임시정부의 법통 계승을 선언한 헌법 전문 등에 비추어 친일반민족행위자측으로서는 친일재산의 소급적 박탈을 충분히 예상할 수 있었고, 친일재산 환수 문제는 그 시대적 배경에 비추어 역사적으로 매우 이례적인 공동체적 과업이므로 이러한 소급입법의 합헌성을 인정한다고 하더라도 이를 계기로 진정소급입법이 빈번하게 발생할 것이라는 우려는 충분히 불식될 수 있다. 따라서 이 사건 귀속조항은 진정소급입법에 해당하나 헌법 제13조 제2항에 반하지 않는다(헌재 2011. 3. 31. 2008헌바141).
>
> ② [X] 형벌불소급의 원칙은 "행위의 가벌성" 즉 형사소추가 "언제부터 어떠한 조건하에서" 가능한가의 문제에 관한 것이고, "얼마동안" 가능한가의 문제에 관한 것은 아니므로, 과거에 이미 행한 범죄에 대하여 공소시효를 정지시키는 법률이라 하더라도 그 사유만으로 헌법 제12조 제1항 및 제13조 제1항에 규정한 죄형법정주의의 파생원칙인 형벌불소급의 원칙에 언제나 위배되는 것으로 단정할 수는 없다(헌재 1996. 2. 16. 96헌가2).
>
> ③ [O] 새로운 입법으로 이미 종료된 사실관계에 작용케 하는 진정소급입법은 헌법적으로 허용되지 않는 것이 원칙이며 특단의 사정이 있는 경우에만 예외적으로 허용될 수 있는 반면, 현재 진행중인 사실관계에 작용케 하는 부진정소급입법은 원칙적으로 허용되지만 소급효를 요구하는 공익상의 사유와 신뢰보호의 요청 사이의 교량과정에서 신뢰보호의 관점이 입법자의 형성권에 제한을 가하게 된다(헌재 1998. 11. 26. 97헌바58).
>
> ④ [O] 개발이익환수에관한법률 부칙 제2조(1993. 6. 11. 법률 제4563호로 개정된 것)는 동법이 시행된 1990. 1. 1. 이전에 이미 개발을 완료한 사업에 대하여 소급하여 개발부담금을 부과하려는 것이 아니라 동법 시행 당시 개발이 진행중인 사업에 대하여 장차 개발이 완료되면 개발부담금을 부과하려는 것이므로, 이는 아직 완성되지 아니하여 진행과정에 있는 사실관계 또는 법률관계를 규율대상으로 하는 이른바 부진정소급입법에 해당하는 것이어서 원칙적으로 헌법상 허용되는 것이다(헌재 2001. 2. 22. 98헌바19).

10 종교의 자유에 관한 설명 중 가장 옳은 것은?

① 사제(司祭)가 범죄인에게 적극적으로 은신처를 마련하여 주고 도피자금을 제공하는 경우 형사상의 책임을 지지 않는다는 것이 대법원 판례이다.

② 종교단체가 운영하는 학교 형태 혹은 학원 형태의 교육기관도 예외 없이 학교설립인가 혹은 학원설립등록을 받도록 규정하고 있는 「교육법」 제85조 제1항 및 「학원설립·운영에 관한 법률」 제6조는 정교분리의 원칙에 위배된다고 함이 헌법재판소 판례이다.

③ 사법시험을 일요일에 실시하는 것은 종교의 자유를 침해하는 것이라고 함이 헌법재판소 판례이다.

④ 사립대학은 종교교육 내지 종교선전을 위하여 학생들의 신앙을 가지지 않을 자유를 침해하지 않는 범위 내에서 학생들로 하여금 일정한 내용의 종교교육을 받을 것을 졸업요건으로 하는 학칙을 제정할 수 있다고 함이 대법원판례이다.

>ADVICE ① [X] 성직자라 하여 초법규적인 존재일 수는 없으며 성직자의 직무상 행위가 사회상규에 반하지 아니한다 하여 그에 적법성이 부여되는 것은 그것이 성직자의 행위이기 때문이 아니라 그 직무로 인한 행위에 정당, 적법성을 인정하기 때문인 바, 사제가 죄지은 자를 능동적으로 고발하지 않는 것에 그치지 아니하고 은신처마련, 도피자금 제공등 범인을 적극적으로 인닉·도피케 하는 행위는 사제의 정당한 직무에 속하는 것이라고 할 수 없다(대판 1983. 3. 8. 82도3248).

② [X] 교육법 제85조 제1항 및 학원의설립·운영에관한법률 제6조가 종교교육을 담당하는 기관들에 대하여 예외적으로 인가 혹은 등록의무를 면제하여 주지 않았다고 하더라도, 헌법 제31조 제6항이 교육제도에 관한 기본사항을 법률로 입법자가 정하도록 한 취지, 종교교육기관이 자체 내부의 순수한 성직자 양성기관이 아니라 학교 혹은 학원의 형태로 운영될 경우 일반국민들이 받을 수 있는 부실한 교육의 피해의 방지, 현행 법률상 학교 내지 학원의 설립절차가 지나치게 엄격하다고 볼 수 없는 점 등을 고려할 때, 위 조항들이 청구인의 종교의 자유 등을 침해하였다고 볼 수 없고, 또한 위 조항들로 인하여 종교교단의 재정적 능력에 따라 학교 내지 학원의 설립상 차별을 초래한다고 해도 거기에는 위와 같은 합리적 이유가 있으므로 평등원칙에 위배된다고 할 수 없다(헌재 2000. 3. 30. 99헌바14).

③ [X] 다만 매년 반복하여 시행되는 사법시험의 시행일을 일요일로 정하는 것이 청구인의 일요일에 예배행사에 참석할 종교적 행위의 자유를 제한하는 것으로 볼 수 있는지가 문제이나, 종교적 행위의 자유는 신앙의 자유와는 달리 절대적 자유가 아니라 질서유지, 공공복리 등을 위하여 제한할 수 있는 것으로서 사법시험 제1차시험과 같은 대규모 응시생들이 응시하는 시험의 경우 그 시험장소는 중·고등학교 건물을 임차하는 것 이외에 특별한 방법이 없고 …… 이는 공공복리를 위한 부득이한 제한으로 보아야 할 것이고 그 정도를 보더라도 비례의 원칙에 벗어난 것으로 볼 수 없고 청구인의 종교의 자유의 본질적 내용을 침해한 것으로 볼 수도 없다(헌재 2001. 9. 27. 2000헌마159).

④ [O] 사립대학은 종교교육 내지 종교선전을 위하여 학생들의 신앙을 가지지 않을 자유를 침해하지 않는 범위 내에서 학생들로 하여금 일정한 내용의 종교교육을 받을 것을 졸업요건으로 하는 학칙을 제정할 수 있다(대판 1998. 11. 10. 96다37268).

11 국회의 국정감사·조사에 관한 설명 중 옳은 것을 〈보기〉에서 모두 고른 것은?

> ㉠ 국회는 재적의원 4분의 1이상의 요구가 있는 때에는 특별위원회 또는 상임위원회로 하여금 국정의 특정
> 사안에 관하여 조사를 시행하게 한다.
> ㉡ 국정감사 및 국정조사는 국가안보에 관한 사항을 제외하고 언제나 공개로 한다.
> ㉢ 지방자치단체 중 특별시·광역시·도는 국정감사의 대상기관이다. 감사 범위는 국가위임사무와 관할 구역
> 의 자치사무로 한다.
> ㉣ 국정감사는 1948년 제헌헌법에 규정된 후 1972년 개정헌법에서 폐지되었다가 현행헌법에서 부활하였으며,
> 국정조사는 1980년 개정헌법에 신설되었다.

① ㉠, ㉡
② ㉠, ㉣
③ ㉡, ㉢
④ ㉢, ㉣

>ADVICE ㉠ [O] 국정감사 및 조사에 관한 법률 제3조(국정조사) ① 국회는 재적의원 4분의 1 이상의 요구가 있는 때에는 특
> 별위원회 또는 상임위원회로 하여금 국정의 특정사안에 관하여 국정조사(이하 "조사"라 한다)를 하게 한다.
> ㉡ [X] 국정감사 및 조사에 관한 법률 제12조(공개원칙) 감사 및 조사는 공개한다. 다만, 위원회의 의결로 달리 정할
> 수 있다.
> ㉢ [X] 국정감사 및 조사에 관한 법률 제7조(감사의 대상) 감사의 대상기관은 다음 각 호와 같다.
> 　2. 지방자치단체 중 특별시·광역시·도. 다만, 그 감사범위는 국가위임사무와 국가가 보조금 등 예산을 지원
> 　하는 사업으로 한다.
> ㉣ [O] 국정조사는 1980년 헌법에서 최초로 명시하였고, 국정감사는 제헌헌법부터 존재하였으나 1972년 헌법에서
> 폐지되고 현재의 1987년 헌법에서 다시 규정되었다.

12 상속권에 관한 헌법재판소 결정의 내용으로 가장 옳은 것은?

① 상속인이 귀책사유 없이 상속채무가 적극재산을 초과하는 사실을 알지 못하여 상속개시 있음을 안 날로부터 3월내에 한정승인 또는 포기를 하지 못한 경우에도 단순승인을 한 것으로 보는 「민법」 제1026조 제2호는 재산권을 보장한 헌법 제23조 제1항 등에 위반된다.

② 상속회복청구권의 행사기간을 상속권의 침해행위가 있은날부터 10년 또는 상속침해를 안 날로부터 3년이라는 단기의 행사기간으로 규정한 것은 진정상속인의 권리를 심히 제한하여 오히려 참칭상속인을 보호하는 규정으로 기능하므로 헌법상 보장된 상속인의 재산권을 침해한다.

③ 상속회복청구권에 대하여 단기의 제척기간을 규정하고 있는 「민법」 제999조 제2항을 적용함에 있어 공동상속인을 참칭상속인의 범위에 포함시키는 것은 진정상속인의 재산권을 침해한다.

④ 상속재산에 관한 포괄 · 당연승계주의는 헌법상 보장된 재산권을 과도하게 제한하는 규정으로 헌법에 위반된다.

> **ADVICE** ① [O] 상속인이 귀책사유 없이 상속채무가 적극재산을 초과하는 사실을 알지 못하여 상속개시 있음을 안 날로부터 3월내에 한정승인 또는 포기를 하지 못한 경우에도 단순승인을 한 것으로 보는 민법 제1026조 제2호는 기본권제한의 입법한계를 일탈한 것으로 재산권을 보장한 헌법 제23조 제1항, 사적자치권을 보장한 헌법 제10조 제1항에 위반된다(헌재 1998. 8. 27. 96헌가22).

② [X] 이 사건 법률조항 중 "상속권의 침해행위가 있은 날부터 10년" 부분은 종전 규정상의 "상속개시일로부터 10년"을 "침해행위가 있은 날로부터 10년"이라고 규정하여 종전보다 상속회복청구권자에게 유리하게 기간을 규정하였다. 일반적으로 상속제도나 상속권의 구체적 내용은 입법자가 입법정책적으로 결정할 사항으로서 원칙적으로 입법형성의 자유에 속하며 이 사건 법률조항 중 "상속권의 침해행위가 있은 날부터 10년" 부분은 종전 규정보다도 상속회복청구권의 행사기간을 상당히 연장한 것인 점을 감안하면 이 사건 법률조항 중 "상속권의 침해행위가 있은 날부터 10년" 부분은 재산권이나 평등권을 침해한 것이라고 할 수 없고, 달리 다른 헌법상의 기본권을 침해하였다고 볼 사정도 없다.

이 사건 법률조항 중 "그 침해를 안 날부터 3년" 부분은 그 침해행위를 안 날로부터 3년으로 상속회복청구권 행사기간을 규정하고 있고, 대법원은 상속권의 침해를 안 날이라고 함은 자기가 진정상속인임을 알고 또 자기가 상속에서 제외된 사실을 안 때라고 해석하고 있어 그 기산점이 불합리하게 책정되었다고 할 수 없으며, 상속으로 인한 재산권의 이전이 법률상 당연히 포괄적으로 이루어진다는 법률적 특성과 이에 따른 선의의 제3자 보호의 필요성을 감안할 때 위 3년이라는 기간은 상속인이 자신의 상속재산을 회복하기 위하여 권리를 행사하기에 충분한 기간이라고 보일 뿐만 아니라, 현행법상 인정되는 다른 소멸시효 및 제척기간 관련규정이 정하고 있는 권리행사기간과 비교하여 보더라도 그 권리행사에 상당한 기간이라고 보이므로 이 사건 법률조항 중 "그 침해를 안 날부터 3년" 부분은 헌법 제37조 제2항에서 정하는 기본권 제한의 한계 내의 정당한 입법권의 행사로서 과잉금지원칙에 위배되지 아니하므로, 상속인의 재산권, 사적자치권, 재판청구권을 침해하는 것이 아니며 평등의 원칙을 침해하는 것도 아니다(헌재 2008. 7. 31. 2006헌바110).

③ [X] 공동상속인이라 하여도 자신의 상속분을 넘는 부분에 대하여 권리를 주장하고 있다면 그 부분에 관하여는 본질적으로 보통의 참칭상속인과 다를 것이 없다. 또한 전혀 무권리자인 참칭상속인이 상속회복청구권의 단기제척기간에 의한 이익을 받는 점에 비추어 적어도 일부의 권리를 가지고 있는 공동상속인이 그러한 이익을 받는 것을 크게 불합리하다고 할 수는 없다. 따라서 상속회복청구권에 대하여 단기의 제척기간을 규정하고 있는 민법 제999조 제2항을 적용함에 있어 공동상속인을 참칭상속인의 범위에 포함시키는 것이 진정상속인의 재산권 및 재판청구권을 침해하지 않는다(헌재 2006. 2. 23. 2003헌바38).

④ [X] 우리의 상속법제는 법적 안정성이라는 공익을 도모하기 위하여 포괄·당연승계주의를 채택하는 한편, 상속의 포기·한정승인제도를 두어 상속인으로 하여금 그의 의사에 따라 상속의 효과를 귀속시키거나 거절할 수 있는 자유를 주고 있으며, 상속인과 피상속인의 채권자 및 상속인의 채권자 등의 이해관계를 조절할 수 있는 다양한 제도적 장치도 마련하고 있으므로, 민법 제1005조는 입법자가 입법형성권을 자의적으로 행사하였다거나 헌법상 보장된 재산권이나 사적 자치권 및 행복추구권을 과도하게 침해하여 기본권제한의 입법한계를 벗어난 것으로서 헌법에 위반된다고 할 수 없다(헌재 2004. 10. 28. 2003헌가13).

13 대통령에 대한 설명으로 가장 옳지 않은 것은?

① 대통령이 자신에 대한 재신임을 국민투표의 형태로 묻고자 하는 것은 헌법 제72조에 의하여 부여받은 국민투표부의권을 위헌적으로 행사하는 경우에 해당한다.

② 대통령의 '직책을 성실히 수행할 의무'는 헌법적 의무에 해당하므로 대통령이 국민의 신임을 배반하지 않을 정도로 직책을 성실히 수행하였는지 여부는 탄핵심판절차의 판단대상이 된다.

③ 대통령은 국회의 임시회 집회를 요구할 수 있다. 이 경우에는 국무회의의 심의를 거쳐야 하고, 기간과 집회 요구의 이유를 명시하여야 한다.

④ 행정기관 소속 5급 이상 공무원은 소속 장관의 제청으로 인사혁신처장과 협의를 거친 후에 국무총리를 거쳐 대통령이 임용하되, 국세청장은 국회의 인사청문을 거쳐 대통령이 임명한다.

>ADVICE ① [O] 대통령이 자신에 대한 재신임을 국민투표의 형태로 묻고자 하는 것은 헌법 제72조에 의하여 부여받은 국민투표부의권을 위헌적으로 행사하는 경우에 해당하는 것으로, 국민투표제도를 자신의 정치적 입지를 강화하기 위한 정치적 도구로 남용해서는 안 된다는 헌법적 의무를 위반한 것이다(헌재 2004. 5. 14. 2004헌나1).

② [X] 헌법 제69조는 대통령의 취임선서의무를 규정하면서, 대통령으로서 '직책을 성실히 수행할 의무'를 언급하고 있다. 비록 대통령의 '성실한 직책수행의무'는 헌법적 의무에 해당하나, '헌법을 수호해야 할 의무'와는 달리, 규범적으로 그 이행이 관철될 수 있는 성격의 의무가 아니므로, 원칙적으로 사법적 판단의 대상이 될 수 없다고 할 것이다(헌재 2004. 5. 14. 2004헌나1).

③ [O] 헌법 제47조 ① 국회의 정기회는 법률이 정하는 바에 의하여 매년 1회 집회되며, 국회의 임시회는 대통령 또는 국회재적의원 4분의 1 이상의 요구에 의하여 집회된다.
   제89조 다음 사항은 국무회의의 심의를 거쳐야 한다.
   7. 국회의 임시회 집회의 요구

④ [O] 국가공무원법 제32조(임용권자) ① 행정기관 소속 5급 이상 공무원 및 고위공무원단에 속하는 일반직공무원은 소속 장관의 제청으로 인사혁신처장과 협의를 거친 후에 국무총리를 거쳐 대통령이 임용하되, 고위공무원단에 속하는 일반직공무원의 경우 소속 장관은 해당 기관에 소속되지 아니한 공무원에 대하여도 임용제청할 수 있다. 이 경우 국세청장은 국회의 인사청문을 거쳐 대통령이 임명한다.

✏ **ANSWER** 12.① 13.②

14 권한쟁의심판에 대한 설명으로 가장 옳지 않은 것은?

① 군 공항 이전 사업은 국가사무이므로 관할 지방자치단체의 의사를 고려하지 않고 진행된다고 하더라도 해당 지방자치단체의 자치권한을 침해하였다거나 침해할 현저한 위험이 있다고 볼 수 없다.

② 교육감은 시·도의 교육·학예에 관한 사무의 집행기관이므로 교육감과 해당 지방자치단체 상호 간의 분쟁과 관련된 심판청구는 헌법재판소가 관장하는 권한쟁의심판의 범위에 속한다고 볼 수 없다.

③ 대통령이 조약 체결·비준에 대한 국회의 동의를 요구하지 않았다고 하더라도 국회의 구성원인 국회의원은 국회의 조약 체결·비준 동의권 침해를 주장하는 권한쟁의심판에서 청구인 적격이 없다.

④ 지방자치단체가 기관위임사무를 수행하면서 지출한 경비에 대하여 예산배정요청을 하였으나 기획재정부장관이 이를 거부한 경우 위 거부처분에 대한 권한쟁의심판청구는 적법하다.

> **ADVICE** ① [○] 그런데 국방과 같이 국가의 존립에 필요한 사무는 국가사무에 해당하는데(지방자치법 제11조 제1호), 이 사건 공항의 예비이전후보지 선정사업(혹은 더 나아가 군 공항 이전 사업)도 국방에 관한 사무이므로 그 성격상 국가사무임이 분명하다. 군공항이전법도 피청구인에게 군 공항 예비이전후보지를 선정할 수 있는 권한을 부여하여(군공항이전법 제4조 제2항 참조) 그 사무의 권한과 책임을 피청구인에게 귀속시키고 있으므로, 이 사건 공항의 예비이전후보지 선정사업(혹은 더 나아가 군 공항 이전사업)이 국가사무임을 전제로 하고 있다. 따라서 국가사무인 군 공항 이전사업이 청구인의 의사를 고려하지 않고 진행된다고 하더라도 이로써 지방자치단체인 청구인의 자치권한을 침해하였다거나 침해할 현저한 위험이 있다고 보기 어렵다(헌재 2017. 12. 28. 2017헌라2).
>
> ② [○] 헌법 제111조 제1항 제4호는 지방자치단체 상호간의 권한쟁의에 관한 심판을 헌법재판소가 관장하도록 규정하고 있고, 지방자치단체 '상호간'의 권한쟁의심판에서 말하는 '상호간'이란 '서로 상이한 권리주체간'을 의미한다. 그런데 '지방교육자치에 관한 법률'은 교육감을 시·도의 교육·학예에 관한 사무의 '집행기관'으로 규정하고 있으므로, 교육감과 해당 지방자치단체 상호간의 권한쟁의심판은 '서로 상이한 권리주체간'의 권한쟁의심판 청구로 볼 수 없다(헌재 2016. 6. 30. 선고 2014헌라1).
>
> ③ [○] 국회의원의 심의·표결권은 국회의 대내적인 관계에서 행사되고 침해될 수 있을 뿐 다른 국가기관과의 대외적인 관계에서는 침해될 수 없는 것이므로, 국회의원들 상호간 또는 국회의원과 국회의장 사이와 같이 국회 내부적으로만 직접적인 법적 연관성을 발생시킬 수 있을 뿐이고 대통령 등 국회 이외의 국가기관과 사이에서는 권한침해의 직접적인 법적 효과를 발생시키지 아니한다. 따라서 피청구인인 대통령이 국회의 동의 없이 조약을 체결·비준하였다 하더라도 국회의원인 청구인들의 심의·표결권이 침해될 가능성은 없다(헌재 2007. 7. 26. 2005헌라8).
>
> ④ [X] 국유지에 대한 관리권한이 수임관청인 청구인에게 있음은 법률상 명백하다. 그리고 이 사건 분쟁의 본질은, 국유지를 관리하면서 발생한 비용의 최종 부담자가 직접 관리행위를 한 청구인인지 아니면 그 권한을 위임한 피청구인인지의 문제인데, 이와 같은 문제는 주관적인 권리·의무에 관한 다툼, 즉 관리비용 부담을 둘러싼 청구인과 피청구인 사이의 단순한 채권채무관계에 관한 다툼에 불과하다. 따라서 이 사건 심판청구는 이 사건 토지에 대한 관리권한이나 자치재정권 등 권한의 존부 또는 범위에 관한 다툼이라고 할 수 없다(헌재 2010. 12. 28. 2009헌라2).

15 국회의원의 면책특권에 관한 설명으로 가장 옳지 않은 것은?

① 면책특권은 국회의원이 국민의 대표자로서 자유롭게 그 직무를 수행할 수 있도록 보장하기 위하여 마련된 장치이다.

② 국회의원에 대하여 국회의 징계가 이루어진 경우 중 특히 당사자인 국회의원 신분에 변동이 생기는 경우, 당사자인 국회의원은 징계의 효력을 다투는 행정소송을 제기할 수 없다.

③ 국회의원이 본회의나 위원회에서 발언할 내용을 직전에 원내 기자실에서 국회출입기자들에게 배포하는 행위는 면책특권에 포함되는데, 이 면책의 시기는 임기 종료 후에도 적용되어 상당한 기간 책임을 지지 않는다.

④ 국회의원의 면책특권은 범죄의 성립요건은 충족하나 그에 대한 형벌권 발생이 저지되어 소추되지 아니하는 경우로 인적 처벌조각사유에 해당한다.

> **ADVICE** ① [○] 헌법 제45조는 "국회의원은 국회에서 직무상 행한 발언과 표결에 관하여 국회 외에서 책임을 지지 아니한다." 고 규정하여 국회의원의 면책특권을 인정하고 있는바, 이는 국회의원이 국민의 대표자로서 국회 내에서 자유 롭게 발언하고 표결할 수 있도록 보장함으로써 국회가 입법 및 국정통제 등 헌법에 의하여 부여된 권한을 적 정하게 행사하고 그 기능을 원활하게 수행할 수 있도록 보장하는 데에 그 취지가 있는 것이다(헌재 1992. 9. 22. 91도3317).

② [○] 헌법 제64조 ② 국회는 의원의 자격을 심사하며, 의원을 징계할 수 있다.

　　　③ 의원을 제명하려면 국회재적의원 3분의 2 이상의 찬성이 있어야 한다.

　　　④ 제2항과 제3항의 처분에 대하여는 법원에 제소할 수 없다.

③ [X] 국회의원의 면책특권은 국회의원의 의정활동을 자주적으로 보호하려는 취지에 있으므로 책임의 면제는 국회의 원의 직에서 퇴직한 경우에도 영구적으로 인정된다.

④ [○] 국회의원의 면책특권은 그것이 범죄에 해당하는 경우에도 국회의원의 인적 신분에 따라 처벌 조건을 조각하는 것이다.

16 근로3권에 관한 설명으로 가장 옳은 것은?

① 청원경찰로서 「국가공무원법」 제66조 제1항의 규정에 위반하여 노동운동 기타 공무 이외의 일을 위한 집단적 행위를 한 자를 형사 처벌하도록 규정한 「청원경찰법」 소정의 규정은 과잉금지원칙에 위반된다.

② 헌법 제33조 제2항에 따라 공무원인 근로자에게 단결권·단체교섭권·단체행동권을 인정할 것인가의 여부, 어떤 형태의 행위를 어느 범위에서 인정할 것인가 등에 대하여 국가는 광범위한 입법형성의 자유를 가진다.

③ 헌법상 보장된 근로자의 단결권은 단결할 자유만을 가리키는 것이 아니라 단결하지 아니할 자유, 즉 소극적 단결권도 포함한다.

④ 구 「사립학교법」상 교원은 노동조합 결성 등 집단행동이 금지되었는데 이는 헌법에 위반된다.

> **ADVICE** ① [O] 청원경찰은 일반근로자일 뿐 공무원이 아니므로 원칙적으로 헌법 제33조 제1항에 따라 근로3권이 보장되어야 한다. 청원경찰은 제한된 구역의 경비를 목적으로 필요한 범위에서 경찰관의 직무를 수행할 뿐이며, 그 신분보장은 공무원에 비해 취약하다. 또한 국가기관이나 지방자치단체 이외의 곳에서 근무하는 청원경찰은 근로조건에 관하여 공무원뿐만 아니라 국가기관이나 지방자치단체에 근무하는 청원경찰에 비해서도 낮은 수준의 법적 보장을 받고 있으므로, 이들에 대해서는 근로3권이 허용되어야 할 필요성이 크다. …… 이상을 종합하여 보면, 심판대상조항이 모든 청원경찰의 근로3권을 전면적으로 제한하는 것은 과잉금지원칙을 위반하여 <u>청구인들의 근로3권을 침해하는 것이다</u>(헌재 2017. 9. 28. 2015헌마653).
>
> ※ 헌법재판소는 기존의 견해를 변경하여 청원경찰의 집단적 행위를 한 자를 형사처벌하도록 규정한 청원경찰법 소정의 규정에 대해 근로3권을 침해한다고 판시하여 위헌을 확인하였고 헌법불합치결정을 내린 바 있다.
>
> ② [O] 앞서 본 바와 같이 대학 교원 가운데에는 교육공무원 신분인 교원이 있으며, 공무원은 헌법 제33조 제2항에 의하여 법률이 정하는 자에 한하여 근로3권을 가진다. 헌법 제33조 제2항에 의하여 입법자는 어느 범위의 공무원에게 근로3권을 인정할 것인지에 관하여 광범위한 입법형성권을 가지나, 입법재량이 무제한적인 것은 아니다(헌재 2018. 8. 30. 2015헌가38).
>
> ③ [X] 헌법 제33조 제1항은 "근로자는 근로조건의 향상을 위하여 자주적인 단결권·단체교섭권 및 단체행동권을 가진다."고 규정하고 있다. 여기서 헌법상 보장된 근로자의 단결권은 단결할 자유만을 가리킬 뿐이고, 단결하지 아니할 자유 이른바 소극적 단결권은 이에 포함되지 않는다고 보는 것이 우리 재판소의 선례라고 할 것이다(2005. 11. 24. 2002헌바95).
>
> ④ [X] 그러므로 이 사건 심판의 대상이 된 위 각 법률조항은 근로자인 사립학교 교원에게 비록 헌법 제33조 제1항에 정한 근로3권의 행사를 제한 또는 금지하고 있다고 하더라도 이로써 사립학교 교원이 가지는 근로기본권의 본질적 내용을 침해한 것으로는 볼 수 없고, 그 제한은 입법자가 앞서 본 교원지위의 특수성과 우리의 역사적 현실을 종합하여 공공의 이익인 교육제도의 본질을 지키기 위하여 결정한 것으로서 필요하고 적정한 범위내의 것이라 할 것이므로 헌법 제33조 제1항은 물론 헌법 제37조 제2항에도 위반되지 아니한다(헌재 1991. 7. 22. 89헌가106).

17 사법권의 독립에 관한 설명으로 가장 옳은 것은?

① 탄핵에 의하여 파면된 법관은 결정 선고가 있은 날부터 5년이 지나지 아니하면 법관에 임용될 수 없다.

② 법관은 징계처분에 의하지 아니하고는 불리한 처분을 받지 아니하므로, 징계처분에 의하지 아니하고는 법관을 원치 않는 임지(任地)로 전보발령할 수 없다.

③ 법원의 조직 및 법관의 자격을 법률로 정하는 것은 입법부가 사법부를 임의로 통제할 수 있게 하는 것을 의미하므로 사법부의 독립을 침해하는 것이다.

④ 상급법원의 재판에 있어서의 판단은 하급심을 기속하는 것이므로 하급심은 사실판단이나 법률판단에 있어서 상급심의 선례를 존중할 법적 의무가 있다.

> **ADVICE** ① [O] 법원조직법 제43조(결격사유) 다음 각 호의 어느 하나에 해당하는 사람은 법관으로 임용할 수 없다.
>   3. 탄핵으로 파면된 후 5년이 지나지 아니한 사람
> ② [X] 법원조직법 제44조(보직) ① 판사의 보직(補職)은 대법원장이 행한다.
> ③ [X] 법원의 조직 및 법관의 자격을 법률로 정하는 것은 헌법의 요청과 삼권분립의 구성 때문이고 이는 법치주의의 당연한 결과이다. 또한 법관의 자격 등에 관한 제한에 있어서 우리 입법부는 상당 부분을 대법원규칙으로 위임하여 민주적 정당성을 갖추고 있다.
> ④ [X] 법원조직법 제8조는 "상급법원의 재판에 있어서의 판단은 당해사건에 관하여 하급심을 기속한다."고 규정하지만 이는 심급제도의 합리적 유지를 위하여 당해사건에 한하여 구속력을 인정한 것이고 그 후의 동종의 사건에 대한 선례로서의 구속력에 관한 것은 아니다(헌재 2002. 6. 27. 2002헌마18).

18 평등권에 대한 설명으로 가장 옳지 않은 것은?

① 국가가 합리적인 기준에 따라 능력이 허용되는 범위 내에서 법적 가치의 상향적 구현을 위한 제도의 단계적 개선을 추진하는 것은 평등권을 침해하지 않는다.

② 시혜적 법률의 경우에 수혜 범위에서 제외된 자는 그 법률에 의하여 평등권이 침해되었다고 주장하는 당사자가 될 수 없다.

③ 재량권 행사의 준칙인 행정규칙이 그 정한 바에 따라 되풀이 시행되어 행정관행이 이룩되면 평등원칙이나 신뢰보호원칙에 따라 행정기관은 그 상대방에 대한 관계에서 그 규칙에 따라야 할 자기구속을 당하게 된다.

④ 차별조항의 위헌성이 그 차별의 효과가 지나치다는 것에 기인할 때에는, 그 위헌성의 제거는 입법부가 행하여야 할 것이므로 헌법재판소는 그 조항에 대하여 헌법불합치 결정을 하여야 한다.

> **ADVICE** ① [O] 말하자면 국가는 합리적인 기준에 따라 능력이 허용하는 범위 내에서 법적 가치의 상향적 구현을 위한 제도의 단계적인 개선을 추진할 수 있는 길을 선택할 수 있어야 한다(헌재 2001. 6. 28. 99헌바32).
> ② [X] 국민의 기본권을 제한하고 부담을 부과하는 소위 '침해적 법률'의 경우에는 규범의 수범자가 당사자로서 자신의 기본권 침해를 주장하게 되지만, '수혜적 법률'의 경우에는 반대로 수혜범위에서 제외된 자가 그 법률에 의하여 평등권이 침해되었다고 주장하는 당사자에 해당되고, 당해 법률에 대한 위헌 또는 헌법불합치 결정에 따라 수혜집단과의 관계에서 평등권 침해 상태가 회복될 가능성이 있다면 기본권 침해성이 인정된다(헌재 2002. 12. 18. 2001헌마546).
> ③ [O] 이른바 행정규칙은 일반적으로 행정조직 내부에서만 효력을 가지는 것이고 대외적인 구속력을 갖는 것이 아니다. 다만, 행정규칙이 법령의 규정에 의하여 행정관청에 법령의 구체적 내용을 보충할 권한을 부여한 경우, 또는 재량권 행사의 준칙인 규칙이 그 정한 바에 따라 되풀이 시행되어 행정관행이 이룩되게 되면 평등의 원칙이나 신뢰보호의 원칙에 따라 행정기관은 그 상대방에 대한 관계에서 그 규칙에 따라야 할 자기구속을 당하게 되는 경우에는 대외적인 구속력을 가지게 된다(헌재 1990. 9. 3. 90헌마13).
> ④ [O] 이 사건 조항의 위헌성은 국가유공자 등과 그 가족에 대한 가산점제도 자체가 입법정책상 전혀 허용될 수 없다는 것이 아니고, <u>그 차별의 효과가 지나치다는 것에 기인한다.</u> 그렇다면 입법자는 공무원시험에서 국가유공자의 가족에게 부여되는 가산점의 수치를, 그 차별효과가 일반 응시자의 공무담임권 행사를 지나치게 제약하지 않는 범위 내로 낮추고, 동시에 가산점 수혜 대상자의 범위를 재조정 하는 등의 방법으로 그 위헌성을 치유하는 방법을 택할 수 있을 것이다. 따라서 이 사건 조항의 위헌성의 제거는 입법부가 행하여야 할 것이므로 이 사건 조항에 대하여는 헌법불합치결정을 하기로 한다(헌재 2006. 2. 23. 2004헌마675).

19 헌법재판소의 심판절차에 대한 설명으로 가장 옳은 것은?

① 「헌법재판소법」 제68조 제1항에 의한 헌법소원심판이 청구된 경우 헌법재판소는 심판청구서에 기재된 청구취지에 기속되어 심판대상을 확정해야 한다.

② 당사자는 동일한 사건에 대하여 2명까지만 재판관을 기피할 수 있다.

③ 재판부는 결정으로 다른 국가기관 또는 공공단체 기관에 심판에 필요한 사실을 조회하거나, 기록의 송부나 자료의 제출을 요구할 수 있다. 다만, 재판·소추 또는 범죄수사가 진행 중인 사건의 기록에 대하여는 송부를 요구할 수 없다.

④ 헌법소원심판을 청구하려는 자가 변호사를 대리인으로 선임할 자력이 없는 경우에는 헌법재판소에 국선대리인을 선임하여 줄 것을 신청할 수 있는데, 이 경우 「헌법재판소법」 제69조에 따른 청구기간은 소송 지연을 방지하기 위하여 국선대리인이 심판청구서를 제출한 날을 기준으로 정한다.

> **ADVICE** ① [X] 따라서 헌법재판소는 청구인의 심판청구서에 기재된 피청구인이나 청구취지에 구애됨이 없이 청구인의 주장요지를 종합적으로 판단하여야 하며 청구인이 주장하는 침해된 기본권과 침해의 원인이 되는 공권력을 직권으로 조사하여 피청구인과 심판대상을 확정하여 판단하여야 하는 것이다(헌재 1993. 5. 13. 91헌마190).
> ② [X] 헌법재판소법 제24조(제척·기피 및 회피) ① 재판관이 다음 각 호의 어느 하나에 해당하는 경우에는 그 직무집행에서 제척(除斥)된다.
>   ④ 당사자는 동일한 사건에 대하여 2명 이상의 재판관을 기피할 수 없다.
> ③ [O] 헌법재판소법 제32조(자료제출 요구 등) 재판부는 결정으로 다른 국가기관 또는 공공단체의 기관에 심판에 필요한 사실을 조회하거나, 기록의 송부나 자료의 제출을 요구할 수 있다. 다만, 재판·소추 또는 범죄수사가 진행 중인 사건의 기록에 대하여는 송부를 요구할 수 없다.
> ④ [X] 헌법재판소법 제70조(국선대리인) ① 헌법소원심판을 청구하려는 자가 변호사를 대리인으로 선임할 자력(資力)이 없는 경우에는 헌법재판소에 국선대리인을 선임하여 줄 것을 신청할 수 있다. 이 경우 제69조에 따른 청구기간은 국선대리인의 선임신청이 있는 날을 기준으로 정한다.

20 죄형법정주의에 대한 설명으로 가장 옳지 않은 것은?

① 모든 국민은 행위 시의 법률에 의하여 범죄를 구성하지 아니하는 행위로 소추되지 아니한다.

② 누구든지 법률과 적법한 절차에 의하지 아니하고는 처벌·보안처분 또는 강제노역을 받지 아니한다.

③ 형식적 의미의 법률뿐만 아니라 명령·규칙에 의하여도 범죄와 형벌을 규정할 수 있다.

④ 법규의 내용이 애매하거나 그 적용범위가 지나치게 광범위한 경우에는 헌법에 위반될 수 있다.

> **ADVICE** ① [○] 헌법 제13조 ① 모든 국민은 행위시의 법률에 의하여 범죄를 구성하지 아니하는 행위로 소추되지 아니하며, 동일한 범죄에 대하여 거듭 처벌받지 아니한다.

② [○] 헌법 제12조 ① 모든 국민은 신체의 자유를 가진다. 누구든지 법률에 의하지 아니하고는 체포·구속·압수·수색 또는 심문을 받지 아니하며, 법률과 적법한 절차에 의하지 아니하고는 처벌·보안처분 또는 강제노역을 받지 아니한다.

③ [X] 헌법 제12조 제1항은 누구든지 법률과 적법한 절차에 의하지 아니하고는 처벌받지 아니한다고 규정하고, 헌법 제13조 제1항은 모든 국민은 행위 시의 법률에 의하여 범죄를 구성하지 아니하는 행위로 소추되지 아니한다고 규정하여 죄형법정주의를 선언하고 있다. 이러한 죄형법정주의는 그 구성요건과 형벌을 입법부가 제정한 형식적 의미의 법률로 규정하는 것을 그 핵심적인 내용으로 한다(헌재 2010. 5. 27. 2009헌바183).

④ [○] 형사처벌의 대상이 되는 범죄의 구성요건은 형식적 의미의 법률로 명확하게 규정되어야 하며, 만약 범죄의 구성요건에 관한 규정이 지나치게 추상적이거나 모호하여 그 내용과 적용범위가 과도하게 광범위하거나 불명확한 경우에는 국가형벌권의 자의적인 행사가 가능하게 되어 개인의 자유와 권리를 보장할 수 없으므로 죄형법정주의의 원칙에 위배된다(헌재 1995. 9. 28. 93헌바50).

1 재판을 받을 권리에 대한 설명으로 가장 옳지 않은 것은?

① 국민참여재판은 사법권의 민주적 정당성을 위한 것으로서 모든 국가권력이 국민의 의사에 기초해야 한다는 국민주권주의에 근거하고 있다.

② 형사소송절차상의 권리로서 국민참여재판을 받을 권리를 배제함에 있어서는 헌법상 적법절차의 원칙이 적용될 여지가 없다.

③ 법률이 국민참여재판 신청권을 부여하면서 단독판사 관할사건으로 재판받는 피고인과 합의부 관할사건으로 재판받는 피고인을 다르게 취급하는 것은 합리적인 이유가 있다.

④ 헌법과 법률이 정한 법관에 의한 재판을 받을 권리는 직업법관에 의한 재판을 주된 내용으로 하는 것이므로 국민참여재판을 받을 권리는 그 보호범위에 속하지 않는다.

▶ADVICE ① [O] 그런데 국민주권주의는 모든 국가권력이 국민의 의사에 기초해야 한다는 의미로, 사법권의 민주적 정당성을 위한 국민참여재판을 도입한 근거가 되고 있으나, 그렇다고 하여 국민주권주의 이념이 곧 사법권을 포함한 모든 권력을 국민이 직접 행사하여야 하고 이에 따라 모든 사건을 국민참여재판으로 할 것을 요구한다고 볼 수 없다(헌재 2016. 12. 29. 2015헌바63).

② [X] 국민참여재판을 받을 권리는 헌법상 기본권으로서 보호될 수는 없지만, 재판참여법에서 정하는 대상 사건에 해당하는 한 피고인은 원칙적으로 국민참여재판으로 재판을 받을 법률상 권리를 가진다고 할 것이고, 이러한 형사소송절차상의 권리를 배제함에 있어서는 헌법에서 정한 적법절차원칙을 따라야 한다(헌재 2014. 1. 28. 2012헌바298).

③ [O] 법원조직법은 원칙적으로 형사사건에서 지방법원의 심판권은 단독판사가 행하도록 하면서 법정형이 중한 사건은 합의부의 심판권에 속하도록 하였는데, …… 심판대상조항이 폭력행위등처벌에관한법률위반죄로 재판받는 청구인을 합의부 관할사건으로 재판받는 피고인과 다르게 취급하는 것에는 합리적인 이유가 있다. 따라서 심판대상조항은 청구인의 평등권을 침해하지 아니한다(헌재 2016. 12. 29. 2015헌바63).

④ [O] 우리 헌법상 헌법과 법률이 정한 법관에 의한 재판을 받을 권리는 직업법관에 의한 재판을 주된 내용으로 하는 것이므로 국민참여재판을 받을 권리가 헌법 제27조 제1항에서 규정한 재판을 받을 권리의 보호범위에 속한다고 볼 수 없다(헌재 2009. 11. 26. 2008헌바12).

✎ **ANSWER** 20.③ / 1.②

2 권한쟁의심판에 대한 설명으로 가장 옳지 않은 것은?

① 국가기관 상호간의 권한쟁의심판에서 국회뿐만 아니라 국회의장, 국회의원, 국회위원회 등도 당사자 능력을 가질 수 있다.

② 국회의 구성원인 국회의원은 국회의 조약에 대한 체결 및 비준 동의권의 침해를 주장하는 권한쟁의심판을 청구할 수 없다.

③ 장래처분은 원칙적으로 권한쟁의심판의 대상이 되지 않지만, 장래처분이 확실하게 예정되어 있고 장래처분에 의해서 청구인의 권한이 침해될 위험성이 있어서 청구인의 권한을 사전에 보호해 주어야 할 필요성이 매우 큰 예외적인 경우에는 권한쟁의심판을 청구할 수 있다.

④ 권한쟁의대상이 되는 법적 분쟁은 헌법상의 분쟁이고 법률상의 분쟁은 포함되지 않으므로 헌법재판소의 권한쟁의심판은 일반법원의 행정소송관할권과 중복될 가능성이 없다.

>**ADVICE** ① [O] 국회의장과 국회의원 간에 그들의 권한의 존부 또는 범위에 관하여 분쟁이 생길 수 있고, 이와 같은 분쟁은 단순히 국회의 구성원인 국회의원과 국회의장 간의 국가기관 내부문제가 아니라 헌법상 별개의 국가기관이 각자 그들의 권한의 존부 또는 범위를 둘러싼 분쟁이다. 이 분쟁은 권한쟁의심판 이외에 이를 해결할 수 있는 다른 수단이 없으므로 <u>국회의원과 국회의장은 헌법 제111조 제1항 제4호 소정의 권한쟁의심판의 당사자가 될 수 있다.</u>(헌재 2000. 2. 24. 99헌라1)

② [O] 국회의 의사가 다수결에 의하여 결정되었음에도 다수결의 결과에 반대하는 소수의 국회의원에게 권한쟁의심판을 청구할 수 있게 하는 것은 다수결의 원리와 의회주의의 본질에 어긋날 뿐만 아니라, 국가기관이 기관 내부에서 민주적인 방법으로 토론과 대화에 의하여 기관의 의사를 결정하려는 노력 대신 모든 문제를 사법적 수단에 의해 해결하려는 방향으로 남용될 우려도 있으므로, 국가기관의 부분 기관이 자신의 이름으로 소속기관의 권한을 주장할 수 있는 '제3자 소송담당'을 명시적으로 허용하는 법률의 규정이 없는 현행법 체계하에서는 국회의 구성원인 국회의원이 국회의 조약에 대한 체결·비준 동의권의 침해를 주장하는 권한쟁의심판을 청구할 수 없다(헌재 2007. 7. 26. 2005헌라8).

③ [O] 피청구인의 장래처분에 의해서 청구인의 권한침해가 예상되는 경우에 청구인은 원칙적으로 이러한 장래처분이 행사되기를 기다린 이후에 이에 대한 권한쟁의심판청구를 통해서 침해된 권한의 구제를 받을 수 있으므로, 피청구인의 장래처분을 대상으로 하는 심판청구는 원칙적으로 허용되지 아니한다. 그러나 피청구인의 장래처분이 확실하게 예정되어 있고, 피청구인의 장래처분에 의해서 청구인의 권한이 침해될 위험성이 있어서 청구인의 권한을 사전에 보호해 주어야 할 필요성이 매우 큰 예외적인 경우에는 피청구인의 장래처분에 대해서도 헌법재판소법 제61조 제2항에 의거하여 권한쟁의심판을 청구할 수 있다(헌재 2004. 9. 23. 선고 2000헌라2).

④ [X] 헌법재판소법 제61조(청구 사유) ② 제1항의 심판청구는 피청구인의 처분 또는 부작위(不作爲)가 <u>헌법 또는 법률에 의하여 부여받은 청구인의 권한을 침해하였거나 침해할 현저한 위험이 있는 경우에만</u> 할 수 있다.

※ 헌법 제111조 제1항 제5호는 헌법소원심판을 헌법재판소의 관장사항으로 정하면서 법률로 제도를 구체화하여 형성할 것을 규정하고 있고, 헌법재판소법은 권리구제를 위한 헌법소원에 대해서 보충성을 요구하고 있다(헌법재판소법 제68조 제1항). 그러나 권한쟁의심판의 경우 헌법재판소법 등 실정법상 보충성을 요하는 규정이 존재하지 아니하며, 앞서 살핀 <u>헌법재판소의 원칙적 관할권을 고려하면 항고소송 등 법원의 재판과 관련하여 권한쟁의심판에 불문의 보충성원칙을 적용해 관할권 행사를 제약해야 할 필요성도 인정되지 않는다. 법률로 형성된 권한쟁의심판의 청구의 요건을 갖추었음에도 내용적으로 유사하거나 중복되는 사법절차가 존재한다는 이유만으로 헌법재판소의 관할권을 부정할 수는 없다.</u> 이는 사법권(헌법 제101조 제1항)과 헌법재판권(헌법 제111조 제1항)의 수평적 규정이나, 항고소송과는 구분되는 권한쟁의심판의 고유한 소송물과 효력에 비추어 보더라도 그러하다(헌재 2020. 7.16. 2015헌라3).

3 대법원과 헌법재판소 구성에 관한 대통령의 권한에 대한 설명으로 가장 옳은 것은?

① 대법원장은 국회의 동의를 얻어 대법관 중에서 대통령이 임명한다.

② 대법관은 대법원장의 제청으로 국회의 동의 없이 대통령이 임명한다.

③ 헌법재판소의 장은 국회의 동의를 얻어 재판관 중에서 대통령이 임명한다.

④ 헌법재판소 재판관은 헌법재판소장의 제청으로 대통령이 임명한다.

> **ADVICE** ① [X] 헌법 제104조 ① 대법원장은 국회의 동의를 얻어 대통령이 임명한다.
> ② [X] 헌법 제104조 ② 대법관은 대법원장의 제청으로 국회의 동의를 얻어 대통령이 임명한다.
> ③ [O] 헌법 제111조 ④ 헌법재판소의 장은 국회의 동의를 얻어 재판관중에서 대통령이 임명한다.
> ④ [X] 헌법 제111조 ② 헌법재판소는 법관의 자격을 가진 9인의 재판관으로 구성하며, 재판관은 대통령이 임명한다.
> ③ 제2항의 재판관중 3인은 국회에서 선출하는 자를, 3인은 대법원장이 지명하는 자를 임명한다.

4 국무총리에 대한 설명으로 가장 옳지 않은 것은?

① 국무총리는 대통령의 첫째 가는 보좌기관에 불과할 뿐 행정에 관하여 독자적인 권한을 갖지 못한다.

② 국무위원은 국회의원의 직을 겸할 수 있는 데 비하여 국무총리는 국회의원의 직을 겸할 수 없다.

③ 국무총리는 군사에 관한 것도 포함하여 대통령의 모든 국법상 행위에 대해 부서할 수 있는 권한을 갖는다.

④ 국무총리는 대통령에 대해 국무위원의 임명에 대한 제청권과 국무위원 해임에 대한 건의권을 모두 행사할 수 있다.

> **ADVICE** ① [O] 대통령중심제 정부형태를 채택하고 있는 우리 헌법하에서는 헌법 제86조 제2항에서 "국무총리는 대통령을 보좌하며, 행정에 관하여 대통령의 명을 받아 행정각부를 통할한다"라고 규정하고 있는 바와 같이 국무총리는 행정부의 수반인 대통령의 보좌기관으로서 대통령의 지시에 따른 행정각부의 통할기능을 수행할 뿐 대통령의 권한을 배제할 수 있는 독자적인 행정권을 가진다고 하기는 어렵다(헌재 1994. 4. 28. 89헌마221).
> ② [X] 국회법 제29조(겸직 금지) ① 의원은 국무총리 또는 국무위원 직 외의 다른 직을 겸할 수 없다. 다만, 다음 각 호의 어느 하나에 해당하는 경우에는 그러하지 아니하다.
> ③ [O] 헌법 제82조 대통령의 국법상 행위는 문서로써 하며, 이 문서에는 국무총리와 관계 국무위원이 부서한다. 군사에 관한 것도 또한 같다.
> ④ [O] 헌법 제87조 ① 국무위원은 국무총리의 제청으로 대통령이 임명한다.
> ③ 국무총리는 국무위원의 해임을 대통령에게 건의할 수 있다.

✎ **ANSWER** 2.④ 3.③ 4.②

5 선거제도에 대한 설명으로 가장 옳지 않은 것은?

① 선거범죄로 당선이 무효로 되는 경우에 이미 보전받은 선거비용뿐만 아니라 반환받은 기탁금 전액까지 반환하도록 하는 것은 지나친 제재라고 볼 수 있다.

② 지역구국회의원 선거에서 예비후보자의 기탁금 액수를 해당 선거의 후보자등록 시 납부해야 하는 기탁금의 100분의 20으로 설정한 것은 입법재량의 범위를 벗어난 것으로 볼 수 없다.

③ 선거범죄로 인하여 당선이 무효로 된 때를 비례대표지방의회의원의 의석 승계 제한사유로 규정한 것은 궐원된 비례대표지방의회의원 의석을 승계 받을 후보자명부상의 차순위 후보자의 공무담임권을 침해한다.

④ 소선거구 다수대표제를 규정하여 다수의 사표가 발생한다 하더라도 그 이유만으로 헌법상 요구된 선거의 대표성의 본질을 침해한다거나 그로 인해 국민주권원리를 침해하고 있다고 할 수 없다.

> **ADVICE** ① [X] 선거의 공정성을 해치는 선거 법령 위반행위에 대해서는 주권자인 국민의 정치적 의사형성과 표현의 과정인 참정권의 행사를 담보하기 위하여 일정한 제재를 가함으로써 부정선거의 소지를 차단할 필요가 있다. 공정한 선거문화를 정착시키기 위하여 선거부정에 대한 제재를 강화하는 것이 지나친 규제라 보기 어려운 점, 배우자의 형사재판에서 양형판단을 통하여 구체적 사정을 고려할 수 있는 점, 후보자의 당선무효로 기왕의 선거가 무용한 것이 되었기 때문에 국고의 낭비를 막을 필요성이 있는 점 등을 고려하면, 반환조항은 과잉금지원칙에 위배되어 청구인의 재산권을 침해하지 않는다(헌재 2016. 9. 29. 2015헌마548).
> ② [O] 예비후보자 기탁금조항은 예비후보자의 무분별한 난립을 막고 책임성과 성실성을 담보하기 위한 것으로서, 입법목적의 정당성과 수단의 적합성이 인정된다. 또한 예비후보자 기탁금제도보다 덜 침해적인 다른 방법이 명백히 존재한다고 할 수 없고, 일정한 범위의 선거운동이 허용된 예비후보자의 기탁금 액수를 해당 선거의 후보자등록 시 납부해야 하는 기탁금의 100분의 20인 300만 원으로 설정한 것은 입법재량의 범위를 벗어난 것으로 볼 수 없으므로 침해의 최소성 원칙에 위배되지 아니한다. 그리고 위 조항으로 인하여 예비후보자로 등록하려는 사람의 공무담임권 제한은 이로써 달성하려는 공익보다 크다고 할 수 없어 법익의 균형성 원칙에도 반하지 않는다. 따라서 예비후보자 기탁금조항은 청구인의 공무담임권을 침해하지 않는다(헌재 2017. 10. 26. 2016헌마623).
> ③ [O] 심판대상조항은 왜곡된 선거인의 의사를 바로잡고 선거의 공정성 확보라는 구체적 입법목적 달성에 기여하는 것이라기보다는 오로지 선거범죄에 대한 엄정한 제재를 통한 공명한 선거 분위기의 창출이라는 추상적이고도 막연한 구호에 이끌려 비례대표지방의회의원선거를 통하여 표출된 선거권자들의 정치적 의사표명을 무시, 왜곡하는 결과를 초래할 뿐이라 할 것이므로, 수단의 적합성 요건을 충족한 것으로 보기 어렵다. 또한, 선거범죄 예방을 통한 선거의 공정성 확보라는 입법목적은 선거범죄를 규정한 각종 처벌조항과 선거범죄를 범한 당선인의 당선을 무효로 하는 것만으로도 어느 정도 달성될 수 있는 것이고, 선거권자의 의사를 최대한 반영하면서도 덜 제약적인 대체수단을 통해서도 입법목적의 달성이 가능한 것이므로, 심판대상조항은 필요 이상의 지나친 규제를 정하고 있는 것이라고 보지 않을 수 없다. 따라서 심판대상조항은 과잉금지원칙에 위배하여 청구인의 공무담임권을 침해한 것이다(헌재 2009. 6. 25. 2007헌마40).
> ④ [O] 소선거구 다수대표제는 다수의 사표가 발생할 수 있다는 문제점이 제기됨에도 불구하고 정치의 책임성과 안정성을 강화하고 인물 검증을 통해 당선자를 선출하는 등 장점을 가지며, 선거의 대표성이나 평등선거의 원칙 측면에서도 다른 선거제도와 비교하여 반드시 열등하다고 단정할 수 없다. 또한 비례대표선거제도를 통하여 소선거구 다수대표제를 채택함에 따라 발생하는 정당의 득표비율과 의석비율간의 차이를 보완하고 있다. 그리고 유권자들의 후보들에 대한 각기 다른 지지는 자연스러운 것이고, 선거제도상 모든 후보자들을 당선시키는 것은 불가능하므로 사표의 발생은 불가피한 측면이 있다. …… 이에 더하여 국회의원선거에서 사표를 줄이기 위해 소선거구 다수대표제를 배제하고 다른 선거제도를 채택할 것까지 요구할 수는 없다. 따라서 심판대상조항이 청구인의 평등권과 선거권을 침해한다고 할 수 없다(헌재 2016. 5. 26. 2012헌마374).

6 직업의 자유에 대한 설명으로 가장 옳지 않은 것은?

① 변호사시험 성적의 비공개를 규정한 관련 법 조항은 성적공개 청구인들의 법조인으로서의 직역 선택이나 직업수행에 있어서 어떠한 제한을 두고 있는 것은 아니므로 성적공개 청구인들의 직업선택의 자유를 제한하고 있다고 볼 수 없다.

② 형의 집행을 유예하는 경우에 사회봉사를 명할 수 있도록 하는 법규정에 의하여 사회봉사 명령을 선고받은 이의 일반적 행동의 자유는 제한되지만, 이로 인하여 직업의 자유까지 제한된다고 볼 수 없다.

③ 법령에서 사법시험 시행 전에 선발예정인원을 정하는 정원제를 규정하는 것은 사법시험을 통하여 변호사에게 필요한 자질과 능력을 검증하는 것이 아니라 변호사의 사회적 수급 상황 등을 고려한 것이기에 객관적 사유에 의한 직업의 자유의 제한에 해당한다.

④ 게임 결과물의 환전업을 영위한 자를 처벌하는 법규정에서 문제되는 게임 결과물의 환전은 이러한 행위를 영업으로 하는 경우 생활의 기본적 수요를 충족시키는 계속적인 소득활동이 될 수 있기에 게임 결과물의 환전업 역시 「헌법」 제15조가 보장하고 있는 직업에 해당한다.

>ADVICE ① [O] 한편, 청구인들은 변호사시험의 성적 공개를 금지하고 있는 심판대상조항이 변호사시험 합격자들이 공정한 경쟁을 통하여 직업을 선택할 기회를 배제함으로써 직업의 자유를 침해한다고 주장한다. 그러나 심판대상조항은 변호사시험 합격자에 대하여 그 성적을 공개하지 않도록 규정하고 있을 뿐이고, 이러한 시험 성적의 비공개가 청구인들의 법조인으로서의 직역 선택이나 직업수행에 있어서 어떠한 제한을 두고 있는 것은 아니므로 심판대상조항이 청구인들의 직업선택의 자유를 제한하고 있다고 볼 수 없다(헌재 2015. 6. 25. 2011헌마769).

② [O] 또한, 청구인은 이 사건 법률조항이 직업의 자유를 제한한다고 주장하나, 이 사건 법률조항에 의한 사회봉사명령이 직접적으로 청구인에게 직업의 선택 및 수행을 금지 또는 제한하는 것은 아니고, 사회봉사명령 이행기간 중에 직업의 선택 및 수행이 사실상 어려워지는 면이 있다 하더라도 이는 사회봉사명령으로 인하여 일반적 행동의 자유가 제한됨에 따라 부수적으로 발생하는 결과일 뿐이므로 이 사건 법률조항이 직업의 자유를 제한한다고 볼 수도 없다(헌재 2012. 3. 29. 2010헌바100).

③ [X] 시험제도란 본질적으로 응시자의 자질과 능력을 측정하는 것이며, 합격자의 결정을 상대평가(정원제)와 절대평가 중 어느 것에 의할 것인지는 측정방법의 선택의 문제일 뿐이고, 이 사건 법률조항이 사법시험의 합격자를 결정하는 방법으로 정원제를 취한 이유는 상대평가라는 방식을 통하여 응시자의 자질과 능력을 검정하려는 것이므로 이는 객관적 사유가 아닌 주관적 사유에 의한 직업선택의 자유의 제한이다(헌재 2010. 5. 27. 2008헌바110).

④ [O] 이 사건에서 문제되는 게임 결과물의 환전은 게임이용자로부터 게임 결과물을 매수하여 다른 게임이용자에게 이윤을 붙여 되파는 것으로, 이러한 행위를 영업으로 하는 것은 생활의 기본적 수요를 충족시키는 계속적인 소득활동이 될 수 있으므로, 게임 결과물의 환전업은 헌법 제15조가 보장하고 있는 직업에 해당한다(헌재 2010. 2. 25. 2009헌바38).

✎ **ANSWER** 5.① 6.③

7 표현의 자유 및 언론·출판의 자유에 대한 설명으로 가장 옳지 않은 것은?

① 저속한 간행물의 출판을 전면적으로 금지시키고 출판사의 등록을 취소시킬 수 있도록 하는 것은 청소년보호를 위해 지나치게 과도한 수단을 선택한 것으로 성인의 알권리를 침해한다.

② 「민사소송법」에 근거한 법원의 방영금지가처분은 행정기관이 주체가 되는 심사절차가 아니기 때문에 헌법이 금지하는 사전검열에 해당하지 않는다.

③ 제한상영가 등급의 영화를 '상영 및 광고·선전에 있어서 일정한 제한이 필요한 영화'라고 정의하고 있는 법률규정은 관련 규정들을 통해서도 제한상영가 등급의 영화가 어떤 영화인지를 예측할 수 없으므로 명확성 원칙에 위배된다.

④ 금치처분을 받은 미결수용자라 할지라도 금치처분 기간 중 집필을 금지하면서 예외적인 경우에만 교도소장이 집필을 허가할 수 있도록 한 「형의 집행 및 수용자의 처우에 관한법률」상의 규정은 미결수용자의 표현의 자유를 침해한다.

> **ADVICE** ① [O] 청소년의 건전한 심성을 보호하기 위해서 퇴폐적인 성표현이나 지나치게 폭력적이고 잔인한 표현 등을 규제할 필요성은 분명 존재하지만, 이들 저속한 표현을 규제하더라도 그 보호대상은 청소년에 한정되어야 하고, 규제수단 또한 청소년에 대한 유통을 금지하는 방향으로 좁게 설정되어야 할 것인데, 저속한 간행물의 출판을 전면 금지시키고 출판사의 등록을 취소시킬 수 있도록 하는 것은 청소년보호를 위해 지나치게 과도한 수단을 선택한 것이고, 또 청소년보호라는 명목으로 성인이 볼 수 있는 것까지 전면 금지시킨다면 이는 성인의 알권리의 수준을 청소년의 수준으로 맞출 것을 국가가 강요하는 것이어서 성인의 알권리까지 침해하게 된다(헌재 1998. 4. 30. 95헌가16).
> ② [O] 헌법 제21조 제2항에서 규정한 검열 금지의 원칙은 모든 형태의 사전적인 규제를 금지하는 것이 아니고 단지 의사표현의 발표 여부가 오로지 행정권의 허가에 달려있는 사전심사만을 금지하는 것을 뜻하므로, 이 사건 법률조항에 의한 방영금지가처분은 행정권에 의한 사전심사나 금지처분이 아니라 개별 당사자간의 분쟁에 관하여 사법부가 사법절차에 의하여 심리, 결정하는 것이어서 헌법에서 금지하는 사전검열에 해당하지 아니한다(헌재 2001. 8. 30. 2000헌바36).
> ③ [O] 영진법 제21조 제3항 제5호는 '제한상영가' 등급의 영화를 '상영 및 광고·선전에 있어서 일정한 제한이 필요한 영화'라고 규정하고 있는데, 이 규정은 제한상영가 등급의 영화가 어떤 영화인지를 말해주기보다는 제한상영가 등급을 받은 영화가 사후에 어떠한 법률적 제한을 받는지를 기술하고 있는바, 이것으로는 제한상영가 영화가 어떤 영화인지를 알 수가 없고, 따라서 영진법 제21조 제3항 제5호는 명확성원칙에 위배된다(헌재 2008. 7. 31. 2007헌가4).
> ④ [X] 미결수용자의 규율위반행위 등에 대한 제재로서 금치처분과 함께 금치기간 중 신문과 자비구매도서의 열람을 제한하는 것은, 규율위반자에 대해서는 반성을 촉구하고 일반 수용자에 대해서는 규율 위반에 대한 불이익을 경고하여 수용자들의 규율 준수를 유도하며 궁극적으로 수용질서를 확립하기 위한 것이다. 이 사건 신문 및 도서 열람제한 조항은 최장 30일의 기간 내에서만 신문이나 도서의 열람을 금지하고 열람을 금지하는 대상에 수용시설 내 비치된 도서는 포함시키지 않고 있으므로 위 조항들이 청구인의 알 권리를 과도하게 제한한다고 보기 어렵다(헌재 2016. 4. 28. 2012헌마549).

8 위임입법에 대한 설명으로 가장 옳지 않은 것은?

① 대통령은 법률에서 구체적으로 범위를 정하여 위임받은 사항과 법률을 집행하기 위하여 필요한 사항에 관하여 대통령령을 발할 수 있다.

② 위임하는 법률 자체로부터 하위규범에 규정될 내용의 대강을 예측할 수 있다면 포괄위임입법금지원칙에 위배되지 않는다.

③ 헌법이 인정하고 있는 위임입법의 형식은 한정적·열거적인 것으로 보아야 하므로, 법률이입법사항을 고시와 같은 행정규칙의 형식으로 위임하는 것은 법률유보원칙에 위배된다.

④ 포괄위임금지원칙은 법률의 명확성원칙이 위임입법에 관하여 구체화된 특별규정이므로, 수권법률조항의 명확성원칙 위반 여부는 「헌법」 제75조의 포괄위임금지원칙 위반여부에 대한 심사로써 충족된다.

>**ADVICE** ① [○] 헌법 제75조 대통령은 법률에서 구체적으로 범위를 정하여 위임받은 사항과 법률을 집행하기 위하여 필요한 사항에 관하여 대통령령을 발할 수 있다.

② [○] 법령이 전문적·기술적 사항이나 경미한 사항으로서 업무의 성질상 고시와 같은 행정규칙의 형식으로 입법위임을 할 필요성이 인정되는 경우라도, 그러한 위임은 헌법 제75조의 포괄위임금지 원칙을 위반하여서는 안 되고 반드시 구체적·개별적으로 한정된 사항에 대하여 행하여져야 한다. 여기에서 '구체적으로 범위를 정하여'라 함은 하위규범에 규정될 내용 및 범위의 기본사항이 가능한 한 구체적이고도 명확하게 법률에 규정되어 있어서 그 법률 자체로부터 대통령령 등에 규정될 내용의 대강을 예측할 수 있어야 함을 의미한다(헌재 2014. 7. 24. 2013헌바183).

③ [X] 사회적 변화에 대응한 입법수요의 급증과 종래의 형식적 권력분립주의로는 현대사회에 대응할 수 없다는 기능적 권력분립론을 감안하여 헌법 제40조·제75조·제95조의 의미를 살펴보면, 국회가 입법으로 행정기관에게 구체적인 범위를 정하여 위임한 사항에 관하여는 당해 행정기관이 법 정립의 권한을 갖게 되고, 입법자가 그 규율의 형식도 선택할 수 있다고 보아야 하므로, 헌법이 인정하고 있는 위임입법의 형식은 예시적인 것으로 보아야 한다(헌재 2014. 7. 24. 2013헌바183).

④ [○] 한편 포괄위임금지의 원칙은 행정부에 입법을 위임하는 수권법률의 명확성원칙에 관한 것으로서 법률의 명확성 원칙이 위임입법에 관하여 구체화된 특별규정이라고 할 수 있다. 따라서 수권법률조항의 명확성원칙 위배 여부는 헌법 제75조의 포괄위임금지의 원칙의 위반 여부에 대한 심사로써 충족된다(헌재 2007. 4. 26. 2004헌가29).

✎ **ANSWER** 7.④ 8.③

9 사생활의 비밀의 자유와 개인정보자기결정권에 대한 설명으로 가장 옳지 않은 것은?

① '혐의 없음'의 불기소 처분 등에 관한 수사경력자료의 수입 및 보존은 당사자의 개인정보자기결정권을 침해하지 않는다.

② 교도소장이 수용자가 없는 상태에서 실시한 거실 및 작업장의 검사행위는 수용자의 사생활의 비밀과 자유를 침해하는 것이 아니다.

③ 징벌 혐의로 조사를 받고 있는 수용자라 하더라도 수용자가 변호인이 아닌 자와 접견할 당시 교도관이 참여하여 대화내용을 기록하게 한 행위는 과잉금지원칙을 위반하여 수용자의 사생활의 비밀과 자유를 침해한다.

④ 공직선거에 후보자로 등록하려는 자가 제출하여야 하는 '금고이상의 형의 범죄경력'에 이미 실효된 형까지 포함시키는 법률 규정은 공직선거후보자의 사생활의 비밀과 자유를 침해하지 않는다.

> **ADVICE** ① [O] 이 사건 수사경력자료 정리조항에서 '혐의없음'의 불기소처분에 관한 개인정보를 보존하도록 하는 것은 재수사에 대비한 기초자료를 보존하고 수사의 반복을 피하기 위한 것으로서 그 목적이 정당하고 수단의 적합성이 인정된다. 또한 해당범죄의 공소시효를 고려할 때 이 사건 수사경력자료 정리조항이 규정한 수사경력자료의 보존기간이 필요 이상으로 긴 것으로 보기도 어려우므로 침해의 최소성을 갖추고 있고, 수사경력자료의 보존으로 청구인이 현실적으로 입게 되는 불이익이 그다지 크지 않으므로 법익의 균형성도 갖추고 있다. 따라서 이 사건 수사경력자료 정리조항에서 '혐의없음'의 불기소처분에 관한 개인정보를 보존하도록 하는 것은 청구인의 개인정보 자기결정권을 침해하지 아니한다(헌재 2012. 7. 26. 2010헌마446).
>
> ② [O] 이 사건 검사행위는 교도소의 안전과 질서를 유지하고, 수형자의 교화·개선에 지장을 초래할 수 있는 물품을 차단하기 위한 것으로서 그 목적이 정당하고, 수단도 적절하며, 검사의 실효성을 확보하기 위한 최소한의 조치로 보이고, 달리 덜 제한적인 대체수단을 찾기 어려운 점 등에 비추어 보면 이 사건 검사행위가 과잉금지원칙에 위배하여 사생활의 비밀 및 자유를 침해하였다고 할 수 없다(헌재 2011. 10. 25. 2009헌마691).
>
> ③ [X] 접견내용을 녹음·녹화하는 경우 수용자 및 그 상대방에게 그 사실을 말이나 서면 등으로 알려주어야 하고 취득된 접견기록물은 법령에 의해 보호·관리되고 있으므로 사생활의 비밀과 자유에 대한 침해를 최소화하는 수단이 마련되어 있다는 점, 청구인이 나눈 접견내용에 대한 사생활의 비밀로서의 보호가치에 비해 증거인멸의 위험을 방지하고 교정시설 내의 안전과 질서유지에 기여하려는 공익이 크고 중요하다는 점에 비추어 볼 때, 이 사건 접견참여·기록이 청구인의 사생활의 비밀과 자유를 침해하였다고 볼 수 없다(헌재 2014. 9. 25. 2012헌마523).
>
> ④ [O] 또한 금고 이상의 범죄경력에 실효된 형을 포함시키는 이유는 선거권자가 공직후보자의 자질과 적격성을 판단할 수 있도록 하기 위한 점, 전과기록은 통상 공개재판에서 이루어진 국가의 사법작용의 결과라는 점, 전과기록의 범위와 공개시기 등이 한정되어 있는 점 등을 종합하면, 이 사건 법률조항은 피해최소성의 원칙에 반한다고 볼 수 없고, 공익적 목적을 위하여 공직선거 후보자의 사생활의 비밀과 자유를 한정적으로 제한하는 것이어서 법익균형성의 원칙도 충족한다. 따라서 이 사건 법률조항은 청구인들의 사생활의 비밀과 자유를 침해한다고 볼 수 없다(헌재 2008. 4. 24. 2006헌마402).

10 헌법상 규범통제제도에 관한 헌법재판소의 결정내용으로 가장 옳지 않은 것은?

① 법률은 법원의 제청에 의한 위헌법률심판의 대상이 된다.

② 「헌법재판소법」 제68조 제2항에 의한 헌법소원심판의 경우, 법률은 물론이고 명령이나 규칙도 심판의 대상이 된다.

③ 법률과 동일한 효력을 갖는 긴급명령 및 긴급재정경제명령의 위헌여부 심사권한은 헌법재판소에 전속된다.

④ 실질적으로 법률과 같은 효력을 가지는 관습법도 「헌법재판소법」 제68조 제2항에 의한 헌법소원심판의 대상이 된다.

>ADVICE ① [O] 헌법 제107조 ① 법률이 헌법에 위반되는 여부가 재판의 전제가 된 경우에는 법원은 헌법재판소에 제청하여 그 심판에 의하여 재판한다.

② [X] 헌법재판소법 제68조 제2항에 의한 헌법소원심판은 법률이 헌법에 위반되는지 여부가 재판의 전제가 된 경우 위헌법률심판 제청신청을 하여 그 신청이 기각된 때에만 청구할 수 있으므로, 그 심판의 대상은 재판의 전제가 되는 법률이고 대통령령, 부령, 명령이나 규칙, 훈령 등을 심판대상으로 한 헌법소원심판 청구는 부적법하다(헌재 2002. 11. 26. 2002헌바92).

③ [O] 헌법 제107조 제1항, 제2항은 법원의 재판에 적용되는 규범의 위헌 여부를 심사할 때, '법률'의 위헌 여부는 헌법재판소가, 법률의 하위 규범인 '명령·규칙 또는 처분' 등의 위헌 또는 위법 여부는 대법원이 그 심사권한을 갖는 것으로 권한을 분배하고 있다. 이 조항에 규정된 '법률'인지 여부는 그 제정 형식이나 명칭이 아니라 규범의 효력을 기준으로 판단하여야 하고, '법률'에는 국회의 의결을 거친 이른바 형식적 의미의 법률은 물론이고 그 밖에 조약 등 '형식적 의미의 법률과 동일한 효력'을 갖는 규범들도 모두 포함된다. 따라서 최소한 법률과 동일한 효력을 가지는 이 사건 긴급조치들의 위헌 여부 심사권한도 헌법재판소에 전속한다(헌재 2013. 3. 21. 2010헌바70).

④ [O] 민법(1958. 2. 22. 법률 제471호로 제정된 것) 시행 이전의 "여호주가 사망하거나 출가하여 호주상속이 없이 절가된 경우, 유산은 그 절가된 가(家)의 가족이 승계하고 가족이 없을 때는 출가녀(出家女)가 승계한다."는 구 관습법은 민법 시행 이전에 상속 등을 규율하는 법률이 없는 상황에서 절가된 가(家)의 재산분배에 관하여 적용된 규범으로서, 비록 형식적 의미의 법률은 아니지만 실질적으로는 법률과 같은 효력을 갖는다. 그렇다면 법률과 같은 효력을 가지는 이 사건 관습법도 헌법소원심판의 대상이 되고, 단지 형식적 의미의 법률이 아니라는 이유로 그 예외가 될 수는 없다(헌재 2016. 4. 28. 2013헌바396).

11 교육의 권리에 대한 침해로 인정되는 것은?

① 학원의 종류 중 '유아를 대상으로 교습하는 학원'을 학교교과교습학원으로 분류한 것
② 검정고시로 고등학교 졸업학력을 취득한 사람들의 수시모집 지원을 제한하는 내용의 국립교육대학교의 신입생 수시모집 입시요강
③ 특정지역에 대하여 우선적으로 중학교 의무교육을 실시한 것
④ 고교평준화지역에서 일반계 고등학교에 진학하는 학생을 교육감이 학교군별로 추첨에 의하여 배정한 것

> **ADVICE** ① [X] 헌법 제31조 제4항에 의해 보장되는 교육의 자주성과 전문성은 '교육기관의 자유'와 '교육의 자유'를 보장함으로써 비로소 달성할 수 있는데, '교육기관의 자유'는 교육을 담당하는 교육기관의 교육운영에 관한 자주적인 결정권을 그 내용으로 하고, '교육의 자유'는 교육내용이나 교육방법 등에 관한 자주적인 결정권을 그 내용으로 한다. 그런데 심판대상 법률조항은 교육기관의 교육운영에 관한 자주적인 결정권을 제한하거나 교육내용이나 교육방법을 제한하는 규정이 아니므로 교육의 권리를 제한한다고 볼 여지가 없다(헌재 2013. 5. 30. 2011헌바227).
> ② [O] 수시모집의 학생선발방법이 정시모집과 동일할 수는 없으나, 이는 수시모집에서 응시자의 수학능력이나 그 정도를 평가하는 방법이 정시모집과 다른 것을 의미하며, 수학능력이 있는 자들에게 동등한 기회를 주고 합리적인 선발 기준에 따라 학생을 선발하여야 한다는 점에서는 정시모집과 다르다고 할 수 없다. 따라서 이 사건 수시모집요강이 수시모집에서 검정고시 출신의 응시자에게 수학능력이 있는지 여부를 평가할 수 있는 기회를 부여하지 아니하고 이를 박탈한다는 것은 수학능력에 따른 합리적인 차별이라고 보기 어렵다. …… 이러한 사정을 종합하면, 이 사건 수시모집요강은 검정고시 출신인 청구인들을 합리적인 이유 없이 차별하여 청구인들의 교육을 받을 권리를 침해한다고 할 수 있다(헌재 2017. 12. 28. 2016헌마649).
> ③ [X] 따라서 입법자가 중학교교육에 대한 의무교육을 단계적으로 실시하는 것으로 규정함에 따라 아직 중학교교육의 무상 실시라는 혜택을 받지 못하는 지역이 있더라도 이는 그 지역의 주민들에 대하여는 이러한 혜택이 현재로서는 구체적인 헌법상의 권리로서 보장되지 않고 있는 것이며, 그들의 헌법상 보장된 권리가 국가에 의하여 침해되고 있다고 볼 수 없다(헌재 1991. 2. 11. 90헌가27).
> ④ [X] 교육감 추첨에 의한 입학전형에서는 학교분포와 통학거리 등을 고려하여 학생들을 인근 학교에 갈 수 있도록 하는 것이 가장 합리적이고 보편적인 방법이며, 초·중등교육법시행령에서는 학생과 학부모의 학교선택권에 대한 제한을 완화하기 위하여 선복수지원·후추첨방식과 같은 여러 보완책을 두고 있으므로, 이 사건 조항이 거주지에 의하여 학부모의 학교선택권을 과도하게 제한한다고 보기는 어렵다(헌재 2009. 4. 30. 2005헌마514).

12 사회보장수급권에 대한 설명으로 가장 옳지 않은 것은?

① 「산업재해보상보험법」에서 업무상 질병으로 인한 업무상 재해에 있어 업무와 재해 사이의 상당인과관계에 대한 입증책임을 이를 주장하는 근로자나 그 유족에게 부담시키는 것은 사회보장수급권을 위헌적으로 침해한다.

② 사립학교 교원에 대한 명예퇴직수당은 장기근속자의 조기퇴직을 유도하기 위한 특별장려금이라고 할 것이고 사회보장수급권에 해당하지 않는다.

③ 「공무원연금법」에서 다른 법령에 따라 국가나 지방자치단체의 부담으로 공무원연금법에 따른 급여와 같은 종류의 급여를 받는 자에게는 그 급여에 상당하는 금액을 공제하여 지급한다고 규정하고 있는 것은 사회보장수급권의 위헌적 침해로 볼 수 없다.

④ 산재보험수급권은 이른바 '사회보장수급권'의 하나로서 국가에 대하여 적극적으로 급부를 요구하는 것이지만 국가가 재정부담능력과 전체적 사회보장 수준 등을 고려하여 그 내용과 범위를 정하는 것이므로 입법부에 폭넓은 입법형성의 자유가 인정된다.

> **ADVICE** ① [X] 업무상 재해의 인정요건 중 하나로 '업무와 재해 사이에 상당인과관계'를 요구하고 근로자 측에게 그에 대한 입증을 부담시키는 것은 재해근로자와 그 가족에 대한 보상과 생활보호를 필요한 수준으로 유지하면서도 그와 동시에 보험재정의 건전성을 유지하기 위한 것으로서 그 합리성이 있다. …… 산업재해보상보험법 등은 근로복지공단으로 하여금 사업장 조사 등 업무상 재해 여부를 판단할 수 있는 자료를 실질적으로 조사·수집하게 하도록 하고 있는데 이는 근로자 측의 입증부담을 사실상 완화하는 역할을 할 수 있는 점 등을 고려할 때, 근로자 측이 현실적으로 부담하는 입증책임이 근로자 측의 보호를 위한 산업재해보상보험제도 자체를 형해화시킬 정도로 과도하다고 보기도 어렵다. 따라서 심판대상조항이 사회보장수급권을 침해한다고 볼 수 없다(헌재 2015. 6. 25. 2014헌바269).

　② [O] 명예퇴직은 근로자의 청약(신청)에 대하여 사용자가 승낙함으로써 합의에 의하여 근로계약을 종료시키는 근로계약의 합의해지라고 할 것이다. 원칙적으로 계약의 자유가 보장되는 사적 자치의 영역이다. 사립학교법상 명예퇴직수당은 교원이 정년까지 근무할 경우에 받게 될 장래 임금의 보전이나 퇴직 이후의 생활안정을 보장하는 사회보장적 급여가 아니라 장기근속 교원의 조기 퇴직을 유도하기 위한 특별장려금이라고 할 것이다(헌재 2007. 4. 26. 2003헌마533).

　③ [O] 이 사건 법률조항은 공무원연금법상 장해급여를 지급하는 경우, 그와 동시에 지급받을 수 있는 급여 중 그 비용을 전적으로 국고에 의존하는 급여로서 장해급여와 같은 종류의 급여에 한하여 위 장해급여에서 공제하여 지급할 것을 규정하는 것이고, 이는 연금제도를 통해 공무원의 생활안정과 복리 향상에 필요한 수준을 유지하면서도 그와 동시에 연금재정을 적절히 운용하고자 도모하는 것이므로 그에 대한 합리적인 이유를 찾을 수 있다. 따라서 이 사건 법률조항이 입법자의 입법형성권을 넘는 자의적인 것으로서 청구인의 사회보장수급권이나 재산권을 침해하였다고 보기 어렵다(헌재 2013. 9. 26. 2011헌바272).

　④ [O] 산재보험수급권은 이른바 '사회보장수급권'의 하나로서 국가에 대하여 적극적으로 급부를 요구하는 것이지만 국가가 재정부담능력과 전체적 사회보장 수준 등을 고려하여 그 내용과 범위를 정하는 것이므로 입법부에 폭넓은 입법형성의 자유가 인정된다(헌재 2016. 9. 29. 2014헌바254).

✎ **ANSWER** 11.② 12.①

13 우리나라 헌정사에 대한 설명으로 가장 옳은 것은?

① 구속적부심사제도는 제헌헌법에서부터 인정되었으며 폐지되지 않고 현행 헌법까지 유지되어 왔다.

② 제헌헌법에서 국회는 양원제였으며, 4년 임기의 직선으로 선출된 198명의 의원으로 구성되었다.

③ 국민투표권을 최초로 규정한 것은 1962년 제5차 개헌 때 였다.

④ 1962년 제5차 개헌에서는 대통령선거 및 국회의원선거에 입후보하고자 하는 자는 반드시 정당의 추천을 받도록 하였다.

> **ADVICE** ① [X] 구속적부심사제도는 제헌헌법부터 존재했으나 1972년 헌법에서 삭제되었다가 1980년 헌법에서 다시 부활하였다.

② [X] 제헌헌법에서 국회는 단원제로 운영되었다.

③ [X] 국민투표권을 최초로 규정한 것은 1954년 헌법에서 '대한민국의 주권의 제약 또는 영토의 변경을 가져올 국가 안위에 관한 중대사항'에 관한 것이다.

④ [O] 1962년 헌법은 정당제 민주주의를 엄격히 관철시키면서 국회의원과 대통령선거에 입후보하고자 하는 자는 반드시 정당의 추천에 따르도록 했다.

14 국회의 구성과 조직에 대한 설명으로 가장 옳은 것은?

① 의장과 부의장은 국회에서 무기명투표로 선거하되 재적의원 과반수의 출석과 출석의원 과반수의 득표로 당선된다.

② 정당에 소속된 국회의원이 국회부의장으로 당선되더라도 그 직에 있는 동안 당적을 가질 수 있다.

③ 상임위원회 위원장은 당해 상임위원회 회의에서 선거하되 재적의원 과반수의 출석과 출석의원 다수의 득표로 당선된다.

④ 상임위원회 위원은 교섭단체소속의원수의 비율에 의하여 각 의원의 요청으로 국회의장이 선임 및 개선한다.

> **ADVICE** ① [X] 국회법 제15조(의장·부의장의 선거) ① 의장과 부의장은 국회에서 무기명투표로 선거하고 재적의원 과반수의 득표로 당선된다.

② [O] 국회법 제20조의2(의장의 당적 보유 금지) ① 의원이 의장으로 당선된 때에는 당선된 다음 날부터 의장으로 재직하는 동안은 당적(黨籍)을 가질 수 없다. 다만, 국회의원 총선거에서 「공직선거법」 제47조에 따른 정당추천후보자로 추천을 받으려는 경우에는 의원 임기만료일 90일 전부터 당적을 가질 수 있다.

③ [X] 국회법 제41조(상임위원장) ② 상임위원장은 제48조제1항부터 제3항까지에 따라 선임된 해당 상임위원 중에서 <u>임시의장 선거의 예에 준하여 본회의에서 선거한다.</u>

제17조(임시의장 선거) 임시의장은 무기명투표로 선거하고 <u>재적의원 과반수의 출석과 출석의원 다수득표자를 당선자로 한다.</u>

④ [X] 국회법 제48조(위원의 선임 및 개선) ① 상임위원은 교섭단체 소속 의원 수의 비율에 따라 <u>각 교섭단체 대표의원의 요청으로 의장이 선임하거나 개선한다.</u> 이 경우 각 교섭단체 대표의원은 국회의원 총선거 후 첫 임시회의 집회일부터 2일 이내에 의장에게 상임위원 선임을 요청하여야 하고, 처음 선임된 상임위원의 임기가 만료되는 경우에는 그 임기만료일 3일 전까지 의장에게 상임위원 선임을 요청하여야 하며, 이 기한까지 요청이 없을 때에는 의장이 상임위원을 선임할 수 있다.

15 헌법 개정에 대한 설명으로 가장 옳지 않은 것은?

① 우리나라는 1954년 제2차 개정헌법에서 일부 조항의 개폐를 명시적으로 금지한 바 있지만, 현행 헌법에서는 그러한 규정을 두고 있지 않다.

② 헌법제정권력과 헌법개정권력의 구별을 부인하는 입장에서는 모든 헌법조항은 개정의 대상이 될 수 있다고 본다.

③ 실정헌법의 상위에 자연법원리 또는 실정법을 초월한 헌법적 가치가 존재한다고 보는 견해는 헌법 개정의 한계를 인정한다.

④ 우리 헌법재판소는 헌법제정권과 헌법개정권의 구별론을 헌법의 개별규정에 대하여 위헌심사를 할 수 있다는 논거로 원용할 수 있다는 입장이다.

ADVICE ① [O] 제2공화국 헌법까지는 헌법개정을 금지하는 조항이 있었으나, 현행 헌법에는 헌법개정의 한계에 관한 명문의 규정이 없다.

② [O] 헌법제정권력과 개정권력의 구별을 부인하는 입장에서는 헌법개정의 한계를 부인하고 모든 헌법조항이 개정의 대상으로 파악한다.

③ [O] 실정헌법의 상위에 자연법원리 등이 존재한다고 인정하는 견해는 결국 이를 벗어난 헌법개정은 불가능하다고 본다.

④ [X] 우리 헌법의 각 개별규정 가운데 무엇이 헌법제정규정이고 무엇이 헌법개정규정인지를 구분하는 것이 가능하지 아니할 뿐 아니라, 각 개별규정에 그 효력상의 차이를 인정하여야 할 형식적인 이유를 찾을 수 없다. 이러한 점과 앞에서 검토한 현행 헌법 및 헌법재판소법의 명문의 규정취지에 비추어, 헌법제정권과 헌법개정권의 구별론이나 헌법개정한계론은 그 자체로서의 이론적 타당성 여부와 상관없이 우리 헌법재판소가 헌법의 개별규정에 대하여 위헌심사를 할 수 있다는 논거로 원용될 수 있는 것이 아니다(헌재 1995. 12. 28. 95헌바3).

✎ **ANSWER** 13.④ 14.② 15.④

16 국회의 권한에 대한 설명으로 가장 옳지 않은 것은?

① 국무총리나 국무위원에 대한 해임건의는 위헌이나 위법행위가 아닌 정치적 책임을 묻기 위해서도 할 수 있고, 국회재적의원 3분의 1 이상의 발의에 의하여 국회재적의원 과반수의 찬성이 있어야 한다.

② 탄핵소추를 의결하기 전에 조사여부는 국회의 재량이므로 국회가 탄핵소추 사유에 대하여 별도의 조사를 하지 않아도 헌법이나 법률에 위반되지 않고, 탄핵소추의결도 개별 사유별로 하지 않고 전체를 하나의 안건으로 표결할 수 있다.

③ 대통령이 일반사면을 명하려면 국회의 동의를 거쳐야 하고, 특별사면은 법무부장관이 사면심사위원회의 심사를 거쳐 대통령에게 상신하여야 한다.

④ 본회의는 그 의결로 국무총리, 국무위원, 정부위원, 대법원장, 헌법재판소장, 중앙선거관리위원회위원장, 감사원장 등의 출석을 요구할 수 있으며, 그 발의는 의원 20인 이상이 이유를 명시한 서면으로 하여야 한다.

> **ADVICE** ① [O] 헌법 제63조 ① 국회는 국무총리 또는 국무위원의 해임을 대통령에게 건의할 수 있다.
>
>   ② 제1항의 해임건의는 국회재적의원 3분의 1 이상의 발의에 의하여 국회재적의원 과반수의 찬성이 있어야 한다.
>
>   ② [O] 국회가 탄핵소추사유에 대하여 별도의 조사를 하지 않았다거나 국정조사결과나 특별검사의 수사결과를 기다리지 않고 탄핵소추안을 의결하였다고 하여 그 의결이 헌법이나 법률을 위반한 것이라고 볼 수 없다. …… 탄핵소추안을 각 소추사유별로 나누어 발의할 것인지 아니면 여러 소추사유를 포함하여 하나의 안으로 발의할 것인지는 소추안을 발의하는 의원들의 자유로운 의사에 달린 것이다. 대통령이 헌법이나 법률을 위배한 사실이 여러 가지일 때 그 중 한 가지 사실만으로도 충분히 파면 결정을 받을 수 있다고 판단되면 그 한 가지 사유만으로 탄핵소추안을 발의할 수도 있고, 여러 가지 소추사유를 종합할 때 파면할 만하다고 판단되면 여러 가지 소추사유를 함께 묶어 하나의 탄핵소추안으로 발의할 수도 있다(헌재 2017. 3. 10. 2016헌나1).
>
>   ③ [O] 헌법 제79조 ② 일반사면을 명하려면 국회의 동의를 얻어야 한다.
>
>   사면법 제10조(특별사면 등의 상신) ① 법무부장관은 대통령에게 특별사면, 특정한 자에 대한 감형 및 복권을 상신(上申)한다.
>
>   ② 법무부장관은 제1항에 따라 특별사면, 특정한 자에 대한 감형 및 복권을 상신할 때에는 제10조의2에 따른 사면심사위원회의 심사를 거쳐야 한다.
>
>   ④ [X] 국회법 제121조(국무위원 등의 출석 요구) ① 본회의는 의결로 <u>국무총리, 국무위원 또는 정부위원의 출석을 요구</u>할 수 있다. 이 경우 그 발의는 <u>의원 20명 이상이 이유를 구체적으로 밝힌 서면으로 하여야 한다.</u>
>
>   ⑤ 본회의나 위원회는 특정한 사안에 대하여 질문하기 위하여 <u>대법원장, 헌법재판소장, 중앙선거관리위원회위원장, 감사원장</u> 또는 그 대리인의 출석을 요구할 수 있다. 이 경우 위원장은 의장에게 그 사실을 보고하여야 한다.

17 지방자치제도와 권력분립원칙의 관계에 대한 설명으로 가장 옳지 않은 것은?

① 지방자치제도는 중앙정부와 지방자치단체 간에 권력을 기능적으로 나누어 가짐으로써 권력분립의 실현에도 기여한다.

② 헌법상 권력분립의 원리는 지방의회와 지방자치단체의 장 사이에서도 상호견제와 균형의 원리로서 실현되고 있다.

③ 지방의회 사무직원의 임용권을 지방자치단체의 장에게 부여하는 것은 지방의회와 지방자치단체의 장 사이의 상호견제와 균형의 원리에 위배된다.

④ 현대사회에서 고전적 의미의 3권분립은 그 의미가 약화되고 통치권을 행사하는 여러 권한과 기능들의 실질적인 분산과 상호간의 조화를 도모하는 기능적 권력분립이 중요한 의미를 갖게 되었다.

> **ADVICE** ① [O], ④ [O] 현대사회에서 고전적 의미의 3권분립은 그 의미가 약화되고 통치권을 행사하는 여러 권한과 기능들의 실질적인 분산과 상호간의 조화를 도모하는 이른바 기능적 권력분립이 중요한 의미를 갖게 되었는데, 지방자치제도는 중앙정부와 지방자치단체 간에 권력을 기능적으로 나누어 가짐으로써 오늘날 민주주의 헌법이 통치기구의 구성원리로 보편적으로 받아들이고 있는 권력분립의 실현에도 기여한다(헌재 2007. 12. 27. 2004헌바98).

  ② [O], ③ [X] 헌법상 권력분립의 원리는 지방의회와 지방자치단체의 장 사이에서도 상호견제와 균형의 원리로서 실현되고 있다. 다만 지방자치단체의 장과 지방의회는 정치적 권력기관이긴 하지만 지방자치제도가 본질적으로 훼손되지 않는다면, 중앙·지방간 권력의 수직적 분배라고 하는 지방자치제의 권력분립적 속성상 중앙정부와 국회 사이의 구성 및 관여와는 다른 방법으로 국민주권·민주주의원리가 구현될 수 있다. …… 지방자치단체의 장에게 지방의회 사무직원의 임용권을 부여하고 있는 심판대상조항은 지방자치법 제101조, 제105조 등에서 규정하고 있는 지방자치단체의 장의 일반적 권한의 구체화로서 우리 지방자치의 현황과 실상에 근거하여 지방의회 사무직원의 인력수급 및 운영 방법을 최대한 효율적으로 규율하고 있다고 할 것이다. 심판대상조항에 따른 지방의회 의장의 추천권이 적극적이고 실질적으로 발휘된다면 지방의회 사무직원의 임용권이 지방자치단체의 장에게 있다고 하더라도 그것이 곧바로 지방의회와 집행기관 사이의 상호견제와 균형의 원리를 침해할 우려로 확대된다거나 또는 지방자치제도의 본질적 내용을 침해한다고 볼 수는 없다(헌재 2014. 1. 28. 2012헌바216).

18 생명권에 대한 설명으로 가장 옳지 않은 것은?

① 헌법재판소는 원칙적으로 기본권이 형해화될 정도의 제한은 기본권의 본질적 내용을 침해한 것으로 본다. 그러나 생명권의 제한에 관하여 그 제한이 정당화될 수 있는 예외적인 경우에는 생명권의 박탈이 초래된다고 하더라도 곧바로 기본권의 본질적 내용을 침해하는 것이라고 볼 수 없다는 입장이다.

② 자연법적 권리로서의 생명권의 향유자는 내국인 및 외국인을 불문한다. 그러나 생명권의 본질에 비추어 법인이 아닌 자연인만이 그 주체가 될 수 있다.

③ 생명권에서 보호하고자 하는 생명은 모든 생명있는 것을 의미하기 때문에 독자적인 생존가능성이 있는 생명에 한정시킬 필요는 없다. 따라서 생명권의 생명에는 태아도 포함되어야 한다.

④ 낙태는 태아의 생명권이 임산부의 자기결정권과 충돌한다는 점에서, 헌법재판소는 부녀가 약물 · 기타 방법으로 낙태한 때에는 형벌을 과하도록 한 형법조항이 임신 초기의 낙태나 사회적 또는 경제적 사유에 의한 낙태를 허용하고 있지 아니한 점에서 임부의 자기결정권에 대한 과도한 제한이라고 보고 있다.

> **ADVICE** ※ 문제 출제 당시에는 답이 ④번이었으나 판례변경으로 인해 정답 없음.
>
> ① [○] 헌법은 절대적 기본권을 명문으로 인정하고 있지 아니하며, 헌법 제37조 제2항에서는 국민의 모든 자유와 권리는 국가안전보장 · 질서유지 또는 공공복리를 위하여 필요한 경우에 한하여 법률로써 제한할 수 있도록 규정하고 있어, 비록 생명이 이념적으로 절대적 가치를 지닌 것이라 하더라도 생명에 대한 법적 평가가 예외적으로 허용될 수 있다고 할 것이므로, 생명권 역시 헌법 제37조 제2항에 의한 일반적 법률유보의 대상이 될 수밖에 없다. 나아가 생명권의 경우, 다른 일반적인 기본권 제한의 구조와는 달리, 생명의 일부 박탈이라는 것을 상정할 수 없기 때문에 생명권에 대한 제한은 필연적으로 생명의 완전한 박탈을 의미하게 되는바, 위와 같이 생명권의 제한이 정당화될 수 있는 예외적인 경우에는 생명권의 박탈이 초래된다 하더라도 곧바로 기본권의 본질적인 내용을 침해하는 것이라 볼 수는 없다(헌재 2010. 2. 25. 2008헌가23).
>
> ② [○] 이에 따라 자연적 생명체인 사람의 존재를 전제로 하는 기본권이나 인간의 감성과 관련된 기본권처럼 개인이 자연인으로서 향유하게 되는 기본권은 그 성질상 당연히 법인에게 적용될 수 없다. 즉, 법인은 인간의 존엄, 생명권, 신체의 자유, 혼인의 자유, 양심의 자유 등의 주체가 될 수 없다(헌재 2012. 8. 23. 2009헌가27).
>
> ③ [○] 모든 인간은 헌법상 생명권의 주체가 되며, 형성 중의 생명인 태아에게도 생명에 대한 권리가 인정되어야 한다. 따라서 태아도 헌법상 생명권의 주체가 되며, 국가는 헌법 제10조에 따라 태아의 생명을 보호할 의무가 있다(헌재 2008. 7. 31. 2004헌바81).
>
> ④ [○] 따라서, 자기낙태죄 조항은 입법목적을 달성하기 위하여 필요한 최소한의 정도를 넘어 임신한 여성의 자기결정권을 제한하고 있어 침해의 최소성을 갖추지 못하고 있으며, 법익균형성의 원칙도 위반하였다고 할 것이므로, 과잉금지원칙을 위반하여 임신한 여성의 자기결정권을 침해하는 위헌적인 규정이다(헌재 2019. 4. 11. 2017헌바127).

19 공무담임권에 대한 설명으로 가장 옳지 않은 것은?

① 지방자치단체의 장이 공소 제기된 후 구금상태에 있는 경우 부단체장이 그 권한을 대행하도록 한 「지방자치법」의 조항은 유죄판결이나 그 확정을 기다리지 아니한 채 바로 지방자치단체의 장의 직무를 정지시키고 있으므로 무죄추정의 원칙에 반한다.

② 취업지원 실시기관 채용시험의 가점 적용대상에서 보국 수훈자의 자녀를 제외하는 법 개정을 하면서, 가까운 장래에 보국수훈자의 자녀가 되어 채용시험의 가점을 받게 될 것이라는 신뢰를 장기간 형성해 온 사람에 대하여 경과조치를 두지 않은 「국가유공자 등 예우 및 지원에 관한법률」 부칙 규정은 공무담임권을 침해하지 않는다.

③ 지방자치단체의 장이 금고 이상의 형을 선고받고 그 형이 확정되지 아니한 경우 부단체장이 그 권한을 대행하도록 규정한 구 「지방자치법」의 조항은 지방자치단체의 장의 공무담임권을 침해한다.

④ 승진시험의 응시제한이나 이를 통한 승진기회의 보장 등 공직신분의 유지나 업무수행에 영향을 주지 않는 단순한 내부 승진인사에 관한 문제는 공무담임권의 보호영역에 포함되지 않는다.

> **ADVICE** ① [X] 이 사건 법률조항은 공소 제기된 자로서 구금되었다는 사실 자체에 사회적 비난의 의미를 부여한다거나 그 유죄의 개연성에 근거하여 직무를 정지시키는 것이 아니라, 구금의 효과, 즉 구속되어 있는 자치단체장의 물리적 부재상태로 말미암아 자치단체행정의 원활하고 계속적인 운영에 위험이 발생할 것이 명백하여 이를 미연에 방지하기 위하여 직무를 정지시키는 것이므로, '범죄사실의 인정 또는 유죄의 인정에서 비롯되는 불이익'이라거나 '유죄를 근거로 하는 사회윤리적 비난'이라고 볼 수 없다. 따라서 무죄추정의 원칙에 위반되지 않는다(헌재 2011. 4. 28. 2010헌마474).
>
> ② [O] 채용시험의 가점에 관한 국가유공자법 개정이 예측가능하고, 채용시험의 가점은 단지 법률이 부여한 기회를 활용한 것으로서 원칙적으로 사적 위험부담의 범위에 속하는 점, 국가유공자의 가족, 특히 자녀의 합격률 증가로 심화되는 일반 응시자들의 평등권 및 공무담임권 침해를 방지할 공익적 필요성은 상당히 큰 점, 심판대상조항의 적용시점을 정하는 것은 입법재량의 영역에 속하는 것인 점 등을 종합하면, 개정 국가유공자법 시행 직후에 국가유공자로 등록된 사람의 가족에 대하여 경과규정을 두지 않았다는 이유만으로 심판대상조항이 헌법상의 신뢰보호원칙에 위배되어 직업선택의 자유, 공무담임권을 침해하였다고 볼 수 없다(헌재 2015. 2. 26. 2012헌마400).
>
> ③ [O] 비록 이 사건 권한대행제도에 의하여 자치단체장의 공무담임권이 제한을 받는 것은 사실이나 그 제한은 잠정적이고 그 경우에도 단체장으로서의 신분과 보수도 계속 유지된다는 점에서 공무담임권에 대한 침해가 그렇게 가혹하다고 볼 수 없다. 그렇다면 이 사건 법률규정은 금고 이상의 형의 선고를 받은 경우만을 권한대행사유로 삼음으로써 자치단체장의 공무담임권에 대한 제한을 최소화하고 있을 뿐 아니라 이 사건 법률규정으로 인하여 침해되는 자치단체장의 공무담임권보다 그로 인하여 얻게 되는 지방행정의 원활한 운영이라는 공익이 훨씬 크다고 할 것이어서 이 사건 법률규정은 헌법 제37조 제2항의 비례원칙에 위배되지 않는다(헌재 2005. 5. 26. 2002헌마699).
>
> ④ [O] 다만, '승진시험의 응시제한'이나 이를 통한 승진기회의 보장 문제는 공직신분의 유지나 업무수행에는 영향을 주지 않는 단순한 내부 승진인사에 관한 문제에 불과하여 공무담임권의 보호영역에 포함된다고 보기는 어렵다고 할 것이다(헌재 2010. 3. 25. 2009헌마538).

✎ **ANSWER** 18.정답없음 19.①

20 대통령에 대한 설명으로 가장 옳지 않은 것은?

① 대통령의 형사상 불소추특권은 대통령으로 재직중인 동안만 형사상 특권을 부여하고 있는 것에 불과하다.

② 대통령은 중요정책과 결부하여서도 자신에 대한 국민의 신임을 국민투표에 붙여서는 안 된다.

③ 대통령이 국회에서 의결된 법률안에 대해 재의결을 요구하고자 하는 경우에는 이의서를 붙여 국회로 환부하여야 한다.

④ 대통령이 특별사면을 하는 경우에 선고된 형의 일부에 대해서만 사면을 하는 것은 사면권의 남용으로 허용되지 않는다.

》ADVICE ① [O] 대통령의 불소추특권에 관한 헌법의 규정이, 대통령이라는 특수한 신분에 따라 일반국민과는 달리 대통령 개인에게 특권을 부여한 것으로 볼 것이 아니라, 단지 국가의 원수로서 외국에 대하여 국가를 대표하는 지위에 있는 대통령이라는 특수한 직책의 원활한 수행을 보장하고, 그 권위를 확보하여 국가의 체면과 권위를 유지하여야 할 실제상의 필요 때문에 대통령으로 재직중인 동안만 형사상 특권을 부여하고 있음에 지나지 않는 것으로 보아야 할 것이다(헌재 1995. 1. 20. 94헌마246).

② [O] 대통령이 자신에 대한 재신임을 국민투표의 형태로 묻고자 하는 것은 헌법 제72조에 의하여 부여받은 국민투표부의권을 위헌적으로 행사하는 경우에 해당하는 것으로, 국민투표제도를 자신의 정치적 입지를 강화하기 위한 정치적 도구로 남용해서는 안 된다는 헌법적 의무를 위반한 것이다(헌재 2004. 5. 14. 선고 2004헌나1).

③ [O] 헌법 제53조 ① 국회에서 의결된 법률안은 정부에 이송되어 15일 이내에 대통령이 공포한다.

　② 법률안에 이의가 있을 때에는 대통령은 제1항의 기간내에 이의서를 붙여 국회로 환부하고, 그 재의를 요구할 수 있다. 국회의 폐회중에도 또한 같다.

④ [X] 선고된 형의 전부를 사면할 것인지 또는 일부만을 사면할 것인지를 결정하는 것은 사면권자의 전권사항에 속하는 것이고, 징역형의 집행유예에 대한 사면이 병과된 벌금형에도 미치는 것으로 볼 것인지 여부는 사면의 내용에 대한 해석문제에 불과하다 할 것이다(헌재 2000. 6. 1. 97헌바74).

1 제도적 보장에 대한 설명으로 옳은 것은? (다툼이 있는 경우 판례에 의함)

① 제도적 보장은 주관적 권리가 아닌 객관적 법규범이라는 점에서 기본권과 구별되며, 헌법에 의하여 일정한 제도가 보장되더라도 입법자는 그 제도를 설정하고 유지할 입법의무를 지는 것은 아니다.

② 기본권이 입법권·집행권·사법권을 구속하는 법규범인데 반하여, 제도적 보장은 프로그램적 규정으로서 재판규범으로서의 기능을 하지 못한다.

③ 방송의 자유는 주관적 권리로서의 성격과 함께 신문의 자유와 마찬가지로 자유로운 의견형성이나 여론형성을 위해 필수적인 기능을 행하는 객관적 규범질서로서 제도적 보장의 성격을 함께 가진다.

④ 전래의 어떤 가족제도가 헌법 제36조제1항이 요구하는 양성평등에 반한다고 할지라도, 헌법 제9조의 전통문화와 규범조화적으로 해석하여 그 헌법적 정당성이 인정될 수도 있다.

> **ADVICE** ① [X] 다시 말하면 이러한 제도적 보장은 주관적 권리가 아닌 객관적 법규범이라는 점에서 기본권과 구별되기는 하지만 헌법에 의하여 <u>일정한 제도가 보장되면 입법자는 그 제도를 설정하고 유지할 입법의무를 지게 될 뿐만 아니라</u> 헌법에 규정되어 있기 때문에 법률로써 이를 폐지할 수 없고, 비록 내용을 제한한다고 하더라도 그 본질적 내용을 침해할 수는 없다(헌재 1997. 4. 24. 95헌바48).

　　② [X] 다시 말하면 이러한 제도적 보장은 주관적 권리가 아닌 객관적 법규범이라는 점에서 기본권과 구별되기는 하지만 헌법에 의하여 일정한 제도가 보장되면 입법자는 그 제도를 설정하고 유지할 입법의무를 지게 될 뿐만 아니라 <u>헌법에 규정되어 있기 때문에 법률로써 이를 폐지할 수 없고, 비록 내용을 제한한다고 하더라도 그 본질적 내용을 침해할 수는 없다</u>(헌재 2006. 2. 23. 2005헌마403).

　　③ [O] 방송의 자유는 주관적 권리로서의 성격과 함께 자유로운 의견형성이나 여론형성을 위해 필수적인 기능을 행하는 객관적 규범질서로서 제도적 보장의 성격을 함께 가진다(헌재 2003. 12. 18. 2002헌바49).

　　④ [X] 한편, 헌법 전문과 헌법 제9조에서 말하는 '전통', '전통문화'란 역사성과 시대성을 띤 개념으로서 헌법의 가치질서, 인류의 보편가치, 정의와 인도정신 등을 고려하여 오늘날의 의미로 포착하여야 하며, 가족제도에 관한 전통·전통문화란 적어도 그것이 가족제도에 관한 헌법이념인 개인의 존엄과 양성의 평등에 반하는 것이어서는 안 된다는 한계가 도출되므로, 전래의 어떤 가족제도가 헌법 제36조 제1항이 요구하는 개인의 존엄과 양성평등에 반한다면 헌법 제9조를 근거로 그 헌법적 정당성을 주장할 수는 없다(헌재 2005. 2. 3. 2001헌가9).

✎ ANSWER 20.④ / 1.③

2 평등권 또는 평등원칙에 대한 설명으로 옳은 것은? (다툼이 있는 경우 판례에 의함)

① 후보자의 선거운동에서 독자적으로 후보자의 명함을 교부할 수 있는 주체를 후보자의 배우자와 직계존비속으로 제한한 「공직선거법」 규정은 배우자나 직계존비속이 있는 후보자와 그렇지 않은 후보자를 합리적 이유 없이 달리 취급하고 있기에 평등권을 침해한다.

② 보훈보상대상자의 부모에 대한 유족보상금 지급 시, 부모 중 수급권자를 1인에 한정하고 어떠한 예외도 두지 않는 「보훈보상대상자 지원에 관한 법률」 규정은 보상금을 지급받지 못하는 부모 일방의 평등권을 침해하지 아니한다.

③ 「주민등록법」상 재외국민으로 등록·관리되고 있는 영유아를 보육료·양육수당의 지원대상에서 제외한 규정은 국가의 재정능력에 비추어 보았을 때 국내에 거주하면서 재외국민인 영유아를 양육하는 부모를 차별하고 있더라도 평등권을 침해하지는 않는다.

④ 구「소년법」 규정이 소년으로 범한 죄에 의하여 형의 선고를 받은 자가 그 집행을 종료하거나 면제받은 때와 달리 집행유예를 선고받은 소년범에 대한 자격완화 특례규정을 두지 아니하여 자격제한을 함에 있어 「군인사법」 등 해당 법률의 적용을 받도록 한 것은 불합리한 차별이라 할 것이므로 평등원칙에 위반된다.

> **ADVICE** ① [X] 1호 관련조항이 배우자나 직계존비속이 있는 후보자와 그렇지 않은 후보자를 달리 취급하고 있다고 할 수 있으나, 그 입법목적 및 명함의 속성 등을 고려하면, 1호 관련조항에서 후보자의 정치·경제력과는 무관하게 존재가능하고 후보자와 동일시할 수 있는 배우자나 직계존비속에 한정하여 명함을 교부할 수 있도록 한 것에는 합리적 이유가 있다 할 것이므로, 평등권을 침해하지 아니한다(헌재 2016. 9. 29. 2016헌마287).
> ② [X] 그런데 심판대상조항은 보훈보상대상자의 부모에게 보상금을 지급함에 있어 어떠한 예외도 두지 않고 1명에게만 한정하여 보상금을 지급하도록 하고, 그 중 나이가 많은 자를 우선하도록 하고 있는바, 다음과 같은 이유에서 그 합리성을 인정하기 어렵다(헌재 2018. 6. 28. 2016헌가14).
> ③ [X] 단순한 단기체류가 아니라 국내에 거주하는 재외국민, 특히 외국의 영주권을 보유하고 있으나 상당한 기간 국내에서 계속 거주하고 있는 자들은 주민등록법상 재외국민으로 등록·관리될 뿐 '국민인 주민'이라는 점에서는 다른 일반 국민과 실질적으로 동일하므로, 단지 외국의 영주권을 취득한 재외국민이라는 이유로 달리 취급할 아무런 이유가 없어 위와 같은 차별은 청구인들의 평등권을 침해한다(헌재 2018. 1. 25. 2015헌마1047).
> ④ [O] 더욱이 집행유예 기간을 경과한 자의 경우에는 원칙적으로 형의 선고에 의한 법적 효과가 장래를 향하여 소멸하고 향후 자격제한 등의 불이익을 받지 아니함에도, 이 사건 구법 조항에 따르면 집행유예를 선고받은 자의 자격제한을 완화하지 아니하여 집행유예 기간이 경과한 경우에도 그 후 일정 기간 자격제한을 받게 되었으므로, 명백히 자의적인 차별에 해당하여 평등원칙에 위반된다(헌재 2018. 1. 25. 2017헌가7).

3 신체의 자유에 대한 설명으로 옳지 않은 것은? (다툼이 있는 경우 판례에 의함)

① 체포영장을 발부받아 피의자를 체포하는 경우에 필요한 때에는 영장 없이 타인의 주거 등 내에서 피의자 수사를 할 수 있도록 한 「형사소송법」 규정은 별도로 영장을 발부받기 어려운 긴급한 사정이 있는지 여부를 구별하지 아니하고 피의자가 소재할 개연성만 소명되면 영장 없이 타인의 주거 등을 수색할 수 있도록 허용하고 있으므로 헌법 제16조의 영장주의에 위반된다.

② 동일인을 구 「석유 및 석유대체연료 사업법」 규정에 따라 유사석유제품 제조행위로 처벌하고, 구 「조세범 처벌법」 규정에 근거하여 유사석유제품을 제조하여 조세를 포탈한 행위로도 처벌하는 것은 기본적 사실관계로서의 행위가 동일하여 이중처벌금지원칙에 위배된다.

③ 단순히 선박소유자가 고용한 선장이 선박소유자의 업무에 관하여 범죄행위를 하였다는 이유만으로 그 선박소유자에게도 동일한 벌금형을 과하도록 한 규정은 다른 사람의 범죄에 대하여 그 책임 유무를 묻지 않고 형벌을 부과하는 것으로서 책임주의원칙에 반한다.

④ 변호인이 피의자신문에 자유롭게 참여할 수 있는 권리는 피의자가 가지는 변호인의 조력을 받을 권리를 실현하는 수단이므로 헌법상 기본권인 변호인의 변호권으로서 보호되어야 한다.

ADVICE ① [O] 심판대상조항은 체포영장을 발부받아 피의자를 체포하는 경우에 필요한 때에는 영장 없이 타인의 주거 등 내에서 피의자 수사를 할 수 있다고 규정함으로써, 앞서 본 바와 같이 별도로 영장을 발부받기 어려운 긴급한 사정이 있는지 여부를 구별하지 아니하고 피의자가 소재할 개연성만 소명되면 영장 없이 타인의 주거 등을 수색할 수 있도록 허용하고 있다. 이는 체포영장이 발부된 피의자가 타인의 주거 등에 소재할 개연성은 소명되나, 수색에 앞서 영장을 발부받기 어려운 긴급한 사정이 인정되지 않는 경우에도 영장 없이 피의자 수색을 할 수 있다는 것이므로, 위에서 본 헌법 제16조의 영장주의 예외 요건을 벗어나는 것으로서 영장주의에 위반된다(헌재 2018. 4. 26. 2015헌바370).

② [X] 구 '석유 및 석유대체연료 사업법'(이하 '석유사업법'이라 한다)에 의한 처벌은 유사석유제품을 제조하는 것으로써 구성요건을 충족하는 반면, 심판대상조항에 의한 처벌은 유사석유제품을 제조하여 그에 따른 세금을 포탈한 때 비로소 구성요건에 해당하는 것이므로, 양자는 처벌의 대상이 되는 행위를 달리한다. 따라서 심판대상조항은 이중처벌금지원칙에 위배되지 아니한다(헌재 2017. 7. 27. 2012헌바323).

③ [O] 이 사건 법률조항은 선장의 범죄행위에 관하여 비난할 근거가 되는 선박소유자의 의사결정 및 행위구조, 즉 선장이 저지른 행위의 결과에 대한 선박소유자의 독자적인 책임에 관하여 전혀 규정하지 않은 채, 단순히 선박소유자가 고용한 선장이 업무에 관하여 범죄행위를 하였다는 이유만으로 선박소유자에 대하여 형사처벌을 과하고 있는바, 이는 다른 사람의 범죄에 대하여 그 책임 유무를 묻지 않고 형벌을 부과하는 것으로서, 법치국가의 원리 및 죄형법정주의로부터 도출되는 책임주의원칙에 반한다(헌재 2013. 9. 26. 2013헌가15).

④ [O] 변호인이 피의자신문에 자유롭게 참여할 수 있는 권리는 피의자가 가지는 변호인의 조력을 받을 권리를 실현하는 수단이므로 헌법상 기본권인 변호인의 변호권으로서 보호되어야 한다(헌재 2017. 11. 30. 2016헌마503).

✏ **ANSWER** 2.④ 3.②

4 법률의 일반성에 대한 설명으로 옳지 않은 것은? (다툼이 있는 경우 판례에 의함)

① 「보안관찰법」 제6조제1항 전문 후단은 보안관찰처분대상자에게 출소 후 신고의무를 법 집행기관의 구체적 처분이 아닌 법률로 직접 부과하고 있어서 이른바 처분적 법률에 해당하므로 권력분립원칙에 위반된다.

② 헌법은 처분적 법률로서의 개인대상법률 또는 개별사건법률의 정의를 따로 두고 있지 않음은 물론, 이러한 처분적 법률의 제정을 금하는 명문의 규정도 두고 있지 않다.

③ 개별사건법률의 위헌 여부는 그 형식만으로 가려지는 것이 아니라 나아가 평등의 원칙이 추구하는 실질적 내용이 정당한지 아닌지를 따져야 비로소 가려진다.

④ 폐지대상인 「세무대학설치법」 자체가 이미 처분법률에 해당하는 것이므로, 이를 폐지하는 법률도 당연히 그에 상응하여 처분법률의 형식을 띨 수밖에 없다.

> **ADVICE** ① [X] 보안관찰법 제6조 제1항 전문 후단이 보안관찰처분대상자에게 출소 후 신고의무를 법 집행기관의 구체적 처분 (예컨대 신고의무부과처분)이 아닌 법률로 직접 부과하고 있기는 하나 위 조항은 보안관찰처분대상자 중에서 일부 특정 대상자에게만 적용되는 것이 아니라 위 대상자 모두에게 적용되는 일반적이고 추상적인 법률규정이 므로 법률이 직접 출소 후 신고의무를 부과하고 있다고 하더라도 처분적 법률 내지 개인적 법률에 해당된다고 볼 수 없으므로 권력분립원칙에 위반되지 아니한다(헌재 2003. 6. 26. 2001헌가17).
>
> ② [O] 우리 헌법은 처분적 법률로서 개인대상법률 또는 개별사건법률의 정의를 따로 두고 있지 않음은 물론, 이러한 처분적 법률의 제정을 금하는 명문의 규정도 두고 있지 않은바, 특정규범이 개인대상 또는 개별사건법률에 해 당한다고 하여 그것만으로 바로 헌법에 위반되는 것은 아니라고 할 것이다(헌재 1996. 2. 16. 96헌가2).
>
> ③ [O] 개별사건법률은 원칙적으로 평등원칙에 위배되는 자의적 규정이라는 강한 의심을 불러 일으키는 것이지만, 개 별법률금지의 원칙이 법률제정에 있어서 입법자가 평등원칙을 준수할 것을 요구하는 것이기 때문에 특정규범 이 개별사건법률에 해당한다 하여 곧바로 위헌을 뜻하는 것은 아니며, 이러한 차별적 규율이 합리적인 이유 로 정당화될 수 있는 경우에는 합헌적일 수 있다(헌재 1996. 2. 16. 96헌가2).
>
> ④ [O] 이 사건 폐지법은 세무대학설치의 법적 근거로 제정된 기존의 세무대학설치법을 폐지함으로써 세무대학을 폐 교하는 법적 효과를 발생하는 것이므로, 동법은 세무대학과 그 폐지만을 규율목적으로 삼는 처분법률의 형식 을 띤다. 그러나 이와 같은 처분법률의 형식은 폐지대상인 세무대학설치법 자체가 이미 처분법률에 해당하는 것이므로, 이를 폐지하는 법률도 당연히 그에 상응하여 처분법률의 형식을 띨 수밖에 없는 필연적 현상이다 (헌재 2001. 2. 22. 99헌마613).

5 국회의 구성 및 조직에 대한 설명으로 옳은 것은?

① 현행 「국회법」상 예산결산특별위원회와 윤리특별위원회는 활동기간을 정하여 구성되지 아니하므로 상설로 운영된다.

② 국회의장과 부의장은 정치적 중립의무를 지므로, 국회의원은 의장 또는 부의장으로 당선된 다음 날부터 그 직에 있는 동안 당적을 가질 수 없다.

③ 교섭단체는 정당소속 의원들의 원내 행동통일을 통하여 정당의 정책을 의안심의에 최대한 반영하는 기능을 갖는 단체로서 「국회법」상 동일한 정치적 신념을 가진 정당소속 의원들로 구성할 수 있으므로 무소속 의원 20인으로 하나의 교섭단체를 구성할 수는 없다.

④ 상임위원은 교섭단체 소속 의원 수의 비율에 따라 각 교섭단체 대표의원의 요청으로 의장이 선임하거나 개선하고, 어느 교섭단체에도 속하지 아니하는 의원의 상임위원 선임은 의장이 한다.

> **ADVICE** ① [X] 국회법 제46조(윤리특별위원회) ① 의원의 자격심사·징계에 관한 사항을 심사하기 위하여 <u>제44조제1항에 따라</u> 윤리특별위원회를 구성한다.
> 　제44조(특별위원회) ① 국회는 둘 이상의 상임위원회와 관련된 안건이거나 특히 필요하다고 인정한 안건을 효율적으로 심사하기 위하여 <u>본회의의 의결로 특별위원회를 둘 수 있다.</u>
>
> ② [X] 국회법 제20조의2(의장의 당적 보유 금지) ① 의원이 <u>의장으로 당선된 때에는</u> 당선된 다음 날부터 의장으로 재직하는 동안은 당적(黨籍)을 가질 수 없다. 다만, 국회의원 총선거에서 「공직선거법」 제47조에 따른 정당추천후보자로 추천을 받으려는 경우에는 의원 임기만료일 90일 전부터 당적을 가질 수 있다.
>
> ③ [X] 국회법 제33조(교섭단체) ① 국회에 20명 이상의 소속 의원을 가진 정당은 하나의 교섭단체가 된다. 다만, <u>다른 교섭단체에 속하지 아니하는 20명 이상의 의원으로 따로 교섭단체를 구성할 수 있다.</u>
>
> ④ [O] 국회법 제48조(위원의 선임 및 개선) ① 상임위원은 교섭단체 <u>소속 의원 수의 비율에 따라 각 교섭단체 대표의원의 요청으로 의장이 선임하거나 개선한다.</u> 이 경우 각 교섭단체 대표의원은 국회의원 총선거 후 첫 임시회의 집회일부터 2일 이내에 의장에게 상임위원 선임을 요청하여야 하고, 처음 선임된 상임위원의 임기가 만료되는 경우에는 그 임기만료일 3일 전까지 의장에게 상임위원 선임을 요청하여야 하며, 이 기한까지 요청이 없을 때에는 의장이 상임위원을 선임할 수 있다.
> 　② <u>어느 교섭단체에도 속하지 아니하는 의원의 상임위원 선임은 의장이 한다.</u>

6 국회의 의사운영에 대한 설명으로 옳지 않은 것은?

① 위원회에서 본회의에 부의할 필요가 없다고 결정된 의안은 본회의에 부의하지 아니하나, 위원회의 결정이 본회의에 보고된 날부터 폐회 또는 휴회 중의 기간을 제외한 7일 이내에 의원 30명 이상의 요구가 있을 때에는 그 의안을 본회의에 부의하여야 한다.

② 위원회에서의 번안동의(飜案動議)는 위원의 동의(動議)로 그 안을 갖춘 서면으로 제출하되, 재적위원 과반수의 출석과 출석위원 3분의 2 이상의 찬성으로 의결하지만, 본회의에서 의제가 된 후에는 번안할 수 없다.

③ 본회의에서 부결된 안건은 같은 회기 중에 다시 발의하거나 제출할 수 없으나, 회기를 달리하여 이를 제출하는 것은 허용된다.

④ 국회 본회의는 공개하나, 의장의 제의 또는 의원 10명 이상의 연서에 의한 동의(動議)로 본회의 의결이 있는 경우 공개하지 아니할 수 있으며 그 제의나 동의에 대하여 토론을 거쳐 표결한다.

> **ADVICE** ① [O] 국회법 제87조(위원회에서 폐기된 의안) ① 위원회에서 본회의에 부의할 필요가 없다고 결정된 의안은 본회의에 부의하지 아니한다. 다만, 위원회의 결정이 본회의에 보고된 날부터 폐회 또는 휴회 중의 기간을 제외한 <u>7일 이내에 의원 30명 이상의 요구가 있을 때에는 그 의안을 본회의에 부의하여야 한다.</u>
>
> ② [O] 국회법 제91조(번안) ① 본회의에서의 번안동의(飜案動議)는 의안을 발의한 의원이 그 의안을 발의할 때의 발의의원 및 찬성의원 3분의 2 이상의 동의(同意)로, 정부 또는 위원회가 제출한 의안은 소관 위원회의 의결로 각각 그 안을 갖춘 서면으로 제출하되, 재적의원 과반수의 출석과 출석의원 3분의 2 이상의 찬성으로 의결한다. 다만, 의안이 정부에 이송된 후에는 번안할 수 없다.
> ② 위원회에서의 번안동의는 위원의 동의(動議)로 그 안을 갖춘 서면으로 제출하되, <u>재적위원 과반수의 출석과 출석위원 3분의 2 이상의 찬성으로 의결한다.</u> 다만, 본회의에서 의제가 된 후에는 번안할 수 없다.
>
> ③ [O] 국회법 제92조(일사부재의) 부결된 안건은 같은 회기 중에 다시 발의하거나 제출할 수 없다.
>
> ④ [X] 국회법 제75조(회의의 공개) ① 본회의는 공개한다. 다만, 의장의 제의 또는 의원 10명 이상의 연서에 의한 동의(動議)로 본회의 의결이 있거나 의장이 각 교섭단체 대표의원과 협의하여 국가의 안전보장을 위하여 필요하다고 인정할 때에는 공개하지 아니할 수 있다.
> ② 제1항 단서에 따른 제의나 동의에 대해서는 <u>토론을 하지 아니하고 표결한다.</u>

7 법치주의원리의 파생원칙에 대한 설명으로 옳지 않은 것은? (다툼이 있는 경우 판례에 의함)

① 신뢰보호원칙의 위반 여부는 한편으로는 침해받은 신뢰이익의 보호가치, 침해의 중한 정도, 신뢰침해의 방법 등과 다른 한편으로는 새 입법을 통해 실현하고자 하는 공익목적을 종합적으로 비교형량하여 판단하여야 한다.

② 의료기관의 시설 또는 부지의 일부를 분할·변경 또는 개수하여 약국을 개설한 자가 「약사법」 개정으로 시행일 후 1년 뒤에는 기존 약국을 더 이상 운영할 수 없도록 한 부칙규정은 이미 개설 등록된 기존 약국의 효력이나 이제까지의 약국영업과 관련한 사법상의 법률효과를 소급하여 부인하는 것이 아니므로, 헌법 제13조제2항에서 의미하는 소급입법에 해당되지 아니한다.

③ 법치주의원리로부터 도출되는 체계정당성의 원리에 대한 위반 자체가 바로 위헌이 되는 것은 아니고 이는 비례의 원칙이나 평등원칙위반 내지 입법의 자의금지위반 등의 위헌성을 시사하는 하나의 징후일 뿐이다.

④ 「공무원연금법」상 퇴직연금을 수령하고 있던 자가 지방의회의원에 취임한 경우, 지방의회의원에 취임할 당시의 연금제도가 그대로 유지되어 그 임기 동안 퇴직연금을 계속 지급받을 수 있을 것이라는 신뢰의 보호가치는 크므로 지방의회의원의 재직기간 중 연금 전부의 지급을 정지하는 것은 신뢰보호원칙에 위반된다.

> **ADVICE** ① [O] 즉, 신뢰보호원칙의 위반 여부를 판단함에 있어서는, 한편으로는 침해받은 신뢰이익의 보호가치, 침해의 중한 정도, 신뢰가 손상된 정도, 신뢰침해의 방법 등과 다른 한편으로는 새로운 입법을 통해 실현하고자 하는 공익적 목적을 종합적으로 비교·형량하여야 한다(헌재 2012. 11. 29. 2011헌마786).
> ② [O] 이 사건 법률조항들이 종전 약사법에 의하여 약국개설 등록을 받은 장소에서 법 시행일 후 1년 뒤에는 청구인들의 기존 약국을 더 이상 운영할 수 없도록 한 것은, 이미 개설 등록된 청구인들의 기존 약국의 효력이나 이제까지의 약국영업과 관련한 사법상의 법률효과를 소급하여 부인하는 것이 아니므로, 헌법 제13조 제2항에서 의미하는 소급입법에 해당되지 아니한다(헌재 2003. 10. 30. 2001헌마700).
> ③ [O] 그러나 일반적으로 일정한 공권력작용이 체계정당성에 위반한다고 해서 곧 위헌이 되는 것은 아니다. 즉 체계정당성 위반(Systemwidrigkeit) 자체가 바로 위헌이 되는 것은 아니고 이는 비례의 원칙이나 평등원칙위반 내지 입법의 자의금지위반 등의 위헌성을 시사하는 하나의 징후일 뿐이다. 그러므로 체계정당성위반은 비례의 원칙이나 평등원칙위반 내지 입법자의 자의금지위반 등 일정한 위헌성을 시사하기는 하지만 아직 위헌은 아니고, 그것이 위헌이 되기 위해서는 결과적으로 비례의 원칙이나 평등의 원칙 등 일정한 헌법의 규정이나 원칙을 위반하여야 한다(헌재 2005. 6. 30. 2004헌바40).
> ④ [X] 따라서 청구인들이 '지방의회의원에 취임할 당시의 연금제도가 그대로 유지되어 그 임기동안 퇴직연금을 계속 지급받을 수 있을 것'이라고 신뢰하였다 하더라도 이러한 신뢰는 보호가치가 크다고 보기 어렵다(헌재 2017. 7. 27. 2015헌마1052).

✎ **ANSWER** 6.④ 7.④

8 헌법소원에 대한 설명으로 옳지 않은 것은? (다툼이 있는 경우 판례에 의함)

① 「헌법재판소법」 제68조제2항 소정의 헌법소원은 그 본질이 헌법소원이라기보다는 위헌법률심판이므로 「헌법재판소법」 제68조제1항 소정의 헌법소원에서 요구되는 보충성의 원칙은 적용되지 아니한다.

② 교정시설 내 과밀수용행위를 다투고 있는 수형자가 형기만료로 이미 석방되었으므로, 심판청구가 인용되더라도 그 권리구제는 불가능한 상태이고, 그 침해가 계속 반복될 우려가 없어 심판의 이익을 인정할 수 없다.

③ 「담배사업법」에 따른 담배의 제조 및 판매는 비흡연자들이 간접흡연을 하게 되는 데 있어 간접적이고 2차적인 원인이 된 것에 불과하여, 담배의 제조 및 판매에 관하여 규율하는 「담배사업법」에 대해 간접흡연의 피해를 주장하는 임신 중인 자의 기본권 침해의 자기관련성을 인정할 수 없다.

④ 법률 자체에 의한 직접적인 기본권 침해 여부가 문제되었을 경우에는 다른 권리구제절차를 거치지 않더라도 바로 헌법소원을 제기할 수 있다.

>ADVICE ① [O] 헌법재판소법 제68조 제2항 헌법소원의 소송요건으로 보충성은 요구되지 않는다.

② [X] 청구인은 형기만료로 이미 석방되었으므로, 이 사건 심판청구가 인용되더라도 청구인의 권리구제는 불가능한 상태이다. 그러나 이 사건에서 문제되는 교정시설 내 과밀수용행위는 계속 반복될 우려가 있고, 수형자들에 대한 기본적 처우에 관한 중요한 문제로서 그에 대한 헌법적 해명의 필요성이 있으므로 예외적으로 심판의 이익을 인정할 수 있다(헌재 2016. 12. 29. 2013헌마142).

③ [O] 간접흡연의 폐해까지 담배사업법으로 인한 기본권침해라고 본다면 결국은 비흡연자들 모두 담배사업법으로 인한 기본권침해의 자기관련성을 가지게 되는데, 이는 구체적인 이해관계에 대한 해명 없이 막연한 위험성만으로 비흡연자들의 법적 관련성을 인정하는 것으로서 허용될 수 없다. 담배사업법에 따른 담배의 제조 및 판매는 비흡연자들이 간접흡연을 하게 되는 데 있어 간접적이고 2차적인 원인이 된 것에 불과하다. 이처럼 담배의 제조 및 판매와 비흡연자의 관계는 간접적이고 사실적인 이해관계를 형성할 뿐, 직접적 혹은 법적인 이해관계를 형성하지는 못한다(헌재 2015. 4. 30. 2012헌마38).

④ [O] 즉 법률 자체에 의한 기본권침해가 문제가 될 때에는 일반법원에 법령자체의 효력을 직접 다투는 것을 소송물로 하여 제소하는 길은 없어, 구제절차가 있는 경우가 아니므로, 헌법재판소법 제68조 제1항 단서 소정의 구제절차를 모두 거친 후에 헌법소원을 내야하는 제약이 따르지 않는 이른바 보충성의 예외적인 경우라고 볼 것이다(헌재 1989. 3. 17. 88헌마1).

9 사법권의 행사와 그 한계에 대한 설명으로 옳은 것만을 모두 고르면? (다툼이 있는 경우 판례에 의함)

㉠ 대통령에 의한 국군의 이라크 파병결정은 고도의 정치적 결단에 의한 국가작용으로 헌법재판소가 사법적 기준만으로 심판하는 것은 자제되어야 한다.

㉡ 국회의 의사자율권은 헌법상 국회의 독자적인 자율영역이기 때문에 국회의 의사절차나 입법절차에 헌법이나 법률의 규정을 명백히 위반한 흠이 있는 경우에도 헌법재판소가 이를 이유로 해당 절차에 대해 위헌결정을 할 수 없다.

㉢ 군인 또는 군무원이 아닌 국민에 대한 군사법원의 예외적인 재판권을 정한 헌법 제27조제2항에 규정된 군용물에는 군사시설이 포함된다.

㉣ 국회가 행한 국회의원의 자격심사, 징계 그리고 제명에 대해서는 법원에 제소할 수 없다.

---

① ㉠, ㉡

② ㉠, ㉣

③ ㉡, ㉢

④ ㉢, ㉣

》ADVICE ㉠ [O] 이 사건 파견결정이 헌법에 위반되는지의 여부 즉 국가안보에 보탬이 됨으로써 궁극적으로는 국민과 국익에 이로운 것이 될 것인지 여부 및 이른바 이라크전쟁이 국제규범에 어긋나는 침략전쟁인지 여부 등에 대한 판단은 대의기관인 대통령과 국회의 몫이고, …… 그렇다면 이 사건 파견결정은 그 성격상 국방 및 외교에 관련된 고도의 정치적 결단을 요하는 문제로서, 헌법과 법률이 정한 절차를 지켜 이루어진 것임이 명백하므로, 대통령과 국회의 판단은 존중되어야 하고 헌법재판소가 사법적 기준만으로 이를 심판하는 것은 자제되어야 한다(헌재 2004. 4. 29. 2003헌마814).

㉡ [X] 국회는 국민의 대표기관, 입법기관으로서 폭넓은 자율권을 가지고 있고, 그 자율권은 권력분립의 원칙이나 국회의 지위, 기능에 비추어 존중되어야 하는 것이지만, 한편 법치주의의 원리상 모든 국가기관은 헌법과 법률에 의하여 기속을 받는 것이므로 국회의 자율권도 헌법이나 법률을 위반하지 않는 범위 내에서 허용되어야 하고, 따라서 국회의 의사절차나 입법절차에 헌법이나 법률의 규정을 명백히 위반한 흠이 있는 경우에도 국회가 자율권을 가진다고는 할 수 없다(헌재 1997. 7. 16. 96헌라2).

㉢ [X] 군용물·군사시설에 관한 죄를 병렬적으로 규정하고 있었던 구 헌법(1980. 10. 27. 헌법 제9호로 개정되고, 1987. 10. 29. 헌법 제10호로 개정되기 전의 것) 제26조 제2항에서 '군용물'은 명백히 '군사시설'을 포함하지 않는 개념으로 사용된 점, 군사시설에 관한 죄를 범한 민간인에 대한 군사법원의 재판권을 제외하는 것을 명백히 의도한 헌법 개정 경과 등을 종합하면, 군인 또는 군무원이 아닌 국민에 대한 군사법원의 예외적인 재판권을 정한 헌법 제27조 제2항에 규정된 군용물에는 군사시설이 포함되지 않는다(헌재 2013. 11. 28. 2012헌가10).

㉣ [O] 헌법 제64조
② 국회는 의원의 자격을 심사하며, 의원을 징계할 수 있다.
③ 의원을 제명하려면 국회재적의원 3분의 2 이상의 찬성이 있어야 한다.
④ 제2항과 제3항의 처분에 대하여는 법원에 제소할 수 없다.

✎ **ANSWER** 8.② 9.②

10 헌정사에 대한 설명으로 옳지 않은 것은?

① 1954년 헌법은 대한민국의 주권의 제약 또는 영토의 변경을 가져올 국가안위에 관한 중대사항은 국회의 가결을 거친 후에 국민투표에 부하여 민의원의원선거권자 3분의 2 이상의 투표와 유효투표 3분의 2 이상의 찬성을 얻어야 한다고 규정하였다.

② 1962년 헌법은 인간의 존엄과 가치를 명시하고, 행복추구권을 기본권으로 신설하였다.

③ 1972년 헌법은 대통령이 제안한 헌법개정안은 국민투표로 확정되며, 국회의원이 제안한 헌법개정안은 국회의 의결을 거쳐 통일주체국민회의의 의결로 확정된다고 규정함으로써 헌법개정절차를 이원화하였다.

④ 1987년 헌법은 체포·구속 시 이유고지 및 가족통지제도를 추가하였고, 범죄피해자구조청구권을 기본권으로 새로 규정하였다.

> **ADVICE** ① [O] 1954년 헌법 제7조의2 대한민국의 주권의 제약 또는 영토의 변경을 가져올 국가안위에 관한 중대사항은 국회의 가결을 거친 후에 국민투표에 부하여 민의원의원선거권자 3분지 2이상의 투표와 유효투표 3분지 2이상의 찬성을 얻어야 한다.
> ② [X] 행복추구권은 1980년 헌법에 신설되었다.
> ③ [O] 1972년 헌법 제124조 ② 대통령이 제안한 헌법개정안은 국민투표로 확정되며, 국회의원이 제안한 헌법개정안은 국회의 의결을 거쳐 통일주체국민회의의 의결로 확정된다.
> ④ [O] 1987년 헌법은 적법절차의 강화를 위해 체포,구속시 이유고지 및 가족통지제도를 추가하였고 범죄피해자구조청구권을 기본권으로 규정하였다.

11 경제 질서에 대한 설명으로 옳지 않은 것은? (다툼이 있는 경우 판례에 의함)

① 허가받은 지역 밖에서의 이송업의 영업을 금지하고 처벌하는 「응급의료에 관한 법률」 규정은 응급환자이송업체 사이의 자유경쟁을 막아 헌법상 경제 질서에 위배된다.

② 헌법이 보장하는 소비자보호운동은 소비자의 제반 권익을 증진할 목적으로 이루어지는 구체적 활동을 의미하고, 단체를 조직하고 이를 통하여 활동하는 형태, 즉 근로자의 단결권이나 단체행동권에 유사한 활동뿐만 아니라, 하나 또는 그 이상의 소비자가 동일한 목표로 함께 의사를 합치하여 벌이는 운동이면 모두 이에 포함된다.

③ 국가는 농·어민과 중소기업의 자조조직이 제대로 기능하지 못하고 향후의 전망도 불확실한 경우라면 단순히 그 조직의 자율성을 보장하는 것에 그쳐서는 아니 되고, 적극적으로 이를 육성하여야 할 의무까지도 수행하여야 한다.

④ 헌법 제119조는 헌법상 경제 질서에 관한 일반조항으로서 국가의 경제정책에 대한 하나의 헌법적 지침일 뿐 그 자체가 기본권의 성질을 가진다고 할 수는 없다.

> **ADVICE** ① [X] 심판대상조항에 따라 허가받은 지역 밖에서 이송업을 하는 것이 제한되므로 청구인 회사의 직업수행의 자유가 제한된다. 청구인 회사는 영업의 자유와 일반적 행동의 자유도 침해되고 헌법상 경제질서에도 위배된다고 주장하지만, 심판대상조항과 가장 밀접한 관계에 있는 직업수행의 자유 침해 여부를 판단하는 이상 이 부분 주장에 대해서는 별도로 판단하지 아니한다(헌재 2018. 2. 22. 2016헌바100).

② [O] 결국 현행 헌법이 보장하는 소비자보호운동이란 '공정한 가격으로 양질의 상품 또는 용역을 적절한 유통구조를 통해 적절한 시기에 안전하게 구입하거나 사용할 소비자의 제반 권익을 증진할 목적으로 이루어지는 구체적 활동'을 의미하고, 단체를 조직하고 이를 통하여 활동하는 형태, 즉 근로자의 단결권이나 단체행동권에 유사한 활동뿐만 아니라, 하나 또는 그 이상의 소비자가 동일한 목표로 함께 의사를 합치하여 벌이는 운동이면 모두 이에 포함된다 할 것이다(헌재 2011. 12. 29. 2010헌바54).

③ [O] 헌법 제123조 제5항은 국가에게 "농·어민의 자조조직을 육성할 의무"와 "자조조직의 자율적 활동과 발전을 보장할 의무"를 아울러 규정하고 있는데, 이러한 국가의 의무는 자조조직이 제대로 활동하고 기능하는 시기에는 그 조직의 자율성을 침해하지 않도록 하는 후자의 소극적 의무를 다하면 된다고 할 수 있지만, 그 조직이 제대로 기능하지 못하고 향후의 전망도 불확실한 경우라면 단순히 그 조직의 자율성을 보장하는 것에 그쳐서는 아니 되고, 적극적으로 이를 육성하여야 할 전자의 의무까지도 수행하여야 한다(헌재 2000. 6. 1. 99헌마553).

④ [O] 헌법은 제119조에서 개인의 경제적 자유를 보장하면서 사회정의를 실현하기 위한 경제질서를 선언하고 있다. 이 규정은 헌법상 경제질서에 관한 일반조항으로서 국가의 경제정책에 대한 하나의 헌법적 지침이고, 동 조항이 언급하는 '경제적 자유와 창의'는 직업의 자유, 재산권의 보장, 근로3권과 같은 경제에 관한 기본권 및 비례의 원칙과 같은 법치국가원리에 의하여 비로소 헌법적으로 구체화된다. 따라서 이 사건에서 청구인들이 헌법 제119조 제1항과 관련하여 주장하는 내용은 구체화된 헌법적 표현인 경제적 기본권을 기준으로 심사되어야 한다(헌재 2002. 10. 31. 99헌바76).

12 헌법개정에 대한 설명으로 옳지 않은 것은? (다툼이 있는 경우 판례에 의함)

① 대통령의 발의로 제안된 헌법개정안은 국회의장이 20일 이상의 기간 이를 공고하여야 하며, 국회는 헌법개정안이 공고된 날로부터 60일 이내에 의결하여야 한다.

② 헌법재판의 수요를 감당하기 위하여 헌법재판관의 수를 늘리기 위해서는 헌법개정이 필요하다.

③ 헌법개정의 한계에 관한 규정을 두지 아니하고 헌법의 개정을 법률의 개정과는 달리 국민투표로 확정하는 현행 헌법상 과연 어떤 규정이 헌법핵 내지는 헌법제정규범으로서 상위규범이고 어떤 규정이 단순한 헌법개정규범으로서 하위규범인지를 구별하는 것이 가능하지 아니하다.

④ 1954년 헌법은 "대한민국의 주권은 국민에게 있고 모든 권력은 국민으로부터 나온다."라고 한 헌법 제2조를 개폐할 수 없다고 규정하였다.

〉ADVICE ① [X] 헌법 제129조 제안된 헌법개정안은 대통령이 20일 이상의 기간 이를 공고하여야 한다.

제130조 ① 국회는 헌법개정안이 공고된 날로부터 60일 이내에 의결하여야 하며, 국회의 의결은 재적의원 3분의 2 이상의 찬성을 얻어야 한다.

② [O] 헌법 제111조 ② 헌법재판소는 법관의 자격을 가진 9인의 재판관으로 구성하며, 재판관은 대통령이 임명한다.

③ [O] 더욱이 헌법개정의 한계에 관한 규정을 두지 아니하고 헌법의 개정을 법률의 개정과는 달리 국민투표에 의하여 이를 확정하도록 규정하고 있는(헌법 제130조 제2항) 현행의 우리헌법상으로는 과연 어떤 규정이 헌법핵 내지는 헌법제정규범으로서 상위규범이고 어떤 규정이 단순한 헌법개정규범으로서 하위규범인지를 구별하는 것이 가능하지 아니하며, 달리 헌법의 각 개별규정 사이에 그 효력상의 차이를 인정하여야 할 아무런 근거도 찾을 수 없다(헌재 1996. 6. 13. 94헌마118).

④ [O] 1954년 헌법 제98조 ⑥ 제1조, 제2조와 제7조의2의 규정은 개폐할 수 없다.

제2조 대한민국의 주권은 국민에게 있고 모든 권력은 국민으로부터 나온다.

✎ **ANSWER** 10.② 11.① 12.①

13 개인정보자기결정권에 대한 설명으로 옳지 않은 것은? (다툼이 있는 경우 판례에 의함)

① 가족관계등록부 등의 기록사항에 관한 증명서 교부청구권을 형제자매에게도 부여하는 「가족관계의 등록 등에 관한 법률」 규정은 증명서 발급에 있어 형제자매에게 정보주체인 본인과 거의 같은 지위를 부여하고 있기에 정보주체의 개인정보자기결정권을 침해한다.

② 구치소장이 검사의 요청에 따라 미결수용자와 그 배우자의 접견녹음파일을 미결수용자의 동의 없이 제공하더라도, 이러한 제공행위는 형사사법의 실체적 진실을 발견하고 이를 통해 형사사법의 적정한 수행을 도모하기 위한 것으로 미결수용자의 개인정보자기결정권을 침해하는 것은 아니다.

③ 아동·청소년대상 성폭력범죄를 저지른 자에 대한 신상정보고지제도는 성범죄자가 거주하는 읍·면·동에 사는 지역주민 중 아동·청소년 자녀를 둔 가구 및 교육기관의 장 등을 상대로 이루어져, 고지대상자와 그 가족을 경계하고 외면하도록 하므로 고지대상자와 그 가족의 개인정보자기결정권을 침해한다.

④ 「영유아보육법」은 CCTV 열람의 활용 목적을 제한하고 있고, 어린이집 원장은 열람시간 지정 등을 통해 보육활동에 지장이 없도록 보호자의 열람 요청에 적절히 대응할 수 있으므로 동법의 CCTV 열람조항으로 보육교사의 개인정보자기결정권이 필요 이상으로 과도하게 제한된다고 볼 수 없다.

> **ADVICE** ① [O] 그런데 이 사건 법률조항은 증명서 발급에 있어 형제자매에게 정보주체인 본인과 거의 같은 지위를 부여하고 있으므로, 이는 증명서 교부청구권자의 범위를 필요한 최소한도로 한정한 것이라고 볼 수 없다. 본인은 인터넷을 이용하거나 위임을 통해 각종 증명서를 발급받을 수 있으며, …… 따라서 이 사건 법률조항은 침해의 최소성에 위배된다. 또한, 이 사건 법률조항을 통해 달성하려는 공익에 비해 초래되는 기본권 제한의 정도가 중대하므로 법익의 균형성도 인정하기 어려워, 이 사건 법률조항은 청구인의 개인정보자기결정권을 침해한다 (헌재 2016. 6. 30. 2015헌마924).
>
> ② [O] 그런데 이 사건 제공행위는 형사사법의 실체적 진실을 발견하고 이를 통해 형사사법의 적정한 수행을 도모하기 위한 것으로 그 목적이 정당하고, 수단 역시 적합하다. …… 나아가 접견내용이 기록된다는 사실이 미리 고지되어 그에 대한 보호가치가 그리 크다고 볼 수 없는 점 등을 고려할 때, 법익의 불균형을 인정하기도 어려우므로, 과잉금지원칙에 위반하여 청구인의 개인정보자기결정권을 침해하였다고 볼 수 없다(헌재 2012. 12. 27. 2010헌마153).
>
> ③ [X] 심판대상조항으로 인하여 침해되는 사익, 침해의 정도 및 방법, 위 조항을 통하여 실현하고자 하는 공익적 목적을 종합적으로 비교하면, 심판대상조항으로 인하여 성폭력범죄로 유죄판결이 확정된 자가 입게 되는 불이익이 성폭력범죄자로부터 잠재적인 피해자와 지역사회를 보호하려는 공익에 비하여 크다고 할 수 없으므로 심판대상조항은 법익 균형성원칙에 위배된다고 할 수 없다. 따라서 심판대상조항은 과잉금지원칙에 위배되어 청구인들의 인격권 및 개인정보자기결정권을 침해하지 아니한다(헌재 2016. 12. 29. 2015헌바196).
>
> ④ [O] 이와 같이 관련 규정은 어린이집 내에서 발생하였다고 의심되는 안전사고 내지 아동학대 여부를 확인하기 위한 목적으로만 CCTV 열람 제도가 활용되도록 정하고 있고, 어린이집 원장은 정당한 이유가 없는 경우 열람 요청을 거부할 수 있으며 열람 시간 지정 등을 통해 어린이집 운영이나 보육활동에 지장이 없도록 보호자의 CCTV 열람 요청에 대해 적절히 대응할 수 있으므로, CCTV 열람 조항으로 인해 보육교사와 영유아, 어린이집 원장의 기본권이 필요 이상으로 과도하게 제한된다고 볼 수 없다(헌재 2017. 12. 28. 2015헌마994).

14 「헌법재판소법」 제68조제2항의 헌법소원심판에서 재판의 전제성에 대한 설명으로 옳지 않은 것은? (다툼이 있는 경우 판례에 의함)

① 당해소송이 제1심과 항소심에서 심판대상법률이 아닌 다른 법률에서 규정한 소송요건이 결여되었다는 이유로 각하되었지만, 상고심에서 그 각하판결이 유지될지 불분명한 경우에도 재판의 전제성이 인정될 수 있다.

② 재심사건을 제외한 당해사건인 형사사건에서 무죄의 확정판결을 받은 때라도 처벌조항에 대한 헌법적 해명이 긴요한 경우라면, 그 처벌조항의 위헌확인을 구하는 헌법소원심판절차에서 재판의 전제성을 인정하여야 한다.

③ 과태료를 자진납부함으로써 해당 질서위반행위에 대한 과태료 부과 및 징수절차가 종료하였고 행정소송 그 밖에 권리구제절차를 통하여 과태료 부과처분을 다툴 수 없게 되었다면, 과태료 부과처분의 근거법률인 심판대상조항이 위헌이라 하더라도 다른 특별한 사정이 없는 한 과태료 부과처분의 효력에 영향이 없어 재판의 전제성이 인정되지 아니한다.

④ 당해사건이 재심사건인 경우, 심판대상조항이 '재심청구 자체의 적법 여부에 대한 재판'에 적용되는 법률조항이 아니라 '본안 사건에 대한 재판'에 적용될 법률조항이라면 '재심청구가 적법하고, 재심의 사유가 인정되는 경우'에 한하여 재판의 전제성이 인정될 수 있다.

> **ADVICE** ① [O] 당해사건에 직접 원용할 만한 확립된 대법원 판례는 아직까지 존재하지 않아 해석에 따라서는 당해소송에서 청구인들의 원고적격이 인정될 여지도 충분히 있고, 헌법재판소가 이에 관하여 법원의 최종적인 법률해석에 앞서 불가피하게 판단할 수 밖에 없는 경우에는 헌법재판소로서는 일단 청구인들이 당해소송에서 원고적격을 가질 수 있다는 전제하에 재판의 전제성 요건을 갖춘 것으로 보고 본안에 대한 판단을 할 수 있다(헌재 2004. 10. 28. 99헌바91).
>
> ② [X] 헌법재판소법 제68조 제2항에 의한 헌법소원심판 청구인이 당해사건인 형사사건에서 무죄의 확정판결을 받은 때에는 처벌조항의 위헌확인을 구하는 헌법소원이 인용되더라도 재심을 청구할 수 없고, 청구인에 대한 무죄판결은 종국적으로 다툴 수 없게 되므로 법률의 위헌 여부에 따라 당해 사건 재판의 주문이 달라지거나 재판의 내용과 효력에 관한 법률적 의미가 달라지는 경우에 해당한다고 볼 수 없으므로 더 이상 재판의 전제성이 인정되지 아니하는 것으로 보아야 한다(헌재 2009. 5. 28. 2006헌바109).
>
> ③ [O] 결국, 청구인들은 과태료를 자진납부함으로써 해당 질서위반행위에 대한 과태료 부과 및 징수절차는 종료하였고(질서위반행위규제법 제18조 제2항) 행정소송 그 밖에 다른 권리구제절차를 통하여 과태료 부과처분을 다툴 수 없게 되었다. 따라서 설령 청구인들에 대한 과태료 부과처분의 근거 법률인 심판대상조항이 위헌이라 하더라도, 다른 특별한 사정이 없는 한 위 과태료 부과처분의 효력에 영향이 없어 재판의 전제성이 인정되지 아니한다(헌재 2015. 7. 30. 2014헌바420).
>
> ④ [O] 당해사건이 재심사건인 경우, 심판대상조항이 '재심청구 자체의 적법 여부에 대한 재판'에 적용되는 법률조항이 아니라 '본안 사건에 대한 재판'에 적용될 법률조항이라면 '재심청구가 적법하고, 재심의 사유가 인정되는 경우'에 한하여 재판의 전제성이 인정될 수 있다. 당해사건의 재심청구가 부적법하거나 재심사유가 인정되지 않으면 본안 판단에 나아갈 수가 없고, 그 경우 심판대상조항은 본안 재판에 적용될 여지가 없으므로, 그 위헌 여부가 당해사건 재판의 주문을 달라지게 하거나 재판의 내용이나 효력에 관한 법률적 의미가 달라지게 하는 데 아무런 영향을 미치지 못하기 때문이다(헌재 2012. 7. 26. 2011헌바175).

✎ **ANSWER** 13.③ 14.②

15 직업의 자유에 대한 설명으로 옳지 않은 것은? (다툼이 있는 경우 판례에 의함)

① 제조업의 직접생산공정업무를 근로자파견의 대상 업무에서 제외하는 법률조항은 근로자 파견을 허용하되 파견기간을 제한하는 방법도 고려해 볼 수 있으므로 제조업의 직접생산공정업무에 관하여 근로자파견의 역무를 제공받고자 하는 사업주의 직업수행의 자유를 침해한다.

② 세무사 자격 보유 변호사가 세무사로서 세무조정업무를 일체 수행할 수 없도록 한 규정은 이들에게 세무사 자격을 부여한 의미를 상실시키는 것일 뿐만 아니라 세무사 자격에 기한 직업선택의 자유를 지나치게 제한하는 것으로 헌법에 위반된다.

③ 청원경찰이 저지른 범죄의 종류나 내용을 불문하고 범죄행위로 금고 이상의 형의 선고유예를 받게 되면 당연히 퇴직되도록 규정한 것은 이를 통해 달성하려는 공익의 비중에도 불구하고 청원경찰의 직업의 자유를 과도하게 제한하고 있어 헌법에 위반된다.

④ 아동학대 관련 범죄전력자가 아동 관련 기관인 체육시설 등을 운영하거나 학교에 취업하는 것을 형이 확정된 때부터 형의 집행이 종료되거나 집행을 받지 아니하기로 확정된 후 10년까지의 기간 동안 제한하는 것은 직업의 자유를 침해한다.

> **ADVICE** ① [X] 심판대상조항이 달성하고자 하는 제조업의 직접생산공정업무의 적정한 운영, 해당 업무에 종사하는 근로자의 직접고용 증진 및 적정임금 보장이라는 공익은 매우 중대하고, 이러한 공익이 사용사업주가 제조업의 직접생산공정업무에 관하여 근로자파견의 역무를 제공받지 못함으로써 받게 되는 직업수행의 자유 제한에 비하여 결코 작다고 볼 수 없으므로, 심판대상조항은 법익의 균형성도 충족한다(헌재 2017. 12. 28. 2016헌바346).
> ② [O] 세무사 자격 보유 변호사가 이미 법률에 의해 세무사의 자격을 부여받은 이상, 그 자격에 따른 업무를 수행할 자유를 회복한 것이므로, 이들이 세무사로서 세무사 업무의 하나인 세무조정업무의 수행을 위한 전문성과 능력이 결여되어 있지 않다면, 원칙적으로 회복된 직업선택의 자유에 기하여 세무조정업무를 수행할 수 있도록 하여야 함에도, 심판대상조항이 세무사 자격 보유 변호사에 대하여 세무조정업무의 수행을 위한 전문성과 능력 여부에 대한 고려 없이 단지 세무사등록부에 등록될 수 없다는 이유만으로 세무사의 업무 중 핵심적인 업무인 세무조정업무를 일체 수행할 수 없도록 전면 금지하는 것은 합리적 근거가 없을 뿐만 아니라 세무사 자격 부여의 의미를 상실시키고, 자격제도를 규율하고 있는 법 전체의 체계상으로도 모순되는 것으로서, 세무사 자격 보유 변호사의 세무사 자격에 기한 직업선택의 자유를 중대하게 제한하는 것이다(헌재 2018. 4. 26. 2016헌마116).
> ③ [O] 심판대상조항은 청원경찰이 저지른 범죄의 종류나 내용을 불문하고 범죄행위로 금고 이상의 형의 선고유예를 받게 되면 당연히 퇴직되도록 규정함으로써 그것이 달성하려는 공익의 비중에도 불구하고 청원경찰의 직업의 자유를 과도하게 제한하고 있어 법익의 균형성 원칙에도 위배된다. 따라서, 심판대상조항은 과잉금지원칙에 반하여 직업의 자유를 침해한다(헌재 2018. 1. 25. 2017헌가26).
> ④ [O] 그렇다면 심판대상조항은 오직 아동학대관련범죄전력에 기초해 10년이라는 기간 동안 일률적으로 취업제한의 제재를 부과하는 점, 이 기간 내에는 취업제한 대상자가 그러한 제재로부터 벗어날 수 있는 어떠한 기회도 존재하지 않는 점, 재범의 위험성에 대한 사회적 차원의 대처가 필요하다 해도 이 위험의 경중에 대한 고려가 있어야 하는 점 등에 비추어 침해의 최소성 요건을 충족했다고 보기 힘들다(헌재 2018. 6. 28. 2017헌마130).

16 행정입법에 대한 설명으로 옳은 것만을 모두 고르면? (다툼이 있는 경우 판례에 의함)

> ⊙ 법률에서 위임받은 사항을 전혀 규정하지 아니하고 그대로 재위임하는 것은 허용되지 않으며 위임받은 사항에 관하여 대강을 정하면서 특정사항을 범위를 정하여 하위법령에 다시 위임하는 경우에만 재위임이 허용된다.
>
> ⓒ 법률에서 사용된 추상적 용어가 하위법령에 규정될 내용과는 별도로 독자적인 규율 내용을 정하기 위한 것이라면 별도로 명확성 원칙이 문제될 수 있으나, 그 추상적 용어가 하위법령에 규정될 내용의 범위를 구체적으로 정해주기 위한 역할을 하는 경우라면 명확성의 문제는 결국 포괄위임입법금지원칙 위반의 문제로 포섭될 것이다.
>
> ⓒ 오늘날 의회의 입법독점주의에서 입법중심주의로 전환하여 일정한 범위 안에서 행정입법을 허용하게 된 동기는 사회적 변화에 대응한 입법수요의 급증과 종래의 형식적 권력분립주의로는 현대사회에 대응할 수 없다는 기능적 권력분립론에 있다.
>
> ② 대통령령에서 규정한 내용이 헌법에 위반될 경우 그 대통령령의 규정이 위헌일 것은 물론이지만, 반대로 하위법규인 대통령령의 내용이 합헌적이라고 하여 수권법률의 합헌성까지를 의미하는 것은 아니다.

① ⊙, ⓒ

② ⊙, ⓒ, ②

③ ⓒ, ⓒ, ②

④ ⊙, ⓒ, ⓒ, ②

❯**ADVICE** ① [○] 따라서 법률에서 위임받은 사항을 전혀 규정하지 아니하고 그대로 재위임하는 것은 허용되지 않으며 위임받은 사항에 관하여 대강을 정하고 그 중의 특정사항을 범위를 정하여 하위법령에 다시 위임하는 경우에만 재위임이 허용된다(헌재 1996. 2. 29. 94헌마213).

② [○] 즉 법률에서 사용된 추상적 용어가 하위법령에 규정될 내용과는 별도로 독자적인 규율 내용을 정하기 위한 것이라면 별도로 명확성원칙이 문제될 수 있으나, 그 추상적 용어가 하위법령에 규정될 내용의 범위를 구체적으로 정해주기 위한 역할을 하는 경우라면 명확성의 문제는 결국 포괄위임금지원칙 위반의 문제로 포섭될 것이다(헌재 2011. 12. 29. 2010헌바385).

③ [○] 오늘날 의회의 입법독점주의에서 입법중심주의로 전환하여 일정한 범위 안에서 행정입법을 허용하게 된 동기는 사회적 변화에 대응한 입법수요의 급증과 종래의 형식적 권력분립주의로는 현대사회에 대응할 수 없다는 기능적 권력분립론에 있다(헌재 2014. 7. 24. 2013헌바183).

④ [○] 즉 대통령령에서 규정한 내용이 헌법에 위반될 경우 그 대통령령의 규정이 위헌일 것은 물론이지만, 반대로 하위법규인 대통령령의 내용이 합헌적이라고 하여 수권법률의 합헌성까지를 의미하는 것은 아니다(헌재 1995. 11. 30. 93헌바32).

✎ **ANSWER** 15.① 16.④

17 선거에 대한 설명으로 옳지 않은 것은? (다툼이 있는 경우 판례에 의함)

① 한국철도공사의 상근직원은 상근임원과 달리 그 직을 유지한 채 공직선거에 입후보하여 자신을 위한 선거운동을 할 수 있음에도, 상근직원이 타인을 위한 선거운동을 할 수 없도록 전면적으로 금지하는 「공직선거법」 규정은 상근직원의 선거운동의 자유를 침해한다.

② 비례대표국회의원에 입후보하기 위하여 기탁금으로 1,500만 원을 납부하도록 한 규정은 그 액수가 고액이라 거대정당에게 일방적으로 유리하고, 다양해진 국민의 목소리를 제대로 대표하지 못하여 사표를 양산하는 다수대표제의 단점을 보완하기 위하여 도입된 비례대표제의 취지에도 반하는 것이다.

③ 선거범으로서 100만 원 이상의 벌금형의 선고를 받고 그 형이 확정된 후 5년을 경과하지 아니한 자 또는 형의 집행유예의 선고를 받고 그 형이 확정된 후 10년을 경과하지 아니한 자의 선거권을 제한하는 규정은 국민주권과 대의제 민주주의의 실현수단으로서 선거권이 가지는 의미와 보통선거원칙의 중요성을 감안하면, 필요 최소한을 넘어 과도한 제한으로서 이들 선거범의 선거권을 침해한다.

④ 1년 이상의 징역형을 선고받고 그 집행이 종료되지 아니한 사람의 선거권을 제한하는 「공직선거법」 규정은 형사적·사회적 제재를 부과하고 준법의식을 강화한다는 공익이, 형 집행기간 동안 선거권을 행사하지 못하는 수형자 개인의 불이익보다 작다고 할 수 없어 수형자의 선거권을 침해하지 아니한다.

> **ADVICE** ① [○] 또한, 한국철도공사의 상근직원은 공직선거법의 다른 조항에 의하여 직무상 행위를 이용하여 선거운동을 하거나 하도록 하는 행위를 할 수 없고, 선거에 영향을 미치는 전형적인 행위도 할 수 없다. 더욱이 그 직을 유지한 채 공직선거에 입후보할 수 없는 상근임원과 달리, 한국철도공사의 상근직원은 그 직을 유지한 채 공직선거에 입후보하여 자신을 위한 선거운동을 할 수 있음에도 타인을 위한 선거운동을 전면적으로 금지하는 것은 과도한 제한이다. 따라서 심판대상조항은 선거운동의 자유를 침해한다(헌재 2018. 2. 22. 2015헌바124).
>
> ② [○] 위와 같이 기탁금은 이러한 반환 요건의 설정과 결합하여 비례대표국회의원 의석을 1석이라도 배분받을 확률이 높은 정당에게는 후보자를 최대 비례대표국회의원정수(47명)까지 추천하는 데 어떠한 실질적인 제약이나 부담으로 작용하지 않게 된다. 반면에 1석의 확보조차 예측하기 어려운 신생정당이나 소수정당에게는 후보자 인원수에 비례하여 지나치게 과다하게 설정된 기탁금이 비례대표국회의원선거에의 참여, 나아가 정당으로서 소속 당원을 후보자로 추천함에 있어 상당한 부담감으로 작용하게 된다. 이는 다수대표제의 단점, 즉 거대정당에게 일방적으로 유리하고 다양한 국민의 목소리를 제대로 대표하지 못하는 현상을 방지하기 위해 도입된 비례대표제의 본래 취지에도 부합하지 않는 결과를 초래한다. 따라서 상대적으로 당비나 국고보조금을 지원받기 어렵고 재정상태가 열악한 신생정당이나 소수정당에게 후보자 1명마다 1천500만 원이라는 기탁금액은 선거에의 참여 자체를 위축시킬 수 있는 금액으로서, 비례대표제의 취지를 실현하기 위해 필요한 최소한의 액수보다 지나치게 과다한 액수이다(헌재 2016. 12. 29. 2015헌마509).
>
> ③ [X] 선거권제한조항은 선거의 공정성을 확보하기 위한 것으로서, 선거권 제한의 대상과 요건, 기간이 제한적인 점, 선거의 공정성을 해친 바 있는 선거범으로부터 부정선거의 소지를 차단하여 공정한 선거가 이루어지도록 하기 위하여는 선거권을 제한하는 것이 효과적인 방법인 점, 법원이 선거범에 대한 형량을 결정함에 있어서 양형의 조건뿐만 아니라 선거권의 제한 여부에 대하여도 합리적 평가를 하게 되는 점, 선거권의 제한기간이 공직선거마다 벌금형의 경우는 1회 정도, 징역형의 집행유예의 경우에는 2-3회 정도 제한하는 것에 불과한 점 등을 종합하면, 선거권제한조항은 청구인들의 선거권을 침해한다고 볼 수 없다(헌재 2018. 1. 25. 2015헌마821).
>
> ④ [○] 1년 이상의 징역형을 선고받은 사람의 선거권을 제한함으로써 형사적·사회적 제재를 부과하고 준법의식을 강화한다는 공익이, 형 집행기간 동안 선거권을 행사하지 못하는 수형자 개인의 불이익보다 작다고 할 수 없다. 따라서 심판대상조항은 과잉금지원칙을 위반하여 청구인의 선거권을 침해하지 아니한다(헌재 2017. 5. 25. 2016헌마292).

18 대통령에 대한 설명으로 옳지 않은 것은? (다툼이 있는 경우 판례에 의함)

① 대통령이 자신에 대한 재신임을 헌법 제72조에 정한 국민투표의 형태로 묻고자 하는 것은 가능하나, 특정 정책과 자신의 신임을 연계하여 국민투표에 부치는 것은 허용되지 아니한다.

② 헌법이 군령과 군정에 관한 권한을 모두 국군의 통수권이라는 이름으로 대통령에게 부여하는 것은 군령·군정일원주의를 정하여 문민통제를 실현하는 것이다.

③ 대통령이 행하는 일반사면은 국무회의의 필수적 심의를 거친 후에 국회의 동의를 얻어 대통령령으로 한다.

④ 대통령도 국민의 한사람으로서 제한적으로나마 기본권의 주체가 될 수 있는바, 대통령은 소속 정당을 위하여 정당 활동을 할 수 있는 사인으로서의 지위와 국민 모두에 대한 봉사자로서 공익실현의 의무가 있는 헌법기관으로서의 지위를 동시에 갖는데 최소한 전자의 지위와 관련하여는 기본권 주체성을 갖는다.

ADVICE ① [X] 대통령이 자신에 대한 재신임을 국민투표의 형태로 묻고자 하는 것은 헌법 제72조에 의하여 부여받은 국민투표부의권을 위헌적으로 행사하는 경우에 해당하는 것으로, 국민투표제도를 자신의 정치적 입지를 강화하기 위한 정치적 도구로 남용해서는 안 된다는 헌법적 의무를 위반한 것이다(헌재 2004. 5. 14. 2004헌나1).

② [O] 헌법 제74조 ① 대통령은 헌법과 법률이 정하는 바에 의하여 국군을 통수한다.
우리나라는 군정과 군령을 모두 대통령이 담당하고 있는데 이는 과거 군부독재의 역사를 극복하기 위함으로 문민통제를 위한 것이라는 것이 통설이다.

③ [O] 헌법 제89조 다음 사항은 국무회의의 심의를 거쳐야 한다.
　9. 사면·감형과 복권
　　사면법 제8조(일반사면 등의 실시) 일반사면, 죄 또는 형의 종류를 정하여 하는 감형 및 일반에 대한 복권은 대통령령으로 한다. 이 경우 일반사면은 죄의 종류를 정하여 한다.

④ [O] 개인의 지위를 겸하는 국가기관이 기본권의 주체로서 헌법소원의 청구적격을 가지는지 여부는, 심판대상조항이 규율하는 기본권의 성격, 국가기관으로서의 직무와 제한되는 기본권 간의 밀접성과 관련성, 직무상 행위와 사적인 행위 간의 구별가능성 등을 종합적으로 고려하여 결정되어야 할 것이다. 그러므로 대통령도 국민의 한 사람으로서 제한적으로나마 기본권의 주체가 될 수 있는바, 대통령은 소속 정당을 위하여 정당활동을 할 수 있는 사인으로서의 지위와 국민 모두에 대한 봉사자로서 공익실현의 의무가 있는 헌법기관으로서의 지위를 동시에 갖는데 최소한 전자의 지위와 관련하여는 기본권 주체성을 갖는다고 할 수 있다(헌재 2008. 1. 17. 2007헌마700).

19 권한대행에 대한 설명으로 옳지 않은 것은?

① 국회의장이 심신상실 등 부득이한 사유로 의사표시를 할 수 없게 되어 직무대리자를 지정할 수 없을 때에는 소속 의원 수가 많은 교섭단체 소속 부의장의 순으로 의장의 직무를 대행한다.

② 대통령이 궐위되거나 사고로 직무를 수행할 수 없을 때에는 국무총리, 법률이 정한 국무위원의 순서로 그 권한을 대행한다.

③ 헌법재판소장이 궐위되거나 사고로 말미암아 직무를 수행할 수 없을 때에는 다른 재판관이 연장자순으로 대행한다.

④ 대법원장이 궐위되거나 부득이한 사유로 직무를 수행할 수 없을 때에는 선임대법관이 그 권한을 대행한다.

〉**ADVICE** ① [O] 국회법 제12조(부의장의 의장 직무대리) ② 의장이 심신상실 등 부득이한 사유로 의사표시를 할 수 없게 되어 직무대리자를 지정할 수 없을 때에는 소속 의원 수가 많은 교섭단체 소속 부의장의 순으로 의장의 직무를 대행한다.

② [O] 헌법 제71조 대통령이 궐위되거나 사고로 인하여 직무를 수행할 수 없을 때에는 국무총리, 법률이 정한 국무위원의 순서로 그 권한을 대행한다.

③ [X] 헌법재판소법 제12조(헌법재판소장) ④ 헌법재판소장이 궐위(闕位)되거나 부득이한 사유로 직무를 수행할 수 없을 때에는 다른 재판관이 헌법재판소규칙으로 정하는 순서에 따라 그 권한을 대행한다.
헌법재판소장의 권한대행에 관한 규칙 제2조(일시 유고 시의 대행) 헌법재판소장이 일시적인 사고로 인하여 직무를 수행할 수 없을 때에는 헌법재판소 재판관 중 <u>임명일자 순</u>으로 그 권한을 대행한다. 다만, <u>임명일자가 같을 때에는 연장자 순</u>으로 대행한다.

④ [O] 법원조직법 제13조(대법원장) ③ 대법원장이 궐위되거나 부득이한 사유로 직무를 수행할 수 없을 때에는 선임대법관이 그 권한을 대행한다.

20 선거관리위원회에 대한 설명으로 옳지 않은 것은? (다툼이 있는 경우 판례에 의함)

① 중앙선거관리위원회 위원 중 국회에서 선출하는 3인은 인사청문특별위원회의 인사청문을 거치고, 대통령이 임명하는 3인과 대법원장이 지명하는 3인은 소관 상임위원회의 인사청문을 거친다.

② 각급선거관리위원회의 의결을 거쳐 행하는 사항에 대하여는 원칙적으로 행정절차에 관한 규정이 적용되지 않는바, 이는 권력분립의 원리와 선거관리위원회 의결절차의 합리성을 고려한 것이다.

③ 각급선거관리위원회는 위원 과반수의 출석으로 개의하고, 출석위원 과반수의 찬성으로 의결하며, 위원장은 표결권을 가지고 가부동수인 때에는 결정권을 가진다.

④ 국가보조금의 배분대상이 되는 정당의 중앙당이 그 대표자 선출을 위한 선거사무 중 투표 및 개표에 관한 사무의 관리를 중앙선거관리위원회에 위탁하는 경우 선거공영제의 원칙에 따라 당내경선의 투표 및 개표참관인의 수당에 관한 비용은 국가가 부담한다.

〉**ADVICE** ① [O] 국회법 제46조의3(인사청문특별위원회)

① 국회는 다음 각 호의 임명동의안 또는 의장이 각 교섭단체 대표의원과 협의하여 제출한 선출안 등을 심사하기 위하여 <u>인사청문특별위원회를 둔다</u>. 다만, 「대통령직 인수에 관한 법률」 제5조제2항에 따라 대통령 당선인이 국무총리 후보자에 대한 인사청문의 실시를 요청하는 경우에 의장은 각 교섭단체 대표의원과 협의하여 그 인사청문을 실시하기 위한 인사청문특별위원회를 둔다.

2. 헌법에 따라 국회에서 선출하는 헌법재판소 재판관 및 <u>중앙선거관리위원회 위원에 대한 선출안</u>

제65조의2(인사청문회) ② 상임위원회는 다른 법률에 따라 다음 각 호의 어느 하나에 해당하는 공직후보자에 대한 인사청문 요청이 있는 경우 인사청문을 실시하기 위하여 각각 인사청문회를 연다.

1. <u>대통령이 임명하는</u> 헌법재판소 재판관, <u>중앙선거관리위원회 위원</u>, 국무위원, 방송통신위원회 위원장, 국가정보원장, 공정거래위원회 위원장, 금융위원회 위원장, 국가인권위원회 위원장, 고위공직자범죄수사처장, 국세청장, 검찰총장, 경찰청장, 합동참모의장, 한국은행 총재, 특별감찰관 또는 한국방송공사 사장의 후보자

3. <u>대법원장이 지명하는</u> 헌법재판소 재판관 또는 <u>중앙선거관리위원회 위원의 후보자</u>

② [O] 각급 선거관리위원회의 의결을 거쳐 행하는 사항에 대하여는 원칙적으로 행정절차에 관한 규정이 적용되지 않는바(행정절차법 제3조 제2항 제4호), 이는 권력분립의 원리와 선거관리위원회 의결절차의 합리성을 고려한 것으로 보인다(헌재 2008. 1. 17. 2007헌마700).

③ [O] 선거관리위원회법 제10조(위원회의 의결정족수)

① 각급선거관리위원회는 위원과반수의 출석으로 개의하고 출석위원 과반수의 찬성으로 의결한다.

② 위원장은 표결권을 가지며 가부동수인 때에는 결정권을 가진다.

④ [X] 공직선거법 제57조의4(당내경선사무의 위탁) ② 관할선거구선거관리위원회가 제1항에 따라 당내경선의 투표 및 개표에 관한 사무를 수탁관리하는 경우에는 그 비용은 국가가 부담한다. <u>다만, 투표 및 개표참관인의 수당은 당해 정당이 부담한다.</u>

✎ **ANSWER** 19.③ 20.④

1 국적에 대한 설명으로 옳은 것은? (다툼이 있는 경우 판례에 의함)

① 외국인이 귀화허가를 받기 위해서는 '품행이 단정할 것'의 요건을 갖추도록 한 「국적법」 조항은 명확성원칙에 위배된다.

② 대한민국의 국민으로서 자진하여 외국 국적을 취득한 자는 그 외국 국적 취득 신고를 한 때에 대한민국 국적을 상실한다.

③ 헌법 제2조제1항은 '대한민국의 국민이 되는 요건은 법률로 정한다'고 하여 대한민국 국적의 취득에 관하여 위임하고 있으나, 국적의 유지나 상실을 둘러싼 전반적인 법률관계를 법률에 규정하도록 위임하고 있는 것으로 풀이할 수는 없다.

④ 외국인의 자(子)로서 대한민국의 「민법」상 미성년인 사람은 부 또는 모가 귀화허가를 신청할 때 함께 국적 취득을 신청할 수 있고, 이에 따라 국적 취득을 신청한 사람은 부 또는 모가 대한민국 국적을 취득한 때에 함께 대한민국 국적을 취득한다.

> **ADVICE** ① [X] 심판대상조항은 외국인에게 대한민국 국적을 부여하는 '귀화'의 요건을 정한 것인데, '품행', '단정' 등 용어의 사전적 의미가 명백하고, 심판대상조항의 입법취지와 용어의 사전적 의미 및 법원의 일반적인 해석 등을 종합해 보면, '품행이 단정할 것'은 '귀화신청자를 대한민국의 새로운 구성원으로서 받아들이는 데 지장이 없을 만한 품성과 행실을 갖춘 것'을 의미하고, 구체적으로 이는 귀화신청자의 성별, 연령, 직업, 가족, 경력, 전과관계 등 여러 사정을 종합적으로 고려하여 판단될 것임을 예측할 수 있다. 따라서 심판대상조항은 명확성원칙에 위배되지 아니한다(헌재 2016. 7. 28. 2014헌바421).
> ② [X] 국적법 제15조(외국 국적 취득에 따른 국적 상실) ① 대한민국의 국민으로서 자진하여 외국 국적을 취득한 자는 그 외국 국적을 취득한 때에 대한민국 국적을 상실한다.
> ③ [X] 헌법 제2조 제1항은 "대한민국의 국민이 되는 요건은 법률로 정한다"고 하여 기본권의 주체인 국민에 관한 내용을 입법자가 형성하도록 하고 있다. 이는 대한민국 국적의 '취득'뿐만 아니라 국적의 유지, 상실을 둘러싼 전반적인 법률관계를 법률에 규정하도록 위임하고 있는 것으로 풀이할 수 있다(헌재 2014. 6. 26. 2011헌마502).
> ④ [O] 국적법 제8조(수반 취득) ① 외국인의 자(子)로서 대한민국의 「민법」상 미성년인 사람은 부 또는 모가 귀화허가를 신청할 때 함께 국적 취득을 신청할 수 있다.
> 　② 제1항에 따라 국적 취득을 신청한 사람은 부 또는 모가 대한민국 국적을 취득한 때에 함께 대한민국 국적을 취득한다.

2 정당에 대한 설명으로 옳지 않은 것은? (다툼이 있는 경우 판례에 의함)

① 정당설립의 자유는 헌법 제8조제1항 전단에 규정되어 있지만, 국민 개인과 정당 그리고 권리능력 없는 사단의 실체를 가지고 있는 등록취소된 정당에게 인정되는 기본권이다.

② 입법자는 정당설립의 자유를 최대한 보장하는 방향으로 입법하여야 하고, 헌법재판소는 정당설립의 자유를 제한하는 법률의 합헌성을 심사할 때에 헌법 제37조제2항에 따라 엄격한 비례심사를 하여야 한다.

③ 정당의 당원은 같은 정당의 타인의 당비를 부담할 수 없으며, 타인의 당비를 부담한 자와 타인으로 하여금 자신의 당비를 부담하게 한 자는 당비를 낸 것이 확인된 날부터 1년간 당해 정당의 당원자격이 정지된다.

④ 정당은 그 대의기관의 결의로써 해산할 수 있으며, 정당이 해산한 때에는 그 대표자는 지체 없이 그 뜻을 국회에 신고하여야 한다.

> **ADVICE** ① [○] 정당설립의 자유는 헌법 제8조 제1항 전단에 규정되어 있지만, 국민 개인과 정당 그리고 '권리능력 없는 사단'의 실체를 가지고 있는 등록취소된 정당에게 인정되는 '기본권'이다(헌재 2014. 1. 28. 2012헌마431).
>
> ② [○] 따라서 입법자는 정당설립의 자유를 최대한 보장하는 방향으로 입법하여야 하고, 헌법재판소는 정당설립의 자유를 제한하는 법률의 합헌성을 심사할 때에 헌법 제37조 제2항에 따라 엄격한 비례심사를 하여야 한다(헌재 2014. 1. 28. 2012헌마431).
>
> ③ [○] 정당법 제31조(당비) ② 정당의 당원은 같은 정당의 타인의 당비를 부담할 수 없으며, 타인의 당비를 부담한 자와 타인으로 하여금 자신의 당비를 부담하게 한 자는 당비를 낸 것이 확인된 날부터 1년간 당해 정당의 당원자격이 정지된다.
>
> ④ [X] 정당법 제45조(자진해산) ① 정당은 그 대의기관의 결의로써 해산할 수 있다.
> ② 제1항의 규정에 의하여 정당이 해산한 때에는 그 대표자는 지체 없이 그 뜻을 관할 선거관리위원회에 신고하여야 한다.

✏️ **ANSWER** 1.④ 2.④

3 신뢰보호원칙에 대한 설명으로 옳지 않은 것은? (다툼이 있는 경우 판례에 의함)

① 무기징역의 집행 중에 있는 자의 가석방 요건을 종전의 '10년 이상'에서 '20년 이상' 형 집행 경과로 강화한 개정 「형법」 조항을 「형법」 개정 시에 이미 수용 중인 사람에게도 적용하는 것은 신뢰보호원칙에 위배된다.

② 「군인연금법」상 퇴역연금 수급권자가 「사립학교교직원 연금법」 제3조의 학교기관으로부터 보수 기타 급여를 지급받는 경우에는 대통령령이 정하는 바에 따라 퇴역연금의 전부 또는 일부의 지급을 정지할 수 있도록 하는 것은 신뢰보호원칙에 위반되지 않는다.

③ 신뢰보호원칙은 법치국가원리에 근거를 두고 있는 헌법상 원칙으로서, 특정한 법률에 의하여 발생한 법률관계는 그 법에 따라 파악되고 판단되어야 하고 과거의 사실관계가 그 뒤에 생긴 새로운 법률의 기준에 따라 판단되지 않는다는 국민의 신뢰를 보호하기 위한 것이다.

④ 「공무원연금법」상 퇴직연금수급자가 지방의회의원에 취임한 경우 그 재직기간 중 퇴직연금 전부의 지급을 정지하도록 하는 것은 신뢰보호원칙에 위배되지 않는다.

>**ADVICE** ① [X] 가석방 제도의 실제 운용에 있어서도 구 형법 제72조 제1항이 정한 10년보다 장기간의 형 집행 이후에 가석방을 해 왔고, 무기징역형을 선고받은 수형자에 대하여 가석방을 한 예가 많지 않으며, 2002년 이후에는 20년 미만의 집행기간을 경과한 무기징역형 수형자가 가석방된 사례가 없으므로, 청구인의 신뢰가 손상된 정도도 크지 아니하다. 그렇다면 죄질이 더 무거운 무기징역형을 선고받은 수형자를 가석방할 수 있는 형 집행 경과기간이 개정 형법 시행 후에 유기징역형을 선고받은 수형자의 경우와 같거나 오히려 더 짧게 되는 불합리한 결과를 방지하고, 사회를 방위하기 위한 이 사건 부칙조항이 신뢰보호원칙에 위배되어 청구인의 신체의 자유를 침해한다고 볼 수 없다(헌재 2013. 8. 29. 2011헌마408).

② [O] 연금제도에 대한 신뢰는 반드시 "퇴직 후에 현 제도 그대로의 연금액을 받는다."는 데에 둘 수만은 없는 것이고, 또 연금수급자는 단순히 기존의 기준에 의하여 연금이 지속적으로 지급될 것이라는 기대 아래 소극적으로 연금을 지급받는 것일 뿐, 그러한 신뢰에 기하여 어떠한 적극적인 투자 등의 조치를 취하는 것도 아니다. 그렇다면 보호해야 할 연금수급자의 신뢰의 가치는 그리 크지 않은 반면, 군인연금 재정의 파탄을 막고 군인연금 제도를 건실하게 유지하려는 공익적 가치는 긴급하고 또한 중요한 것이므로, 이 사건 정지조항이 헌법상 신뢰보호의 원칙에 위반된다고 할 수 없다(헌재 2007. 10. 25. 2005헌바68).

③ [O] 신뢰보호원칙은 법치국가원리에 근거를 두고 있는 헌법상 원칙으로서, 특정한 법률에 의하여 발생한 법률관계는 그 법에 따라 파악되고 판단되어야 하고 과거의 사실관계가 그 뒤에 생긴 새로운 법률의 기준에 따라 판단되지 않는다는 국민의 신뢰를 보호하기 위한 것이다(헌재 2015. 2. 26. 2012헌마400).

④ [O] 따라서 청구인들이 '지방의회의원에 취임할 당시의 연금제도가 그대로 유지되어 그 임기동안 퇴직연금을 계속 지급받을 수 있을 것'이라고 신뢰하였다 하더라도 이러한 신뢰는 보호가치가 크다고 보기 어렵다(헌재 2017. 7. 27. 2015헌마1052).

4 범죄피해자구조청구권에 대한 설명으로 옳은 것은? (다툼이 있는 경우 판례에 의함)

① 범죄피해구조금은 국가의 재정에 기반을 두고 있는 바, 구조금청구권의 행사대상을 우선적으로 대한민국의 영역 안의 범죄피해에 한정하고, 향후 구조금의 확대에 따라서 해외에서 발생한 범죄피해의 경우에도 구조를 하는 방향으로 운영하는 것은 입법형성의 재량의 범위 내라고 할 수 있다.

② 대한민국의 영역 안에서 과실에 의한 행위로 사망하거나 장해 또는 중상해를 입은 경우에도 범죄피해자구조청구권이 인정된다.

③ 범죄행위 당시 구조피해자와 가해자 사이에 사실상의 혼인관계가 있는 경우에도 구조피해자에게 구조금을 지급한다.

④ 범죄피해구조금을 받을 권리는 그 구조결정이 해당 신청인에게 송달된 날부터 1년간 행사하지 아니하면 시효로 인하여 소멸된다.

> **ADVICE** ① [O] 범죄피해자 구조청구권을 인정하는 이유는 크게 국가의 범죄방지책임 또는 범죄로부터 국민을 보호할 국가의 보호의무를 다하지 못하였다는 것과 그 범죄피해자들에 대한 최소한의 구제가 필요하다는데 있다. 그런데 국가의 주권이 미치지 못하고 국가의 경찰력 등을 행사할 수 없거나 행사하기 어려운 해외에서 발생한 범죄에 대하여는 국가에 그 방지책임이 있다고 보기 어렵고, 상호보증이 있는 외국에서 발생한 범죄피해에 대하여는 국민이 그 외국에서 피해구조를 받을 수 있으며, 국가의 재정에 기반을 두고 있는 구조금에 대한 청구권 행사 대상을 우선적으로 대한민국의 영역 안의 범죄피해에 한정하고, 향후 해외에서 발생한 범죄피해의 경우에도 구조를 하는 방향으로 운영하는 것은 입법형성의 재량의 범위 내라고 할 것이다(헌재 2011. 12. 29. 2009헌마354).

② [X] 범죄피해자 보호법 제3조(정의) ① 이 법에서 사용하는 용어의 뜻은 다음과 같다.
4. "구조대상 범죄피해"란 <u>대한민국의 영역 안에서</u> 또는 대한민국의 영역 밖에 있는 대한민국의 선박이나 항공기 안에서 행하여진 사람의 생명 또는 신체를 해치는 죄에 해당하는 행위(「형법」제9조, 제10조제1항, 제12조, 제22조제1항에 따라 처벌되지 아니하는 행위를 포함하며, 같은 법 제20조 또는 제21조제1항에 따라 처벌되지 아니하는 행위 및 <u>과실에 의한 행위는 제외한다</u>)로 인하여 사망하거나 장해 또는 중상해를 입은 것을 말한다.

③ [X] 범죄피해자 보호법 제19조(구조금을 지급하지 아니할 수 있는 경우) ① 범죄행위 당시 구조피해자와 가해자 사이에 다음 각 호의 어느 하나에 해당하는 친족관계가 있는 경우에는 구조금을 지급하지 아니한다.
1. 부부(사실상의 혼인관계를 포함한다)

④ [X] 범죄피해자 보호법 제31조(소멸시효) 구조금을 받을 권리는 그 구조결정이 해당 신청인에게 송달된 날부터 <u>2년간 행사하지 아니하면</u> 시효로 인하여 소멸된다.

ANSWER 3.① 4.①

5 종교의 자유에 대한 설명으로 옳지 않은 것은? (다툼이 있는 경우 판례에 의함)

① 종교의 자유에 관한 헌법 제20조제1항은 표현의 자유에 관한 헌법 제21조제1항에 대하여 특별규정의 성격을 갖는다 할 것이므로 종교적 목적을 위한 언론·출판의 경우에는 그 밖의 일반적인 언론·출판에 비하여 고도의 보장을 받게 된다.

② 종교의 자유에는 종교전파의 자유가 포함되며, 종교전파의 자유는 국민에게 그가 선택한 임의의 장소에서 자유롭게 행사할 수 있는 권리까지 보장한다.

③ 종립학교의 학교법인이 국·공립학교의 경우와는 달리 종교교육을 할 자유와 운영의 자유를 가진다고 하더라도, 그 종립학교가 공교육체계에 편입되어 있는 이상 원칙적으로 학생의 종교의 자유, 교육을 받을 권리를 고려한 대책을 마련하는 등의 조치를 취하는 속에서 그러한 자유를 누린다.

④ 신앙의 자유는 신과 피안 또는 내세에 대한 인간의 내적 확신에 대한 자유를 말하는 것으로서, 이러한 신앙의 자유는 그 자체가 내심의 자유의 핵심이기 때문에 법률로써도 이를 침해할 수 없다.

〉ADVICE ① [O] 종교적 선전과 타 종교에 대한 비판 등은 동시에 표현의 자유의 보호대상이 되는 것이나, 그 경우 종교의 자유에 관한 헌법 제20조 제1항은 표현의 자유에 관한 헌법 제21조 제1항에 대하여 특별규정의 성격을 갖는다 할 것이므로 종교적 목적을 위한 언론·출판의 경우에는 그 밖의 일반적인 언론·출판에 비하여 고도의 보장을 받게 되고……(대판 2007. 4. 26. 2006다87903)

② [X] 종교(선교활동)의 자유는 국민에게 그가 선택한 임의의 장소에서 자유롭게 행사할 수 있는 권리까지 보장한다고 할 수 없으며, 그 임의의 장소가 대한민국의 주권이 미치지 아니하는 지역 나아가 국가에 의한 국민의 생명·신체 및 재산의 보호가 강력히 요구되는 해외 위난지역인 경우에는 더욱 그러하다(헌재 2008. 6. 26. 2007헌마1366).

③ [O] 비록 종립학교의 학교법인이 국·공립학교의 경우와는 달리 종교교육을 할 자유와 운영의 자유를 가진다고 하더라도, 그 종립학교가 공교육체계에 편입되어 있는 이상 원칙적으로 학생의 종교의 자유, 교육을 받을 권리를 고려한 대책을 마련하는 등의 조치를 취하는 속에서 그러한 자유를 누린다고 해석하여야 한다(대판 2010. 4. 22. 2008다38288).

④ [O] 종교의 자유는 일반적으로 신앙의 자유, 종교적 행위의 자유 및 종교적 집회·결사의 자유로 구성된다. 신앙의 자유는 신과 피안 또는 내세에 대한 인간의 내적 확신에 대한 자유를 말하는 것으로서, 이러한 신앙의 자유는 그 자체가 내심의 자유의 핵심이기 때문에 법률로써도 이를 침해할 수 없다(헌재 2016. 6. 30. 2015헌바46).

6 언론의 자유에 대한 설명으로 옳지 않은 것은? (다툼이 있는 경우 판례에 의함)

① 사실적 주장에 관한 언론보도등이 진실하지 아니함으로 인하여 피해를 입은 자는 해당 언론보도등이 있음을 안 날부터 3개월 이내에 언론사, 인터넷뉴스서비스사업자 및 인터넷 멀티미디어 방송사업자에게 그 언론보도등의 내용에 관한 정정보도를 청구할 수 있으나, 해당 언론보도등이 있은 후 6개월이 지났을 때에는 그러하지 아니하다.

② 언론으로부터 피해를 입은 사람은 「언론중재 및 피해구제 등에 관한 법률」에 따라 인터넷신문을 상대로 정정보도청구, 반론보도청구, 추후보도청구를 할 수 있고, 형사상 명예훼손죄로 고소할 수도 있으나, 민사상 손해배상 청구를 할 수는 없다.

③ 사실적 주장에 관한 언론보도등으로 인하여 피해를 입은 자는 그 보도 내용에 관한 반론보도를 언론사등에 청구할 수 있으며, 반론보도의 청구에는 언론사등의 고의·과실이나 위법성을 필요로 하지 아니하며, 보도 내용의 진실 여부와 상관없이 그 청구를 할 수 있다.

④ 인터넷게시판을 설치·운영하는 정보통신서비스 제공자에게 본인확인조치의무를 부과하여 게시판 이용자로 하여금 본인확인절차를 거쳐야만 게시판을 이용할 수 있도록 하는 본인확인제를 규정한 「정보통신망 이용촉진 및 정보보호 등에 관한 법률」 조항은 인터넷게시판을 운영하는 정보통신서비스 제공자의 언론의 자유를 침해한다.

> **ADVICE** ① [O] 언론중재 및 피해구제 등에 관한 법률 제14조(정정보도 청구의 요건) ① 사실적 주장에 관한 언론보도등이 진실하지 아니함으로 인하여 피해를 입은 자(이하 "피해자"라 한다)는 해당 언론보도등이 있음을 안 날부터 3개월 이내에 언론사, 인터넷뉴스서비스사업자 및 인터넷 멀티미디어 방송사업자(이하 "언론사등"이라 한다)에게 그 언론보도등의 내용에 관한 정정보도를 청구할 수 있다. <u>다만, 해당 언론보도등이 있은 후 6개월이 지났을 때에는 그러하지 아니한다.</u>
>
> ② [X] 언론중재 및 피해구제 등에 관한 법률 제30조(손해의 배상) ① 언론등의 고의 또는 과실로 인한 위법행위로 인하여 재산상 손해를 입거나 인격권 침해 또는 그 밖의 정신적 고통을 받은 자는 그 손해에 대한 배상을 언론사등에 청구할 수 있다.
>
> ③ [O] 언론중재 및 피해구제 등에 관한 법률 제16조(반론보도청구권) ① 사실적 주장에 관한 언론보도등으로 인하여 피해를 입은 자는 그 보도 내용에 관한 반론보도를 언론사등에 청구할 수 있다.
> ② 제1항의 청구에는 <u>언론사등의 고의·과실이나 위법성을 필요로 하지 아니하며,</u> 보도 내용의 진실 여부와 상관없이 그 청구를 할 수 있다.
>
> ④ [O] 따라서 본인확인제를 규율하는 이 사건 법령조항들은 과잉금지원칙에 위배하여 인터넷게시판 이용자의 표현의 자유, 개인정보자기결정권 및 인터넷게시판을 운영하는 정보통신서비스 제공자의 언론의 자유를 침해를 침해한다(헌재 2012. 8. 23. 2010헌마47).

✏ **ANSWER** 5.② 6.②

7 국가기관의 의결에 대한 설명으로 옳은 것만을 모두 고르면?

> ㉠ 감사위원회의는 감사원장을 포함한 감사위원 전원으로 구성하며, 감사위원회의는 재적 감사위원 과반수의 찬성으로 의결한다.
>
> ㉡ 대법관회의는 대법관 전원의 3분의 2 이상의 출석과 출석인원 과반수 찬성으로 의결한다. 의장은 의결에서 표결권을 가지며, 가부동수일 때에는 결정권을 가진다.
>
> ㉢ 헌법재판소 재판관회의는 재판관 전원으로 구성하며, 재판관회의는 재판관 7명 이상의 출석과 출석인원 과반수의 찬성으로 의결한다.
>
> ㉣ 각급선거관리위원회는 위원 과반수의 출석으로 개의하고 출석위원 과반수의 찬성으로 의결한다. 위원장은 표결권을 가지며, 가부동수인 때에는 결정권을 가진다.

① ㉠, ㉡

② ㉠, ㉢, ㉣

③ ㉡, ㉢, ㉣

④ ㉠, ㉡, ㉢, ㉣

>ADVICE ㉠ [O] 감사원법 제11조(의장 및 의결) ① 감사위원회의는 원장을 포함한 감사위원 전원으로 구성하며, 원장이 의장이 된다.
>
>   ② 감사위원회의는 재적 감사위원 과반수의 찬성으로 의결한다.
>
> ㉡ [O] 법원조직법 제16조(대법관회의의 구성과 의결방법) ② 대법관회의는 대법관 전원의 3분의 2 이상의 출석과 출석인원 과반수의 찬성으로 의결한다.
>
>   ③ 의장은 의결에서 표결권을 가지며, 가부동수(可否同數)일 때에는 결정권을 가진다.
>
> ㉢ [O] 헌법재판소법 제16조(재판관회의) ① 재판관회의는 재판관 전원으로 구성하며, 헌법재판소장이 의장이 된다.
>
>   ② 재판관회의는 <u>재판관 전원의 3분의 2를 초과하는 인원</u>의 출석과 출석인원 과반수의 찬성으로 의결한다.
>
> ㉣ [O] 선거관리위원회법 제10조(위원회의 의결정족수) ①각급선거관리위원회는 위원과반수의 출석으로 개의하고 출석위원 과반수의 찬성으로 의결한다.
>
>   ② 위원장은 표결권을 가지며 가부동수인 때에는 결정권을 가진다.

8 국가배상청구권에 대한 설명으로 옳지 않은 것만을 모두 고르면? (다툼이 있는 경우 판례에 의함)

> ○ 생명·신체 및 재산의 침해로 인한 국가배상을 받을 권리는 양도하거나 압류하지 못한다.
> ○ 군인이나 군무원이 타인에게 입힌 손해에 대한 배상신청사건을 심의하기 위하여 국방부에 특별심의회를 두며, 특별심의회는 국방부장관의 지휘를 받아야 한다.
> ○ 「국가배상법」이 정한 손해배상청구의 요건인 '공무원의 직무'에는 국가나 지방자치단체의 권력적 작용뿐만 아니라 비권력적 작용도 포함되지만 단순한 사경제의 주체로서 하는 작용은 포함되지 않는다.
> ○ 헌법재판소는 「국가배상법」상의 배상결정전치주의가 법관에 의한 재판을 받을 권리와 신속한 재판을 받을 권리를 침해한다고 하였고, 이에 따라 「국가배상법」상의 배상결정전치주의가 폐지되었다.

① ㉠, ㉡

② ㉢, ㉣

③ ㉠, ㉡, ㉣

④ ㉡, ㉢, ㉣

▶ADVICE ㉠ [X] 국가배상법 제4조(양도 등 금지) 생명·신체의 침해로 인한 국가배상을 받을 권리는 양도하거나 압류하지 못한다.

㉡ [X] 국가배상법 제10조(배상심의회) ① 국가나 지방자치단체에 대한 배상신청사건을 심의하기 위하여 법무부에 본부심의회를 둔다. 다만, 군인이나 군무원이 타인에게 입힌 손해에 대한 배상신청사건을 심의하기 위하여 국방부에 특별심의회를 둔다.

③ 본부심의회와 특별심의회와 지구심의회는 법무부장관의 지휘를 받아야 한다.

㉢ [O] 국가배상법이 정한 손해배상청구의 요건인 '공무원의 직무'에는 국가나 지방자치단체의 권력적 작용뿐만 아니라 비권력적 작용도 포함되지만 단순한 사경제의 주체로서 하는 작용은 포함되지 않는다(대판 2004. 4. 9. 2002다10691).

㉣ [X] 국가배상법에 의한 손해배상청구에 관한 시간, 노력, 비용의 절감을 도모하여 배상사무의 원활을 기하며 피해자로서도 신속, 간편한 절차에 의하여 배상금을 지급받을 수 있도록 하는 한편, 국고손실을 절감하도록 하기 위한 이 사건 법률조항에 의해 달성되는 공익과, 배상절차의 합리성 및 적정성의 정도, 그리고 한편으로는 배상신청을 하는 국민이 치루어야 하는 수고나 시간의 소모를 비교하여볼 때, 이 사건 법률조항이 헌법 제37조의 기본권제한의 한계에 관한 규정을 위배하여 국민의 재판청구권을 침해하는 정도에는 이르지 않는다(헌재 2000. 2. 24. 99헌바17).

※ 헌법재판소가 배상결정전치주의에 대해 합헌 결정을 하였지만, 국가배상법 제9조는 이 법에 따른 손해배상의 소송은 배상심의회에 배상신청을 하지 아니하고도 제기할 수 있다고 규정하여 임의적 행정심판전치주의를 취하고 있다.

✎ **ANSWER** 7.④ 8.③

9 국회의 국정감사 · 조사권에 대한 설명으로 옳지 않은 것은?

① 국회는 매년 정기회 집회일 이전에 국정감사 시작일부터 30일 이내의 기간을 정하여 국정감사를 실시하나, 본회의 의결이 있으면 정기회 기간 중에 국정감사를 실시할 수 있다.

② 조사위원회의 위원장이 사고가 있거나 그 직무를 수행하기를 거부 또는 기피하여 조사위원회가 활동하기 어려운 때에는 위원장이 소속한 교섭단체 소속의 간사가 위원장의 직무를 대행한다.

③ 특별시 · 광역시 · 도에 대한 국정감사범위는 국가위임사무와 국가가 보조금 등 예산을 지원하는 사업에 한정된다.

④ 국정감사 · 조사는 수사 중인 사건의 소추에 관여할 목적으로 행사되어서는 안 된다.

>ADVICE ① [O] 국정감사 및 조사에 관한 법률 제2조(국정감사) ① 국회는 국정전반에 관하여 소관 상임위원회별로 매년 정기회 집회일 이전에 국정감사(이하 "감사"라 한다) 시작일부터 30일 이내의 기간을 정하여 감사를 실시한다. 다만, 본회의 의결로 정기회 기간 중에 감사를 실시할 수 있다.

② [X] 국정감사 및 조사에 관한 법률 제4조(조사위원회) ③ 조사위원회의 위원장이 사고가 있거나 그 직무를 수행하기를 거부 또는 기피하여 조사위원회가 활동하기 어려운 때에는 <u>위원장이 소속하지 아니하는 교섭단체 소속의 간사 중에서</u> 소속 의원 수가 많은 교섭단체 소속인 간사의 순으로 위원장의 직무를 대행한다.

③ [O] 국정감사 및 조사에 관한 법률 제7조(감사의 대상) 감사의 대상기관은 다음 각 호와 같다.
　2. 지방자치단체 중 특별시 · 광역시 · 도. 다만, 그 감사범위는 국가위임사무와 국가가 보조금 등 예산을 지원하는 사업으로 한다.

④ [O] 국정감사 및 조사에 관한 법률 제8조(감사 또는 조사의 한계) 감사 또는 조사는 개인의 사생활을 침해하거나 계속 중인 재판 또는 수사 중인 사건의 소추(訴追)에 관여할 목적으로 행사되어서는 아니 된다.

10 예산에 대한 설명으로 옳지 않은 것은?

① 정부는 회계연도마다 예산안을 편성하여 회계연도 개시 90일 전까지 국회에 제출하고, 국회는 회계연도 개시 30일 전까지 이를 의결하여야 한다.

② 국회는 정부의 동의없이 정부가 제출한 지출예산 각 항의 금액을 증가하거나 새 비목을 설치할 수 없다.

③ 「국회법」은 예산결산특별위원회의 위원 수를 국회규칙으로 정하도록 하고 있으며, 국회의장은 교섭단체 소속 의원 수의 비율과 상임위원회 위원 수의 비율에 따라 각 교섭단체 대표의원의 요청으로 예산결산특별위원회 위원을 선임한다.

④ 새로운 회계연도가 개시될 때까지 예산안이 의결되지 못한 때에는 정부는 국회에서 예산안이 의결될 때까지 헌법이나 법률에 의하여 설치된 기관 또는 시설의 유지·운영, 법률상 지출의무의 이행, 이미 예산으로 승인된 사업의 계속을 위한 경비는 전년도 예산에 준하여 집행할 수 있다.

> **ADVICE** ① [○] 헌법 제54조 ② 정부는 회계연도마다 예산안을 편성하여 회계연도 개시 90일전까지 국회에 제출하고, 국회는 회계연도 개시 30일전까지 이를 의결하여야 한다.

② [○] 헌법 제57조 국회는 정부의 동의없이 정부가 제출한 지출예산 각항의 금액을 증가하거나 새 비목을 설치할 수 없다.

③ [X] 국회법 제45조(예산결산특별위원회) ② <u>예산결산특별위원회의 위원 수는 50명으로 한다</u>. 이 경우 의장은 교섭단체 소속 의원 수의 비율과 상임위원회 위원 수의 비율에 따라 각 교섭단체 대표의원의 요청으로 위원을 선임한다.

④ [○] 헌법 제54조 ③ 새로운 회계연도가 개시될 때까지 예산안이 의결되지 못한 때에는 정부는 국회에서 예산안이 의결될 때까지 다음의 목적을 위한 경비는 전년도 예산에 준하여 집행할 수 있다.

　1. 헌법이나 법률에 의하여 설치된 기관 또는 시설의 유지·운영

　2. 법률상 지출의무의 이행

　3. 이미 예산으로 승인된 사업의 계속

✎ **ANSWER** 9.② 10.③

11 개인정보보호에 대한 설명으로 옳지 않은 것은? (다툼이 있는 경우 판례에 의함)

① 개별 교원의 교원단체 및 노동조합 가입 정보는 「개인정보 보호법」 제23조의 노동조합의 가입·탈퇴에 관한 정보로서 민감정보에 해당한다.

② 「개인정보 보호법」상 개인정보란 살아 있는 개인 또는 사자(死者)에 관한 정보로서 성명, 주민등록번호 및 영상 등을 통하여 개인을 알아볼 수 있는 정보를 말한다.

③ 통계청장이 인구주택총조사의 방문 면접조사를 실시하면서, 담당 조사원을 통해 조사대상자에게 통계청장이 작성한 인구주택총조사 조사표의 조사항목들에 응답할 것을 요구한 행위는 조사대상자의 개인정보자기결정권을 침해하지 않는다.

④ 통신매체이용음란죄로 유죄판결이 확정된 자는 신상정보 등록대상자가 된다고 규정한 「성폭력범죄의 처벌 등에 관한 특례법」 조항은 신상정보 등록대상자의 개인정보자기결정권을 침해한다.

>ADVICE ① [O] 개인정보 보호법 제23조(민감정보의 처리 제한) ① 개인정보처리자는 사상·신념, 노동조합·정당의 가입·탈퇴, 정치적 견해, 건강, 성생활 등에 관한 정보, 그 밖에 정보주체의 사생활을 현저히 침해할 우려가 있는 개인정보로서 대통령령으로 정하는 정보(이하 "민감정보"라 한다)를 처리하여서는 아니 된다. 다만, 다음 각 호의 어느 하나에 해당하는 경우에는 그러하지 아니하다.

② [X] 개인정보 보호법 제2조(정의) 이 법에서 사용하는 용어의 뜻은 다음과 같다.

　　1. "개인정보"란 살아 있는 개인에 관한 정보로서 다음 각 목의 어느 하나에 해당하는 정보를 말한다.

③ [O] 또 조사항목 52개 가운데 성명, 성별, 나이 등 38개 항목은 UN통계처의 조사권고 항목을 그대로 반영한 것이어서 범세계적 조사항목에 속한다. 한편, 1인 가구 및 맞벌이 부부의 증가, 오늘날 직장인이나 학생들의 근무·학업 시간, 도시화·산업화가 진행된 현대사회의 생활형태 등을 고려하면, 출근 시간 직전인 오전 7시 30분경 및 퇴근 직후인 오후 8시 45분경이 방문 면접조사를 실시하기에 불합리할 정도로 이르거나 늦은 시간이라고 단정하기 어렵다. 나아가 관련 법령이나 실제 운용상 표본조사 대상 가구의 개인정보 남용을 방지할 수 있는 여러 제도적 장치도 충분히 마련되어 있다. 따라서 심판대상행위가 과잉금지원칙을 위반하여 청구인의 개인정보자기결정권을 침해하였다고 볼 수 없다(헌재 2017. 7. 27. 2015헌마1094).

④ [O] 성범죄자의 재범을 억제하고 재범 발생시 수사의 효율성을 제고하기 위하여, 일정한 성범죄를 저지른 자로부터 신상정보를 제출받아 보존·관리하는 것은 정당한 목적을 위한 적합한 수단이다. 그러나, 모든 성범죄자가 신상정보 등록대상이 되어서는 안되고, 신상정보 등록제도의 입법목적에 필요한 범위 내로 제한되어야 한다. …… 그렇다면 심판대상조항은 통신매체이용음란죄의 죄질 및 재범의 위험성에 따라 등록대상을 축소하거나, 유죄판결 확정과 별도로 신상정보 등록 여부에 관하여 법관의 판단을 받도록 하는 절차를 두는 등 기본권 침해를 줄일 수 있는 다른 수단을 채택하지 않았다는 점에서 침해의 최소성 원칙에 위배된다. 또한, 심판대상조항으로 인하여 비교적 불법성이 경미한 통신매체이용음란죄를 저지르고 재범의 위험성이 인정되지 않는 이들에 대하여는 달성되는 공익과 침해되는 사익 사이에 불균형이 발생할 수 있다는 점에서 법익의 균형성도 인정하기 어렵다(헌재 2016. 3. 31. 2015헌마688).

12 공무담임권에 대한 설명으로 옳지 않은 것은? (다툼이 있는 경우 판례에 의함)

① 공무담임권이란 입법부, 집행부, 사법부는 물론 지방자치단체 등 국가, 공공단체의 구성원으로서 그 직무를 담당할 수 있는 권리를 말한다.

② 지방자치단체의 장은 국가의 존립과 헌법 기본질서의 유지를 위한 국가안보 분야로서 대통령령으로 정하는 분야에는 복수국적자(대한민국 국적과 외국 국적을 함께 가진 사람)의 임용을 제한할 수 있다.

③ 지역구국회의원 예비후보자에게 지역구국회의원이 납부할 기탁금의 100분의 20에 해당하는 금액을 기탁금으로 납부하도록 하는 것은 예비후보자의 공무담임권을 침해하고, 비례대표 기탁금 조항은 비례대표국회의원후보자가 되어 국회의원에 취임하고자 하는 자의 공무담임권을 침해한다.

④ 공무원의 재임 기간 동안 충실한 공무 수행을 담보하기 위하여 공무원의 퇴직급여 및 공무상 재해보상을 보장할 것까지 공무담임권의 보호영역에 포함된다고 보기는 어렵다.

➤ADVICE ① [○] 헌법 제25조는 "모든 국민은 법률이 정하는 바에 의하여 공무담임권을 가진다."고 하여 공무담임권을 기본권으로 보장하고 있다. 공무담임권이란 입법부, 집행부, 사법부는 물론 지방자치단체 등 국가, 공공단체의 구성원으로서 그 직무를 담당할 수 있는 권리를 말한다(헌재 2002. 8. 29. 2001헌마788).

② [○] 지방공무원법 제25조의2(외국인과 복수국적자의 임용) ② 지방자치단체의 장은 다음 각 호의 어느 하나에 해당하는 분야로서 대통령령으로 정하는 분야에는 복수국적자(대한민국 국적과 외국 국적을 함께 가진 사람을 말한다. 이하 같다)의 임용을 제한할 수 있다.

　1. 국가의 존립과 헌법 기본질서의 유지를 위한 국가안보 분야

③ [X] 예비후보자 기탁금조항은 예비후보자의 무분별한 난립을 막고 책임성과 성실성을 담보하기 위한 것으로서, 입법목적의 정당성과 수단의 적합성이 인정된다. 또한 예비후보자 기탁금제도보다 덜 침해적인 다른 방법이 명백히 존재한다고 할 수 없고, 일정한 범위의 선거운동이 허용된 예비후보자의 기탁금 액수를 해당 선거의 후보자등록 시 납부해야 하는 기탁금의 100분의 20인 300만 원으로 설정한 것은 입법재량의 범위를 벗어난 것으로 볼 수 없으므로 침해의 최소성 원칙에 위배되지 아니한다. 그리고 위 조항으로 인하여 예비후보자로 등록하려는 사람의 공무담임권 제한은 이로써 달성하려는 공익보다 크다고 할 수 없어 법익의 균형성 원칙에도 반하지 않는다. 따라서 예비후보자 기탁금조항은 청구인의 공무담임권을 침해하지 않는다(헌재 2017. 10. 26. 2016헌마623).
이러한 사정들을 고려하면, 정당에 대한 선거로서의 성격을 가지는 비례대표국회의원선거는 인물에 대한 선거로서의 성격을 가지는 지역구국회의원선거와 근본적으로 그 성격이 다르고, 공직선거법상 허용된 선거운동을 통하여 선거의 혼탁이나 과열을 초래할 여지가 지역구국회의원선거보다 훨씬 적다고 볼 수 있다. 그럼에도 불구하고 비례대표 기탁금조항은 이러한 차이를 전혀 반영하지 않고 지역구국회의원선거에서의 기탁금과 동일한 금액을 기탁금으로 설정하고 있는바, 이는 후보자 추천의 진지성이나 선거관리업무의 효율성 확보 등의 입법목적을 달성하기 위해 필요한 최소한의 액수보다 지나치게 과다한 액수라 하지 않을 수 없다. …… 따라서 상대적으로 당비나 국고보조금을 지원받기 어렵고 재정상태가 열악한 신생정당이나 소수정당에게 후보자 1명마다 1천500만 원이라는 기탁금액은 선거에의 참여 자체를 위축시킬 수 있는 금액으로서, 비례대표제의 취지를 실현하기 위해 필요한 최소한의 액수보다 지나치게 과다한 액수이다(헌재 2016. 12. 29. 2015헌마509).

④ [○] 또 헌법 제25조의 공무담임권이 공무원의 재임 기간 동안 충실한 공무 수행을 담보하기 위하여 공무원의 퇴직급여 및 공무상 재해보상을 보장할 것까지 그 보호영역으로 하고 있다고 보기 어렵고, …… (헌재 2014. 6. 26. 2012헌마459)

✎ **ANSWER** 11.② 12.③

13 계엄에 대한 설명으로 옳은 것은?

① 대통령이 계엄을 선포하였을 때에는 지체없이 국회에 통고하여야 하는데, 이 때 국회가 폐회 중인 경우에는 대통령이 국회에 집회를 요구하지 않아도 된다.

② 대통령이 계엄을 선포할 때에는 국무회의의 심의를 거쳐야 하나, 계엄을 변경하고자 할 때에는 국무회의의 심의를 거칠 필요가 없다.

③ 국회가 재적의원 과반수의 출석과 출석의원 과반수의 찬성으로 계엄의 해제를 요구한 때에는 대통령은 이를 해제하여야 한다.

④ 비상계엄이 선포된 때에는 법률이 정하는 바에 의하여 영장제도, 언론·출판·집회·결사의 자유, 정부나 법원의 권한에 관하여 특별한 조치를 할 수 있다.

> **ADVICE** ① [X] 계엄법 제4조(계엄 선포의 통고) ① 대통령이 계엄을 선포하였을 때에는 지체 없이 국회에 통고(通告)하여야 한다. ② 제1항의 경우에 국회가 폐회 중일 때에는 대통령은 지체 없이 국회에 집회(集會)를 요구하여야 한다.
> ② [X] 계엄법 제2조(계엄의 종류와 선포 등) ⑤ 대통령이 계엄을 선포하거나 변경하고자 할 때에는 국무회의의 심의를 거쳐야 한다.
> ③ [X] 헌법 제77조 ⑤ 국회가 재적의원 과반수의 찬성으로 계엄의 해제를 요구한 때에는 대통령은 이를 해제하여야 한다.
> ④ [O] 헌법 제77조 ③ 비상계엄이 선포된 때에는 법률이 정하는 바에 의하여 영장제도, 언론·출판·집회·결사의 자유, 정부나 법원의 권한에 관하여 특별한 조치를 할 수 있다.

14 법관에 대한 설명으로 옳지 않은 것은? (다툼이 있는 경우 판례에 의함)

① 공개된 법정의 법관의 면전에서 모든 증거자료가 조사·진술되어야 하는 요청은 공정한 재판을 받을 권리로부터 파생된다.

② 법관정년제 자체의 위헌성 판단은 헌법규정에 대한 위헌주장으로 헌법재판소의 위헌판단의 대상이 되지 아니하며, 법관의 정년연령을 규정한 법률의 구체적인 내용도 헌법재판소의 위헌판단의 대상이 될 수 없다.

③ 법관은 탄핵 또는 금고 이상의 형의 선고에 의하지 아니하고는 파면되지 아니하며, 징계처분에 의하지 아니하고는 정직·감봉 기타 불리한 처분을 받지 아니한다.

④ 법관이 중대한 신체상 또는 정신상의 장해로 직무를 수행할 수 없을 때에는, 대법관인 경우에는 대법원장의 제청으로 대통령이 퇴직을 명할 수 있고, 판사인 경우에는 법관인사위원회의 심의를 거쳐 대법원장이 퇴직을 명할 수 있다.

> **ADVICE** ① [O] 이 공정한 재판을 받을 권리 속에는 신속하고 공개된 법정의 법관의 면전에서 모든 증거자료가 조사·진술되고 이에 대하여 피고인이 공격·방어할 수 있는 기회가 보장되는 재판, 원칙적으로 당사자주의와 구두변론주의가 보장되어 당사자가 공소사실에 대한 답변과 입증 및 반증을 하는 등 공격, 방어권이 충분히 보장되는 재판을 받을 권리가 포함되어 있다(헌재 2010. 11. 25. 2009헌바57).
> ② [X] 그런데 우선, 헌법 제105조 제1항 내지 제3항에서는 대법원장·대법관 및 그 이외의 법관의 임기제를 규정하고 있고, 같은 조 제4항에서, "법관의 정년은 법률로 정한다."라고 규정하여 '법관정년제' 자체를 헌법에서 명시적으로 채택하고 있으며, 다만, 구체적인 정년연령을 법률로 정하도록 위임하고 있을 뿐이다. 따라서 '법관

정년제' 자체의 위헌성 판단은 헌법규정에 대한 위헌주장으로, 종전 우리 헌법재판소 판례에 의하면, 위헌판단의 대상이 되지 아니한다. 물론 이 경우에도 법관의 정년연령을 규정한 법률의 구체적인 내용에 대하여는 위헌판단의 대상이 될 수 있다(헌재 2002. 10. 31. 2001헌마557).

③ [O] 헌법 제106조 ①법관은 탄핵 또는 금고 이상의 형의 선고에 의하지 아니하고는 파면되지 아니하며, 징계처분에 의하지 아니하고는 정직·감봉 기타 불리한 처분을 받지 아니한다.

④ [O] 법원조직법 제47조(심신상의 장해로 인한 퇴직) 법관이 중대한 신체상 또는 정신상의 장해로 직무를 수행할 수 없을 때에는, 대법관인 경우에는 대법원장의 제청으로 대통령이 퇴직을 명할 수 있고, 판사인 경우에는 인사위원회의 심의를 거쳐 대법원장이 퇴직을 명할 수 있다.

15 법원과 헌법재판소에 대한 설명으로 옳지 않은 것만을 모두 고르면?

> ⊙ 법률이 헌법에 위반되는 여부가 재판의 전제가 된 경우에는 법원은 헌법재판소에 제청하여 그 심판에 의하여 재판한다.
> ⓛ 명령·규칙 또는 처분이 헌법에 위반되는 여부가 법원의 재판의 전제가 된 경우에는 헌법재판소가 이를 최종적으로 심사할 권한을 가진다.
> ⓒ 「헌법재판소법」 제68조제2항에 의한 헌법소원심판이 청구된 경우 당해 소송사건의 재판은 헌법재판소의 위헌 여부의 결정이 있을 때까지 정지된다.
> ⓔ 위헌법률심판의 제청신청을 한 당사자는 위헌 여부 심판의 제청에 관한 결정에 대하여는 항고할 수 없다.

① ㉠, ㉡
② ㉠, ㉣
③ ㉡, ㉢
④ ㉢, ㉣

>ADVICE ㉠ [O] 헌법 제107조 ① 법률이 헌법에 위반되는 여부가 재판의 전제가 된 경우에는 법원은 헌법재판소에 제청하여 그 심판에 의하여 재판한다.

㉡ [X] 헌법 제107조 ② 명령·규칙 또는 처분이 헌법이나 법률에 위반되는 여부가 재판의 전제가 된 경우에는 대법원은 이를 최종적으로 심사할 권한을 가진다.

㉢ [X] 그렇다면 헌법재판소법이 제42조 제1항에서 법원의 위헌법률심판제청이 있는 경우에는 재판을 정지하도록 규정하면서도 당사자의 위헌법률심판제청신청이나 헌법재판소법 제68조 제2항의 헌법소원심판청구에는 그와 같은 규정을 두지 않은 데에는 합리적인 이유가 있다고 할 것이고 거기에 입법재량의 한계를 일탈하였다고 볼 사유가 있다고 할 수 없으며, 헌법재판소법 제42조 제1항이나 제68조 제2항 또한 헌법에 위배된다고 보기 어렵다(대법원 2007. 6. 18. 2007아12).

㉣ [O] 헌법재판소법 제41조(위헌 여부 심판의 제청) ④ 위헌 여부 심판의 제청에 관한 결정에 대하여는 항고할 수 없다.

✎ **ANSWER** 13.④ 14.② 15.③

16 재판청구권에 대한 설명으로 옳지 않은 것은? (다툼이 있는 경우 판례에 의함)

① 형사보상의 청구에 대하여 한 보상의 결정에 대하여는 불복을 신청할 수 없도록 하여 형사보상의 결정을 단심재판으로 하도록 하는 것은 형사보상 청구권자의 재판청구권을 침해한다.

② 「인신보호법」상 피수용자인 구제청구자의 즉시항고 제기기간을 3일로 정한 것은 피수용자의 재판청구권을 침해한다.

③ 국민참여재판을 받을 권리가 헌법 제27조제1항에서 규정한 헌법과 법률이 정한 법관에 의한 재판을 받을 권리의 보호범위에 속한다고 볼 수 없다.

④ 토지수용위원회의 수용재결서를 받은 날로부터 60일 이내에 보상금증감청구소송을 제기하도록 한 「공익사업을 위한 토지 등의 취득 및 보상에 관한 법률」 조항은 보상금증감청구소송을 제기하려는 토지소유자의 재판청구권을 침해한다.

ADVICE ① [O] 보상액의 산정에 기초되는 사실인정이나 보상액에 관한 판단에서 오류나 불합리성이 발견되는 경우에도 그 시정을 구하는 불복신청을 할 수 없도록 하는 것은 형사보상청구권 및 그 실현을 위한 기본권으로서의 재판청구권의 본질적 내용을 침해하는 것이라 할 것이고, 나아가 법적안정성만을 지나치게 강조함으로써 재판의 적정성과 정의를 추구하는 사법제도의 본질에 부합하지 아니하는 것이다. 또한, 불복을 허용하더라도 즉시항고는 절차가 신속히 진행될 수 있고 사건수도 과다하지 아니한데다 그 재판내용도 비교적 단순하므로 불복을 허용한다고 하여 상급심에 과도한 부담을 줄 가능성은 별로 없다고 할 것이어서, 이 사건 불복금지조항은 형사보상청구권 및 재판청구권을 침해한다고 할 것이다(헌재 2010. 10. 28. 2008헌마514).

② [O] 인신보호법상 피수용자인 구제청구자는 자기 의사에 반하여 수용시설에 수용되어 인신의 자유가 제한된 상태에 있으므로 그 자신이 직접 법원에 가서 즉시항고장을 접수할 수 없고, 외부인의 도움을 받아서 즉시항고장을 접수하는 방법은 외부인의 호의와 협조가 필수적이어서 이를 기대하기 어려운 때에는 그리 효과적이지 않으며, 우편으로 즉시항고장을 접수하는 방법도 즉시항고장을 작성하는 시간과 우편물을 발송하고 도달하는 데 소요되는 시간을 고려하면 3일의 기간이 충분하다고 보기 어렵다(헌재 2015. 9. 24. 2013헌가21).

③ [O] 우리 헌법상 헌법과 법률이 정한 법관에 의한 재판을 받을 권리는 직업법관에 의한 재판을 주된 내용으로 하는 것이므로 국민참여재판을 받을 권리가 헌법 제27조 제1항에서 규정한 재판을 받을 권리의 보호범위에 속한다고 볼 수 없다(헌재 2009. 11. 26. 2008헌바12).

④ [X] 공익사업의 안정적인 시행을 위하여서는 수용대상토지의 수용여부 못지 않게 보상금을 둘러싼 분쟁 역시 조속히 확정하여야 할 필요가 있다. 또한 토지소유자는 협의 및 수용재결 단계를 거치면서 오랜 기간 보상금 액수에 대하여 다투어 왔으므로, 수용재결의 보상금 액수에 관하여 보상금증감청구소송을 제기할 것인지 결정하는 데에 많은 시간이 필요하지 않다. 따라서 이 사건 법률조항이 정한 60일의 제소기간은 입법재량의 한계를 벗어났다고 보기 어려우므로, 보상금증감청구소송을 제기하려는 토지소유자의 재판청구권을 침해한다고 볼 수 없다(헌재 2016. 7. 28. 2014헌바206).

17 재산권에 대한 설명으로 옳지 않은 것은? (다툼이 있는 경우 판례에 의함)

① 시혜적 입법의 시혜대상이 될 경우 얻을 수 있는 재산상 이익의 기대가 성취되지 않았다고 하여도 그러한 단순한 재산상 이익의 기대는 헌법이 보호하는 재산권의 영역에 포함되지 않는다.

② 공무원연금은 기여금 납부를 통해 공무원 자신도 재원의 형성에 일부 기여한다는 점에서 후불임금의 성격도 가지고 있으므로 「공무원연금법」상 연금수급권은 사회적 기본권의 하나인 사회보장수급권의 성격과 재산권의 성격을 아울러 지니고 있다.

③ 행정기관이 개발촉진지구 지역개발사업으로 실시계획을 승인하고 이를 고시하기만 하면 고급골프장 사업과 같이 공익성이 낮은 사업에 대해서까지도 시행자인 민간개발자에게 수용권한을 부여하는 것은 헌법 제23조 제3항에 위배된다.

④ 국가에 대한 구상권은 헌법 제23조제1항에 의하여 보장되는 재산권이라 할 수 없다.

ADVICE

① [O] 시혜적 입법의 시혜대상이 될 경우 얻을 수 있는 재산상 이익의 기대가 성취되지 않았다고 하여도 그러한 단순한 재산상 이익의 기대는 헌법이 보호하는 재산권의 영역에 포함되지 않으므로 이 사건에서 재산권침해가 문제되지는 않는다(헌재 1999. 7. 22. 98헌바14).

② [O] 공무원연금제도는 공무원이 퇴직하거나 사망한 때에 공무원 및 그 유족의 생활안정과 복리향상에 기여하기 위해 마련된 사회보장제도임과 아울러 보험원리에 의하여 운용되는 사회보험 중의 하나이지만, 기여금의 납부를 통해 공무원 자신도 그 재원의 형성에 일부 기여한다는 점에서 후불임금의 성격도 가미되어 있다. 그러므로 공무원연금법상의 퇴직급여, 유족급여 등 각종 급여를 받을 권리, 즉 연금수급권은 사회적 기본권의 하나인 사회보장수급권의 성격과 재산권의 성격을 아울러 지니고 있다 할 것이다(헌재 2014. 5. 29. 2012헌마555).

③ [O] 또한 고급골프장 등 사업은 그 특성상 사업 운영 과정에서 발생하는 지방세수 확보와 지역경제 활성화는 부수적인 공익일 뿐이고, 이 정도의 공익이 그 사업으로 인하여 강제수용 당하는 주민들의 기본권침해를 정당화할 정도로 우월하다고 볼 수는 없다. 따라서 이 사건 법률조항은 공익적 필요성이 인정되기 어려운 민간개발자의 지구개발사업을 위해서까지 공공수용이 허용될 수 있는 가능성을 열어두고 있어 헌법 제23조 제3항에 위반된다(헌재 2014. 10. 30. 2011헌바129).

④ [X] 또한 국가에 대한 구상권은 헌법 제23조 제1항에 의하여 보장되는 재산권이고 위와 같은 해석은 그러한 재산권의 제한에 해당하며 재산권의 제한은 헌법 제37조 제2항에 의한 기본권제한의 한계 내에서만 가능한데, …… (헌재 1994. 12. 29. 93헌바21)

ANSWER 16.④ 17.④

18 집회의 자유에 대한 설명으로 옳지 않은 것은? (다툼이 있는 경우 판례에 의함)

① 「집회 및 시위에 관한 법률」상 사방이 폐쇄되어 있으나 천장이 없는 장소에서 여는 집회는 옥외집회에 해당한다.

② 집회의 자유에는 집회를 통하여 형성된 의사를 집단적으로 표현하는 데 그치고, 이를 통하여 불특정 다수인의 의사에 영향을 줄 자유까지를 포함하지는 않는다.

③ 옥외집회에 대한 사전신고는 행정관청에 집회에 관한 구체적인 정보를 제공함으로써 공공질서의 유지에 협력하도록 하는 데에 그 의의가 있는 것이지 집회의 허가를 구하는 신청으로 변질되어서는 아니 되므로, 신고를 하지 아니하였다는 이유만으로 그 옥외집회 또는 시위를 헌법의 보호 범위를 벗어나 개최가 허용되지 않는 집회 내지 시위라고 단정할 수 없다.

④ 헌법이 명시적으로 밝히고 있는 것은 아니지만, 집회의 자유의 보장 대상은 평화적, 비폭력적 집회에 한정된다.

>**ADVICE** ① [O] 집회 및 시위에 관한 법률 제2조(정의) 이 법에서 사용하는 용어의 뜻은 다음과 같다.
　　　1. "옥외집회"란 천장이 없거나 사방이 폐쇄되지 아니한 장소에서 여는 집회를 말한다.
　② [X] 집회의 자유는 집회를 통하여 형성된 의사를 집단적으로 표현하고 이를 통하여 <u>불특정 다수인의 의사에 영향을 줄 자유를 포함하므로</u> 이를 내용으로 하는 시위의 자유 또한 집회의 자유를 규정한 헌법 제21조 제1항에 의하여 보호되는 기본권이다(헌재 2005. 11. 24. 2004헌가17).
　③ [O] 집회의 자유가 가지는 헌법적 가치와 기능, 집회에 대한 허가 금지를 선언한 헌법정신, 옥외집회 및 시위에 관한 사전신고제의 취지 등을 종합하여 보면, 신고는 행정관청에 집회에 관한 구체적인 정보를 제공함으로써 공공질서의 유지에 협력하도록 하는 데 의의가 있는 것으로 집회의 허가를 구하는 신청으로 변질되어서는 아니 되므로, 신고를 하지 아니하였다는 이유만으로 옥외집회 또는 시위를 헌법의 보호 범위를 벗어나 개최가 허용되지 않는 집회 내지 시위라고 단정할 수 없다(대판 2012. 4. 19. 2010도6388).
　④ [O] 다만, 비록 헌법이 명시적으로 밝히고 있는 것은 아니지만, 집회의 자유의 보장 대상은 평화적, 비폭력적 집회에 한정된다(헌재 2016. 9. 29. 2014헌가3).

19 혼인과 가족생활에 대한 설명으로 옳지 않은 것은? (다툼이 있는 경우 판례에 의함)

① 친양자 입양을 청구하기 위해서는 친생부모의 친권상실, 사망 기타 동의할 수 없는 사유가 없는 한 친생부모의 동의를 반드시 요하도록 하는 것은 친양자가 될 자의 가족생활에 관한 기본권을 침해하지 않는다.

② 혼인 종료 후 300일 이내에 출생한 자를 전남편의 친생자로 추정하는 것은 모가 가정생활과 신분관계에서 누려야 할 혼인과 가족생활에 관한 기본권을 침해한다.

③ 부모가 자녀의 이름을 지을 자유는 혼인과 가족생활을 보장하는 헌법 제36조제1항과 행복추구권을 보장하는 헌법 제10조에 의하여 보호받는다.

④ 법적으로 승인되지 아니한 사실혼 또한 헌법 제36조제1항에 규정된 혼인의 보호범위에 포함된다.

> **ADVICE** ① [O] 친양자 입양은 친생부모와 그 자녀 사이의 친족관계를 완전히 단절시키는 등 친생부모의 지위에 중대한 영향을 미치는 점, 친생부모 역시 헌법 제10조 및 제36조 제1항에 근거한 가족생활에 관한 기본권을 보유하고 있다는 점에 비추어 볼 때 그 입법목적은 정당하고, 나아가 이 사건 법률조항은 친양자 입양에 있어 무조건 친생부모의 동의를 요하도록 하고 있는 것이 아니라, '친생부모의 친권이 상실되거나 사망 기타 그 밖의 사유로 동의할 수 없는 경우'에는 그 동의 없이도 친양자 입양이 가능하도록 예외규정을 두어 기본권 제한의 비례성을 준수하고 있으므로 헌법에 위반되지 아니한다(헌재 2012. 5. 31. 2010헌바87).

② [O] 이와 같이 민법 제정 이후의 사회적·법률적·의학적 사정변경을 전혀 반영하지 아니한 채, 이미 혼인관계가 해소된 이후에 자가 출생하고 생부가 출생한 자를 인지하려는 경우마저도, 아무런 예외 없이 그 자를 전남편의 친생자로 추정함으로써 친생부인의 소를 거치도록 하는 심판대상조항은 입법형성의 한계를 벗어나 모가 가정생활과 신분관계에서 누려야 할 인격권, 혼인과 가족생활에 관한 기본권을 침해한다(헌재 2015. 4. 30. 2013헌마623).

③ [O] 부모가 자녀의 이름을 지어주는 것은 자녀의 양육과 가족생활을 위하여 필수적인 것이고, 가족생활의 핵심적 요소라 할 수 있으므로, '부모가 자녀의 이름을 지을 자유'는 혼인과 가족생활을 보장하는 헌법 제36조 제1항과 행복추구권을 보장하는 헌법 제10조에 의하여 보호받는다(헌재 2016. 7. 28. 2015헌마964).

④ [X] 법적으로 승인되지 아니한 사실혼은 헌법 제36조 제1항의 보호범위에 포함되지 아니하므로, 이 사건 법률조항은 헌법 제36조 제1항에 위반되지 않는다(헌재 2014. 8. 28. 2013헌바119).

20 국무위원과 행정각부의 장에 대한 설명으로 옳지 않은 것은?

① 행정각부의 장은 국무위원 중에서 임명해야 하므로, 행정각부의 장에 대한 임명에는 국무위원의 경우와 달리 국무총리의 제청이 별도로 요구되지 않는다.

② 국무위원은 국무총리의 제청으로 대통령이 임명하며, 군인도 현역을 면한 후에는 국무위원으로 임명될 수 있다.

③ 행정각부의 장은 소관사무에 관하여 법률이나 대통령령의 위임 또는 직권으로 부령을 발할 수 있으며, 소관사무에 관하여 지방행정의 장을 지휘·감독한다.

④ 국무위원은 국무회의 구성원으로서, 국무회의 의안 제출권, 대통령의 국법상 행위에 대한 부서권, 국회 출석·발언권 등을 가진다.

> **ADVICE** ① [X] 헌법 제94조 행정각부의 장은 국무위원 중에서 국무총리의 제청으로 대통령이 임명한다.

② [O] 헌법 제87조 ① 국무위원은 국무총리의 제청으로 대통령이 임명한다.

④ 군인은 현역을 면한 후가 아니면 국무위원으로 임명될 수 없다.

③ [O] 헌법 제95조 국무총리 또는 행정각부의 장은 소관사무에 관하여 법률이나 대통령령의 위임 또는 직권으로 총리령 또는 부령을 발할 수 있다.

정부조직법 제26조(행정각부) ③ 장관은 소관사무에 관하여 지방행정의 장을 지휘·감독한다.

④ [O] 헌법 제62조 ① 국무총리·국무위원 또는 정부위원은 국회나 그 위원회에 출석하여 국정처리상황을 보고하거나 의견을 진술하고 질문에 응답할 수 있다.

제82조 대통령의 국법상 행위는 문서로써 하며, 이 문서에는 국무총리와 관계 국무위원이 부서한다. 군사에 관한 것도 또한 같다.

정부조직법 제12조(국무회의) ③ 국무위원은 정무직으로 하며 의장에게 의안을 제출하고 국무회의의 소집을 요구할 수 있다.

1 국무회의에 관한 설명으로 가장 옳은 것은?

① 국무회의는 대통령 · 국무총리와 15인 이상 25인 이하의 국무위원으로 구성한다.

② 국회의 임시회 집회의 요구, 헌법개정안 · 국민투표안 · 조약안 · 법률안 및 대통령령안은 국무회의의 심의를 거쳐야 한다.

③ 국가원로자문회의의 의장은 직전대통령이 된다. 다만, 직전대통령이 없을 때에는 국무총리가 대행한다.

④ 국가안전보장회의는 국무총리가 주재한다.

> **ADVICE** ① [X] 헌법 제88조 ② 국무회의는 대통령 · 국무총리와 15인 이상 30인 이하의 국무위원으로 구성한다.
>
> ② [O] 헌법 제89조 다음 사항은 국무회의의 심의를 거쳐야 한다.
>
> 　　3. 헌법개정안 · 국민투표안 · 조약안 · 법률안 및 대통령령안
>
> 　　7. 국회의 임시회 집회의 요구
>
> ③ [X] 헌법 제90조 ② 국가원로자문회의의 의장은 직전대통령이 된다. 다만, 직전대통령이 없을 때에는 대통령이 지명한다.
>
> ④ [X] 헌법 제91조 ② 국가안전보장회의는 대통령이 주재한다.

2 재판청구권에 대한 설명으로 가장 옳지 않은 것은?

① 취소소송의 제소기간을 처분 등이 있음을 안 때로부터 90일 이내로 규정한 것은 지나치게 짧은 기간이라고 보기 어렵고 행정법 관계의 조속한 안정을 위해 필요한 방법이므로 재판청구권을 침해하지 않는다.

② '민주화운동 관련자 명예회복 및 보상 심의 위원회'의 보상금 등 지급결정에 동의한 때 재판상 화해의 성립을 간주함으로써 법관에 의하여 법률에 의한 재판을 받을 권리를 제한하는 법규정은 재판청구권을 침해하지 않는다.

③ 디엔에이감식시료채취영장 발부 과정에서 형이 확정된 채취대상자에게 자신의 의견을 밝히거나 영장 발부 후 불복할 수 있는 절차 등에 관하여 규정하지 않은 것은 재판청구권을 침해하지 않는다.

④ 재정신청절차의 신속하고 원활한 진행을 위하여 구두변론의 실시여부를 법관의 재량에 맡기는 것은 재판청구권을 침해하지 않는다.

> **ADVICE** ① [○] 따라서 처분의 상대방은 처분 등이 있음을 알게 되고 당해 처분 등이 위법할 수 있다는 의심이 드는 경우, 취소소송을 제기한 후 재판 과정에서 해당 처분 등의 위법성을 입증·확인할 수 있고, 당해 처분 등이 위법할 수 있다는 의심을 갖는데 있어 90일의 기간은 지나치게 짧은 기간이라고 보기 어렵다. …… 따라서 심판대상조항이 '처분 등이 있음을 안 날'을 제소기간의 기산점으로 정한 것은 입법형성의 한계를 벗어나지 않았다고 할 것이므로, 심판대상조항은 청구인의 재판청구권을 침해하지 아니한다(헌재 2018. 6. 28. 2017헌바66).
>
> ② [○] 민주화보상법은 관련규정을 통하여 보상금 등을 심의·결정하는 위원회의 중립성과 독립성을 보장하고 있고, 심의절차의 전문성과 공정성을 제고하기 위한 장치를 마련하고 있으며, 신청인으로 하여금 위원회의 지급결정에 대한 동의 여부를 자유롭게 선택하도록 정하고 있다. 따라서 심판대상조항은 관련자 및 유족의 재판청구권을 침해하지 아니한다. …… 다음 심판대상조항 중 정신적 손해에 관한 부분이 국가배상청구권을 침해하는지 여부를 본다. 앞서 본 바와 같이 민주화보상법상 보상금 등에는 정신적 손해에 대한 배상이 포함되어 있지 않은바, 이처럼 정신적 손해에 대해 적절한 배상이 이루어지지 않은 상태에서 적극적·소극적 손해에 상응하는 배상이 이루어졌다는 사정만으로 정신적 손해에 대한 국가배상청구마저 금지하는 것은, 해당 손해에 대한 적절한 배상이 이루어졌음을 전제로 하여 국가배상청구권 행사를 제한하려 한 민주화보상법의 입법목적에도 부합하지 않으며, 국가의 기본권 보호의무를 규정한 헌법 제10조 제2문의 취지에도 반하는 것으로서, 국가배상청구권에 대한 지나치게 과도한 제한에 해당한다. 따라서 심판대상조항 중 정신적 손해에 관한 부분은 민주화운동 관련자와 유족의 국가배상청구권을 침해한다(헌재 2018. 8. 30. 2014헌바180).
>
> ③ [X] 디엔에이감식시료채취영장 발부 여부는 채취대상자에게 자신의 디엔에이감식시료가 강제로 채취당하고 그 정보가 영구히 보관·관리됨으로써 자신의 신체의 자유, 개인정보자기결정권 등의 기본권이 제한될 것인지 여부가 결정되는 중대한 문제이다. 그럼에도 불구하고 이 사건 영장절차 조항은 채취대상자에게 디엔에이감식시료채취영장 발부 과정에서 자신의 의견을 진술할 수 있는 기회를 절차적으로 보장하고 있지 않을 뿐만 아니라, 발부 후 그 영장 발부에 대하여 불복할 수 있는 기회를 주거나 채취행위의 위법성 확인을 청구할 수 있도록 하는 구제절차마저 마련하고 있지 않다. 위와 같은 입법상의 불비가 있는 이 사건 영장절차 조항은 채취대상자인 청구인들의 재판청구권을 과도하게 제한하므로, 침해의 최소성 원칙에 위반된다. …… 따라서 이 사건 영장절차 조항은 과잉금지원칙을 위반하여 청구인들의 재판청구권을 침해한다(헌재 2018. 8. 30. 2016헌마344).
>
> ④ [○] 재정신청절차를 신속하고 원활하게 진행하여 관계 당사자 사이의 법률관계를 확정하여 사회 안정을 도모한다는 공익은 매우 중요하다. 이에 반하여 심판대상조항에 따라 법관이 구두변론을 하지 않고 재정신청에 대한 결정을 함으로써 재정신청인이 받게 되는 불이익은 그다지 크다고 보기 어렵다. 심판대상조항은 법익의 균형성도 갖추었다. 심판대상조항이 청구인의 재판절차진술권과 재판청구권을 침해한다고 볼 수 없다(헌재 2018. 4. 26. 2016헌마1043).

3 사법권의 독립에 대한 설명으로 가장 옳지 않은 것은?

① 강도상해죄를 범한 자에 대하여는 법률상의 감경사유가 없는 한 집행유예의 선고가 불가능하도록 한 것은 사법권의 독립 및 법관의 양형판단재량권을 침해내지 박탈하는 것으로서 헌법에 위반된다고는 볼 수 없다.

② 법관징계위원회의 징계등 처분에 대하여 불복하려는 경우에는 징계등 처분이 있음을 안 날부터 14일 이내에 전심 절차를 거치지 아니하고 대법원에 징계등 처분의 취소를 청구하여야 한다.

③ 법관이 중대한 신체상 또는 정신상의 장해로 직무를 수행할 수 없을 때에는, 대법관인 경우에는 대법원장의 제청으로 대통령이 퇴직을 명할 수 있고, 판사인 경우에는 인사위원회의 심의를 거쳐 대법원장이 퇴직을 명할 수 있다.

④ 대법원장과 대법관이 아닌 법관은 인사위원회의 동의를 얻어 대법원장이 임명한다.

> **ADVICE** ① [O] 법관이 형사재판의 양형에 있어 법률에 기속되는 것은 헌법 제103조의 규정에 따른 것으로서 헌법이 요구하는 법치국가원리의 당연한 귀결이며, 법관의 양형판단재량권 특히 집행유예 여부에 관한 재량권은 어떠한 경우에도 제한될 수 없다고 볼 성질의 것이 아니므로, 강도상해죄를 범한 자에 대하여는 법률상의 감경사유가 없는 한 집행유예의 선고가 불가능하도록 한 것이 사법권의 독립 및 법관의 양형판단재량권을 침해 내지 박탈하는 것으로서 헌법에 위반된다고는 볼 수 없다(헌재 2001. 4. 26. 99헌바43).

② [O] 법관징계법 제27조(불복절차) ① 피청구인이 징계등 처분에 대하여 불복하려는 경우에는 징계등 처분이 있음을 안 날부터 14일 이내에 전심(前審) 절차를 거치지 아니하고 대법원에 징계등 처분의 취소를 청구하여야 한다.

③ [O] 법원조직법 제47조(심신상의 장해로 인한 퇴직) 법관이 중대한 신체상 또는 정신상의 장해로 직무를 수행할 수 없을 때에는, 대법관인 경우에는 대법원장의 제청으로 대통령이 퇴직을 명할 수 있고, 판사인 경우에는 인사위원회의 심의를 거쳐 대법원장이 퇴직을 명할 수 있다.

④ [X] 헌법 제104조 ③ 대법원장과 대법관이 아닌 법관은 대법관회의의 동의를 얻어 대법원장이 임명한다.
법원조직법 제41조(법관의임명) ③ 판사는 <u>인사위원회의 심의를 거치고</u> 대법관회의의 동의를 받아 대법원장이 임명한다.

✎ **ANSWER** 2.③ 3.④

4 헌법개정에 관한 설명으로 가장 옳지 않은 것은?

① 헌법개정은 국회재적의원 3분의 1 이상 또는 대통령의 발의로 제안된다.

② 대통령의 임기연장 또는 중임변경을 위한 헌법개정은 그 헌법개정 제안 당시의 대통령에 대하여는 효력이 없다.

③ 헌법개정안은 국회가 의결한 후 30일 이내에 국민투표에 붙여 국회의원선거권자 과반수의 투표와 투표자 과반수의 찬성을 얻어야 한다.

④ 국회는 헌법개정안이 공고된 날로부터 60일 이내에 의결하여야 하며, 국회의 의결은 재적의원 3분의 2 이상의 찬성을 얻어야 한다.

> **ADVICE** ① [X] 헌법 제128조 ① 헌법개정은 국회재적의원 과반수 또는 대통령의 발의로 제안된다.
> ② [O] 헌법 제128조 ② 대통령의 임기연장 또는 중임변경을 위한 헌법개정은 그 헌법개정 제안 당시의 대통령에 대하여는 효력이 없다.
> ③ [O] 헌법 제130조 ② 헌법개정안은 국회가 의결한 후 30일 이내에 국민투표에 붙여 국회의원선거권자 과반수의 투표와 투표자 과반수의 찬성을 얻어야 한다.
> ④ [O] 헌법 제130조 ① 국회는 헌법개정안이 공고된 날로부터 60일 이내에 의결하여야 하며, 국회의 의결은 재적의원 3분의 2 이상의 찬성을 얻어야 한다.

5 헌법재판소가 위임입법의 한계를 일탈했다고 판시한 것만을 모두 고른 것은?

㉠ 의료보험요양기관의 지정취소사유 등을 법률에서 직접 규정하지 아니하고 보건복지부령에 위임하고 있는 구「공무원 및 사립학교교직원 의료보험법」제34조 제1항

㉡ 사업시행자에 의하여 개발된 토지 등의 처분계획의 내용·처분방법·절차·가격기준 등에 관하여 필요한 사항을 대통령령으로 정할 수 있도록 위임한「산업입지 및 개발에 관한 법률」제38조 제2항

㉢ 취득세의 과세표준이 되는 가액, 가격 또는 연부 금액의 범위와 취득시기에 관하여 대통령령으로 정하도록 한 구「지방세법」제11조 제7항

㉣ 등록세 중과세의 대상이 되는 부동산등기의 지역적범위에 관하여 대통령령으로 정하는 대도시라고 규정한 구「지방세법」제138조 제1항

---

① ㉠

② ㉠, ㉡

③ ㉠, ㉡, ㉢

④ ㉠, ㉡, ㉢, ㉣

ADVICE ㉠ [O] 이 사건 법률조항은 직업수행의 자유를 제한하는 의료보험요양기관의 지정취소 사유등을 법률에서 직접 규정하지 아니하고 보건복지부령에 위임하고 있으므로 이 규정이 기본권 제한규정으로서 헌법에 합치되기 위하여서는 위임의 경우에 요구되는 헌법상 원칙을 지켜야 할 것이나, 이 사건 법률조항은 단지 보험자가 보건복지부령이 정하는 바에 따라 요양기관의 지정을 취소할 수 있다고 규정하고 있을 뿐, 보건복지부령에 정하여질 요양기관지정취소 사유를 짐작하게 하는 어떠한 기준도 제시하고 있지 않으므로 이는 헌법상 위임입법의 한계를 일탈한 것으로서 헌법 제75조 및 제95조에 위반되고, 나아가 우리 헌법상의 기본원리인 권력분립의 원리, 법치주의의 원리, 의회입법의 원칙 등에 위배된다(헌재 2002. 6. 27. 2001헌가30).

㉡ [X] 산업입지 및 개발에 관한 법률의 입법목적이 산업입지의 원활한 조성 · 공급을 통하여 산업의 담당자인 기업과 개인의 입지수요 욕구를 충족시켜 그들의 산업경쟁력을 제고시킴으로써 종국적으로는 국민경제의 건전한 발전에 이바지하는 것이라는 점에 비추어 보면 이 사건 법률조항의 위임에 의하여 장차 규정될 대통령령의 내용과 범위의 대강은, 개발된 산업입지의 처분가격등 처분조건, 처분 방법이나 절차등에 관하여 산업단지의 개발목적, 수요실태등 다양한 조건들을 반영하면서 위와같은 입법목적을 가장 효율적으로 실현하는 내용이 될 것이라고 객관적으로 예측할 수 있다고 보인다. 더구나 이 사건 법률조항의 피적용자는 주로 해당 분야의 전문가라고 할 수 있는 사업시행자와 그로부터 산업입지를 분양등 처분받는 기업들인데, 이들은 대통령령에 규정될 내용이 대체적으로 어떤 것인지 충분히 예측할 수 있는 지위에 있다는 사정을 고려하면 더욱 그러하다. 따라서 이 사건 법률조항은 헌법 제75조에서 정한 위임입법의 한계내에 있다고 보아야 할 것이다(헌재 2002. 12. 18. 2001헌바52).

㉢ [X] 구 지방세법(1995. 12. 6. 법률 제4995호로 개정되기 전의 것) 제111조 제7항은 "제1항 내지 제6항의 규정에 의한 취득세의 과세표준이 되는 가액, 가격 또는 연부 금액의 범위와 취득시기에 관하여는 대통령령으로 정한다"고 규정하고 있는바, 이 법률조항 중 "연부금액의 범위", "취득시기"부분은 위임사항을 분명히 특정하여 대통령령에 위임하고 있고, "취득세의 과세표준이 되는 가액, 가격"부분은, 취득세의 본질, 취득당시의 가액을 과세표준으로 명정한 제111조 제1항의 취지, 동조 제3항, 제5항, 제6항 등의 관련조항을 종합하여 보면 그 대강의 의미를 포착할 수 있다. 여기에 취득물건의 종류와 취득행위 개념이 다기 · 다양하므로 가액산정의 원칙과 주요한 경우의 산정방식을 제시한 이상, 그 틀안에서 보다 세부적이고 기술적인 산정방식을 탄력적 규율이 가능한 행정입법에 위임하는 것이 필요하다는 점을 보태어 보면 구 지방세법 제111조 제7항이 조세법률주의나 포괄위임입법금지원칙에 위배된다고 볼 수 없다(헌재 2002. 3. 28. 2001헌바32).

㉣ [X] 구 지방세법(1998. 12. 31. 법률 제5615호로 개정되기 전의 것) 제138조 제1항 제3호는 법인의 신설, 전입 등으로 인한 등록세 중과세의 대상이 되는 부동산등기의 지역적 범위에 관하여 '대통령령으로 정하는 대도시'라고 규정하고 있는데, 인구와 경제력의 편중을 억제함으로써 지역간의 균형발전 내지는 지역경제를 활성화하려는 입법취지에 비추어 보면 이 법률조항의 위임에 따라 대통령령에서 정하여 질 "대도시"에는 우선, 단위도시 그 자체로 지역이 넓고 인구가 많으며 정치 · 경제생활의 중심지가 되는 도시가 해당될 것임은 물론, 나아가 그러한 특정의 대도시를 인근도시들이 둘러싸거나 또는 대도시에 이르지 못하는 여러 도시군(群)이 집합체를 이룸으로써 대도시권역을 이루고 있는 경우도 포함될 것임을 어렵지 않게 예측할 수 있다. 그렇다면 이 법률조항은 중과세되는 부동산등기의 지역적 범위에 관한 기본사항을 정한 다음 단지 세부적, 기술적 사항만을 대통령령에 위임한 것이라 할 것이므로 조세법률주의나 포괄위임입법금지원칙에 위반되지 아니한다(헌재 2002. 3. 28. 2001헌바24).

✎ **ANSWER** 4.① 5.①

6 평등권에 대한 설명으로 가장 옳지 않은 것은?

① 국·공립학교의 채용시험에 국가유공자와 그 가족이 응시하는 경우 만점의 10%를 가산하도록 하는 것은 평등권을 침해한다.

② 전문과목을 표시한 치과의원은 그 표시한 전문과목에 해당하는 환자만을 진료하여야 한다고 규정한 「의료법」 조항은 평등권을 침해한다.

③ 고용노동 및 직업상담 직류를 채용하는 경우 직업상담사 자격증 보유자에게 만점의 3% 또는 5%의 가산점을 부여하는 것은 평등권을 침해한다.

④ 우체국보험금 및 환급금 청구채권 전액에 대하여 무조건 압류를 금지함으로써 우체국보험 가입자의 채권자를 일반 인보험 가입자의 채권자에 비하여 불합리하게 차별취급하는 것은 평등원칙에 위배된다.

> **ADVICE** ① [O] 이 사건 조항의 경우 명시적인 헌법적 근거 없이 국가유공자의 가족들에게 만점의 10%라는 높은 가산점을 부여하고 있는바, 그러한 가산점 부여 대상자의 광범위성과 가산점 10%의 심각한 영향력과 차별효과를 고려할 때, 그러한 입법정책만으로 헌법상의 공정경쟁의 원리와 기회균등의 원칙을 훼손하는 것은 부적절하며, 국가유공자의 가족의 공직 취업기회를 위하여 매년 많은 일반 응시자들에게 불합격이라는 심각한 불이익을 입게 하는 것은 정당화될 수 없다. 이 사건 조항의 차별로 인한 불평등 효과는 입법목적과 그 달성수단 간의 비례성을 현저히 초과하는 것이므로, 이 사건 조항은 청구인들과 같은 일반 공직시험 응시자들의 평등권을 침해한다(헌재 2006. 2. 23. 2004헌마675).
>
> ② [O] 1차 의료기관의 전문과목 표시와 관련하여 의사전문의, 한의사전문의와 치과전문의 사이에 본질적인 차이가 있다고 볼 수 없으므로, 의사전문의, 한의사전문의와 달리 치과전문의의 경우에만 전문과목의 표시를 이유로 진료범위를 제한하는 것은 합리적인 근거를 찾기 어렵고, 치과일반의는 전문과목을 불문하고 모든 치과 환자를 진료할 수 있음에 반하여, 치과전문의는 치과의원에서 전문과목을 표시하였다는 이유로 자신의 전문과목 이외의 다른 모든 전문과목의 환자를 진료할 수 없게 되는바, 이는 보다 상위의 자격을 갖춘 치과의사에게 오히려 훨씬 더 좁은 범위의 진료행위만을 허용하는 것으로서 합리적인 이유를 찾기 어렵다. 따라서 심판대상조항은 청구인들의 평등권을 침해한다(헌재 2015. 5. 28. 2013헌마799).
>
> ③ [X] 심판대상조항은 2003년과 2007년경부터 규정된 것이어서 해당 직류의 채용시험을 진지하게 준비 중이었다면 누구라도 직업상담사 자격증이 가산대상 자격증임을 알 수 있었다고 보이며, 자격증소지를 시험의 응시자격으로 한 것이 아니라 각 과목 만점의 최대 5% 이내에서 가산점을 부여하는 점, 자격증 소지자도 다른 수험생들과 마찬가지로 합격의 최저 기준인 각 과목 만점의 40%이상을 취득하여야 한다는 점, 그 가산점 비율은 3% 또는 5%로서 다른 직렬과 자격증 가산점 비율에 비하여 과도한 수준이라고 볼 수 없다는 점을 종합하면 이 조항이 피해최소성 원칙에 위배된다고 볼 수 없고, 법익의 균형성도 갖추었다. 따라서 심판대상조항이 청구인들의 공무담임권과 평등권을 침해하였다고 볼 수 없다(헌재 2018. 8. 30. 2018헌마46).
>
> ④ [O] 결국, 이 사건 법률조항은 국가가 운영하는 우체국보험에 가입한다는 사정만으로, 일반 보험회사의 인보험에 가입한 경우와는 달리 그 수급권이 사망, 장해나 입원 등으로 인하여 발생한 것인지, 만기나 해약으로 발생한 것인지 등에 대한 구별조차 없이 그 전액에 대하여 무조건 압류를 금지하여 우체국보험 가입자를 보호함으로써 우체국보험 가입자의 채권자를 일반 인보험 가입자의 채권자에 비하여 불합리하게 차별취급하는 것이므로, 헌법 제11조 제1항의 평등원칙에 위반된다(헌재 2008. 5. 29. 2006헌바5).

7 인간다운 생활을 할 권리에 관한 설명으로 가장 옳지 않은 것은?

① 헌법 제34조 제1항이 보장하는 인간다운 생활을 할 권리는 사회권적 기본권의 일종으로서 인간의 존엄에 상응하는 최소한의 물질적인 생활의 유지에 필요한 급부를 요구할 수 있는 권리를 의미한다.

② 인간다운 생활을 보장하기 위한 객관적인 내용의 최소한을 보장하고 있는지 여부는 특정한 법률에 의한 생계급여만을 가지고 판단하여서는 안 되고, 다른 법령에 의거하여 국가가 최저생활보장을 위하여 지급하는 각종 급여나 각종 부담의 감면 등을 총괄한 수준으로 판단하여야 한다.

③ 구치소·치료감호시설에 수용 중인 자에 대하여 「국민기초생활 보장법」에 의한 중복적인 보장을 피하기 위하여 개별가구에서 제외하기로 한 입법자의 판단이 헌법상 용인될 수 있는 재량의 범위를 일탈하여 인간다운 생활을 할 권리와 보건권을 침해한다고 볼 수 없다.

④ 「국가유공자 등 예우 및 지원에 관한 법률」이 보상받을 권리의 발생시기를 국가보훈처장에게 등록신청을 한 날이 속하는 달부터 발생하도록 한 것은 행복추구권 및 인간다운 생활을 할 권리를 침해한다.

> **ADVICE** ① [O] 헌법 제34조 제1항이 보장하는 인간다운 생활을 할 권리는 사회권적 기본권의 일종으로서 인간의 존엄에 상응하는 최소한의 물질적인 생활의 유지에 필요한 급부를 요구할 수 있는 권리를 의미하는데, 이러한 권리는 국가가 재정형편 등 여러 가지 상황들을 종합적으로 감안하여 법률을 통하여 구체화할 때에 비로소 인정되는 법률적 권리라고 할 것이다(헌재 2004. 10. 28. 2002헌마328).
>
> ② [O] 즉 인간다운 생활을 보장하기 위한 객관적 내용의 최소한을 보장하고 있는지 여부는 보장법에 의한 생계급여만을 가지고 판단하여서는 아니되고, 그 외의 법령에 의거하여 국가가 최저생활보장을 위하여 지급하는 각종 급여나 각종 부담의 감면 등을 총괄한 수준으로 판단하여야 한다(헌재 2004. 10. 28. 2002헌마328).
>
> ③ [O] 생활이 어려운 국민에게 필요한 급여를 행하여 이들의 최저생활을 보장하기 위해 제정된 '국민기초생활 보장법은 부양의무자에 의한 부양과 다른 법령에 의한 보호가 이 법에 의한 급여에 우선하여 행하여지도록 하는 보충급여의 원칙을 채택하고 있는바, '형의 집행 및 수용자의 처우에 관한 법률' 및 치료감호법에 의한 구치소·치료감호시설에 수용 중인 자는 당해 법률에 의하여 생계유지의 보호와 의료적 처우를 받고 있으므로 이러한 구치소·치료감호시설에 수용 중인 자에 대하여 '국민기초생활 보장법'에 의한 중복적인 보장을 피하기 위하여 개별가구에서 제외하기로 한 입법자의 판단이 헌법상 용인될 수 있는 재량의 범위를 일탈하여 인간다운 생활을 할 권리와 보건권을 침해한다고 볼 수 없다(헌재 2012. 2. 23. 2011헌마123).
>
> ④ [X] 이 사건 조항은 지급대상자의 범위 파악과 보상수준의 결정에 있어서의 용이성, 국가의 재정적 상황 등 입법정책적 상황을 고려하여 규정된 것이며, 예우법은 보상금 이외에 생활조정수당이나 간호수당 등을 지급함으로써 국가유공자의 인간다운 생활에 필요한 최소한의 물질적 수요를 충족시켜 주고 있다고 할 것이므로, 이 사건 조항은 인간다운 생활을 할 권리를 침해하지 아니한다(헌재 2011. 7. 28. 2009헌마27).

✎ **ANSWER** 6.③ 7.④

8 표현의 자유에 관한 설명으로 가장 옳지 않은 것은?

① '법관이 그 품위를 손상하거나 법원의 위신을 실추시킨 경우'를 징계사유로 하는 법률규정은 '품위 손상', '위신 실추'와 같은 추상적인 용어를 사용하여 그 적용범위가 지나치게 광범위하거나 포괄적이어서 법관의 표현의 자유를 과도하게 제한한다고 볼 수 있다.

② 인터넷게시판을 설치·운영하는 정보통신서비스 제공자에게 본인확인조치의무를 부과하는 법률규정은 과잉금지원칙에 위배하여 인터넷게시판 이용자의 표현의 자유를 침해한다.

③ 민주사회에서 표현의 자유가 수행하는 역할과 기능에 비추어 볼 때 불명확한 규범에 의한 규제는 헌법상 보호받는 표현에 대한 위축적 효과를 수반하므로 표현의 자유를 규제하는 법률은 표현에 위축적 효과가 미치지 않도록 규제되는 행위의 개념을 세밀하고 명확하게 규정할 것이 헌법적으로 요구된다.

④ 새마을금고의 임원선거와 관련하여 법률에서 정하고 있는 방법 외의 방법으로 선거운동을 할 수 없도록 하고 이를 위반한 경우 형사처벌 하도록 정하고 있는 「새마을금고법」 규정은 표현의 자유를 침해하지 않는다.

> **ADVICE** ① [X] 구 법관징계법 제2조 제2호가 '품위 손상', '위신 실추'와 같은 추상적인 용어를 사용하고 있기는 하나, 수범자인 법관이 구체적으로 어떠한 행위가 이에 해당하는지를 충분히 예측할 수 없을 정도로 그 적용범위가 모호하다거나 불분명하다고 할 수 없고, 법관이 사법부 내부 혁신 등을 위한 표현행위를 하였다는 것 자체가 위 법률조항의 징계사유가 되는 것이 아니라, 표현행위가 이루어진 시기와 장소, 표현의 내용 및 방법, 행위의 상대방 등 제반 사정을 종합하여 볼 때 법관으로서의 품위를 손상하거나 법원의 위신을 실추시킨 행위에 해당하는 경우에 한하여 징계사유가 되는 것이므로, 구 법관징계법 제2조 제2호는 그 적용범위가 지나치게 광범위하거나 포괄적이어서 법관의 표현의 자유를 과도하게 제한한다고 볼 수 없어 과잉금지원칙에 위배되지 아니한다(헌재 2012. 2. 23. 2009헌바34).
>
> ② [O] 따라서 본인확인제를 규율하는 이 사건 법령조항들은 과잉금지원칙에 위배하여 인터넷게시판 이용자의 표현의 자유, 개인정보자기결정권 및 인터넷게시판을 운영하는 정보통신서비스 제공자의 언론의 자유를 침해를 침해한다(헌재 2012. 8. 23. 2010헌마47).
>
> ③ [O] 민주사회에서 표현의 자유가 수행하는 역할과 기능에 비추어 볼 때, 불명확한 규범에 의한 표현의 자유의 규제는 헌법상 보호받는 표현에 대한 위축적 효과를 수반하기 때문이다. …… 그렇기 때문에 표현의 자유를 규제하는 법률은 그 규제로 인해 보호되는 다른 표현에 대하여 위축적 효과가 미치지 않도록 규제되는 표현의 개념을 세밀하고 명확하게 규정할 것이 헌법적으로 요구된다(헌재 1998. 4. 30. 95헌가16).
>
> ④ [O] 새마을금고 임원 선거는 선거인들이 비교적 소수이고, 선거인들 간의 연대 및 지역적 폐쇄성이 강하여 선거과정에서 공정성을 확보하는 데 많은 어려움이 있는데 비해 불법적인 행태의 적발이 어렵다는 특수성을 가지므로, 공직선거법에 의해 시행되는 선거에 비해 선거운동의 방법을 제한할 필요성이 인정된다. …… 또한, 허용되는 선거운동 방법을 통해서도 후보자들은 선거인들에게 자신을 충분히 알릴 수 있고, 선거인들 역시 후보자들의 경력이나 공약 등에 관하여 파악할 수 있는 기회를 가질 수 있으므로, 심판대상조항은 침해의 최소성 요건을 갖추었다. 공공성을 가진 특수법인으로 유사금융기관으로서의 지위를 가지는 새마을금고의 임원 선거에서 공정성을 확보하는 것은 임원의 윤리성을 담보하고 궁극적으로는 새마을금고의 투명한 경영을 도모하고자 하는 것으로, 이러한 공익이 이로 인하여 제한되는 사익에 비해 훨씬 크다고 할 것이므로, 심판대상조항은 법익의 균형성도 갖추었다. 따라서 심판대상조항은 청구인의 결사의 자유 및 표현의 자유를 침해하지 아니한다(헌재 2018. 2. 22. 2016헌바364).

9 대통령 당선인의 지위와 권한에 대한 설명으로 가장 옳지 않은 것은?

① 대통령당선인은 대통령 임기 시작 전에 국회의 인사청문 절차를 거치게 하기 위하여 국무총리 및 국무위원 후보자를 지명할 수 있다.

② 대통령 선거 결과 대통령당선인이 확정된 후 대통령 취임 시까지 대통령당선인의 법적 지위에 관한 헌법과 법률상의 규정이 없다.

③ 대통령직인수위원회는 정부의 조직·기능 및 예산현황의 파악, 새 정부의 정책기조를 설정하기 위한 준비, 대통령의 취임행사 등 관련업무의 준비, 그 밖의 대통령직 인수에 필요한 사항 등에 관한 업무를 담당한다.

④ 대통령직인수위원회는 위원장 1명, 부위원장 1명 및 24명 이내의 위원으로 구성하고 대통령당선인이 임명한다.

〉ADVICE ① [○] 대통령직 인수에 관한 법률 제5조(국무총리 후보자의 지명 등) ① 대통령당선인은 대통령 임기 시작 전에 국회의 인사청문 절차를 거치게 하기 위하여 국무총리 및 국무위원 후보자를 지명할 수 있다. 이 경우 국무위원 후보자에 대하여는 국무총리 후보자의 추천이 있어야 한다.

② [X] 대통령직 인수에 관한 법률 제1조(목적) 이 법은 대통령당선인으로서의 지위와 권한을 명확히 하고 대통령직 인수를 원활하게 하는 데에 필요한 사항을 규정함으로써 국정운영의 계속성과 안정성을 도모함을 목적으로 한다.

③ [○] 대통령직 인수에 관한 법률 제7조(업무) 위원회는 다음 각 호의 업무를 수행한다.

　　1. 정부의 조직·기능 및 예산현황의 파악
　　2. 새 정부의 정책기조를 설정하기 위한 준비
　　3. 대통령의 취임행사 등 관련 업무의 준비
　　4. 대통령당선인의 요청에 따른 국무총리 및 국무위원 후보자에 대한 검증
　　5. 그 밖에 대통령직 인수에 필요한 사항

④ [○] 대통령직 인수에 관한 법률 제8조(위원회의 구성 등) ① 위원회는 위원장 1명, 부위원장 1명 및 24명 이내의 위원으로 구성한다.

② 위원장·부위원장 및 위원은 명예직으로 하고, 대통령당선인이 임명한다.

✎ **ANSWER** 8.① 9.②

10 대한민국 국적에 관한 설명으로 가장 옳지 않은 것은?

① 대한민국 남자와 결혼하여 국적을 취득한 여자는 이혼하였다고 하여 한국국적을 상실하는 것은 아니다.

② 일반귀화는 대한민국에서 영주할 수 있는 체류자격을 가지고 3년 이상 대한민국에 주소를 가지는 것 등의 요건을 갖추어야 한다.

③ 법률이 정하는 일정한 재외국민에게는 대통령선거권, 국회의원선거권, 지방의원 및 단체의 장 선거권, 국민투표권, 주민투표권을 부여하고 있다.

④ 헌법재판소는 1948년 정부수립이전이주동포를 「재외동포의출입국과법적지위에관한법률」의 적용대상에서 제외하는 것은 헌법 제11조의 평등원칙에 위배된다고 판시하였다.

❯**ADVICE** ① [O] 일본인 여자가 한국인 남자와의 혼인으로 인하여 한국의 국적을 취득하는 동시에 일본의 국적을 상실한 뒤 한국인 남자와 이혼하였다 하여 한국 국적을 상실하고 일본 국적을 다시 취득하는 것은 아니고 동녀가 일본국에 복적할 때까지는 여전히 한국의 국적을 그대로 유지한다(대판 1976. 4. 23. 73마1051).

② [X] 국적법 제5조(일반귀화 요건) 외국인이 귀화허가를 받기 위해서는 제6조나 제7조에 해당하는 경우 외에는 다음 각 호의 요건을 갖추어야 한다.
   1. 5년 이상 계속하여 대한민국에 주소가 있을 것
   1의2. 대한민국에서 영주할 수 있는 체류자격을 가지고 있을 것

③ [O] 공직선거법 제15조(선거권) ① 18세 이상의 국민은 <u>대통령 및 국회의원의 선거권이</u> 있다. 다만, 지역구국회의원의 선거권은 18세 이상의 국민으로서 제37조제1항에 따른 선거인명부작성기준일 현재 다음 각 호의 어느 하나에 해당하는 사람에 한하여 인정된다.
   2. <u>「주민등록법」 제6조제1항제3호에 해당하는 사람</u>으로서 주민등록표에 3개월 이상 계속하여 올라 있고 해당 국회의원지역선거구 안에 주민등록이 되어 있는 사람
   ② 18세 이상으로서 제37조제1항에 따른 선거인명부작성기준일 현재 다음 각 호의 어느 하나에 해당하는 사람은 그 구역에서 선거하는 <u>지방자치단체의 의회의원 및 장의 선거권이</u> 있다.
   1. 「주민등록법」 제6조제1항제1호 또는 제2호에 해당하는 사람으로서 해당 지방자치단체의 관할 구역에 주민등록이 되어 있는 사람
   2. 「주민등록법」 제6조제1항제3호에 해당하는 사람으로서 주민등록표에 3개월 이상 계속하여 올라 있고 해당 지방자치단체의 관할구역에 주민등록이 되어 있는 사람
   3. 「출입국관리법」 제10조에 따른 영주의 체류자격 취득일 후 3년이 경과한 외국인으로서 같은 법 제34조에 따라 해당 지방자치단체의 외국인등록대장에 올라 있는 사람

④ [O] 그런데, 정부수립이후이주동포와 정부수립이전이주동포는 이미 대한민국을 떠나 그들이 거주하고 있는 외국의 국적을 취득한 우리의 동포라는 점에서 같고, 국외로 이주한 시기가 대한민국 정부수립 이전인가 이후인가는 결정적인 기준이 될 수 없는데도 …… 요컨대, 이 사건 심판대상규정이 청구인들과 같은 정부수립이전이주동포를 재외동포법의 적용대상에서 제외한 것은 합리적 이유없이 정부수립이전이주동포를 차별하는 자의적인 입법이어서 헌법 제11조의 평등원칙에 위배된다(헌재 2001. 11. 29. 99헌마494).

11 언론·출판의 자유에 대한 설명으로 가장 옳지 않은 것은?

① 금치기간 중 30일의 기간 내에서만 신문 열람을 금지하는 조치는 미결수용자의 알권리를 침해하지 않는다.

② 외국음반을 국내에서 제작하고자 하는 때에 영상물 등급위원회의 추천을 받도록 하는 것은 헌법에 위배된다.

③ 건강기능식품의 기능성 표시·광고와 같이 규제의 필요성이 큰 경우에 사전심의절차를 법률로 규정하여도 우리 헌법이 절대적으로 금지하는 사전검열에 해당한다고 보기는 어렵다.

④ 법원에 의한 방영금지가처분은 사전에 내용심사를 하는 것이기는 하나, 행정권에 의한 사전심사나 금지처분이 아니라 사법부가 심리·결정하는 것이므로, 헌법에서 금지하는 사전검열에 해당하지 않는다.

>**ADVICE** ① [○] 미결수용자의 규율위반행위 등에 대한 제재로서 금치처분과 함께 금치기간 중 신문과 자비구매도서의 열람을 제한하는 것은, 규율위반자에 대해서는 반성을 촉구하고 일반 수용자에 대해서는 규율 위반에 대한 불이익을 경고하여 수용자들의 규율 준수를 유도하며 궁극적으로 수용질서를 확립하기 위한 것이다. 이 사건 신문 및 도서 열람제한 조항은 최장 30일의 기간 내에서만 신문이나 도서의 열람을 금지하고 열람을 금지하는 대상에 수용시설 내 비치된 도서는 포함시키지 않고 있으므로 위 조항들이 청구인의 알 권리를 과도하게 제한한다고 보기 어렵다(헌재 2016. 4. 28. 2012헌마549).

② [○] 외국음반 국내제작 추천제도는 외국음반의 국내제작이라는 의사표현행위 이전에 그 표현물을 행정기관의 성격을 가진 영상물등급위원회에 제출토록 하여 당해 표현행위의 허용 여부가 행정기관의 결정에 좌우되도록 하고 있으며, 더 나아가 이를 준수하지 않는 자들에 대하여 형사처벌 등 강제수단까지 규정하고 있는바, 허가를 받기 위한 표현물의 제출의무, 행정권이 주체가 된 사전심사절차, 허가를 받지 아니한 의사표현의 금지, 심사절차를 관철할 수 있는 강제수단의 존재라는 제 요소를 모두 갖추고 있으므로, 이 사건 법률조항들은 우리 헌법 제21조 제2항이 절대적으로 금지하고 있는 사전검열에 해당하여 헌법에 위반된다(헌재 2006.10.26. 2005헌가14).

③ [X] 광고의 심의기관이 행정기관인지 여부는 기관의 형식에 의하기보다는 그 실질에 따라 판단되어야 하고, 행정기관의 자의로 개입할 가능성이 열려 있다면 개입 가능성의 존재 자체로 헌법이 금지하는 사전검열이라고 보아야 한다. 건강기능식품법상 기능성 광고의 심의는 식약처장으로부터 위탁받은 한국건강기능식품협회에서 수행하고 있지만, 법상 심의주체는 행정기관인 식약처장이며, 언제든지 그 위탁을 철회할 수 있고, 심의위원회의 구성에 관하여도 법령을 통해 행정권이 개입하고 지속적으로 영향을 미칠 가능성이 존재하는 이상 그 구성에 자율성이 보장되어 있다고 볼 수 없다. 식약처장이 심의기준 등의 제정과 개정을 통해 심의 내용과 절차에 영향을 줄 수 있고, 식약처장이 재심의를 권하면 심의기관이 이를 따라야 하며, 분기별로 식약처장에게 보고가 이루어진다는 점에서도 그 심의업무의 독립성과 자율성이 있다고 어렵다. 따라서 이 사건 건강기능식품 기능성광고 사전심의는 그 검열이 행정권에 의하여 행하여진다 볼 수 있고, 헌법이 금지하는 사전검열에 해당하므로 헌법에 위반된다(헌재 2018. 6.28. 2016헌가8).

④ [○] 헌법 제21조 제2항에서 규정한 검열 금지의 원칙은 모든 형태의 사전적인 규제를 금지하는 것이 아니고 단지 의사표현의 발표 여부가 오로지 행정권의 허가에 달려있는 사전심사만을 금지하는 것을 뜻하므로, 이 사건 법률조항에 의한 방영금지가처분은 행정권에 의한 사전심사나 금지처분이 아니라 개별 당사자간의 분쟁에 관하여 사법부가 사법절차에 의하여 심리, 결정하는 것이어서 헌법에서 금지하는 사전검열에 해당하지 아니한다(헌재 2001. 8. 30. 2000헌바36).

✎ **ANSWER** 10.② 11.③

12 대통령의 권한에 대한 설명으로 가장 옳지 않은 것은?

① 대통령은 국회의 임시회의 집회를 요구할 수 있고, 국회의 임시회 집회의 요구는 국무회의의 심의를 거쳐야 한다.

② 대통령은 국회에 출석하여 발언하거나 서한으로 의견을 표시할 수 있으나, 국회에 출석하거나 답변해야 할 의무는 없다.

③ 대통령은 법률이 정하는 바에 의하여 사면·감형 또는 복권을 명할 수 있으나, 일반사면을 명하려면 국회의 동의를 얻어야 한다.

④ 국회에서 의결된 법률안이 정부에 이송되면, 이송 후 20일 이내에 대통령은 이를 공포하여야 한다.

> ⒶⒹⓋⒾⒸⒺ ① [O] 헌법 제47조 ① 국회의 정기회는 법률이 정하는 바에 의하여 매년 1회 집회되며, 국회의 임시회는 대통령 또는 국회재적의원 4분의 1 이상의 요구에 의하여 집회된다.
> 　　제89조 다음 사항은 국무회의의 심의를 거쳐야 한다.
> 　　　7. 국회의 임시회 집회의 요구
> ② [O] 헌법 제81조 대통령은 국회에 출석하여 발언하거나 서한으로 의견을 표시할 수 있다.
> ③ [O] 헌법 제79조 ① 대통령은 법률이 정하는 바에 의하여 사면·감형 또는 복권을 명할 수 있다.
> 　　　② 일반사면을 명하려면 국회의 동의를 얻어야 한다.
> ④ [X] 헌법 제53조 ① 국회에서 의결된 법률안은 정부에 이송되어 <u>15일 이내에</u> 대통령이 공포한다.

13 〈보기〉에서 갑(甲)의 헌법소원 청구기간이 시작된 날은?

- 2000.3.28. : 「행형법 시행령」에서 금치처분을 받은 수형자에게 자비부담물품 사용금지를 규정함
- 2001.3.16. : 갑(甲)이 구치소에서 금치처분을 받아 징벌실에 수용되어 자비부담물품인 담요의 사용이 금지됨
- 2001.4.18. : 갑(甲)이 징역 3년을 선고받아 대법원에서 형이 확정되었고, 같은 구치소에서 형 집행이 시작되었음
- 2004.2.26. : 갑(甲)이 구치소에서 금치처분을 받아 징벌실에 수용되어 자비부담물품인 담요의 사용이 금지됨
- 2004.3.8. : 징벌실 수용자에게 자비부담물품의 사용을 금지한 「행형법 시행령」 규정의 위헌확인을 구하는 헌법소원을 청구함

---

① 2000년 3월 28일　　　　　　　　② 2001년 3월 16일

③ 2001년 4월 18일　　　　　　　　④ 2004년 2월 26일

> ⒶⒹⓋⒾⒸⒺ ② 헌법재판소법 제69조 제1항에 의하여 법령에 대한 헌법소원의 청구기간의 기산점인 '법령에 해당하는 사유가 발생한 날'이란 법령의 규율을 구체적이고 현실적으로 적용 받게 된 최초의 날을 의미하는 것으로 보는 것이 상당하다. 즉, 일단 '법령에 해당하는 사유가 발생'하면 그 때로부터 당해 법령에 대한 헌법소원의 청구기간의 진행이 개시되며, 그 이후에 새로이 '법령에 해당하는 사유가 발생'한다고 하여서 일단 개시된 청구기간의 진행이 정지되고 새로운 청구기

간의 진행이 개시된다고 볼 수는 없다. 청구인은 금치 처분을 처음 받은 2001. 3. 16.경 행형법시행령 제145조 제2항의 적용으로 자비부담물품인 담요의 사용이 금지되었으므로 이 때 '법령에 해당하는 사유'가 발생한 것으로 보아야 한다. 그렇다면 2001. 3. 16.경을 기준으로 헌법소원이 청구기간이 기산되고, 그 이후에 청구인이 새로이 금치 처분을 받았다고 하여 새로이 청구기간이 기산되는 것은 아니므로, 2001. 3. 16.로부터 1년이 훨씬 지난 2004. 3. 8. 청구된 이 사건 헌법소원은 청구기간을 도과하여 부적법하다(헌재 2004. 11. 25. 2004헌마178).

14 방송에 관한 헌법재판소 결정 내용으로 가장 옳지 않은 것은?

① 방송의 자유는 주관적 권리로서의 성격과 함께 자유로운 의견 형성이나 여론 형성을 위해 필수적인 기능을 하는 객관적 규범질서로서 제도적 보장의 성격을 함께 가진다.

② 텔레비전방송수신료는 대다수 국민의 재산권 보장의 측면이나 한국방송공사에게 보장된 방송자유 측면에서 국민의 기본권 실현에 관련된 영역에 속한다.

③ 방송사업자가 방송심의규정을 위반한 경우 시청자에 대한 사과를 명할 수 있도록 한 「방송법」 규정은, 방송사업자의 의사에 반한 사과행위를 강제함으로써 양심의 자유를 침해한 것으로 헌법에 위반된다.

④ 중계유선방송사업자가 자체적인 프로그램 편성의 자유와 그에 따르는 책임을 부여받지 아니한 이상, 방송의 중계송신업무만 할 수 있고 보도, 논평, 광고는 할 수 없도록 하는 법률 규정은 방송의 자유를 침해하지 않는다.

> **ADVICE** ① [O] 방송의 자유는 주관적 권리로서의 성격과 함께 자유로운 의견형성이나 여론형성을 위해 필수적인 기능을 행하는 객관적 규범질서로서 제도적 보장의 성격을 함께 가진다(헌재 2003. 12. 18. 2002헌바49).
> ② [O] 그런데 텔레비전방송수신료는 대다수 국민의 재산권 보장의 측면이나 한국방송공사에게 보장된 방송자유의 측면에서 국민의 기본권실현에 관련된 영역에 속하고, 수신료금액의 결정은 납부의무자의 범위 등과 함께 수신료에 관한 본질적인 중요한 사항이므로 국회가 스스로 행하여야 하는 사항에 속하는 것임에도 불구하고 한국방송공사법 제36조 제1항에서 국회의 결정이나 관여를 배제한 채 한국방송공사로 하여금 수신료금액을 결정해서 문화관광부장관의 승인을 얻도록 한 것은 법률유보원칙에 위반된다(헌재 1999. 5. 27. 98헌바70).
> ③ [X] 이에 따라 자연적 생명체인 사람의 존재를 전제로 하는 기본권이나 인간의 감성과 관련된 기본권처럼 개인이 자연인으로서 향유하게 되는 기본권은 그 성질상 당연히 법인에게 적용될 수 없다. 즉, 법인은 인간의 존엄, 생명권, 신체의 자유, 혼인의 자유, 양심의 자유 등의 주체가 될 수 없다. …… 그렇다면 이 사건 심판대상조항은 방송사업자의 의사에 반한 사과행위를 강제함으로써 방송사업자의 인격권을 제한하는바, 이러한 제한이 그 목적과 방법 등에 있어서 헌법 제37조 제2항에 의한 헌법적 한계 내의 것인지 살펴본다(헌재 2012. 8. 23. 2009헌가27).
> ④ [O] 중계유선방송사업자가 방송의 중계송신업무만 할 수 있고 보도, 논평, 광고는 할 수 없도록 하는 심판대상조항들의 규제는 방송사업허가제, 특히 종합유선방송사업의 허가제를 유지하기 위해서, 본래적 의미에서의 방송을 수행하는 종합유선방송사업의 허가를 받지 아니한 중계유선방송사업에 대해 부과하는 자유제한이다. 중계유선방송사업자가 자체적인 프로그램 편성의 자유와 그에 따르는 책임을 부여받지 아니한 이상 이러한 제한의 범위가 지나치게 넓다고 할 수 없고, 나아가 업무범위 외의 유선방송관리법에 의한 중계유선방송사업에 대한 각종 규제는 전반적으로 종합유선방송사업에 대한 각종 규제보다 훨씬 가벼운 점, 그리고 중계유선방송사업자도 요건을 갖추면 종합유선방송사업의 허가를 받을 수 있었던 점, 업무범위 위반시의 제재내용 등을 종합하여 볼 때, 규제의 정도가 과도하다고 보기도 어렵다(헌재 2001. 5. 31. 2000헌바43).

✎ **ANSWER** 12.④ 13.② 14.③

15 개인정보자기결정권에 대한 설명으로 가장 옳지 않은 것은?

① 시장·군수 또는 구청장이 개인의 지문정보를 수집하고 경찰청장이 이를 보관·전산화하여 범죄수사목적에 이용하는 것은, 국가가 국민의 지문을 수집하는 본래 목적에 어긋나므로 개인정보자기결정권을 침해하는 것이다.

② 사람의 지문은 개인의 고유성, 동일성을 나타내고, 정보주체를 타인으로부터 식별가능하게 하는 개인정보이다.

③ 개인정보자기결정권은 자신에 관한 정보가 언제, 누구에게, 어느 범위까지 알려지고 또 이용되도록할 것인지를 정보주체가 스스로 결정할 수 있는 권리를 말한다.

④ 개인정보자기결정권은 헌법상 사생활의 비밀과 자유, 일반적 인격권, 자유민주적 기본질서규정 또는 국민주권원리와 민주주의원리 등에 근거하고 있지만, 이들 모두를 이념적 기초로 하는 독자적 기본권으로 보아야 한다.

〉**ADVICE** ① [X] 결국 이 사건 지문날인제도에 의한 개인정보자기결정권의 제한은 과잉금지의 원칙의 위배 여부를 판단함에 있어 고려되어야 할 목적의 정당성, 방법의 적정성, 피해의 최소성 및 법익의 균형성 등 모든 요건을 충족하였다고 보여지므로, 이 사건 지문날인제도가 과잉금지의 원칙에 위배하여 청구인들의 개인정보자기결정권을 침해하였다고 볼 수 없다(헌재 2005. 5. 26. 99헌마513).

② [O] 개인의 고유성, 동일성을 나타내는 지문은 그 정보주체를 타인으로부터 식별가능하게 하는 개인정보이므로, 시장·군수 또는 구청장이 개인의 지문정보를 수집하고, 경찰청장이 이를 보관·전산화하여 범죄수사목적에 이용하는 것은 모두 개인정보자기결정권을 제한하는 것이라고 할 수 있다(헌재 2005. 5. 26. 99헌마513).

③ [O] 개인정보자기결정권은 자신에 관한 정보가 언제 누구에게 어느 범위까지 알려지고 또 이용되도록 할 것인지를 그 정보주체가 스스로 결정할 수 있는 권리이다. 즉 정보주체가 개인정보의 공개와 이용에 관하여 스스로 결정할 권리를 말한다(헌재 2005. 5. 26. 99헌마513).

④ [O] 개인정보자기결정권의 헌법상 근거로는 헌법 제17조의 사생활의 비밀과 자유, 헌법 제10조 제1문의 인간의 존엄과 가치 및 행복추구권에 근거를 둔 일반적 인격권 또는 위 조문들과 동시에 우리 헌법의 자유민주적 기본질서 규정 또는 국민주권원리와 민주주의원리 등을 고려할 수 있으나, 개인정보자기결정권으로 보호하려는 내용을 위 각 기본권들 및 헌법원리들 중 일부에 완전히 포섭시키는 것은 불가능하다고 할 것이므로, 그 헌법적 근거를 굳이 어느 한 두개에 국한시키는 것은 바람직하지 않은 것으로 보이고, 오히려 개인정보자기결정권은 이들을 이념적 기초로 하는 독자적 기본권으로서 헌법에 명시되지 아니한 기본권이라고 보아야 할 것이다(헌재 2005. 5. 26. 99헌마513).

16 법치주의에서 요구되는 명확성의 원칙에 대한 설명으로 가장 옳지 않은 것은?

① 법관의 보충적인 가치판단을 통해서 그 의미내용을 확인해낼 수 있고, 그러한 보충적 해석이 해석자의 개인적인 취향에 따라 좌우될 가능성이 없다면 명확성의 원칙에 반한다고 할 수 없다.

② 명확성의 원칙은 기본적으로 모든 기본권제한입법에 대하여 요구되는 것은 아니다.

③ 공공의 질서 및 선량한 풍속을 문란하게 할 염려가 있는 상표는 등록받을 수 없다고 규정한 구 「상표법」 제7조 제1항 제4호가 명확성의 원칙에 위반된다고 할 수 없다.

④ 명확성의 원칙은 규율대상이 극히 다양하고 수시로 변화하는 것인 경우에는 그 요건이 완화되어야 한다.

>**ADVICE** ① [O] 그런데, 모든 법규범의 문언을 순수하게 기술적 개념만으로 구성하는 것은 입법기술적으로 불가능하고 또 바람직하지도 않기 때문에 어느 정도 가치개념을 포함한 일반적, 규범적 개념을 사용하지 않을 수 없다. 또한 당해 법률조항의 입법목적, 당해 법률의 체계 및 다른 규정들과의 상호관계를 고려하거나 이미 확립된 판례를 통한 해석방법을 통하여 그 규정의 해석 및 적용에 대한 신뢰성이 있는 원칙을 도출할 수 있어서 법률조항의 취지를 예측할 수 있는 정도의 내용이라면 그 범위 내에서 명확성의 원칙은 유지되고 있다고 보아야 할 것이고, 또한 법관의 보충적인 가치판단을 통한 법문의 해석으로 그 의미내용을 확인해낼 수 있다면 명확성의 원칙에 반한다고 할 수 없을 것이다(헌재 2004. 2. 26. 2003헌바4).

② [X] 법치국가원리의 한 표현인 명확성의 원칙은 기본적으로 모든 기본권제한 입법에 대하여 요구된다. 규범의 의미내용으로부터 무엇이 금지되는 행위이고 무엇이 허용되는 행위인지를 수범자가 알 수 없다면 법적 안정성과 예측가능성은 확보될 수 없게 될 것이고, 또한 법집행 당국에 의한 자의적 집행을 가능하게 할 것이기 때문이다(헌재 1998. 4. 30. 95헌가16).

③ [O] 한편, 상표는 형태가 다양하고 사회 환경의 변화에 따라 그 표현도 달라지기 마련이므로, 변화하는 사회에 대한 법규범의 적응력을 확보하기 위하여는 어느 정도 망라적인 의미를 가지는 내용으로 입법하는 것이 필요하고, 그 의미를 법관의 보충적 해석에 맡기는 것이 불가피하다. 따라서 어떠한 상표가 '공공의 질서'나 '선량한 풍속'을 문란하게 할 염려가 있는지를 합리적인 해석기준을 통하여 판단할 수 있는 이상, 보다 구체적이고 명확한 입법이 가능하다는 이유만으로 곧바로 명확성원칙에 위반된다고 할 수 없다(헌재 2014. 3. 27. 2012헌바55).

④ [O] 다만, 기본권제한입법이라 하더라도 규율대상이 지극히 다양하거나 수시로 변화하는 성질의 것이어서 입법기술상 일의적으로 규정할 수 없는 경우에는 명확성의 요건이 완화되어야 할 것이다. 또 당해 규정이 명확한지 여부는 그 규정의 문언만으로 판단할 것이 아니라 관련 조항을 유기적·체계적으로 종합하여 판단하여야 할 것이다(헌재 1999. 9. 16. 97헌바73).

17 국회에 관한 설명으로 가장 옳지 않은 것은?

① 국회의 정기회는 법률이 정하는 바에 의하여 매년 1회 집회되며, 국회의 임시회는 대통령 또는 국회재적의원 4분의 1 이상의 요구에 의하여 집회된다.

② 국회는 헌법 또는 법률에 특별한 규정이 없는 한 재적의원 과반수의 출석과 출석의원 과반수의 찬성으로 의결한다. 가부동수인 때에는 부결된 것으로 본다.

③ 국회의원이 회기전에 체포 또는 구금된 때에는 현행범인이 아닌 한 국회의 요구가 있으면 회기중 석방된다.

④ 대통령이 임시회의 집회를 요구할 때에는 기간과 집회요구의 이유를 명시할 필요가 없다.

> **ADVICE** ① [O] 헌법 제47조 ① 국회의 정기회는 법률이 정하는 바에 의하여 매년 1회 집회되며, 국회의 임시회는 대통령 또는 국회재적의원 4분의 1 이상의 요구에 의하여 집회된다.
> ② [O] 헌법 제49조 국회는 헌법 또는 법률에 특별한 규정이 없는 한 재적의원 과반수의 출석과 출석의원 과반수의 찬성으로 의결한다. 가부동수인 때에는 부결된 것으로 본다.
> ③ [O] 헌법 제44조 ② 국회의원이 회기전에 체포 또는 구금된 때에는 현행범인이 아닌 한 국회의 요구가 있으면 회기중 석방된다.
> ④ [X] 헌법 제47조 ③ 대통령이 임시회의 집회를 요구할 때에는 기간과 집회요구의 이유를 명시하여야 한다.

18 근로의 권리에 대한 설명으로 가장 옳지 않은 것은?

① 헌법재판소는 외국인에게 헌법상의 근로의 권리를 전면적으로 인정하기는 어렵다고 하더라도 '일할 환경에 관한 권리'는 기본권으로 보장된다고 판시하였다.

② 근로의 권리는 사회적 기본권으로서, 국가에 대하여 직접 일자리(직장)를 청구하거나 일자리에 갈음하는 생계비의 지급청구권을 의미하는 것이 아니라, 고용증진을 위한 사회적·경제적 정책을 요구할 수 있는 권리에 그치는 것이다.

③ 해고예고제도는 근로관계의 존속이라는 근로자보호의 본질적 부분과 관련되는 것이 아니므로, 해고예고제도를 둘 것인지 여부, 그 내용 등에 대해서는 상대적으로 넓은 입법형성의 여지가 있다.

④ 헌법 제32조 제6항에 의하여 법률이 정하는 바에 의하여 우선적으로 근로의 기회가 부여되는 대상이 누구인가에 대하여 헌법재판소는 국가유공자, 상이군경, 전몰군경의 유가족, 국가유공자의 유가족, 상이군경의 유가족이 포함된다고 판시하고 있다.

> **ADVICE** ① [O] 헌법상 근로의 권리는 '일할 자리에 관한 권리'만이 아니라 '일할 환경에 관한 권리'도 의미하는데, '일할 환경에 관한 권리'는 인간의 존엄성에 대한 침해를 방어하기 위한 권리로서 외국인에게도 인정되며, 건강한 작업환경, 일에 대한 정당한 보수, 합리적인 근로조건의 보장 등을 요구할 수 있는 권리 등을 포함한다. 여기서의 근로조건은 임금과 그 지불방법, 취업시간과 휴식시간 등 근로계약에 의하여 근로자가 근로를 제공하고 임금을 수령하는 데 관한 조건들이고, 이 사건 출국만기보험금은 퇴직금의 성질을 가지고 있어서 그 지급시기에 관한 것은 근로조건의 문제이므로 외국인인 청구인들에게도 기본권 주체성이 인정된다(헌재 2016. 3. 31. 2014헌마367).

② [○] 근로의 권리는 사회적 기본권으로서, 국가에 대하여 직접 일자리(직장)를 청구하거나 일자리에 갈음하는 생계비의 지급청구권을 의미하는 것이 아니라, 고용증진을 위한 사회적·경제적 정책을 요구할 수 있는 권리에 그친다(헌재 2002. 11. 28. 2001헌바50).

③ [○] 해고예고제도는 해고자체를 금지하는 제도는 아니며, 대법원 판례 또한 예고의무를 위반한 해고도 유효하다고 보므로 해고자체의 효력과도 무관한 제도이다. 즉 해고예고제도는 근로관계의 존속이라는 근로자보호의 본질적 부분과 관련되는 것이 아니므로, 해고예고제도를 둘 것인지 여부, 그 내용 등에 대해서는 상대적으로 넓은 입법 형성의 여지가 있다. 이 사건 법률조항은 근로자보호와 사용자의 효율적인 기업경영 및 기업의 생산성이라는 측면의 조화를 고려한 합리적 규정이라고 할 수 있고, 6월이라는 기간 또한 특별히 위와 같은 입법목적을 달성하는 수단으로는 너무 길어 해고예고제도의 입법취지를 몰각시킬 정도로 과도하다고 볼 근거는 없으며, 이 사건 법률조항이 근로기준법 제35조 각 호에서 규정하는 다른 적용제외사유들과 체계상 얼마간 불일치하는 점이 있다고 하더라도, 이는 입법자가 자신에게 주어진 입법형성의 여지 내에서 법을 제정함에 있어서 가질 수 있는 판단의 범위내의 문제로서 이로 인해 이 사건 법률조항이 위헌이라고 하기는 어렵다(헌재 2001. 7.19. 99헌마663).

※ 월급근로자로서 6개월이 되지 못한 자를 해고예고제도의 적용에서 배제시키는 근로기준법 제35조는 평등원칙에 위반(판례 변경)

해고예고제도는 근로조건의 핵심적 부분인 해고와 관련된 사항일 뿐만 아니라, 근로자가 갑자기 직장을 잃어 생활이 곤란해지는 것을 막는 데 목적이 있으므로 근로자의 인간 존엄성을 보장하기 위한 최소한의 근로조건으로서 근로의 권리의 내용에 포함된다. 해고예고제도의 입법 취지와 근로기준법 제26조 단서에서 규정하고 있는 해고예고 적용배제사유를 종합하여 보면, 원칙적으로 해고예고 적용배제사유로 허용될 수 있는 경우는 근로계약의 성질상 근로관계 계속에 대한 근로자의 기대가능성이 적은 경우로 한정되어야 한다. "월급근로자로서 6월이 되지 못한 자"는 대체로 기간의 정함이 없는 근로계약을 한 자들로서 근로관계의 계속성에 대한 기대가 크다고 할 것이므로, 이들에 대한 해고 역시 예기치 못한 돌발적 해고에 해당한다. 따라서 6개월 미만 근무한 월급근로자 또한 전직을 위한 시간적 여유를 갖거나 실직으로 인한 경제적 곤란으로부터 보호받아야 할 필요성이 있다. 그럼에도 불구하고 합리적 이유 없이 "월급근로자로서 6개월이 되지 못한자"를 해고예고제도의 적용대상에서 제외한 이 사건 법률조항은 근무기간이 6개월 미만인 월급근로자의 근로의 권리를 침해하고, 평등원칙에도 위배된다(헌재 2015.12.23. 2014헌바3).

④ [X] 그러나 오늘날 가산점의 대상이 되는 국가유공자와 그 가족의 수가 과거에 비하여 비약적으로 증가하고 있는 현실과, 취업보호대상자에서 가족이 차지하는 비율, 공무원시험의 경쟁이 갈수록 치열해지는 상황을 고려할 때, 위 조항의 폭넓은 해석은 필연적으로 일반 응시자의 공무담임의 기회를 제약하게 되는 결과가 될 수 있다. 그렇다면 위 조항은 엄격하게 해석할 필요가 있다. 이러한 관점에서 위 조항의 대상자는 조문의 문리해석대로 "국가유공자", "상이군경", 그리고 "전몰군경의 유가족"이라고 봄이 상당하다(헌재 2006. 2. 23. 2004헌마675).

19 의무교육에 대한 설명으로 가장 옳지 않은 것은?

① 헌법상 의무교육 무상의 범위는 교육의 기회균등을 실현하기 위해 필수불가결한 비용을 말하므로, 단순한 영양공급 차원을 넘어 교육적 성격을 가지는 학교급식은 무상의 의무교육 내용에 포함된다.

② 수업료나 입학금의 면제, 학교와 교사 등 인적·물적기반 및 그 기반을 유지하기 위한 인건비와 시설유지비, 신규시설투자비 등의 재원마련 비용은 의무교육 무상의 범위에 포함된다.

③ 학교운영지원비는 운영상 교원연구비와 같은 교사의 인건비 일부와 학교회계직원의 인건비 일부 등 의무교육과정의 인적 기반을 유지하기 위한 비용을 충당하는 데 사용되고 있으므로 의무교육 무상의 범위에 포함되어야 한다.

④ 의무교육 무상의 원칙이 의무교육을 위탁받은 사립학교를 설치·운영하는 학교법인 등과의 관계에서이미 학교법인이 부담하도록 규정되어 있는 경비까지 국가나 지방자치단체의 부담으로 한다는 취지로 볼 수는 없다.

〉**ADVICE** ① [X] 학교급식은 학생들에게 한 끼 식사를 제공하는 영양공급 차원을 넘어 교육적인 성격을 가지고 있지만, 이러한 교육적 측면은 기본적이고 필수적인 학교 교육 이외에 부가적으로 이루어지는 식생활 및 인성교육으로서의 보충적 성격을 가지므로 의무교육의 실질적인 균등보장을 위한 본질적이고 핵심적인 부분이라고까지는 할 수 없다(헌재 2012. 4. 24. 2010헌바164).

② [O] 따라서, 의무교육에 있어서 무상의 범위에는 의무교육이 실질적이고 균등하게 이루어지기 위한 본질적 항목으로, 수업료나 입학금의 면제, 학교와 교사 등 인적·물적 시설 및 그 시설을 유지하기 위한 인건비와 시설유지비 등의 부담제외가 포함되고, 그 외에도 의무교육을 받는 과정에 수반하는 비용으로서 의무교육의 실질적인 균등보장을 위해 필수불가결한 비용은 무상의 범위에 포함된다(헌재 2012. 4. 24. 2010헌바164).

③ [O] 이러한 <u>의무교육 무상의 범위</u>는 학교 교육에 필요한 모든 부분을 완전 무상으로 제공하는 것이 바람직한 방향이라고 하겠으나, 교육을 받을 권리와 같은 사회적 기본권을 실현하는 데는 국가의 재정상황 역시 도외시할 수 없으므로, 원칙적으로 헌법상 교육의 기회균등을 실현하기 위해 필수불가결한 비용, <u>즉 모든 학생이 의무교육을 받음에 있어서 경제적인 차별 없이 수학하는 데 반드시 필요한 비용에 한한다</u>고 할 것이다. …… 이런 점에서 볼 때, <u>학교운영지원비는 그 조성이나 징수 측면에서도 기본적이고 필수적인 학교 교육에 필요한 비용에 가깝게 운영되고 있다고 볼 것이다</u>. 따라서 이 사건 세입조항은 헌법 제31조 제3항에 규정되어 있는 의무교육의 무상원칙에 위배된다(헌재 2012. 8. 23. 2010헌바220).

④ [O] 또한 헌법 제31조 제3항의 의무교육 무상의 원칙이 의무교육을 위탁받은 사립학교를 설치·운영하는 학교법인 등과의 관계에서 관련 법령에 의하여 이미 학교법인이 부담하도록 규정되어 있는 경비까지 종국적으로 국가나 지방자치단체의 부담으로 한다는 취지로 볼 수는 없다(헌재 2017. 7. 27. 2016헌바374).

20 〈보기〉의 ㉠～㉣에 들어갈 용어를 옳게 짝지은 것은?

국회의장으로부터 정기국회 본회의 의사진행을 위임받은 국회부의장은 본회의를 개의하고, 2011년도 예산안을 상정한 후, 예산결산특별위원장으로 하여금 심사보고를 하도록 하였다. 예산결산특별위원장은 예산안에 대한 제안 설명은 단말기에 있는 것으로 대체하고, 예산결산특별위원회의 심사결과는 단말기에 게재되어 있는 것을 참고하여 달라는 취지의 심사보고를 하였다. 그 후 국회부의장은 예산안에 대한 표결을 실시하여 재석 166인 중 찬성 165인, 반대 1인으로 가결되었음을 선포하였다. 이에 대해 (㉠)은(는) 이 사건 본회의에서 국회의장의 위임을 받은 국회부의장이 이 사건 예산안을 상정하여 투표를 실시하고 가결을 선포한 행위는 자신의 예산안에 대한 (㉡)을(를) 침해한 것이라고 주장하며, (㉢)을(를) 상대로 (㉣)심판을 청구하였다.

	㉠	㉡	㉢	㉣
①	국회	제출권	국회부의장	헌법소원
②	국회의원 甲	심의 · 표결권	국회부의장	권한쟁의
③	국회	제출권	국회의장	위헌법률
④	국회의원 甲	심의 · 표결권	국회의장	권한쟁의

> **ADVICE** 그리고 당시 민주당 소속 ㉠ <u>국회의원</u>인 나머지 청구인들은 2010. 12. 20. 이 사건 본회의에서 국회의장의 위임을 받은 국회부의장이 이 사건 예산안, 파견 동의안, 법률안들을 상정하여 투표를 실시하고 가결을 선포한 행위는 청구인들의 예산안, 국군의 외국에의 파견 동의안, 법률안에 대한 ㉡ <u>심의 · 표결권</u>을 침해한 것이라고 주장하며, ㉢ <u>국회의장</u>을 상대로 위 각 가결선포행위에 대하여 청구인들의 권한침해 확인 및 무효 확인을 구하는 이 사건 ㉣ <u>권한쟁의심판</u>을 청구하였다.

1 정당에 대한 설명으로 옳은 것은? (다툼이 있는 경우 판례에 의함)

① 헌법재판소의 정당해산결정에 대해서는 재심을 허용하지 아니함으로써 얻을 수 있는 법적 안정성의 이익이 재심을 허용함으로써 얻을 수 있는 구체적 타당성의 이익보다 더 중하다고 할 것이므로, 헌법재판소의 정당해산결정은 그 성질상 재심에 의한 불복이 허용될 수 없다.

② 정당의 창당준비위원회는 중앙당의 경우에는 200명 이상의, 시·도당의 경우에는 100명 이상의 발기인으로 구성한다.

③ 경찰청장으로 하여금 퇴직 후 2년간 정당의 설립과 가입을 금지하는 것은 경찰청장의 정당설립의 자유와 피선거권 및 직업의 자유를 침해하는 것이다.

④ 정당은 그 대의기관의 결의로써 해산할 수 있으며, 이에 따라 정당이 해산한 때에는 그 대표자는 지체 없이 그 뜻을 국회에 신고하여야 한다.

❯ADVICE ① [X] 따라서 정당해산심판절차에서는 재심을 허용하지 아니함으로써 얻을 수 있는 법적 안정성의 이익보다 재심을 허용함으로써 얻을 수 있는 구체적 타당성의 이익이 더 크므로 재심을 허용하여야 한다. 한편, 이 재심절차에서는 원칙적으로 민사소송법의 재심에 관한 규정이 준용된다(헌재 2016. 5. 26. 2015헌아20).

② [O] 정당법 제6조(발기인) 창당준비위원회는 중앙당의 경우에는 200명 이상의, 시·도당의 경우에는 100명 이상의 발기인으로 구성한다.

③ [X] 한편, 청구인들은 정당가입을 금지하는 이 사건 법률조항으로 말미암아 결과적으로 퇴직 후 2년간은 정당의 추천이 아닌 무소속으로만 각종 공직선거에 입후보할 수 밖에 없게 되었다. …… 청구인들이 공무담임권에 대한 제약을 받는 것은 단지 정당공천을 받는 경우에 일반적으로 기대할 수 있는 보다 높은 선출의 가능성일 뿐이다. 따라서 피선거권에 대한 제한은 이 사건 법률조항이 가져오는 간접적이고 부수적인 효과에 지나지 아니하므로 헌법 제25조의 공무담임권(피선거권)은 이 사건 법률조항에 의하여 제한되는 청구인들의 기본권이 아니다. 또한 청구인들은 직업의 자유도 침해되었다고 주장하나, 공무원직에 관한 한 공무담임권은 직업의 자유에 우선하여 적용되는 특별법적 규정이고, …… 직업의 자유 또한 이 사건 법률조항에 의하여 제한되는 기본권으로서 고려되지 아니한다(헌재 1999. 12. 23. 99헌마135).

④ [X] 정당법 제45조(자진해산) ② 제1항의 규정에 의하여 정당이 해산한 때에는 그 대표자는 지체 없이 그 뜻을 관할 선거관리위원회에 신고하여야 한다.

2 「국적법」상 귀화에 대한 설명으로 옳지 않은 것은? (다툼이 있는 경우 판례에 의함)

① 대한민국 국적을 취득한 사실이 없는 외국인은 법무부장관의 귀화허가를 받아 대한민국 국적을 취득할 수 있다.

② 법무부장관은 귀화신청인이 귀화요건을 갖추었다 하더라도 귀화를 허가할 것인지 여부에 관하여 재량권을 가진다.

③ 「국적법」에 따라 귀화허가를 받은 사람은 법무부장관 앞에서 국민선서를 하고 귀화증서를 수여받은 때에 대한민국 국적을 취득하며, 법무부장관은 연령, 신체적·정신적 장애 등으로 국민선서의 의미를 이해할 수 없거나 이해한 것을 표현할 수 없다고 인정되는 사람에게는 국민선서를 면제할 수 있다.

④ 법무부장관은 거짓이나 그 밖의 부정한 방법으로 귀화허가를 받은 자에 대하여 그 허가를 취소할 수 있으며, 법무부장관의 취소권 행사기간은 귀화허가를 한 날로부터 6개월 이내이다.

> **ADVICE** ① [O] 국적법 제4조(귀화에 의한 국적 취득) ① 대한민국 국적을 취득한 사실이 없는 외국인은 법무부장관의 귀화허가(歸化許可)를 받아 대한민국 국적을 취득할 수 있다.

② [O] 국적은 국민의 자격을 결정짓는 것이고, 이를 취득한 사람은 국가의 주권자가 되는 동시에 국가의 속인적 통치권의 대상이 되므로, 귀화허가는 외국인에게 대한민국 국적을 부여함으로써 국민으로서의 법적 지위를 포괄적으로 설정하는 행위에 해당한다. 한편 국적법 등 관계 법령 어디에도 외국인에게 대한민국의 국적을 취득할 권리를 부여하였다고 볼 만한 규정이 없다. 이와 같은 귀화허가의 근거 규정의 형식과 문언, 귀화허가의 내용과 특성 등을 고려하여 보면, <u>법무부장관은 귀화신청인이 법률이 정하는 귀화요건을 갖추었다고 하더라도 귀화를 허가할 것인지 여부에 관하여 재량권을 가진다</u>(헌재 2010. 7. 15. 2009두19069).

③ [O] 국적법 제4조(귀화에 의한 국적 취득) ③ 제1항에 따라 귀화허가를 받은 사람은 법무부장관 앞에서 국민선서를 하고 귀화증서를 수여받은 때에 대한민국 국적을 취득한다. 다만, 법무부장관은 연령, 신체적·정신적 장애 등으로 국민선서의 의미를 이해할 수 없거나 이해한 것을 표현할 수 없다고 인정되는 사람에게는 국민선서를 면제할 수 있다.

④ [X] 국적법 제21조(허가 등의 취소) ① 법무부장관은 거짓이나 그 밖의 부정한 방법으로 귀화허가나 국적회복허가 또는 국적보유판정을 받은 자에 대하여 그 허가 또는 판정을 취소할 수 있다.

3 신뢰보호의 원칙과 소급입법에 대한 설명으로 옳지 않은 것은? (다툼이 있는 경우 판례에 의함)

① 법률의 제정이나 개정시 구법질서에 대한 당사자의 신뢰가 합리적이고도 정당하며 법률의 제정이나 개정으로 야기되는 당사자의 손해가 극심하여 새로운 입법으로 달성하고자 하는 공익적 목적이 그러한 당사자의 신뢰의 파괴를 정당화할 수 없다면, 그러한 새로운 입법은 허용될 수 없다.

② 부진정소급입법은 특단의 사정이 없는 한 헌법적으로 허용되지 않는 것이 원칙이나, 예외적으로 신뢰보호의 요청에 우선하는 심히 중대한 공익상의 사유가 소급입법을 정당화하는 경우에 허용될 수 있다.

③ 신법이 피적용자에게 유리한 경우에는 시혜적인 소급입법이 가능하지만, 그러한 소급입법을 할 것인가의 여부는 그 일차적인 판단이 입법기관에 맡겨져 있으므로 입법자는 시혜적 소급입법을 할 것인가 여부를 결정할 수 있고, 그 결정이 합리적 재량의 범위를 벗어나 현저하게 불합리하고 불공정한 것이 아닌 한 헌법에 위반된다고 할 수는 없다.

④ 헌법 제38조는 "모든 국민은 법률이 정하는 바에 의하여 납세의무를 진다"라고 규정하는 한편, 헌법 제59조는 "조세의 종목과 세율은 법률로 정한다"라고 규정하여 조세법률주의를 선언하고 있는데, 이는 납세의무가 존재하지 않았던 과거에 소급하여 과세하는 입법을 금지하는 원칙을 포함하는 것이다.

> **ADVICE** ① [O] 신뢰보호의 원칙은 헌법상 법치국가의 원칙으로부터 도출되는데 그 내용은 법률의 제정이나 개정시 구법질서에 대한 당사자의 신뢰가 합리적이고도 정당하며 법률의 제정이나 개정으로 야기되는 당사자의 손해가 극심하여 새로운 입법으로 달성하고자 하는 공익적 목적이 그러한 당사자의 신뢰의 파괴를 정당화할 수 없다면, 그러한 새로운 입법은 신뢰보호의 원칙상 허용될 수 없다는 것이다(헌재 2002. 11. 28. 2002헌바45).
> ② [X] 소급입법은, 신법이 이미 종료된 사실관계에 작용하는지, 아니면 현재 진행 중인 사실관계에 작용하는지에 따라 "진정소급입법"과 "부진정소급입법"으로 구분되고, 전자는 헌법적으로 허용되지 않는 것이 원칙이며, 특단의 사정이 있는 경우에만 예외적으로 허용될 수 있는 반면, 후자는 원칙적으로 허용되지만 소급효를 요구하는 공익상의 사유와 신뢰보호의 요청 사이의 교량과정에서 신뢰보호의 관점이 입법자의 형성권에 제한을 가하게 된다(헌재 1995. 10. 26. 94헌바12).
> ③ [O] 특히 결손금소급공제는 중소기업을 대상으로 특별히 조세정책적 목적에서 인정된 제도로서 그에 따른 법인세의 환급은 기업의 입장에서 볼 때 이월공제의 방법에 비하여 조세부담을 감소시키는 효과가 훨씬 크기 때문에 일종의 시혜적 성격을 가진다고 볼 수 있다. 따라서 법인세액을 과세표준으로 하는 법인세할 주민세의 환부 역시 이와 같은 성격을 가지는 것으로서 그 환부에 관한 규정을 정함에 있어 <u>시혜적인 소급입법을 할 것인지의 여부는 국민의 권리를 제한하거나 새로운 의무를 부과하는 경우와는 달리 입법자에게 보다 광범위한 입법형성의 자유가 인정된다 할 것이다</u>(헌재 1998. 11. 26. 97헌바67).
> ④ [O] 헌법 제38조는 모든 국민은 법률이 정하는 바에 의하여 납세의무를 진다고 규정하는 한편, 헌법 제59조는 조세의 종목과 세율은 법률로 정한다고 규정하여 조세법률주의를 선언하고 있다. 이는 납세의무가 존재하지 않았던 과거에 소급하여 과세하는 입법을 금지하는 원칙을 포함하는 것이다(헌재 2004. 7. 15. 2002헌바63).

4 적법절차와 영장주의에 대한 설명으로 옳지 않은 것은? (다툼이 있는 경우 판례에 의함)

① 헌법 제12조제3항과는 달리 헌법 제16조 후문은 "주거에 대한 압수나 수색을 할 때에는 검사의 신청에 의하여 법관이 발부한 영장을 제시하여야 한다"라고 규정하고 있을 뿐 영장주의에 대한 예외를 명문화하고 있지 않으므로 영장주의가 예외없이 반드시 관철되어야 함을 의미하는 것이다.

② 수사기관이 전기통신사업자에게 통신사실 확인자료 제공을 요청함에 있어 관할 지방법원 또는 지원의 허가를 받도록 규정하고 있는 「통신비밀보호법」 규정은 영장주의에 위배되지 아니한다.

③ 체포영장을 집행하는 경우 필요한 때에는 타인의 주거 등에서 피의자 수사를 할 수 있도록 한 「형사소송법」 규정은 헌법 제16조의 영장주의에 위반된다.

④ 법원이 피고인의 구속 또는 그 유지 여부의 필요성에 관하여 한 재판의 효력이 검사나 다른 기관의 의견이나 불복이 있다 하여 좌우되거나 제한받는다면 이는 영장주의에 위반된다고 할 것이다.

> **ADVICE** ① [X] 헌법 제12조 제3항은 "체포·구속·압수 또는 수색을 할 때에는 적법한 절차에 따라 검사의 신청에 의하여 법관이 발부한 영장을 제시하여야 한다. 다만, 현행범인인 경우와 장기 3년 이상의 형에 해당하는 죄를 범하고 도피 또는 증거인멸의 염려가 있을 때에는 사후에 영장을 청구할 수 있다."라고 규정함으로써, 사전영장주의에 대한 예외를 명문으로 인정하고 있다. 이와 달리 헌법 제16조 후문은 "주거에 대한 압수나 수색을 할 때에는 검사의 신청에 의하여 법관이 발부한 영장을 제시하여야 한다."라고 규정하고 있을 뿐 영장주의에 대한 예외를 명문화하고 있지 않다. 그러나 헌법 제16조에서 영장주의에 대한 예외를 마련하지 아니하였다고 하여, …… 헌법 제16조가 주거의 자유와 관련하여 영장주의를 선언하고 있는 이상, 그 예외는 매우 엄격한 요건 하에서만 인정되어야 하는 점 등을 종합하면, 헌법 제16조의 영장주의에 대해서도 그 예외를 인정하되, 이는 ① 그 장소에 범죄혐의 등을 입증할 자료나 피의자가 존재할 개연성이 소명되고, ② 사전에 영장을 발부받기 어려운 긴급한 사정이 있는 경우에만 제한적으로 허용될 수 있다고 보는 것이 타당하다(헌재 2018. 4. 26. 2015헌바370).

② [O] 또한 영장주의의 본질이 수사기관의 강제처분은 인적·물적 독립을 보장받는 중립적인 법관의 구체적 판단을 거쳐야만 한다는 점에 비추어 보더라도, 수사기관이 위치정보 추적자료의 제공을 요청한 경우 법원의 허가를 받도록 하고 있는 이 사건 허가조항은 영장주의에 위배된다고 할 수 없다(헌재 2018. 6. 28. 2012헌마191).

③ [O] 심판대상조항은 체포영장을 발부받아 피의자를 체포하는 경우에 필요한 때에는 영장 없이 타인의 주거 등 내에서 피의자 수사를 할 수 있다고 규정함으로써, 앞서 본 바와 같이 별도로 영장을 발부받기 어려운 긴급한 사정이 있는지 여부를 구별하지 아니하고 피의자가 소재할 개연성만 소명되면 영장 없이 타인의 주거 등을 수색할 수 있도록 허용하고 있다. 이는 체포영장이 발부된 피의자가 타인의 주거 등에 소재할 개연성은 소명되나, 수색에 앞서 영장을 발부받기 어려운 긴급한 사정이 인정되지 않는 경우에도 영장 없이 피의자 수색을 할 수 있다는 것이므로, 위에서 본 헌법 제16조의 영장주의 예외 요건을 벗어나는 것으로서 영장주의에 위반된다(헌재 2018. 4. 26. 2015헌바370).

④ [O] 법원이 피고인의 구속 또는 그 유지 여부의 필요성에 관하여 한 재판의 효력이 검사나 다른 기관의 이견이나 불복이 있다 하여 좌우되거나 제한받는다면 이는 영장주의에 위반된다고 할 것인바, 구속집행정지결정에 대한 검사의 즉시항고를 인정하는 이 사건 법률조항은 검사의 불복을 그 피고인에 대한 구속집행을 정지할 필요가 있다는 법원의 판단보다 우선시킬 뿐만 아니라, 사실상 법원의 구속집행정지결정을 무의미하게 할 수 있는 권한을 검사에게 부여한 것이라는 점에서 헌법 제12조 제3항의 영장주의원칙에 위배된다(헌재 2012. 6. 27. 2011헌가36).

✎ **ANSWER** 3.② 4.①

5 청원권에 대한 설명으로 옳은 것은? (다툼이 있는 경우 판례에 의함)

① 「지방자치법」에 따라 지방의회 위원회가 청원을 심사하여 본회의에 부칠 필요가 없다고 결정하면 그 처리 결과를 지방의회 의장에게 보고하고, 지방의회 위원회는 청원한 자에게 이를 알려야 한다.

② 「국회법」에 의한 청원은 일반의안과는 달리 소관위원회의 심사를 거칠 필요가 없으며 심사절차도 일반의안 과 다른 절차를 밟는데, 청원을 소개한 국회의원은 필요할 경우 「국회법」 제125조제3항에 의해 청원의 취 지를 설명해야 하고 질의가 있을 경우 답변을 해야 한다.

③ 국민이면 누구든지 널리 제기할 수 있는 민중적 청원제도는 재판청구권 기타 준사법적 구제청구와는 그 성 질을 달리하므로 청원사항의 처리결과에 심판서나 재결서에 준하여 이유명시를 요구할 수 없다.

④ 모해청원, 반복청원, 이중청원, 국가기관권한사항청원, 개인사생활사항청원 등의 경우에는 수리되지 않는다.

>**ADVICE** ① [X] 지방자치법 제87조(청원의 심사·처리) ① 지방의회의 의장은 청원서를 접수하면 소관 위원회나 본회의에 회 부하여 심사를 하게 한다.
③ 위원회가 청원을 심사하여 본회의에 부칠 필요가 없다고 결정하면 그 처리결과를 의장에게 보고하고, 의장 은 청원한 자에게 알려야 한다.

② [X] 국회법 제124조(청원요지서의 작성과 회부) ① 의장은 청원을 접수하였을 때에는 청원요지서를 작성하여 인쇄 하거나 전산망에 입력하는 방법으로 각 의원에게 배부하는 동시에 그 청원서를 소관 위원회에 회부하여 심사하 게 한다.
제125조(청원 심사·보고 등) ① 위원회는 청원 심사를 위하여 청원심사소위원회를 둔다.
③ 청원을 소개한 의원은 소관 위원회 또는 청원심사소위원회의 요구가 있을 때에는 청원의 취지를 설명하여 야 한다.

③ [O] 헌법상 보장된 청원권은 공권력과의 관계에서 일어나는 여러 가지 이해관계, 의견, 희망 등에 관하여 적법한 청원을 한 모든 당사자에게 국가기관이 청원을 수리할 뿐만 아니라 이를 심사하여 청원자에게 그 처리결과를 통지할 것을 요구할 수 있는 권리를 말하나, 청원사항의 처리결과에 심판서나 재결서에 준하여 이유를 명시할 것까지를 요구하는 것은 청원권의 보호범위에 포함되지 아니하므로 청원 소관관서는 청원법이 정하는 절차와 범위내에서 청원사항을 성실·공정·신속히 심사하고 청원인에게 그 청원을 어떻게 처리하였거나 처리하려고 하는지를 알 수 있는 정도로 결과통지함으로써 충분하고, 비록 그 처리내용이 청원인이 기대하는 바에 미치지 않는다고 하더라도 헌법소원의 대상이 되는 공권력의 행사 내지 불행사라고는 볼 수 없다(헌재 1997. 7. 16. 93헌마239).

④ [X] 청원법 제6조(청원 처리의 예외) 청원기관의 장은 청원이 다음 각 호의 어느 하나에 해당하는 경우에는 처리를 하지 아니할 수 있다. 이 경우 사유를 청원인(제11조제3항에 따른 공동청원의 경우에는 대표자를 말한다)에게 알려야 한다.
1. 국가기밀 또는 공무상 비밀에 관한 사항
2. 감사·수사·재판·행정심판·조정·중재 등 다른 법령에 의한 조사·불복 또는 구제절차가 진행 중인 사항
3. 허위의 사실로 타인으로 하여금 형사처분 또는 징계처분을 받게 하는 사항
4. 허위의 사실로 국가기관 등의 명예를 실추시키는 사항
5. 사인간의 권리관계 또는 개인의 사생활에 관한 사항
6. 청원인의 성명, 주소 등이 불분명하거나 청원내용이 불명확한 사항

6 자기결정권에 대한 설명으로 옳지 않은 것은? (다툼이 있는 경우 판례에 의함)

① 집회 참가자들에 대한 경찰의 촬영행위는 개인정보자기결정권의 보호대상이 되는 신체, 특정인의 집회·시위 참가 여부 및 그 일시·장소 등의 개인정보를 정보주체의 동의 없이 수집하였다는 점에서 개인정보자기결정권을 제한할 수 있다.

② 인수자가 없는 시체를 생전의 본인의 의사와는 무관하게 해부용 시체로 제공되도록 규정한 「시체 해부 및 보존에 관한 법률」 규정은 추구하는 공익이 사후 자신의 시체가 자신의 의사와는 무관하게 해부용 시체로 제공됨으로써 침해되는 사익보다 크다고 할 수 없으므로 청구인의 시체처분에 대한 자기결정권을 침해한다.

③ 부모가 자녀의 이름을 지어주는 것은 자녀의 양육과 가족생활을 위하여 필수적인 것이고, 가족생활의 핵심적 요소라 할 수 있으므로, '부모가 자녀의 이름을 지을 자유'는 혼인과 가족생활을 보장하는 헌법 제36조 제1항과 행복추구권을 보장하는 헌법 제10조에 의하여 보호받는다.

④ 혼인을 빙자하여 부녀를 간음한 남자를 처벌하는 「형법」 조항은 사생활의 비밀과 자유를 제한하는 것이라고 할 수 있지만, 혼인을 빙자하여 부녀를 간음한 남자의 성적자기결정권을 제한하는 것은 아니다.

> **ADVICE** ① [○] 따라서 경찰의 촬영행위는 개인정보자기결정권의 보호대상이 되는 신체, 특정인의 집회·시위 참가 여부 및 그 일시·장소 등의 개인정보를 정보주체의 동의 없이 수집하였다는 점에서 개인정보자기결정권을 제한할 수 있다(헌재 2018. 8. 30. 2014헌마843).
>
> ② [○] 이 사건 법률조항은 본인이 해부용 시체로 제공되는 것에 대해 반대하는 의사표시를 명시적으로 표시할 수 있는 절차도 마련하지 않고 본인의 의사와는 무관하게 해부용 시체로 제공될 수 있도록 규정하고 있다는 점에서 침해의 최소성 원칙을 충족했다고 보기 어렵고, 실제로 해부용 시체로 제공된 사례가 거의 없는 상황에서 이 사건 법률조항이 추구하는 공익이 사후 자신의 시체가 자신의 의사와는 무관하게 해부용 시체로 제공됨으로써 침해되는 사익보다 크다고 할 수 없으므로 이 사건 법률조항은 청구인의 시체 처분에 대한 자기결정권을 침해한다(헌재 2015. 11. 26. 2012헌마940).
>
> ③ [○] 부모가 자녀의 이름을 지어주는 것은 자녀의 양육과 가족생활을 위하여 필수적인 것이고, 가족생활의 핵심적 요소라 할 수 있으므로, '부모가 자녀의 이름을 지을 자유'는 혼인과 가족생활을 보장하는 헌법 제36조 제1항과 행복추구권을 보장하는 헌법 제10조에 의하여 보호받는다(헌재 2016. 7. 28. 2015헌마964).
>
> ④ [X] 결국 이 사건 법률조항은 목적의 정당성, 수단의 적절성 및 피해최소성을 갖추지 못하였고 법익의 균형성도 이루지 못하였으므로, 헌법 제37조 제2항의 과잉금지원칙을 위반하여 <u>남성의 성적자기결정권</u> 및 사생활의 비밀과 자유를 과잉제한하는 것으로 헌법에 위반된다(헌재 2009. 11. 26. 2008헌바58).

✎ **ANSWER** 5.③ 6.④

7 양심의 자유에 대한 설명으로 옳지 않은 것은? (다툼이 있는 경우 판례에 의함)

① 양심의 자유의 '양심'은 민주적 다수의 사고나 가치관과 일치하는 것이 아니라, 개인적 현상으로서 지극히 주관적인 것이다.

② 양심은 그 대상이나 내용 또는 동기에 의하여 판단되는 것으로, 특히 양심상의 결정이 이성적 · 합리적인가, 타당한가 또는 법질서나 사회규범 · 도덕률과 일치하는가 하는 관점이 양심의 존재를 판단하는 기준이 된다.

③ 「보안관찰법」상의 보안관찰처분은 보안관찰처분대상자의 내심의 작용을 문제 삼는 것이 아니라, 보안관찰처분대상자가 보안관찰해당범죄를 다시 저지를 위험성이 내심의 영역을 벗어나 외부에 표출되는 경우에 재범의 방지를 위하여 내려지는 특별예방적 목적의 처분이므로, 보안관찰처분 근거 규정에 의한 보안관찰처분이 양심의 자유를 침해한다고 할 수 없다.

④ 인터넷언론사의 공개된 게시판 · 대화방에서 스스로의 의사에 의하여 정당 · 후보자에 대한 지지 · 반대의 글을 게시하는 행위가 양심의 자유나 사생활 비밀의 자유에 의하여 보호되는 영역이라고 할 수 없다.

〉**ADVICE** ① [○] 즉, '양심상의 결정'이란 선과 악의 기준에 따른 모든 진지한 윤리적 결정으로서 구체적인 상황에서 개인이 이러한 결정을 자신을 구속하고 무조건적으로 따라야 하는 것으로 받아들이기 때문에 양심상의 심각한 갈등이 없이는 그에 반하여 행동할 수 없는 것을 말한다. 또한 '양심의 자유'가 보장하고자 하는 '양심'은 민주적 다수의 사고나 가치관과 일치하는 것이 아니라, 개인적 현상으로서 지극히 주관적인 것이다(헌재 2011. 8. 30. 2008헌가22).

② [X] '양심의 자유'가 보장하고자 하는 '양심'은 민주적 다수의 사고나 가치관과 일치하는 것이 '아니라, 개인적 현상으로서 지극히 주관적인 것이다. 양심은 그 대상이나 내용 또는 동기에 의하여 판단될 수 없으며, 특히 양심상의 결정이 이성적 · 합리적인가, <u>타당한가 또는 법질서나 사회규범, 도덕률과 일치하는가 하는 관점은 양심의 존재를 판단하는 기준이 될 수 없다</u>(헌재 2004. 8. 26. 2002헌가1).

③ [○] 보안관찰처분은 보안관찰처분대상자의 내심의 작용을 문제 삼는 것이 아니라, 보안관찰처분대상자가 보안관찰해당범죄를 다시 저지를 위험성이 내심의 영역을 벗어나 외부에 표출되는 경우에 재범의 방지를 위하여 내려지는 특별예방적 목적의 처분이므로, 보안관찰처분 근거규정은 양심의 자유를 침해하지 아니한다(헌재 2015. 11. 26. 2014헌바475).

④ [○] 인터넷언론사의 공개된 게시판 · 대화방에서 스스로의 의사에 의하여 정당 · 후보자에 대한 지지 · 반대의 글을 게시하는 행위가 양심의 자유나 사생활 비밀의 자유에 의하여 보호되는 영역이라고 할 수 없다(헌재 2010. 2. 25. 2008헌마324).

8 거주·이전의 자유에 대한 설명으로 옳은 것은? (다툼이 있는 경우 판례에 의함)

① 경찰청장이 경찰버스들로 서울광장을 둘러싸 통행을 제지한 행위는 서울광장을 가로질러 통행하려는 사람들의 거주·이전의 자유를 제한하는 것이다.

② 거주·이전의 자유에는 국내에서의 거주·이전의 자유와 귀국의 자유가 포함되나 국외 이주의 자유와 해외여행의 자유는 포함되지 않는다.

③ 법인이 과밀억제권역 내에 본점의 사업용 부동산으로 건축물을 신축하여 이를 취득하는 경우, 취득세를 중과세하는 구「지방세법」조항은 법인의 영업의 자유를 제한하는 것으로서 법인의 거주·이전의 자유를 제한하는 것은 아니다.

④ 헌법 제14조가 보장하는 거주·이전의 자유에는 국적을 이탈하거나 변경하는 것이 포함된다.

>ADVICE ① [X] 거주·이전의 자유는 거주지나 체류지라고 볼 만한 정도로 생활과 밀접한 연관을 갖는 장소를 선택하고 변경하는 행위를 보호하는 기본권인바, 이 사건에서 서울광장이 청구인들의 생활형성의 중심지인 거주지나 체류지에 해당한다고 할 수 없고, 서울광장에 출입하고 통행하는 행위가 그 장소를 중심으로 생활을 형성해 나가는 행위에 속한다고 볼 수도 없으므로 청구인들의 거주·이전의 자유가 제한되었다고 할 수 없다(헌재 2011. 6. 30. 2009헌마406).

② [X] 헌법 제14조 제1항은 "모든 국민은 거주·이전의 자유를 가진다."고 규정하고 있다. 거주·이전의 자유는 국내에서 체류지와 거주지를 자유롭게 정할 수 있는 자유영역뿐 아니라 국외에서 체류지와 거주지를 자유롭게 정할 수 있는 해외여행 및 해외이주의 자유를 포함한다. 구체적으로 해외여행 및 해외이주의 자유는 외국에서 체류 또는 거주하기 위해서 대한민국을 떠날 수 있는 '출국의 자유'와 외국체류 또는 거주를 중단하고 다시 대한민국으로 돌아올 수 있는 '입국의 자유'를 포함한다(헌재 2004. 10. 28. 2003헌가18).

③ [X] 이 사건 법률조항은 수도권 내의 과밀억제권역 안에서 법인의 본점의 사업용 부동산, 특히 본점용 건축물을 신축 또는 증축하는 경우에 취득세를 중과세하는 조항이므로, 이 사건 법률조항에 의하여 <u>청구인의 거주·이전의자유와 영업의자유가 침해되는지</u> 여부가 문제된다(헌재 2014. 7. 24. 2012헌바408).

④ [O] 국적을 이탈하거나 변경하는 것은 헌법 제14조가 보장하는 거주·이전의 자유에 포함되므로 법 제12조 제1항 단서 및 그에 관한 제14조 제1항 단서는 이중국적자의 국적선택(국적이탈)의 자유를 제한하는 것이라 할 것이고, 그것이 병역의무이행의 확보라는 공익을 위하여 정당화될 수 있는 것인지가 문제된다(헌재 2006. 11. 30. 2005헌마739).

9 국민투표권에 대한 설명으로 옳지 않은 것은? (다툼이 있는 경우 판례에 의함)

① 「정당법」상의 당원의 자격이 없는 자는 국민투표에 관한 운동을 할 수 없다.
② 출입국관리 관계 법령에 따라 대한민국에 계속 거주할 수 있는 자격을 갖춘 외국인으로서 지방자치단체의 조례로 정한 사람은 국민투표권을 가진다.
③ 국회의원선거권자인 재외선거인에게 국민투표권을 인정하지 않은 것은 국회의원선거권자의 헌법개정안 국민투표 참여를 전제하고 있는 헌법 제130조제2항의 취지에 부합하지 않는다.
④ 특정의 국가정책에 대하여 다수의 국민들이 국민투표를 원하고 있음에도 불구하고 대통령이 이러한 희망과는 달리 국민투표에 회부하지 아니한다고 하여도 이를 헌법에 위반된다고 할 수 없고, 국민에게 특정의 국가정책에 관하여 국민투표에 회부할 것을 요구할 권리가 인정된다고 할 수도 없다.

》**ADVICE** ① [O] 국민투표법 제28조(운동을 할 수 없는 자) ① 정당법상의 당원의 자격이 없는 자는 운동을 할 수 없다.
② [X] 국민투표법 제7조(투표권) 19세 이상의 국민은 투표권이 있다.
③ [O] 특히 헌법 제130조 제2항에 의하면 헌법개정안 국민투표는 '국회의원선거권자' 과반수의 투표와 투표자의 과반수의 찬성을 얻도록 규정하고 있는바, 헌법은 헌법개정안 국민투표권자로서 국회의원선거권자를 예정하고 있다. 재외선거인은 임기만료에 따른 비례대표국회의원선거에 참여하고 있으므로, 재외선거인에게 국회의원선거권이 있음은 분명하다. 국민투표법조항이 국회의원선거권자인 재외선거인에게 국민투표권을 인정하지 않은 것은 국회의원선거권자의 헌법개정안 국민투표 참여를 전제하고 있는 헌법 제130조 제2항의 취지에도 부합하지 않는다(헌재 2014. 7. 24. 2009헌마256).
④ [O] 헌법 제72조는 국민투표에 부쳐질 중요정책인지 여부를 대통령이 재량에 의하여 결정하도록 명문으로 규정하고 있고, 헌법재판소 역시 위 규정은 대통령에게 국민투표의 실시 여부, 시기, 구체적 부의사항, 설문내용 등을 결정할 수 있는 임의적인 국민투표발의권을 독점적으로 부여하였다고 하여 이를 확인하고 있다. 따라서 특정의 국가정책에 대하여 다수의 국민들이 국민투표를 원하고 있음에도 불구하고 대통령이 이러한 희망과는 달리 국민투표에 회부하지 아니한다고 하여도 이를 헌법에 위반된다고 할 수 없으며, 국민에게 특정의 국가정책에 관하여 국민투표에 회부할 것을 요구할 권리가 인정된다고 할 수도 없다(헌재 2016. 3. 15. 2016헌마115).

10 기본권 제한에서 요구되는 과잉금지원칙에 대한 설명으로 옳은 것은? (다툼이 있는 경우 판례에 의함)

① 사립학교 교원 또는 사립학교 교원이었던 자가 재직 중의 사유로 금고 이상의 형을 받은 때에는 대통령령이 정하는 바에 의하여 퇴직급여 및 퇴직수당의 일부를 감액하여 지급하도록 한 것은 입법목적을 달성하는 데 적합한 수단이라고 볼 수 없다.

② 민사재판에 당사자로 출석하는 수형자에 대하여 아무런 예외 없이 일률적으로 사복착용을 금지하는 것은 침해의 최소성 원칙에 위배된다.

③ 직업수행의 자유에 대하여는 직업선택의 자유와는 달리 공익목적을 위하여 상대적으로 폭넓은 입법적 규제가 가능한 것이므로 과잉금지의 원칙이 적용되는 것이 아니라 자의금지의 원칙이 적용되는 것이다.

④ 「마약류 관리에 관한 법률」을 위반하여 금고 이상의 실형을 선고받고 그 집행이 끝나거나 면제된 날부터 20년이 지나지 아니한 것을 택시운송사업의 운전업무 종사자격의 결격사유 및 취소사유로 정한 것은 사익을 제한함으로써 달성할 수 있는 공익이 더욱 중대하므로 법익의 균형성 원칙도 충족하고 있다.

> **ADVICE** ① [O] 이 사건 법률조항이 재직중의 사유로 금고 이상의 형을 선고받은 경우에 퇴직급여 및 퇴직수당을 감액하는 것은, 교원의 퇴직 후 그 재직중의 근무에 대한 보상을 함에 있어 교원으로서의 직무상 의무를 다하지 못한 교원과 성실히 근무한 교원을 동일하게 취급하는 것은 오히려 불합리하다는 측면과 아울러 위와 같이 보상액에 차이를 둠으로써 교원범죄를 예방하고 교원이 재직중 성실히 근무하도록 유도하는 효과를 고려한 것이라 할 수 있고, 위와 같은 이 사건 법률조항의 입법목적은 정당하다. …… 그러나 사립학교 교원의 신분이나 직무상 의무와 관련이 없는 범죄의 경우에도 퇴직급여 및 퇴직수당을 제한하는 것은, 교원범죄를 예방하고 교원이 재직중 성실히 근무하도록 유도하는 <u>입법목적을 달성하는 데 적합한 수단이라고 볼 수 없다</u>(헌재 2010. 7. 29. 2008헌가15).

② [X] 그런데 수형자가 민사법정에 출석하기까지 도주 및 교정사고의 방지를 위해 교도관이 반드시 동행하여야 하므로 수용자의 신분은 의복의 종류에 관계없이 드러나게 되어 있어 재소자용 의류를 입었다는 이유로 인격권과 행복추구권이 제한되는 정도는 제한적이다. 또한 수형자가 재판에 참석하기 위하여 수용 시설 외부로 나가는 경우에는 시설 내에 수용되어 있을 때에 비하여 도주의 우려가 높아진다. 시설 내에 있을 때와는 달리 동행 교도관이나 교정설비의 한계로 인하여 구금기능이 취약해질 수밖에 없는 상황에서, 사복은 도주의 의지를 불러일으킬 수 있고 도주를 용이하게 하거나 도주를 감행했을 때 체포도 상대적으로 어렵게 만들 수 있는데, 특히 형사법정 이외의 법정 출입 방식은 미결수용자와 교도관 전용 통로 및 시설이 존재하는 형사재판과 다르고, 계호의 방식과 정도도 확연히 다르다. 도주를 예방하기 위해 계구를 사용하는 것도 아니므로, 심판대상조항의 민사재판 출석 시 사복착용 불허는 침해의 최소성 및 법익균형의 원칙에도 위반되지 아니한다(헌재 2015. 12. 23. 2013헌마712).

③ [X] 일반적으로 직업수행의 자유에 대하여는 직업선택의 자유와는 달리 공익 목적을 위하여 상대적으로 폭넓은 입법적 규제가 가능하지만, 직업수행의 자유를 제한할 때에도 <u>헌법 제37조 제2항에 의거한 비례의 원칙에 위배되어서는 안 된다</u>(헌재 2014. 9. 25. 2013헌바162).

④ [X] 심판대상조항은 구체적 사안의 개별성과 특수성을 고려할 수 있는 여지를 일체 배제하고 그 위법의 정도나 비난 가능성의 정도가 미약한 경우까지도 획일적으로 20년이라는 장기간 동안 택시운송사업의 운전업무 종사자격을 제한하는 것이므로 침해의 최소성 원칙에 위배되며, 법익의 균형성 원칙에도 반한다(헌재 2015. 12. 23. 2013헌마575).

ANSWER 9.② 10.①

11 참정권에 대한 설명으로 옳은 것만을 모두 고르면? (다툼이 있는 경우 판례에 의함)

> ⊙ 승진가능성이라는 것은 공직신분의 유지나 업무수행과 같은 법적 지위에 직접 영향을 미치는 것이 아니고 간접적, 사실적 또는 경제적 이해관계에 영향을 미치는 것에 불과하여 공무담임권의 보호영역에 포함된다고 보기는 어렵다.
>
> ⊙ 「주민투표법」 제8조에 따른 국가정책에 대한 주민투표는 주민의 의견을 묻는 의견수렴으로서의 성격을 갖는 것이고, 주민투표권의 일반적 성격을 보더라도 이는 법률이 보장하는 참정권이라고 할 수 있을지언정 헌법이 보장하는 참정권이라고 할 수는 없다.
>
> ⊙ 선거권을 제한하는 입법은 헌법 제24조에 의해서 곧바로 정당화될 수는 없고, 헌법 제37조제2항의 규정에 따라 국가안전보장·질서유지 또는 공공복리를 위하여 필요하고 불가피한 예외적인 경우에만 그 제한이 정당화될 수 있으며, 그 경우에도 선거권의 본질적인 내용을 침해할 수 없다.
>
> ⊙ 사법인적인 성격을 지니는 농협·축협의 조합장선거에서 조합장을 선출하거나 선거운동을 하는 것은 헌법에 의하여 보호되는 선거권의 범위에 포함된다.

① ⊙, ⊙

② ⊙, ⊙

③ ⊙, ⊙, ⊙

④ ⊙, ⊙, ⊙

> **ADVICE** ⊙ [O] 승진가능성이라는 것은 공직신분의 유지나 업무수행과 같은 법적 지위에 직접 영향을 미치는 것이 아니고 간접적, 사실적 또는 경제적 이해관계에 영향을 미치는 것에 불과하여 공무담임권의 보호영역에 포함된다고 보기는 어렵다(헌재 2010. 3. 25. 2009헌마538).
>
> ⊙ [O] 주민투표법 제8조에 따른 국가정책에 대한 주민투표는 주민의 의견을 묻는 의견수렴으로서의 성격을 갖는 것이고, 주민투표권의 일반적 성격을 보더라도 이는 법률이 보장하는 참정권이라고 할 수 있을지언정 헌법이 보장하는 참정권이라고 할 수는 없다(헌재 2008. 12. 26. 2005헌마1158).
>
> ⊙ [O] 선거권을 제한하는 입법은 헌법 제24조에 의해서 곧바로 정당화될 수는 없고, 헌법 제37조 제2항의 규정에 따라 국가안전보장·질서유지 또는 공공복리를 위하여 필요하고 불가피한 예외적인 경우에만 그 제한이 정당화될 수 있으며, 그 경우에도 선거권의 본질적인 내용을 침해할 수 없다. 더욱이 보통선거의 원칙은 선거권자의 능력, 재산, 사회적 지위 등의 실질적인 요소를 배제하고 성년자이면 누구라도 당연히 선거권을 갖는 것을 요구하므로 보통선거의 원칙에 반하는 선거권 제한의 입법을 하기 위해서는 헌법 제37조 제2항의 규정에 따른 한계가 한층 엄격히 지켜져야 한다(헌재 2007. 6. 28. 2004헌마644).
>
> ⊙ [X] 이처럼 사법적인 성격을 지니는 농협의 조합장선거에서 조합장을 선출하거나 조합장으로 선출될 권리, 조합장선거에서 선거운동을 하는 것은 헌법에 의하여 보호되는 선거권의 범위에 포함되지 않는다(헌재 2012. 2. 23. 2011헌바154).

12 행정부에 대한 설명으로 옳은 것은? (다툼이 있는 경우 판례에 의함)

① 중앙행정기관의 장은 법률에서 위임한 사항이나 법률을 집행하기 위하여 필요한 사항을 규정한 대통령령·총리령·부령·훈령·예규·고시 등이 제정·개정 또는 폐지되었을 때에는 10일 이내에 이를 국회 소관 상임위원회에 제출하여야 한다.

② 각 행정기관에 배치할 공무원의 종류와 정원, 고위공무원단에 속하는 공무원으로 보하는 직위와 고위공무원단에 속하는 공무원의 정원, 공무원배치의 기준 및 절차 그 밖에 필요한 사항은 대통령령으로 정하나, 대통령비서실 및 국가안보실에 배치하는 정무직공무원의 경우에는 법률로 정한다.

③ 입법권자는 헌법 제96조에 의하여 법률로써 행정을 담당하는 행정기관을 설치함에 있어, 국무총리가 대통령의 명을 받아 통할하는 기관 외에는 대통령이 직접 통할하는 기관을 설치할 수 없다.

④ 헌법 제62조에 따르면 국무총리나 국무위원 외에 정부위원도 국회에 출석하여 답변할 수 있으며, 정부위원은 다른 정부위원으로 하여금 출석·답변하게 할 수 있다.

> **ADVICE** ① [O] 국회법 제98조의2(대통령령 등의 제출 등) ① 중앙행정기관의 장은 법률에서 위임한 사항이나 법률을 집행하기 위하여 필요한 사항을 규정한 <u>대통령령·총리령·부령·훈령·예규·고시 등이 제정·개정 또는 폐지되었을 때에는 10일 이내에</u> 이를 국회 소관 상임위원회에 제출하여야 한다. 다만, 대통령령의 경우에는 입법예고를 할 때(입법예고를 생략하는 경우에는 법제처장에게 심사를 요청할 때를 말한다)에도 그 입법예고안을 10일 이내에 제출하여야 한다.

② [X] 정부조직법 제8조(공무원의 정원 등) ① 각 행정기관에 배치할 공무원의 종류와 정원, 고위공무원단에 속하는 공무원으로 보하는 직위와 고위공무원단에 속하는 공무원의 정원, 공무원배치의 기준 및 절차 그 밖에 필요한 사항은 대통령령으로 정한다. 다만, 각 행정기관에 배치하는 정무직공무원(대통령비서실 및 국가안보실에 배치하는 정무직공무원은 제외한다)의 경우에는 법률로 정한다.

③ [X] 결국 입법권자는 헌법 제96조에 의하여 법률로써 행정을 담당하는 행정기관을 설치함에 있어 그 기관이 관장하는 사무의 성질에 따라 국무총리가 대통령의 명을 받아 통할하는 기관으로 설치할 수도 있고 또는 대통령이 직접 통할하는 기관으로 설치할 수도 있다 할 것이므로 헌법 제86조 제2항과 제94조에서 말하는 행정각부는 입법권자가 헌법 제96조에 의하여 법률로써 행정기관 중 국무총리의 통할을 받도록 설치한 행정각부만을 의미한다고 할 것이다(헌재 1994. 4. 28. 89헌마221).

④ [X] 헌법 제62조 ① 국무총리·국무위원 또는 정부위원은 국회나 그 위원회에 출석하여 국정처리상황을 보고하거나 의견을 진술하고 질문에 응답할 수 있다.
　② 국회나 그 위원회의 요구가 있을 때에는 국무총리·국무위원 또는 정부위원은 출석·답변하여야 하며, 국무총리 또는 국무위원이 출석요구를 받은 때에는 국무위원 또는 정부위원으로 하여금 출석·답변하게 할 수 있다.

✎ **ANSWER** 11.③ 12.①

13 국무총리에 대한 설명으로 옳지 않은 것은? (다툼이 있는 경우 판례에 의함)

① 국가보훈처, 인사혁신처, 법제처, 식품의약품안전처는 국무총리 소속기관이다.

② 국무총리의 권한과 위상은 기본적으로 지리적인 소재지와는 직접적으로 관련이 있다고 할 수 없고, 국무총리의 소재지는 헌법적으로 중요한 기본적 사항이라 보기 어렵고 나아가 이러한 규범이 존재한다는 국민적 의식이 형성되었는지조차 명확하지 않으므로 이러한 관습헌법의 존재를 인정할 수 없다.

③ 국회에서 국무총리의 해임건의안이 발의되었을 때에는 국회의장은 그 해임건의안이 발의된 후 처음 개의하는 본회의에 그 사실을 보고하고, 본회의에 보고된 때부터 24시간 이후 48시간 이내에 기명투표로 표결한다.

④ 국회 본회의는 의결로 국무총리의 출석을 요구할 수 있으며, 이 경우 그 발의는 국회의원 20명 이상이 이유를 구체적으로 밝힌 서면으로 하여야 한다.

> **ADVICE** ① 정부조직법 개정으로 국가보훈처가 국가보훈부로 변경됨
>
> 정부조직법 제35조(국가보훈부) 국가보훈부장관은 국가유공자 및 그 유족에 대한 보훈, 제대군인의 보상·보호, 보훈선양에 관한 사무를 관장한다.
>
> ② [O] 또한 국무총리의 권한과 위상은 기본적으로 지리적인 소재지와는 직접적으로 관련이 있다고 할 수 없다. 나아가 청구인들은 대통령과 국무총리가 서울이라는 하나의 도시에 소재하고 있어야 한다는 관습헌법의 존재를 주장하나 이러한 관습헌법의 존재를 인정할 수 없다(헌재 2005. 11. 24. 2005헌마579).
>
> ③ [X] 국회법 제112조(표결방법) ⑦ 국무총리 또는 국무위원의 해임건의안이 발의되었을 때에는 의장은 그 해임건의안이 발의된 후 처음 개의하는 본회의에 그 사실을 보고하고, 본회의에 보고된 때부터 24시간 이후 72시간 이내에 무기명투표로 표결한다. 이 기간 내에 표결하지 아니한 해임건의안은 폐기된 것으로 본다.
>
> ④ [O] 국회법 제121조(국무위원 등의 출석 요구) ① 본회의는 의결로 국무총리, 국무위원 또는 정부위원의 출석을 요구할 수 있다. 이 경우 그 발의는 의원 20명 이상이 이유를 구체적으로 밝힌 서면으로 하여야 한다.

14 대통령의 국가긴급권에 대한 설명으로 옳은 것은? (다툼이 있는 경우 판례에 의함)

① 대통령의 긴급재정경제명령은 중대한 재정 경제상의 위기에 처하여 국회의 집회를 기다릴 여유가 없을 때에 국가의 안전보장 또는 공공의 안녕질서를 유지하기 위하여 필요한 경우에 발동되는 일종의 국가긴급권으로서 대통령의 고도의 정치적 결단을 요하는 국가작용이므로 헌법재판소의 심판대상이 될 수 없다.

② 긴급재정경제명령은 위기가 발생할 우려가 있다는 이유로 사전적·예방적으로 발할 수 없고, 공공복리의 증진과 같은 적극적 목적을 위하여도 발할 수 없다.

③ 국가긴급권은 비상적인 위기상황을 극복하고 헌법질서를 수호하기 위해 헌법질서에 대한 예외를 허용하는 것이기 때문에 그 본질상 일시적·잠정적으로만 행사되어야 한다는 한계가 적용될 수 없다.

④ 대통령은 내우·외환·천재·지변 또는 중대한 재정·경제상의 위기에 있어서 국가의 안전보장 또는 공공의 안녕질서를 유지하기 위하여 긴급한 조치가 필요하고 국회의 집회를 기다릴 여유가 없을 때에 한하여 최소한으로 필요한 재정·경제상의 처분을 하거나 이에 관하여 법률의 효력을 가지는 명령을 발할 수 있으며, 이 경우 국회가 폐회 중일 때에는 대통령은 지체 없이 국회에 집회를 요구하여야 한다.

> **ADVICE** ① [X] 대통령의 긴급재정경제명령은 국가긴급권의 일종으로서 고도의 정치적 결단에 의하여 발동되는 행위이고 그 결단을 존중하여야 할 필요성이 있는 행위라는 의미에서 이른바 통치행위에 속한다고 할 수 있으나, 통치행위를 포함하여 모든 국가작용은 국민의 기본권적 가치를 실현하기 위한 수단이라는 한계를 반드시 지켜야 하는 것이고, 헌법재판소는 헌법의 수호와 국민의 기본권 보장을 사명으로 하는 국가기관이므로 비록 고도의 정치적 결단에 의하여 행해지는 국가작용이라고 할지라도 그것이 국민의 기본권 침해와 직접 관련되는 경우에는 당연히 헌법재판소의 심판대상이 된다(헌재 1996. 2. 29. 93헌마186).

② [O] 따라서 긴급재정경제명령은 정상적인 재정운용·경제운용이 불가능한 중대한 재정·경제상의 <u>위기가 현실적으로 발생하여</u>(그러므로 위기가 발생할 우려가 있다는 이유로 사전적·예방적으로 발할 수는 없다) 긴급한 조치가 필요함에도 국회의 폐회 등으로 국회가 현실적으로 집회될 수 없고 국회의 집회를 기다려서는 그 목적을 달할 수 없는 경우에 이를 사후적으로 수습함으로써 <u>기존질서를 유지·회복하기 위하여</u>(그러므로 공공복리의 <u>증진과 같은 적극적 목적을 위하여는 발할 수 없다</u>) 위기의 직접적 원인의 제거에 필수불가결한 최소의 한도 내에서 헌법이 정한 절차에 따라 행사되어야 한다(헌재 1996. 2. 29. 93헌마186).

③ [X] 그리고 국가긴급권의 행사는 헌법질서에 대한 중대한 위기상황의 극복을 위한 것이기 때문에, 본질적으로 위기상황의 직접적인 원인을 제거하는데 필수불가결한 최소한도 내에서만 행사되어야 한다는 목적상 한계가 있다. 또한 국가긴급권은 비상적인 위기상황을 극복하고 헌법질서를 수호하기 위해 헌법질서에 대한 예외를 허용하는 것이기 때문에 그 본질상 일시적·잠정적으로만 행사되어야 한다는 시간적 한계가 있다(헌재 2015. 3. 26. 2014헌가5).

④ [X] 헌법 제76조 ① 대통령은 내우·외환·천재·지변 또는 중대한 재정·경제상의 위기에 있어서 국가의 안전보장 또는 공공의 안녕질서를 유지하기 위하여 긴급한 조치가 필요하고 국회의 집회를 기다릴 여유가 없을 때에 한하여 최소한으로 필요한 재정·경제상의 처분을 하거나 이에 관하여 법률의 효력을 가지는 명령을 발할 수 있다.
③ 대통령은 제1항과 제2항의 처분 또는 명령을 한 때에는 <u>지체없이 국회에 보고하여 그 승인을 얻어야 한다.</u>

✎ **ANSWER** 13.①③(출제 당시 ③이 정답이었으나 법개정으로 복수정답) 14.②

15 국정감사 및 조사에 대한 설명으로 옳지 않은 것은?

① 국정조사위원회는 조사를 하기 전에 전문위원이나 그 밖의 국회사무처 소속 직원 또는 조사대상기관의 소속이 아닌 전문가 등으로 하여금 예비조사를 하게 할 수 있다.

② 국회 본회의가 특히 필요하다고 의결한 경우라도 「감사원법」에 따른 감사원의 감사대상기관에 대하여 국정감사를 실시할 수는 없다.

③ 지방자치단체 중 특별시·광역시·도에 대한 국정감사에 있어서 그 감사범위는 국가위임사무와 국가가 보조금 등 예산을 지원하는 사업으로 한다.

④ 국회는 감사 또는 조사 결과 위법하거나 부당한 사항이 있을 때에는 그 정도에 따라 정부 또는 해당 기관에 변상, 징계조치, 제도개선, 예산조정 등 시정을 요구하고, 정부 또는 해당 기관에서 처리함이 타당하다고 인정되는 사항은 정부 또는 해당 기관에 이송한다.

>**ADVICE** ① [○] 국정감사 및 조사에 관한 법률 제9조의2(예비조사) 위원회는 조사를 하기 전에 전문위원이나 그 밖의 국회사무처 소속 직원 또는 조사대상기관의 소속이 아닌 전문가 등으로 하여금 예비조사를 하게 할 수 있다.

② [X], ③ [○] 국정감사 및 조사에 관한 법률 제7조(감사의 대상) 감사의 대상기관은 다음 각 호와 같다.

2. 지방자치단체 중 특별시·광역시·도. 다만, 그 감사범위는 국가위임사무와 국가가 보조금 등 예산을 지원하는 사업으로 한다.

4. 제1호부터 제3호까지 외의 지방행정기관, 지방자치단체, 「감사원법」에 따른 감사원의 감사대상기관. 이 경우 본회의가 특히 필요하다고 의결한 경우로 한정한다.

④ [○] 국정감사 및 조사에 관한 법률 제16조(감사 또는 조사 결과에 대한 처리) ② 국회는 감사 또는 조사 결과 위법하거나 부당한 사항이 있을 때에는 그 정도에 따라 정부 또는 해당 기관에 변상, 징계조치, 제도개선, 예산조정 등 시정을 요구하고, 정부 또는 해당 기관에서 처리함이 타당하다고 인정되는 사항은 정부 또는 해당 기관에 이송한다.

16 국회의원의 면책특권과 불체포특권에 대한 설명으로 옳은 것은? (다툼이 있는 경우 판례에 의함)

① 면책특권의 대상이 되는 행위는 국회의 직무수행에 필수적인 국회의원의 국회 내에서의 직무상 발언과 표결이라는 의사표현행위 자체에만 국한되는 것이므로, 이에 통상적으로 부수하여 행하여지는 행위까지 포함하는 것은 아니다.

② 정부는 체포 또는 구금된 의원이 있을 때에는 지체 없이 의장에게 영장 사본을 첨부하여 이를 통지하여야 하나, 구속기간이 연장되었을 때에는 그러하지 아니한다.

③ 국회의장은 정부로부터 체포동의를 요청받은 후 처음 개의하는 본회의에 이를 보고하고, 본회의에 보고된 때부터 24시간 이후 72시간 이내에 표결하여야 하는데, 체포동의안이 72시간 이내에 표결되지 아니한 경우에는 체포동의안은 폐기된 것으로 본다.

④ 국회의원이 국회 예산결산위원회 회의장에서 법무부장관을 상대로 대정부질의를 하던 중 대통령 측근에 대한 대선자금 제공 의혹과 관련하여 이에 대한 수사를 촉구하는 과정에서 한 발언은 국회의원의 면책특권의 대상이 된다.

ADVICE ① [X] 따라서 면책특권의 대상이 되는 행위는 국회의 직무수행에 필수적인 국회의원의 국회 내에서의 직무상 발언과 표결이라는 의사표현행위 자체에만 국한되지 않고 이에 통상적으로 부수하여 행하여지는 행위까지 포함된다고 할 것이다 (대법원 1992. 9. 22. 91도3317).

② [X] 국회법 제27조(의원 체포의 통지) 정부는 체포 또는 구금된 의원이 있을 때에는 지체 없이 의장에게 영장 사본을 첨부하여 이를 통지하여야 한다. 구속기간이 연장되었을 때에도 또한 같다.

③ [X] 국회법 제26조(체포동의 요청의 절차) ② 의장은 제1항에 따른 체포동의를 요청받은 후 처음 개의하는 본회의에 이를 보고하고, 본회의에 보고된 때부터 24시간 이후 72시간 이내에 표결한다. 다만, 체포동의안이 72시간 이내에 표결되지 아니하는 경우에는 그 이후에 최초로 개의하는 본회의에 상정하여 표결한다.

④ [O] 국회의원이 국회 예산결산위원회 회의장에서 법무부장관을 상대로 대정부질의를 하던 중 대통령 측근에 대한 대선자금 제공 의혹과 관련하여 이에 대한 수사를 촉구하는 과정에서 한 발언이 국회의원의 면책특권의 대상이 된다고 본 사례(대법원 2007. 1. 12. 2005다57752).

17 권한쟁의심판에 대한 설명으로 옳은 것은? (다툼이 있는 경우 판례에 의함)

① 지방자치단체의 의결기관인 지방의회와 지방자치단체의 집행기관인 지방자치단체장 간의 내부적 분쟁은 지방자치단체 상호 간의 권한쟁의심판의 범위에 속한다.

② 국무총리 소속 기관인 사회보장위원회가 '지방자치단체 유사·중복 사회보장사업 정비 추진방안'을 의결한 행위에 대한 기초지방자치단체의 권한쟁의심판청구는 적법하다.

③ 국회의원인 청구인이 행정자치부장관(현 행정안전부장관)을 상대로 하여 국회의원의 법률안 심의·표결권을 침해하였다는 이유로 권한쟁의심판을 청구하여 절차가 계속 중 국회의원직을 상실하더라도 권한쟁의심판청구는 청구인의 국회의원직 상실과 동시에 당연히 그 심판절차가 종료되는 것은 아니다.

④ 헌법재판소장은 시·군 또는 지방자치단체인 구를 당사자로 하는 권한쟁의심판이 청구된 경우에는 그 지방자치단체가 소속된 특별시·광역시 또는 도에게 그 사실을 바로 통지하여야 한다.

>**ADVICE** ① [X] 위와 같은 규정에 비추어 보면, 이 사건과 같이 지방자치단체의 의결기관인 지방의회와 지방자치단체의 집행기관인 지방자치단체장 간의 내부적 분쟁은 헌법재판소법에 의하여 헌법재판소가 관장하는 지방자치단체 상호간의 권한쟁의심판의 범위에 속하지 아니하고, 달리 헌법재판소법 제62조 제1항 제1호의 국가기관 상호간의 권한쟁의심판이나 같은 법 제62조 제1항 2호의 국가기관과 지방자치단체 상호간의 권한쟁의심판에 해당한다고 볼 수도 없다(헌재 2018. 7. 26. 선고 2018헌라1).

② [X] 이 사건 의결행위는 사회보장위원회의 내부 행위에 불과하므로 이를 관계 중앙행정기관의 장이나 지방자치단체의 장에게 통지하지 않는 한 그 자체만으로는 대외적 효력이 없다. 그런데 보건복지부장관은 광역지방자치단체의 장에게 이 사건 통보행위를 하면서 '사회보장위원회 회의에서 이 사건 정비방안을 의결함에 따라 이를 시행하기 위한 이 사건 정비지침을 붙임과 같이 통보한다.'고 하였는데, 통보의 대상은 '이 사건 정비지침'이고 <u>이 사건 의결행위는 이 사건 정비지침의 근거일 뿐이므로, 이 사건 의결행위가 청구인들의 법적 지위에 직접 영향을 미친다고 보기는 어렵다.</u>(헌재 2018. 7. 26. 2015헌라4).

③ [X] 청구인이 법률안 심의·표결권의 주체인 국가기관으로서의 국회의원 자격으로 권한쟁의심판을 청구하였다가 심판절차 계속 중 사망한 경우, 국회의원의 법률안 심의·표결권은 성질상 일신전속적인 것으로 당사자가 사망한 경우 승계되거나 상속될 수 없어 그에 관련된 권한쟁의심판절차 또한 수계될 수 없으므로, 권한쟁의심판청구는 청구인의 사망과 동시에 당연히 그 심판절차가 종료된다(헌재 2010. 11. 25. 2009헌라12).

④ [O] 헌법재판소 심판 규칙 제67조(권한쟁의심판청구의 통지) 헌법재판소장은 권한쟁의심판이 청구된 경우에는 다음 각 호의 국가기관 또는 지방자치단체에게 그 사실을 바로 통지하여야 한다.
　　3. 시·군 또는 지방자치단체인 구를 당사자로 하는 권한쟁의심판인 경우에는 그 지방자치단체가 소속된 특별시·광역시 또는 도

18 사법권에 대한 설명으로 옳지 않은 것은?

① 대법원장은 대법관회의의 의장으로서 의결에 있어서 표결권을 가지며 가부동수인 때에는 결정권을 가진다.

② 대법원은 군법무관회의의 의결을 거쳐 군사법원의 내부규율과 사무처리에 관한 군사법원규칙을 정하는데, 군법무관회의는 재적 구성원 3분의 2 이상의 출석과 출석 구성원 과반수의 찬성으로 의결한다.

③ 현행 헌법은 행정심판에 관하여 규정을 두고 있지 않으나, 재판의 전심절차로서 행정심판을 할 수 있으며, 행정심판의 절차에는 사법절차가 준용되어야 한다.

④ 대법원장과 대법관의 임기는 6년, 판사의 임기는 10년으로 하며, 대법원장과 대법관의 정년은 각각 70세, 판사의 정년은 65세로 한다.

>**ADVICE** ① [○] 법원조직법 제16조(대법관회의의 구성과 의결방법) ① 대법관회의는 대법관으로 구성되며, 대법원장이 그 의장이 된다.

　③ 의장은 의결에서 표결권을 가지며, 가부동수(可否同數)일 때에는 결정권을 가진다.

　② [○] 군사법원법 제4조(대법원의 규칙제정권) ① 대법원은 군법무관회의의 의결을 거쳐 군사법원의 내부규율과 사무처리에 관한 군사법원규칙을 정한다.

　③ 군법무관회의는 재적 구성원 3분의 2 이상의 출석과 출석 구성원 과반수의 찬성으로 의결한다.

　③ [X] 헌법 제107조 ③ 재판의 전심절차로서 행정심판을 할 수 있다. 행정심판의 절차는 법률로 정하되, 사법절차가 준용되어야 한다.

　④ [○] 헌법 제105조 ① 대법원장의 임기는 6년으로 하며, 중임할 수 없다.

　③ 대법원장과 대법관이 아닌 법관의 임기는 10년으로 하며, 법률이 정하는 바에 의하여 연임할 수 있다.

　법원조직법 제45조(임기·연임·정년) ④ 대법원장과 대법관의 정년은 각각 70세, 판사의 정년은 65세로 한다.

19 헌법재판소의 판례 변경에 대한 설명으로 옳은 것은? (다툼이 있는 경우 판례에 의함)

① 장기보존이 가능한 탁주를 제외한 탁주의 공급구역을 주류제조장 소재지의 시·군의 행정구역으로 제한하는 것에 대하여 탁주제조업자나 판매업자의 직업의 자유와 소비자의 자기결정권을 침해하지 않는다고 하였다가 탁주제조업자나 판매업자의 직업의 자유와 소비자의 자기결정권을 침해한다고 하였다.

② 행정심판이나 행정소송 등의 사전구제절차를 거치지 아니하고 청구한 국가인권위원회의 진정에 대한 각하 또는 기각결정의 취소를 구하는 헌법소원심판청구가 보충성 요건을 충족하지 않는다고 하였다가 보충성 요건을 충족한다고 하였다.

③ 자치구·시·군의회의원선거구획정에서 헌법상 허용되는 인구편차의 기준을 상하 50%(인구비례 3 : 1)에서 상하 $33\frac{1}{3}$%의 기준으로 변경하였다.

④ 월급근로자로서 6개월이 되지 못한 자를 해고예고제도의 적용에서 배제시키는 것은 평등원칙에 위반되지 않는다고 하였다가 평등원칙에 위반된다고 하였다.

▶ADVICE ① [X] 탁주의 공급구역제한제도는 국민보건위생을 보호하고, 탁주제조업체간의 과당경쟁을 방지함으로써 중소기업보호·지역경제육성이라는 헌법상의 경제목표를 실현한다는 정당한 입법목적을 가진 것으로서 그 입법목적을 달성하기에 이상적인 제도라고까지는 할 수 없을지라도 전혀 부적합한 것이라고 단정할 수 없고, 탁주의 공급구역제한제도가 비록 탁주제조업자나 판매업자의 직업의 자유 내지 영업의 자유를 다소 제한한다고 하더라도 그 정도가 지나치게 과도하여 입법형성권의 범위를 현저히 일탈한 것이라고 볼 수는 없다. 탁주의 공급구역제한제도에 의한 탁주제조업자와 다른 상품 제조업자간의 차별은 탁주의 특성 및 중소기업을 보호하고 지역경제를 육성한다는 헌법상의 경제목표를 고려한 합리적 차별로서 평등원칙에 위반되지 아니하고, 탁주의 공급구역제한제도로 인하여 부득이 다소간의 소비자선택권의 제한이 발생한다고 하더라도 이를 두고 행복추구권에서 파생되는 소비자의 자기결정권을 정당한 이유없이 제한하고 있다고 볼 수 없다(헌재 1999. 7. 22. 98헌가5).

② [X] 국가인권위원회는 법률상의 독립된 국가기관이고, 피해자인 진정인에게는 국가인권위원회법이 정하고 있는 구제조치를 신청할 법률상 신청권이 있는데 국가인권위원회가 진정을 각하 및 기각결정을 할 경우 피해자인 진정인으로서는 자신의 인격권 등을 침해하는 인권침해 또는 차별행위 등이 시정되고 그에 따른 구제조치를 받을 권리를 박탈당하게 되므로, 진정에 대한 국가인권위원회의 각하 및 기각결정은 피해자인 진정인의 권리행사에 중대한 지장을 초래하는 것으로서 항고소송의 대상이 되는 행정처분에 해당하므로, 그에 대한 다툼은 우선 행정심판이나 행정소송에 의하여야 할 것이다. 따라서 이 사건 심판청구는 행정심판이나 행정소송 등의 사전 구제절차를 모두 거친 후 청구된 것이 아니므로 보충성 요건을 충족하지 못하였다. 헌법재판소는 종전 결정에서 국가인권위원회의 진정 각하 또는 기각결정에 대해 보충성 요건을 충족하였다고 보고 본안판단은 한 바 있으나, 이 결정의 견해와 저촉되는 부분은 변경한다(헌재 2015. 3.26. 2013헌마214).

③ [X] 그렇다면 현재의 시점에서 자치구·시·군의원 선거구 획정과 관련하여 헌법이 허용하는 인구편차의 기준을 인구편차 상하 50%(인구비례 3 : 1)로 변경하는 것이 타당하다(헌재 2018. 6. 28. 2014헌마166).

④ [O] 그럼에도 불구하고 합리적 이유 없이 "월급근로자로서 6개월이 되지 못한자"를 해고예고제도의 적용대상에서 제외한 이 사건 법률조항은 근무기간이 6개월 미만인 월급근로자의 근로의 권리를 침해하고, 평등원칙에도 위배된다. …… 한편 심판대상조항과 실질적으로 동일한 내용을 규정한 구 근로기준법(1997. 3. 13. 법률 제5309호로 개정되고 2007. 4. 11. 법률 제8372호로 전부개정되기 전의 것) 제35조 제3호가 헌법에 위반되지 아니한다고 판시하였던 종전의 선례(헌재 2001. 7. 19. 99헌마663 결정)는 이 결정과 저촉되는 범위에서 이를 변경한다(헌재 2015. 12. 23. 2014헌바3).

20 선거관리위원회에 대한 설명으로 옳은 것은? (다툼이 있는 경우 판례에 의함)

① 선거운동은 각급선거관리위원회의 관리하에 법률이 정하는 범위 안에서 하되, 균등한 기회가 보장되어야 하며, 선거에 관한 경비는 정당에게 부담시킬 수 있으나 후보자에게는 부담시킬 수 없다.

② 「정치자금법」 제27조(보조금의 배분)의 규정에 따라 보조금의 배분대상이 되는 정당이 당내경선사무 중 경선운동, 투표 및 개표에 관한 사무의 관리를 당해 선거의 관할선거구선거관리위원회에 위탁하는 경우 모든 수탁관리비용은 당해 정당이 부담한다.

③ 중앙선거관리위원회 위원은 국회의 탄핵소추 대상이 되나 구·시·군선거관리위원회 위원은 국회의 탄핵소추 대상이 되지 아니한다.

④ 정부는 중앙선거관리위원회의 예산을 편성함에 있어 중앙선거관리위원회 위원장의 의견을 최대한 존중하여야 하며, 국가재정상황 등에 따라 조정이 필요한 때에는 중앙선거관리위원회 위원장과 미리 협의하여야 한다.

> **ADVICE** ① [X] 헌법 제116조 ① 선거운동은 각급 선거관리위원회의 관리하에 법률이 정하는 범위안에서 하되, 균등한 기회가 보장되어야 한다.

② 선거에 관한 경비는 법률이 정하는 경우를 제외하고는 정당 또는 후보자에게 부담시킬 수 없다.

② [X] 공직선거법 제57조의4(당내경선사무의 위탁) ② 관할선거구선거관리위원회가 제1항에 따라 당내경선의 투표 및 개표에 관한 사무를 수탁관리하는 경우에는 그 비용은 국가가 부담한다. <u>다만, 투표 및 개표참관인의 수당은 당해 정당이 부담한다.</u>

③ [X] 헌법 제65조 ① 대통령·국무총리·국무위원·행정각부의 장·헌법재판소 재판관·법관·<u>중앙선거관리위원회 위원</u>·감사원장·감사위원 기타 법률이 정한 공무원이 그 직무집행에 있어서 헌법이나 법률을 위배한 때에는 국회는 탄핵의 소추를 의결할 수 있다. 선거관리위원회법 제9조(위원의 해임사유) 각급선거관리위원회의 위원은 다음 각호의 1에 해당할 때가 아니면 해임·해촉 또는 파면되지 아니한다.
<u>2. 탄핵결정으로 파면된 때</u>

④ [O] 국가재정법 제40조(독립기관의 예산) ① 정부는 독립기관의 예산을 편성할 때 해당 독립기관의 장의 의견을 최대한 존중하여야 하며, 국가재정상황 등에 따라 조정이 필요한 때에는 해당 독립기관의 장과 미리 협의하여야 한다.

1 기본권의 주체에 대한 설명으로 옳지 않은 것은? (다툼이 있는 경우 판례에 의함)

① 법인은 법인의 목적과 사회적 기능에 비추어 볼 때 그 성질에 반하지 않는 범위 내에서 인격권의 한 내용인 사회적 신용이나 명예 등의 주체가 될 수 있다.

② 건강한 작업환경, 일에 대한 정당한 보수, 합리적인 근로조건의 보장 등을 요구할 수 있는 권리 등을 포함하는 '일할 환경에 관한 권리'는 외국인 근로자도 주체가 될 수 있다.

③ 지방자치단체장은 국민의 기본권을 보호 내지 실현하여야 할 책임과 의무를 가지는 국가기관의 지위를 갖기 때문에 「주민소환에 관한 법률」의 관련 규정으로 인해 자신의 공무담임권이 침해됨을 이유로 헌법소원을 청구할 수 있는 기본권 주체로 볼 수 없다.

④ 형성 중의 생명인 태아에게는 생명에 대한 권리가 인정되어야 하나, 모체에 착상되기 전 혹은 원시선이 나타나기 전의 수정란 상태의 초기배아에게는 생명권의 주체성을 인정할 수 없다.

> **ADVICE** ① [○] 법인도 법인의 목적과 사회적 기능에 비추어 볼 때 그 성질에 반하지 않는 범위 내에서 인격권의 한 내용인 사회적 신용이나 명예 등의 주체가 될 수 있고 법인이 이러한 사회적 신용이나 명예 유지 내지 법인격의 자유로운 발현을 위하여 의사결정이나 행동을 어떻게 할 것인지를 자율적으로 결정하는 것도 법인의 인격권의 한 내용을 이룬다고 할 것이다(헌재 2012. 8. 23. 2009헌가27).
>
> ② [○] 근로의 권리가 "일할 자리에 관한 권리"만이 아니라 "일할 환경에 관한 권리"도 함께 내포하고 있는바, 후자는 인간의 존엄성에 대한 침해를 방어하기 위한 자유권적 기본권의 성격도 갖고 있어 건강한 작업환경, 일에 대한 정당한 보수, 합리적인 근로조건의 보장 등을 요구할 수 있는 권리 등을 포함한다고 할 것이므로 외국인 근로자라고 하여 이 부분에까지 기본권 주체성을 부인할 수는 없다(헌재 2007. 8. 30. 2004헌마670).
>
> ③ [X] 국가 및 그 기관 또는 조직의 일부나 공법인은 원칙적으로는 기본권의 '수범자'로서 기본권의 주체가 되지 못하고, 다만 국민의 기본권을 보호 내지 실현하여야 할 책임과 의무를 지니는 데 그칠 뿐이므로 공직자가 국가기관의 지위에서 순수한 직무상의 권한행사와 관련하여 기본권 침해를 주장하는 경우에는 기본권의 주체성을 인정하기 어렵다 할 것이나, 그 외의 사적인 영역에 있어서는 기본권의 주체가 될 수 있는 것이다. 청구인은 선출직 공무원인 하남시장으로서 이 사건 법률 조항으로 인하여 공무담임권 등이 침해된다고 주장하여, 순수하게 직무상의 권한행사와 관련된 것이라기보다는 공직의 상실이라는 개인적인 불이익과 연관된 공무담임권을 다투고 있으므로, 이 사건에서 청구인에게는 기본권의 주체성이 인정된다 할 것이다(헌재 2009. 3. 26. 2007헌마843).
>
> ④ [○] 초기배아는 수정이 된 배아라는 점에서 형성 중인 생명의 첫걸음을 떼었다고 볼 여지가 있기는 하나 아직 모체에 착상되거나 원시선이 나타나지 않은 이상 현재의 자연과학적 인식 수준에서 독립된 인간과 배아 간의 개체적 연속성을 확정하기 어렵다고 봄이 일반적이라는 점, 배아의 경우 현재의 과학기술 수준에서 모태 속에서 수용될 때 비로소 독립적인 인간으로의 성장가능성을 기대할 수 있다는 점, 수정 후 착상 전의 배아가 인간으로 인식된다거나 그와 같이 취급하여야 할 필요성이 있다는 사회적 승인이 존재한다고 보기 어려운 점 등을 종합적으로 고려할 때, 기본권 주체성을 인정하기 어렵다(헌재 2010. 5. 27. 2005헌마346).

2 정당에 대한 설명으로 옳은 것은? (다툼이 있는 경우 판례에 의함)

① 정당해산제도의 취지 등에 비추어 볼 때 헌법재판소의 정당해산결정이 있는 경우 그 정당 소속 국회의원의 의원직은 당선 방식을 불문하고 모두 상실되어야 한다.

② 정당에 국고보조금을 배분함에 있어 교섭단체의 구성 여부에 따라 차등을 두는 것은 평등원칙에 위배된다.

③ 정당제 민주주의 하에서 정당에 대한 재정적 후원이 전면적으로 금지되더라도 정당이 스스로 재정을 충당하고자 하는 정당활동의 자유와 국민의 정치적 표현의 자유에 대한 제한이 크지 아니하므로, 이를 규정한 법률조항은 정당의 정당활동의 자유와 국민의 정치적 표현의 자유를 침해하지 않는다.

④ 임기만료에 의한 국회의원선거에 참여하여 의석을 얻지 못하고 유효투표총수의 100분의 2 이상을 득표하지 못한 정당의 등록을 취소하도록 하는 것은 정당설립의 자유를 침해하지 않는다.

>**ADVICE** ① [O] 헌법재판소의 해산결정으로 정당이 해산되는 경우에 그 정당 소속 국회의원이 의원직을 상실하는지에 대하여 명문의 규정은 없으나, 정당해산심판제도의 본질은 민주적 기본질서에 위배되는 정당을 정치적 의사형성과정에서 배제함으로써 국민을 보호하는 데에 있는데 해산정당 소속 국회의원의 의원직을 상실시키지 않는 경우 정당해산결정의 실효성을 확보할 수 없게 되므로, 이러한 정당해산제도의 취지 등에 비추어 볼 때 헌법재판소의 정당해산결정이 있는 경우 그 정당 소속 국회의원의 의원직은 당선 방식을 불문하고 모두 상실되어야 한다(헌재 2014. 12. 19. 2013헌다1).

② [X] 입법자는 정당에 대한 보조금의 배분기준을 정함에 있어 입법정책적인 재량권을 가지므로, 그 내용이 현재의 각 정당들 사이의 경쟁상태를 현저하게 변경시킬 정도가 아니면 합리성을 인정할 수 있다. 정당의 공적기능의 수행에 있어 교섭단체의 구성 여부에 따라 차이가 나타날 수밖에 없고, 이 사건 법률조항이 교섭단체의 구성 여부만을 보조금 배분의 유일한 기준으로 삼은 것이 아니라 정당의 의석수비율과 득표수비율도 함께 고려함으로써 현행의 보조금 배분비율이 정당이 선거에서 얻은 결과를 반영한 득표수비율과 큰 차이를 보이지 않고 있는 점 등을 고려하면, 교섭단체를 구성할 정도의 다수 정당과 그에 미치지 못하는 소수 정당 사이에 나타나는 차등지급의 정도는 정당 간의 경쟁상태를 현저하게 변경시킬 정도로 합리성을 결여한 차별이라고 보기 어렵다(헌재 2006. 7. 27. 2004헌마655).

③ [X] 나아가 정당제 민주주의 하에서 정당에 대한 재정적 후원이 전면적으로 금지됨으로써 정당이 스스로 재정을 충당하고자 하는 정당활동의 자유와 국민의 정치적 표현의 자유에 대한 제한이 매우 크다고 할 것이므로, 이 사건 법률조항은 정당의 정당활동의 자유와 국민의 정치적 표현의 자유를 침해한다(헌재 2015. 12. 23. 2013헌바168).

④ [X] 나아가, 정당등록취소조항은 어느 정당이 대통령선거나 지방자치선거에서 아무리 좋은 성과를 올리더라도 국회의원선거에서 일정 수준의 지지를 얻는 데 실패하면 등록이 취소될 수밖에 없어 불합리하고, 신생·군소정당으로 하여금 국회의원선거에의 참여 자체를 포기하게 할 우려도 있어 법익의 균형성 요건도 갖추지 못하였다. 따라서 정당등록취소조항은 과잉금지원칙에 위반되어 청구인들의 정당설립의 자유를 침해한다(헌재 2014. 1. 28. 2012헌마431).

✎ **ANSWER** 1.③ 2.①

3 근로3권에 대한 설명으로 옳지 않은 것은? (다툼이 있는 경우 판례에 의함)

① 교섭창구단일화제도는 노동조합의 교섭력을 담보하여 교섭의 효율성을 높이고 통일적인 근로조건을 형성하기 위한 불가피한 제도라는 점에서 노동조합의 조합원들이 향유할 단체교섭권을 침해한다고 볼 수 없다.

② 단결권은 '사회적 보호기능을 담당하는 자유권' 또는 '사회권적 성격을 띤 자유권'으로서의 성격을 가지고 있다.

③ 청원경찰의 복무에 관하여 「국가공무원법」 제66조제1항을 준용함으로써 노동운동을 금지하는 「청원경찰법」 제5조제4항 중 「국가공무원법」 제66조제1항 가운데 '노동운동' 부분을 준용하는 부분은 국가기관이나 지방자치단체 이외의 곳에서 근무하는 청원경찰의 근로3권을 침해한다.

④ 「교원의 노동조합 설립 및 운영 등에 관한 법률」에 의하면 사립학교 교원은 단결권과 단체교섭권이 인정되고 단체행동권이 금지되지만, 국·공립학교 교원은 근로3권이 모두 부인된다.

>**ADVICE** ① [O] '노동조합 및 노동관계조정법'상의 교섭창구단일화제도는 근로조건의 결정권이 있는 사업 또는 사업장 단위에서 복수 노동조합과 사용자 사이의 교섭절차를 일원화하여 효율적이고 안정적인 교섭체계를 구축하고, 소속 노동조합과 관계없이 조합원들의 근로조건을 통일하기 위한 것으로, 교섭대표노동조합이 되지 못한 소수 노동조합의 단체교섭권을 제한하고 있지만, 소수 노동조합도 교섭대표노동조합을 정하는 절차에 참여하게 하여 교섭대표노동조합이 사용자와 대등한 입장에 설 수 있는 기반이 되도록 하고 있으며, 그러한 실질적 대등성의 토대 위에서 이뤄낸 결과를 함께 향유하는 주체가 될 수 있도록 하고 있으므로 노사대등의 원리 하에 적정한 근로조건의 구현이라는 단체교섭권의 실질적인 보장을 위한 불가피한 제도라고 볼 수 있다(헌재 2012. 4. 24. 2011헌마338).

② [O] 근로자는 노동조합과 같은 근로자단체의 결성을 통하여 집단으로 사용자에 대항함으로써 사용자와 대등한 세력을 이루어 근로조건의 형성에 영향을 미칠 수 있는 기회를 가지게 되므로 이러한 의미에서 근로3권은 '사회적 보호기능을 담당하는 자유권' 또는 '사회권적 성격을 띤 자유권'이라고 말할 수 있다(헌재 1998. 2. 27. 94헌바13).

③ [O] 청원경찰은 일반근로자일 뿐 공무원이 아니므로 원칙적으로 헌법 제33조 제1항에 따라 근로3권이 보장되어야 한다. 청원경찰은 제한된 구역의 경비를 목적으로 필요한 범위에서 경찰관의 직무를 수행할 뿐이며, 그 신분보장은 공무원에 비해 취약하다. 또한 국가기관이나 지방자치단체 이외의 곳에서 근무하는 청원경찰은 근로조건에 관하여 공무원뿐만 아니라 국가기관이나 지방자치단체에 근무하는 청원경찰에 비해서도 낮은 수준의 법적 보장을 받고 있으므로, 이들에 대해서는 근로3권이 허용되어야 할 필요성이 크다. …… 이상을 종합하여 보면, 심판대상조항이 모든 청원경찰의 근로3권을 전면적으로 제한하는 것은 과잉금지원칙을 위반하여 청구인들의 근로3권을 침해하는 것이다(헌재 2017. 9. 28. 2015헌마653).

④ [X] 교원노조법 제2조(정의)
이 법에서 "교원"이란 다음 각 호의 어느 하나에 해당하는 사람을 말한다.
1. 「유아교육법」 제20조제1항에 따른 교원
2. <u>「초·중등교육법」 제19조제1항에 따른 교원</u>
3. 「고등교육법」 제14조제2항 및 제4항에 따른 교원. 다만, 강사는 제외한다.

4 탄핵제도에 대한 설명으로 옳은 것은? (다툼이 있는 경우 판례에 의함)

① 검사와 각군 참모총장은 헌법규정에 탄핵대상자로 명시되어 있다.

② 탄핵결정은 공직으로부터 파면함에 그치므로 이에 의하여 형사상 책임은 면제된다.

③ 국무총리에 대한 탄핵소추발의와 해임건의발의를 위한 정족수는 동일하다.

④ 국가기관이 국민과의 관계에서 공권력을 행사함에 있어서 준수해야 할 법원칙으로서 형성된 적법절차의 원칙을 국가기관에 대하여 헌법을 수호하고자 하는 탄핵소추절차에 직접 적용할 수 있다.

>ADVICE ① [X] 헌법 제65조 ① 대통령·국무총리·국무위원·행정각부의 장·헌법재판소 재판관·법관·중앙선거관리위원회 위원·감사원장·감사위원 기타 법률이 정한 공무원이 그 직무집행에 있어서 헌법이나 법률을 위배한 때에는 국회는 탄핵의 소추를 의결할 수 있다.

　　검찰청법 제37조(신분보장) 검사는 탄핵이나 금고 이상의 형을 선고받은 경우를 제외하고는 파면되지 아니하며, 징계처분이나 적격심사에 의하지 아니하고는 해임·면직·정직·감봉·견책 또는 퇴직의 처분을 받지 아니한다.

② [X] 헌법 제65조 ④ 탄핵결정은 공직으로부터 파면함에 그친다. 그러나, 이에 의하여 민사상이나 형사상의 책임이 면제되지는 아니한다.

③ [O] 헌법 제65조 ② 제1항의 탄핵소추는 국회재적의원 3분의 1 이상의 발의가 있어야 하며, 그 의결은 국회재적의원 과반수의 찬성이 있어야 한다. 다만, 대통령에 대한 탄핵소추는 국회재적의원 과반수의 발의와 국회재적의원 3분의 2 이상의 찬성이 있어야 한다.

　　제63조 ② 제1항의 해임건의는 국회재적의원 3분의 1 이상의 발의에 의하여 국회재적의원 과반수의 찬성이 있어야 한다.

④ [X] 따라서 국가기관이 국민과의 관계에서 공권력을 행사함에 있어서 준수해야 할 법원칙으로서 형성된 적법절차의 원칙을 국가기관에 대하여 헌법을 수호하고자 하는 탄핵소추절차에는 직접 적용할 수 없다고 할 것이고, 그 외 달리 탄핵소추절차와 관련하여 피소추인에게 의견진술의 기회를 부여할 것을 요청하는 명문의 규정도 없으므로, 국회의 탄핵소추절차가 적법절차원칙에 위배되었다는 주장은 이유 없다(헌재 2004. 5. 14. 2004헌나1).

5 변호인의 조력을 받을 권리에 대한 설명으로 옳지 않은 것은? (다툼이 있는 경우 판례에 의함)

① 피의자·피고인의 구속 여부를 불문하고 변호인과 상담하고 조언을 구할 권리는 변호인의 조력을 받을 권리의 내용 중 구체적인 입법형성이 필요한 다른 절차적 권리의 필수적인 전제요건으로서 변호인의 조력을 받을 권리 그 자체에서 막바로 도출되는 것이다.

② 검찰수사관이 피의자신문에 참여한 변호인에게 피의자 후방에 앉으라고 요구한 행위는 변호인의 피의자신문참여권 행사에 어떠한 지장도 초래하지 않으므로 변호인의 변호권을 침해하지 아니한다.

③ 형사절차가 종료되어 교정시설에 수용 중인 수형자나 미결수용자가 형사사건의 변호인이 아닌 민사재판, 행정재판, 헌법재판 등에서 변호사와 접견할 경우에는 원칙적으로 변호인의 조력을 받을 권리의 주체가 될 수 없다.

④ 피의자 등이 가지는 '변호인이 되려는 자'의 조력을 받을 권리가 실질적으로 확보되기 위해서는 '변호인이 되려는 자'의 접견교통권 역시 헌법상 기본권으로서 보장되어야 한다.

> **ADVICE** ① [O] 피의자·피고인의 구속 여부를 불문하고 조언과 상담을 통하여 이루어지는 변호인의 조력자로서의 역할은 변호인선임권과 마찬가지로 변호인의 조력을 받을 권리의 내용 중 가장 핵심적인 것이고, 변호인과 상담하고 조언을 구할 권리는 변호인의 조력을 받을 권리의 내용 중 구체적인 입법형성이 필요한 다른 절차적 권리의 필수적인 전제요건으로서 변호인의 조력을 받을 권리 그 자체에서 막바로 도출되는 것이다(헌재 2004. 9. 23. 2000헌마138).

② [X] 이 사건 후방착석요구행위로 얻어질 공익보다는 변호인의 피의자신문참여권 제한에 따른 불이익의 정도가 크므로, 법익의 균형성 요건도 충족하지 못한다. 따라서 이 사건 후방착석요구행위는 변호인인 청구인의 변호권을 침해한다(헌재 2017. 11. 30. 2016헌마503).

③ [O] 다음으로 변호인의 조력을 받을 권리에 대한 헌법과 법률의 규정 및 취지에 비추어 보면, '형사사건에서 변호인의 조력을 받을 권리'를 의미한다고 보아야 할 것이므로 형사절차가 종료되어 교정시설에 수용 중인 수형자나 미결수용자가 형사사건의 변호인이 아닌 민사재판, 행정재판, 헌법재판 등에서 변호사와 접견할 경우에는 원칙적으로 헌법상 변호인의 조력을 받을 권리의 주체가 될 수 없다(헌재 2013. 8. 29. 2011헌마122).

④ [O] 이와 같이 '변호인이 되려는 자'의 접견교통권은 피의자 등을 조력하기 위한 핵심적인 부분으로서, 피의자 등이 가지는 헌법상의 기본권인 '변호인이 되려는 자'와의 접견교통권과 표리의 관계에 있다. 따라서 피의자 등이 가지는 '변호인이 되려는 자'의 조력을 받을 권리가 실질적으로 확보되기 위해서는 '변호인이 되려는 자'의 접견교통권 역시 헌법상 기본권으로서 보장되어야 한다(헌재 2019. 2. 28. 2015헌마1204).

6 통신의 비밀에 대한 설명으로 옳지 않은 것은? (다툼이 있는 경우 판례에 의함)

① 마약류사범인 미결수용자와 변호인이 아닌 접견인 사이의 화상 접견내용이 모두 녹음·녹화된 경우 이는 화상접견시스템이라는 전기통신수단을 이용하여 개인 간의 대화내용을 녹음·녹화하는 것으로 미결수용자의 통신의 비밀을 침해하지 아니한다.

② 인터넷회선 감청은 서버에 저장된 정보가 아니라, 인터넷상에서 발신되어 수신되기까지의 과정 중에 수집되는 정보, 즉 전송 중인 정보의 수집을 위한 수사이므로, 압수·수색에 해당된다.

③ 자유로운 의사소통은 통신내용의 비밀을 보장하는 것만으로는 충분하지 아니하고 구체적인 통신관계의 발생으로 야기된 모든 사실관계, 특히 통신관여자의 인적 동일성·통신장소·통신횟수·통신시간 등 통신의 외형을 구성하는 통신이용의 전반적 상황의 비밀까지도 보장한다.

④ 수사를 위하여 필요한 경우 수사기관으로 하여금 법원의 허가를 얻어 전기통신사업자에게 특정 시간대 특정 기지국에서 발신된 모든 전화번호의 제공을 요청할 수 있도록 하는 것은 그 통신서비스이용자의 개인정보자기결정권과 통신의 자유를 침해한다.

> **ADVICE** ① [O] 나아가 청구인의 접견내용을 녹음·녹화함으로써 증거인멸이나 형사 법령 저촉 행위의 위험을 방지하고, 교정 시설 내의 안전과 질서유지에 기여하려는 공익은 미결수용자가 받게 되는 사익의 제한보다 훨씬 크고 중요하므로 법익의 균형성도 인정된다. 따라서 이 사건 녹음조항은 과잉금지원칙에 위배되어 청구인의 사생활의 비밀과 자유 및 통신의 비밀을 침해하지 아니한다(헌재 2016. 11. 24. 2014헌바401).
>
> ② [X] 인터넷회선 감청은 검사가 법원의 허가를 받으면, 피의자 및 피내사자에 해당하는 감청대상자나 해당 인터넷회선의 가입자의 동의나 승낙을 얻지 아니하고도, 전기통신사업자의 협조를 통해 해당 인터넷회선을 통해 송·수신되는 전기통신에 대해 감청을 집행함으로써 정보주체의 기본권을 제한할 수 있으므로, 법이 정한 강제처분에 해당한다. 또한 인터넷회선 감청은 서버에 저장된 정보가 아니라, 인터넷상에서 발신되어 수신되기까지의 과정 중에 수집되는 정보, 즉 전송 중인 정보의 수집을 위한 수사이므로, 압수·수색과 구별된다(헌재 2018. 8. 30. 2016헌마263).
>
> ③ [O] 자유로운 의사소통은 통신내용의 비밀을 보장하는 것만으로는 충분하지 아니하고 구체적인 통신관계의 발생으로 야기된 모든 사실관계, 특히 통신관여자의 인적 동일성·통신장소·통신횟수·통신시간 등 통신의 외형을 구성하는 통신이용의 전반적 상황의 비밀까지도 보장한다. 따라서 이 사건 요청조항은 통신의 자유를 제한한다(헌재 2018. 6. 28. 2012헌마538).
>
> ④ [O] 이동전화를 이용한 통신과 관련하여 필연적으로 발생하는 통신사실 확인자료는 비내용적 정보이기는 하나, 여러 정보의 결합과 분석을 통하여 정보주체에 관한 다양한 정보를 유추해내는 것이 가능하므로 통신내용과 거의 같은 역할을 할 수 있다. 이와 같이 통신사실 확인자료는 비내용적 정보이긴 하지만 강력한 보호가 필요한 민감한 정보로서 통신의 내용과 더불어 통신의 자유를 구성하는 본질적인 요소에 해당하므로, 기지국 수사를 위하여 통신사실 확인자료 제공요청을 하는 경우에는 엄격한 요건 하에 예외적으로 허용하여야 한다. …… 따라서 이 사건 요청조항은 과잉금지원칙에 반하여 청구인의 개인정보자기결정권 및 통신의 자유를 침해한다(헌재 2018. 6. 28. 2012헌마538).

7 헌법의 기본원리에 대한 설명으로 옳지 않은 것은? (다툼이 있는 경우 판례에 의함)

① 규범 상호 간의 구조와 내용 등이 모순됨이 없이 체계와 균형을 유지하도록 입법자를 기속하는 체계정당성의 원리는 입법자의 자의를 금지하여 규범의 명확성, 예측가능성 및 규범에 대한 신뢰와 법적 안정성을 확보하기 위한 것으로 법치주의원리로부터 도출되는 것이다.

② 신뢰보호원칙은 법률이나 그 하위법규뿐만 아니라 국가관리의 입시제도와 같이 국·공립대학의 입시전형을 구속하여 국민의 권리에 직접 영향을 미치는 제도운영지침의 개폐에도 적용된다.

③ 문화풍토를 조성하는 데 초점을 두고 있는 문화국가원리의 특성은 문화의 개방성 내지 다원성의 표지와 연결되는데, 국가의 문화육성의 대상에는 원칙적으로 모든 사람에게 문화창조의 기회를 부여한다는 의미에서 모든 문화가 포함된다.

④ 헌법 제119조제2항에 규정된 '경제주체 간의 조화를 통한 경제 민주화' 이념은 경제영역에서 정의로운 사회질서를 형성하기 위하여 추구할 수 있는 국가목표일 뿐 개인의 기본권을 제한하는 국가행위를 정당화하는 헌법규범은 아니다.

〉**ADVICE** ① [O] 체계정당성의 원리는 동일 규범 내에서 또는 상이한 규범 간에 그 규범의 구조나 내용 또는 규범의 근거가 되는 원칙 면에서 상호 배치되거나 모순되어서는 아니 된다는 하나의 헌법적 요청이다. 이처럼 규범 상호간의 체계정당성을 요구하는 이유는 입법자의 자의를 금지하여 규범의 명확성, 예측가능성 및 규범에 대한 신뢰와 법적 안정성을 확보하기 위한 것이고, 이는 국가공권력에 대한 통제와 이를 통한 국민의 자유와 권리의 보장을 이념으로 하는 법치주의원리로부터 도출되는 것이라고 할 수 있다(헌재 2015. 7. 30. 2013헌바120).

② [O] 헌법상의 법치국가원리의 파생원칙인 신뢰보호의 원칙은 국민이 법률적 규율이나 제도가 장래에도 지속할 것이라는 합리적인 신뢰를 바탕으로 이에 적응하여 개인의 법적 지위를 형성해 왔을 때에는 국가로 하여금 그와 같은 국민의 신뢰를 되도록 보호할 것을 요구한다. …… 이 원칙은 법률이나 그 하위법규 뿐만 아니라 국가관리의 입시제도와 같이 국·공립대학의 입시전형을 구속하여 국민의 권리에 직접 영향을 미치는 제도운영지침의 개폐에도 적용되는 것이다(헌재 1997. 7. 16. 97헌마38).

③ [O] 오늘날 문화국가에서의 문화정책은 그 초점이 문화 그 자체에 있는 것이 아니라 문화가 생겨날 수 있는 문화풍토를 조성하는 데 두어야 한다. 문화국가원리의 이러한 특성은 문화의 개방성 내지 다원성의 표지와 연결되는데, 국가의 문화육성의 대상에는 원칙적으로 모든 사람에게 문화창조의 기회를 부여한다는 의미에서 모든 문화가 포함된다. 따라서 엘리트문화뿐만 아니라 서민문화, 대중문화도 그 가치를 인정하고 정책적인 배려의 대상으로 하여야 한다(헌재 2004. 5. 27. 2003헌가1).

④ [X] 따라서 헌법 제119조 제2항에 규정된 '경제주체간의 조화를 통한 경제민주화'의 이념도 경제영역에서 정의로운 사회질서를 형성하기 위하여 추구할 수 있는 국가목표로서 개인의 기본권을 제한하는 국가행위를 정당화하는 헌법규범이다(헌재 2003. 11. 27. 2001헌바35).

8 인간의 존엄과 가치 및 행복추구권에 대한 설명으로 옳지 않은 것은? (다툼이 있는 경우 판례에 의함)

① 교정시설의 1인당 수용면적이 수형자의 인간으로서의 기본 욕구에 따른 생활조차 어렵게 할 만큼 지나치게 협소하다면, 이는 그 자체로 국가형벌권 행사의 한계를 넘어 수형자의 인간의 존엄과 가치를 침해하는 것이다.

② 인수자가 없는 시체를 생전의 본인의 의사와는 무관하게 해부용 시체로 제공될 수 있도록 규정한 「시체 해부 및 보존에 관한 법률」 조항은 연고가 없는 자의 시체처분에 대한 자기결정권을 침해한다.

③ 혼인 종료 후 300일 이내에 출생한 자(子)를 전남편의 친생자로 추정하는 「민법」 조항은 혼인관계가 해소된 이후에 자가 출생하고 생부가 출생한 자를 인지하려는 경우마저도, 아무런 예외 없이 그 자를 전남편의 친생자로 추정함으로써 친생부인의 소를 거치도록 하는 것은 모가 가정생활과 신분관계에서 누려야 할 인격권을 침해한다.

④ 법무부훈령인 「법무시설 기준규칙」은 수용동의 조도 기준을 취침 전 200룩스 이상, 취침 후 60룩스 이하로 규정하고 있는데, 수용자의 도주나 자해 등을 막기 위해서 취침시간에도 최소한의 조명을 유지하는 것은 수용자의 숙면방해로 인하여 인간의 존엄과 가치를 침해한다.

> **ADVICE** ① [O] 그러나 교정시설 내에 수형자가 인간다운 생활을 할 수 있는 최소한의 공간을 확보하는 것은 교정의 최종 목적인 재사회화를 달성하기 위한 가장 기본적인 조건이므로, 교정시설의 1인당 수용면적이 수형자의 인간으로서의 기본 욕구에 따른 생활조차 어렵게 할 만큼 지나치게 협소하다면, 이는 그 자체로 국가형벌권 행사의 한계를 넘어 수형자의 인간의 존엄과 가치를 침해하는 것이다(헌재 2016. 12. 29. 2013헌마142).

② [O] 그런데 시신 자체의 제공과는 구별되는 장기나 인체조직에 있어서는 본인이 명시적으로 반대하는 경우 이식·채취될 수 없도록 규정하고 있음에도 불구하고, 이 사건 법률조항은 본인이 해부용 시체로 제공되는 것에 대해 반대하는 의사표시를 명시적으로 표시할 수 있는 절차도 마련하지 않고 본인의 의사와는 무관하게 해부용 시체로 제공될 수 있도록 규정하고 있다는 점에서 침해의 최소성 원칙을 충족했다고 보기 어렵고, 실제로 해부용 시체로 제공된 사례가 거의 없는 상황에서 이 사건 법률조항이 추구하는 공익이 사후 자신의 시체가 자신의 의사와는 무관하게 해부용 시체로 제공됨으로써 침해되는 사익보다 크다고 할 수 없으므로 이 사건 법률조항은 청구인의 시체 처분에 대한 자기결정권을 침해한다(헌재 2015. 11. 26. 2012헌마940).

③ [O] 혼인 종료 후 300일 내에 출생한 자녀가 전남편의 친생자가 아님이 명백하고, 전남편이 친생추정을 원하지도 않으며, 생부가 그 자를 인지하려는 경우에도, 그 자녀는 전남편의 친생자로 추정되어 가족관계등록부에 전남편의 친생자로 등록되고, 이는 엄격한 친생부인의 소를 통해서만 번복될 수 있다. …… 아무런 예외 없이 그 자를 전남편의 친생자로 추정함으로써 친생부인의 소를 거치도록 하는 심판대상조항은 입법형성의 한계를 벗어나 모가 가정생활과 신분관계에서 누려야 할 인격권, 혼인과 가족생활에 관한 기본권을 침해한다(헌재 2015. 4. 30. 2013헌마623).

④ [X] 교정시설의 안전과 질서유지를 위해서는 수용거실 안에 일정한 수준의 조명을 유지할 필요가 있다. 수용자의 도주나 자해 등을 막기 위해서는 취침시간에도 최소한의 조명은 유지할 수밖에 없다. 조명점등행위는 법무시설 기준규칙이 규정하는 조도 기준의 범위 안에서 이루어지고 있는데, 이보다 더 어두운 조명으로도 교정시설의 안전과 질서유지라는 목적을 같은 정도로 달성할 수 있다고 볼 수 있는 자료가 없다. 또 조명점등행위로 인한 청구인의 권익 침해가 교정시설 안전과 질서유지라는 공익 보호보다 더 크다고 보기도 어렵다(헌재 2018. 8. 30. 2017헌마440).

✎ **ANSWER** 7.④ 8.④

9 헌법개정의 변천사에 대한 설명으로 옳지 않은 것은?

① 1962년 헌법 및 1969년 헌법은 대통령뿐만 아니라 국회의원선거권자 50만 인 이상의 국민에게도 헌법개정의 제안을 인정하였다.

② 1954년 헌법, 1960년 6월 헌법 및 1960년 11월 헌법에서는 일부 조항의 개정을 금지하는 규정을 둔 바 있다.

③ 1962년 헌법은 국가재건최고회의의 의결을 거쳐 국민투표로 확정되었다.

④ 헌법개정의 제안에 국회재적의원 과반수의 발의가 요구된 것은 1972년 헌법부터이다.

> **ADVICE** ① [X] 1962년(5차 개정), 1969년(6차 개정) 헌법은 국회의 재적의원 3분의 1이상 또는 국회의원선거권자 50만인이상의 찬성으로써 헌법개정의 제안이 가능했지만 대통령에게는 헌법개정의 제안이 인정되지 않았다.
> ② [O] 1954년(2차 개정), 1960년 6월(3차 개정) 및 11월(4차 개정) 헌법은 대한민국은 민주공화국인 점, 대한민국의 주권은 주민에게 있고 모든 권력은 국민으로부터 나온다는 점 등에 대해 개폐를 금지하는 명시적인 규정을 두었다.
> ③ [O] 1962년(5차 개정) 헌법은 당시 군부가 주도하는 국가재건최고회의 의결을 통해 헌법개정안을 제시하고 국민투표를 통해 확정되었다.
> ④ [O] 1972년(7차 개정) 헌법부터 헌법개정의 제안을 국회재적의원 과반수의 발의로 변경하였다.

10 대통령의 헌법기관 구성 권한에 대한 설명으로 옳은 것은?

① 대통령은 국회의 동의를 얻어 대법원장을 임명하고, 대법관을 임명할 때에는 국회의 인사청문회를 거치는 것으로 국회 동의 절차를 갈음한다.

② 대통령은 9인의 헌법재판소 재판관 중 3인에 대해서만 임명권을 행사할 수 있고, 3인은 국회에서 선출하며, 3인은 대법원장이 지명한다.

③ 대통령은 국회의 동의 절차 없이 감사원장의 제청으로 감사위원을 임명한다.

④ 대통령은 「인사청문회법」 소정의 기간 이내에 국무위원 후보자에 대한 인사청문경과보고서를 국회가 송부하지 않은 경우 그 후보자를 국무위원으로 임명할 수 없다.

> **ADVICE** ① [X] 헌법 제104조 ① 대법원장은 국회의 동의를 얻어 대통령이 임명한다.
> ② 대법관은 대법원장의 제청으로 국회의 동의를 얻어 대통령이 임명한다.
> ② [X] 헌법 제111조 ② 헌법재판소는 법관의 자격을 가진 9인의 재판관으로 구성하며, <u>재판관은 대통령이 임명한다.</u>
> ③ 제2항의 재판관중 3인은 국회에서 선출하는 자를, 3인은 대법원장이 지명하는 자를 임명한다.
> ③ [O] 헌법 제98조 ③ 감사위원은 <u>원장의 제청으로 대통령이 임명하고,</u> 그 임기는 4년으로 하며, 1차에 한하여 중임할 수 있다.
> ④ [X] 인사청문회법 제6조(임명동의안등의 회부등) ④ 제3항의 규정에 의한 기간 이내에 헌법재판소재판관등의 후보자에 대한 인사청문경과보고서를 <u>국회가 송부하지 아니한 경우에 대통령 또는 대법원장은 헌법재판소재판관등으로 임명 또는 지명할 수 있다.</u>

11 행정입법에 대한 설명으로 옳지 않은 것은? (다툼이 있는 경우 판례에 의함)

① 중앙행정기관의 장은 법률에서 위임한 사항이나 법률을 집행하기 위하여 필요한 사항을 규정한 대통령령·총리령·부령·훈령·예규·고시 등이 제정·개정 또는 폐지되었을 때에는 10일 이내에 이를 국회 소관 상임위원회에 제출하여야 한다.

② 법령의 직접적인 위임에 따라 수임행정기관이 그 법령을 시행하는 데 필요한 구체적 사항을 정한 것이면, 그 제정형식은 비록 법규명령이 아닌 고시, 훈령, 예규 등과 같은 행정규칙이더라도, 그것이 상위법령의 위임한계를 벗어나지 아니하는 한, 상위법령과 결합하여 대외적인 구속력을 갖는 법규명령으로서 기능하게 된다고 보아야 한다.

③ 부령의 제정·개정절차가 대통령령에 비하여 보다 용이한 점을 고려할 때 재위임에 의한 부령의 경우에도 위임에 의한 대통령령에 가해지는 헌법상의 제한이 당연히 적용되어야 할 것이다.

④ 포괄위임금지원칙은 법률에 이미 대통령령 등 하위법규에 규정될 내용 및 범위의 기본사항이 구체적으로 규정되어 있어서 누구라도 당해 법률로부터 하위법규에 규정될 내용의 대강을 예측할 수 있어야 함을 의미하는데, 위임입법이 대법원규칙인 경우에는 수권법률에서 이 원칙을 준수하여야 하는 것은 아니다.

> **ADVICE** ① [O] 국회법 제98조의2(대통령령 등의 제출 등) ① 중앙행정기관의 장은 법률에서 위임한 사항이나 법률을 집행하기 위하여 필요한 사항을 규정한 대통령령·총리령·부령·훈령·예규·고시 등이 제정·개정 또는 폐지되었을 때에는 10일 이내에 이를 국회 소관 상임위원회에 제출하여야 한다. 다만, 대통령령의 경우에는 입법예고를 할 때(입법예고를 생략하는 경우에는 법제처장에게 심사를 요청할 때를 말한다)에도 그 입법예고안을 10일 이내에 제출하여야 한다.

> ② [O] 헌법 제117조 제1항에서 규정하고 있는 '법령'에 법률 이외에 헌법 제75조 및 제95조 등에 의거한 '대통령령', '총리령' 및 '부령'과 같은 법규명령이 포함되는 것은 물론이지만, 헌법재판소의 "법령의 직접적인 위임에 따라 수임행정기관이 그 법령을 시행하는데 필요한 구체적 사항을 정한 것이면, 그 제정형식은 비록 법규명령이 아닌 고시, 훈령, 예규 등과 같은 행정규칙이더라도, 그것이 상위법령의 위임한계를 벗어나지 아니하는 한, 상위법령과 결합하여 대외적인 구속력을 갖는 법규명령으로서 기능하게 된다고 보아야 한다"고 판시 한 바에 따라, 헌법 제117조 제1항에서 규정하는 '법령'에는 법규명령으로서 기능하는 행정규칙이 포함된다(헌재 2002. 10. 31. 2002헌라2).

> ③ [O] 살피건대 법률에서 위임받은 사항을 전혀 규정하지 않고 재위임하는 것은 "위임받은 권한을 그대로 다시 위임할 수 없다"는 복위임금지의 법리에 반할 뿐 아니라 수권법의 내용변경을 초래하는 것이 되고, 부령의 제정·개정절차가 대통령령에 비하여 보다 용이한 점을 고려할 때 재위임에 의한 부령의 경우에도 위임에 의한 대통령령에 가해지는 헌법상의 제한이 당연히 적용되어야 할 것이다(헌재 1996. 2. 29. 94헌마213).

> ④ [X] 대법원은 헌법 제108조에 근거하여 입법권의 위임을 받아 규칙을 제정할 수 있다 할 것이고, 헌법 제75조에 근거한 포괄위임금지원칙은 법률에 이미 하위법규에 규정될 내용 및 범위의 기본사항이 구체적으로 규정되어 있어서 누구라도 당해 법률로부터 하위법규에 규정될 내용의 대강을 예측할 수 있어야 함을 의미하므로, 위임입법이 대법원규칙인 경우에도 수권법률에서 이 원칙을 준수하여야 함은 마찬가지이다(헌재 2016. 6. 30. 013헌바27).

29.① 10.③ 11.④

✎ **ANSWER** 9.① 10.③ 11.④

12 대통령에 대한 설명으로 옳지 않은 것은? (다툼이 있는 경우 판례에 의함)

① 대통령선거에 있어서 최고득표자가 2인 이상인 때에는 국회의 재적의원 과반수가 출석한 공개회의에서 다수표를 얻은 자를 당선자로 한다.

② 대통령이 영전수여를 위해서는 국무회의의 심의를 거쳐야 하는 것은 아니다.

③ 대통령은 국회의 동의를 얻어 국무총리를 임명하며, 국무총리의 제청으로 국무위원을 임명한다.

④ 대통령은 국무회의의 의장으로서 회의를 소집하고 이를 주재하지만 대통령이 사고로 직무를 수행할 수 없는 경우에는 국무총리가 그 직무를 대행할 수 있고, 대통령이 해외 순방 중인 경우는 '사고'에 해당되므로, 대통령의 직무상 해외 순방 중 국무총리가 주재한 국무회의에서 이루어진 정당해산심판청구서 제출안에 대한 의결은 위법하지 아니하다.

> **ADVICE** ① [O] 헌법 제67조 ② 제1항의 선거에 있어서 최고득표자가 2인 이상인 때에는 국회의 재적의원 과반수가 출석한 공개회의에서 다수표를 얻은 자를 당선자로 한다.
>
> ② [X] 헌법 제89조 다음 사항은 국무회의의 심의를 거쳐야 한다.
>
>   8. 영전수여
>
> ③ [O] 헌법 제86조 ① 국무총리는 국회의 동의를 얻어 대통령이 임명한다.
>
>   헌법 제87조 ① 국무위원은 국무총리의 제청으로 대통령이 임명한다.
>
> ④ [O] 대통령은 국무회의의 의장으로서 회의를 소집하고 이를 주재하지만 대통령이 사고로 직무를 수행할 수 없는 경우에는 국무총리가 그 직무를 대행할 수 있고, 대통령이 해외 순방 중인 경우는 '사고'에 해당되므로, 대통령의 직무상 해외 순방 중 국무총리가 주재한 국무회의에서 이루어진 정당해산심판청구서 제출안에 대한 의결은 위법하지 아니하다(헌재 2014. 12. 19. 2013헌다1).

13 사법권에 대한 설명으로 옳지 않은 것은? (다툼이 있는 경우 판례에 의함)

① 사법권의 독립은 재판상의 독립, 즉 법관이 재판을 함에 있어서 오직 헌법과 법률에 의하여 그 양심에 따라 할 뿐, 어떠한 외부적인 압력이나 간섭도 받지 않는다는 것뿐만 아니라, 재판의 독립을 위해 법관의 신분보장도 차질 없이 이루어져야 함을 의미한다.

② 사법의 본질은 법 또는 권리에 관한 다툼이 있거나 법이 침해된 경우에 독립적인 법원이 원칙적으로 직접 조사한 증거를 통한 객관적 사실인정을 바탕으로 법을 해석·적용하여 유권적인 판단을 내리는 작용이다.

③ 심리불속행 재판은 상고각하의 형식판단과 상고이유를 심리한 결과 이유 없다고 인정되는 경우에 내려지는 상고기각의 실체판단과의 중간적 지위를 가진 재판이다.

④ 국회의 자격심사나 제명을 제외한 국회의원에 대한 국회의 징계처분에 대해서는 예외적으로 법원에 제소할 수 있다.

> **ADVICE** ① [O] 사법권의 독립은 권력분립을 그 중추적 내용의 하나로 하는 자유민주주의 체제의 특징적 지표이고 법치주의의 요소를 이룬다. 사법권의 독립은 재판상의 독립, 즉 법관이 재판을 함에 있어서 오직 헌법과 법률에 의하여 그 양심에 따라 할 뿐, 어떠한 외부적인 압력이나 간섭도 받지 않는다는 것뿐만 아니라, 재판의 독립을 위해 법관의 신분보장도 차질 없이 이루어져야 함을 의미한다(헌재 2016. 9. 29. 2015헌바331).

② [○] 사법의 본질은 법 또는 권리에 관한 다툼이 없거나 법이 침해된 경우에 독립적인 법원이 원칙적으로 직접 조사한 증거를 통한 객관적 사실인정을 바탕으로 법을 해석·적용하여 유권적인 판단을 내리는 작용이다(헌재 1996. 1. 25. 95헌가5).

③ [○] 심리불속행 재판은 상고제기의 절차가 적법히 이루어졌는지를 검토하여 부적법한 경우에 선고되는 상고각하의 재판과는 달리, 상고제기의 절차가 적법함을 전제로 하여 상고장에 기재된 상고이유가 법률상의 상고이유를 실질적으로 포함하고 있는가를 판단하는 것으로서 그 범위에서 실체판단의 성격을 가진다고 할 것이다. 결론적으로 심리불속행 재판은 상고각하의 형식판단과 상고이유를 심리한 결과 이유없다고 인정되는 경우에 내려지는 상고기각의 실체판단과의 중간적 지위를 가진 재판이라 할 것이다(헌재 2007. 7. 26. 2006헌마1447).

④ [X] 헌법 제64조 ② 국회는 의원의 자격을 심사하며, 의원을 징계할 수 있다.
　　④ 제2항과 제3항의 처분에 대하여는 법원에 제소할 수 없다.

14 국회의 의사원칙에 대한 설명으로 옳지 않은 것은? (다툼이 있는 경우 판례에 의함)

① 의안이 발의되고 부결된 경우 회기를 달리하여 그 의안을 다시 발의할 수 있다.

② 헌법은 국회에 제출된 법률안 기타의 의안은 회기 중에 의결되지 못한 이유로 폐기되지 아니한다고 하여 회기계속의 원칙을 채택하고 있지만, 국회의원의 임기가 만료된 때에는 그러지 아니하다는 규정을 두고 있다.

③ 헌법은 출석의원 과반수의 찬성으로 국회의 회의를 공개하지 않는 경우에 대해서는 사후공개를 정당화하는 사유를 명시적으로 언급하고 있다.

④ 위원회에서 의원 아닌 사람의 방청허가에 관한 「국회법」 규정은 위원회의 공개원칙을 전제로 한 것이지, 비공개를 원칙으로 하여 위원장의 자의에 따라 공개여부를 결정케 한 것이 아닌바, 회의의 질서유지를 위하여 필요한 경우에 한하여 방청을 불허할 수 있는 것으로 제한적으로 풀이하여야 한다.

> ADVICE ① [○] 국회법 제92조(일사부재의) 부결된 안건은 같은 회기 중에 다시 발의하거나 제출할 수 없다.

② [○] 헌법 제51조 국회에 제출된 법률안 기타의 의안은 회기중에 의결되지 못한 이유로 폐기되지 아니한다. 다만, 국회의원의 임기가 만료된 때에는 그러지 아니하다.

③ [X] 헌법 제50조 ① 국회의 회의는 공개한다. 다만, 출석의원 과반수의 찬성이 있거나 의장이 국가의 안전보장을 위하여 필요하다고 인정할 때에는 공개하지 아니할 수 있다.
　　② 공개하지 아니한 회의내용의 공표에 관하여는 법률이 정하는 바에 의한다.

④ [○] 국회법 제55조 제1항은 위원회의 공개원칙을 전제로 한 것이지, 비공개를 원칙으로 하여 위원장의 자의에 따라 공개여부를 결정케 한 것이 아닌바, 위원장이라고 하여 아무런 제한없이 임의로 방청불허 결정을 할 수 있는 것이 아니라, 회의장의 장소적 제약으로 불가피한 경우, 회의의 원활한 진행을 위하여 필요한 경우 등 결국 회의의 질서유지를 위하여 필요한 경우에 한하여 방청을 불허할 수 있는 것으로 제한적으로 풀이되며, 이와 같이 이해하는 한, 위 조항은 헌법에 규정된 의사공개의 원칙에 저촉되지 않으면서도 국민의 방청의 자유와 위원회의 원활한 운영간에 적절한 조화를 꾀하고 있다고 할 것이므로 국민의 기본권을 침해하는 위헌조항이라 할 수 없다(헌재 2000. 6. 29. 98헌마443).

✎ ANSWER 12.② 13.④ 14.③

15 평등권 또는 평등의 원칙에 대한 설명으로 옳지 않은 것은? (다툼이 있는 경우 판례에 의함)

① 「민법」상 손해배상청구권 등 금전채권은 10년의 소멸시효기간이 적용되는 데 반해, 사인이 국가에 대하여 가지는 손해배상청구권 등 금전채권은 「국가재정법」상 5년의 소멸시효기간이 적용되는 것은 차별취급에 합리적인 사유가 존재한다.

② 애국지사 본인과 순국선열의 유족은 본질적으로 다른 집단이므로, 구 「독립유공자예우에 관한 법률 시행령」 조항이 같은 서훈 등급임에도 순국선열의 유족보다 애국지사 본인에게 높은 보상금 지급액 기준을 두고 있다 하여 곧 순국선열의 유족의 평등권이 침해되었다고 볼 수 없다.

③ 「형법」이 반의사불벌죄 이외의 죄를 범하고 피해자에게 자복한 사람에 대하여 반의사불벌죄를 범하고 피해자에게 자복한 사람과 달리 임의적 감면의 혜택을 부여하지 않은 것은 자의적인 차별이어서 평등의 원칙에 반한다.

④ 버스운송사업에 있어서는 운송비용 전가 문제를 규제할 필요성이 없으므로 택시운송사업에 한하여 「택시운송사업의 발전에 관한 법률」에 운송비용전가의 금지조항을 둔 것은 규율의 필요성에 따른 합리적인 차별이어서 평등원칙에 위반되지 아니한다.

>**ADVICE** ① [○] 국가의 채권·채무관계를 조기에 확정하고 예산 수립의 불안정성을 제거하여 국가재정을 합리적으로 운용할 필요성이 있는 점, 국가의 채무는 법률에 의하여 엄격하게 관리되므로 채무이행에 대한 신용도가 매우 높은 반면, …… 일반사항에 관한 예산·회계 관련 기록물들의 보존기간이 5년인 점 등에 비추어 보면, 차별취급에 합리적인 사유가 존재한다고 할 것이다. 따라서 심판대상조항은 평등원칙에 위배되지 아니한다(헌재 2018. 2. 22. 2016헌바470).

② [○] 애국지사 본인과 순국선열의 유족은 본질적으로 다른 집단이므로, 같은 서훈 등급임에도 순국선열의 유족보다 애국지사 본인에게 높은 보상금 지급액 기준을 두고 있다 하여 곧 청구인의 평등권이 침해되었다고 볼 수 없다(헌재 2018. 1. 25. 2016헌마319).

③ [X] 반의사불벌죄에서의 자복은, 형사소추권의 행사 여부를 좌우할 수 있는 자에게 자신의 범죄를 알리는 행위란 점에서 자수와 그 구조 및 성격이 유사하므로, 이 사건 법률조항이 청구인과 같이 반의사불벌죄 이외의 죄를 범하고 피해자에게 자복한 사람에 대하여 반의사불벌죄를 범하고 피해자에게 자복한 사람과 달리 임의적 감면의 혜택을 부여하지 않고 있다 하더라도 이를 자의적인 차별이라고 보기 어렵다(헌재 2018. 3. 29. 2016헌바270).

④ [○] 따라서, 버스운송사업에 있어서는 운송비용 전가 문제를 규제할 필요성이 없으므로 택시운송사업에 한하여 이 사건 금지조항을 둔 것은 규율의 필요성에 따른 합리적인 차별이어서 평등원칙에 위반되지 아니한다(헌재 2018. 6. 28. 2016헌마1153).

16 국회의원에 대한 설명으로 옳지 않은 것은? (다툼이 있는 경우 판례에 의함)

① 현대의 민주주의가 순수한 대의제 민주주의에서 정당국가적 민주주의의 경향으로 변화하여 사실상 정당에 의하여 국회가 운영되고 있다고 하더라도 국회의원의 전체국민대표성 자체를 부정할 수는 없다.

② 국회의원의 원내활동을 기본적으로 각자에게 맡기는 자유위임은 의회 내에서의 정치의사형성에 정당의 협력을 배척하는 것은 아니지만, 적어도 국회의원이 정당과 교섭단체의 지시에 기속되는 것을 배제하는 근거가 된다.

③ 국회의원은 자신의 사적인 이해관계와 국민에 대한 공적인 이해관계가 충돌할 경우 당연히 후자를 우선하여야 할 이해충돌회피의무 내지 직무전념의무를 지게 되는바, 이를 국회의원 개개인의 양심에만 맡겨둘 것이 아니라 국가가 제도적으로 보장할 필요성 또한 인정된다.

④ 「국회법」에 따라 제명된 사람은 그로 인하여 궐원된 의원의 보궐선거에서 후보자가 될 수 없다.

> **ADVICE** ① [O] 현대의 민주주의가 종래의 순수한 대의제 민주주의에서 정당국가적 민주주의의 경향으로 변화하고 있음은 주지하는 바와 같다. 다만, 국회의원의 국민대표성보다는 오늘날 복수정당제하에서 실제적으로 정당에 의하여 국회가 운영되고 있는 점을 강조하려는 견해와, 반대로 대의제 민주주의 원리를 중시하고 정당국가적 현실은 기본적으로 국회의원의 전체국민대표성을 침해하지 않는 범위내에서 인정하려는 입장이 서로 맞서고 있다(헌재 2003. 10. 30. 2002헌라1).
>
> ② [X] 국회의원의 원내활동을 기본적으로 각자에 맡기는 자유위임은 자유로운 토론과 의사형성을 가능하게 함으로써 당내민주주의를 구현하고 정당의 독재화 또는 과두화를 막아주는 순기능을 갖는다. 그러나 자유위임은 의회내에서의 정치의사형성에 정당의 협력을 배척하는 것이 아니며, 의원이 정당과 교섭단체의 지시에 기속되는 것을 배제하는 근거가 되는 것도 아니다(헌재 2003. 10. 30. 2002헌라1).
>
> ③ [O] 따라서 국회의원은 자신의 사적인 이해관계와 국민에 대한 공적인 이해관계가 충돌할 경우 당연히 후자를 우선하여야 할 이해충돌회피의무 내지 직무전념의무를 지게 되는바, 이를 국회의원 개개인의 양심에만 맡겨둘 것이 아니라 국가가 제도적으로 보장할 필요성 또한 인정된다(헌재 2012. 8. 23. 2010헌가65).
>
> ④ [O] 국회법 제164조(제명된 사람의 입후보 제한) 제163조에 따른 징계로 제명된 사람은 그로 인하여 궐원된 의원의 보궐선거에서 후보자가 될 수 없다.

✎ **ANSWER** 15.③ 16.②

17 「헌법재판소법」 제68조제1항의 헌법소원심판에서 기본권 침해의 법적 관련성에 대한 설명으로 옳지 않은 것은? (다툼이 있는 경우 판례에 의함)

① 법규범이 집행행위를 예정하고 있더라도 법규범의 내용이 집행행위 이전에 이미 국민의 권리관계를 직접 변동시키거나 국민의 법적 지위를 결정적으로 정하는 것이어서 국민의 권리관계가 집행행위의 유무나 내용에 의하여 좌우될 수 없을 정도로 확정된 상태라면 그 법규범의 권리침해의 직접성이 인정된다.

② 공권력 작용의 직접적인 상대방은 자유의 제한, 의무의 부과, 권리 또는 법적 지위의 제약이 가해지면 자기관련성이 인정되며, 제3자의 경우 사실적·경제적 이해관계나 영향이 존재한다면 자기관련성이 인정된다.

③ 직접성이 요구되는 법규범에는 형식적 의미의 법률뿐만 아니라 조약, 명령·규칙, 헌법소원의 대상성이 인정되는 행정규칙, 조례 등이 포함된다.

④ 국민에게 일정한 행위의무 또는 행위금지의무를 부과하는 법규정을 정한 후 이를 위반할 경우 제재수단으로서 형벌 또는 행정벌 등을 부과할 것을 정한 경우에, 그 형벌이나 행정벌의 부과를 직접성에서 말하는 집행행위라고는 할 수 없다.

ADVICE ① [O] 법규범이 집행행위를 예정하고 있더라도 법규범의 내용이 일의적이고 명백한 것이어서 집행행위 이전에 이미 국민의 권리관계를 직접 변동시키거나 국민의 법적 지위를 결정적으로 정하고 있는 경우 당해 법령을 헌법소원의 직접대상으로 삼을 수 있다고 하여 직접성 요건의 예외를 인정하고 있다(헌재 2008. 10. 30. 2007헌마1281).

② [X] 헌법재판소법 제68조 제1항에 규정된 "공권력의 행사 또는 불행사로 인하여 기본권의 침해를 받은 자"라는 것은 공권력의 행사 또는 불행사로 인하여 자기의 기본권이 현재 그리고 직접적으로 침해받은 경우를 의미하므로 원칙적으로 공권력의 행사 또는 불행사의 직접적인 상대방만이 이에 해당한다고 할 것이고, 공권력의 작용에 단지 간접적, 사실적 또는 경제적인 이해관계가 있을 뿐인 제3자인 경우에는 자기관련성은 인정되지 않는다고 할 것이다(헌재 1993. 7. 29. 89헌마123).

③ [O] 이와 같은 직접성이 요구되는 법령에는 형식적인 의미의 법률뿐만 아니라 조약, 명령·규칙, 헌법소원 대상성이 인정되는 행정규칙, 조례 등이 모두 포함된다(헌재 2020. 1. 7. 2019헌마1403).

④ [O] 그러나 국민에게 일정한 행위의무 또는 행위금지의무를 부과하는 법규정을 정한 후 이를 위반한 경우 제재수단으로서 형벌 또는 행정벌 등을 부과할 것을 정한 경우에, 그 형벌이나 행정벌의 부과를 위 직접성에서 말하는 집행행위라고는 할 수 없다. 국민은 별도의 집행행위를 기다릴 필요가 없이 제재의 근거가 되는 법률의 시행 자체로 행위의무 또는 행위금지의무를 직접 부담하는 것이 되기 때문이다(헌재 2002. 7. 18. 2001헌마605).

18 위헌법률심판에 대한 설명으로 옳은 것은? (다툼이 있는 경우 판례에 의함)

① 위헌법률심판 제청이 적법하기 위해서는 법원에 계속 중인 구체적인 사건에 적용할 법률이 헌법에 위반되는 여부가 재판의 전제로 되어야 하는데 여기서 '재판'에는 법원의 증거채부결정과 같은 중간재판도 포함된다.

② 위헌으로 결정된 형벌에 관한 법률 또는 법률조항에 대하여 종전에 합헌으로 결정한 사건이 있는 경우에는 그 결정이 있은 날로 소급하여 효력을 상실한다.

③ 제청법원이 법률조항 자체의 위헌판단을 구하는 것이 아니라 심판대상 법률조항의 특정한 해석이나 적용부분의 위헌성을 주장하는 한정위헌청구를 하는 경우에는 원칙적으로 부적법하다고 보아야 한다.

④ 법원이 위헌법률심판을 제청하는 경우에는 제청서에 위헌이라고 해석되는 법률 또는 법률의 조항 및 위헌이라고 해석되는 이유를 기재해야 하는바, 헌법재판소는 제청서에 기재된 심판의 대상과 위헌심사의 기준에 구속된다.

ADVICE ① [O] 여기서 "재판"이라 함은 판결·결정·명령 등 그 형식 여하와 본안에 관한 재판이거나 소송절차에 관한 재판이거나를 불문하며, 심급을 종국적으로 종결시키는 종국재판뿐만 아니라 중간재판도 이에 포함된다고 하겠다. …… 그러므로 법 제295조에 의하여 법원이 행하는 증거채부결정도 당해 소송사건을 종국적으로 종결시키는 재판은 아니라고 하더라도, 그 자체가 법원의 의사결정으로서 헌법 제107조 제1항과 헌법재판소법 제41조 제1항 및 제68조 제2항에 규정된 재판에 해당된다고 할 것이다(헌재 1996. 12. 26. 94헌바1).

② [X] 헌법재판소법 제47조(위헌결정의 효력) ③ 제2항에도 불구하고 형벌에 관한 법률 또는 법률의 조항은 소급하여 그 효력을 상실한다. 다만, 해당 법률 또는 법률의 조항에 대하여 종전에 합헌으로 결정한 사건이 있는 경우에는 그 결정이 있는 날의 다음 날로 소급하여 효력을 상실한다.

③ [X] 법률의 의미는 결국 개별·구체화된 법률해석에 의해 확인되는 것이므로 법률과 법률의 해석을 구분할 수는 없고, 재판의 전제가 된 법률에 대한 규범통제는 해석에 의해 구체화된 법률의 의미와 내용에 대한 헌법적 통제로서 헌법재판소의 고유권한이며, 헌법합치적 법률해석의 원칙상 법률조항 중 위헌성이 있는 부분에 한정하여 위헌결정을 하는 것은 입법권에 대한 자제와 존중으로서 당연하고 불가피한 결론이므로, 이러한 한정위헌결정을 구하는 한정위헌청구는 원칙적으로 적법하다고 보아야 한다(헌재 2012. 12. 27. 2011헌바117).

④ [X] 한편, 우리 재판소는 헌법재판소법 제68조 제2항에 의한 헌법소원절차에 있어서 규범의 위헌성을 청구인이 주장하는 법적 관점에서만 아니라 심판대상규범의 법적 효과를 고려하여 모든 헌법적인 관점에서 심사한다. 법원의 위헌제청을 통하여 제한되는 것은 오로지 심판의 대상인 법률조항이지 위헌심사의 기준이 아니다. 따라서 이 사건에서는 이 사건 법률조항이 청구인에게 미치는 기본권 제한적 효과에 한하지 아니하고, 그 외의 관련자인 청구인과 혼인한 배우자에게 미치는 효과까지 헌법적 관점에서 심사할 필요가 있다(헌재 2011. 11. 24. 2009헌바146).

19 지방자치에 대한 설명으로 옳은 것만을 모두 고르면? (다툼이 있는 경우 판례에 의함)

> ○ 지방교육자치는 지방자치권행사의 일환으로서 보장되는 것이므로, 중앙권력에 대한 지방적 자치로서의 속성을 지니고 있지만, 동시에 그것은 헌법 제31조제4항이 보장하고 있는 교육의 자주성·전문성·정치적 중립성을 구현하기 위한 것이므로, 정치권력에 대한 문화적 자치로서의 속성도 아울러 지니고 있다.
> ○ 지방자치단체의 장 선거에서 후보자 등록 마감시간까지 후보자 1인만이 등록한 경우 투표를 실시하지 않고 그 후보자를 당선인으로 결정하도록 하는 「공직선거법」상 조항은 그 지방자치단체에 거주하는 주민의 선거권을 침해한다.
> © 지방자치단체의 장이 「의료법」에 따른 의료기관에 60일 이상 계속하여 입원한 경우 부단체장이 그 권한을 대행한다.
> ② 국가사무로서의 성격을 가지고 있는 기관위임사무의 집행권한의 존부 및 범위에 관하여 지방자치단체가 청구한 권한쟁의심판청구는 지방자치단체의 권한에 속하지 아니하는 사무에 관한 심판청구로서 그 청구가 부적법하다.

① ㉠, ㉡
② ㉢, ㉣
③ ㉠, ㉡, ㉣
④ ㉠, ㉢, ㉣

▶ADVICE ㉠ [○] 지방교육자치는 지방자치권 행사의 일환으로 보장되는 것으로서 중앙권력에 대한 지방적 자치로서의 속성을 지니고 있지만, 동시에 그것은 헌법 제31조 제4항이 보장하고 있는 교육의 자주성·전문성·정치적 중립성을 구현하기 위한 것이므로 정치권력에 대한 문화적 자치로서의 속성도 아울러 지니고 있는 것이다(헌재 2009. 9. 24. 2007헌마117).

㉡ [X] 후보자가 1인일 경우에도 투표를 실시하도록 하면 당선자가 없어 재선거를 하게 되는 경우도 발생할 수 있는데 이 경우 재선거 실시에 따르는 새로운 후보자 확보 가능성의 문제, 행정적인 번거로움과 시간·비용의 낭비는 물론이고 지방자치단체의 장 업무의 공백 역시 필연적으로 뒤따르게 된다. 입법자가 위와 같은 사정을 고려하여 후보자가 1인일 경우 투표를 실시하지 않고 해당 후보자를 지방자치단체의 장 당선자로 정하도록 결단한 것은 입법목적 달성에 필요한 범위를 넘은 과도한 제한이라 할 수 없으므로 심판대상조항은 청구인의 선거권을 침해하지 않는다(헌재 2016. 10. 27. 2014헌마797).

© [○] 지방자치법 제124조(지방자치단체의 장의 권한대행 등) ①지방자치단체의 장이 다음 각 호의 어느 하나에 해당되면 부지사·부시장·부군수·부구청장(이하 이 조에서 "부단체장")이 그 권한을 대행한다.
  1. 궐위된 경우
  2. 공소 제기된 후 구금상태에 있는 경우
  3. 「의료법」에 따른 의료기관에 60일 이상 계속하여 입원한 경우

② [○] 결국 국가사무로서의 성격을 가지고 있는 기관위임사무의 집행권한의 존부 및 범위에 관하여 지방자치단체가 청구한 권한쟁의심판 청구는 지방자치단체의 권한에 속하지 아니하는 사무에 관한 심판청구로서 그 청구가 부적법하다고 할 것이다(헌재 2008. 12. 26. 2005헌라11).

20 선거관리위원회에 대한 설명으로 옳지 않은 것은? (다툼이 있는 경우 판례에 의함)

① 중앙선거관리위원회는 법령의 범위안에서 선거관리, 국민투표관리 또는 정당사무에 관한 규칙을 제정할 수 있으며, 법률에 저촉되지 아니하는 범위안에서 내부규율에 관한 규칙을 제정할 수 있다.

② 각급선거관리위원회는 위원 과반수의 출석으로 개의하고 출석위원 과반수의 찬성으로 의결하며, 위원장은 가부동수인 경우 결정권을 행사하지 못한다.

③ 「공직선거에 관한 사무처리예규」는 개표관리 및 투표용지의 유·무효를 가리는 업무에 종사하는 각급선거관리위원회 직원 등에 대한 업무처리지침 내지 사무처리준칙에 불과할 뿐 국민이나 법원을 구속하는 효력이 없는 행정규칙이므로 헌법소원의 대상이 되지 않는다.

④ 구·시·군선거관리위원회 위원의 임기는 3년으로 하되, 한 차례만 연임할 수 있다.

> **ADVICE** ① [O] 헌법 제114조 ⑥ 중앙선거관리위원회는 법령의 범위안에서 선거관리·국민투표관리 또는 정당사무에 관한 규칙을 제정할 수 있으며, 법률에 저촉되지 아니하는 범위안에서 내부규율에 관한 규칙을 제정할 수 있다.

② [X] 선거관리위원회법 제10조(위원회의 의결정족수) ① 각급선거관리위원회는 위원과반수의 출석으로 개의하고 출석위원 과반수의 찬성으로 의결한다.

② 위원장은 표결권을 가지며 가부동수인 때에는 결정권을 가진다.

③ [O] 공직선거에관한사무처리예규는, 각급선거관리위원회와 그 위원 및 직원이 공직선거에 관한 사무를 표준화·정형화하고, 관련법규의 구체적인 운용기준을 마련하는 등 선거사무의 처리에 관한 통일적 기준과 지침을 제공함으로써 공정하고 원활한 선거관리를 기함을 목적으로 하는 것이므로, 개표관리 및 투표용지의 유·무효를 가리는 업무에 종사하는 각급 선거관리위원회 직원 등에 대한 업무처리지침 내지 사무처리준칙에 불과할 뿐 국민이나 법원을 구속하는 효력이 없는 행정규칙이라고 할 것이어서 이 예규부분은 헌법소원 심판대상이 되지 아니한다(헌재 2000. 6. 29. 2000헌마325).

④ [O] 선거관리위원회법 제8조(위원의 임기) 각급선거관리위원회위원의 임기는 6년으로 한다. 다만, 구·시·군선거관리위원회 위원의 임기는 3년으로 하되, 한 차례만 연임할 수 있다.

1 헌법전문에 대한 설명으로 가장 옳은 것은?

① '헌법전문에 기재된 3·1정신'은 우리나라 헌법의 연혁적·이념적 기초로서 헌법이나 법률해석에서의 해석기준으로 작용함과 동시에 헌법소원의 대상인 헌법상 보장된 기본권에 해당된다.

② 헌법은 전문에서 '3·1운동으로 건립된 대한민국임시정부의 법통을 계승'한다고 선언하고 있으므로, 이에 따라 국가는 헌법소원심판의 당사자가 주장하는 특정인을 독립유공자로 인정해야 할 헌법적 의무를 부담한다.

③ 헌법전문상 대한민국은 대한민국임시정부의 법통을 계승하고 있으므로 1938. 4. 1.부터 1945. 8. 15. 사이의 일제 강제동원 사태와 관련한 입법을 하면서, 국내 강제동원자를 지원대상에서 제외한 것은 국가의 기본권보호의무를 위반한 것이다.

④ '3·1운동으로 건립된 대한민국임시정부의 법통'의 계승을 천명하고 있는 헌법전문에 비추어 외교부장관은 일본군 위안부 피해자들의 일본에 대한 배상청구권 실현을 위해 적극적으로 노력할 구체적 작위의무가 있다.

> **ADVICE** ① [X] "헌법전문에 기재된 3.1정신"은 우리나라 헌법의 연혁적·이념적 기초로서 헌법이나 법률해석에서의 해석기준으로 작용한다고 할 수 있지만, 그에 기하여 곧바로 국민의 개별적 기본권성을 도출해낼 수는 없다고 할 것이므로, 헌법소원의 대상인 "헌법상 보장된 기본권"에 해당하지 아니한다(헌재 2001. 3. 21. 99헌마139).
> ② [X] 헌법은 국가유공자 인정에 관하여 명문 규정을 두고 있지 않다. 그러나 헌법은 전문(前文)에서 "3.1운동으로 건립된 대한민국임시정부의 법통을 계승"한다고 선언하고 있다. 이는 대한민국이 일제에 항거한 독립운동가의 공헌과 희생을 바탕으로 이룩된 것임을 선언한 것이고, 그렇다면 국가는 일제로부터 조국의 자주독립을 위하여 공헌한 독립유공자와 그 유족에 대하여는 응분의 예우를 하여야 할 헌법적 의무를 지닌다고 보아야 할 것이다. 다만 그러한 의무는 국가가 독립유공자의 인정절차를 합리적으로 마련하고 독립유공자에 대한 기본적 예우를 해주어야 한다는 것을 뜻할 뿐이며, 당사자가 주장하는 특정인을 반드시 독립유공자로 인정하여야 하는 것을 뜻할 수는 없다(헌재 2005. 6. 30. 2004헌마859).
> ③ [X] 이 사건 심판청구는 평등원칙의 관점에서 입법자가 구 국외강제동원자지원법의 적용대상에 '국내' 강제동원자도 당연히 '국외' 강제동원자와 같이 포함시켰어야 한다는 주장에 지나지 아니하므로, 이는 헌법적인 입법의무에 근거한 진정입법부작위에 관한 헌법소원이 아니라 의료지원금 지급대상에 관한 일제하 강제동원자의 범위를 불완전하게 규율하고 있는 부진정입법부작위를 다투는 헌법소원으로 볼 것이다. …… 국가가 국가의 재정부담능력 등을 고려하여 일반적으로 강제동원으로 인한 정신적 고통이 더욱 크다고 볼 수 있는 국외 강제동원자 집단을 우선적으로 처우하는 것이 객관적으로 정의와 형평에 반한다거나 자의적인 차별이라고 보기는 어렵다(헌재 2011. 2. 24. 2009헌마94).
> ④ [O] 헌법 전문(前文)이 국가적 과제와 국가적 질서형성에 관한 지도이념·지도원리를 규정하고 국가의 기본적 가치질서에 관한 국민적 합의를 규범화한 것으로서 최고규범성을 가지고 법령해석과 입법의 지침이 되는 규범적 효력을 가지고 있긴 하지만, 그 자체로부터 국가의 국민에 대한 구체적인 작위의무가 나올 수는 없는 것이므로, '3·1운동으로 건립된 대한민국임시정부의 법통을 계승'한다는 헌법 전문(前文)의 문구로부터도 국민을 위한 어떠한 구체적인 행위를 해야 할 국가의 작위의무가 도출되지 않는다(헌재 2019. 12. 27. 2012헌마939).

2 대한민국 헌정사에 대한 설명으로 가장 옳은 것은?

① 1954년 제2차 개정헌법은 국무총리제를 폐지하고, 헌법개정안에 대한 국민발안제도와 주권제약·영토 변경에 대한 국민투표제도를 두었다.

② 1960년 제3차 개정헌법은 공무원의 정치적 중립성 조항과 헌법재판소 조항을 처음으로 규정하였고, 1962년 제5차 개정헌법은 인간의 존엄과 가치에 대한 규정과 기본권의 본질적 내용 침해금지에 관한 규정을 처음으로 두었다.

③ 1972년 제7차 개정헌법은 대통령에게 국회의원 3분의1의 추천권을 부여하였고 헌법개정 절차를 이원화 하였으며, 대통령의 임기를 1980년 제8차 개정헌법 때의 대통령의 임기보다 더 길게 규정하였다.

④ 1987년 제9차 개정헌법은 재외국민보호를 의무화 하고 국군의 정치적 중립성 준수 규정을 두었으며, 국정조사권 및 국정감사권을 부활하였다.

>ADVICE ① [O] 1954년 헌법 제7조의2 대한민국의 주권의 제약 또는 영토의 변경을 가져올 국가안위에 관한 중대사항은 국회의 가결을 거친 후에 국민투표에 부하여 민의원의원선거권자 3분지 2이상의 투표와 유효투표 3분지 2이상의 찬성을 얻어야 한다.

② [X] 기본권의 본질적 내용 침해금지는 1960년 헌법에서 처음으로 규정되었다.

③ [X] 1972년 헌법 제40조 ① 통일주체국민회의는 국회의원 정수의 3분의 1에 해당하는 수의 국회의원을 선거한다.
② 제1항의 국회의원의 후보자는 대통령이 일괄 추천하며, 후보자 전체에 대한 찬반을 투표에 붙여 재적대의원 과반수의 출석과 출석대의원 과반수의 찬성으로 당선을 결정한다.
제47조 대통령의 임기는 6년으로 한다.
제124조 ① 헌법의 개정은 대통령 또는 국회재적의원 과반수의 발의로 제안된다.
② 대통령이 제안한 헌법개정안은 국민투표로 확정되며, 국회의원이 제안한 헌법개정안은 국회의 의결을 거쳐 통일주체국민회의의 의결로 확정된다.
cf. 1980년 헌법 제45조 대통령의 임기는 7년으로 하며, 중임할 수 없다.

④ [X] 국정조사권은 1980년 헌법에서 처음 규정되었다.

3 현행 헌법 제37조 제2항에서 국민의 기본적 권리를 제한하는 데 적용되는 헌법적 원칙이 아닌 것은?

① 형벌법규의 소급입법금지원칙　　　　　② 법률유보원칙
③ 과잉금지원칙　　　　　　　　　　　　④ 본질적 내용의 침해금지원칙

> **ADVICE** ① [X] 헌법 제13조 ① 모든 국민은 행위시의 법률에 의하여 범죄를 구성하지 아니하는 행위로 소추되지 아니하며, 동일한 범죄에 대하여 거듭 처벌받지 아니한다.
> ② [○], ③ [○], ④ [○] 헌법 제37조 ② 국민의 모든 자유와 권리는 국가안전보장·질서유지 또는 공공복리를 위하여 필요한 경우에 한하여 법률로써 제한할 수 있으며, 제한하는 경우에도 자유와 권리의 본질적인 내용을 침해할 수 없다.

4 공무담임권에 대한 설명으로 가장 옳지 않은 것은?

① 지역구국회의원선거 예비후보자의 선거비용을 보전 대상에서 제외하는 것은 선거 전에 예비후보자로 등록하는 것을 제한하여 공직취임의 기회를 제한하는 것은 아니므로, 해당 예비후보자의 공무담임권을 제한하지 않는다.

② 국립대학 총장후보자에 지원하려는 사람에게 접수시 1,000만 원의 기탁금을 납부하도록 하고, 지원서 접수시 기탁금 납입 영수증을 제출하도록 하는 것은 총장후보자 지원자들의 무분별한 난립을 방지하려는 것으로 총장 후보자에 지원하려는 자의 공무담임권을 침해하지 않는다.

③ 채용 예정 분야의 해당 직급에 근무한 실적이 있는 군인을 전역한 날부터 3년 이내에 군무원으로 채용하는 경우 특별채용시험으로 채용할 수 있도록 하는 것은 현역 군인으로 근무했던 전문성과 경험을 즉시 군무원 업무에 활용하기 위한 것으로 청구인의 공무담임권을 침해하지 않는다.

④ 금고 이상의 형의 선고유예를 받고 그 기간 중에 있는자를 임용결격사유로 삼고, 위 사유에 해당하는 자가 임용되더라도 이를 당연무효로 하는 것은 공직에 대한 국민의 신뢰를 보장하고 공무원의 원활한 직무수행을 도모하기 위한 것으로 청구인의 공무담임권을 침해하지 않는다.

> **ADVICE** ① [○] 그러나 선거비용 보전 제한조항은 지역구국회의원선거에 있어서 선거 후에 선거비용 보전을 제한한 것으로서 <u>선거 전에 청구인들이 예비후보자 또는 후보자로 등록하는 것을 제한하여 공직취임의 기회를 제한하는 것은 아니므로</u>, 청구인들의 공무담임권 내지 피선거권을 제한하는 것이 아니다(헌재 2018. 7. 26. 2016헌마524)
> ② [X] 이처럼 이 사건 기탁금조항을 통한 후보자 난립 방지, 선거의 과열 예방 등의 목적과 공무담임권의 제약 정도를 비교할 때, 이 사건 기탁금조항으로 달성하려는 공익이 제한되는 공무담임권 정도보다 크다고 단정할 수 없으므로, 이 사건 기탁금조항은 법익의 균형성 원칙에도 위배된다(헌재 2018. 4. 26. 2014헌마274).
> ③ [○] 심판대상조항으로 인하여 청구인이 입는 불이익은 예비전력관리 업무담당자 선발시험 또는 군무원 특별채용시험에 응시할 수 있는 기회가 전역 후 일정 기간 내로 제한되는 것이다. 반면에 시험응시기간을 설정함으로써 달성할 수 있는 공익은 전역군인이 가지고 있는 전문성을 활용하여 예비전력관리업무 및 군무원 업무의 효율성과 적시성을 극대화하는 것으로서 청구인이 입는 불이익보다 중대하다. 따라서 심판대상조항은 법익의 균형성 원칙을 준수하고 있다. 그러므로 심판대상조항은 청구인의 공무담임권을 침해하지 아니한다(헌재 2016. 10. 27. 2015헌마734).

④ [O] 청구인과 같이 임용결격사유에도 불구하고 임용된 임용결격공무원은 상당한 기간 동안 근무한 경우라도 적법한 공무원의 신분을 취득하여 근무한 것이 아니라는 이유로 공무원연금법상 퇴직급여의 지급대상이 되지 못하는 등 일정한 불이익을 받기는 하지만, 재직기간 중 사실상 제공한 근로에 대하여는 그 대가에 상응하는 금액의 반환을 부당이득으로 청구하는 등의 민사적 구제수단이 있는 점을 고려하면, 공직에 대한 국민의 신뢰보장이라는 공익과 비교하여 임용결격공무원의 사익 침해가 현저하다고 보기 어렵다. 따라서 이 사건 법률조항은 입법자의 재량을 일탈하여 공무담임권을 침해한 것이라고 볼 수 없다(헌재 2016. 7. 28. 2014헌바437).

5 교육을 받을 권리에 대한 설명으로 가장 옳지 않은 것은?

① 대학수학능력시험의 문항 수 기준 70%를 한국교육방송공사 교재와 연계하여 출제하는 것은 대학수학능력시험을 준비하는 자들의 교육을 받을 권리를 제한하지만, 사교육비를 줄이고 학교교육을 정상화 하려는 것으로 과잉금지원칙에 위배되지 않아 이들의 교육을 받을 권리를 침해하지 않는다.

② 대학의 신입생 수시모집 입시요강이 검정고시로 고등학교 졸업학력을 취득한 사람들의 수시모집 지원을 제한하는 것은 검정고시 출신자들을 합리적인 이유없이 차별하는 것으로 해당 대학에 지원하려는 검정고시 출신자들의 균등하게 교육을 받을 권리를 침해한다.

③ 대학 구성원이 아닌 사람의 도서관 이용에 관하여 대학도서관의 관장이 승인 또는 허가할 수 있도록 한 것은 교육을 받을 권리가 국가에 대하여 특정한 교육제도나 시설의 제공을 요구할 수 있는 권리를 뜻하는 것은 아니라는 점에서 대학 구성원이 아닌자의 교육을 받을 권리가 침해된다고 볼 수 없다.

④ 의무교육의 무상성에 관한 헌법 규정은 교육을 받을 권리를 보다 실효성 있게 보장하기 위해 의무교육 비용을 학령아동 보호자의 부담으로부터 공동체 전체의 부담으로 이전하라는 명령일 뿐 의무교육의 모든 비용을 조세로 해결해야 함을 의미하는 것은 아니므로, 학교용지 부담금의 부과대상을 수분양자가 아닌 개발사업자로 정하는 것은 의무교육의 무상 원칙에 위배되지 않는다.

ADVICE ① [X] 따라서 수능시험을 준비하면서 무엇을 어떻게 공부하여야 할지에 관하여 스스로 결정할 자유가 심판대상계획에 따라 제한된다. 이는 자신의 교육에 관하여 스스로 결정할 권리, 즉 교육을 통한 자유로운 인격발현권을 제한받는 것으로 볼 수 있다. 한편, 청구인들은 심판대상계획으로 인해 교육을 받을 권리가 침해된다고 주장하지만, 심판대상계획이 헌법 제31조 제1항의 능력에 따라 균등하게 교육을 받을 권리를 직접 제한한다고 보기는 어렵다(헌재 2018. 2. 22. 2017헌마691).

② [O] 따라서 이 사건 수시모집요강이 수시모집에서 검정고시 출신의 응시자에게 수학능력이 있는지 여부를 평가할 수 있는 기회를 부여하지 아니하고 이를 박탈한다는 것은 수학능력에 따른 합리적인 차별이라고 보기 어렵다(헌재 2017. 12. 28. 2016헌마649).

③ [O] 교육을 받을 권리가 국가에 대하여 특정한 교육제도나 시설의 제공을 요구할 수 있는 권리를 뜻하는 것은 아니므로, 청구인이 이 사건 도서관에서 도서를 대출할 수 없거나 열람실을 이용할 수 없더라도 청구인의 교육을 받을 권리가 침해된다고 볼 수 없다(헌재 2016. 11. 24. 2014헌마977).

④ [O] 의무교육의 무상성에 관한 헌법상 규정은 교육을 받을 권리를 보다 실효성 있게 보장하기 위해 의무교육 비용을 학령아동 보호자의 부담으로부터 공동체 전체의 부담으로 이전하라는 명령일 뿐 의무교육의 모든 비용을 조세로 해결해야 함을 의미하는 것은 아니므로, 학교용지부담금의 부과대상을 수분양자가 아닌 개발사업자로 정하고 있는 이 사건 법률조항은 의무교육의 무상원칙에 위배되지 아니한다(헌재 2008. 9. 25. 2007헌가1).

ANSWER 3.① 4.② 5.①

6 선거제도에 대한 설명으로 가장 옳은 것은?

① 선거구 간 인구편차의 허용한계와 관련하여, 광역의회의원선거는 시·도 선거구의 평균인구수를 기준으로 상하 60%의 인구편차(인구비례 4 : 1)가 허용한계이다.

② 선거일 현재 1년 이상의 징역 또는 금고의 형의 선고를 받고 그 집행이 종료되지 아니하거나 그 집행을 받지 아니하기로 확정되지 아니한 사람은 선거권이 없다. 다만, 그 형의 집행유예를 선고받고 유예기간 중에 있는 사람은 제외한다.

③ 비례대표제를 채택하더라도 직접선거의 원칙이 의원의 선출뿐만 아니라 정당의 비례적인 의석확보까지 선거권자의 투표에 의하여 직접 결정될 것을 요구하지는 않는다.

④ 「공직선거법」상 선거일 현재 40세 이상의 국민은 대통령의 피선거권이 있고, 20세 이상의 국민은 국회의원의 피선거권이 있다.

> **ADVICE** ① [X] 반면 인구편차 상하 50%를 기준으로 하는 방안은 최다인구선거구와 최소인구선거구의 투표가치의 비율이 1차적 고려사항인 인구비례를 기준으로 볼 때의 등가의 한계인 2 : 1의 비율에 그 50%를 가산한 3 : 1 미만이 되어야 한다는 것으로서 인구편차 상하 33⅓%를 기준으로 하는 방안보다 2차적 요소를 폭넓게 고려할 수 있다. …… 그렇다면 현재의 시점에서 시·도의원지역구 획정과 관련하여 헌법이 허용하는 인구편차의 기준을 인구편차 상하 50%(인구비례 3 : 1)로 변경하는 것이 타당하다(헌재 2018. 6. 28. 2014헌마189).
>
> ② [O] 공직선거법 제18조(선거권이 없는 자) ①선거일 현재 다음 각 호의 어느 하나에 해당하는 사람은 선거권이 없다.
>
> 　2. 1년 이상의 징역 또는 금고의 형의 선고를 받고 그 집행이 종료되지 아니하거나 그 집행을 받지 아니하기로 확정되지 아니한 사람. 다만, 그 형의 집행유예를 선고받고 유예기간 중에 있는 사람은 제외한다.
>
> ③ [X] 비례대표제를 채택하는 경우 직접선거의 원칙은 의원의 선출 뿐만 아니라 정당의 비례적인 의석확보도 선거권자의 투표에 의하여 직접 결정될 것을 요구하는바, …… (헌재 2001. 7. 19. 2000헌마91).
>
> ④ [X] 공직선거법 제16조(피선거권) ① 선거일 현재 5년 이상 국내에 거주하고 있는 40세 이상의 국민은 대통령의 피선거권이 있다. 이 경우 공무로 외국에 파견된 기간과 국내에 주소를 두고 일정기간 외국에 체류한 기간은 국내거주기간으로 본다.
>
> 　② 18세 이상의 국민은 국회의원의 피선거권이 있다.

7 양심의 자유에 대한 헌법재판소의 결정 내용으로 가장 옳지 않은 것은?

① 병역종류조항에 대체복무제를 규정하지 않은 것이 '부작위에 의한 양심실현의 자유'의 제한은 아니라고 보았다.

② 양심적 병역거부는 당사자의 양심에 따른 병역거부를 가리킬 뿐 병역거부가 도덕적이고 정당하다는 것을 의미하지는 않는다.

③ 국가보안법상의 불고지죄 사건에서는 양심의 자유를 내심의 자유와 양심실현의 자유로 나누고 양심실현의 자유에 적극적 양심실현의 자유와 소극적 양심실현의 자유가 포함된다고 하였다.

④ 사죄광고 사건에서는 양심의 자유에 내심의 자유와 침묵의 자유가 포함되며, 침묵의 자유에서 양심에 반하는 행위의 강제금지가 파생된다고 보았다.

> **ADVICE** ① [X] 자신의 종교관·가치관·세계관 등에 따라 전쟁과 그에 따른 인간의 살상에 반대하는 진지한 양심이 형성되었다면, 병역의무의 이행을 거부하는 결정은 양심에 반하여 행동할 수 없다는 강력하고 진지한 윤리적 결정이며, 병역의무를 이행하여야 하는 상황은 개인의 윤리적 정체성에 대한 중대한 위기상황에 해당한다. 이러한 상황에서 처벌조항이 병역의무 불이행에 대하여 일률적으로 형벌을 부과함으로써 양심적 병역거부자에게 양심에 반하는 행동을 강요하고 있다. 따라서 처벌조항은 '양심에 반하는 행동을 강요당하지 아니할 자유', 즉 '부작위에 의한 양심실현의 자유'를 제한하는 규정이다(헌재 2018. 6. 28. 2011헌바379).

② [O] 하지만 앞에서 살펴 본 양심의 의미에 따를 때, '양심적' 병역거부는 실상 당사자의 '양심에 따른' 혹은 '양심을 이유로 한' 병역거부를 가리키는 것일 뿐이지 병역거부가 '도덕적이고 정당하다'는 의미는 아닌 것이다(헌재 2018. 6. 28. 2011헌바379).

③ [O] 헌법 제19조가 보호하고 있는 양심의 자유는 양심형성의 자유와 양심적 결정의 자유를 포함하는 내심적 자유(forum internum) 뿐만 아니라, 양심적 결정을 외부로 표현하고 실현할 수 있는 양심실현의 자유(forum externum)를 포함한다고 할 수 있다(헌재 1998. 7. 16. 96헌바35).

④ [O] 따라서 사죄광고의 강제는 양심도 아닌 것이 양심인 것처럼 표현할 것의 강제로 인간양심의 왜곡·굴절이고 겉과 속이 다른 이중인격형성의 강요인 것으로서 <u>침묵의 자유의 파생인 양심에 반하는 행위의 강제금지에 저촉되는 것이며</u> 따라서 우리 헌법이 보호하고자 하는 정신적 기본권의 하나인 양심의 자유의 제약(법인의 경우라면 그 대표자에게 양심표명의 강제를 요구하는 결과가 된다.)이라고 보지 않을 수 없다(헌재 1991. 4. 1. 89헌마160).

8 사법권의 독립에 대한 설명으로 가장 옳은 것은?

① 사법권의 독립을 위하여 현행 「법원조직법」은 대법관 후보추천위원회의 구성에 있어서 행정부 소속 공무원을 배제하고 있다.

② 강도상해죄를 범한 자에 대하여는 법률상 감경사유가 없는 한 집행유예의 선고가 불가능하도록 한 것은 사법권의 독립 및 법관의 양형판단재량권을 침해하여 위헌이다.

③ '법관이 그 품위를 손상하거나 법원의 위신을 실추시킨 경우'를 법관에 대한 징계사유로 규정하고 있는 구 「법관징계법」 제2조 제2호는 명확성원칙에 위배된다.

④ 회사정리절차의 개시와 진행의 여부를 실질적으로 금융기관의 의사에 종속시키는 규정은 사법권을 형해화시키고, 지시로부터의 독립을 그 내용으로 하는 사법권의 독립에 위협의 소지가 있다.

>ADVICE ① [X] 법원조직법 제41조의2(대법관후보추천위원회) ③ 위원은 다음 각 호에 해당하는 사람을 대법원장이 임명하거나 위촉한다.
　　　3. 법무부장관

② [X] 법관이 형사재판의 양형에 있어 법률에 기속되는 것은 헌법 제103조의 규정에 따른 것으로서 헌법이 요구하는 법치국가원리의 당연한 귀결이며, 법관의 양형판단재량권 특히 집행유예 여부에 관한 재량권은 어떠한 경우에도 제한될 수 없다고 볼 성질의 것이 아니므로, 강도상해죄를 범한 자에 대하여는 법률상의 감경사유가 없는 한 집행유예의 선고가 불가능하도록 한 것이 사법권의 독립 및 법관의 양형판단재량권을 침해 내지 박탈하는 것으로서 헌법에 위반된다고는 볼 수 없다(헌재 2001. 4. 26. 99헌바43).

③ [X] 입법취지, 용어의 사전적 의미, 유사 사례에서의 법원의 법률해석 등을 종합하여 보면, 구 법관징계법 제2조 제2호의 '법관이 그 품위를 손상하거나 법원의 위신을 실추시킨 경우'란 '법관이 주권자인 국민으로부터 수임받은 사법권을 행사함에 손색이 없는 인품에 어울리지 않는 행위를 하거나 법원의 위엄을 훼손하는 행위를 함으로써 법원 및 법관에 대한 국민의 신뢰를 떨어뜨릴 우려가 있는 경우'로 해석할 수 있고, 위 법률조항의 수범자인 평균적인 법관은 구체적으로 어떠한 행위가 여기에 해당하는지를 충분히 예측할 수 있으므로, 구 법관징계법 제2조 제2호는 명확성원칙에 위배되지 아니한다(헌재 2012. 2. 23. 2009헌바34).

④ [O] 회사정리절차의 개시와 진행의 여부를 실질적으로 금융기관의 의사에 종속시키는 위 규정은, 회사의 갱생가능성 및 정리계획의 수행가능성의 판단을 오로지 법관에게 맡기고 있는 회사정리법의 체계에 위반하여 사법권을 형해화시키는 것으로서, 지시로부터의 독립도 역시 그 내용으로 하는 사법권의 독립에 위협의 소지가 있다(헌재 1990. 6. 25. 89헌가98).

9 적법절차의 원칙에 대한 설명으로 가장 옳지 않은 것은?

① 적법절차의 원칙은 법률의 위헌여부에 관한 심사기준으로서 그 적용대상을 형사소송절차에 국한하지 않고 모든 국가작용 특히 입법작용 전반에 대하여 문제된 법률의 실체적 내용이 합리성과 정당성을 갖추고 있는지 여부를 판단하는 기준으로 적용된다.

② 헌법 제12조 제1항의 처벌, 보안처분, 강제노역 등 및 제12조 제3항의 영장주의와 관련하여 각각 적법 절차의 원칙을 규정하고 있지만 이는 그 대상을 한정적으로 열거하고 있는 것이 아니라 그 적용대상을 예시한 것에 불과하다.

③ 헌법이 채택하고 있는 적법절차의 원리는 절차적 차원에서 볼 때에 국민의 기본권을 제한하는 경우에는 반드시 당사자인 국민에게 자기의 입장과 의견을 자유로이 개진할 수 있는 기회를 보장하여야 한다는 것을 그 핵심적인 내용으로 하고, 형사처벌이 아닌 행정상의 불이익처분에도 적용된다.

④ 적법절차의 원칙은 국가기관이 국민과의 관계에서 공권력을 행사함에 있어서 준수해야 할 법원칙으로서 형성된 것이지만, 국가기관에 대하여 헌법을 수호하고자 하는 탄핵소추절차에도 직접 적용될 수 있다.

>**ADVICE** ① [○] 우리 헌법재판소의 판례에서도 이 적법절차의 원칙은 법률의 위헌여부에 관한 심사기준으로서 그 적용대상을 형사소송절차에 국한하지 않고 모든 국가작용 특히 입법작용 전반에 대하여 문제된 법률의 실체적 내용이 합리성과 정당성을 갖추고 있는지 여부를 판단하는 기준으로 적용되고 있음을 보여주고 있다(헌재 1992. 12. 24. 92헌가8).

② [○] 우리 현행 헌법에서는 제12조 제1항의 처벌, 보안처분, 강제노역 등 및 제12조 제3항의 영장주의와 관련하여 각각 적법절차의 원칙을 규정하고 있지만 이는 그 대상을 한정적으로 열거하고 있는 것이 아니라 그 적용대상을 예시한 것에 불과하다고 해석하는 것이 우리의 통설적 견해이다(헌재 1992. 12. 24. 92헌가8).

③ [○] 우리 헌법이 채택하고 있는 적법절차의 원리는 형사처벌이 아닌 행정상의 불이익처분에도 적용된다(헌재 2000. 11. 30. 99헌마624).

④ [X] 따라서 국가기관이 국민과의 관계에서 공권력을 행사함에 있어서 준수해야 할 법원칙으로서 형성된 적법절차의 원칙을 국가기관에 대하여 헌법을 수호하고자 하는 탄핵소추절차에는 직접 적용할 수 없다고 할 것이고, 그 외 달리 탄핵소추절차와 관련하여 피소추인에게 의견진술의 기회를 부여할 것을 요청하는 명문의 규정도 없으므로, 국회의 탄핵소추절차가 적법절차원칙에 위배되었다는 주장은 이유 없다(헌재 2004. 5. 14. 2004헌나1).

10 외국인의 기본권 주체성에 대한 설명 중 옳지 않은 것을 〈보기〉에서 모두 고른 것은?

㉠ 불법체류는 관련 법령에 의하여 체류자격이 인정되지 않는다는 것을 의미하므로, 비록 문제되는 기본권이 인간의 권리라고 하더라도 불법체류 여부에 따라 그 인정 여부가 달라진다.

㉡ 직업의 자유는 인류보편적인 성격을 지니고 있으므로, 이미 근로관계가 형성되어 있는 경우뿐만 아니라 근로관계가 형성되기 전 단계인 특정한 직업을 선택할 수 있는 권리도 외국인에게 인정되는 기본권이다.

㉢ 변호인의 조력을 받을 권리는 성질상 인간의 권리에 해당되므로 외국인도 주체가 된다.

㉣ 출입국관리 법령에 따라 취업활동을 할 수 있는 체류자격을 받지 아니한 외국인근로자도 「노동조합 및 노동관계조정법」상의 근로자성이 인정되면, 노동조합을 설립하거나 노동조합에 가입할 수 있다.

---

① ㉠, ㉡

② ㉠, ㉣

③ ㉡, ㉢

④ ㉢, ㉣

ADVICE ㉠ [X] 나아가 청구인들이 불법체류 중인 외국인들이라 하더라도, 불법체류라는 것은 관련 법령에 의하여 체류자격이 인정되지 않는다는 것일 뿐이므로, '인간의 권리'로서 외국인에게도 주체성이 인정되는 일정한 기본권에 관하여 불법체류 여부에 따라 그 인정 여부가 달라지는 것은 아니다(헌재 2012. 8. 23. 2008헌마430).

㉡ [X] 심판대상조항이 제한하고 있는 직업의 자유는 국가자격제도정책과 국가의 경제상황에 따라 법률에 의하여 제한할 수 있는 국민의 권리에 해당한다. 국가정책에 따라 정부의 허가를 받은 외국인은 정부가 허가한 범위 내에서 소득활동을 할 수 있는 것이므로, 외국인이 국내에서 누리는 직업의 자유는 법률에 따른 정부의 허가에 의해 비로소 발생하는 권리이다. 따라서 외국인인 청구인에게는 그 기본권주체성이 인정되지 아니하며, 자격제도 자체를 다툴 수 있는 기본권주체성이 인정되지 아니하는 이상 국가자격제도에 관련된 평등권에 관하여 따로 기본권주체성을 인정할 수 없다(헌재 2014. 8. 28. 2013헌마359).

㉢ [O] 헌법재판소법 제68조 제1항의 헌법소원은 기본권의 주체만 청구할 수 있는데, 단순히 '국민의 권리'가 아니라 '인간의 권리'로 볼 수 있는 기본권에 대해서는 외국인도 기본권의 주체이다. 청구인이 침해받았다고 주장하는 변호인의 조력을 받을 권리는 성질상 인간의 권리에 해당되므로 외국인도 주체이다. 따라서 청구인의 심판청구는 청구인 적격이 인정된다(헌재 2018. 5. 31. 2014헌마346).

㉣ [O] 따라서 타인과의 사용종속관계하에서 근로를 제공하고 그 대가로 임금 등을 받아 생활하는 사람은 노동조합법상 근로자에 해당하고, 노동조합법상의 근로자성이 인정되는 한, 그러한 근로자가 외국인인지 여부나 취업자격의 유무에 따라 노동조합법상 근로자의 범위에 포함되지 아니한다고 볼 수는 없다(헌재 2015. 6. 25. 2007두4995).

11 국회 상임위원회의 종류와 소관 사항이 옳게 짝지어지지 않은 것은?

① 국회운영위원회–국가인권위원회 소관에 속하는 사항
② 법제사법위원회–감사원 소관에 속하는 사항
③ 기획재정위원회–금융위원회 소관에 속하는 사항
④ 행정안전위원회–중앙선거관리위원회 사무에 관한 사항

> **ADVICE** 국회법 제37조(상임위원회와 그 소관) ① 상임위원회의 종류와 소관 사항은 다음과 같다.
> ① [O] 1. 국회운영위원회
>   아. 국가인권위원회 소관에 속하는 사항
> ② [O] 2. 법제사법위원회
>   다. 감사원 소관에 속하는 사항
> ③ [X] 3. 정무위원회
>   라. 금융위원회 소관에 속하는 사항
> ④ [O] 9. 행정안전위원회
>   다. 중앙선거관리위원회 사무에 관한 사항

12 영장주의에 대한 설명 중 옳은 것을 〈보기〉에서 모두 고른 것은?

> ⊙ 행정상 즉시강제는 상대방의 임의이행을 기다릴 시간적 여유가 없을 때 하명 없이 바로 실력을 행사하는 것으로서 강제처분의 성격을 띠고 있으므로, 원칙적으로 영장주의가 적용된다.
> ⓛ 범죄의 피의자로 입건된 사람들이 경찰공무원이나 검사의 신문을 받으면서 자신의 신원을 밝히지 않고 지문채취에 불응하는 경우 형사처벌을 통하여 지문채취를 강제하는 법률 조항은, 형벌에 의한 불이익을 부과함으로써 심리적·간접적으로 지문채취를 강요하고 있을 뿐이므로, 영장주의에 의하여야 할 강제처분이라 할 수 없다.
> ⓒ 헌법 제12조 제3항이 영장의 발부에 관하여 '검사의 신청'에 의할 것을 규정한 취지는 모든 영장의 발부에 검사의 신청이 필요하다는 데에 있는 것이 아니라, 수사단계에서 영장의 발부를 신청할 수 있는 자를 검사로 한정함으로써 검사 아닌 다른 수사기관의 영장신청에서 오는 인권유린의 폐해를 방지하고자 함에 있다.
> ② 마약류 관련 수형자에 대하여 마약류반응검사를 위하여 소변을 받아 제출하게 한 것은 강제처분이라고 볼 수 있으므로 영장주의가 적용된다.

① ㉠, ㉡
② ㉠, ㉣
③ ㉡, ㉢
④ ㉢, ㉣

>**ADVICE** ㉠ [X] 영장주의가 행정상 즉시강제에도 적용되는지에 관하여는 논란이 있으나, 행정상 즉시강제는 상대방의 임의이행을 기다릴 시간적 여유가 없을 때 하명 없이 바로 실력을 행사하는 것으로서, 그 본질상 급박성을 요건으로 하고 있어 법관의 영장을 기다려서는 그 목적을 달성할 수 없다고 할 것이므로, 원칙적으로 영장주의가 적용되지 않는다고 보아야 할 것이다(헌재 2002. 10. 31. 2000헌가12).
> ㉡ [O] 또한 이 사건 법률조항은 형벌에 의한 불이익을 부과함으로써 심리적·간접적으로 지문채취를 강제하고 그것도 보충적으로만 적용하도록 하고 있어 피의자에 대한 피해를 최소화하기 위한 고려를 하고 있으며, 지문채취 그 자체가 피의자에게 주는 피해는 그리 크지 않은 반면 일단 채취된 지문은 피의자의 신원을 확인하는 효과적인 수단이 될 뿐 아니라 수사절차에서 범인을 검거하는 데에 중요한 역할을 한다. 한편, 이 사건 법률조항에 규정되어 있는 법정형은 형법상의 제재로서는 최소한에 해당되므로 지나치게 가혹하여 범죄에 대한 형벌 본래의 목적과 기능을 달성함에 필요한 정도를 일탈하였다고 볼 수도 없다(헌재 2004. 9. 23. 2002헌가17).
> ㉢ [O] 헌법 제12조 제3항이 영장의 발부에 관하여 "검사의 신청"에 의할 것을 규정한 취지는 모든 영장의 발부에 검사의 신청이 필요하다는 데에 있는 것이 아니라 수사단계에서 영장의 발부를 신청할 수 있는 자를 검사로 한정함으로써 검사 아닌 다른 수사기관의 영장신청에서 오는 인권유린의 폐해를 방지하고자 함에 있으므로, …… 헌법 제12조 제3항에 위반되지 아니한다(헌재 1997. 3. 27. 96헌바28).
> ② [X] 헌법 제12조 제3항의 영장주의는 법관이 발부한 영장에 의하지 아니하고는 수사에 필요한 강제처분을 하지 못한다는 원칙으로 소변을 받아 제출하도록 한 것은 교도소의 안전과 질서유지를 위한 것으로 수사에 필요한 처분이 아닐 뿐만 아니라 검사대상자들의 협력이 필수적이어서 강제처분이라고 할 수도 없어 영장주의의 원칙이 적용되지 않는다(헌재 2006. 7. 27. 2005헌마277).

13 표현의 자유에 대한 설명으로 가장 옳지 않은 것은?

① 상업광고에 대한 규제에 의한 표현의 자유의 제한은 헌법 제37조 제2항에서 도출되는 비례의 원칙을 준수하여야 하지만, 상업광고는 사상이나 지식에 관한 정치적, 시민적 표현행위와는 차이가 있고, 인격발현과 개성신장에 미치는 효과가 중대한 것은 아니므로, 비례의 원칙 심사에 있어서 '피해의 최소성' 원칙은 '입법목적을 달성하기 위하여 필요한 범위 내의 것인지'를 심사하는 정도로 완화된다.

② 대한민국 또는 헌법상 국가기관에 대하여 모욕, 비방, 사실 왜곡, 허위사실 유포 또는 기타 방법으로 대한민국의 안전, 이익 또는 위신을 해하거나 해할 우려가있는 표현에 대하여 형사처벌하도록 하는 것은 과잉금지원칙에 위배되어 해당 표현을 한 자의 표현의 자유를 침해한다.

③ 보건복지부장관으로부터 위탁을 받은 각 의사협회의 사전심의를 받지 아니한 의료광고를 금지하고 이를 위반한 경우 처벌하는 것은 헌법이 금지하는 사전검열에 해당하여 헌법에 위반된다.

④ '음란'은 사회의 건전한 성도덕을 크게 해칠 뿐만 아니라 사상의 경쟁메커니즘에 의해서도 그 해악이 해소되기 어려워 언론 · 출판의 자유의 보호영역에 해당하지 않는 반면, '저속'은 이러한 정도에 이르지 않는 성표현 등을 의미하는 것으로서 헌법적인 보호영역 안에 있다.

> **ADVICE** ① [○] 상업광고에 대한 규제에 의한 표현의 자유 내지 직업수행의 자유의 제한은 헌법 제37조 제2항에서 도출되는 비례의 원칙(과잉금지원칙)을 준수하여야 하지만, 상업광고는 사상이나 지식에 관한 정치적, 시민적 표현행위와는 차이가 있고, 인격발현과 개성신장에 미치는 효과가 중대한 것은 아니므로, 비례의 원칙 심사에 있어서 '피해의 최소성' 원칙은 '입법목적을 달성하기 위하여 필요한 범위 내의 것인지'를 심사하는 정도로 완화되는 것이 상당하다 (헌재 2005. 10. 27. 2003헌가3).

　　② [○] 나아가 민주주의 사회에서 국민의 표현의 자유가 갖는 가치에 비추어 볼 때, 기본권 제한의 정도가 매우 중대하여 법익의 균형성 요건도 갖추지 못하였으므로, 심판대상조항은 과잉금지원칙에 위배되어 표현의 자유를 침해한다(헌재 2015. 10. 21. 2013헌가20).

　　③ [○] 의료광고의 사전심의는 보건복지부장관으로부터 위탁을 받은 각 의사협회가 행하고 있으나 사전심의의 주체인 보건복지부장관은 언제든지 위탁을 철회하고 직접 의료광고 심의업무를 담당할 수 있는 점, 의료법 시행령이 심의위원회의 구성에 관하여 직접 규율하고 있는 점, 심의기관의 장은 심의 및 재심의 결과를 보건복지부장관에게 보고하여야 하는 점, 보건복지부장관은 의료인 단체에 대해 재정지원을 할 수 있는 점, 심의기준 · 절차 등에 관한 사항을 대통령령으로 정하도록 하고 있는 점 등을 종합하여 보면, 각 의사협회는 행정권의 영향력에서 벗어나 독립적이고 자율적으로 사전심의업무를 수행하고 있다고 보기 어렵다. 따라서 이 사건 법률규정들은 사전검열금지원칙에 위배된다(헌재 2015. 12. 23. 2015헌바75).

　　④ [X] 이 사건 법률조항의 음란표현은 헌법 제21조가 규정하는 언론 · 출판의 자유의 보호영역 내에 있다고 볼 것인바, 종전에 이와 견해를 달리하여 음란표현은 헌법 제21조가 규정하는 언론 · 출판의 자유의 보호영역에 해당하지 아니한다는 취지로 판시한 우리 재판소의 의견을 변경한다(헌재 2009. 5. 28. 2006헌바109).

✎ **ANSWER** 12.③ 13.④

14 국회의 헌법기관구성에 관한 권한으로 가장 옳지 않은 것은?

① 대통령 선거에 있어서 최고득표자가 2인 이상인 때에는 국회의 재적의원 과반수가 출석한 공개회의에서 다수표를 얻은 자를 당선자로 한다.

② 감사원장은 국회의 동의를 받아 대통령이 임명하나, 감사위원은 국회의 동의 없이 감사원장의 제청으로 대통령이 임명한다.

③ 국회는 헌법에 따라 그 임명에 국회의 동의를 요하는 대법원장·헌법재판소장·국무총리·감사원장 및 대법관에 대한 임명동의안을 심사하기 위하여 인사청문특별위원회를 둔다.

④ 대통령이 임명하는 국민권익위원회 위원장 후보자, 한국은행 총재 후보자 등에 대한 인사청문 요청이 있는 경우 각 소관 상임위원회의 인사청문을 거쳐야 한다.

> **ADVICE** ① [○] 헌법 제67조 ② 제1항의 선거에 있어서 최고득표자가 2인 이상인 때에는 국회의 재적의원 과반수가 출석한 공개회의에서 다수표를 얻은 자를 당선자로 한다.
>
> ② [○] 헌법 제98조 ② 원장은 국회의 동의를 얻어 대통령이 임명하고, 그 임기는 4년으로 하며, 1차에 한하여 중임할 수 있다.
>
> ③ [○] 국회법 제46조의3(인사청문특별위원회) ① 국회는 다음 각 호의 임명동의안 또는 의장이 각 교섭단체 대표의원과 협의하여 제출한 선출안 등을 심사하기 위하여 인사청문특별위원회를 둔다. 다만, 「대통령직 인수에 관한 법률」 제5조제2항에 따라 대통령당선인이 국무총리 후보자에 대한 인사청문의 실시를 요청하는 경우에 의장은 각 교섭단체 대표의원과 협의하여 그 인사청문을 실시하기 위한 인사청문특별위원회를 둔다.
>
>   1. <u>헌법에 따라 그 임명에 국회의 동의가 필요한</u> 대법원장·헌법재판소장·국무총리·감사원장 및 대법관에 대한 임명동의안
>
> ④ [X] 국회법 제65조의2(인사청문회) ② 상임위원회는 다른 법률에 따라 다음 각 호의 어느 하나에 해당하는 공직후보자에 대한 인사청문 요청이 있는 경우 인사청문을 실시하기 위하여 각각 인사청문회를 연다.
>
>   1. 대통령이 임명하는 헌법재판소 재판관, 중앙선거관리위원회 위원, 국무위원, 방송통신위원회 위원장, 국가정보원장, 공정거래위원회 위원장, 금융위원회 위원장, <u>국가인권위원회 위원장</u>, 고위공직자범죄수사처장, 국세청장, 검찰총장, 경찰청장, 합동참모의장, <u>한국은행 총재</u>, 특별감찰관 또는 한국방송공사 사장의 후보자

15 대통령에 대한 설명으로 가장 옳지 않은 것은?

① 헌법이나 법률에 대통령의 재직중 공소시효의 진행이 정지된다고 명백히 규정되어 있지는 않다고 하더라도, 대통령의 재직중에는 공소시효의 진행이 당연히 정지되는 것으로 보아야 한다.

② 대통령은 소속 정당을 위하여 정당활동을 할 수 있는 사인으로서의 지위와 국민 모두에 대한 봉사자로서 공익실현의 의무가 있는 헌법기관으로서의 지위를 동시에 갖는데 최소한 전자의 지위와 관련하여는 기본권 주체성을 갖는다.

③ 대통령이 국회 본회의에서 행한 시정연설에서 정책과 결부하지 않고 단순히 대통령의 신임 여부만을 묻는 국민투표를 실시하고자 한다고 밝힌 것은 대통령의 권한으로 국민투표를 실시하겠다는 명백한 의사결정을 대외적으로 표시한 것으로 헌법소원의 대상이 되는 공권력의 행사에 해당한다.

④ 대통령이 일반사면을 명하려면 국회의 동의를 얻어야 한다.

》ADVICE
① [O] 위에서 살펴 본 바와 같은 공소시효제도나 공소시효정지제도의 본질에 비추어 보면, 비록 헌법 제84조에는 "대통령은 내란 또는 외환의 죄를 범한 경우를 제외하고는 재직중 형사상의 소추를 받지 아니한다"고만 규정되어 있을 뿐 헌법이나 형사소송법 등의 법률에 대통령의 재직중 공소시효의 진행이 정지된다고 명백히 규정되어 있지는 않다고 하더라도, 위 헌법규정의 근본취지를 대통령의 재직중 형사상의 소추를 할 수 없는 범죄에 대한 공소시효의 진행은 정지되는 것으로 해석하는 것이 원칙일 것이다(헌재 1995. 1. 20. 94헌마246).

② [O] 그러므로 대통령도 국민의 한사람으로서 제한적으로나마 기본권의 주체가 될 수 있는바, 대통령은 소속 정당을 위하여 정당활동을 할 수 있는 사인으로서의 지위와 국민 모두에 대한 봉사자로서 공익실현의 의무가 있는 헌법기관으로서의 지위를 동시에 갖는데 최소한 전자의 지위와 관련하여는 기본권 주체성을 갖는다고 할 수 있다(헌재 2008. 1. 17. 2007헌마700).

③ [X] 그렇다면 비록 피청구인이 대통령으로서 국회 본회의의 시정연설에서 자신에 대한 신임국민투표를 실시하고자 한다고 밝혔다 하더라도, 그것이 공고와 같이 법적인 효력이 있는 행위가 아니라 단순한 정치적 제안의 피력에 불과하다고 인정되는 이상 이를 두고 헌법소원의 대상이 되는 "공권력의 행사"라고 할 수는 없으므로, 이에 대한 취소 또는 위헌확인을 구하는 청구인들의 심판청구는 모두 부적법하다(헌재 2003. 11. 27. 2003헌마694).

④ [O] 헌법 제79조 ① 대통령은 법률이 정하는 바에 의하여 사면·감형 또는 복권을 명할 수 있다.
　　② 일반사면을 명하려면 국회의 동의를 얻어야 한다.

16 신체의 자유에 대한 설명으로 가장 옳은 것은?

① 강제퇴거명령을 받은 사람을 즉시 대한민국 밖으로 송환할 수 없으면 송환할 수 있을 때까지 보호시설에 보호할 수 있도록 규정한 「출입국관리법」 제63조 제1항은 과잉금지원칙에 반하여 신체의 자유를 침해한다.

② 체포영장을 집행하는 경우 필요한 때에는 타인의 주거 등에서 피의자 수사를 할 수 있도록 한 「형사소송법」 제216조 제1항 제1호 중 제200조의2에 관한 부분은 헌법 제16조의 영장주의에 위반되지 않는다.

③ 헌법 제12조 제4항 본문에 규정된 '구속'은 사법절차에서 이루어진 구속뿐 아니라, 행정절차에서 이루어진 구속까지 포함하는 개념이므로 헌법 제12조 제4항 본문에 규정된 변호인의 조력을 받을 권리는 행정절차에서 구속을 당한 사람에게도 즉시 보장된다.

④ 검찰수사관이 피의자신문에 참여한 변호인에게 피의자 후방에 앉으라고 요구한 행위는 변호인의 변호권을 침해하는 것이 아니다.

> ⏵ADVICE ① [X] 강제퇴거대상자의 송환이 언제 가능해질 것인지 미리 알 수가 없으므로, 심판대상조항이 보호기간의 상한을 두지 않은 것은 입법목적 달성을 위해 불가피한 측면이 있다. …… 강제퇴거대상자는 강제퇴거명령을 집행할 수 있을 때까지 일시적·잠정적으로 신체의 자유를 제한받는 것이며, 보호의 일시해제, 이의신청, 행정소송 및 집행정지 등 강제퇴거대상자가 보호에서 해제될 수 있는 다양한 제도가 마련되어 있다. 따라서 심판대상조항은 침해의 최소성 및 법익의 균형성 요건도 충족한다. 그러므로 심판대상조항은 과잉금지원칙에 위배되어 신체의 자유를 침해하지 아니한다(헌재 2018. 2. 22. 2017헌가29).
>
> ② [X] 이는 체포영장이 발부된 피의자가 타인의 주거 등에 소재할 개연성은 소명되나, 수색에 앞서 영장을 발부받기 어려운 긴급한 사정이 인정되지 않는 경우에도 영장 없이 피의자 수색을 할 수 있다는 것이므로, 위에서 본 헌법 제16조의 영장주의 예외 요건을 벗어나는 것으로서 영장주의에 위반된다(헌재 2018. 4. 26. 2015헌바370).
>
> ③ [O] 헌법 제12조 제4항 본문의 문언 및 헌법 제12조의 조문 체계, 변호인 조력권의 속성, 헌법이 신체의 자유를 보장하는 취지를 종합하여 보면 헌법 제12조 제4항 본문에 규정된 "구속"은 사법절차에서 이루어진 구속뿐 아니라, 행정절차에서 이루어진 구속까지 포함하는 개념이다. 따라서 헌법 제12조 제4항 본문에 규정된 변호인의 조력을 받을 권리는 행정절차에서 구속을 당한 사람에게도 즉시 보장된다(헌재 2018. 5. 31. 2014헌마346).
>
> ④ [X] 이 사건 후방착석요구행위로 얻어질 공익보다는 변호인의 피의자신문참여권 제한에 따른 불이익의 정도가 크므로, 법익의 균형성 요건도 충족하지 못한다. 따라서 이 사건 후방착석요구행위는 변호인인 청구인의 변호권을 침해한다(헌재 2017. 11. 30. 2016헌마503).

17 사회적 기본권에 대한 설명으로 가장 옳지 않은 것은?

① 교원 재임용의 심사요소로 학생교육·학문연구·학생지도를 언급하되 이를 모두 필수요소로 강제하지 않는 「사립학교법」 제53조의2 제7항 전문은 교원의 신분에 대한 부당한 박탈을 방지함과 동시에 대학의 자율성을 도모한 것으로서 교원지위법정주의에 위반되지 아니한다.

② 국가 또는 지방자치단체의 정책결정에 관한 사항이나 기관의 관리·운영에 관한 사항으로서 근무조건과 직접 관련되지 아니하는 사항을 공무원노동조합의 단체교섭 대상에서 제외하고 있는 「공무원의 노동조합 설립 및 운영 등에 관한 법률」 제8조 제1항 단서 중 '직접' 부분은 명확성원칙에 위반된다.

③ 모든 국민은 인간다운 생활을 할 권리를 가지며 국가는 생활능력 없는 국민을 보호할 의무가 있다는 헌법의 규정은 모든 국가기관을 기속하지만, 그 기속의 의미는 적극적·형성적 활동을 하는 입법부 또는 행정부의 경우와 헌법재판에 의한 사법적 통제기능을 하는 헌법재판소에 있어서 동일하지 아니하다.

④ 헌법 제32조 제1항이 규정하는 근로의 권리는 사회적 기본권으로서 국가에 대하여 직접 일자리를 청구하거나 일자리에 갈음하는 생계비의 지급청구권을 의미하는 것이 아니라 고용증진을 위한 사회적·경제적 정책을 요구할 수 있는 권리에 그치며, 근로의 권리로부터 국가에 대한 직접적인 직장존속청구권이 도출되는 것도 아니다.

> **ADVICE** ① [O] 따라서 이 사건 법률조항이 교원 재임용 심사에 학생교육·학문연구·학생지도라는 3가지 기준을 예시하는 한편 이를 바탕으로 대학이 객관적이고 적절한 평가기준을 마련할 수 있도록 한 것은, 교원의 신분에 대한 부당한 박탈을 방지함과 동시에 대학의 자율성을 도모한 것으로서 교원지위법정주의에 위반되지 아니한다(헌재 2014. 4. 24. 2012헌바336).
>
> ② [X] 이 사항들 중 근무조건과 '직접' 관련되어 교섭대상이 되는 사항은 공무원이 공무를 제공하는 조건이 되는 사항 그 자체를 의미하는 것이므로, 이 사건 규정에서 말하는 공무원노조의 비교섭대상은 정책결정에 관한 사항과 기관의 관리·운영에 관한 사항 중 그 자체가 공무를 제공하는 조건이 되는 사항을 제외한 사항이 될 것이다. 따라서 이 사건 규정 상의 '직접'의 의미가 법집행 기관의 자의적인 법집행을 초래할 정도로 불명확하다고 볼 수 없으므로 명확성원칙에 위반된다고 볼 수 없다(헌재 2013. 6. 27. 2012헌바169).
>
> ③ [O] 그리고 인간다운 생활을 할 권리에 관한 헌법의 규정은 모든 국가기관을 기속하지만, 그 기속의 의미는 적극적·형성적 활동을 하는 입법부 또는 행정부의 경우와 헌법재판에 의한 사법적 통제기능을 하는 헌법재판소에 있어서 동일하지 아니하다(헌재 1999. 12. 23. 98헌바33).
>
> ④ [O] 그러나 이러한 근로의 권리는 사회적 기본권으로서 국가에 대하여 직접 일자리를 청구하거나 일자리에 갈음하는 생계비의 지급을 청구할 수 있는 권리를 의미하는 것이 아니라 고용증진을 위한 사회적·경제적 정책을 요구할 수 있는 권리에 그치며, 근로의 권리로부터 국가에 대한 직접적인 직장존속청구권이 도출되는 것도 아니다(헌재 2012. 10. 25. 2011헌마307).

18 탄핵제도에 대한 설명 중 옳은 것을 〈보기〉에서 모두 고른 것은?

㉠ 탄핵제도라 함은 일반사법절차에 따라 소추하거나 징계절차로써 징계하기가 곤란한 일반직 행정공무원이 직무상 비위를 범한 경우에 파면하는 제도를 말한다.

㉡ 현행 헌법에 의하면 탄핵소추의 발의는 국회가 담당하지만, 소추의 의결과 심판은 헌법재판소가 담당한다.

㉢ 탄핵심판절차는 국회 법제사법위원회 위원장인 소추위원이 소추의결서 정본을 헌법재판소에 제출하여 탄핵심판이 청구됨으로써 개시된다.

㉣ 탄핵결정이 있더라도 민·형사상 책임이 면제되는 것은 아니다.

㉤ 탄핵소추는 위헌·위법성을 요건으로 할 뿐 직무관련성을 필수적 요건으로 하는 것은 아니다.

---

① ㉠, ㉡
② ㉢, ㉣
③ ㉠, ㉢, ㉣
④ ㉢, ㉣, ㉤

>**ADVICE** ㉠ [X] 탄핵이란 일반적인 사법절차나 징계절차에 따라 소추하거나 징계하기가 곤란한 행정부의 고위직 공무원이나 법관 등과 같이 신분이 보장된 공무원이 직무상 중대한 비위를 범한 경우에 이를 의회가 소추하여 처벌하거나 파면하는 절차로서 …… (헌재 1996. 2. 29. 93헌마186).

㉡ [X] 헌법 제65조 ① 대통령·국무총리·국무위원·행정각부의 장·헌법재판소 재판관·법관·중앙선거관리위원회 위원·감사원장·감사위원 기타 법률이 정한 공무원이 그 직무집행에 있어서 헌법이나 법률을 위배한 때에는 국회는 탄핵의 소추를 의결할 수 있다.

제111조 ① 헌법재판소는 다음 사항을 관장한다.

　2. 탄핵의 심판

㉢ [O] 헌법재판소법 제49조(소추위원) ① 탄핵심판에서는 국회 법제사법위원회의 위원장이 소추위원이 된다.

　② <u>소추위원은 헌법재판소에 소추의결서의 정본을 제출하여 탄핵심판을 청구하며</u>, 심판의 변론에서 피청구인을 신문할 수 있다.

㉣ [O] 헌법 제65조 ④ 탄핵결정은 공직으로부터 파면함에 그친다. 그러나, 이에 의하여 민사상이나 형사상의 책임이 면제되지는 아니한다.

㉤ [X] 헌법 제65조 ① 대통령·국무총리·국무위원·행정각부의 장·헌법재판소 재판관·법관·중앙선거관리위원회 위원·감사원장·감사위원 기타 법률이 정한 공무원이 <u>그 직무집행에 있어서</u> 헌법이나 법률을 위배한 때에는 국회는 탄핵의 소추를 의결할 수 있다.

19 위헌법률심판과 「헌법재판소법」 제68조 제2항에 의한 헌법소원심판에 대한 설명으로 가장 옳지 않은 것은?

① 당해 사건이 재심사건인 경우, 심판대상조항이 '재심청구 자체의 적법 여부에 대한 재판'에 적용되는 법률 조항이 아니라 '본안 사건에 대한 재판'에 적용될 법률 조항이라면 '재심청구가 적법하고, 재심의 사유가 인정되는 경우'에 한하여 재판의 전제성이 인정될 수 있다.

② 위헌법률심판절차에 있어서 규범의 위헌성은 제청법원이나 제청신청인이 주장하는 법적 관점에서만이 아니라 심판대상규범의 법적 효과를 고려한 모든 헌법적 관점에서 심사된다.

③ 「헌법재판소법」 제41조 제1항의 위헌법률심판제청신청과 제68조 제2항의 헌법소원의 대상은 '법률'이지 '법률의 해석'이 아니므로 '법률조항을 …으로 해석하는 한 위헌'이라고 청구하는 소위 한정위헌청구는 원칙적으로 부적법하다.

④ 행정처분의 주체인 행정청도 헌법의 최고규범력에 따른 구체적 규범통제를 위하여 근거법률의 위헌 여부에 대한 심판의 제청을 신청할 수 있고, 「헌법재판소법」 제68조 제2항의 헌법소원을 제기할 수 있다.

> **ADVICE** ① [O] 당해 사건이 재심사건인 경우, 심판대상조항이 '재심청구 자체의 적법 여부에 대한 재판'에 적용되는 법률조항이 아니라 '본안 사건에 대한 재판'에 적용될 법률조항이라면 '재심청구가 적법하고' '재심의 사유가 인정되는 경우에' 한하여 재판의 전제성이 인정될 수 있다. 심판대상조항이 '본안 사건에 대한 재판'에 적용될 법률조항인 경우 당해 사건의 재심청구가 부적법하거나 재심사유가 인정되지 않으면 본안판단에 나아갈 수가 없고, 이 경우 심판대상조항은 본안재판에 적용될 수 없으므로 그 위헌 여부가 당해 사건 재판의 주문을 달라지게 하거나 재판의 내용이나 효력에 관한 법률적 의미가 달라지게 하는데 아무런 영향을 미치지 못하기 때문이다(헌재 2007. 12. 27. 2006헌바73).

> ② [O] 헌법재판소는 위헌법률심판절차에 있어서 규범의 위헌성을 제청법원이나 제청신청인이 주장하는 법적 관점에서만 아니라 심판대상규범의 법적 효과를 고려하여 모든 헌법적 관점에서 심사한다. 법원의 위헌제청을 통하여 제한되는 것은 오로지 심판의 대상인 법률조항이지 위헌심사의 기준이 아니다(헌재 1996. 12. 26. 96헌가18).

> ③ [X] 법률의 의미는 결국 개별·구체화된 법률해석에 의해 확인되는 것이므로 법률과 법률의 해석을 구분할 수는 없고, 재판의 전제가 된 법률에 대한 규범통제는 해석에 의해 구체화된 법률의 의미와 내용에 대한 헌법적 통제로서 헌법재판소의 고유권한이며, 헌법합치적 법률해석의 원칙상 법률조항 중 위헌성이 있는 부분에 한정하여 위헌결정을 하는 것은 입법권에 대한 자제와 존중으로서 당연하고 불가피한 결론이므로, 이러한 한정위헌결정을 구하는 한정위헌청구는 원칙적으로 적법하다고 보아야 한다(헌재 2012. 12. 27. 2011헌바117).

> ④ [O] 헌법재판소법 제68조 제2항에 의한 헌법소원심판은 구체적 규범통제의 헌법소원으로서 기본권의 침해가 있을 것을 그 요건으로 하고 있지 않을 뿐만 아니라 행정처분에 대한 소송절차에서는 그 근거법률의 헌법적합성까지도 심판대상으로 되는 것이므로, 행정처분의 주체인 행정청도 헌법의 최고규범력에 따른 구체적 규범통제를 위하여 근거법률의 위헌 여부에 대한 심판의 제청을 신청할 수 있고, 헌법재판소법 제68조 제2항의 헌법소원을 제기할 수 있다(헌재 2008. 4. 24. 2004헌바44).

✎ **ANSWER** 18.② 19.③

20 정당해산심판에 대한 설명으로 가장 옳지 않은 것은?

① 정당해산심판의 사유로서 정당의 활동은 정당 기관의 행위나 주요 정당관계자, 당원 등의 행위로서 그 정당에 귀속시킬 수 있는 활동 일반을 의미하므로, 정당대표나 주요 관계자의 행위라 하더라도 개인적 차원의 행위에 불과한 것은 이에 포함된다고 보기는 어렵다.

② 정당해산심판의 사유로서 헌법 제8조 제4항의 민주적 기본질서는 최대한 엄격하고 협소한 의미로 이해해야 하고, 따라서 현행 헌법이 채택하고 있는 민주주의의 구체적인 모습과 동일하게 보아야 한다.

③ 강제적 정당해산은 헌법상 핵심적인 정치적 기본권인 정당활동의 자유에 대한 근본적인 제한이므로, 헌법재판소는 이에 관한 결정을 할 때 헌법 제37조 제2항이 규정하는 비례원칙을 준수하여야 한다.

④ 헌법 제8조 제4항에서 말하는 민주적 기본질서의 '위배'란, 민주적 기본질서에 대한 단순한 위반이나 저촉을 의미하는 것이 아니라, 민주사회의 불가결한 요소인 정당의 존립을 제약해야 할 만큼 그 정당의 목적이나 활동이 우리 사회의 민주적 기본질서에 대하여 실질적인 해악을 끼칠 수 있는 구체적 위험성을 초래하는 경우를 가리킨다.

> **ADVICE** ① [O] 반면, 정당대표나 주요 관계자의 행위라 하더라도 개인적 차원의 행위에 불과한 것이라면 이러한 행위에 대해서까지 정당해산심판의 심판대상이 되는 활동으로 보기는 어렵다.
> ② [X] 민주 사회에서 정당의 자유가 지니는 중대한 함의나 정당해산심판제도의 남용가능성 등을 감안한다면, 헌법 제8조 제4항의 민주적 기본질서는 최대한 엄격하고 협소한 의미로 이해해야 한다. 따라서 민주적 기본질서를 현행 헌법이 채택한 민주주의의 구체적 모습과 동일하게 보아서는 안 된다(헌재 2014. 12. 19. 2013헌다1).
> ③ [O] 강제적 정당해산은 헌법상 핵심적인 정치적 기본권인 정당활동의 자유에 대한 근본적 제한이므로, 헌법재판소는 이에 관한 결정을 할 때 헌법 제37조 제2항이 규정하고 있는 비례원칙을 준수해야만 한다(헌재 2014. 12. 19. 2013헌다1).
> ④ [O] 따라서 헌법 제8조 제4항의 명문규정상 요건이 구비된 경우에도 해당 정당의 위헌적 문제성을 해결할 수 있는 다른 대안적 수단이 없고, 정당해산결정을 통하여 얻을 수 있는 사회적 이익이 정당해산결정으로 인해 초래되는 정당활동 자유 제한으로 인한 불이익과 민주주의 사회에 대한 중대한 제약이라는 사회적 불이익을 초과할 수 있을 정도로 큰 경우에 한하여 정당해산결정이 헌법적으로 정당화될 수 있다(헌재 2014. 12. 19. 2013헌다1).

1 명확성원칙에 대한 설명으로 옳지 않은 것은? (다툼이 있는 경우 판례에 의함)

① 모의총포의 기준을 구체적으로 정한 「총포·도검·화약류 등의 안전관리에 관한 법률 시행령」 조항에서 '범죄에 악용될 소지가 현저한 것'은 진정한 총포로 오인·혼동되어 위협 수단으로 사용될 정도로 총포와 모양이 유사한 것을 의미하므로 죄형법정주의의 명확성원칙에 위반되지 않는다.

② 취소소송 등의 제기 시 「행정소송법」 조항의 집행정지의 요건으로 규정한 '회복하기 어려운 손해'는 건전한 상식과 통상적인 법감정을 가진 사람이 심판대상조항의 의미내용을 파악하기 어려우므로 명확성원칙에 위배된다.

③ 어린이집이 시·도지사가 정한 수납한도액을 초과하여 보호자로부터 필요경비를 수납한 경우, 해당 시·도지사는 「영유아보육법」에 근거하여 시정 또는 변경 명령을 발할 수 있는데, 이 시정 또는 변경 명령 조항의 내용으로 환불명령을 명시적으로 규정하지 않았다고 하여 명확성원칙에 위배된다고 볼 수 없다.

④ 정당한 이유 없이 이 법에 규정된 범죄에 공용(供用)될 우려가 있는 흉기나 그 밖의 위험한 물건을 휴대한 사람을 처벌하도록 규정한 「폭력행위 등 처벌에 관한 법률」 조항에서 '공용(供用)될 우려가 있는'은 흉기나 그 밖의 위험한 물건이 '사용될 위험성이 있는'의 뜻으로 해석할 수 있으므로 죄형법정주의의 명확성 원칙에 위배되지 않는다.

 ① [O] 이 사건 시행령 조항에서 '범죄에 악용될 소지가 현저한 것'은 진정한 총포로 오인·혼동되어 위협 수단으로 사용될 정도로 총포와 모양이 유사한 것을 의미하고, '인명·신체상 위해를 가할 우려가 있는 것'은 사람에게 상해나 사망의 결과를 가할 우려가 있을 정도로 진정한 총포의 기능과 유사한 것을 의미한다. 따라서 이 사건 시행령 조항은 문언상 그 의미가 명확하므로, 죄형법정주의의 명확성원칙에 위반되지 않는다(헌재 2018. 5. 31. 2017헌마167).

② [X] 이 사건 집행정지 요건 조항에서 집행정지 요건으로 규정한 '회복하기 어려운 손해'는 대법원 판례에 의하여 '특별한 사정이 없는 한 금전으로 보상할 수 없는 손해로서 이는 금전보상이 불능인 경우 내지는 금전보상으로는 사회관념상 행정처분을 받은 당사자가 참고 견딜 수 없거나 또는 참고 견디기가 현저히 곤란한 경우의 유형, 무형의 손해'를 의미한 것으로 해석할 수 있고, …… 이와 같이 심판대상조항은 법관의 법 보충작용을 통한 판례에 의하여 합리적으로 해석할 수 있고, <u>자의적인 법해석의 위험이 있다고 보기 어려우므로 명확성 원칙에 위배되지 않는다</u>(헌재 2018. 1. 25. 2016헌바208).

③ [O] 이러한 사정을 종합하면, 심판대상조항이 규정하고 있는 '시정 또는 변경' 명령은 '영유아보육법 제38조 위반행위에 대하여 그 위법사실을 시정하도록 함으로써 정상적인 법질서를 회복하는 것을 목적으로 행해지는 행정작용'으로, 여기에는 과거의 위반행위로 인하여 취득한 필요경비 한도 초과액에 대한 환불명령도 포함됨을 어렵지 않게 예측할 수 있다. 그렇다면 심판대상조항 자체에 시정 또는 변경 명령의 내용으로 환불명령을 명시적으로 규정하지 않았다고 하여 명확성원칙에 위배된다고 볼 수 없다(헌재 2017. 12. 28. 2016헌바249).

✎ **ANSWER** 20.② / 1.②

④ [O] 심판대상조항의 '흉기'란 사람을 죽이거나 해치는 데 쓰는 도구로서, 여기에 총포나 도검과 같이 살상력이 강력한 물건이 포함될 것임은 일반인이 어렵지 않게 예측할 수 있고, '위험한 물건'이란 흉기에 해당하지는 않더라도 흉기와 유사한 정도로 사람의 생명, 신체 등을 해칠 수 있는 물건임을 수범자 입장에서 충분히 예측할 수 있다. 사회통념상 어떠한 행위가 흉기나 위험한 물건을 '휴대'한 행위인지도 충분히 알 수 있다. …… '공용될 우려가 있는'은 '사용될 위험성이 있는'의 뜻으로, 역시 흉기나 그 밖의 위험한 물건의 종류, 그 물건을 휴대한 이유, 휴대하게 된 경위, 휴대 전후의 정황 등에 따라 판단할 수 있다. 그렇다면 심판대상조항은 죄형법정주의의 명확성원칙에 위배되지 않는다(헌재 2018. 5. 31. 2016헌바250).

2 재산권에 대한 설명으로 옳지 않은 것은? (다툼이 있는 경우 판례에 의함)

① 「고엽제후유의증 환자지원 등에 관한 법률」에 의한 고엽제후유증환자 및 그 유족의 보상수급권은 법률에 의하여 비로소 인정되는 권리로서 재산권적 성질을 갖는 것이긴 하지만 그 발생에 필요한 요건이 법정되어 있는 이상 이러한 요건을 갖추기 전에는 헌법이 보장하는 재산권이라고 할 수 없다.

② 토지의 협의취득 또는 수용 후 당해 공익사업이 다른 공익 사업으로 변경되는 경우에 당해 토지의 원소유자 또는 그 포괄승계인의 환매권을 제한하고, 환매권 행사기간을 변환고시일부터 기산하도록 한 구 「공익사업을 위한 토지 등의 취득 및 보상에 관한 법률」 조항은 이들의 재산권을 침해한다.

③ 의료급여수급권은 공공부조의 일종으로서 순수하게 사회정책적 목적에서 주어지는 권리이므로 개인의 노력과 금전적 기여를 통하여 취득되는 재산권의 보호대상에 포함된다고 보기 어렵다.

④ 영화관 관람객이 입장권 가액의 100분의 3을 부담하도록 하고 영화관 경영자는 이를 징수하여 영화진흥위원회에 납부하도록 강제하는 내용의 영화상영관 입장권 부과금 제도는 영화관 관람객의 재산권을 침해하지 않는다.

> **ADVICE** ① [O] 고엽제법에 의한 고엽제후유증환자 및 그 유족의 보상수급권은 법률에 의하여 비로소 인정되는 권리로서 재산권적 성질을 갖는 것이긴 하지만 그 발생에 필요한 요건이 법정되어 있는 이상 이러한 요건을 갖추기 전에는 헌법이 보장하는 재산권이라고 할 수 없다. 결국 고엽제법 제8조 제1항 제2호는 고엽제후유증환자의 유족이 보상수급권을 취득하기 위한 요건을 규정한 것인데, 청구인들은 이러한 요건을 충족하지 못하였기 때문에 보상수급권이라고 하는 재산권을 현재로서는 취득하지 못하였다고 할 것이다. 그렇다면 고엽제법 제8조 제1항 제2호가 평등원칙을 위반하였는지 여부는 별론으로 하고 청구인들이 이미 취득한 재산권을 침해한다고는 할 수 없다(헌재 2001. 6. 28. 99헌마516).

② [X] 이 사건 법률조항으로 인하여 제한되는 사익인 환매권은 이미 정당한 보상을 받은 소유자에게 수용된 토지가 목적 사업에 이용되지 않을 경우에 인정되는 것이고, 변환된 공익사업을 기준으로 다시 취득할 수 있어, 이 사건 법률조항으로 인하여 제한되는 사익이 이로써 달성할 수 있는 공익에 비하여 중하다고 할 수 없으므로, <u>이 사건 법률조항은 과잉금지원칙에 위배되어 청구인의 재산권을 침해한다고 할 수 없다</u>(헌재 2012. 11. 29. 2011헌바49).

③ [O] 의료급여수급권은 공공부조의 일종으로서 순수하게 사회정책적 목적에서 주어지는 권리이므로 개인의 노력과 금전적 기여를 통하여 취득되는 재산권의 보호대상에 포함된다고 보기 어려워, 이 사건 시행령조항 및 시행규칙조항이 청구인들의 재산권을 침해한다고 할 수 없다(헌재 2009. 9. 24. 2007헌마1092).

④ [O] 그리고 이와 같은 정도로 제한되는 관람객의 재산권과 영화관 경영자의 직업수행의 자유에 비하여 한국영화의 발전 및 영화산업의 진흥이라는 공익이 결코 작다고 할 수 없어 법익의 균형성 또한 인정된다. 그러므로 영화상영관 입장권에 대한 부과금 제도는 과잉금지원칙에 반하여 영화관 관람객의 재산권과 영화관 경영자의 직업수행의 자유를 침해하였다고 볼 수 없다(헌재 2008. 11. 27. 2007헌마860).

3 사생활의 비밀과 자유에 대한 설명으로 옳지 않은 것은? (다툼이 있는 경우 판례에 의함)

① 엄중격리대상자의 수용거실에 CCTV를 설치하여 24시간 감시하는 행위는 교도관의 계호활동 중 육안에 의한 시선계호를 CCTV 장비에 의한 시선계호로 대체한 것에 불과하므로, 특별한 법적 근거가 없더라도 일반적인 계호활동을 허용하는 법률규정에 의하여 허용되고, 엄중격리대상자의 사생활의 비밀 및 자유를 침해하였다고 볼 수 없다.

② 흡연자들이 자유롭게 흡연할 권리를 흡연권이라고 한다면, 이러한 흡연권은 인간의 존엄과 행복추구권을 규정한 헌법 제10조와 사생활의 자유를 규정한 헌법 제17조에 의하여 뒷받침된다.

③ 금융감독원의 4급 이상 직원에 대하여 「공직자윤리법」상 재산등록의무를 부과하는 조항은 해당 업무에 대한 권한과 책임이 부여되지 아니한 3급 또는 4급 직원까지 재산등록 의무자로 규정하여 재산등록의무자의 범위를 지나치게 확대하고, 등록대상 재산의 범위도 지나치게 광범위하며, 직원 본인뿐 아니라 배우자, 직계존비속의 재산까지 등록하도록 하는 등 이들의 사생활의 비밀과 자유를 침해한다.

④ 교도소장이 수용자가 없는 상태에서 실시한 거실 및 작업장 검사행위는 교도소의 안전과 질서를 유지하고, 수형자의 교화·개선에 지장을 초래할 수 있는 물품을 차단하기 위한 것으로서 그 목적이 정당하고, 수단도 적절하며, 검사의 실효성을 확보하기 위한 최소한의 조치로 보이고, 달리 덜 제한적인 대체수단을 찾기 어려운 점 등에 비추어 보면 사생활의 비밀 및 자유를 침해하였다고 할 수 없다.

> **ADVICE** ① [O] 이 사건 CCTV 설치행위는 행형법 및 교도관직무규칙 등에 규정된 교도관의 계호활동 중 육안에 의한 시선계호를 CCTV 장비에 의한 시선계호로 대체한 것에 불과하므로, 이 사건 CCTV 설치행위에 대한 특별한 법적 근거가 없더라도 일반적인 계호활동을 허용하는 법률규정에 의하여 허용된다고 보아야 한다(헌재 2008. 5. 29. 2005헌마137).
> ② [O] 흡연자들이 자유롭게 흡연할 권리를 흡연권이라고 한다면, 이러한 흡연권은 인간의 존엄과 행복추구권을 규정한 헌법 제10조와 사생활의 자유를 규정한 헌법 제17조에 의하여 뒷받침된다(헌재 2004. 8. 26. 2003헌마457).
> ③ [X] 재산등록제도는 재산공개제도와 구별되는 것이고, 재산등록사항의 누설 및 목적 외 사용 금지 등 재산등록사항이 외부에 알려지지 않도록 보호하는 조치가 마련되어 있다. 재산등록대상에 본인 외에 배우자와 직계존비속도 포함되나 이는 등록의무자의 재산은닉을 방지하기 위하여 불가피한 것이며, 고지거부제도 운용 및 혼인한 직계비속인 여자, 외조부모 등을 대상에서 제외함으로써 피해를 최소화하고 있다. 또한 이 사건 재산등록 조항에 의하여 제한되는 사생활 영역은 재산관계에 한정됨에 비하여 이를 통해 달성할 수 있는 공익은 금융감독원 업무의 투명성 및 책임성 확보 등으로 중대하므로 법익균형성도 충족하고 있다. 따라서 이 사건 재산등록 조항은 청구인들의 사생활의 비밀과 자유를 침해하지 아니한다(헌재 2014. 6. 26. 2012헌마331).
> ④ [O] 이 사건 검사행위는 교도소의 안전과 질서를 유지하고, 수형자의 교화·개선에 지장을 초래할 수 있는 물품을 차단하기 위한 것으로서 그 목적이 정당하고, 수단도 적절하며, 검사의 실효성을 확보하기 위한 최소한의 조치로 보이고, 달리 덜 제한적인 대체수단을 찾기 어려운 점 등에 비추어 보면 이 사건 검사행위가 과잉금지원칙에 위배하여 사생활의 비밀 및 자유를 침해하였다고 할 수 없다(헌재 2011. 10. 25. 2009헌마691).

✎ **ANSWER** 2.② 3.③

4 인간다운 생활을 할 권리에 대한 설명으로 옳지 않은 것은? (다툼이 있는 경우 판례에 의함)

① 국가에게 헌법 제34조에 의하여 장애인의 복지를 위하여 노력을 해야 할 의무가 있다는 것은, 장애인도 인간다운 생활을 누릴 수 있는 정의로운 사회질서를 형성해야 할 국가의 일반적인 의무를 뜻하는 것이지, 장애인을 위하여 저상버스를 도입해야 한다는 구체적 내용의 의무가 헌법으로부터 나오는 것은 아니다.

② 구치소·치료감호시설에 수용 중인 자에 대하여 「국민기초생활보장법」에 의한 중복적인 보장을 피하기 위하여 개별가구에서 제외하기로 한 입법자의 판단이 헌법상 용인될 수 있는 재량의 범위를 일탈하여 인간다운 생활을 할 권리와 보건권을 침해한다고 볼 수 없다.

③ 인간다운 생활을 보장하기 위한 객관적인 내용의 최소한을 보장하고 있는지 여부는 특정한 법률에 의한 생계급여만을 가지고 판단하면 되고, 여타 다른 법령에 의해 국가가 최저생활보장을 위하여 지급하는 각종 급여나 각종 부담의 감면 등을 총괄한 수준으로 판단할 것을 요구하지는 않는다.

④ 국가가 인간다운 생활을 보장하기 위한 헌법적 의무를 다하였는지의 여부가 사법적 심사의 대상이 된 경우에는, 국가가 최저생활보장에 관한 입법을 전혀 하지 아니하였다든가 그 내용이 현저히 불합리하여 헌법상 용인될 수 있는 재량의 범위를 명백히 일탈한 경우에 한하여 헌법에 위반된다고 할 수 있다.

> **ADVICE** ① [O] 장애인의 복지를 향상해야 할 국가의 의무가 다른 다양한 국가과제에 대하여 최우선적인 배려를 요청할 수 없을 뿐 아니라, 나아가 헌법의 규범으로부터는 '장애인을 위한 저상버스의 도입'과 같은 구체적인 국가의 행위의무를 도출할 수 없는 것이다. 국가에게 헌법 제34조에 의하여 장애인의 복지를 위하여 노력을 해야 할 의무가 있다는 것은, 장애인도 인간다운 생활을 누릴 수 있는 정의로운 사회질서를 형성해야 할 국가의 일반적인 의무를 뜻하는 것이지, 장애인을 위하여 저상버스를 도입해야 한다는 구체적 내용의 의무가 헌법으로부터 나오는 것은 아니다(헌재 2002. 12. 18. 2002헌마52).
>
> ② [O] '형의 집행 및 수용자의 처우에 관한 법률' 및 치료감호법에 의한 구치소·치료감호시설에 수용 중인 자는 당해 법률에 의하여 생계유지의 보호와 의료적 처우를 받고 있으므로 이러한 구치소·치료감호시설에 수용 중인 자에 대하여 '국민기초생활 보장법'에 의한 중복적인 보장을 피하기 위하여 개별가구에서 제외하기로 한 입법자의 판단이 헌법상 용인될 수 있는 재량의 범위를 일탈하여 인간다운 생활을 할 권리와 보건권을 침해한다고 볼 수 없다(헌재 2012. 2. 23. 2011헌마123).
>
> ③ [X] 국가가 생활능력 없는 장애인의 인간다운 생활을 보장하기 위하여 행하는 사회부조에는 국민기초생활보장법에 의한 생계급여 지급을 통한 최저생활보장 외에 다른 법령에 의하여 행하여지는 것도 있으므로, 국가가 행하는 최저생활보장 수준이 그 재량의 범위를 명백히 일탈하였는지 여부, 즉 인간다운 생활을 보장하기 위한 객관적 내용의 <u>최소한을 보장하고 있는지 여부는 보장법에 의한 생계급여만을 가지고 판단하여서는 아니되고, 그 외의 법령에 의거하여 국가가 최저생활보장을 위하여 지급하는 각종 급여나 각종 부담의 감면 등을 총괄한 수준으로 판단하여야 한다</u>(헌재 2004. 10. 28. 2002헌마328).
>
> ④ [O] 국가가 인간다운 생활을 보장하기 위한 헌법적 의무를 다하였는지 여부가 사법적 심사의 대상이 된 경우에는, 국가가 최저생활보장에 관한 입법을 전혀 하지 아니하였다든가 그 내용이 현저히 불합리하여 헌법상 용인될 수 있는 재량의 범위를 명백히 벗어난 경우에 한하여 헌법에 위반된다고 할 수 있다(헌재 2012. 2. 23. 2011헌마123).

5 헌법상 기본원리에 대한 설명으로 옳은 것만을 모두 고르면? (다툼이 있는 경우 판례에 의함)

> ㉠ '책임 없는 자에게 형벌을 부과할 수 없다'는 형벌에 관한 책임주의는 형사법의 기본원리로서, 헌법상 법치국가의 원리에 내재하는 원리인 동시에, 헌법 제10조의 취지로부터 도출되는 원리이고, 법인의 경우도 자연인과 마찬가지로 책임주의원칙이 적용된다.
> ㉡ 헌법 제119조 제1항은 헌법상 경제질서에 관한 일반조항으로서 국가의 경제정책에 대한 하나의 헌법적 지침이고, 동 조항이 언급하는 경제적 자유와 창의는 직업의 자유, 재산권의 보장, 근로3권과 같은 경제에 관한 기본권 및 비례의 원칙과 같은 법치국가원리에 의하여 비로소 헌법적으로 구체화된다.
> ㉢ 사회환경이나 경제여건의 변화에 따른 필요성에 의하여 법률이 신축적으로 변할 수 있고, 변경된 새로운 법질서와 기존의 법질서 사이에 이해관계의 상충이 불가피하더라도 국민이 가지는 모든 기대 내지 신뢰는 헌법상 권리로서 보호되어야 한다.
> ㉣ 헌법의 기본원리는 헌법의 이념적 기초인 동시에 헌법을 지배하는 지도원리로서 구체적 기본권을 도출하는 근거가 될 뿐만 아니라 기본권의 해석 및 기본권 제한입법의 합헌성 심사에 있어 해석기준의 하나로서 작용한다.

① ㉠, ㉡
② ㉠, ㉢
③ ㉠, ㉡, ㉣
④ ㉡, ㉢, ㉣

>**ADVICE** ㉠ [O] 이와 같이 '책임 없는 자에게 형벌을 부과할 수 없다.'는 형벌에 관한 책임주의는 형사법의 기본원리로서, 헌법상 법치국가의 원리에 내재하는 원리인 동시에 헌법 제10조의 취지로부터 도출되는 원리이고, 법인의 경우도 자연인과 마찬가지로 책임주의원칙이 적용된다(헌재 2010. 10. 28. 2010헌가55).
> ㉡ [O] 헌법은 제119조에서 개인의 경제적 자유를 보장하면서 사회정의를 실현하기 위한 경제질서를 선언하고 있다. 이 규정은 헌법상 경제질서에 관한 일반조항으로서 국가의 경제정책에 대한 하나의 헌법적 지침이고, 동 조항이 언급하는 '경제적 자유와 창의'는 직업의 자유, 재산권의 보장, 근로3권과 같은 경제에 관한 기본권 및 비례의 원칙과 같은 법치국가원리에 의하여 비로소 헌법적으로 구체화된다(헌재 2002. 10. 31. 99헌바76).
> ㉢ [X] 다만 사회환경이나 경제여건의 변화에 따른 필요성에 의하여 법률은 신축적으로 변할 수밖에 없고, 변경된 새로운 법질서와 기존의 법질서 사이에는 이해관계의 상충이 불가피하므로 국민이 가지는 모든 기대 내지 신뢰가 헌법상 권리로서 보호될 것은 아니고, 보호 여부는 기존의 제도를 신뢰한 자의 신뢰를 보호할 필요성과 새로운 제도를 통해 달성하려고 하는 공익을 비교형량하여 판단하여야 한다(헌재 2016. 11. 9. 2014두3228).
> ㉣ [X] 헌법의 기본원리는 헌법의 이념적 기초인 동시에 헌법을 지배하는 지도원리로서 입법이나 정책결정의 방향을 제시하며 공무원을 비롯한 모든 국민·국가기관이 헌법을 존중하고 수호하도록 하는 지침이 되며, 구체적 기본권을 도출하는 근거로 될 수는 없으나 기본권의 해석 및 기본권제한입법의 합헌성 심사에 있어 해석기준의 하나로서 작용한다(헌재 1996. 4. 25. 92헌바47).

ANSWER 4.③ 5.①

6 대통령에 대한 설명으로 옳지 않은 것은? (다툼이 있는 경우 판례에 의함)

① 대통령선거에서 당선의 효력에 이의가 있는 경우, 후보자를 추천한 정당 또는 후보자는 당선인결정일부터 30일 이내에 그 사유에 따라 당선인을 피고로 하거나 그 당선인을 결정한 중앙선거관리위원회위원장 또는 국회의장을 피고로 하여 대법원에 소를 제기할 수 있다.

② 대통령은 헌법재판관, 대법관, 감사위원을 국회의 동의를 얻어 각각 임명한다.

③ 대통령 취임선서에서 규정한 '직책을 성실히 수행할 의무'는 헌법적 의무에 해당하지만, 규범적으로 그 이행이 관철될 수 있는 성격의 의무가 아니므로 원칙적으로 사법적 판단의 대상이 되기는 어렵다.

④ 대통령은 국민의 한사람으로서 제한적으로나마 기본권의 주체가 될 수 있는바, 대통령은 소속 정당을 위하여 정당활동을 할 수 있는 사인으로서의 지위와 국민 모두에 대한 봉사자로서 공익실현의 의무가 있는 헌법기관으로서의 지위를 동시에 갖는데 최소한 전자의 지위와 관련하여는 기본권 주체성을 갖는다고 할 수 있다.

> **ADVICE** ① [O] 공직선거법 제223조(당선소송)
>
> ① 대통령선거 및 국회의원선거에 있어서 당선의 효력에 이의가 있는 정당(후보자를 추천한 정당에 한한다) 또는 후보자는 당선인결정일부터 30일 이내에 제52조 제1항·제3항 또는 제192조 제1항부터 제3항까지의 사유에 해당함을 이유로 하는 때에는 당선인을, 제187조(대통령당선인의 결정·공고·통지) 제1항·제2항, 제188조(지역구국회의원당선인의 결정·공고·통지) 제1항 내지 제4항, 제189조(비례대표국회의원의석의 배분과 당선인의 결정·공고·통지) 또는 제194조(당선인의 재결정과 비례대표국회의원의석 및 비례대표지방의회의원의석의 재배분) 제4항의 규정에 의한 결정의 위법을 이유로 하는 때에는 대통령선거에 있어서는 그 당선인을 결정한 중앙선거관리위원회위원장 또는 국회의장을, 국회의원선거에 있어서는 당해 선거구선거관리위원회위원장을 각각 피고로 하여 대법원에 소를 제기할 수 있다.
>
> ② [X] 헌법 제98조
>
> ② 원장은 국회의 동의를 얻어 대통령이 임명하고, 그 임기는 4년으로 하며, 1차에 한하여 중임할 수 있다.
> ③ <u>감사위원은 원장의 제청으로 대통령이 임명하고, 그 임기는 4년으로 하며, 1차에 한하여 중임할 수 있다.</u>
>
> ③ [O] 헌법 제69조는 대통령의 취임선서의무를 규정하면서, 대통령으로서 '직책을 성실히 수행할 의무'를 언급하고 있다. 비록 대통령의 '성실한 직책수행의무'는 헌법적 의무에 해당하나, '헌법을 수호해야 할 의무'와는 달리, 규범적으로 그 이행이 관철될 수 있는 성격의 의무가 아니므로, 원칙적으로 사법적 판단의 대상이 될 수 없다고 할 것이다(헌재 2004. 5. 12. 2004헌나1).
>
> ④ [O] 개인의 지위를 겸하는 국가기관이 기본권의 주체로서 헌법소원의 청구적격을 가지는지 여부는, 심판대상조항이 규율하는 기본권의 성격, 국가기관으로서의 직무와 제한되는 기본권 간의 밀접성과 관련성, 직무상 행위와 사적인 행위 간의 구별가능성 등을 종합적으로 고려하여 결정되어야 할 것이다. 그러므로 대통령도 국민의 한사람으로서 제한적으로나마 기본권의 주체가 될 수 있는바, 대통령은 소속 정당을 위하여 정당활동을 할 수 있는 사인으로서의 지위와 국민 모두에 대한 봉사자로서 공익실현의 의무가 있는 헌법기관으로서의 지위를 동시에 갖는데 최소한 전자의 지위와 관련하여는 기본권 주체성을 갖는다고 할 수 있다(헌재 2008. 1. 17. 2007헌마700).

7 표현의 자유에 대한 설명으로 옳은 것만을 모두 고르면? (다툼이 있는 경우 판례에 의함)

> ⊙ 헌법상 군무원은 국민의 구성원으로서 정치적 표현의 자유를 보장받지만, 그 특수한 지위로 인하여 국가 공무원으로서 헌법 제7조에 따라 그 정치적 중립성을 준수하여야 할 뿐만 아니라, 나아가 국군의 구성원으로서 헌법 제5조 제2항에 따라 그 정치적 중립성을 준수할 필요성이 더욱 강조되므로, 정치적 표현의 자유에 대해 일반 국민보다 엄격한 제한을 받을 수밖에 없다.
>
> ⓛ 일반적으로 표현의 자유는 정보의 전달 또는 전파와 관련지어 생각되므로 구체적인 전달이나 전파의 상대방이 없는 집필의 단계를 표현의 자유의 보호영역에 포함시킬 것인지 의문이 있을 수 있으나, 집필은 문자를 통한 모든 의사표현의 기본 전제가 된다는 점에서 당연히 표현의 자유의 보호영역에 속해 있다고 보아야 한다.
>
> ⓒ 건강기능식품의 기능성 광고는 인체의 구조 및 기능에 대하여 보건용도에 유용한 효과를 준다는 기능성 등에 관한 정보를 널리 알려 해당 건강기능식품의 소비를 촉진시키기 위한 상업광고이지만, 헌법 제21조 제1항의 표현의 자유의 보호 대상이 됨과 동시에 같은 조 제2항의 사전검열 금지 대상도 된다.
>
> ⓔ 선거운동 기간 중 인터넷언론사 홈페이지의 게시판 등에 정당·후보자에 대한 지지·반대의 정보를 게시할 수 있도록 하는 경우 실명확인을 위한 기술적 조치를 하도록 한 것은 게시판 이용자의 정치적 익명표현의 자유를 침해한다.

① ⊙, ⓛ
② ⊙, ⓔ
③ ⊙, ⓛ, ⓒ
④ ⓛ, ⓒ, ⓔ

> **ADVICE** ⊙ [O] 그러므로 헌법상 군무원은 국민의 구성원으로서 정치적 표현의 자유를 보장받지만, 위와 같은 특수한 지위로 인하여 국가공무원으로서 헌법 제7조에 따라 그 정치적 중립성을 준수하여야 할 뿐만 아니라, 나아가 국군의 구성원으로서 헌법 제5조 제2항에 따라 그 정치적 중립성을 준수할 필요성이 더욱 강조되므로, 정치적 표현의 자유에 대해 일반 국민보다 엄격한 제한을 받을 수밖에 없다(헌재 2018. 7. 26. 2016헌바139).
>
> ⓛ [O] 집필행위는 사람의 내면에 있는 생각이 외부로 나타나는 첫 단계의 행위란 점에서 문자를 통한 표현행위의 가장 기초적이고도 전제가 되는 행위라 할 것이다. 일반적으로 표현의 자유는 정보의 전달 또는 전파와 관련지어 생각되므로 구체적인 전달이나 전파의 상대방이 없는 집필의 단계를 표현의 자유의 보호영역에 포함시킬 것인지 의문이 있을 수 있으나, 집필은 문자를 통한 모든 의사표현의 기본 전제가 된다는 점에서 당연히 표현의 자유의 보호영역에 속해 있다고 보아야 한다(헌재 2005. 2. 24. 2003헌마289).
>
> ⓒ [O] 헌법상 사전검열은 표현의 자유 보호대상이면 예외 없이 금지된다. 건강기능식품의 기능성 광고는 인체의 구조 및 기능에 대하여 보건용도에 유용한 효과를 준다는 기능성 등에 관한 정보를 널리 알려 해당 건강기능식품의 소비를 촉진시키기 위한 상업광고이지만, 헌법 제21조 제1항의 표현의 자유의 보호 대상이 됨과 동시에 같은 조 제2항의 사전검열 금지 대상도 된다(헌재 2019. 5. 30. 2019헌가4).
>
> ⓔ [X] 실명확인조항은 실명확인이 필요한 기간을 '선거운동기간 중'으로 한정하고, 그 대상을 '인터넷언론사 홈페이지의 게시판·대화방' 등에 '정당·후보자에 대한 지지·반대의 정보'를 게시하는 경우로 제한하고 있는 점, 인터넷이용자는 실명확인을 받고 정보를 게시할 것인지 여부를 선택할 수 있고 실명확인에 별다른 시간과 비용이 소요되는 것이 아닌 점, 실명확인 후에도 게시자의 개인정보가 노출되지 않고 다만 '실명인증' 표시만이 나타나는 점 등을 고려하면, <u>이 사건 법률조항이 과잉금지원칙에 위배되어 게시판 이용자의 정치적 익명표현의 자유, 개인정보자기결정권 및 인터넷언론사의 언론의 자유를 침해한다고 볼 수 없다(2015. 7. 30. 2012헌마734).</u>

✎ **ANSWER** 6.② 7.③

8 국회의 입법절차에 대한 설명으로 옳은 것은?

① 위원회는 일부개정법률안의 경우 의안이 그 위원회에 회부된 날부터 20일이 경과되지 아니한 때는 이를 상정할 수 없다.

② 위원회에 회부된 안건을 신속처리대상안건으로 지정하고자 하는 경우 의원은 재적의원 과반수가 서명한 신속처리안건 지정동의를 의장에게 제출하여야 하고 의장은 지체없이 신속처리안건지정동의를 기명투표로 표결하되 재적의원 5분의 3 이상의 찬성으로 의결한다.

③ 제정법률안과 전부개정법률안에 대해서 위원회 의결로 축조심사를 생략할 수 있으나, 공청회 또는 청문회는 생략할 수 없다.

④ 의원은 무제한토론을 실시하는 안건에 대하여 재적의원 3분의 1 이상의 서명으로 무제한토론의 종결동의(終結動議)를 의장에게 제출할 수 있다.

> **ADVICE** ① [X] 국회법 제59조(의안의 상정시기) ··· 위원회는 의안(예산안, 기금운용계획안 및 임대형 민자사업 한도액안은 제외한다. 이하 이 조에서 같다)이 위원회에 회부된 날부터 다음 각 호의 구분에 따른 기간이 지나지 아니하였을 때에는 그 의안을 상정할 수 없다. 다만, 긴급하고 불가피한 사유로 위원회의 의결이 있는 경우에는 그러하지 아니하다.
> 1. <u>일부개정법률안 : 15일</u>
> 2. 제정법률안, 전부개정법률안 및 폐지법률안 : 20일
> 3. 체계·자구 심사를 위하여 법제사법위원회에 회부된 법률안 : 5일
> 4. 법률안 외의 의안 : 20일
> ② [X] 국회법 제85조의2(안건의 신속 처리)
>   ① 위원회에 회부된 안건(체계·자구 심사를 위하여 법제사법위원회에 회부된 안건을 포함한다)을 제2항에 따른 신속처리대상안건으로 지정하려는 경우 의원은 재적의원 과반수가 서명한 신속처리대상안건 지정요구 동의(動議)(이하 이 조에서 "신속처리안건 지정동의"라 한다)를 의장에게 제출하고, 안건의 소관 위원회 소속 위원은 소관 위원회 재적위원 과반수가 서명한 신속처리안건 지정동의를 소관 위원회 위원장에게 제출하여야 한다. 이 경우 의장 또는 안건의 소관 위원회 위원장은 지체 없이 신속처리안건 지정동의를 <u>무기명투표로 표결하되,</u> 재적의원 5분의 3 이상 또는 안건의 소관 위원회 재적위원 5분의 3 이상의 찬성으로 의결한다.
> ③ [X] 국회법 제58조(위원회의 심사)
>   ⑤ 제1항에 따른 <u>축조심사는 위원회의 의결로 생략할 수 있다.</u> 다만, 제정법률안과 전부개정법률안에 대해서는 그러하지 아니하다.
>   ⑥ 위원회는 제정법률안과 전부개정법률안에 대해서는 <u>공청회 또는 청문회를 개최하여야 한다. 다만, 위원회의 의결로 이를 생략할 수 있다.</u>
> ④ [O] 국회법 제106조의2(무제한토론의 실시 등)
>   ⑤ 의원은 무제한토론을 실시하는 안건에 대하여 재적의원 3분의 1 이상의 서명으로 무제한토론의 종결동의(終結動議)를 의장에게 제출할 수 있다.

9 역대 헌법에 대한 설명으로 옳지 않은 것은?

① 1948년 제헌헌법에서 국회의원의 임기와 국회에서 선거되는 대통령의 임기는 모두 4년으로 규정되었다.

② 1962년 개정헌법은 국회 재적의원 3분의 1 이상 또는 국회의원 선거권자 50만 인 이상의 찬성으로 헌법개정의 제안을 하도록 규정함으로써, 1948년 헌법부터 유지되고 있던 대통령의 헌법개정제안권을 삭제했다.

③ 1980년 개정헌법은 행복추구권, 친족의 행위로 인하여 불이익한 처우의 금지 및 범죄피해자구조청구권을 새로 도입하였다.

④ 1987년 개정헌법은 여야합의에 의해 제안된 헌법개정안을 국회가 의결한 후 국민투표로 확정된 것이다.

> **ADVICE** ① [○] • 제헌헌법(1948년) 제33조 … 국회의원의 임기는 4년으로 한다.
>   • 제헌헌법 제55조 … 대통령과 부통령의 임기는 4년으로 한다. 단, 재선에 의하여 1차 중임할 수 있다. 부통령은 대통령 재임중 재임한다.
> ② [○] 제5차 개정헌법(1962년), 제6차 개정헌법(1969년) 제119조 ① 헌법개정의 제안은 국회의 재적의원 3분의 1 이상 또는 국회의원선거권자 50만 인 이상의 찬성으로써 한다.
> ③ [X] 범죄피해자구조청구권은 현행헌법(1987년)에서 최초로 규정되었다.
> ④ [○] 현행헌법은 여야합의에 의해 개정안을 마련하고 국회의 발의와 의결을 거쳐 국민투표를 통해 확정된 헌법개정이다.

10 법인 또는 단체의 헌법상 지위에 대한 설명으로 옳은 것만을 모두 고르면? (다툼이 있는 경우 판례에 의함)

⊙ 특별한 예외적인 경우를 제외하고, 단체는 그 구성원의 권리구제를 위하여 대신 헌법소원심판을 청구한 경우에는 헌법소원심판청구의 자기관련성을 인정할 수 없다.

ⓛ 인간의 존엄과 가치에서 유래하는 인격권은 자연적 생명체로서 개인의 존재를 전제로 하는 기본권으로서 그 성질상 법인에게는 적용될 수 없으므로 법인의 인격권을 과잉제한 했는지 여부를 판단하기 위해 기본권 제한에 대한 헌법원칙인 비례심사를 할 수는 없다.

ⓒ 변호사 등록제도는 그 연혁이나 법적 성질에 비추어 보건대, 원래 국가의 공행정의 일부라 할 수 있으나, 국가가 행정상 필요로 인해 대한변호사협회에 관련 권한을 이관한 것이므로 대한변호사협회는 변호사 등록에 관한 한 공법인으로서 공권력 행사의 주체이다.

ⓔ 국내 단체의 이름으로 혹은 국내 단체와 관련된 자금으로 정치자금을 기부하는 것을 금지한 「정치자금법」 조항은 단체의 정치적 의사표현 등 정치활동의 자유를 침해한다.

---

① ㉠, ㉢

② ㉡, ㉣

③ ㉠, ㉡, ㉢

④ ㉠, ㉢, ㉣

> **ADVICE** ㉠ [O] 단체는 원칙적으로 단체 자신의 기본권을 직접 침해당한 경우에만 그의 이름으로 헌법소원심판을 청구할 수 있을 뿐이고 그 구성원을 위하여 또는 구성원을 대신하여 헌법소원심판을 청구할 수 없다고 할 것인데, 청구인 한국신문편집인협회는 그 자신의 기본권이 직접 침해당하였다는 것이 아니고 청구인협의의 회원인 언론인들의 언론·출판의 자유가 침해당하고 있어 청구인협회도 간접적으로 기본권을 침해당하고 있음을 이유로 하여 이 사건 헌법소원심판을 청구하고 있는 것으로 보이므로 자기관련성을 갖추지 못하여 부적법하다고 할 것이다(헌재 1995. 7. 21. 92헌마177).

> ㉡ [X] 법인도 법인의 목적과 사회적 기능에 비추어 볼 때 <u>그 성질에 반하지 않는 범위 내에서 인격권의 한 내용인 사회적 신용이나 명예 등의 주체가 될 수 있고</u> 법인이 이러한 사회적 신용이나 명예 유지 내지 법인격의 자유로운 발현을 위하여 의사결정이나 행동을 어떻게 할 것인지를 자율적으로 결정하는 것도 법인의 인격권의 한 내용을 이룬다고 할 것이다. 그렇다면 이 사건 심판대상조항은 방송사업자의 의사에 반한 사과행위를 강제함으로써 방송사업자의 인격권을 제한하는바, 이러한 제한이 그 목적과 방법 등에 있어서 헌법 제37조 제2항에 의한 헌법적 한계 내의 것인지 살펴본다(헌재 2012. 8. 23. 2009헌가27).

> ㉢ [O] 변호사 등록제도는 그 연혁이나 법적 성질에 비추어 보건대, 원래 국가의 공행정의 일부라 할 수 있으나, 국가가 행정상 필요로 인해 대한변호사협회(이하 '변협'이라 한다)에 관련 권한을 이관한 것이다. 따라서 변협은 변호사 등록에 관한 한 공법인으로서 공권력 행사의 주체이다. 또한 변호사법의 관련 규정, 변호사 등록의 법적 성질, 변호사 등록을 하려는 자와 변협 사이의 법적 관계 등을 고려했을 때 변호사 등록에 관한 한 공법인 성격을 가지는 변협이 등록사무의 수행과 관련하여 정립한 규범을 단순히 내부 기준이라거나 사법적인 성질을 지니는 것이라 볼 수는 없고, 변호사 등록을 하려는 자와의 관계에서 대외적 구속력을 가지는 공권력 행사에 해당한다고 할 것이다(헌재 2019. 11. 28. 2017헌마759).

ⓔ [X] 나아가 이 사건 기부금지 조항에 의한 개인이나 단체의 정치적 표현의 자유 제한은 내용중립적인 방법 제한으로서 수인 불가능할 정도로 큰 것이 아닌 반면, 금권정치와 정경유착의 차단, 단체와의 관계에서 개인의 정치적 기본권 보호 등 이 사건 기부금지 조항에 의하여 달성되는 공익은 대의민주제를 채택하고 있는 민주국가에서 매우 크고 중요하다는 점에서 법익균형성 원칙도 충족된다. <u>따라서 이 사건 기부금지 조항이 과잉금지원칙에 위반하여 정치활동의 자유 등을 침해하는 것이라 볼 수 없다</u>(헌재 2010. 12. 28. 2008헌바89).

11 국회의 재정에 대한 권한으로 옳지 않은 것은? (다툼이 있는 경우 판례에 의함)

① 특정인이나 특정계층에 대하여 정당한 이유없이 조세감면의 우대조치를 하는 것은 특정한 납세자군이 조세의 부담을 다른 납세자군의 부담으로 떠맡기는 것에 다름아니므로 조세감면의 근거 역시 법률로 정하여야만 하는 것이 국민주권주의나 법치주의의 원리에 부응하는 것이다.

② 어떤 공과금이 조세인지 아니면 부담금인지는 단순히 법률에서 그것을 무엇으로 성격 규정하고 있느냐를 기준으로 할 것이 아니라, 그 실질적인 내용을 결정적인 기준으로 삼아야 한다.

③ 한 회계연도를 넘어 계속하여 지출할 필요가 있을 때에는 정부는 연한을 정함이 없이 계속비로서 국회의 의결을 얻어 지출할 수 있다.

④ 「의료사고 피해구제 및 의료분쟁 조정 등에 관한 법률」 규정상 보상의 전제가 되는 의료사고에 관한 사항들은 의학의 발전 수준 등에 따라 변할 수 있으므로, 분담금 납부의무자의 범위와 보상재원의 분담비율을 반드시 법률에서 정해야 한다고 보기는 어렵다.

> **ADVICE** ① [O] 조세의 감면에 관한 규정은 조세의 부과·징수의 요건이나 절차와 직접 관련되는 것은 아니지만, 조세란 공공경비를 국민에게 강제적으로 배분하는 것으로서 납세의무자 상호간에는 조세의 전가관계가 있으므로 특정인이나 특정계층에 대하여 정당한 이유없이 조세감면의 우대조치를 하는 것은 특정한 납세자군이 조세의 부담을 다른 납세자군의 부담으로 떠맡기는 것에 다름아니므로 조세감면의 근거 역시 법률로 정하여야만 하는 것이 국민주권주의나 법치주의의 원리에 부응하는 것이다(헌재 1996. 6. 26. 93헌바2).

② [O] 그러나 어떤 공과금이 조세인지 아니면 부담금인지는 단순히 법률에서 그것을 무엇으로 성격 규정하고 있느냐를 기준으로 할 것이 아니라, 그 실질적인 내용을 결정적인 기준으로 삼아야 한다(헌재 2004. 7. 15. 2002헌바42).

③ [X] 헌법 제55조
　① 한 회계연도를 넘어 계속하여 지출할 필요가 있을 때에는 <u>정부는 연한을 정하여</u> 계속비로서 국회의 의결을 얻어야 한다.

④ [O] 보상의 전제가 되는 의료사고에 관한 사항들은 의학의 발전 수준이나 의료 환경 등에 따라 변할 수 있으므로, 보상이 필요한 의료사고인지, 보상의 범위를 어느 수준으로 할지, 그 재원을 누가 부담할지 등은 당시의 의료사고 현황이나 관련자들의 비용부담 능력 등을 종합적으로 고려하여 결정해야 할 것이다. 따라서 분담금 납부의무자의 범위와 보상재원의 분담비율을 반드시 법률에서 직접 정해야 한다고 보기는 어렵고, 이를 대통령령에 위임하였다고 하여 그 자체로 법률유보원칙에 위배된다고 할 수는 없다(헌재 2018. 4. 26. 2015헌가13).

✎ **ANSWER** 10.① 11.③

12 헌법개정에 대한 설명으로 옳지 않은 것은?

① 헌법의 안정성과 헌법에 대한 존중이라는 요청 때문에 우리 헌법의 개정은 제한적으로 인정되며, 일반법률과는 다른 엄격한 요건과 절차가 요구된다.

② 1차 헌법개정은 정부안과 야당안을 발췌·절충한 개헌안을 대상으로 하여 헌법개정절차인 공고절차를 그대로 따랐다.

③ 1972년 개정헌법에 따르면, 대통령이 제안한 헌법개정안은 국회의 의결을 거치지 않고 국민투표를 통하여 확정된다.

④ 헌법개정안은 국회가 의결한 후 30일 이내에 국민투표에 부쳐 국회의원선거권자 과반수의 투표와 투표자 과반수의 찬성을 얻어야 하고, 이 찬성을 얻은 때에 헌법개정은 확정되며, 대통령은 즉시 이를 공포하여야 한다.

ADVICE ① [O] 우리 헌법은 제10장에 헌법개정절차를 규정하면서 국회의 강화된 의결과 주권자인 국민의 투표로 결정하도록 하고 있으므로 헌법개정절차에 엄격한 절차와 요건을 요구하고 있다.

② [X] 1차 헌법개정(1952년)은 대통령직선제 개헌안과 야당의 국무원 불신임개헌안을 절충, 일부 발췌하여 개헌한 것으로 그 과정에서 비상계엄이 선포되어 국회를 포위한 상태에서 국회의원의 자유로운 토론이 사실상 불가능한 상태였다. 또한 의결절차도 기립투표에 따름으로써 헌법개정절차를 그대로 따르지 않은 것으로 평가된다.

③ [O] 제7차 개정헌법(1972년) 제124조
　② 대통령이 제안한 헌법개정안은 국민투표로 확정되며, 국회의원이 제안한 헌법개정안은 국회의 의결을 거쳐 통일주체국민회의의 의결로 확정된다.

④ [O] 헌법 제130조
　② 헌법개정안은 국회가 의결한 후 30일 이내에 국민투표에 붙여 국회의원선거권자 과반수의 투표와 투표자 과반수의 찬성을 얻어야 한다.
　③ 헌법개정안이 제2항의 찬성을 얻은 때에는 헌법개정은 확정되며, 대통령은 즉시 이를 공포하여야 한다.

13 탄핵심판에 대한 설명으로 옳은 것만을 모두 고르면? (다툼이 있는 경우 판례에 의함)

> ⊙ 헌법재판소는 소추사유의 판단에 있어서 국회의 탄핵소추의결서에서 분류된 소추사유의 체계에 의하여 구속을 받지 않으므로, 소추사유를 어떠한 연관관계에서 법적으로 고려할 것인가의 문제는 전적으로 헌법재판소의 판단에 달려있다.
> ⓒ 피청구인에 대한 탄핵심판 청구와 동일한 사유로 형사소송이 진행되고 있는 경우에는 재판부는 심판절차를 정지할 수 있다.
> ⓒ 피청구인이 결정 선고 전에 해당 공직에서 파면되었을 때에는 헌법재판소는 심판청구를 각하하여야 한다.
> ⓒ 「국회법」 제130조 제1항이 탄핵소추의 발의가 있을 때 그 사유 등에 대한 조사 여부를 국회의 재량으로 규정하고 있더라도, 국회가 탄핵소추사유에 대하여 별도의 조사를 하지 않았다거나 국정조사결과나 특별검사의 수사결과를 기다리지 않고 탄핵소추안을 의결하였다면 헌법이나 법률을 위반한 것이다.

① ⊙, ⓒ   ② ⓒ, ⓒ
③ ⊙, ⓒ, ⓒ   ④ ⊙, ⓒ, ⓒ

》ADVICE ⊙ [O] 헌법재판소는 사법기관으로서 원칙적으로 탄핵소추기관인 국회의 탄핵소추의결서에 기재된 소추사유에 의하여 구속을 받는다. 따라서 헌법재판소는 탄핵소추의결서에 기재되지 아니한 소추사유를 판단의 대상으로 삼을 수 없다. 그러나 탄핵소추의결서에서 그 위반을 주장하는 '법규정의 판단'에 관하여 헌법재판소는 원칙적으로 구속을 받지 않으므로, 청구인이 그 위반을 주장한 법규정 외에 다른 관련 법규정에 근거하여 탄핵의 원인이 된 사실관계를 판단할 수 있다. 또한, 헌법재판소는 소추사유의 판단에 있어서 국회의 탄핵소추의결서에서 분류된 소추사유의 체계에 의하여 구속을 받지 않으므로, 소추사유를 어떠한 연관관계에서 법적으로 고려할 것인가의 문제는 전적으로 헌법재판소의 판단에 달려있다(헌재 2004.5.14. 2004헌나1).

ⓒ [O] 헌법재판소법 제51조(심판절차의 정지) … 피청구인에 대한 탄핵심판 청구와 동일한 사유로 형사소송이 진행되고 있는 경우에는 재판부는 심판절차를 정지할 수 있다.

ⓒ [X] 헌법재판소법 제53조(결정의 내용)

② 피청구인이 결정 선고 전에 해당 공직에서 파면되었을 때에는 <u>헌법재판소는 심판청구를 기각하여야 한다.</u>

ⓒ [X] 국회가 탄핵소추를 하기 전에 소추사유에 관하여 충분한 조사를 하는 것이 바람직하다는 것은 의문의 여지가 없다. 그러나 국회의 의사절차에 헌법이나 법률을 명백히 위반한 흠이 있는 경우가 아니면 국회 의사절차의 자율권은 권력분립의 원칙상 존중되어야 하고, 국회법 제130조 제1항은 탄핵소추의 발의가 있을 때 그 사유 등에 대한 조사 여부를 국회의 재량으로 규정하고 있으므로, 국회가 탄핵소추사유에 대하여 별도의 조사를 하지 않았다거나 <u>국정조사결과나 특별검사의 수사결과를 기다리지 않고 탄핵소추안을 의결하였다고 하여 그 의결이 헌법이나 법률을 위반한 것이라고 볼 수 없다</u>(헌재 2017.3.10. 2016헌나1).

14 법원에 대한 설명으로 옳은 것은? (다툼이 있는 경우 판례에 의함)

① 종전에 대법원에서 판시한 헌법·법률·명령 또는 규칙의 해석 적용에 관한 의견을 변경할 필요가 있음을 인정하는 경우, 대법관 3인 이상으로 구성된 부에서 먼저 사건을 심리하여 의견이 일치한 때에는 그 부에서 재판할 수 있다.

② 헌법 제101조 제2항의 각급법원에는 고등법원, 특허법원, 지방법원, 가정법원, 행정법원, 회생법원 및 군사법원이 포함된다.

③ 법관의 인사에 관한 중요 사항을 심의하기 위하여 대법원에 법관인사위원회를 두며, 법관인사위원회의 위원장은 위원 중에서 대법원장이 임명하거나 위촉한다.

④ 사법의 민주적 정당성과 신뢰를 높이기 위해 국민참여재판제도를 도입한 취지와 국민참여재판을 받을 권리를 명시하고 있는 「국민의 형사재판 참여에 관한 법률」의 내용에 비추어 볼 때, 국민참여재판을 받을 권리는 헌법상 기본권으로서 보호된다.

>**ADVICE** ① [X] 법원조직법 제7조(심판권의 행사)

　　① 대법원의 심판권은 대법관 전원의 3분의 2 이상의 합의체에서 행사하며, 대법원장이 재판장이 된다. 다만, 대법관 3명 이상으로 구성된 부(部)에서 먼저 사건을 심리(審理)하여 의견이 일치한 경우에 한정하여 <u>다음 각 호의 경우를 제외하고</u> 그 부에서 재판할 수 있다.

　　3. 종전에 대법원에서 판시(判示)한 헌법·법률·명령 또는 규칙의 해석 적용에 관한 의견을 변경할 필요가 있다고 인정하는 경우

　② [X] • 헌법 제101조 ② 법원은 최고법원인 대법원과 각급법원으로 조직된다.

　　• 헌법 제110조 ① 군사재판을 관할하기 위하여 특별법원으로서 군사법원을 둘 수 있다.

　　법원조직법 제3조(법원의 종류) ① 법원은 다음의 7종류로 한다.

　　1. 대법원
　　2. 고등법원
　　3. 특허법원
　　4. 지방법원
　　5. 가정법원
　　6. 행정법원
　　7. 회생법원

　③ [O] 법원조직법 제25조의2(법관인사위원회)

　　① 법관의 인사에 관한 중요 사항을 심의하기 위하여 대법원에 법관인사위원회를 둔다.

　　⑤ 위원장은 위원 중에서 대법원장이 임명하거나 위촉한다.

　④ [X] 우리 헌법상 헌법과 법률이 정한 법관에 의한 재판을 받을 권리는 직업법관에 의한 재판을 주된 내용으로 하는 것이므로 <u>국민참여재판을 받을 권리가 헌법 제27조 제1항에서 규정한 재판을 받을 권리의 보호범위에 속한다고 볼 수 없다</u>(헌재 2009. 11. 26. 2008헌바12).

15 헌법재판소의 심판절차에 대한 설명으로 옳지 않은 것은?

① 재판관에게 공정한 심판을 기대하기 어려운 사정이 있는 경우 당사자는 기피신청을 할 수 있으나, 변론기일에 출석하여 본안에 관한 진술을 한 때에는 기피신청을 할 수 없다.

② 위헌법률의 심판과 헌법소원에 관한 심판은 서면심리에 의하되, 재판부는 필요하다고 인정하는 경우에는 변론을 열어 당사자, 이해관계인, 그 밖의 참고인의 진술을 들을 수 있다.

③ 지정재판부는 다른 법률에 따른 구제절차가 있는 경우 그 절차를 모두 거치지 아니하거나 또는 법원의 재판에 대하여 헌법소원의 심판이 청구된 경우, 지정재판부 재판관 전원의 일치된 의견에 의한 결정으로 헌법소원의 심판청구를 각하한다.

④ 심판의 변론과 종국결정의 선고는 심판정에서 하되, 헌법재판소장이 필요하다고 인정하는 경우에는 심판정 외의 장소에서 변론을 열 수 있으나 종국결정의 선고를 할 수는 없다.

> **ADVICE** ① [○] 헌법재판소법 제24조(제척·기피 및 회피)

　　　　　③ 재판관에게 공정한 심판을 기대하기 어려운 사정이 있는 경우 당사자는 기피(忌避)신청을 할 수 있다. 다만, 변론기일(辯論期日)에 출석하여 본안(本案)에 관한 진술을 한 때에는 그러하지 아니하다.

　　② [○] 헌법재판소법 제30조(심리의 방식)

　　　　　② 위헌법률의 심판과 헌법소원에 관한 심판은 서면심리에 의한다. 다만, 재판부는 필요하다고 인정하는 경우에는 변론을 열어 당사자, 이해관계인, 그 밖의 참고인의 진술을 들을 수 있다.

　　③ [○] 헌법재판소법 제72조(사전심사)

　　　　　③ 지정재판부는 다음 각 호의 어느 하나에 해당되는 경우에는 지정재판부 재판관 전원의 일치된 의견에 의한 결정으로 헌법소원의 심판청구를 각하한다.

　　　　　　　1. 다른 법률에 따른 구제절차가 있는 경우 그 절차를 모두 거치지 아니하거나 또는 법원의 재판에 대하여 헌법소원의 심판이 청구된 경우

　　④ [X] 헌법재판소법 제33조(심판의 장소) … 심판의 변론과 종국결정의 선고는 심판정에서 한다. 다만, 헌법재판소장이 필요하다고 인정하는 경우에는 <u>심판정 외의 장소에서 변론 또는 종국결정의 선고를 할 수 있다.</u>

✎ **ANSWER** 14.③ 15.④

16 정당해산심판에 대한 설명으로 옳은 것은? (다툼이 있는 경우 판례에 의함)

① 헌법재판소는 정당해산심판의 청구를 받은 때에는 청구인의 신청에 의해서만 종국결정의 선고 시까지 피청구인의 활동을 정지하는 결정을 할 수 있다.

② 정당해산심판은 「헌법재판소법」에 특별한 규정이 있는 경우를 제외하고는 헌법재판의 성질에 반하지 아니하는 한도 내에서 민사소송에 관한 법령과 「행정소송법」을 함께 준용한다.

③ 정당의 목적이나 활동이 민주적 기본질서에 위배되는 것이 헌법이 정한 정당해산의 요건이므로, 정당해산결정 시 비례의 원칙 충족여부에 대하여 반드시 판단할 필요는 없다.

④ 헌법재판소의 해산결정으로 위헌정당이 해산되는 경우에 그 정당 소속 국회의원이 그 의원직을 유지하는지 상실하는지에 대하여 헌법이나 법률에 명문의 규정이 없으나, 정당해산제도의 취지 등에 비추어 볼 때 헌법재판소의 정당해산결정이 있는 경우 그 정당 소속 국회의원의 의원직은 당선 방식을 불문하고 모두 상실되어야 한다.

> **ADVICE** ① [X] 헌법재판소법 제57조(가처분) … 헌법재판소는 정당해산심판의 청구를 받은 때에는 직권 또는 청구인의 신청에 의하여 <u>종국결정의 선고 시까지 피청구인의 활동을 정지하는 결정을 할 수 있다.</u>

② [X] 헌법재판소법 제40조(준용규정)

　① 헌법재판소의 심판절차에 관하여는 이 법에 특별한 규정이 있는 경우를 제외하고는 헌법재판의 성질에 반하지 아니하는 한도에서 민사소송에 관한 법령을 준용한다. 이 경우 탄핵심판의 경우에는 형사소송에 관한 법령을 준용하고, <u>권한쟁의심판 및 헌법소원심판의 경우에는 「행정소송법」을 함께 준용한다.</u>

③ [X] 강제적 정당해산은 헌법상 핵심적인 정치적 기본권인 정당활동의 자유에 대한 근본적 제한이므로, 헌법재판소는 이에 관한 결정을 할 때 헌법 제37조 제2항이 <u>규정하고 있는 비례원칙을 준수해야만 한다.</u> 따라서 헌법 제8조 제4항의 명문규정상 요건이 구비된 경우에도 해당 정당의 위헌적 문제성을 해결할 수 있는 다른 대안적 수단이 없고, 정당해산결정을 통하여 얻을 수 있는 사회적 이익이 정당해산결정으로 인해 초래되는 정당활동 자유 제한으로 인한 불이익과 민주주의 사회에 대한 중대한 제약이라는 사회적 불이익을 초과할 수 있을 정도로 큰 경우에 한하여 정당해산결정이 헌법적으로 정당화될 수 있다(헌재 2014. 12. 19. 2013헌다1).

④ [O] 헌법재판소의 해산결정으로 정당이 해산되는 경우에 그 정당 소속 국회의원이 의원직을 상실하는지에 대하여 명문의 규정은 없으나, 정당해산심판제도의 본질은 민주적 기본질서에 위배되는 정당을 정치적 의사형성과정에서 배제함으로써 국민을 보호하는 데에 있는데 해산정당 소속 국회의원의 의원직을 상실시키지 않는 경우 정당해산결정의 실효성을 확보할 수 없게 되므로, 이러한 정당해산제도의 취지 등에 비추어 볼 때 헌법재판소의 정당해산결정이 있는 경우 그 정당 소속 국회의원의 의원직은 당선 방식을 불문하고 모두 상실되어야 한다(헌재 2014. 12. 19. 2013헌다1).

17 국회의 운영에 대한 설명으로 옳지 않은 것은?

① 의원이 다른 의원의 자격에 대하여 이의가 있을 때에는 30명 이상의 연서로 의장에게 자격심사를 청구할 수 있으며, 의원이 체포 또는 구금된 의원의 석방 요구를 발의할 때에는 재적의원 4분의 1 이상의 연서(連書)로 그 이유를 첨부한 요구서를 의장에게 제출하여야 한다.

② 발언한 의원은 회의록이 배부된 날의 다음 날 오후 5시까지 회의록에 적힌 자구의 정정을 의장에게 요구할 수 있으나, 발언의 취지를 변경할 수 없다.

③ 의장이 산회를 선포한 당일에는 다시 개의할 수 없으나, 내우외환, 천재지변 또는 중대한 재정·경제상의 위기, 국가의 안위에 관계되는 중대한 교전 상태나 전시·사변 또는 이에 준하는 국가비상사태의 경우에는 의장이 교섭단체 대표의원과 합의 없이도 회의를 다시 개의할 수 있다.

④ 의장이 토론에 참가할 때에는 의장석에서 물러나야 하며, 그 안건에 대한 표결이 끝날 때까지 의장석으로 돌아갈 수 없다.

> **ADVICE** ① [O] • 국회법 제138조(자격심사의 청구) … 의원이 다른 의원의 자격에 대하여 이의가 있을 때에는 30명 이상의 연서로 의장에게 자격심사를 청구할 수 있다.
> • 국회법 제28조(석방 요구의 절차)…의원이 체포 또는 구금된 의원의 석방 요구를 발의할 때에는 재적의원 4분의 1 이상의 연서(連書)로 그 이유를 첨부한 요구서를 의장에게 제출하여야 한다.
> ② [O] 국회법 제117조(자구의 정정과 이의의 결정)
> ① 발언한 의원은 회의록이 배부된 날의 다음 날 오후 5시까지 회의록에 적힌 자구의 정정을 의장에게 요구할 수 있다. 다만, 발언의 취지를 변경할 수 없다.
> ③ [X] 국회법 제74조(산회)
> ① 의사일정에 올린 안건의 의사가 끝났을 때에는 의장은 산회를 선포한다.
> ② 산회를 선포한 당일에는 회의를 다시 개의할 수 없다. 다만, 내우외환, 천재지변 또는 중대한 재정·경제상의 위기, 국가의 안위에 관계되는 중대한 교전 상태나 전시·사변 또는 이에 준하는 국가비상사태로서 의장이 각 교섭단체 대표의원과 합의한 경우에는 그러하지 아니하다.
> ④ [O] 국회법 제107조(의장의 토론 참가) … 의장이 토론에 참가할 때에는 의장석에서 물러나야 하며, 그 안건에 대한 표결이 끝날 때까지 의장석으로 돌아갈 수 없다.

18 정부형태에 대한 설명으로 옳지 않은 것은?

① 대통령제는 대통령의 임기를 보장하기 때문에 행정부의 안정성을 유지할 수 있는 장점이 있지만, 대통령과 국회가 충돌할 때 이를 조정할 수 있는 제도적 장치의 구비가 상대적으로 미흡하다.

② 대통령제에서는 국민이 대통령과 의회의 의원을 각각 선출하므로, 국가권력에게 민주적 정당성을 부여하는 방식이 이원화되어 있다.

③ 의원내각제에서 일반적으로 국민의 대표기관인 의회는 행정부불신임권으로 행정부를 견제하고 행정부는 의회해산권으로 이에 대응한다.

④ 우리 헌정사에서 1960년 6월 개정헌법은 의원내각제를 채택한 헌법으로서, 국가의 원수이며 의례상 국가를 대표하는 대통령이 민의원해산권을 행사하도록 규정하였다.

> **ADVICE** ① [O] 대통령제는 대통령의 임기가 정해져 있고 의회와 독립된 권력으로 운영되기 때문에 행정부 운영이 안정적이라는 장점이 있는 반면, 의회와 독립된 기관으로 상호 충돌 시에는 불안정한 정국이 지속될 수 있다. 여소야대 정국이 대표적인 예이다.
> ② [O] 대통령제에서 국민은 대통령을 선출하는 과정과 의회 구성원을 선출하는 과정을 모두 가지므로 국가권력은 이원화된 것으로 볼 수 있다.
> ③ [O] 의회에 대한 내각의 불신임은 의원내각제의 본질적 요소로 평가된다. 이에 의회는 내각을 불신임함으로써 내각을 해산할 수 있고 동시에 내각은 의회를 해산하여 새로운 의회를 구성할 수 있는 상호견제 수단이 존재한다.
> ④ [X] 1960년 6월 개정헌법은 의원내각제를 채택하여 국무총리는 내각의 수장으로서 민의원 해산권을 가지고 있었다.

19 행정입법에 대한 설명으로 옳은 것만을 모두 고르면? (다툼이 있는 경우 판례에 의함)

㉠ 위임입법에서 사용하고 있는 추상적 용어가 하위 법령에 규정될 내용의 범위를 구체적으로 정해주기 위한 역할을 하는지, 아니면 그와는 별도로 독자적인 규율 내용을 정하기 위한 것인지 여부에 따라 별도로 명확성원칙 위반의 문제가 나타날 수도 있고, 그렇지 않을 수도 있게 된다.

㉡ 집행명령은 근거법령인 상위법령이 폐지되면 특별한 규정이 없는 이상 실효된다 할 것이나, 상위법령이 개정됨에 그친 경우에는 개정법령과 성질상 모순, 저촉되지 아니하고 개정된 상위법령의 시행에 필요한 사항을 규정하고 있는 이상 그 집행명령은 상위법령의 개정에도 불구하고 당연히 실효되지 아니하고 개정법령의 시행을 위한 집행명령이 제정, 발효될 때까지는 여전히 그 효력을 유지하는 것이라고 할 것이다.

㉢ 헌법 제75조는 일반적이고 포괄적인 위임입법이 허용되지 않음을 명백히 밝히고 있으나, 위임조항 자체에서 위임의 구체적 범위를 명확히 규정하고 있지 않더라도 당해 법률의 전반적 체계와 관련규정에 비추어 위임조항의 내재적인 위임의 범위나 한계를 객관적으로 분명히 확정할 수 있다면 이를 일반적이고 포괄적인 백지위임에 해당하는 것으로 볼 수 없다.

㉣ 위임입법이 대법원규칙인 경우에도 수권법률에서 헌법 제75조에 근거한 포괄위임금지원칙을 준수하여야 하는 것은 마찬가지이나, 위임의 구체성·명확성의 정도는 다른 규율 영역에 비해 완화될 수 있다.

---

① ㉠, ㉡

② ㉠, ㉢, ㉣

③ ㉡, ㉢, ㉣

④ ㉠, ㉡, ㉢, ㉣

▶ADVICE ㉠ [○] 위임입법에서 사용하고 있는 추상적 용어가 하위 법령에 규정될 내용의 범위를 구체적으로 정해주기 위한 역할을 하는지, 아니면 그와는 별도로 독자적인 규율 내용을 정하기 위한 것인지 여부에 따라 별도로 명확성원칙 위반의 문제가 나타날 수도 있고, 그렇지 않을 수도 있게 된다(헌재 2011. 12. 29. 2010헌바).

㉡ [○] 상위법령의 시행에 필요한 세부적 사항을 정하기 위하여 행정관청이 일반적 직권에 의하여 제정하는 이른바 집행명령은 근거법령인 상위법령이 폐지되면 특별한 규정이 없는 이상 실효되는 것이나, 상위법령이 개정됨에 그친 경우에는 개정법령과 성질상 모순, 저촉되지 아니하고 개정된 상위법령의 시행에 필요한 사항을 규정하고 있는 이상 그 집행명령은 상위법령의 개정에도 불구하고 당연히 실효되지 아니하고 개정법령의 시행을 위한 집행명령이 제정, 발효될 때까지는 여전히 그 효력을 유지한다(대판 1989. 9. 12. 88누6962).

㉢ [○] 우리 헌법은 제75조와 제95조에서 위임입법의 근거를 마련하는 한편 위임입법의 범위와 한계를 제시하고 있다. 법률로 부령에 위임을 하는 경우라도 적어도 법률의 규정에 의하여 부령으로 규정될 내용 및 범위의 기본사항을 구체적으로 규정함으로써 누구라도 당해 법률로부터 부령에 규정될 내용의 대강을 예측할 수 있도록 하여야 할 것이다. 이러한 예측가능성의 유무는 당해 특정조항 하나만을 가지고 판단할 것은 아니고 관련 법 조항 전체를 유기적·체계적으로 종합판단하여야 하며 각 대상법률의 성질에 따라 구체적·개별적으로 검토하여야 한다. 법률 조항 자체에서 위임의 구체적 범위를 명확히 규정하고 있지 않다고 하더라도 당해 법률의 전반적 체계와 관련규정에 비추어 위임조항의 내재적인 위임의 범위나 한계를 객관적으로 분명히 확정할 수 있다면 이를 일반적이고 포괄적인 백지위임에 해당하는 것으로 볼 수는 없다(헌재 2004. 11. 25. 2004헌가15).

㉣ [○] 대법원은 헌법 제108조에 근거하여 입법권의 위임을 받아 규칙을 제정할 수 있다 할 것이고, 헌법 제75조에 근거한 포괄위임금지원칙은 법률에 이미 하위법규에 규정될 내용 및 범위의 기본사항이 구체적으로 규정되어 있어서 누구라도 당해 법률로부터 하위법규에 규정될 내용의 대강을 예측할 수 있어야 함을 의미하므로, 위임입법이 대법원규칙인 경우에도 수권법률에서 이 원칙을 준수하여야 함은 마찬가지이다. 다만, 대법원규칙으로 규율될 내용들은 소송에 관한 절차와 같이 법원의 전문적이고 기술적인 사무에 관한 것이 대부분일 것인바, 법원의 축적된 지식과 실제적 경험의 활용, 규칙의 현실적 적응성과 적시성의 확보라는 측면에서 수권법률에서의 위임의 구체성·명확성의 정도는 다른 규율 영역에 비해 완화될 수 있을 것이다(헌재 2016. 6. 30. 2013헌바27).

20 기본권 침해 여부의 심사에서 과잉금지원칙(비례원칙)이 적용된 경우가 아닌 것은? (다툼이 있는 경우 판례에 의함)

① 고졸검정고시 또는 고입검정고시에 합격한 자는 해당 검정고시에 다시 응시할 수 없도록 응시자격을 제한한 것이 해당 검정고시합격자의 교육을 받을 권리를 침해하는지 여부

② 교육공무원인 대학교원을 「교원의 노동조합 설립 및 운영 등에 관한 법률」의 적용대상에서 배제한 것이 교육공무원인 대학교원의 단결권을 침해하는지 여부

③ 세종특별자치시의 특정구역 내 건물에 입주한 업소에 대해 업소별로 표시할 수 있는 광고물의 총 수량을 원칙적으로 1개로 제한한 것이 업소 영업자의 표현의 자유 및 직업수행의 자유를 침해하는지 여부

④ 자율형 사립고등학교를 지원한 학생에게 평준화지역 후기학교 주간부에 중복 지원하는 것을 금지한 것이 자율형 사립고등학교에 진학하고자 하는 학생의 평등권을 침해하는지 여부

> **ADVICE** ① [O] 그런데 검정고시 응시자격을 제한하는 것은, 국민의 교육받을 권리 중 그 의사와 능력에 따라 균등하게 교육받을 것을 국가로부터 방해받지 않을 권리, 즉 자유권적 기본권을 제한하는 것이므로, 그 제한에 대하여는 헌법 제37조 제2항의 비례원칙에 의한 심사, 즉 과잉금지원칙에 따른 심사를 받아야 할 것이다(헌재 2012. 5. 31. 2010헌마139).
>
> ② [X] 대학 교원을 교육공무원 아닌 대학 교원과 교육공무원인 대학 교원으로 나누어, 각각의 단결권 침해가 헌법에 위배되는지 여부에 관하여 본다. …… 다음으로 교육공무원인 대학 교원에 대하여 보더라도, 교육공무원의 직무수행의 특성과 헌법 제33조 제1항 및 제2항의 정신을 종합해 볼 때, 교육공무원에게 근로3권을 일체 허용하지 않고 전면적으로 부정하는 것은 합리성을 상실한 과도한 것으로서 입법형성권의 범위를 벗어나 헌법에 위반된다(헌재 2018. 8. 30. 2015헌가38).
>
> ③ [O] 광고물 총수량 조항은 법 제3조 제3항, 제4조 제2항, 법 시행령 제12조 제8항, 제25조 제3항, '세종특별자치시 옥외광고물 관리 조례' 제6조 제1항, 제27조, 행복도시법 제60조의2 제1항, 제3항에 근거한 것으로서, 위 조항들이 위임하는 범위 내에서 이 사건 특정구역 안에서 업소별로 표시할 수 있는 옥외광고물의 총수량을 원칙적으로 1개로 제한한 것을 두고 위임의 한계를 일탈하였다고 볼 수 없다. 따라서 광고물 총수량 조항이 법률유보원칙에 위배되어 청구인들의 표현의 자유 및 직업수행의 자유를 침해한다고 보기 어렵다…따라서 심판대상 조항들이 비례의 원칙에 위배되어 청구인들의 표현의 자유 및 직업수행의 자유를 침해한다고 볼 수 없다(헌재 2016. 3. 31. 2014헌마794).
>
> ④ [O] 따라서 고등학교 진학 기회의 제한은 대학 등 고등교육기관에 비하여 당사자에게 미치는 제한의 효과가 더욱 크므로 보다 더 엄격히 심사하여야 한다. 따라서 이 사건 중복지원금지 조항의 차별 목적과 차별의 정도가 비례원칙을 준수하는지 살펴본다(헌재 2019. 4. 11. 2018헌마221).

1 국적에 대한 설명으로 옳은 것은?

① 대한민국의 국민으로서 자진하여 외국 국적을 취득한 자는 그 외국 국적을 취득한 날로부터 6개월이 지난 때에 대한민국 국적을 상실한다.

② 대한민국 국적을 상실한 자는 국적을 상실한 때부터 대한민국의 국민만이 누릴 수 있는 권리를 향유할 수 없으며, 이들 권리 중 대한민국의 국민이었을 때 취득한 것으로서 양도할 수 있는 것은 그 권리와 관련된 법령에서 따로 정한 바가 없으면 3년 내에 대한민국의 국민에게 양도하여야 한다.

③ 외국인의 자(子)로서 대한민국의 「민법」상 성년인 사람은 부 또는 모가 귀화허가를 신청할 때 함께 국적 수반취득을 신청할 수 있다.

④ 출생 당시에 부(父)가 대한민국의 국민인 자만 출생과 동시에 대한민국 국적을 취득한다.

>**ADVICE** ① [X] 국적법 제15조(외국 국적 취득에 따른 국적 상실)

① 대한민국의 국민으로서 자진하여 외국 국적을 취득한 자는 <u>그 외국 국적을 취득한 때에 대한민국 국적을 상실한다.</u>

② [O] 국적법 제18조(국적상실자의 권리 변동)

① 대한민국 국적을 상실한 자는 국적을 상실한 때부터 대한민국의 국민만이 누릴 수 있는 권리를 누릴 수 없다.

② 제1항에 해당하는 권리 중 대한민국의 국민이었을 때 취득한 것으로서 양도(讓渡)할 수 있는 것은 그 권리와 관련된 법령에서 따로 정한 바가 없으면 3년 내에 대한민국의 국민에게 양도하여야 한다.

③ [X] 국적법 제8조(수반 취득)

① 외국인의 자(子)로서 대한민국의 「민법」상 <u>미성년인 사람은 부 또는 모가 귀화허가를 신청할 때 함께 국적 취득을 신청할 수 있다.</u>

④ [X] 국적법 제2조(출생에 의한 국적 취득)

① 다음 각 호의 어느 하나에 해당하는 자는 <u>출생과 동시에 대한민국 국적(國籍)을 취득한다.</u>

1. 출생 당시에 부(父)또는 모(母)가 대한민국의 국민인 자
2. 출생하기 전에 부가 사망한 경우에는 그 사망 당시에 부가 대한민국의 국민이었던 자
3. 부모가 모두 분명하지 아니한 경우나 국적이 없는 경우에는 대한민국에서 출생한 자

2 양심의 자유에 대한 설명으로 옳지 않은 것은? (다툼이 있는 경우 판례에 의함)

① 헌법이 보호하고자 하는 양심은 어떤 일의 옳고 그름을 판단함에 있어서 그렇게 행동하지 않고는 자신의 인격적 존재가치가 허물어지고 말 것이라는 강력하고 진지한 마음의 소리를 말한다.

② 양심의 자유는 인간으로서의 존엄성 유지와 개인의 자유로운 인격발현을 위해 개인의 윤리적 정체성을 보장하는 기능을 담당한다.

③ 현역입영 또는 소집통지서를 받은 자가 정당한 사유 없이 입영하지 않거나 소집에 응하지 않은 경우를 처벌하는 구「병역법」처벌조항은 과잉금지원칙을 위배하여 양심적 병역거부자의 양심의 자유를 침해한다.

④ 헌법이 보장하는 양심의 자유는 정신적인 자유로서, 어떠한 사상·감정을 가지고 있다고 하더라도 그것이 내심에 머무르는 한 절대적인 자유이므로 제한할 수 없다.

>ADVICE ① [○] 헌법 제19조에서 보호하는 양심은 어떤 일의 옳고 그름을 판단할 때 그렇게 행동하지 않고서는 자신의 인격적 존재가치가 파멸되고 말 것이라는 강력하고 진지한 마음의 소리로서 절박하고 구체적인 것이다(헌재 2002. 4. 25. 98헌마425).

② [○] 이른바 개인적 자유의 시초라고 일컬어지는 이러한 양심의 자유는 인간으로서의 존엄성 유지와 개인의 자유로운 인격발현을 위해 개인의 윤리적 정체성을 보장하는 기능을 담당한다(헌재 2002. 4. 25. 98헌마425).

③ [X] 결국 양심적 병역거부자에 대한 처벌은 대체복무제를 규정하지 아니한 병역종류조항의 입법상 불비와 양심적 병역거부는 처벌조항의 '정당한 사유'에 해당하지 않는다는 법원의 해석이 결합되어 발생한 문제일 뿐, 처벌조항 자체에서 비롯된 문제가 아니다(헌재 2018. 6. 28. 2011헌바379).

④ [○] 헌법 제19조가 보호하고 있는 양심의 자유는 양심형성의 자유와 양심적 결정의 자유를 포함하는 내심적 자유(forum internum)뿐만 아니라, 양심적 결정을 외부로 표현하고 실현할 수 있는 양심실현의 자유(forum externum)를 포함한다고 할 수 있다. 내심적 자유, 즉 양심형성의 자유와 양심적 결정의 자유는 내심에 머무르는 한 절대적 자유라고 할 수 있지만, 양심실현의 자유는 타인의 기본권이나 다른 헌법적 질서와 저촉되는 경우 헌법 제37조 제2항에 따라 국가안전보장 질서유지 또는 공공복리를 위하여 법률에 의하여 제한될 수 있는 상대적 자유라고 할 수 있다(헌재 1998. 7. 16. 96헌바35).

3 국무총리에 대한 설명으로 옳은 것은? (다툼이 있는 경우 판례에 의함)

① 국무총리가 사고로 직무를 수행할 수 없는 경우에는 교육부 장관이 겸임하는 부총리, 기획재정부장관이 겸임하는 부총리 순으로 직무를 대행하고, 국무총리와 부총리가 모두 사고로 직무를 수행할 수 없는 경우에는 대통령의 지명이 있으면 그 지명을 받은 국무위원이 그 직무를 대행한다.

② 국무총리는 중앙행정기관의 장의 명령이나 처분이 위법 또는 부당하다고 인정할 때에는 대통령의 승인을 받아 이를 중지 또는 취소할 수 있다.

③ 국무총리는 국무회의의 부의장으로서 국무위원이다.

④ 헌법재판소는 국무총리는 대통령의 첫째 가는 보좌기관으로서 행정에 관하여 독자적인 권한을 가지고 대통령의 명을 받아 행정각부를 통할하는 기관으로서의 지위를 가진다고 보았다.

> **ADVICE** ① [X] 정부조직법 제22조(국무총리의 직무대행) … 국무총리가 사고로 직무를 수행할 수 없는 경우에는 기획재정부장관이 겸임하는 부총리, 교육부장관이 겸임하는 부총리의 순으로 직무를 대행하고, 국무총리와 부총리가 모두 사고로 직무를 수행할 수 없는 경우에는 대통령의 지명이 있으면 그 지명을 받은 국무위원이, 지명이 없는 경우에는 제26조 제1항에 규정된 순서에 따른 국무위원이 그 직무를 대행한다.

　② [O] 정부조직법 제18조(국무총리의 행정감독권)
　　② 국무총리는 중앙행정기관의 장의 명령이나 처분이 위법 또는 부당하다고 인정될 경우에는 대통령의 승인을 받아 이를 중지 또는 취소할 수 있다.

　③ [X] 헌법 제88조
　　② 국무회의는 대통령·국무총리와 15인 이상 30인 이하의 국무위원으로 구성한다.
　　③ 대통령은 국무회의의 의장이 되고, 국무총리는 부의장이 된다.

　④ [X] 총체적으로 보면 내각책임제 밑에서의 행정권이 수상에게 귀속되는 것과는 달리 우리 나라의 행정권은 헌법상 대통령에게 귀속되고, 국무총리는 단지 대통령의 첫째 가는 보좌기관으로서 행정에 관하여 독자적인 권한을 가지지 못하고 대통령의 명을 받아 행정각부를 통할하는 기관으로서의 지위만을 가지며, 행정권 행사에 대한 최후의 결정권자는 대통령이라고 해석하는 것이 타당하다고 할 것이다. 이와 같은 헌법상의 대통령과 국무총리의 지위에 비추어 보면 국무총리의 통할을 받는 행정각부에 모든 행정기관이 포함된다고 볼 수 없다 할 것이다(헌재 1994. 4. 28. 89헌마221).

✎ **ANSWER** 2.③ 3.②

4 감사원에 대한 설명으로 옳은 것은?

① 감사원은 감사 결과 법령상·제도상 또는 행정상 모순이 있거나 그 밖에 개선할 사항이 있다고 인정할 때에는 국무총리, 소속 장관, 감독기관의 장 또는 해당 기관의 장에게 법령 등의 제정·개정 또는 폐지를 위한 조치나 제도상 또는 행정상의 개선을 요구할 수 있다.

② 감사위원회의는 재적 감사위원 과반수의 참석과 참석 감사위원 과반수의 찬성으로 의결한다.

③ 감사원은 원장을 포함한 5인 이상 11인 이하의 감사위원으로 구성되며, 원장은 국회의 동의 없이 대통령이 임명하고, 1차에 한하여 중임할 수 있다.

④ 원장이 사고로 인하여 직무를 수행할 수 없는 때에는 원장이 지정하는 감사위원이 그 직무를 대행한다.

> **ADVICE** ① [○] 감사원법 제34조(개선 등의 요구)
> ① 감사원은 감사 결과 법령상·제도상 또는 행정상 모순이 있거나 그 밖에 개선할 사항이 있다고 인정할 때에는 국무총리, 소속 장관, 감독기관의 장 또는 해당 기관의 장에게 법령 등의 제정·개정 또는 폐지를 위한 조치나 제도상 또는 행정상의 개선을 요구할 수 있다.
> ② [X] 감사원법 제11조(의장 및 의결)
> ② 감사위원회의는 재적 감사위원 과반수의 찬성으로 의결한다.
> ③ [X] 헌법 제98조
> ① 감사원은 원장을 포함한 5인 이상 11인 이하의 감사위원으로 구성한다.
> ② 원장은 국회의 동의를 얻어 대통령이 임명하고, 그 임기는 4년으로 하며, 1차에 한하여 중임할 수 있다.
> ④ [X] 감사원법 제4조(원장)
> ③ 원장이 궐위되거나 사고로 인하여 직무를 수행할 수 없을 때에는 감사위원으로 최장기간 재직한 감사위원이 그 권한을 대행한다. 다만, 재직기간이 같은 감사위원이 2명 이상인 경우에는 연장자가 그 권한을 대행한다.

5 외국인의 기본권 주체성에 대한 설명으로 옳지 않은 것은? (다툼이 있는 경우 판례에 의함)

① 신체의 자유, 주거의 자유, 변호인의 조력을 받을 권리, 재판청구권 등은 성질상 인간의 권리에 해당한다고 볼 수 있으므로, 이 기본권들에 관하여는 외국인들의 기본권 주체성이 인정된다.

② 기본권 주체성의 인정 문제와 기본권 제한의 정도는 별개의 문제이므로 외국인에게 근로의 권리에 대한 기본권 주체성을 인정한다는 것이 곧바로 우리 국민과 동일한 수준의 보장을 한다는 것을 의미하는 것은 아니다.

③ 참정권은 '인간의 자유'라기보다는 '국민의 자유'이므로 「공직선거법」은 외국인의 선거권을 인정하지 않고 있다.

④ 근로의 권리 중 인간의 존엄성 보장에 필요한 최소한의 근로 조건을 요구할 수 있는 '일할 환경에 관한 권리' 역시 외국인에게 보장된다.

> **ADVICE** ① [○] 청구인들이 침해받았다고 주장하고 있는 신체의 자유, 주거의 자유, 변호인의 조력을 받을 권리, 재판청구권 등은 성질상 인간의 권리에 해당한다고 볼 수 있으므로, 위 기본권들에 관하여는 청구인들의 기본권 주체성이 인정된다(헌재 2012. 8. 23. 2008헌마430).

② [O] 한편 기본권 주체성의 인정문제와 기본권제한의 정도는 별개의 문제이므로, 외국인에게 직장 선택의 자유에 대한 기본권 주체성을 인정한다는 것이 곧바로 이들에게 우리 국민과 동일한 수준의 직장 선택의 자유가 보장된다는 것을 의미하는 것은 아니라고 할 것이다(헌재 2011. 9. 29. 2009헌마351).

③ [X] 공직선거법 제15조(선거권)

② 18세 이상으로서 제37조제1항에 따른 선거인명부작성기준일 현재 다음 각 호의 어느 하나에 해당하는 사람은 그 구역에서 선거하는 지방자치단체의 의회의원 및 장의 선거권이 있다.

3. 「출입국관리법」 제10조에 따른 영주의 체류자격 취득일 후 3년이 경과한 외국인으로서 같은 법 제34조에 따라 해당 지방자치단체의 외국인등록대장에 올라 있는 사람

④ [O] 한편, 헌법 제32조는 근로의 권리를 보장하고 있고, 근로의 권리는 '일할 자리에 관한 권리'만이 아니라 '일할 환경에 관한 권리'도 보장되어야 한다. '일할 환경에 관한 권리'는 인간의 존엄성에 대한 침해를 방어하기 위한 권리로서 외국인에게도 인정되며, 건강한 작업환경, 일에 대한 정당한 보수, 합리적인 근로조건의 보장 등을 요구할 수 있는 권리 등을 포함한다. 여기서의 근로조건은 임금과 그 지불방법, 취업시간과 휴식시간 등 근로계약에 의하여 근로자가 근로를 제공하고 임금을 수령하는 데 관한 조건들이고, 아래에서 보는 것처럼 이 사건 출국만기보험금은 퇴직금의 성질을 가지고 있어서 그 지급시기에 관한 것은 근로조건의 문제이므로 외국인인 청구인들에게도 기본권 주체성이 인정된다(헌재 2016. 3. 31. 2014헌마367).

6 국회의 운영에 대한 설명으로 옳지 않은 것은?

① 본회의는 오후 2시(토요일은 오전 10시)에 개의하지만, 의장은 각 상임위원회 위원장과 협의하여 그 개의시를 변경할 수 있다.

② 국회는 휴회 중이라도 대통령의 요구가 있을 때, 의장이 긴급한 필요가 있다고 인정할 때 또는 재적의원 4분의 1 이상의 요구가 있는 때에는 국회의 회의를 재개한다.

③ 정부가 본회의 또는 위원회에서 의제가 된 정부제출의 의안을 수정 또는 철회할 때에는 본회의 또는 위원회의 동의를 얻어야 한다.

④ 정부는 부득이한 경우를 제외하고는 매년 1월 31일까지 해당 연도에 제출할 법률안에 관한 계획을 국회에 통지하여야 한다.

 ① [X] 국회법 제72조(개의) … 본회의는 오후 2시(토요일은 오전 10시)에 개의한다. 다만, 의장은 각 교섭단체 대표의원과 협의하여 그 개의시를 변경할 수 있다.

② [O] 국회법 제8조(휴회)

② 국회는 휴회 중이라도 대통령의 요구가 있을 때, 의장이 긴급한 필요가 있다고 인정할 때 또는 재적의원 4분의 1 이상의 요구가 있을 때에는 국회의 회의를 재개한다.

③ [O] 국회법 제90조(의안·동의의 철회)

③ 정부가 본회의 또는 위원회에서 의제가 된 정부제출 의안을 수정하거나 철회할 때에는 본회의 또는 위원회의 동의를 받아야 한다.

④ [O] 국회법 제5조의3(법률안 제출계획의 통지)

① 정부는 부득이한 경우를 제외하고는 매년 1월 31일까지 해당 연도에 제출할 법률안에 관한 계획을 국회에 통지하여야 한다.

ANSWER 4.① 5.③ 6.①

7 직업의 자유에 대한 설명으로 옳지 않은 것은? (다툼이 있는 경우 판례에 의함)

① 전문과목을 표시한 치과의원은 그 표시한 전문과목에 해당하는 환자만을 진료하여야 한다고 규정한 「의료법」 제77조 제3항은 과잉금지원칙을 위배하여 치과전문의인 청구인들의 직업수행의 자유를 침해한다.

② 법인의 임원이 「학원의 설립·운영 및 과외교습에 관한 법률」을 위반하여 벌금형을 선고받은 경우, 법인의 등록이 효력을 잃도록 규정하는 것은 과잉금지원칙을 위배하여 법인의 직업 수행의 자유를 침해한다.

③ 헌법 제15조에서 보장하는 직업이란 생활의 기본적 수요를 충족시키기 위하여 행하는 계속적인 소득활동을 의미하고, 성매매는 그것이 가지는 사회적 유해성과는 별개로 성판매자의 입장에서 생활의 기본적 수요를 충족하기 위한 소득활동에 해당함을 부인할 수 없으나, 성매매자를 처벌하는 것은 과잉금지원칙에 반하지 않는다.

④ 변호사시험의 응시기회를 법학전문대학원의 석사학위 취득자의 경우 석사학위를 취득한 달의 말일부터 또는 석사학위 취득예정자의 경우 그 예정기간 내 시행된 시험일부터 5년 내에 5회로 제한한 「변호사시험법」 규정은 응시기회의 획일적 제한으로 청구인들의 직업선택의 자유를 침해한다.

> **ADVICE** ① [O] 심판대상조항으로 그러한 공익이 얼마나 달성될 수 있을 것인지 의문인 반면, 치과의원의 치과전문의가 표시한 전문과목 이외의 영역에서 치과일반의로서의 진료도 전혀 하지 못하는 데서 오는 사적인 불이익은 매우 크므로, 심판대상조항은 과잉금지원칙에 위배되어 청구인들의 직업수행의 자유를 침해한다(헌재 2015. 5. 28. 2013헌마799).
> ② [O] 법인으로서는 대표자인 임원이건 그렇지 아니한 임원이건 모든 임원 개개인의 학원법위반범죄와 형사처벌 여부를 항시 감독하여야만 등록의 실효를 면할 수 있게 되므로 학원을 설립하고 운영하는 법인에게 지나치게 과중한 부담을 지우고 있다. 또한 이로 인하여 법인의 등록이 실효되면 해당 임원이 더 이상 임원직을 수행할 수 없게 될 뿐 아니라, 학원법인 소속 근로자는 모두 생계의 위협을 받을 수 있으며, 갑작스러운 수업의 중단으로 학습자 역시 불측의 피해를 입을 수밖에 없으므로 이 사건 등록실효조항은 학원법인의 직업수행의 자유를 침해한다(헌재 2015. 5. 28. 2012헌마653).
> ③ [O] 헌법 제15조에서 보장하는 '직업'이란 생활의 기본적 수요를 충족시키기 위하여 행하는 계속적인 소득활동을 의미하고, 성매매는 그것이 가지는 사회적 유해성과는 별개로 성판매자의 입장에서 생활의 기본적 수요를 충족하기 위한 소득활동에 해당함을 부인할 수 없다 할 것이므로, 심판대상조항은 성판매자의 직업선택의 자유도 제한하고 있다. …… 따라서 심판대상조항은 개인의 성적 자기결정권, 사생활의 비밀과 자유, 직업선택의 자유를 침해하지 아니한다(헌재 2016. 3. 31. 2013헌가2).
> ④ [X] 변호사시험에 무제한 응시함으로 인하여 발생하는 인력 낭비, 응시인원의 누적으로 인한 시험 합격률의 저하 및 법학전문대학원의 전문적인 교육효과 소멸 등을 방지하고자 하는 공익은 청구인들이 더 이상 시험에 응시하지 못하여 변호사를 직업으로 선택하지 못하는 불이익에 비하여 더욱 중대하다. 따라서 위 조항은 <u>청구인들의 직업선택의 자유를 침해하지 아니한다</u>(헌재 2016. 9. 29. 2016헌마47).

8 선거관리위원회에 대한 설명으로 옳지 않은 것은?

① 대통령선거 및 국회의원선거에 있어서 선거의 효력에 관하여 이의가 있는 선거인·후보자를 추천한 정당 또는 후보자가 대법원에 소를 제기할 때의 피고는 당해 선거구선거관리위원회 위원장이다.

② 헌법은 탄핵소추의 대상자로서 대통령·국무총리·국무위원·행정각부의 장·헌법재판소 재판관·법관·중앙선거관리위원회 위원장·감사원장·감사위원·기타 법률이 정한 공무원으로 규정하고 있고, 「선거관리위원회법」에서 중앙선거관리위원회 및 각급선거관리위원회 위원을 탄핵소추의 대상으로 포함하고 있다.

③ 국회에서 선출하는 중앙선거관리위원회 위원에 대한 선출안의 심사는 국회 인사청문특별위원회에서, 대통령이 임명하는 중앙선거관리위원회 위원 후보자에 대한 인사청문은 소관 상임위원회에서 한다.

④ 각급선거관리위원회의 회의는 당해 위원장이 소집한다. 다만, 위원 3분의 1 이상의 요구가 있을 때에는 위원장은 회의를 소집하여야 하며 위원장이 회의소집을 거부할 때에는 회의소집을 요구한 3분의 1 이상의 위원이 직접 회의를 소집할 수 있다.

➤**ADVICE** ① [O] 공직선거법 제222조(선거소송) ① 대통령선거 및 국회의원선거에 있어서 선거의 효력에 관하여 이의가 있는 선거인·정당(후보자를 추천한 정당에 한한다) 또는 후보자는 선거일부터 30일 이내에 당해 선거구선거관리위원회위원장을 피고로 하여 대법원에 소를 제기할 수 있다.

② [X] • 헌법 제65조 ① 대통령·국무총리·국무위원·행정각부의 장·헌법재판소 재판관·법관·<u>중앙선거관리위원회 위원</u>·감사원장·감사위원 기타 법률이 정한 공무원이 그 직무집행에 있어서 헌법이나 법률을 위배한 때에는 국회는 탄핵의 소추를 의결할 수 있다.

   • 선거관리위원회법 제9조(위원의 해임사유) … <u>각급선거관리위원회의 위원</u>은 다음 각호의 1에 해당할 때가 아니면 해임·해촉 또는 파면되지 아니한다.
   2. 탄핵결정으로 파면된 때

③ [O] • 국회법 제46조의3(인사청문특별위원회)
   ① 국회는 다음 각 호의 임명동의안 또는 의장이 각 교섭단체 대표의원과 협의하여 제출한 선출안 등을 심사하기 위하여 인사청문특별위원회를 둔다. 다만, 「대통령직 인수에 관한 법률」 제5조 제2항에 따라 대통령당선인이 국무총리 후보자에 대한 인사청문의 실시를 요청하는 경우에 의장은 각 교섭단체 대표의원과 협의하여 그 인사청문을 실시하기 위한 인사청문특별위원회를 둔다.
   2. 헌법에 따라 국회에서 선출하는 헌법재판소 재판관 및 중앙선거관리위원회 위원에 대한 선출안
   • 국회법 제65조의2(인사청문회) ② <u>상임위원회는</u> 다른 법률에 따라 다음 각 호의 어느 하나에 해당하는 공직후보자에 대한 인사청문 요청이 있는 경우 인사청문을 실시하기 위하여 각각 인사청문회를 연다.
   1. <u>대통령이 임명하는</u> 헌법재판소 재판관, 중앙선거관리위원회 위원, 국무위원, 방송통신위원회 위원장, 국가정보원장, 공정거래위원회 위원장, 금융위원회 위원장, 국가인권위원회 위원장 …(하략)

④ [O] 선거관리위원회법 제11조(회의소집)
   ① 각급선거관리위원회의 회의는 당해 위원장이 소집한다. 다만, 위원 3분의 1 이상의 요구가 있을 때에는 위원장은 회의를 소집하여야 하며 위원장이 회의소집을 거부할 때에는 회의소집을 요구한 3분의 1 이상의 위원이 직접 회의를 소집할 수 있다.

✎ **ANSWER** 7.④ 8.②

9 국회의장과 부의장에 대한 설명으로 옳은 것은?

① 임시의장은 무기명투표로 선거하고 재적의원 과반수의 출석과 출석의원 다수득표자를 당선자로 한다.

② 국회의원 총선거 후 처음 선출된 의장과 부의장의 임기는 의원의 임기 개시 후 2년이 되는 날까지로 하며, 보궐선거로 당선된 의장 또는 부의장의 임기는 선출된 날로부터 2년으로 한다.

③ 의장은 국회를 대표하고 의사를 정리하며, 질서를 유지하고 사무를 감독한다. 의장은 위원회에 출석하여 발언할 수 있고, 표결에 참가할 수 있다.

④ 의장이 심신상실 등 부득이한 사유로 의사표시를 할 수 없게 되어 직무대리자를 지정할 수 없는 때에는 나이가 많은 부의장의 순으로 의장의 직무를 대행한다.

>**ADVICE** ① [○] 국회법 제17조(임시의장 선거) … 임시의장은 무기명투표로 선거하고 재적의원 과반수의 출석과 출석의원 다수득표자를 당선자로 한다.

② [X] 국회법 제9조(의장·부의장의 임기)
　① 의장과 부의장의 임기는 2년으로 한다. 다만, 국회의원 총선거 후 처음 선출된 의장과 부의장의 임기는 그 선출된 날부터 개시하여 의원의 임기 개시 후 2년이 되는 날까지로 한다.
　② 보궐선거로 당선된 의장 또는 부의장의 임기는 전임자 임기의 남은 기간으로 한다.

③ [X] • 국회법 제10조(의장의 직무) … 의장은 국회를 대표하고 의사를 정리하며, 질서를 유지하고 사무를 감독한다.
　• 국회법 제11조(의장의 위원회 출석과 발언) … 의장은 위원회에 출석하여 발언할 수 있다. 다만, 표결에는 참가할 수 없다.

④ [X] 국회법 제12조(부의장의 의장 직무대리) ② 의장이 심신상실 등 부득이한 사유로 의사표시를 할 수 없게 되어 직무대리자를 지정할 수 없을 때에는 소속 의원 수가 많은 교섭단체 소속 부의장의 순으로 의장의 직무를 대행한다.

10 법원에 대한 설명으로 옳지 않은 것은? (다툼이 있는 경우 판례에 의함)

① 임기가 끝난 판사는 인사위원회의 심의를 거치고 대법관회의의 동의를 받아 대법원장의 연임발령으로 연임한다.

② 헌법재판소는 헌법 제110조 제1항에서 "특별법원으로서 군사법원을 둘 수 있다"는 의미를 군사법원을 일반법원과 조직·권한 및 재판관의 자격을 달리하여 특별법원으로 설치할 수 있다는 뜻으로 해석한다.

③ 비상계엄이 선포된 때에는 법률이 정하는 바에 의하여 법원의 권한에 관하여 특별한 조치를 할 수 있으며, 비상계엄하의 군사재판은 군인·군무원의 범죄에 한하여 단심으로 할 수 있다.

④ 근무성적이 현저히 불량하여 판사로서 정상적인 직무를 수행할 수 없는 경우 연임발령을 하지 않도록 규정한 「법원조직법」 조항은 사법의 독립을 침해하지 않는다.

> **ADVICE** ① [○] 법원조직법 제45조의2(판사의 연임)

① 임기가 끝난 판사는 인사위원회의 심의를 거치고 대법관회의의 동의를 받아 대법원장의 연임발령으로 연임한다.

② [○] 헌법 제110조 제1항에서 "특별법원으로서 군사법원을 둘 수 있다"는 의미는 군사법원을 일반법원과 조직 권한 및 재판관의 자격을 달리하여 특별법원으로 설치할 수 있다는 뜻으로 해석되므로 법률로 군사법원을 설치함에 있어서 군사재판의 특수성을 고려하여 그 조직 권한 및 재판관의 자격을 일반법원과 달리 정하는 것은 헌법상 허용되고 있다(헌재 1996. 10. 31. 93헌바25).

③ [X] • 헌법 제77조

③ 비상계엄이 선포된 때에는 법률이 정하는 바에 의하여 영장제도, 언론·출판·집회·결사의 자유, 정부나 법원의 권한에 관하여 특별한 조치를 할 수 있다.

• 헌법 제110조

④ 비상계엄하의 군사재판은 군인·군무원의 범죄나 군사에 관한 간첩죄의 경우와 초병·초소·유독음식물공급·포로에 관한 죄중 법률이 정한 경우에 한하여 단심으로 할 수 있다. 다만, 사형을 선고한 경우에는 그러하지 아니하다.

④ [○] 근무성적평정을 실제로 운용함에 있어서는 재판의 독립성을 해칠 우려가 있는 사항을 평정사항에서 제외하는 등 평정사항을 한정하고 있으며, 연임 심사과정에서 해당 판사에게 의견진술권 및 자료제출권이 보장되고, 연임하지 않기로 한 결정에 불복하여 행정소송을 제기할 수 있는 점 등을 고려할 때, 판사의 신분보장과 관련한 예측가능성이나 절차상의 보장이 현저히 미흡하다고 볼 수도 없으므로, 이 사건 연임결격조항은 사법의 독립을 침해한다고 볼 수 없다(헌재 2016. 9. 29. 2015헌바331).

11 탄핵심판에 대한 설명으로 옳지 않은 것은? (다툼이 있는 경우 판례에 의함)

① 탄핵결정에 의하여 파면된 사람은 결정 선고가 있는 날부터 5년이 지나지 아니하면 공무원이 될 수 없다.

② 탄핵사유가 되는 직무집행에서 직무는 법제상 소관 직무에 속하는 고유 업무 및 통념상 이와 관련된 업무를 말한다. 따라서 직무상의 행위란 법령·조례 또는 행정관행·관례에 의하여 그 지위의 성질상 필요로 하거나 수반되는 모든 행위나 활동을 의미한다.

③ 탄핵의 결정을 하기 위해서는 재판관 6인 이상의 찬성이 있어야 하는데, 헌법재판관 1인이 결원이 되어 8인의 재판관으로 재판부가 구성되면 결원 상태인 1인의 재판관은 사실상 탄핵에 찬성하지 않는 의견을 표명한 것과 같은 결과를 가져오므로, 8인의 재판관으로 구성된 재판부는 탄핵심판을 심리하고 결정할 수 없다.

④ 헌법재판소의 탄핵심판절차는 법적 관점에서 단지 탄핵사유의 존부만을 판단하는 것이므로, 피청구인이 직책을 성실히 수행하였는지 여부는 그 자체로 소추사유가 될 수 없어, 탄핵심판절차의 판단대상이 되지 아니한다.

>ADVICE ① [O] 헌법재판소법 제54조(결정의 효력)

② 탄핵결정에 의하여 파면된 사람은 결정 선고가 있는 날부터 5년이 지나지 아니하면 공무원이 될 수 없다.

② [O] 헌법 제65조에 규정된 탄핵사유를 구체적으로 살펴보면, '직무집행에 있어서'의 '직무'란, 법제상 소관 직무에 속하는 고유 업무 및 통념상 이와 관련된 업무를 말한다. 따라서 직무상의 행위란, 법령·조례 또는 행정관행·관례에 의하여 그 지위의 성질상 필요로 하거나 수반되는 모든 행위나 활동을 의미한다(헌재 2004. 5. 14. 2004헌나1).

③ [X] 이와 같이 헌법재판관 1인이 결원이 되어 8인의 재판관으로 재판부가 구성되더라도 탄핵심판을 심리하고 결정하는 데 헌법과 법률상 아무런 문제가 없다. 또 새로운 헌법재판소장 임명을 기다리며 현재의 헌정위기 상황을 방치할 수 없는 현실적 제약을 감안하면 8인의 재판관으로 구성된 현 재판부가 이 사건 결정을 할 수밖에 없다. 탄핵의 결정을 하기 위해서는 재판관 6인 이상의 찬성이 있어야 하는데 결원 상태인 1인의 재판관은 사실상 탄핵에 찬성하지 않는 의견을 표명한 것과 같은 결과를 가져 오므로, 재판관 결원 상태가 오히려 피청구인에게 유리하게 작용할 것이라는 점에서 피청구인의 공정한 재판받을 권리가 침해된다고 보기도 어렵다(헌재 2017. 3. 10. 2016헌나1).

④ [O] 대통령의 '직책을 성실히 수행할 의무'는 헌법적 의무에 해당하지만, '헌법을 수호해야 할 의무'와는 달리 규범적으로 그 이행이 관철될 수 있는 성격의 의무가 아니므로 원칙적으로 사법적 판단의 대상이 되기는 어렵다. …… 헌법 제65조 제1항은 탄핵사유를 '헌법이나 법률에 위배한 경우'로 제한하고 있고, 헌법재판소의 탄핵심판절차는 법적 관점에서 단지 탄핵사유의 존부만을 판단하는 것이므로, 이 사건에서 청구인이 주장하는 것과 같은 세월호 참사 당일 피청구인이 직책을 성실히 수행하였는지 여부는 그 자체로 소추사유가 될 수 없어, 탄핵심판절차의 판단대상이 되지 아니한다(헌재 2017. 3. 10. 2016헌나1).

12 국정감사 및 국정조사에 대한 설명으로 옳지 않은 것은?

① 「국정감사 및 조사에 관한 법률」에 따르면 본회의는 조사위원회의 중간보고를 받고 조사를 장기간 계속할 필요가 없다고 인정되는 경우에는 의결 없이 조사위원회의 활동기간을 단축할 수 있다.

② 조사위원회의 위원장이 사고가 있거나 그 직무를 수행하기를 거부 또는 기피하여 조사위원회가 활동하기 어려운 때에는 위원장이 소속하지 아니하는 교섭단체 소속의 간사 중에서 소속 의원 수가 많은 교섭단체 소속인 간사의 순으로 위원장의 직무를 대행한다.

③ 국정조사는 국회 재적의원 4분의 1 이상의 요구가 있는 때에 특별위원회 또는 상임위원회가 국정의 특정사안에 대해 행한다.

④ 「국정감사 및 조사에 관한 법률」에 따르면 국정감사의 대상기관 중 지방자치단체는 본회의가 특히 필요하다고 의결하지 않은 이상 특별시 · 광역시 · 도이다.

> **ADVICE** ① [X] 국정감사 및 조사에 관한 법률 제9조(조사위원회의 활동기간)
> ② 본회의는 조사위원회의 중간보고를 받고 조사를 장기간 계속할 필요가 없다고 인정되는 경우에는 <u>의결로 조사위원회의 활동기간을 단축할 수 있다.</u>
> ② [O] 국정감사 및 조사에 관한 법률 제4조(조사위원회)
> ③ 조사위원회의 위원장이 사고가 있거나 그 직무를 수행하기를 거부 또는 기피하여 조사위원회가 활동하기 어려운 때에는 위원장이 소속하지 아니하는 교섭단체 소속의 간사 중에서 소속 의원 수가 많은 교섭단체 소속인 간사의 순으로 위원장의 직무를 대행한다.
> ③ [O] 국정감사 및 조사에 관한 법률 제3조(국정조사)
> ① 국회는 재적의원 4분의 1 이상의 요구가 있는 때에는 특별위원회 또는 상임위원회로 하여금 국정의 특정사안에 관하여 국정조사를 하게 한다.
> ④ [O] 국정감사 및 조사에 관한 법률 제7조(감사의 대상) … 감사의 대상기관은 다음 각 호와 같다.
> 2. 지방자치단체 중 특별시 · 광역시 · 도. 다만, 그 감사범위는 국가위임사무와 국가가 보조금 등 예산을 지원하는 사업으로 한다.
> 4. 제1호부터 제3호까지 외의 지방행정기관, 지방자치단체, 「감사원법」에 따른 감사원의 감사대상기관. 이 경우 본회의가 특히 필요하다고 의결한 경우로 한정한다.

✎ **ANSWER** 11.③ 12.①

13 대통령의 권한에 대한 설명으로 옳은 것은?

① 대통령은 국회에 출석하여 발언할 수 있으나 서한으로 의견을 표시할 수는 없다.

② 계엄사령관은 계엄의 시행에 관하여 국방부장관의 지휘·감독을 받는다. 다만, 전국을 계엄지역으로 하는 경우와 대통령이 직접 지휘·감독을 할 필요가 있는 경우에는 대통령의 지휘·감독을 받는다.

③ 대통령은 내란 또는 외환의 죄를 범한 경우를 제외하고는 재직 중 형사상 소추와 민사상 책임을 지지 않는다.

④ 대통령은 법률이 정하는 바에 의하여 사면·감형 또는 복권을 명할 수 있으며, 일반사면의 경우 국회의 동의 없이 행할 수 있다.

> **ADVICE** ① [X] 헌법 제81조 … 대통령은 국회에 출석하여 발언하거나 <u>서한으로 의견을 표시할 수 있다.</u>
> ② [O] 계엄법 제6조(계엄사령관에 대한 지휘·감독)
>   ① 계엄사령관은 계엄의 시행에 관하여 국방부장관의 지휘·감독을 받는다. 다만, 전국을 계엄지역으로 하는 경우와 대통령이 직접 지휘·감독을 할 필요가 있는 경우에는 대통령의 지휘·감독을 받는다.
> ③ [X] 헌법 제84조 … 대통령은 내란 또는 외환의 죄를 범한 경우를 제외하고는 <u>재직중 형사상의 소추를 받지 아니한다.</u>
> ④ [X] 헌법 제79조
>   ② 일반사면을 명하려면 <u>국회의 동의를 얻어야 한다.</u>

14 일반적 행동자유권에 대한 설명으로 옳지 않은 것은? (다툼이 있는 경우 판례에 의함)

① 일반적 행동자유권은 가치 있는 행동만 그 보호영역으로 하는 것은 아니고, 개인의 생활방식과 취미에 관한 사항, 위험한 스포츠를 즐길 권리와 같은 위험한 생활방식으로 살아갈 권리도 포함하므로, 술에 취한 상태로 도로 외의 곳에서 운전하는 것을 금지하고 위반 시 처벌하는 것은 일반적 행동의 자유를 제한한다.

② 일반적 행동자유권의 보호대상으로서 행동이란 국가가 간섭하지 않으면 자유롭게 할 수 있는 행위를 의미하므로 병역의무 이행으로서 현역병 복무도 국가가 간섭하지 않으면 자유롭게 할 수 있는 행위에 속한다는 점에서, 현역병으로 복무할 권리도 일반적 행동자유권에 포함된다.

③ 헌법 제10조에 의하여 보장되는 행복추구권 속에는 일반적 행동자유권이 포함되고, 이 일반적 행동자유권으로부터 계약 체결의 여부, 계약의 상대방, 계약의 방식과 내용 등을 당사자의 자유로운 의사로 결정할 수 있는 계약의 자유가 파생한다.

④ 헌법 제10조가 정하고 있는 행복추구권에서 파생하는 자기결정권 내지 일반적 행동자유권은 이성적이고 책임감 있는 사람의 자기 운명에 대한 결정·선택을 존중하되 그에 대한 책임은 스스로 부담함을 전제로 한다.

> **ADVICE** ① [O] 일반적 행동자유권은 가치 있는 행동만 그 보호영역으로 하는 것은 아니다. 그 보호영역에는 개인의 생활방식과 취미에 관한 사항도 포함되며, 여기에는 위험한 스포츠를 즐길 권리와 같은 위험한 생활방식으로 살아갈 권리도 포함된다. 그런데 심판대상조항은 술에 취한 상태로 도로 외의 곳에서 운전하는 것을 금지하고 이에 위반했을 때 처벌하도록 하고 있으므로 일반적 행동의 자유를 제한한다(헌재 2016. 2. 25. 2015헌가11).
> ② [X] 헌법 제10조의 행복추구권에서 파생하는 일반적 행동자유권은 모든 행위를 하거나 하지 않을 자유를 내용으로 하나, 그 보호대상으로서의 행동이란 국가가 간섭하지 않으면 자유롭게 할 수 있는 행위 내지 활동을 의미하고, 이를 국가권력이 가로막거나 강제하는 경우 자유권의 침해로서 논의될 수 있다 할 것인데, <u>병역의무의 이</u>

행으로서의 현역병 복무는 국가가 간섭하지 않으면 자유롭게 할 수 있는 행위에 속하지 않으므로, 현역병으로 복무할 권리가 일반적 행동자유권에 포함된다고 할 수도 없다(헌재 2010. 12. 28. 2008헌마527).

③ [O] 헌법 제10조에 의하여 보장되는 행복추구권 속에는 일반적 행동자유권이 포함되고, 이 일반적 행동자유권으로부터 계약 체결의 여부, 계약의 상대방, 계약의 방식과 내용 등을 당사자의 자유로운 의사로 결정할 수 있는 계약의 자유가 파생된다(헌재 2013. 10. 24. 2010헌마219).

④ [O] 헌법 제10조가 정하고 있는 행복추구권에서 파생되는 자기결정권 내지 일반적 행동자유권은 이성적이고 책임감 있는 사람의 자기 운명에 대한 결정·선택을 존중하되 그에 대한 책임은 스스로 부담함을 전제로 한다(헌재 2017. 5. 25. 2014헌바360).

15 헌법상 경제질서에 대한 설명으로 옳지 않은 것은? (다툼이 있는 경우 판례에 의함)

① 국방상 또는 국민경제상 긴절한 필요로 인하여 법률이 정하는 경우를 제외하고는, 사영기업을 국유 또는 공유로 이전하거나 그 경영을 통제 또는 관리할 수 없다.

② 농지소유자가 농지를 농업경영에 이용하지 아니하여 농지처분 명령을 받았음에도 불구하고 정당한 사유 없이 이를 이행하지 아니하는 경우, 당해 농지가액의 100분의 20에 상당하는 이행강제금을 그 처분명령이 이행될 때까지 매년 1회 부과할 수 있도록 한 것은 합헌이다.

③ 불매운동의 목표로서 '소비자의 권익'이란 원칙적으로 사업자가 제공하는 물품이나 용역의 소비생활과 관련된 것으로서 상품의 질이나 가격, 유통구조, 안전성 등 시장적 이익에 국한된다.

④ 의약품 도매상 허가를 받기 위해 필요한 창고면적의 최소 기준을 규정하고 있는 「약사법」 조항들은 국가의 중소기업 보호·육성의무를 위반하였다.

> **ADVICE** ① [O] 헌법 제126조 … 국방상 또는 국민경제상 긴절한 필요로 인하여 법률이 정하는 경우를 제외하고는, 사영기업을 국유 또는 공유로 이전하거나 그 경영을 통제 또는 관리할 수 없다.

② [O] 이 사건 법률조항들의 목적은 농지소유자로 하여금 농지를 계속 농업경영에 이용하도록 하고, 비자경농의 농지 소유를 제한하는 것으로 이는 국토의 효율적이고 균형 있는 이용·개발과 보전을 위하여 그에 관한 필요한 제한과 의무를 과할 수 있다는 헌법 제122조와 경자유전의 원칙 및 소작제도 금지를 규정한 헌법 제121조 제1항에 근거를 둔 것으로 정당하다. 농지를 취득한 이후에도 계속 농지를 농업경영에 이용할 의무를 부과하고, 이에 위반하여 농지소유자격이 없는 자에 대하여 농지를 처분할 의무를 부과하고 이행강제금을 부과하는 것은 입법목적을 달성하기 위한 적절한 수단이다. 농지법은 정당한 사유가 있으면 농지처분의무를 면제하거나 이행강제금을 부과하지 않고, 농지처분명령을 통지받은 농지 소유자에게 매수청구권을 부여하여 피해를 최소화하고 있다. 계속 농지처분명령을 이행하지 않는 경우 반복된 이행강제금의 총액이 농지의 객관적 가치를 넘을 수 있으나, 농지를 농업 경영에 이용하게 하려는 궁극적인 입법목적을 달성하기 위해서는, 농지가 농업 경영에 이용되지 않는 한 계속하여 이행강제금을 부과할 수밖에 없다. 농지를 자유롭게 이용할 수 있는 개인의 권리의 제한에 비하여, 농지의 효율적인 이용과 관리를 통하여 국민의 안정적 식량생산기반을 유지하고 헌법상의 경자유전원칙을 실현한다는 공적 이익이 훨씬 크므로, 법익의 균형성도 충족한다(헌재 2010. 2.25. 2008헌바98).

✎ **ANSWER** 13.② 14.② 15.④

③ [O] 불매운동의 목표로서의 '소비자의 권익'이란 원칙적으로 사업자가 제공하는 물품이나 용역의 소비생활과 관련된 것으로서 상품의 질이나 가격, 유통구조, 안전성 등 시장적 이익에 국한된다(헌재 2011. 12. 29. 2010헌바54).

④ [X] 또한 반드시 264제곱미터 이상의 단일 창고를 구비해야 하는 것은 아니고, 창고를 보유하지 않아도 기준을 충족하는 창고 시설을 갖춘 도매상에 의약품의 보관, 배송 등 유통관리 업무를 위탁하는 방법으로 영업이 가능하다. 이와 같은 사정들을 종합해 보면 <u>이 사건 법률조항들이 청구인의 직업수행의 자유를 침해한다고 볼 수 없다</u>(헌재 2014. 4. 24. 2012헌마811).

16 집회의 자유에 대한 설명으로 옳지 않은 것은? (다툼이 있는 경우 판례에 의함)

① 국무총리 공관 경계지점으로부터 100 미터 이내의 장소에서 옥외집회 또는 시위를 예외 없이 절대적으로 금지하고 있는 법률조항은 집회의 자유를 침해한다.

② 집회의 자유는 집회의 시간, 장소, 방법과 목적을 스스로 결정하는 것을 보장하는 것으로, 구체적으로 보호되는 주요 행위는 집회의 준비 및 조직, 지휘, 참가, 집회장소·시간의 선택이라고 할 수 있다.

③ 외교기관 인근의 옥외집회·시위를 원칙적으로 금지하면서도 외교기관의 기능을 침해할 우려가 없는 예외적인 경우에는 허용하고 있다면 집회의 자유를 침해하는 것은 아니다.

④ 국회의 헌법적 기능에 대한 보호의 필요성을 고려한다면 국회의사당의 경계지점으로부터 100미터 이내의 장소에서 예외 없이 옥외집회를 금지하는 것은 지나친 규제라고 할 수 없다.

> **ADVICE** ① [O] 그럼에도 불구하고 이 사건 금지장소 조항은 전제되는 위험 상황이 구체적으로 존재하지 않는 경우까지도 예외 없이 국무총리 공관 인근에서의 옥외집회·시위를 금지하고 있는바, 이는 입법목적의 달성에 필요한 범위를 넘는 과도한 제한이라고 할 것이다. …… 이 사건 금지장소 조항은 입법 목적의 정당성과 수단의 적절성이 인정된다고 하더라도, 침해의 최소성 및 법익의 균형성 원칙에 반한다고 할 것이므로 과잉금지원칙을 위반하여 집회의 자유를 침해한다(헌재 2018. 6. 28. 2015헌가28).

② [O] 집회의 자유는 집회의 시간, 장소, 방법과 목적을 스스로 결정할 권리를 보장한다. 집회의 자유에 의하여 구체적으로 보호되는 주요행위는 집회의 준비 및 조직, 지휘, 참가, 집회장소·시간의 선택이다(헌재 2003. 10. 30. 2000헌바67).

③ [O] 나아가 이 사건 법률조항은 외교기관의 경계지점으로부터 반경 100미터 이내 지점에서의 집회 및 시위를 원칙적으로 금지하되, 그 가운데에서도 외교기관의 기능이나 안녕을 침해할 우려가 없다고 인정되는 세 가지의 예외적인 경우에는 이러한 집회 및 시위를 허용하고 있는바, 이는 입법기술상 가능한 최대한의 예외적 허용 규정이며, 그 예외적 허용 범위는 적절하다고 보이므로 이보다 더 넓은 범위의 예외를 인정하지 않는 것을 두고 침해의 최소성원칙에 반한다고 할 수 없다. 그리고 이 사건 법률조항으로 달성하고자 하는 공익은 외교기관의 기능과 안전의 보호라는 국가적 이익이며, 이 사건 법률조항은 법익충돌의 위험성이 없는 경우에는 외교기관 인근에서의 집회나 시위도 허용함으로써 구체적인 상황에 따라 상충하는 법익 간의 조화를 이루고 있다. 따라서 이 사건 법률조항이 청구인의 집회의 자유를 침해한다고 할 수 없다(헌재 2010. 10. 28. 2010헌마111).

④ [X] 심판대상조항은 입법목적을 달성하는 데 필요한 최소한도의 범위를 넘어, 규제가 불필요하거나 또는 예외적으로 허용하는 것이 가능한 집회까지도 <u>이를 일률적·전면적으로 금지하고 있으므로 침해의 최소성 원칙에 위배된다</u>. …… 심판대상조항으로 달성하려는 공익이 제한되는 집회의 자유 정도보다 크다고 단정할 수는 없다고 할 것이므로 심판대상조항은 법익의 균형성 원칙에도 위배된다(헌재 2018. 5. 31. 2013헌바322).

17 표현의 자유에 대한 설명으로 옳지 않은 것은? (다툼이 있는 경우 판례에 의함)

① 의료광고의 심의기관이 행정기관인가 여부는 기관의 형식에 의하기보다는 그 실질에 따라 판단하여야 하며, 민간심의기구가 심의를 담당하는 경우에도 행정권의 개입 때문에 사전심의에 자율성이 보장되지 않는다면, 헌법이 금지하는 행정기관에 의한 사전검열에 해당하게 될 것이다.

② 「출판사 및 인쇄소의 등록에 관한 법률」 규정 중 '음란한 간행물' 부분은 헌법에 위반되지 아니하고, '저속한 간행물' 부분은 명확성의 원칙에 반할 뿐만 아니라 출판의 자유와 성인의 알 권리를 침해하는 것으로 헌법에 위반된다.

③ 「신문 등의 진흥에 관한 법률」의 등록조항은 인터넷신문의 명칭, 발행인과 편집인의 인적사항 등 인터넷신문의 외형적이고 객관적 사항을 제한적으로 등록하도록 하고 있는 바, 이는 인터넷신문에 대한 인적 요건의 규제 및 확인에 관한 것으로 인터넷신문의 내용을 심사 · 선별하여 사전에 통제하기 위한 규정으로 사전허가금지원칙에 위배된다.

④ 헌법상 사전검열은 표현의 자유 보호대상이면 예외 없이 금지되므로, 건강기능식품의 기능성 광고는 인체의 구조 및 기능에 대하여 보건용도에 유용한 효과를 준다는 기능성 등에 관한 정보를 널리 알려 해당 건강기능식품의 소비를 촉진시키기 위한 상업광고이지만, 헌법 제21조 제1항의 표현의 자유의 보호 대상이 됨과 동시에 같은 조 제2항의 사전검열 금지 대상도 된다.

> **ADVICE** ① [O] 의료광고의 심의기관이 행정기관인가 여부는 기관의 형식에 의하기보다는 그 실질에 따라 판단되어야 한다. 따라서 검열을 행정기관이 아닌 독립적인 위원회에서 행한다고 하더라도, 행정권이 주체가 되어 검열절차를 형성하고 검열기관의 구성에 지속적인 영향을 미칠 수 있는 경우라면 실질적으로 그 검열기관은 행정기관이라고 보아야 한다(헌재 2015. 12. 23. 2015헌바75).
>
> ② [O] "음란"의 개념과는 달리 "저속"의 개념은 그 적용범위가 매우 광범위할 뿐만 아니라 법관의 보충적인 해석에 의한다 하더라도 그 의미내용을 확정하기 어려울 정도로 매우 추상적이다. 이 "저속"의 개념에는 출판사등록이 취소되는 성적 표현의 하한이 열려 있을 뿐만 아니라 폭력성이나 잔인성 및 천한 정도도 그 하한이 모두 열려 있기 때문에 출판을 하고자 하는 자는 어느 정도로 자신의 표현내용을 조절해야 되는지를 도저히 알 수 없도록 되어 있어 명확성의 원칙 및 과도한 광범성의 원칙에 반한다(헌재 1998. 4. 30. 95헌가16).
>
> ③ [X] 등록조항은 인터넷신문의 명칭, 발행인과 편집인의 인적사항 등 인터넷신문의 외형적이고 객관적 사항을 제한적으로 등록하도록 하고 있고, 고용조항 및 확인조항은 5인 이상 취재 및 편집 인력을 고용하되, 그 확인을 위해 등록 시 서류를 제출하도록 하고 있다. 이런 조항들은 인터넷신문에 대한 인적 요건의 규제 및 확인에 관한 것으로, 인터넷신문의 내용을 심사 · 선별하여 사전에 통제하기 위한 규정이 아님이 명백하다. 따라서 등록조항은 사전허가금지원칙에도 위배되지 않는다(헌재 2016. 10. 27. 2015헌마1206).
>
> ④ [O] 헌법상 사전검열은 표현의 자유 보호대상이면 예외 없이 금지된다. 건강기능식품의 기능성 광고는 인체의 구조 및 기능에 대하여 보건용도에 유용한 효과를 준다는 기능성 등에 관한 정보를 널리 알려 해당 건강기능식품의 소비를 촉진시키기 위한 상업광고이지만, 헌법 제21조 제1항의 표현의 자유의 보호 대상이 됨과 동시에 같은 조 제2항의 사전검열 금지 대상도 된다(헌재 2019. 5. 30. 2019헌가4).

ANSWER 16.④ 17.③

18 신체의 자유 및 적법절차에 대한 설명으로 옳지 않은 것은? (다툼이 있는 경우 판례에 의함)

① 형벌법규는 문언에 따라 엄격하게 해석·적용하여야 하고 피고인에게 불리한 방향으로 지나치게 확장해석하거나 유추해석하여서는 아니되지만, 형벌법규의 해석에서도 법률문언의 통상적인 의미를 벗어나지 않는 한 그 법률의 입법취지와 목적, 입법연혁 등을 고려한 목적론적 해석이 배제되는 것은 아니다.

② 강제퇴거명령을 받은 사람을 즉시 대한민국 밖으로 송환할 수 없으면 송환할 수 있을 때까지 보호시설에 보호할 수 있도록 규정한 「출입국관리법」 제63조 제1항은 과잉금지원칙에 반하여 신체의 자유를 침해하지 아니한다.

③ 변호인의 조력을 받을 권리란 변호인과 신체구속을 당한 사람 사이의 충분한 접견교통을 허용함은 물론 교통내용에 대하여 비밀이 보장되고 부당한 간섭이 없어야 하는 것이며, 이러한 취지는 변호인과 미결수용자 사이의 서신에는 적용되지 않는다.

④ 헌법 제12조 제2항이 보장하는 진술거부권은 피고인 또는 피의자가 공판절차나 수사절차에서 법원 또는 수사기관의 신문에 대하여 형사상 자신에게 불리한 진술을 거부할 수 있는 권리이다.

> ⏵**ADVICE** ① [O] 물론 형벌법규는 문언에 따라 엄격하게 해석·적용하여야 하고 피고인에게 불리한 방향으로 지나치게 확장해석하거나 유추해석하여서는 아니된다. 그러나 형벌법규의 해석에 있어서도 법률문언의 통상적인 의미를 벗어나지 않는 한 그 법률의 입법취지와 목적, 입법연혁 등을 고려한 목적론적 해석이 배제되는 것은 아니다(대판 2002. 2. 21. 2001도2819).
>
> ② [O] 출입국관리법상 보호는 국가행정인 출입국관리행정의 일환이며, 주권국가로서의 기능을 수행하는 데 필요한 것이므로 일정부분 입법정책적으로 결정될 수 있다. …… 강제퇴거대상자의 송환이 언제 가능해질 것인지 미리 알 수가 없으므로, 심판대상조항이 보호기간의 상한을 두지 않은 것은 입법목적 달성을 위해 불가피한 측면이 있다. 따라서 심판대상조항은 침해의 최소성 및 법익의 균형성 요건도 충족한다. 그러므로 심판대상조항은 과잉금지원칙에 위배되어 신체의 자유를 침해하지 아니한다(헌재 2018. 2. 22. 2017헌가29).
>
> ③ [X] 그러나 헌법 제12조 제4항 본문은 "누구든지 체포 또는 구속을 당한 때에는 즉시 변호인의 조력을 받을 권리를 가진다."라고 규정하여 변호인의 조력을 받을 권리를 보장하고 있으므로, <u>미결수용자의 서신 중 변호인과의 서신은 다른 서신에 비하여 특별한 보호를 받아야 할 것이다</u>(헌재 1995. 7. 21. 92헌마144).
>
> ④ [O] 헌법 제12조 제2항은 "모든 국민은 …… 형사상 자기에게 불리한 진술을 강요당하지 아니한다."라고 하여 형사상 자기에게 불리한 진술이나 증언을 거부할 수 있는 진술거부권을 보장하고 있는바, 이는 피고인 또는 피의자가 공판절차나 수사절차에서 법원 또는 수사기관의 신문에 대하여 형사상 자신에게 불리한 진술을 거부할 수 있는 권리를 말하는 것이라 할 것이다(헌재 1998. 7. 16. 96헌바35).

19 정당에 대한 설명으로 옳지 않은 것은? (다툼이 있는 경우 판례에 의함)

① 국회의원선거에 참여하여 의석을 얻지 못하고 유효투표총수의 100분의 2 이상을 득표하지 못한 정당에 대해 그 등록을 취소하도록 한 구 「정당법」의 정당등록취소 조항은 정당설립의 자유를 침해한다.

② 정당이 새로운 당명으로 합당하거나 다른 정당에 합당될 때에는 합당을 하는 정당들의 대의기관이나 그 수임기관의 합동회의의 결의로써 합당할 수 있다.

③ 헌법재판소의 결정에 의하여 해산된 정당의 명칭과 동일한 명칭은 해산된 날부터 최초로 실시하는 임기만료에 의한 국회의원선거의 선거일까지만 정당의 명칭으로 사용할 수 없다.

④ 정당의 시·도당 하부조직의 운영을 위하여 당원협의회 등의 사무소를 두는 것을 금지한 구 「정당법」 조항은 정당 활동의 자유를 침해하지 않는다.

> **ADVICE** ① [O] 그러나 정당등록의 취소는 정당의 존속 자체를 박탈하여 모든 형태의 정당활동을 불가능하게 하므로, 그에 대한 입법은 필요최소한의 범위에서 엄격한 기준에 따라 이루어져야 한다. …… 정당등록취소조항은 침해의 최소성 요건을 갖추지 못하였다. 나아가, 정당등록취소조항은 어느 정당이 대통령선거나 지방자치선거에서 아무리 좋은 성과를 올리더라도 국회의원선거에서 일정 수준의 지지를 얻는 데 실패하면 등록이 취소될 수밖에 없어 불합리하고, 신생·군소정당으로 하여금 국회의원선거에의 참여 자체를 포기하게 할 우려도 있어 법익의 균형성 요건도 갖추지 못하였다. 따라서 정당등록취소조항은 과잉금지원칙에 위반되어 청구인들의 정당설립의 자유를 침해한다(헌재 2014. 1. 28. 2012헌마431).

② [O] 정당법 제19조(합당)
① 정당이 새로운 당명으로 합당하거나 다른 정당에 합당될 때에는 합당을 하는 정당들의 대의기관이나 그 수임기관의 합동회의의 결의로써 합당할 수 있다.

③ [X] 정당법 제41조(유사명칭 등의 사용금지)
② 헌법재판소의 결정에 의하여 해산된 정당의 명칭과 같은 명칭은 정당의 명칭으로 다시 사용하지 못한다.

④ [O] 심판대상조항은 임의기구인 당원협의회를 둘 수 있도록 하되, 과거 지구당 제도의 폐해가 되풀이되는 것을 방지하고 고비용 저효율의 정당구조를 개선하기 위해 사무소를 설치할 수 없도록 하는 것이므로 그 입법목적은 정당하고, 수단의 적절성도 인정된다. …… 심판대상조항으로 인해 침해되는 사익은 당원협의회 사무소를 설치하지 못하는 불이익에 불과한 반면, 심판대상조항이 달성하고자 하는 고비용 저효율의 정당구조 개선이라는 공익은 위와 같은 불이익에 비하여 결코 작다고 할 수 없어 심판대상조항은 법익균형성도 충족되었다. 따라서 심판대상조항은 제청신청인의 정당활동의 자유를 침해하지 아니한다(2016. 3. 31. 2013헌가22).

20 헌법재판소의 위헌결정의 효력에 대한 설명으로 옳지 않은 것은? (다툼이 있는 경우 판례에 의함)

① 법률의 위헌결정은 법원과 그 밖의 국가기관 및 지방자치단체를 기속한다.

② 행정작용을 포함한 공권력 작용을 대상으로 한 권리구제형 헌법소원에 있어서 판단유탈은 재심사유가 되지 아니한다.

③ 형벌에 관한 법률 또는 법률의 조항에 대한 위헌결정과 관련하여 해당 법률 또는 법률의 조항에 대하여 종전에 합헌으로 결정한 사건이 있는 경우에는 그 결정이 있는 날의 다음 날로 소급하여 효력을 상실한다.

④ 헌법재판소 결정문의 결정이유에 대하여 재판관 5인만이 찬성한 경우에는 위헌결정이유의 기속력을 인정할 여지가 없다.

> **ADVICE** ① [○] 헌법재판소법 제47조(위헌결정의 효력)

① 법률의 위헌결정은 법원과 그 밖의 국가기관 및 지방자치단체를 기속한다.

② [X] 공권력의 작용에 대한 권리구제형 헌법소원심판절차에 있어서 '헌법재판소의 결정에 영향을 미칠 중대한 사항에 관하여 판단을 유탈한 때'를 재심사유로 허용하는 것이 헌법재판의 성질에 반한다고 볼 수는 없으므로, <u>민사소송법 제422조 제1항 제9호를 준용하여 "판단유탈"도 재심사유로 허용되어야 한다</u>(헌재 2001. 9. 27. 2001헌아3).

③ [○] 헌법재판소법 제47조(위헌결정의 효력)

③ 제2항에도 불구하고 형벌에 관한 법률 또는 법률의 조항은 소급하여 그 효력을 상실한다. 다만, 해당 법률 또는 법률의 조항에 대하여 종전에 합헌으로 결정한 사건이 있는 경우에는 그 결정이 있는 날의 다음 날로 소급하여 효력을 상실한다.

④ [○] 앞서 본 바와 같이 결정이유에까지 기속력을 인정할지 여부 등에 대하여는 신중하게 접근할 필요가 있을 것이나 설령 결정이유에까지 기속력을 인정한다고 하더라도, 이 사건의 경우 위헌결정 이유 중 비맹제외기준이 과잉금지원칙에 위반한다는 점에 대하여 기속력을 인정할 수 있으려면, <u>결정주문을 뒷받침하는 결정이유에 대하여 적어도 위헌결정의 정족수인 재판관 6인 이상의 찬성이 있어야 할 것이고</u>(헌법 제113조 제1항 및 헌법재판소법 제23조 제2항 참조), <u>이에 미달할 경우에는 결정이유에 대하여 기속력을 인정할 여지가 없다고 할 것인바</u>, (중략) <u>재판관 5인만이 찬성하였을 뿐이므로 위 과잉금지원칙 위반의 점에 대하여 기속력이 인정될 여지가 없다고 할 것이다</u>(헌재 2008. 10. 30. 2006헌마1098).

1 영토조항 및 평화통일조항에 대한 설명으로 옳지 않은 것은? (다툼이 있는 경우 판례에 의함)

① 우리 헌법이 영토조항(제3조)을 두고 있는 이상 대한민국의 헌법은 북한지역을 포함한 한반도 전체에 그 효력이 미치고 따라서 북한지역은 당연히 대한민국의 영토가 된다.

② 남북합의서는 남북관계를 '나라와 나라 사이의 관계가 아닌 통일을 지향하는 과정에서 잠정적으로 형성되는 특수관계'임을 전제로 하여 이루어진 합의문서인바, 이는 한민족공동체 내부의 특수관계를 바탕으로 한 당국 간의 합의로서 남북당국의 성의 있는 이행을 상호 약속하는 일종의 공동성명 또는 신사협정에 준하는 성격을 가진다.

③ 개별 법률의 적용 내지 준용에 있어서는 남북한의 특수관계적 성격을 고려하여 북한지역을 외국에 준하는 지역으로, 북한주민 등을 외국인에 준하는 지위에 있는 자로 규정할 수 있다.

④ 헌법상의 여러 통일관련 조항들은 국가의 통일의무를 선언한 것이므로, 그로부터 국민 개개인의 통일에 대한 기본권, 특히 국가기관에 대하여 통일과 관련된 구체적인 행위를 요구하거나 일정한 행동을 할 수 있는 권리도 도출된다.

> ᐳADVICE ④ 헌법상의 여러 통일관련 조항들은 국가의 통일의무를 선언한 것이기는 하지만, 그로부터 국민 개개인의 통일에 대한 기본권, 특히 <u>국가기관에 대하여 통일과 관련된 구체적인 행동을 요구하거나 일정한 행동을 할 수 있는 권리가 도출된다고 볼 수 없다</u>(헌재 2000. 7.20. 98헌바63).
>
> ①③ 우리 헌법이 "대한민국의 영토는 한반도와 그 부속도서로 한다"는 영토조항(제3조)을 두고 있는 이상 <u>대한민국의 헌법은 북한지역을 포함한 한반도 전체에 그 효력이 미치고 따라서 북한지역은 당연히 대한민국의 영토가 되므로,</u> 북한을 법 소정의 "외국"으로, 북한의 주민 또는 법인 등을 "비거주자"로 바로 인정하기는 어렵지만, <u>개별 법률의 적용 내지 준용에 있어서는 남북한의 특수관계적 성격을 고려하여 북한지역을 외국에 준하는 지역으로, 북한주민 등을 외국인에 준하는 지위에 있는 자로 규정할 수 있다</u>고 할 것이다(헌재 2005. 6.30. 2003헌바114).
>
> ② 1992. 2. 19. 발효된 '<u>남북사이의화해와불가침및교류협력에관한합의서</u>'는 일종의 공동성명 또는 신사협정에 준하는 성격을 가짐에 불과하여 법률이 아님은 물론 국내법과 동일한 효력이 있는 조약이나 이에 준하는 것으로 볼 수 없다(헌재 2000. 7.20. 98헌바63).

2 체계정당성의 원리에 대한 설명으로 옳지 않은 것은? (다툼이 있는 경우 판례에 의함)

① 체계정당성의 원리라는 것은 동일 규범 내에서 또는 상이한 규범 간에 그 규범의 구조나 내용 또는 규범의 근거가 되는 원칙면에서 상호 배치되거나 모순되어서는 아니된다는 하나의 헌법적 요청이다.

② 일반적으로 일정한 공권력작용이 체계정당성에 위반한다고 해서 곧 위헌이 되는 것은 아니고, 그것이 위헌이 되기 위해서는 결과적으로 비례의 원칙이나 평등의 원칙 등 일정한 헌법의 규정이나 원칙을 위반하여야 한다.

③ 체계정당성의 원리는 규범 상호간의 구조와 내용 등이 모순됨이 없이 체계와 균형을 유지하여야 한다는 헌법적 원리이지만 곧바로 입법자를 기속하는 것이라고는 볼 수 없다.

④ 규범 상호간의 체계정당성을 요구하는 이유는 입법자의 자의를 금지하여 규범의 명확성, 예측가능성 및 규범에 대한 신뢰와 법적 안정성을 확보하기 위한 것이고 이는 국가공권력에 대한 통제와 이를 통한 국민의 자유와 권리의 보장을 이념으로 하는 법치주의원리로부터 도출되는 것이다.

> **ADVICE** ③④ 체계정당성의 원리라는 것은 동일 규범 내에서 또는 상이한 규범 간에 그 규범의 구조나 내용 또는 규범의 근거가 되는 원칙면에서 상호 배치되거나 모순되어서는 아니된다는 하나의 헌법적 요청이다. 즉 <u>이는 규범상호간의 구조와 내용 등이 모순됨이 없이 체계와 균형을 유지하도록 입법자를 기속하는 헌법적 원리라고 볼 수 있다.</u> 이처럼 <u>규범 상호간의 체계정당성을 요구하는 이유는 입법자의 자의를 금지하여 규범의 명확성, 예측가능성 및 규범에 대한 신뢰와 법적 안정성을 확보하기 위한 것이고 이는 국가공권력에 대한 통제와 이를 통한 국민의 자유와 권리의 보장을 이념으로 하는 법치주의원리로부터 도출되는 것이라고 할 수 있다</u>(헌재 2010. 6.24. 2007헌바101).
> ①② 체계정당성의 원리는 동일 규범 내에서 또는 상이한 규범 간에 그 규범의 구조나 내용 또는 규범의 근거가 되는 원칙면에서 상호 배치되거나 모순되어서는 안된다는 하나의 헌법적 요청이며, 국가공권력에 대한 통제와 이를 통한 국민의 자유와 권리의 보장을 이념으로 하는 법치주의원리로부터 도출되는데, 이러한 <u>체계정당성 위반은 비례의 원칙이나 평등의 원칙 등 일정한 헌법의 규정이나 원칙을 위반하여야만 비로소 위헌이 되며</u>, 체계정당성의 위반을 정당화할 합리적인 사유의 존재에 대하여는 입법 재량이 인정된다(헌재 2004.11.25. 2002헌바66).

3 대통령과 행정부에 대한 설명으로 옳지 않은 것은? (다툼이 있는 경우 판례에 의함)

① 기본권을 제한하는 내용의 입법을 위임할 때에는 법규명령에 위임하는 것이 원칙이고, 고시와 같은 형식으로 입법위임을 할 때에는 법령이 전문적·기술적 사항이나 경미한 사항으로서 업무의 성질상 위임이 불가피한 사항에 한정된다.

② 입주자들이 국가나 사업주체의 관여없이 자치활동의 일환으로 구성한 입주자대표회의는 사법상의 단체로서, 그 구성에 필요한 사항을 대통령령에 위임하도록 한 것은 법률유보원칙에 위반되지 않는다.

③ 대통령은 국무총리와 중앙행정기관의 장의 명령이나 처분이 위법 또는 부당하다고 인정하면 국무회의의 심의를 거쳐 이를 중지 또는 취소하여야 한다.

④ 국무총리는 대통령의 명을 받아 각 중앙행정기관의 장을 지휘·감독한다.

▶**ADVICE** ③ 대통령은 국무총리와 중앙행정기관의 장의 명령이나 처분이 위법 또는 부당하다고 인정하면 이를 중지 또는 취소할 수 있다(정부조직법 제11조 제2항).

① 헌법이 인정하고 있는 위임입법의 형식은 예시적인 것으로 보아야 할 것이고, 법률이 어떤 사항을 행정규칙에 위임하더라도 그 행정규칙은 위임된 사항만을 규율할 수 있는 것이므로, 국회입법의 원칙과 상치되지 않는다. 다만, 행정규칙은 법규명령과 같은 엄격한 제정 및 개정절차를 요하지 아니하므로, 기본권을 제한하는 작용을 하는 법률의 입법위임을 할 때에는 대통령령, 총리령, 부령 등 법규명령에 위임함이 바람직하고, 고시와 같은 형식으로 입법위임을 할 때에는 적어도 행정규제기본법 제4조 제2항 단서에서 정한 바와 같이 법령이 전문적·기술적 사항이나 경미한 사항으로서 업무의 성질상 위임이 불가피한 사항에 한정된다 할 것이고, 그러한 사항이라 하더라도 포괄위임금지의 원칙상 법률의 위임은 반드시 구체적·개별적으로 한정된 사항에 대하여 행하여져야 할 것이다(헌재 2012. 2.23. 2009헌마318).

② 입주자대표회의는 공법상의 단체가 아닌 사법상의 단체로서, 이러한 특정 단체의 구성원이 될 수 있는 자격을 제한하는 것이 국가적 차원에서 형식적 법률로 규율되어야 할 본질적 사항이라고 보기 어렵다. 또한, 입주자대표회의 구성에 있어서 본질적인 부분은 입주자들이 국가나 사업주체의 관여 없이 자치활동의 일환으로 입주자대표회의를 구성할 수 있다는 것인데, 주택법 제43조 제3항은 입주자가 입주자대표회의를 구성할 수 있다고 규정하고 있어 이미 본질적인 부분이 입법되어 있으므로 입주자대표회의의 구성원인 동별 대표자가 될 수 있는 자격이 반드시 법률로 규율하여야 하는 사항이라고 볼 수 없다. 따라서 심판대상조항은 법률유보원칙을 위반하지 아니한다(헌재 2016. 7.28. 2014헌바158).

④ 국무총리는 대통령의 명을 받아 각 중앙행정기관의 장을 지휘·감독한다(정부조직법 제18조 제1항). 국무총리는 중앙행정기관의 장의 명령이나 처분이 위법 또는 부당하다고 인정될 경우에는 대통령의 승인을 받아 이를 중지 또는 취소할 수 있다(동법 제18조 제2항).

4 재판을 받을 권리에 대한 설명으로 옳지 않은 것은? (다툼이 있는 경우 판례에 의함)

① 재판청구권에는 민사재판, 형사재판, 행정재판뿐만 아니라 헌법재판을 받을 권리도 포함되므로, 헌법상 보장되는 기본권인 '공정한 재판을 받을 권리'에는 '공정한 헌법재판을 받을 권리'도 포함된다.

② 헌법 제27조 제1항의 재판을 받을 권리는 신분이 보장되고 독립된 법관에 의한 재판의 보장을 주된 내용으로 하므로 국민참여재판을 받을 권리는 헌법 제27조 제1항에서 규정하는 재판받을 권리의 보호범위에 속하지 아니한다.

③ 공정한 재판을 받을 권리 속에는 신속하고 공개된 법정의 법관의 면전에서 모든 증거자료가 조사·진술되고 이에 대하여 피고인이 공격·방어할 수 있는 기회가 보장되는 재판, 원칙적으로 당사자주의와 구두변론주의가 보장되어 당사자가 공소사실에 대한 답변과 입증 및 반증을 하는 등 공격, 방어권이 충분히 보장되는 재판을 받을 권리가 포함되어 있다.

④ 형사피해자에게 약식명령을 고지하지 않도록 규정한 것은 형사피해자의 재판절차진술권과 정식재판청구권을 침해하는 것으로서, 입법자가 입법재량을 일탈·남용하여 형사피해자의 재판을 받을 권리를 침해하는 것이다.

> **ADVICE** ④ 형사피해자는 약식명령을 고지받지 않으나, 신청을 하는 경우 형사사건의 진행 및 처리 결과에 대한 통지를 받을 수 있고, 고소인인 경우에는 신청 없이도 검사가 약식명령을 청구한 사실을 알 수 있어, 법원이나 수사기관에 자신의 진술을 기재한 진술서나 탄원서 등을 제출하는 등 의견을 밝힐 수 있는 기회를 가질 수 있다. 또한, 약식명령은 경미하고 간이한 사건을 대상으로 하기 때문에, 대부분 범죄사실에 다툼이 없는 경우가 많고, 형사피해자도 이미 범죄사실을 충분히 인지하고 있어, 범죄사실에 대한 별도의 확인 없이도 얼마든지 법원이나 수사기관에 의견을 제출할 수 있으며, 직접 범죄사실의 확인을 원하는 경우에는 소송기록의 열람·등사를 신청하는 것도 가능하므로, <u>형사피해자가 약식명령을 고지받지 못한다고 하여 형사재판절차에서의 참여기회가 완전히 봉쇄되어 있다고 볼 수 없다. 따라서 이 사건 고지조항은 형사피해자의 재판절차진술권을 침해하지 않는다</u>(헌재 2019. 9.26. 2018헌마1015).

> ① 헌법 제27조 제1항은 "모든 국민은 헌법과 법률이 정한 법관에 의하여 법률에 의한 재판을 받을 권리를 가진다."라고 규정함으로써 재판청구권을 보장하고 있는데, <u>이러한 재판을 받을 권리에는 민사재판, 형사재판, 행정재판뿐아니라 헌법재판도 포함된다</u>(헌재 2021. 1.28. 2019헌마468).

> ② 헌법과 법률이 정한 법관에 의한 재판을 받을 권리는 직업법관에 의한 재판을 주된 내용으로 하는 것이므로, <u>국민참여재판을 받을 권리가 헌법 제27조 제1항에서 규정한 재판을 받을 권리의 보호범위에 속한다고 볼 수 없다</u>(헌재 2015. 7.30. 2014헌바447).

> ③ 헌법 제27조 제1항은 "모든 국민은 헌법과 법률이 정한 법관에 의하여 법률에 의한 재판을 받을 권리를 가진다.", 같은 조 제3항은 "모든 국민은 신속한 재판을 받을 권리를 가진다. 형사피고인은 상당한 이유가 없는 한 지체없이 공개재판을 받을 권리를 가진다."라고 규정하여, 형사피고인에게 공정하고 신속한 공개재판을 받을 권리를 보장하고 있다. <u>공정한 재판을 받을 권리 속에는 신속하고 공개된 법정의 법관 면전에서 모든 증거자료가 조사·진술되고 이에 대하여 피고인이 공격·방어할 수 있는 기회가 보장되는 재판, 즉 원칙적으로 당사자주의와 구두변론주의가 보장되어 당사자에게 공소사실에 대한 답변과 입증 및 반증의 기회가 부여되는 등 공격·방어권이 충분히 보장되는 재판을 받을 권리가 포함되어 있다</u>(헌재 2021. 2.25. 2019헌바64).

5 변호인의 조력을 받을 권리에 대한 설명으로 옳지 않은 것은? (다툼이 있는 경우 판례에 의함)

① 변호인이 피의자신문에 자유롭게 참여할 수 있는 권리는 피의자가 가지는 변호인의 조력을 받을 권리를 실현하는 수단이라고 할 수 있어 헌법상 기본권인 변호인의 변호권으로서 보호되어야 하므로, 검찰수사관인 피청구인이 피의자신문에 참여한 변호인인 청구인에게 피의자 후방에 앉으라고 요구한 행위는 변호인인 청구인의 변호권을 침해한다.

② 「형사소송법」은 차폐시설을 설치하고 증인신문절차를 진행할 경우 피고인으로부터 의견을 듣도록 하는 등 피고인이 받을 수 있는 불이익을 최소화하기 위한 장치를 마련하고 있으므로, '피고인 등'에 대하여 차폐시설을 설치하고 신문할 수 있도록 한 것이 변호인의 조력을 받을 권리를 침해한다고 할 수는 없다.

③ 헌법 제12조제4항 본문에 규정된 변호인의 조력을 받을 권리는 형사절차에서 피의자 또는 피고인의 방어권을 보장하기 위한 것으로서 「출입국관리법」상 보호 또는 강제퇴거의 절차에는 적용되지 않는다.

④ 변호인의 수사서류 열람·등사권은 피고인의 신속·공정한 재판을 받을 권리 및 변호인의 조력을 받을 권리라는 헌법상 기본권의 중요한 내용이자 구성요소이며 이를 실현하는 구체적인 수단이 된다.

> **ADVICE** ③ 헌법 제12조 제4항 본문의 문언 및 헌법 제12조의 조문 체계, 변호인 조력권의 속성, 헌법이 신체의 자유를 보장하는 취지를 종합하여 보면 헌법 제12조 제4항 본문에 규정된 "구속"은 사법절차에서 이루어진 구속뿐 아니라, 행정절차에서 이루어진 구속까지 포함하는 개념이다. 따라서 헌법 제12조 제4항 본문에 규정된 변호인의 조력을 받을 권리는 행정절차에서 구속을 당한 사람에게도 즉시 보장된다. 종래 이와 견해를 달리하여 헌법 제12조 제4항 본문에 규정된 변호인의 조력을 받을 권리는 형사절차에서 피의자 또는 피고인의 방어권을 보장하기 위한 것으로서 출입국관리법상 보호 또는 강제퇴거의 절차에도 적용된다고 보기 어렵다고 판시한 우리 재판소 결정(헌재 2012. 8.23. 2008헌마430)은, 이 결정 취지와 저촉되는 범위 안에서 변경한다(헌재 2018. 5.31. 2014헌마346).

> ① 이 사건 후방착석요구행위로 인하여 위축된 피의자가 변호인에게 적극적으로 조언과 상담을 요청할 것을 기대하기 어렵고, 변호인이 피의자의 뒤에 앉게 되면 피의자의 상태를 즉각적으로 파악하거나 수사기관이 피의자에게 제시한 서류 등의 내용을 정확하게 파악하기 어려우므로, 이 사건 후방착석요구행위는 변호인인 청구인의 피의자신문참여권을 과도하게 제한한다. 그런데 이 사건에서 변호인의 수사방해나 수사기밀의 유출에 대한 우려가 없고, 조사실의 장소적 제약 등과 같이 이 사건 후방착석요구행위를 정당화할 그 외의 특별한 사정도 없으므로, 이 사건 후방착석요구행위는 침해의 최소성 요건을 충족하지 못한다. 이 사건 후방착석요구행위로 얻어질 공익보다는 변호인의 피의자신문참여권 제한에 따른 불이익의 정도가 크므로, 법익의 균형성 요건도 충족하지 못한다. 따라서 이 사건 후방착석요구행위는 변호인인 청구인의 변호권을 침해한다(헌재 2017.11.30.2016헌마503).

> ② 강력범죄 또는 조직폭력범죄의 수사와 재판에서 범죄입증을 위해 증언한 자의 안전을 효과적으로 보장해 줄 수 있는 조치가 마련되어야 할 필요성은 매우 크고, 경우에 따라서는 증인이 피고인의 변호인과 대면하여 진술하는 것으로부터 보호할 필요성이 있을 수 있다. 피고인 등과 증인 사이에 차폐시설을 설치한 경우에도 피고인 및 변호인에게는 여전히 반대신문권이 보장되고, 증인신문과정에서 증언의 신빙성에 대한 최종 판단 권한을 가진 재판부가 증인의 진술태도를 충분히 관찰할 수 있으며, 형사소송법은 차폐시설을 설치하고 증인신문절차를 진행할 경우 피고인으로부터 의견을 듣도록 하는 등 피고인이 받을 수 있는 불이익을 최소화하기 위한 장치를 마련하고 있다. 따라서 심판대상조항은 과잉금지원칙에 위배되어 청구인의 공정한 재판을 받을 권리 및 변호인의 조력을 받을 권리를 침해한다고 할 수 없다(헌재 2016.12.29. 2015헌바221).

> ④ '수사서류 열람·등사권'과 '신속·공정한 재판을 받을 권리 및 변호인의 조력을 받을 권리'의 관계 피고인의 신속·공정한 재판을 받을 권리 및 변호인의 조력을 받을 권리는 헌법이 보장하고 있는 기본권이고, 변호인의 수사서류 열람·등사권은 피고인의 신속·공정한 재판을 받을 권리 및 변호인의 조력을 받을 권리라는 헌법상 기본권의 중요한 내용이자 구성요소이며 이를 실현하는 구체적인 수단이 된다(헌재 2010. 6.24. 2009헌마257).

✏️ **ANSWER** 4.④ 5.③

6 개인정보자기결정권에 대한 설명으로 옳지 않은 것은? (다툼이 있는 경우 판례에 의함)

① 구「형의 실효 등에 관한 법률」의 해당 조항이 법원에서 불처분결정된 소년부송치 사건에 대한 수사경력자료의 삭제 및 보존기간에 대하여 규정하지 아니하여 수사경력자료에 기록된 개인정보가 당사자의 사망 시까지 보존되면서 이용되는 것은 당사자의 개인정보자기결정권에 대한 제한에 해당한다.

② 선거운동기간 중 모든 익명표현을 사전적·포괄적으로 규율하는 것은 표현의 자유보다 행정편의와 단속편의를 우선함으로써 익명표현의 자유와 개인정보자기결정권 등을 지나치게 제한한다.

③ 야당 소속 후보자 지지 혹은 정부 비판은 정치적 견해로서 개인의 인격주체성을 특징짓는 개인정보에 해당하지만, 그것이 지지 선언 등의 형식으로 공개적으로 이루어진 것이라면 개인정보자기결정권의 보호범위 내에 속하지 않는다.

④ 서울용산경찰서장이 전기통신사업자로부터 위치추적자료를 제공받아 청구인들의 위치를 확인하였거나 확인할 수 있었음에도 불구하고 청구인들의 검거를 위하여 국민건강보험공단으로부터 2년 내지 3년 동안의 요양급여정보를 제공받은 것은 청구인들의 개인정보자기결정권에 대한 중대한 침해에 해당한다.

>ADVICE ③ 이 사건 정보수집 등 행위의 대상인 <u>정치적 견해에 관한 정보는 공개된 정보라 하더라도 개인의 인격주체성을 특징짓는 것으로, 개인정보자기결정권의 보호 범위 내에 속하며,</u> 국가가 개인의 정치적 견해에 관한 정보를 수집·보유·이용하는 등의 행위는 개인정보자기결정권에 대한 중대한 제한이 되므로 이를 위해서는 법령상의 명확한 근거가 필요함에도 그러한 법률상 근거가 존재하지 않으므로 이 사건 정보수집 등 행위는 법률유보원칙을 위반하여 청구인들의 개인정보자기결정권을 침해한다(헌재 2020.12.23. 2017헌마416).

① <u>심판대상조항은 소년에 대한 수사경력자료의 삭제 및 보존기간에 대하여 규정하면서 법원에서 불처분결정된 소년부송치 사건에 대하여는 규정하지 않아 수사경력자료에 기록된 개인정보가 당사자의 사망 시까지 보존된다.</u> 수사경력자료는 불처분결정의 효력을 뒤집고 다시 형사처벌을 할 필요성이 인정되는 경우 재수사에 대비한 기초자료 또는 소년이 이후 다른 사건으로 수사나 재판을 받는 경우 기소여부의 판단자료나 양형 자료가 되므로, <u>해당 수사경력자료의 보존은 목적의 정당성과 수단의 적합성이 인정된다.</u> 하지만 반사회성이 있는 소년의 환경 조정과 품행 교정을 통해 소년이 우리 사회의 건전한 구성원으로 성장할 수 있도록, 죄를 범한 소년에 대하여 형사재판이 아닌 보호사건으로 심리하여 보호처분을 할 수 있는 절차를 마련한 소년법의 취지에 비추어, <u>법원에서 소년부송치된 사건을 심리하여 보호처분을 할 수 없거나 할 필요가 없다고 인정하여 불처분결정을 하는 경우 소년부송치 및 불처분결정된 사실이 소년의 장래 신상에 불이익한 영향을 미치지 않는 것이 마땅하다.</u> 또한 어떤 범죄가 행해진 후 시간이 흐를수록 수사의 단서로서나 상습성 판단자료, 양형자료로서의 가치는 감소하므로, <u>모든 소년부송치 사건의 수사경력자료를 해당 사건의 경중이나 결정 이후 경과한 시간 등에 대한 고려 없이 일률적으로 당사자가 사망할 때까지 보존할 필요가 있다고 보기는 어렵고,</u> 불처분결정된 소년부송치 사건의 수사경력자료가 조회 및 회보되는 경우에도 이를 통해 추구하는 실체적 진실발견과 형사사법의 정의 구현이라는 공익에 비해, 당사자가 입을 수 있는 실질적 또는 심리적 불이익과 그로 인한 재사회화 및 사회복귀의 어려움이 더 크다.

따라서 <u>심판대상조항은 과잉금지원칙을 위반하여 소년부송치 후 불처분결정을 받은 자의 개인정보자기결정권을 침해한다</u>(헌재 2021. 6.24. 2018헌가2).

② 심판대상조항의 입법목적은 정당이나 후보자에 대한 인신공격과 흑색선전으로 인한 사회경제적 손실과 부작용을 방지하고 선거의 공정성을 확보하기 위한 것이고, 익명표현이 허용될 경우 발생할 수 있는 부정적 효과를 막기 위하여 그 규제의 필요성을 인정할 수는 있다. 그러나 심판대상조항과 같이 인터넷홈페이지의 게시판 등에서 이루어지는 정치적 익명표현을 규제하는 것은 인터넷이 형성한 '사상의 자유시장'에서의 다양한 의견 교환을 억제하고, 이로써 국민의 의사표현 자체가 위축될 수 있으며, 민주주의의 근간을 이루는 자유로운 여론 형성이 방해될 수 있다. 선거운동기간 중 정치적 익명표현의 부정적 효과는 익명성 외에도 해당 익명표현의 내용과 함께 정치적 표현행위를 규제하는 관련 제도, 정치적·사회적 상황의 여러 조건들이 아울러 작용하여 발생하므로, <u>모든 익명표현을 사전적·포괄적으로 규율하</u>

는 것은 표현의 자유보다 행정편의와 단속편의를 우선함으로써 익명표현의 자유와 개인정보자기결정권 등을 지나치게 제한한다...그러므로 심판대상조항은 과잉금지원칙에 반하여 인터넷언론사 홈페이지 게시판 등 이용자의 익명표현의 자유와 개인정보자기결정권, 인터넷언론사의 언론의 자유를 침해한다(헌재 2021. 1.26. 2018헌마456).

④ 급여일자와 요양기관명은 피의자의 현재 위치를 곧바로 파악할 수 있는 정보는 아니므로, 이 사건 정보제공행위로 얻을 수 있는 수사상의 이익은 없었거나 미약한 정도였다. 반면 서울용산경찰서장에게 제공된 요양기관명에는 전문의의 병원도 포함되어 있어 청구인들의 질병의 종류를 예측할 수 있는 점, 2년 내지 3년 동안의 요양급여정보는 청구인들의 건강 상태에 대한 총체적인 정보를 구성할 수 있는 점 등에 비추어 볼 때, 이 사건 정보제공행위로 인한 청구인들의 개인정보자기결정권에 대한 침해는 매우 중대하다.

그렇다면 이 사건 정보제공행위는 이 사건 정보제공조항 등이 정한 요건을 충족한 것으로 볼 수 없고, 침해의 최소성 및 법익의 균형성에 위배되어 청구인들의 개인정보자기결정권을 침해하였다(헌재 2018. 8.30. 2014헌마368).

7 「헌법재판소법」 제68조 제1항의 헌법소원에 대한 설명으로 옳은 것은? (다툼이 있는 경우 판례에 의함)

① 공권력의 작용의 직접적인 상대방이 아닌 제3자는 공권력의 작용이 그 제3자의 기본권을 직접적이고 법적으로 침해하는 경우라 하더라도 그 제3자에게 자기관련성이 인정되지 않는다.

② 청구인은 공권력 작용과 현재 관련이 있어야 하며, 장래 어느 때인가 관련될 수 있을 것이라는 것만으로는 헌법소원을 제기하기에 족하지 않으므로, 기본권침해가 장래에 발생하고 그 침해가 틀림없을 것으로 현재 확실히 예측되더라도 침해의 현재성을 인정할 수는 없다.

③ 「헌법재판소법」 제68조 제1항 단서에서 말하는 다른 권리구제절차에는 사후적 · 보충적 구제수단인 손해배상청구나 손실보상청구도 포함된다.

④ 공권력의 불행사로 인한 기본권침해는 그 불행사가 계속되는 한 기본권침해의 부작위가 계속된다고 할 것이므로 공권력의 불행사에 대한 헌법소원은 그 불행사가 계속되는 한 기간의 제약없이 적법하게 청구할 수 있다.

> **ADVICE** ④ 공권력의 불행사로 인한 기본권침해는 그 불행사가 계속되는 한 기본권침해의 부작위가 계속된다고 할 것이므로 공권력의 불행사에 대한 헌법소원은 그 불행사가 계속되는 한 기간의 제약없이 적법하게 청구할 수 있다. 헌법소원 제도는 주관적인 권리구제 뿐만 아니라 객관적인 헌법질서보장의 기능도 겸하고 있으므로, 설사 주관적인 권리보호의 이익이 없는 경우라고 하더라도 동종의 기본권침해가 반복될 위험이 있거나 헌법질서의 유지 · 수호를 위하여 헌법적 해명이 중대한 의미를 지니고 있을 때에는 예외적으로 심판청구의 이익이 인정된다(헌재 2002. 7.18. 2000헌마707).

① 원칙적으로 공권력의 행사 또는 불행사의 직접적인 상대방만이 청구인 적격이 있고, 공권력 작용의 직접적인 상대방이 아닌 제3자의 경우에는 공권력 작용이 그 제3자의 기본권을 직접적이고 법적으로 침해하고 있는 경우에만 예외적으로 자기관련성이 있다(헌재 2008. 5.29. 2007헌마712).

② 청구인은 공권력 작용과 현재 관련이 있어야 하며, 장래 어느 때인가 관련될 수 있을 것이라는 것만으로는 헌법소원을 제기하기에 족하지 않다. 다만 기본권침해가 장래에 발생하더라도 그 침해가 틀림없을 것으로 현재 확실히 예측된다면 기본권구제의 실효성을 위하여 침해의 현재성을 인정한다(헌재 1992.10. 1. 92헌마68).

③ 헌법재판소법 제68조 제1항 단서 소정의 다른 권리구제절차라 함은 공권력의 행사 또는 불행사를 직접대상으로 하여 그 효력을 다툴 수 있는 권리구제절차를 의미하고, 사후적 · 보충적 구제수단을 뜻하는 것은 아니다(헌재 1989. 4.17. 88헌마3).

✎ **ANSWER** 6.③ 7.④

8 신체의 자유에 대한 설명으로 옳지 않은 것은? (다툼이 있는 경우 판례에 의함)

① 관광진흥개발기금 관리 · 운용업무에 종사토록 하기 위하여 문화체육관광부 장관에 의해 채용된 민간 전문가에 대해 「형법」상 뇌물죄의 적용에 있어서 공무원으로 의제하는 「관광진흥개발기금법」의 규정은 신체의 자유를 과도하게 제한하는 것은 아니다.

② 구「미성년자보호법」의 해당 조항 중 "잔인성"과 "범죄의 충동을 일으킬 수 있게"라는 부분은 그 적용 범위를 법집행기관의 자의적인 판단에 맡기고 있으므로 죄형법정주의에서 파생된 명확성의 원칙에 위배된다.

③ 군인 아닌 자가 유사군복을 착용함으로써 군인에 대한 국민의 신뢰가 실추되는 것을 방지하기 위해 유사군복의 착용을 금지하는 것은 허용되지만, 유사군복을 판매목적으로 소지하는 것까지 금지하는 것은 과잉금지원칙에 위반된다.

④ 디엔에이신원확인정보의 수집 · 이용은 수형인등에게 심리적 압박으로 인한 범죄예방효과를 가진다는 점에서 보안처분의 성격을 지니지만, 처벌적인 효과가 없는 비형벌적 보안처분으로서 소급입법금지원칙이 적용되지 않는다.

> **ADVICE** ③ 군인 아닌 자가 유사군복을 입고 군인임을 사칭하여 군인에 대한 국민의 신뢰를 실추시키는 행동을 하는 등 군에 대한 신뢰 저하 문제로 이어져 향후 발생할 국가안전보장상의 부작용을 상정해볼 때, 단지 유사군복의 착용을 금지하는 것으로는 입법목적을 달성하기에 부족하고, 유사군복을 판매 목적으로 소지하는 것까지 금지하여 유사군복이 유통되지 않도록 하는 사전적 규제조치가 불가피하다. 유사군복의 범위는 진정한 군복과 외관상 식별이 곤란할 정도에 해당하는 물품으로 엄격하게 좁혀서 규정하고 있기 때문에, 심판대상조항에 의하여 판매목적 소지가 금지되는 유사군복의 범위가 지나치게 넓다거나 이에 관한 규제가 과도하다고 할 수 없다. 유사군복이 모방하고 있는 대상인 전투복은 군인의 전투용도로 세심하게 고안되어 제작된 특수한 물품이다. 이를 판매 목적으로 소지하지 못하여 입는 개인의 직업의 자유나 일반적 행동의 자유의 제한 정도는, 국가안전을 보장하고자 하는 공익에 비하여 결코 중하다고 볼 수 없다. 따라서 심판대상조항은 과잉금지원칙을 위반하여 직업의 자유 내지 일반적 행동의 자유를 침해한다고 볼 수 없다(헌재 2019. 4.11. 2018헌가14).

① 관광진흥개발기금의 설치 목적이 관광사업의 발전 등을 위한 것이고, 위 기금의 용도가 관광사업 기반시설의 건설 등을 위한 대여나 보조로 법령에 의해 명시적으로 한정되어 있으며, 엄격한 절차에 의해 운용되는 점 등에 비추어 볼 때, 위 기금은 강한 공공성을 가진 것이다. 따라서 민간 전문가가 기금 운용 정책 전반에 관하여 문화체육관광부 장관을 보좌하는 직무를 수행함에 있어서 청렴성이나 공정성이 필요하다. 위 조항은 민간 전문가를 모든 영역에서 공무원으로 의제하는 것이 아니라 직무의 불가매수성을 담보한다는 요청에 의해 금품수수행위 등 직무 관련 비리행위를 엄격히 처벌하기 위해 형법 제129조 등의 적용에 대하여만 공무원으로 의제하고 있으므로 입법목적 달성에 필요한 정도를 넘어선 과잉형벌이라고 할 수 없고, 신체의 자유 등 헌법상 기본권 제한의 정도가 달성하려는 공익에 비하여 중하다고 할 수 없다(헌재 2014. 7.24. 2012헌바188).

② 이 사건 미성년자보호법 조항의 불량만화에 대한 정의 중 전단 부분의 "음란성 또는 잔인성을 조장할 우려"라는 표현을 보면, '음란성'은 법관의 보충적인 해석을 통하여 그 규범내용이 확정될 수 있는 개념이라고 할 수 있으나, 한편 '잔인성'에 대하여는 아직 판례상 개념규정이 확립되지 않은 상태이고 그 사전적 의미는 "인정이 없고 모짊"이라고 할 수 있는바, 이에 의하면 미성년자의 감정이나 의지, 행동 등 그 정신생활의 모든 영역을 망라하는 것으로서 살인이나 폭력 등 범죄행위를 이루는 것에서부터 윤리적 · 종교적 · 사상적 배경에 따라 도덕적인 판단을 달리할 수 있는 영역에 이르기까지 천차만별이어서 법집행자의 자의적인 판단을 허용할 여지가 높고, 여기에 '조장' 및 '우려'까지 덧붙여지면 사회통념상 정당한 것으로 볼 여지가 많은 것까지 처벌의 대상으로 할 수 있게 되는바, 이와 같

은 경우를 모두 처벌하게 되면 그 처벌범위가 너무 광범위해지고, 일정한 경우에만 처벌하게 된다면 어느 경우가 그에 해당하는지 명확하게 알 수 없다. 다음으로 불량만화에 대한 정의 중 후단 부분의 "범죄의 충동을 일으킬 수 있게"라는 표현은 그것이 과연 확정적이든 미필적이든 고의를 품도록 하는 것에만 한정되는 것인지, 인식의 유무를 가리지 않고 실제로 구성요건에 해당하는 행위로 나아가게 하는 일체의 것을 의미하는지, 더 나아가 단순히 그 행위에 착수하는 단계만으로도 충분한 것인지, 결과까지 의욕하거나 실현하도록 하여야만 하는 것인지를 전혀 알 수 없어 그 규범내용이 확정될 수 없는 것이다. 그러므로, 이 사건 미성년자보호법 조항은 법관의 보충적인 해석을 통하여도 그 규범내용이 확정될 수 없는 모호하고 막연한 개념을 사용함으로써 그 적용범위를 법집행기관의 자의적인 판단에 맡기고 있으므로, 죄형법정주의에서 파생된 명확성의 원칙에 위배된다(헌재 2002. 2.28. 99헌가8).

④ 디엔에이신원확인정보의 수집ㆍ이용은 수형인등에게 심리적 압박으로 인한 범죄예방효과를 가진다는 점에서 보안처분의 성격을 지니지만, 처벌적인 효과가 없는 비형벌적 보안처분으로서 소급입법금지원칙이 적용되지 않는다. 이 사건 법률의 소급적용으로 인한 공익적 목적이 당사자의 손실보다 더 크므로, 이 사건 부칙조항이 법률 시행 당시 디엔에이감식시료 채취 대상범죄로 실형이 확정되어 수용 중인 사람들까지 이 사건 법률을 적용한다고 하여 소급입법금지원칙에 위배되는 것은 아니다(헌재 2014. 8.28. 2011헌마28).

9 행복추구권에 대한 설명으로 옳지 않은 것은? (다툼이 있는 경우 판례에 의함)

① 공정거래위원회의 명령으로 「독점규제 및 공정거래에 관한 법률」 위반의 혐의자에게 스스로 법위반사실을 인정하여 공표하도록 강제하고 있는 '법위반사실공표명령' 부분은 헌법상 일반적 행동의 자유, 명예권, 무죄추정권 및 양심의 자유를 침해한다.

② 공문서의 한글전용을 규정한 「국어기본법」 및 「국어기본법 시행령」의 해당 조항은 '공공기관 등이 작성하는 공문서'에 대하여만 적용되고, 일반 국민이 공공기관 등에 접수ㆍ제출하기 위하여 작성하는 문서나 일상생활에서 사적 의사소통을 위해 작성되는 문서에는 적용되지 않으므로 청구인들의 행복추구권을 침해하지 않는다.

③ 「수상레저안전법」상 조종면허를 받은 사람이 동력수상레저기구를 이용하여 범죄행위를 하는 경우에 조종면허를 필요적으로 취소하도록 하는 구 「수상레저안전법」상 규정은 직업의 자유 내지 일반적 행동의 자유를 침해한다.

④ 청구인이 공적인 인물의 부당한 행위를 비판하는 과정에서 모욕적인 표현을 사용한 행위가 사회상규에 위배되지 아니하는 행위로서 정당행위에 해당될 여지가 있음에도, 이에 대한 판단 없이 청구인에게 모욕 혐의를 인정한 피청구인의 기소유예처분은 청구인의 행복추구권을 침해한다.

> **ADVICE** ① 헌법 제19조에서 보호하는 양심은 옳고 그른 것에 대한 판단을 추구하는 가치적ㆍ도덕적 마음가짐으로, 개인의 소신에 따른 다양성이 보장되어야 하고 그 형성과 변경에 외부적 개입과 억압에 의한 강요가 있어서는 아니되는 인간의 윤리적 내심영역이다. 따라서 단순한 사실관계의 확인과 같이 가치적ㆍ윤리적 판단이 개입될 여지가 없는 경우는 물론, 법률해석에 관하여 여러 견해가 갈리는 경우처럼 다소의 가치관련성을 가진다고 하더라도 개인의 인격형성과는 관계가 없는 사사로운 사유나 의견 등은 그 보호대상이 아니다. 이 사건의 경우와 같이 경제규제법적 성격을 가진 공정거래법에 위반하였는지 여부에 있어서도 각 개인의 소신에 따라 어느 정도의 가치판단이 개입될 수

✎ **ANSWER** 8.③ 9.①

있는 소지가 있고 그 한도에서 다소의 윤리적 도덕적 관련성을 가질 수도 있겠으나, 이러한 법률판단의 문제는 개인의 인격형성과는 무관하며, 대화와 토론을 통하여 가장 합리적인 것으로 그 내용이 동화되거나 수렴될 수 있는 포용성을 가지는 분야에 속한다고 할 것이므로 <u>헌법 제19조에 의하여 보장되는 양심의 영역에 포함되지 아니한다</u>(헌재 2002. 1.31. 2001헌바43).

※ 일반적 행동의 자유, 명예권, 무죄추정의 원칙 위반은 인정

② <u>이 사건 공문서 조항은 공문서를 한글로 작성하여 공적 영역에서 원활한 의사소통을 확보하고 효율적·경제적으로 공적 업무를 수행하기 위한 것이다.</u> 국민들은 공문서를 통하여 공적 생활에 관한 정보를 습득하고 자신의 권리 의무와 관련된 사항을 알게 되므로 우리 국민 대부분이 읽고 이해할 수 있는 한글로 작성할 필요가 있다. 한자어를 굳이 한자로 쓰지 않더라도 앞뒤 문맥으로 그 뜻을 이해할 수 있는 경우가 대부분이고, 뜻을 정확히 전달하기 위하여 필요한 경우에는 괄호 안에 한자를 병기할 수 있으므로 한자혼용방식에 비하여 특별히 한자어의 의미 전달력이나 가독성이 낮아진다고 보기 어렵다. 따라서 <u>이 사건 공문서 조항은 청구인들의 행복추구권을 침해하지 아니한다</u>(헌재 2016.11.24. 2012헌마854).

③ 동력수상레저기구를 범죄 수단으로 이용하여 수상활동의 위험과 장해를 유발하고 국민의 생명과 재산에 위협을 초래하는 행위를 방지, 제거하여 수상활동의 안전과 질서를 확보하고, 동력수상레저기구를 이용한 범죄의 발생을 방지하기 위한 심판대상조항은 그 입법목적이 정당하고, 이를 이용한 범죄행위 시 조종면허를 취소하도록 하는 것은 입법목적 달성에 적정한 수단이다. 그러나 수상에서 일어날 수 있는 범죄행위의 종류는 매우 다양하고, 이러한 모든 범죄행위에 동력수상레저기구가 이용될 수 있으므로, 입법자로서는 동력수상레저기구가 이용된 범죄의 경중 등에 따라 그 제재의 정도를 달리할 수 있도록 임의적 면허취소사유로 규정하거나 반드시 조종면허를 취소할 필요가 인정되는 일정한 범죄를 한정하여 조종면허를 취소하도록 규정하였어야 함에도, <u>범죄행위의 유형, 경중이나 위법성의 정도, 동력수상레저기구의 당해 범죄행위에 대한 기여도 등 제반사정을 전혀 고려하지 않고 필요적으로 조종면허를 취소하도록 규정하였으므로 심판대상조항은 침해의 최소성 원칙에 위배되고, 심판대상조항에 따라 조종면허가 취소되면 면허가 취소된 날부터 1년 동안은 조종면허를 다시 받을 수 없게 되어 법익의 균형성 원칙에도 위배된다. 따라서 심판대상조항은 직업의 자유 및 일반적 행동의 자유를 침해한다</u>(헌재 2015. 7.30. 2014헌가13).

④ 청구인이 공적인 인물의 부적절한 언행을 비판하면서 모욕적인 표현을 1회 사용한 행위는 청구인이 글을 게시한 동기, 청구인이 게시한 글의 전체적인 맥락 등을 고려할 때 비판의 범위 내에 있는 것으로 평가될 수 있어 사회상규에 위배되지 아니하는 행위로서 정당행위에 해당한다고 볼 여지가 있다. 그럼에도 불구하고 <u>정당행위 여부를 판단하지 않고 청구인에 대한 모욕 혐의를 인정한 이 사건 기소유예처분은 자의적인 검찰권의 행사로서 청구인의 평등권과 행복추구권을 침해하였다</u>(헌재 2020. 9.24. 2019헌마1285).

10 국회의 국정통제에 대한 설명으로 옳은 것으로만 묶은 것은?

⊙ 본회의는 의결로 국무총리, 국무위원 또는 정부위원의 출석을 요구할 수 있으며, 이 경우 그 발의는 의원 10명 이상이 이유를 구체적으로 밝힌 서면으로 하여야 한다.

ⓒ 국회에서 탄핵소추가 발의된 자는 그 때부터 헌법재판소의 탄핵심판이 있을 때까지 권한행사가 정지된다.

ⓒ 상임위원회는 위원회 또는 상설소위원회를 정기적으로 개회하여 그 소관 중앙행정기관이 제출한 대통령령·총리령 및 부령의 법률 위반 여부 등을 검토하여야 한다.

ⓔ 「대통령직 인수에 관한 법률」 제5조 제2항에 따라 대통령당선인이 국무총리 후보자에 대한 인사청문의 실시를 요청하는 경우에 국회의장은 각 교섭단체 대표의원과 협의하여 그 인사청문을 실시하기 위한 인사청문특별위원회를 둔다.

① ⊙, ⓒ
② ⊙, ⓔ
③ ⓒ, ⓒ
④ ⓒ, ⓔ

>ADVICE ⓒ 국회법 제98조의2 제3항

ⓔ 국회는 다음 각 호의 임명동의안 또는 의장이 각 교섭단체 대표의원과 협의하여 제출한 선출안 등을 심사하기 위하여 인사청문특별위원회를 둔다. 다만, 「대통령직 인수에 관한 법률」 제5조제2항에 따라 대통령당선인이 국무총리 <u>후보자에 대한 인사청문의 실시를 요청하는 경우에 의장은 각 교섭단체 대표의원과 협의하여 그 인사청문을 실시하기 위한 인사청문특별위원회를 둔다</u>(국회법 제46조의3 제1항).

⊙ 본회의는 의결로 국무총리, 국무위원 또는 정부위원의 출석을 요구할 수 있다. 이 경우 그 <u>발의는 의원 20명 이상이 이유를 구체적으로 밝힌 서면으로 하여야 한다</u>(국회법 제121조 제1항).

ⓒ <u>탄핵소추의 의결을 받은 자는</u> 탄핵심판이 있을 때까지 그 권한행사가 정지된다(헌법 제65조 제3항).

11 교육을 받을 권리에 대한 설명으로 옳지 않은 것은? (다툼이 있는 경우 판례에 의함)

① 초·중등학교 교사인 청구인들이 교육과정에 따라 학생들을 가르치고 평가하여야 하는 법적인 부담이나 제약을 받는다고 하더라도 이는 헌법상 보장된 기본권에 대한 제한이라고 보기 어렵다.

② 학교의 급식활동은 의무교육에 있어서 필수불가결한 교육 과정이고 이에 소요되는 경비는 의무교육의 실질적인 균등보장을 위한 본질적이고 핵심적인 항목에 해당하므로, 급식에 관한 경비를 전면무상으로 하지 않고 그 일부를 학부모의 부담으로 정하고 있는 것은 의무교육의 무상원칙에 위배된다.

③ 교육을 받을 권리가 국가에 대하여 특정한 교육제도나 시설의 제공을 요구할 수 있는 권리를 뜻하는 것은 아니므로, 대학의 구성원이 아닌 사람이 대학도서관에서 도서를 대출할 수 없거나 열람실을 이용할 수 없더라도 교육을 받을 권리가 침해된다고 볼 수 없다.

④ 학문의 자유와 대학의 자율성에 따라 대학이 학생의 선발 및 전형 등 대학입시제도를 자율적으로 마련할 수 있다 하더라도, 국민의 '균등하게 교육을 받을 권리'를 위해 대학의 자율적 학생 선발권은 일정부분 제약을 받을 수 있다.

〉**ADVICE** ② 학교급식은 학생들에게 한 끼 식사를 제공하는 영양공급 차원을 넘어 교육적인 성격을 가지고 있지만, 이러한 교육적 측면은 기본적이고 필수적인 학교 교육 이외에 부가적으로 이루어지는 식생활 및 인성교육으로서의 보충적 성격을 가지므로 의무교육의 실질적인 균등보장을 위한 본질적이고 핵심적인 부분이라고까지는 할 수 없다. 이 사건 법률조항들은 비록 중학생의 학부모들에게 급식관련 비용의 일부를 부담하도록 하고 있지만, 학부모에게 급식에 필요한 경비의 일부를 부담시키는 경우에 있어서도 학교급식 실시의 기본적 인프라가 되는 부분은 배제하고 있으며, 국가나 지방자치단체의 지원으로 학부모의 급식비 부담을 경감하는 조항이 마련되어 있고, 특히 저소득층 학생들을 위한 지원방안이 마련되어 있다는 점 등을 고려해 보면, 이 사건 법률조항들이 입법형성권의 범위를 넘어 헌법상 의무교육의 무상원칙에 반하는 것으로 보기는 어렵다(헌재 2012. 4.24. 2010헌바164).

① 법률이 교사의 학생교육권(수업권)을 인정하고 보장하는 것은 헌법상 당연히 허용된다 할 것이나, 초·중등학교에서의 학생교육은 교사 자신의 인격의 발현 또는 학문과 연구의 자유를 위한 것이라기보다는 교사의 직무에 기초하여 초·중등학교의 교육목표를 실현하기 위한 것이므로, 교사인 청구인들이 이 사건 교육과정에 따라 학생들을 가르치고 평가하여야 하는 법적인 부담이나 제한을 받는다고 하더라도 이는 헌법상 보장된 기본권에 대한 제한이라고 보기 어려워 기본권침해가능성이 인정되지 아니한다(헌재 2021. 5.27. 2018헌마1108).

③ 교육을 받을 권리가 국가에 대하여 특정한 교육제도나 시설의 제공을 요구할 수 있는 권리를 뜻하는 것은 아니므로, 청구인이 이 사건 도서관에서 도서를 대출할 수 없거나 열람실을 이용할 수 없더라도 청구인의 교육을 받을 권리가 침해된다고 볼 수 없다(헌재 2016.11.24. 2014헌마977).

④ 헌법 제22조 제1항이 보장하고 있는 학문의 자유와 헌법 제31조 제4항에서 보장하고 있는 대학의 자율성에 따라 대학이 학생의 선발 및 전형 등 대학입시제도를 자율적으로 마련할 수 있다 하더라도, 이러한 대학의 자율적 학생 선발권을 내세워 국민의 '균등하게 교육을 받을 권리'를 침해할 수 없으며, 이를 위해 대학의 자율권은 일정부분 제약을 받을 수 있다(헌재 2017.12.28. 2016헌마649).

12 대통령에 대한 설명으로 옳지 않은 것은? (다툼이 있는 경우 판례에 의함)

① 선거일 현재 5년 이상 국내에 거주하고 있는 40세 이상의 국민은 대통령의 피선거권이 있다. 이 경우 공무로 외국에 파견된 기간과 국내에 주소를 두고 일정기간 외국에 체류한 기간은 국내거주기간으로 본다.

② 대통령 선거에 있어서 최고득표자가 2인 이상인 때에는 국회의 공개회의에서 재적의원 과반수의 출석과 출석의원 과반수의 찬성을 얻은 자를 당선자로 한다.

③ 대통령의 임기는 전임대통령의 임기만료일의 다음날 0시부터 개시되나, 전임자의 임기가 만료된 후에 실시하는 선거와 궐위로 인한 선거에 의한 대통령의 임기는 당선이 결정된 때부터 개시된다.

④ 대통령이 헌법상 허용되지 않는 재신임 국민투표를 국민들에게 제안한 것은 그 자체로서 헌법 제72조에 반하는 것으로 헌법을 실현하고 수호해야 할 대통령의 의무를 위반한 것이다.

> **ADVICE** ② 대통령 선거에 있어서 최고득표자가 2인 이상인 때에는 <u>국회의 재적의원 과반수가 출석한 공개회의에서 다수표를 얻은 자를 당선자로 한다</u>(헌법 제67조 제2항).

① 선거일 현재 5년 이상 국내에 거주하고 있는 40세 이상의 국민은 대통령의 피선거권이 있다. 이 경우 공무로 외국에 파견된 기간과 국내에 주소를 두고 일정기간 외국에 체류한 기간은 국내거주기간으로 본다(공직선거법 제16조 제1항).

③ 대통령의 임기는 전임대통령의 임기만료일의 다음날 0시부터 개시된다. 다만, 전임자의 임기가 만료된 후에 실시하는 선거와 궐위로 인한 선거에 의한 대통령의 임기는 당선이 결정된 때부터 개시된다(공직선거법 제14조 제1항).

④ 국민투표는 직접민주주의를 실현하기 위한 수단으로서 '사안에 대한 결정' 즉, 특정한 국가정책이나 법안을 그 대상으로 한다. 따라서 국민투표의 본질상 '대표자에 대한 신임'은 국민투표의 대상이 될 수 없으며, 우리 헌법에서 대표자의 선출과 그에 대한 신임은 단지 선거의 형태로써 이루어져야 한다. <u>대통령이 자신에 대한 재신임을 국민투표의 형태로 묻고자 하는 것은 헌법 제72조에 의하여 부여받은 국민투표부의권을 위헌적으로 행사하는 경우에 해당하는 것으로, 국민투표제도를 자신의 정치적 입지를 강화하기 위한 정치적 도구로 남용해서는 안 된다는 헌법적 의무를 위반한 것이</u>다. 물론, <u>대통령이 위헌적인 재신임 국민투표를 단지 제안만 하였을 뿐 강행하지는 않았으나, 헌법상 허용되지 않는 재신임 국민투표를 국민들에게 제안한 것은 그 자체로서 헌법 제72조에 반하는 것으로 헌법을 실현하고 수호해야 할 대통령의 의무를 위반한 것이다</u>(헌재 2004. 5.14. 2004헌나1).

13 법원에 대한 설명으로 옳은 것은?

① 법관이 중대한 신체상 또는 정신상의 장해로 직무를 수행할 수 없을 때에는, 대법관인 경우에는 대법원장의 제청으로 대통령이 퇴직을 명할 수 있고, 판사인 경우에는 인사위원회의 심의를 거쳐 대법원장이 퇴직을 명할 수 있다.

② 대법원은 대법원장 1명과 대법관 14명으로 구성한다.

③ 재판의 심리와 판결은 공개한다. 다만, 국가의 안전보장 또는 안녕질서를 방해하거나 선량한 풍속을 해할 염려가 있을 때에는 법원의 결정으로 심리와 판결을 공개하지 아니할 수 있다.

④ 대법원장이 궐위되거나 부득이한 사유로 직무를 수행할 수 없을 때에는 수석대법관, 선임대법관이 그 권한을 대행한다.

>**ADVICE** ① 법원조직법 제47조

② 대법관의 수는 대법원장을 포함하여 14명으로 한다(법원조직법 제4조 제2항).

③ 재판의 심리와 판결은 공개한다. 다만, 심리는 국가의 안전보장, 안녕질서 또는 선량한 풍속을 해칠 우려가 있는 경우에는 결정으로 공개하지 아니할 수 있다(법원조직법 제57조 제1항).

④ 대법원장이 궐위되거나 부득이한 사유로 직무를 수행할 수 없을 때에는 선임대법관이 그 권한을 대행한다(법원조직법 제13조 제3항).

14 헌법개정에 대한 설명으로 옳은 것으로만 묶은 것은?

> ㉠ 국회는 헌법개정안이 공고된 날로부터 30일 이내에 의결하여야 하며, 국회의 의결은 출석의원 3분의 2 이상의 찬성을 얻어야 한다.
> ㉡ 헌법개정안은 국회에서 기명투표로 표결한다.
> ㉢ 헌법개정안은 국회가 의결한 후 60일 이내에 국민투표에 붙여 국회의원선거권자 과반수의 투표와 투표자 과반수의 찬성을 얻어야 한다.
> ㉣ 제안된 헌법개정안은 대통령이 20일 이상의 기간 이를 공고하여야 한다.

① ㉠, ㉡   ② ㉠, ㉢

③ ㉡, ㉣   ④ ㉢, ㉣

>**ADVICE** ㉡ 국회법 제112조 제4항

㉣ 헌법 제129조

㉠ 국회는 헌법개정안이 <u>공고된 날로부터 60일 이내에 의결</u>하여야 하며, 국회의 의결은 <u>재적의원 3분의 2 이상의 찬성</u>을 얻어야 한다(헌법 제130조 제1항).

㉢ 헌법개정안은 <u>국회가 의결한 후 30일 이내</u>에 국민투표에 붙여 국회의원선거권자 과반수의 투표와 투표자 과반수의 찬성을 얻어야 한다(헌법 제130조 제2항).

15 군사제도 및 군인의 기본권에 대한 설명으로 옳지 않은 것은? (다툼이 있는 경우 판례에 의함)

① 헌법 제110조 제1항에 따라 특별법원으로서 군사법원을 둘 수 있지만, 법률로 군사법원을 설치함에 있어서 군사재판의 특수성을 고려하여 그 조직 · 권한 및 재판관의 자격을 일반법원과 달리 정하는 것은 헌법상 허용되지 않는다.

② 병(兵)에 대한 징계처분으로 일정기간 부대나 함정 내의 영창, 그 밖의 구금장소에 감금하는 영창처분은, 인신의 자유를 덜 제한하면서도 병의 비위행위를 효율적으로 억지할 수 있는 징계수단을 강구하는 것이 얼마든지 가능함에도, 병의 신체의 자유를 필요 이상으로 과도하게 제한하므로 침해의 최소성 원칙에 어긋난다.

③ 사관생도의 모든 사적 생활에서까지 예외 없이 금주의무를 이행할 것을 요구하는 것은 사관생도의 일반적 행동자유권은 물론 사생활의 비밀과 자유를 지나치게 제한하는 것이다.

④ 국군통수권은 군령(軍令)과 군정(軍政)에 관한 권한을 포괄하고, 여기서 군령이란 국방목적을 위하여 군을 현실적으로 지휘 · 명령하고 통솔하는 용병작용(用兵作用)을, 군정이란 군을 조직 · 유지 · 관리하는 양병작용(養兵作用)을 말한다.

> **ADVICE** ① 헌법 제110조 제1항에서 "특별법원으로서 군사법원을 둘 수 있다"는 의미는 군사법원을 일반법원과 조직 · 권한 및 재판관의 자격을 달리하여 특별법원으로 설치할 수 있다는 뜻으로 해석되므로 <u>법률로 군사법원을 설치함에 있어서 군사재판의 특수성을 고려하여 그 조직 권한 및 재판관의 자격을 일반법원과 달리 정하는 것은 헌법상 허용되고 있다</u>(헌재 1996.10.31. 93헌바25).
> ② 병의 복무규율준수를 강화하고, 복무기강을 엄정히 하여 지휘명령체계를 확립하고 전투력을 제고하는 것은 징계를 중하게 하는 것으로 달성되는 데는 한계가 있고, 병의 비위행위를 개선하고 행동을 교정할 수 있도록 적절한 교육과 훈련을 제공하고, 비합리적인 병영 내 문화를 개선할 때 가능할 것이다. 또한, 영창제도가 갖고 있는 위력이 인신구금보다는 병역법상 복무기간의 불산입에서 기인하는 바가 더 크다는 지적에 비추어 볼 때, <u>인신의 자유를 덜 제한하면서도 병의 비위행위를 효율적으로 억지할 수 있는 징계수단을 강구하는 것은 얼마든지 가능하다고 볼 수 있다. 심판대상조항은 병의 신체의 자유를 필요 이상으로 과도하게 제한하므로, 침해의 최소성 원칙에 어긋난다</u>(헌재 2020. 9.24. 2017헌바157).
> ③ 육군3사관학교 사관생도인 甲이 4회에 걸쳐 학교 밖에서 음주를 하여 '사관생도 행정예규' 제12조(이하 '금주조항')에서 정한 품위유지의무를 위반하였다는 이유로 육군3사관학교장이 교육운영위원회의 의결에 따라 甲에게 퇴학처분을 한 사안에서, 첫째 사관학교의 설치 목적과 교육 목표를 달성하기 위하여 사관학교는 사관생도에게 교내 음주 행위, 교육 · 훈련 및 공무 수행 중의 음주 행위, 사적 활동이더라도 신분을 나타내는 생도 복장을 착용한 상태에서 음주하는 행위, 생도 복장을 착용하지 않은 상태에서 사적 활동을 하는 때에도 이로 인하여 사회적 물의를 일으킴으로써 품위를 손상한 경우 등에는 이러한 행위들을 금지하거나 제한할 필요가 있으나 여기에 그치지 않고 나아가 사관생도의 모든 사적 생활에서까지 예외 없이 금주의무를 이행할 것을 요구하는 것은 사관생도의 일반적 행동자유권은 물론 사생활의 비밀과 자유를 지나치게 제한하는 것이고, 둘째 구 예규 및 예규 제12조에서 사관생도의 모든 사적 생활에서까지 예외 없이 금주의무를 이행할 것을 요구하면서 제61조에서 <u>사관생도의 음주가 교육 및 훈련 중에 이루어졌는지 여부나 음주량, 음주 장소, 음주 행위에 이르게 된 경위 등을 묻지 않고 일률적으로 2회 위반 시 원칙으로 퇴학 조치하도록 정한 것은 사관학교가 금주제도를 시행하는 취지에 비추어 보더라도 사관생도의 기본권을 지나치게 침해하는 것이므로</u>, 위 금주조항은 사관생도의 일반적 행동자유권, 사생활의 비밀과 자유 등 기본권을 과도하게 제한하는 것으로서 무효인데도 위 금주조항을 적용하여 내린 퇴학처분이 적법하다고 본 원심판결에 법리를 오해한 잘못이 있다(대판 2018. 8.30. 2016두60591).
> ④ 우리 헌법 제74조 제1항은 "대통령은 헌법과 법률이 정하는 바에 의하여 국군을 통수한다."라고 규정함으로써, 대통령이 국군의 최고사령관이자 최고의 지휘 · 명령권자임을 밝히고 있다. <u>국군통수권은 군령(軍令)과 군정(軍政)에 관한 권한을 포괄하고, 여기서 군령이란 국방목적을 위하여 군을 현실적으로 지휘 · 명령하고 통솔하는 용병작용(用兵作用)을, 군정이란 군을 조직 · 유지 · 관리하는 양병작용(養兵作用)을 말한다</u>(헌재 2016. 2.25. 2013헌바111).

✏️ **ANSWER** 13.① 14.③ 15.①

16 권한쟁의심판에 대한 설명으로 옳지 않은 것은? (다툼이 있는 경우 판례에 의함)

① 정당은 국민의 자발적 조직으로, 그 법적 성격은 일반적으로 사적 · 정치적 결사 내지는 법인격 없는 사단으로서 공권력의 행사 주체로서 국가기관의 지위를 갖는다고 볼 수 없으므로, 정당이 국회 내에서 교섭단체를 구성하고 있다고 하더라도 권한쟁의심판의 당사자능력이 인정되지 않는다.

② 법률안 수리행위에 대한 권한쟁의심판청구가 법률안에 대한 위원회 회부나 안건 상정, 본회의 부의 등과는 별도로 오로지 전자정보시스템으로 제출된 법률안을 접수하는 수리행위만을 대상으로 하고 있지만 사법개혁특별위원회 및 정치개혁특별위원회 위원인 청구인들의 법률안 심의 · 표결권이 침해될 가능성이나 위험성이 있으므로 권한쟁의심판청구는 적법하다.

③ 피청구인의 부작위에 의하여 청구인의 권한이 침해당하였다고 주장하는 권한쟁의심판은 피청구인에게 헌법상 또는 법률상 유래하는 작위의무가 있음에도 불구하고 피청구인이 그러한 의무를 다하지 아니한 경우에 허용된다.

④ 청구인이 법률안 심의 · 표결권의 주체인 국가기관으로서의 국회의원 자격으로 권한쟁의심판을 청구하였다가 심판절차 계속 중 사망한 경우, 권한쟁의심판청구는 청구인의 사망과 동시에 당연히 그 심판절차가 종료된다.

> **ADVICE** ② 이 사건 법률안 수리행위에 대한 권한쟁의심판청구가 법률안에 대한 위원회 회부나 안건 상정, 본회의 부의 등과는 별도로 오로지 전자정보시스템으로 제출된 법률안을 접수하는 수리행위만을 대상으로 하는 한, 그러한 법률안 수리행위만으로는 사개특위 및 정개특위 위원인 청구인들의 법률안 심의 · 표결권이 침해될 가능성이나 위험성이 없다(헌재 2020. 5.27. 2019헌라3).
>
> ① 정당은 국민의 자발적 조직으로, 그 법적 성격은 일반적으로 사적 · 정치적 결사 내지는 법인격 없는 사단으로서 공권력의 행사 주체로서 국가기관의 지위를 갖는다고 볼 수 없다. 정당이 국회 내에서 교섭단체를 구성하고 있다고 하더라도, 헌법은 권한쟁의심판청구의 당사자로서 국회의원들의 모임인 교섭단체에 대해서 규정하고 있지 않고, 교섭단체의 권한 침해는 교섭단체에 속한 국회의원 개개인의 심의 · 표결권 등 권한 침해로 이어질 가능성이 높아 그 분쟁을 해결할 적당한 기관이나 방법이 없다고 할 수 없다. 따라서 정당은 헌법 제111조 제1항 제4호 및 헌법재판소법 제62조 제1항 제1호의 '국가기관'에 해당한다고 볼 수 없으므로, 권한쟁의심판의 당사자능력이 인정되지 아니한다(헌재 2020. 5.27. 2019헌라6).
>
> ③ 피청구인의 부작위에 의하여 청구인의 권한이 침해당하였다고 주장하는 권한쟁의심판은 피청구인에게 헌법상 또는 법률상 유래하는 작위의무가 있음에도 불구하고 피청구인이 그러한 의무를 다하지 아니한 경우에 허용된다. 이 사건 당일 국회의장에게 국회 외교통상통일위원회 전체회의가 원만히 이루어지도록 질서유지조치를 취할 구체적 작위의무가 있었다고 보기 어려우므로, 이를 전제로 한 국회의장에 대한 이 사건 심판청구는 피청구인적격이 인정되지 아니하여 부적법하다(헌재 2010.12.28. 2008헌라7).
>
> ④ 청구인이 법률안 심의 · 표결권의 주체인 국가기관으로서의 국회의원 자격으로 권한쟁의 심판을 청구하였다가 심판절차 계속 중 사망한 경우, 국회의원의 법률안 심의 · 표결권은 성질상 일신전속적인 것으로 당사자가 사망한 경우 승계되거나 상속될 수 없어 그에 관련된 권한쟁의심판절차 또한 수계될 수 없으므로, 권한쟁의 심판청구는 청구인의 사망과 동시에 당연히 그 심판절차가 종료된다(헌재 2010.11.25. 2009헌라12).

17 국정감사 및 국정조사에 대한 설명으로 옳은 것은? (다툼이 있는 경우 판례에 의함)

① 국정감사권과 국정조사권은 국회의원의 권한일뿐 국회의 권한이라 할 수 없으므로 국회의원은 법원을 상대로 국정감사권 또는 국정조사권 자체에 관한 침해를 이유로 권한쟁의심판을 청구할 수 있다.

② 국회는 본회의의 의결로써 조사위원회의 활동기간을 연장할 수 있으나 이를 단축할 수는 없다.

③ 국정조사는 소관 상임위원회별로 시행하나, 국정감사는 특별위원회를 구성하여 시행할 수 있다.

④ 국정조사를 할 특별위원회를 교섭단체 의원 수의 비율에 따라 구성하여야 하나, 조사에 참여하기를 거부하는 교섭단체의 의원은 제외할 수 있다.

>**ADVICE** ④ 국감국조법 제4조 제1항

① 헌법 제61조는 제1항에서"국회는 국정을 감사하거나 특정한 국정사안에 대하여 조사할 수 있으며, 이에 필요한 서류의 제출 또는 증인의 출석과 증언이나 의견의 진술을 요구할 수 있다."고 규정하고, 제2항에서 "국정감사 및 조사에 관한 절차 기타 필요한 사항은 법률로 정한다."고 규정하고 있는바, "국정감사권"과 "국정조사권"은 국회의 권한이고, 국회의원의 권한이라 할 수 없으므로 국회의원인 청구인으로서는 국정감사권 또는 국정조사권 자체에 관한 침해를 들어 권한쟁의심판을 청구할 수 없다(헌재 2010. 7.29. 2010헌라1).

② 조사위원회의 활동기간 연장은 본회의 의결로 할 수 있다. 본회의는 조사위원회의 중간보고를 받고 조사를 장기간 계속할 필요가 없다고 인정되는 경우에는 의결로 조사위원회의 활동기간을 단축할 수 있다(국감국조법 제9조 제1항, 제2항).

③ 국회는 재적의원 4분의 1 이상의 요구가 있는 때에는 특별위원회 또는 상임위원회로 하여금 국정의 특정사안에 관하여 국정조사를 하게 한다(국감국조법 제3조 제1항). 국회는 국정전반에 관하여 소관 상임위원회별로 매년 정기회 집회일 이전에 국정감사 시작일부터 30일 이내의 기간을 정하여 감사를 실시한다. 다만, 본회의 의결로 정기회 기간 중에 감사를 실시할 수 있다(국감국조법 제2조 제1항).

18 정당해산심판에 대한 설명으로 옳지 않은 것은? (다툼이 있는 경우 판례에 의함)

① 정당의 목적이나 활동이 민주적 기본질서에 위배될 때에는 정부는 국무회의의 심의를 거쳐 헌법재판소에 정당해산심판을 청구할 수 있다.

② 정당해산심판에 있어서는 피청구인의 활동을 정지하는 가처분이 인정되지 않는다.

③ 정당의 해산을 명하는 헌법재판소의 결정은 중앙선거관리위원회가 「정당법」에 따라 집행한다.

④ 헌법재판소의 해산결정으로 정당이 해산되는 경우에 그 정당 소속 국회의원이 의원직을 상실하는지에 대하여 명문의 규정은 없으나 헌법재판소의 정당해산결정이 있는 경우 그 정당 소속 국회의원의 의원직은 당선방식을 불문하고 모두 상실된다.

>**ADVICE** ② 헌법재판소는 <u>정당해산심판</u>의 청구를 받은 때에는 직권 또는 청구인의 신청에 의하여 종국결정의 선고 시까지 피청구인의 활동을 정지하는 결정을 할 수 있다(헌법재판소법 제57조).

　　cf. 헌법재판소가 <u>권한쟁의심판</u>의 청구를 받았을 때에는 직권 또는 청구인의 신청에 의하여 종국결정의 선고 시까지 심판 대상이 된 피청구인의 처분의 효력을 정지하는 결정을 할 수 있다(헌법재판소법 제65조).

① 정당의 목적이나 활동이 민주적 기본질서에 위배될 때에는 정부는 헌법재판소에 그 해산을 제소할 수 있고, 정당은 헌법재판소의 심판에 의하여 해산된다(헌법 제8조 제4항). 정당해산의 제소는 국무회의의 심의를 거쳐야 한다(헌법 제89조 14호).

③ 헌법재판소법 제60조

④ 헌법재판소의 해산결정으로 정당이 해산되는 경우에 그 정당 소속 국회의원이 의원직을 상실하는지에 대하여 명문의 규정은 없으나, 정당해산심판제도의 본질은 민주적 기본질서에 위배되는 정당을 정치적 의사형성과정에서 배제함으로써 국민을 보호하는 데에 있는데 해산정당 소속 국회의원의 의원직을 상실시키지 않는 경우 정당해산결정의 실효성을 확보할 수 없게 되므로, 이러한 정당해산제도의 취지 등에 비추어 볼 때 헌법재판소의 <u>정당해산결정이 있는 경우 그 정당 소속 국회의원의 의원직은 당선 방식을 불문하고 모두 상실되어야 한다</u>(헌재 2014.12.19. 2013헌다1).

19 문화국가원리에 대한 설명으로 옳은 것은? (다툼이 있는 경우 판례에 의함)

① 개인의 정치적 견해를 기준으로 청구인들을 문화예술계 정부지원사업에서 배제되도록 차별취급한 것은 헌법상 문화국가원리에 반하는 자의적인 것으로 정당화될 수 없다.

② 우리나라는 제9차 개정 헌법에서 문화국가원리를 헌법의 기본원리로 처음 채택하였으며, 문화국가원리는 국가의 문화국가실현에 관한 과제 또는 책임을 통하여 실현된다.

③ 국가의 문화육성의 대상에는 원칙적으로 다수의 사람에게 문화창조의 기회를 부여한다는 의미에서 엘리트 문화를 제외한 서민문화, 대중문화를 정책적인 배려의 대상으로 하여야 한다.

④ 우리 헌법상 문화국가원리는 견해와 사상의 다양성을 그 본질로 하지만, 이를 실현하는 국가의 문화정책이 국가가 어떤 문화현상에 대하여도 이를 선호하거나 우대하는 경향을 보이지 않는 불편부당의 원칙을 따라야 하는 것은 아니다.

> **ADVICE** ① 이 사건 지원배제 지시는 특정한 정치적 견해를 표현한 청구인들을, 그러한 정치적 견해를 표현하지 않은 다른 신청자들과 구분하여 정부 지원사업에서 배제하여 차별적으로 취급한 것인데, 헌법상 문화국가원리에 따라 정부는 문화의 다양성·자율성·창조성이 조화롭게 실현될 수 있도록 중립성을 지키면서 문화를 육성하여야 함에도, <u>청구인들의 정치적 견해를 기준으로 이들을 문화예술계 지원사업에서 배제되도록 한 것은 자의적인 차별행위로서 청구인들의 평등권을 침해한다</u>(헌재 2020.12.23. 2017헌마416).
>
> ② 건국헌법 이래 문화국가원리를 헌법의 기본원리로 채택
>
> ③④ 문화국가원리의 실현과 문화정책문화국가원리는 국가의 문화국가실현에 관한 과제 또는 책임을 통하여 실현되는 바, 국가의 문화정책과 밀접 불가분의 관계를 맺고 있다. 과거 국가절대주의사상의 국가관이 지배하던 시대에는 국가의 적극적인 문화간섭정책이 당연한 것으로 여겨졌다. 그러나 <u>오늘날에 와서는 국가가 어떤 문화현상에 대하여도 이를 선호하거나, 우대하는 경향을 보이지 않는 불편부당의 원칙이 가장 바람직한 정책으로 평가받고 있다. 오늘날 문화국가에서의 문화정책은 그 초점이 문화 그 자체에 있는 것이 아니라 문화가 생겨날 수 있는 문화풍토를 조성하는 데 두어야 한다.</u> 문화국가원리의 이러한 특성은 문화의 개방성 내지 다원성의 표지와 연결되는데, 국가의 문화육성의 대상에는 원칙적으로 모든 사람에게 문화창조의 기회를 부여한다는 의미에서 모든 문화가 포함된다. 따라서 <u>엘리트문화뿐만 아니라 서민문화, 대중문화도 그 가치를 인정하고 정책적인 배려의 대상으로 하여야 한다</u>(헌재 2004. 5.27. 2003헌가1).

20 계엄에 대한 설명으로 옳은 것으로만 묶은 것은? (다툼이 있는 경우 판례에 의함)

> ㉠ 계엄이 해제된 후에는 계엄하에서 행해진 위반행위의 가벌성이 소멸된다고 보아야 하므로, 계엄기간 중의 계엄포고위반행위에 대해서는 행위당시의 법령에 따라 처벌할 수 없다.
> ㉡ 계엄을 선포할 때에는 국무회의의 심의를 거쳐야 하나, 계엄을 해제할 때에는 국무회의의 심의를 거치지 않아도 된다.
> ㉢ 국회가 재적의원 과반수의 찬성으로 계엄의 해제를 요구한 때에는 대통령은 이를 해제하여야 한다.
> ㉣ 비상계엄이 선포된 때에는 법률이 정하는 바에 의하여 영장제도, 언론·출판·집회·결사의 자유, 정부나 법원의 권한에 관하여 특별한 조치를 할 수 있다.

① ㉠, ㉡　　　　　　　　　　　　　　② ㉠, ㉢
③ ㉡, ㉣　　　　　　　　　　　　　　④ ㉢, ㉣

>**ADVICE** ㉢ 헌법 제77조 제5항
> ㉣ 헌법 제77조 제3항
> ㉠ 비상계엄이 해제되었다고 하더라도 특별한 조치가 없는 한 <u>계엄실시 중의 포고령 위반 행위는 그 행위 당시의 형벌법령에 따라 처벌되어야 한다</u>(대판 1981. 3.24. 81도304).
> ㉡ 대통령의 긴급명령·긴급재정경제처분 및 명령 또는 <u>계엄과 그 해제는 국무회의의 심의를 거쳐야 한다</u>(헌법 제89조 5호).

21 공무담임권에 대한 설명으로 옳은 것은? (다툼이 있는 경우 판례에 의함)

① 교육의원후보자가 되려는 사람은 5년 이상의 교육경력 또는 교육행정경력을 갖추도록 규정한 구「제주특별자치도 설치 및 국제자유도시 조성을 위한 특별법」의 해당 조항은 이러한 경력을 갖추지 못한 청구인들의 공무담임권을 침해한다.
② 공무담임권의 보호영역에는 공직취임 기회의 자의적인 배제뿐 아니라, 공무원 신분의 부당한 박탈이나 권한(직무)의 부당한 정지도 포함된다.
③ 행정5급 일반임기제공무원에 관한 경력경쟁채용시험에서 '변호사 자격 등록'을 응시자격요건으로 하는 방위사업청장의 공고는 변호사 자격을 가졌으나 변호사 자격 등록을 하지 아니한 청구인들의 공무담임권을 침해한다.
④ 「고등교육법」상 심판대상 조항이 성인에 대한 성폭력범죄 행위로 벌금 100만 원 이상의 형을 선고받고 확정된 자에 한하여 「고등교육법」상의 교원으로 임용할 수 없도록 한 것은, 성폭력범죄를 범하는 대상과 형의 종류에 따라 성폭력범죄에 관한 교원으로서의 최소한의 자격기준을 설정하였다고 할 수 없으므로, 죄형법정주의 및 과잉금지원칙에 반하여 청구인의 공무담임권을 침해한다.

> **ADVICE** ② 헌법 제25조는 "모든 국민은 법률이 정하는 바에 의하여 공무담임권을 갖는다."라고 규정하여 공무담임권을 기본권으로 보장하고 있는바, 공무담임권의 보호영역에는 공직취임의 기회의 자의적인 배제뿐 아니라 공무원 신분의 부당한 박탈이나 권한(직무)의 부당한 정지를 금지하는 것도 포함된다고 할 것이다(헌재 2002. 8.29. 2001헌마788).

① 심판대상조항이 교육의원이 되고자 하는 사람에게 5년 이상의 교육경력 등을 요구하는 것은, 교육전문가가 교육·학예에 관한 중요안건을 심의·의결할 수 있도록 하여 교육의 전문성을 확보하고, 교육이 외부의 부당한 간섭에 영향 받지 않도록 교육의 자주성을 달성하기 위한 것이다. 뿐만 아니라 청구인들로서는 심판대상조항이 규정한 교육경력 등을 갖추지 못하였다고 하여도 도의회의원선거에 출마하여 일반 도의회의원으로 제주특별자치도의 교육위원이 될 수 있는 길이 열려 있다. 결국 심판대상조항은 전문성이 담보된 교육의원이 교육위원회의 구성원이 되도록 하여 헌법 제31조 제4항이 보장하고 있는 교육의 자주성·전문성·정치적 중립성을 보장하면서도 지방자치의 이념을 구현하기 위한 것으로서, 지방교육에 있어서 경력요건과 교육전문가의 참여 범위에 관한 입법재량의 범위를 일탈하여 그 합리성이 결여되어 있다거나 필요한 정도를 넘어 청구인들의 공무담임권을 침해하는 것이라 볼 수 없다(헌재 2020. 9.24. 2018헌마444).

③ 이 사건 공고는 대한변호사협회에 등록한 변호사로서 실제 변호사의 업무를 수행한 경력이 있는 사람을 우대하는 한편, 임용예정자에게 변호사등록 거부사유 등이 있는지를 대한변호사협회의 검증절차를 통하여 확인받도록 하는 데 목적이 있다. 이 사건 공고가 응시자격요건으로 변호사 자격 등록을 요구하는 것은 이러한 목적, 그리고 지원자가 채용예정직위에서 수행할 업무 등에 비추어 합리적이다. 인사권자인 피청구인은 경력경쟁채용시험을 실시하면서 응시자격요건을 구체적으로 어떻게 정할 것인지를 판단하고 결정하는 데 재량이 인정되는데, 이 사건 공고가 그 재량권을 현저히 일탈하였다고 볼 수 없다. 이 사건 공고는 청구인들의 공무담임권을 침해하지 않는다(헌재 2019. 8.29. 2019헌마616).

④ 아동·청소년과 상시적으로 접촉하고 밀접한 생활관계를 형성하여 이를 바탕으로 교육과 상담이 이루어지고 인성발달의 기초를 형성하는 데 지대한 영향을 미치는 초·중등학교 교원의 업무적인 특수성과 중요성을 고려해 본다면, 최소한 초·중등학교 교육현장에서 성범죄를 범한 자를 배제할 필요성은 어느 공직에서보다 높다고 할 것이고, 아동·청소년 대상 성범죄의 재범률까지 고려해 보면 미성년자에 대하여 성범죄를 범한 자는 교육현장에서 원천적으로 차단할 필요성이 매우 크다. 성인에 대한 성폭력범죄의 경우 미성년자에 대하여 성범죄를 범한 것과 달리, 성폭력범죄 행위로 인하여 형을 선고받기만 하면 곧바로 교원임용이 제한되는 것이 아니고, 100만 원 이상의 벌금형이나 그 이상의 형을 선고받고 그 형이 확정된 사람에 한하여 임용을 제한하고 있는바, 법원이 범죄의 모든 정황을 고려한 다음 벌금 100만 원 이상의 형을 선고하여 그 판결이 확정되었다면, 이는 결코 가벼운 성폭력범죄 행위라고 볼 수 없다. 이처럼 이 사건 결격사유조항은 성범죄를 범하는 대상과 확정된 형의 정도에 따라 성범죄에 관한 교원으로서의 최소한의 자격기준을 설정하였다고 할 것이고, 같은 정도의 입법목적을 달성하면서도 기본권을 덜 제한하는 수단이 명백히 존재한다고 볼 수도 없으므로, 이 사건 결격사유조항은 과잉금지원칙에 반하여 청구인의 공무담임권을 침해하지 아니한다(헌재 2019. 7.25. 2016헌마754).

✎ **ANSWER** 20.④ 21.②

22 신뢰보호원칙에 대한 설명으로 옳지 않은 것은? (다툼이 있는 경우 판례에 의함)

① 조세에 관한 법규·제도는 신축적으로 변할 수밖에 없다는 점에서 납세의무자로서는 구법 질서에 의거한 신뢰를 바탕으로 적극적으로 새로운 법률관계를 형성하였다든지 하는 특별한 사정이 없는 한 원칙적으로 현재의 세법이 변함없이 유지되리라고 기대하거나 신뢰할 수는 없다.

② 사회 환경이나 경제여건의 변화에 따른 필요성에 의하여 법률은 신축적으로 변할 수밖에 없고 변경된 새로운 법질서와 기존의 법질서 사이에는 이해관계의 상충이 불가피하므로, 국민이 가지는 모든 기대 내지 신뢰가 헌법상 권리로서 보호될 것은 아니다.

③ 법률의 제정이나 개정 시 구법 질서에 대한 당사자의 신뢰가 합리적이고도 정당하며, 법률의 제정이나 개정으로 야기되는 당사자의 손해가 극심하여 새로운 입법으로 달성하고자 하는 공익적 목적이 그러한 당사자의 신뢰의 파괴를 정당화할 수 없다면, 그러한 새로운 입법은 신뢰보호의 원칙상 허용될 수 없다.

④ 법률에 따른 개인의 행위가 단지 법률이 반사적으로 부여하는 기회의 활용을 넘어서 국가에 의하여 일정 방향으로 유인된 것이라 하더라도 개인의 신뢰보호가 국가의 법률개정이익에 우선된다고 볼 여지는 없다.

> **ADVICE** ④ 개인의 신뢰이익에 대한 보호가치는 ① 법령에 따른 개인의 행위가 국가에 의하여 일정방향으로 유인된 신뢰의 행사인지, ② 아니면 단지 법률이 부여한 기회를 활용한 것으로서 원칙적으로 사적 위험부담의 범위에 속하는 것인지 여부에 따라 달라진다. 만일 법률에 따른 개인의 행위가 단지 법률이 반사적으로 부여하는 기회의 활용을 넘어서 국가에 의하여 일정 방향으로 유인된 것이라면 특별히 보호가치가 있는 신뢰이익이 인정될 수 있고, 원칙적으로 개인의 신뢰보호가 국가의 법률개정이익에 우선된다고 볼 여지가 있다(헌재 2002.11.28. 2002헌바45).
> ① 조세법의 영역에 있어서는 국가가 조세·재정정책을 탄력적·합리적으로 운용할 필요성이 매우 큰 만큼, 조세에 관한 법규·제도는 신축적으로 변할 수밖에 없다는 점에서 <u>납세의무자로서는 구법 질서에 의거한 신뢰를 바탕으로 적극적으로 새로운 법률관계를 형성하였다든지 하는 특별한 사정이 없는 한 원칙적으로 현재의 세법이 변함없이 유지되리라고 기대하거나 신뢰할 수는 없다</u>(헌재 2019. 8.29. 2017헌바496).
> ② 일반적으로 국민이 어떤 법률이나 제도가 장래에도 그대로 존속될 것이라는 합리적인 신뢰를 바탕으로 하여 일정한 법적 지위를 형성한 경우, 국가는 그와 같은 법적 지위와 관련된 법규나 제도의 개폐에 있어서 법치국가의 원칙에 따라 국민의 신뢰를 최대한 보호하여 법적 안정성을 도모하여야 한다. 따라서 법률의 제정이나 개정시 구법질서에 대한 당사자의 신뢰가 합리적이고도 정당하며 법률의 제정이나 개정으로 야기되는 당사자의 손해가 극심하여 새로운 입법으로 달성하고자 하는 공익적 목적이 그러한 당사자의 신뢰의 파괴를 정당화할 수 없다면, 그러한 새로운 입법은 허용될 수 없다. 그런데 <u>사회환경이나 경제여건의 변화에 따른 필요성에 의하여 법률은 신축적으로 변할 수밖에 없고, 변경된 새로운 법질서와 기존의 법질서 사이에는 이해관계의 상충이 불가피하다. 따라서 국민이 가지는 모든 기대 내지 신뢰가 헌법상 권리로서 보호될 것은 아니고</u>, 신뢰의 근거 및 종류, 상실된 이익의 중요성, 침해의 방법 등에 비추어 종전 법규·제도의 존속에 대한 개인의 신뢰가 합리적이어서 권리로서 보호될 필요성이 인정되어야 한다(헌재 2021. 7.15. 2018헌마279).
> ③ 신뢰보호원칙은 헌법상 법치국가의 원칙으로부터 도출되는데, 그 내용은 법률의 제정이나 개정 시 구법질서에 대한 당사자의 신뢰가 합리적이고도 정당하며 <u>법률의 제정이나 개정으로 야기되는 당사자의 손해가 극심하여 새로운 입법으로 달성하고자 하는 공익적 목적이 그러한 당사자의 신뢰의 파괴를 정당화할 수 없다면, 그러한 새로운 입법은 신뢰보호원칙상 허용될 수 없다는 것이다</u>(헌재 2019. 8.29. 2014헌바212).

23 국회의 운영원리 및 입법절차에 대한 설명으로 옳은 것은? (다툼이 있는 경우 판례에 의함)

① 국회의 위임 의결이 없더라도 국회의장은 국회에서 의결된 법률안의 조문이나 자구·숫자, 법률안의 체계나 형식 등의 정비가 필요한 경우 의결된 내용이나 취지를 변경하지 않는 범위 안에서 이를 정리할 수 있다고 봄이 상당하고, 이렇듯 국회의장이 국회의 위임 없이 법률안을 정리하더라도 그러한 정리가 국회에서 의결된 법률안의 실질적 내용에 변경을 초래하는 것이 아닌 한 헌법이나 「국회법」상의 입법절차에 위반된다고 볼 수 없다.

② 의사공개의 원칙은 방청 및 보도의 자유와 회의록의 공표를 그 내용으로 하지만 출석의원 3분의 1 이상의 찬성이 있거나 의장이 국가의 안전보장을 위하여 필요하다고 인정할 때에는 공개하지 아니한다.

③ 일반정족수는 다수결의 원리를 실현하는 국회의 의결방식으로서 헌법상의 원칙에 해당한다.

④ 일사부재의의 원칙은 의회에서 일단 부결된 의안은 동일회기 중에 다시 발의하거나 심의하지 못한다는 원칙을 말하는데, 현행 헌법은 일사부재의의 원칙을 명시적으로 규정하고 있다.

> **ADVICE** ① 헌법 제12조 제1항 후문과 제3항에 규정된 적법절차의 원칙은 형사절차상의 제한된 범위뿐만 아니라 국가작용으로서 모든 입법 및 행정작용에도 광범위하게 적용된다. 국회의 위임 의결이 없더라도 국회의장은 국회에서 의결된 법률안의 조문이나 자구·숫자, 법률안의 체계나 형식 등의 정비가 필요한 경우 의결된 내용이나 취지를 변경하지 않는 범위 안에서 이를 정리할 수 있다고 봄이 상당하고, 이렇듯 국회의장이 국회의 위임 없이 법률안을 정리하더라도 그러한 정리가 국회에서 의결된 법률안의 실질적 내용에 변경을 초래하는 것이 아닌 한 헌법이나 국회법상의 입법절차에 위반된다고 볼 수 없다(헌재 2009. 6.25. 2007헌마451).
> ② 본회의는 공개한다. 다만, 의장의 제의 또는 의원 10명 이상의 연서에 의한 동의(動議)로 본회의 의결이 있거나 의장이 각 교섭단체 대표의원과 협의하여 국가의 안전보장을 위하여 필요하다고 인정할 때에는 공개하지 아니할 수 있다(국회법 제75조 제1항).
> ③ 헌법 제49조 및 국회법 제109조는 일반의결정족수를 규정하고 있지만, 일반의결정족수의 내용을 결정하는 것은 입법 정책적인 문제에 해당한다.
>   cf. 헌법 제49조 및 국회법 제109조는 의결정족수에 관하여 일부 다른 입법례와는 달리, 의결을 위한 출석정족수와 찬성정족수를 병렬적으로 규정하고 있고, '재적의원 과반수의 출석'과 '출석의원의 과반수의 찬성'이라는 규정의 성격이나 흠결의 효력을 별도로 구분하여 규정하고 있지 아니하다(헌재 2009.10.29. 2009헌라8).
> ④ 부결된 안건은 같은 회기 중에 다시 발의하거나 제출할 수 없다(국회법 제92조).

✎ **ANSWER** 22.④ 23.①

24 헌법상 정족수가 같은 것으로만 묶은 것은?

① 국무총리 · 국무위원 해임 건의 발의, 법관에 대한 탄핵소추 발의, 국회임시회 소집 요구
② 국회의원 제명, 대통령에 대한 탄핵소추 의결, 법률안 재의결
③ 계엄해제 요구, 법관에 대한 탄핵소추 의결, 헌법개정안 의결
④ 헌법개정안 발의, 국무총리 · 국무위원 해임 건의 의결, 대통령에 대한 탄핵소추 발의

〉**ADVICE** ④ 재적의원 과반수(헌법 제128조 제1항, 헌법 제63조 제2항, 헌법 제65조 제2항 단서)
   ① 국무총리 · 국무위원 해임 건의 발의, 법관에 대한 탄핵소추 발의-재적1/3이상(헌법 제63조 제2항, 헌법 제65조 제2항 본문), 국회임시회 소집요구-재적1/4이상(헌법 제47조 제1항)
   ② 국회의원 제명, 대통령에 대한 탄핵소추 의결-재적 2/3이상(헌법 제64조 제3항, 헌법 제65조 제2항 단서), 법률안 재의결-재적 과반수, 출석 2/3이상(헌법 제53조 제4항)
   ③ 계엄해제 요구, 법관에 대한 탄핵소추 의결-재적과반수(헌법 제77조 제5항, 헌법 제65조 제2항 본문), 헌법개정안 의결-재적2/3이상(헌법 제130조 제1항)

25 사생활의 비밀과 자유에 대한 설명으로 옳은 것은? (다툼이 있는 경우 판례에 의함)

① 피고인이나 변호인에 의한 공판정에서의 녹취는 진술인의 인격권 또는 사생활의 비밀과 자유에 대한 침해를 수반하고, 실체적 진실발견 등 다른 법익과 충돌할 개연성이 있으므로, 녹취를 금지해야 할 필요성이 녹취를 허용함으로써 달성하고자 하는 이익보다 큰 경우에는 녹취를 금지 또는 제한함이 타당하다.
② 자동차를 도로에서 운전하는 중에 좌석안전띠를 착용할 것인가 여부의 생활관계는 개인의 전체적 인격과 생존에 관계되는 '사생활의 기본조건'이라 할 수 있으므로, 운전할 때 운전자가 좌석안전띠를 착용할 의무는 청구인의 사생활의 비밀과 자유를 침해한다.
③ 헌법 제17조의 사생활의 비밀과 자유 및 헌법 제18조의 통신의 자유에 의하여 보장되는 개인정보자기결정권의 보호대상이 되는 개인정보는 개인의 신체, 신념, 사회적 지위, 신분 등과 같이 개인의 사적 영역에 국한된 사항으로서 그 개인의 동일성을 식별할 수 있게 하는 일체의 정보라고 할 수 있다.
④ 지문은 그 정보주체를 타인으로부터 식별가능하게 하는 개인정보가 아니므로, 경찰청장이 이를 보관 · 전산화하여 범죄수사목적에 이용하는 것은 정보주체의 개인정보자기결정권을 제한하는 것이 아니다.

〉**ADVICE** ① 피고인이나 변호인에 의한 공판정에서의 녹취는 진술인의 인격권 또는 사생활의 비밀과 자유에 대한 침해를 수반하고, 실체적 진실발견 등 다른 법익과 충돌할 개연성이 있으므로, 녹취를 금지해야할 필요성이 녹취를 허용함으로써 달성하고자 하는 이익보다 큰 경우에는 녹취를 금지 또는 제한함이 타당하다. 그렇다면 형사소송법 제56조의2 제2항의 규정은 반드시 공판정에서의 속기 또는 녹취권을 당사자의 절대적인 권리로서 보장하려는 취지라고 볼 수는 없고, 이는 단지 당사자가 자신의 비용으로 속기 또는 녹취를 할 수 있다는 근거를 마련한 데 불과하며, 반드시 법원이나 재판장의 허가를 배제하는 취지는 아니라고 해석된다(헌재 1995.12. 8. 91헌마114).

② 일반 교통에 사용되고 있는 도로는 국가와 지방자치단체가 그 관리책임을 맡고 있는 영역이며, 수많은 다른 운전자 및 보행자 등의 법익 또는 공동체의 이익과 관련된 영역으로, 그 위에서 자동차를 운전하는 행위는 더 이상 개인적인 내밀한 영역에서의 행위가 아니며, 자동차를 도로에서 운전하는 중에 좌석안전띠를 착용할 것인가 여부의 생활관계가 개인의 전체적 인격과 생존에 관계되는 '사생활의 기본조건'이라거나 자기결정의 핵심적 영역 또는 인격적 핵심과 관련된다고 보기 어려워 더 이상 사생활영역의 문제가 아니므로, <u>운전할 때 운전자가 좌석안전띠를 착용할 의무는 청구인의 사생활의 비밀과 자유를 침해하는 것이라 할 수 없다</u>(헌재 2003.10.30. 2002헌마518).

③ 개인정보자기결정권의 보호대상이 되는 개인정보는 개인의 신체, 신념, 사회적 지위, 신분 등과 같이 개인의 인격주체성을 특징짓는 사항으로서 그 개인의 동일성을 식별할 수 있게 하는 일체의 정보라고 할 수 있고, <u>반드시 개인의 내밀한 영역이나 사사(私事)의 영역에 속하는 정보에 국한되지 않고 공적 생활에서 형성되었거나 이미 공개된 개인정보까지 포함한다</u>. 또한 그러한 개인정보를 대상으로 한 조사 · 수집 · 보관 · 처리 · 이용 등의 행위는 모두 원칙적으로 개인정보자기결정권에 대한 제한에 해당한다(헌재 2005. 7.21. 2003헌마282).

④ 개인정보자기결정권은 자신에 관한 정보가 언제 누구에게 어느 범위까지 알려지고 또 이용되도록 할 것인지를 그 정보주체가 스스로 결정할 수 있는 권리, 즉 정보주체가 개인정보의 공개와 이용에 관하여 스스로 결정할 권리를 말하는바, <u>개인의 고유성, 동일성을 나타내는 지문은 그 정보주체를 타인으로부터 식별가능하게 하는 개인정보이므로, 시장 · 군수 또는 구청장이 개인의 지문정보를 수집하고, 경찰청장이 이를 보관 · 전산화하여 범죄수사목적에 이용하는 것은 모두 개인정보자기결정권을 제한하는 것이다</u>(헌재 2005. 5.26. 99헌마513).

1 국제질서에 대한 설명으로 옳지 않은 것은? (다툼이 있는 경우 판례에 의함)

① 국제법적으로, 조약은 국제법 주체들이 일정한 법률효과를 발생시키기 위하여 체결한 국제법의 규율을 받는 국제적 합의를 말하며 서면에 의한 경우가 대부분이지만 예외적으로 구두합의도 조약의 성격을 가질 수 있다.

② 자유권규약위원회는 자유권규약의 이행을 위해 만들어진 조약상의 기구이므로, 규약의 당사국은 그 견해를 존중하여야 하며, 우리 입법자는 자유권규약위원회의 견해의 구체적인 내용에 구속되어 그 모든 내용을 그대로 따라야 하는 의무를 부담한다.

③ 헌법에 의하여 체결·공포된 조약과 일반적으로 승인된 국제법규는 국내법과 같은 효력을 가진다.

④ 조약과 비구속적 합의를 구분함에 있어서는 합의의 명칭, 합의가 서면으로 이루어졌는지 여부 등과 같은 형식적 측면 외에도 합의의 과정과 내용·표현에 비추어 법적 구속력을 부여하려는 당사자의 의도가 인정되는지 여부 등 실체적 측면을 종합적으로 고려하여야 한다.

> **ADVICE** ② '시민적 및 정치적 권리에 관한 국제규약(이하 '자유권규약'이라 한다)의 조약상 기구인 자유권규약위원회의 견해는 규약을 해석함에 있어 중요한 참고기준이 되고, 규약 당사국은 그 견해를 존중하여야 한다. 특히 우리나라는 자유권규약을 비준함과 동시에, 자유권규약위원회의 개인통보 접수·심리 권한을 인정하는 내용의 선택의정서에 가입하였으므로, 대한민국 국민이 제기한 개인통보에 대한 자유권규약위원회의 견해(Views)를 존중하고, 그 이행을 위하여 가능한 범위에서 충분한 노력을 기울여야 한다. 다만, 자유권규약위원회의 심리가 서면으로 비공개로 진행되는 점 등을 고려하면, 개인통보에 대한 자유권규약위원회의 견해(Views)에 사법적인 판결이나 결정과 같은 법적 구속력이 인정된다고 단정하기는 어렵다. 또한, <u>자유권규약위원회의 견해가 규약 당사국의 국내법 질서와 충돌할 수 있고, 그 이행을 위해서는 각 당사국의 역사적, 사회적, 정치적 상황 등이 충분히 고려될 필요가 있으므로, 우리 입법자가 자유권규약위원회의 견해(Views)의 구체적인 내용에 구속되어 그 모든 내용을 그대로 따라야만 하는 의무를 부담한다고 볼 수는 없다.</u> 나아가 기존에 유죄판결을 받은 양심적 병역거부자에 대해 전과기록 말소 등의 구제조치를 할 것인지에 대하여는 입법자에게 광범위한 입법재량이 부여되어 있다고 보아야 한다(헌재 2018. 7. 26. 2011헌마306).
>
> ①④ 국제법적으로, <u>조약은 국제법 주체들이 일정한 법률효과를 발생시키기 위하여 체결한 국제법의 규율을 받는 국제적 합의를 말하며 서면에 의한 경우가 대부분이지만 예외적으로 구두합의도 조약의 성격을 가질 수 있다.</u> 국가는 경우에 따라 조약과는 달리 법적 효력 내지 구속력이 없는 합의도 하는데, 이러한 합의는 많은 경우 일정한 공동목표의 확인이나 원칙의 선언과 같이 구속력을 부여하기에는 너무 추상적이거나 구체성이 없는 내용을 담고 있으며, 대체로 조약체결의 형식적 절차를 거치지 않는다. 이러한 합의도 합의 내용이 상호 준수되리라는 기대 하에 체결되므로 합의를 이행하지 않는 국가에 대해 항의나 비판의 근거가 될 수는 있으나, 이는 법적 구속력과는 구분된다. <u>조약과 비구속적 합의를 구분함에 있어서는 합의의 명칭, 합의가 서면으로 이루어졌는지 여부, 국내법상 요구되는 절차를 거쳤는지 여부와 같은 형식적 측면 외에도 합의의 과정과 내용·표현에 비추어 법적 구속력을 부여하려는 당사자의 의도가 인정되는지 여부, 법적 효력을 부여할 수 있는 구체적인 권리·의무를 창설하는지 여부 등 실체적 측면을 종합적으로 고려하여야 한다.</u> 이에 따라 비구속적 합의로 인정되는 때에는 그로 인하여 국민의 법적 지위가 영향을 받지 않는다고 할 것이므로, 이를 대상으로 한 헌법소원 심판청구는 허용되지 않는다(헌재 2019. 12. 27. 2016헌마253).
>
> ③ 헌법 제6조 제1항.

2 민주적 기본질서에 대한 설명으로 옳지 않은 것은? (다툼이 있는 경우 판례에 의함)

① 민주주의 원리는 사회의 자율적인 의사결정이 궁극적으로 올바른 방향으로 전개될 것이라는 신뢰를 바탕으로 한다.

② 헌법 제8조 제4항이 의미하는 '민주적 기본질서'는, 개인의 자율적 이성을 신뢰하고 모든 정치적 견해들이 각각 상대적 진리성과 합리성을 지닌다고 전제하는 다원적 세계관에 입각한 것으로서, 모든 폭력적·자의적 지배를 배제하고, 다수를 존중하면서도 소수를 배려하는 민주적 의사결정과 자유·평등을 기본원리로 하여 구성되고 운영되는 정치적 질서를 말하며, 구체적으로는 국민주권의 원리, 기본적 인권의 존중, 권력분립제도, 복수정당제도 등이 현행 헌법상 주요한 요소라고 볼 수 있다.

③ 정당은 오늘날 민주주의에 있어서 필수불가결한 요소이기 때문에 정당의 자유로운 설립과 활동은 민주주의 실현의 전제조건이라고 할 수 있다.

④ 모든 정당의 존립과 활동이 최대한 보장되어야 하는 것은 아니므로, 어떤 정당이 민주적 기본질서를 부정하고 이를 적극적으로 공격하는 경우에는 행정부의 통상적인 처분에 의해서도 해산될 수 있다.

▶ADVICE ④ 모든 정당의 존립과 활동은 최대한 보장되며, 설령 어떤 정당이 민주적 기본질서를 부정하고 이를 적극적으로 공격하는 것으로 보인다 하더라도 국민의 정치적 의사형성에 참여하는 정당으로서 존재하는 한 우리 헌법에 의해 최대한 두텁게 보호되므로, 단순히 행정부의 통상적인 처분에 의해서는 해산될 수 없고, 오직 헌법재판소가 그 정당의 위헌성을 확인하고 해산의 필요성을 인정한 경우에만 정당정치의 영역에서 배제된다는 것이다(헌재 1999. 12. 23. 99헌마135).

① 민주주의 원리는 개인의 자율적 판단능력을 존중하고 사회의 자율적인 의사결정이 궁극적으로 올바른 방향으로 전개될 것이라는 신뢰를 바탕으로 하고 있다. 이 신뢰는 국민들이 공동체의 최종적인 정치적 의사를 책임질 수 있다는, 즉 국민들이 주권자로서의 충분한 능력과 자격을 동등하게 가진다는 규범적 판단에 기초한다. 따라서 국민 각자는 서로를 공동체의 대등한 동료로 존중해야 하고, 자신의 의견이 옳다고 믿는 만큼 타인의 의견에도 동등한 가치가 부여될 수 있음을 인정해야 한다. 민주주의는 정치의 본질이 피치자에 대한 치자의 지배나 군림에 있는 것이 아니라, 타인과 공존할 수 있는 동등한 자유, 그리고 대등한 동료시민들 간의 존중과 박애에 기초한 자율적이고 협력적인 공적 의사결정에 있는 것이다(헌재 2014. 12. 19. 2013헌다1).

② 우리 헌법 제8조 제4항이 의미하는 민주적 기본질서는, 개인의 자율적 이성을 신뢰하고 모든 정치적 견해들이 각각 상대적 진리성과 합리성을 지닌다고 전제하는 다원적 세계관에 입각한 것으로서, 모든 폭력적·자의적 지배를 배제하고, 다수를 존중하면서도 소수를 배려하는 민주적 의사결정과 자유·평등을 기본원리로 하여 구성되고 운영되는 정치적 질서를 말하며, 구체적으로는 국민주권의 원리, 기본적 인권의 존중, 권력분립제도, 복수정당제도 등이 현행 헌법상 주요한 요소라고 볼 수 있다(헌재 2014. 12. 19. 2013헌다1).

③ 정당은 국민과 국가의 중개자로서의 기능을 수행한다. 정당은 국민의 다양한 정치적 의사들을 대표하고 형성하며, 통상 국민들은 정당에 대한 지지 혹은 선거에서의 투표를 통해서 국가정책의 결정에 참여하거나 그에 대한 영향을 끼칠 수 있게 된다. 이와 같이 국민의 정치의사형성을 매개하는 정당은 오늘날 민주주의에 있어서 필수불가결한 요소이기 때문에, 정당의 자유로운 설립과 활동은 민주주의 실현의 전제조건이라고 할 수 있다(헌재 2014. 12. 19. 20131.② 2.④헌다1).

3 헌법 전문(前文)에 대한 설명으로 옳지 않은 것은? (다툼이 있는 경우 판례에 의함)

① '헌법 전문에 기재된 3·1정신'은 우리나라 헌법의 연혁적·이념적 기초로서 헌법이나 법률해석에서의 해석 기준으로 작용한다고 할 수 있지만, 그에 기하여 곧바로 국민의 개별적 기본권성을 도출해낼 수는 없다.

② 헌법 전문에서 '3·1운동으로 건립된 대한민국임시정부의 법통을 계승'한다고 선언하고 있는바, 국가는 일 제로부터 조국의 자주독립을 위하여 공헌한 독립유공자와 그 유족에 대하여는 응분의 예우를 하여야 할 헌 법적 의무를 지니며, 이러한 헌법적 의무는 당사자가 주장하는 특정인을 독립유공자로 인정해야 한다는 것 을 뜻한다.

③ 헌법 전문에서 '대한민국은 3·1운동으로 건립된 대한민국임시정부의 법통을 계승하(였다)'라고 규정되어 있 지만, 특정 토지에 대한 보상이라는 작위의무가 헌법에서 유래하는 작위의무로 특별히 구체적으로 규정되 어 있다거나 해석상 도출된다고 볼 수 없다.

④ 1972년 제7차 개정헌법의 전문에서는 3·1운동의 숭고한 독립정신과 4·19 의거 및 5·16 혁명의 이념 을 계승한다고 규정하였다.

>ADVICE ② 헌법은 국가유공자 인정에 관하여 명문 규정을 두고 있지 않으나 <u>전문(前文)에서 "3·1운동으로 건립된 대한민국임 시정부의 법통을 계승"한다고 선언하고 있다.</u> 이는 대한민국이 일제에 항거한 독립운동가의 공헌과 희생을 바탕으 로 이룩된 것임을 선언한 것이고, 그렇다면 <u>국가는 일제로부터 조국의 자주독립을 위하여 공헌한 독립유공자와 그 유족에 대하여는 응분의 예우를 하여야 할 헌법적 의무를 지닌다.</u> 독립유공자의 구체적 인정절차는 입법자가 헌법 의 취지에 반하지 않는 한 입법재량으로 정할 수 있다. 독립유공자 인정의 전 단계로서 상훈법에 따른 서훈추천은 해당 후보자에 대한 공적심사를 거쳐서 이루어지며, 그러한 공적심사의 통과 여부는 해당 후보자가 독립유공자로서 인정될만한 사정이 있는지에 달려 있다. 이에 관한 판단에 있어서 국가는 나름대로의 재량을 지닌다. 따라서 <u>국가 보훈처장이 서훈추천 신청자에 대한 서훈추천을 하여 주어야 할 헌법적 작위의무가 있다고 할 수는 없으므로, 서 훈추천을 거부한 것에 대하여 행정권력의 부작위에 대한 헌법소원으로서 다툴 수 없다</u>(헌재 2005. 6. 30. 2004헌 마859).

① "헌법전문에 기재된 3·1정신"은 우리나라 헌법의 연혁적·이념적 기초로서 헌법이나 법률해석에서의 해석기준으 로 작용한다고 할 수 있지만, <u>그에 기하여 곧바로 국민의 개별적 기본권성을 도출해낼 수는 없다고 할 것</u>이므로, 헌법소원의 대상인 "헌법상 보장된 기본권"에 해당하지 아니한다(헌재 2001. 3. 21. 99헌마139).

③ 헌법 전문에서 '대한민국은 3·1운동으로 건립된 대한민국임시정부의 법통을 계승하(였다)'라고 규정되어 있지만, 위 내용만으로 위와 같은 작위의무가 헌법에서 유래하는 작위의무로 특별히 구체적으로 규정되어 있다거나 해석상 도출된다고 볼 수 없다. 또한 관련법령인 '독립유공자예우에 관한 법률'을 보면 독립유공자의 유족 또는 가족에게 보상금, 사망일시금 등을 지급한다고 규정되어 있지만(제12조, 제13조 등) <u>위 조항 자체로부터 일제에 의해 수탈된 특정 토지에 관한 보상과 관련된 구체적인 작위의무가 곧바로 도출된다고 보기는 어렵다.</u> 따라서 청구인이 다투는 부작위는 헌법소원의 대상이 되는 공권력행사의 부작위에 해당하지 아니하므로, 이 사건 심판청구는 작위의무 없는 공권력의 불행사에 대한 헌법소원으로서 부적법하다(헌재 2019. 7. 2. 2019헌마647).

4 교육을 받을 권리에 대한 설명으로 옳은 것은? (다툼이 있는 경우 판례에 의함)

① 헌법 제31조 제3항의 의무교육 무상의 원칙은 교육을 받을 권리를 보다 실효성 있게 보장하기 위하여 의무 교육 비용을 학령아동의 보호자 개개인의 직접적 부담에서 공동체 전체의 부담으로 이전하라는 명령일 뿐, 의무교육의 비용을 오로지 국가 또는 지방자치단체의 예산으로 해결해야 함을 의미하는 것은 아니다.

② 헌법 제31조의 교육을 받을 권리는 국민이 국가에 대해 직접 특정한 교육제도나 학교시설을 요구할 수 있는 기본권이며, 자신의 교육환경을 최상 혹은 최적으로 만들기 위해 타인의 교육시설 참여 기회를 제한할 것을 청구할 수 있는 기본권이기도 하다.

③ 헌법 제31조 제4항에서 보장하고 있는 대학의 자율성에 따라 대학은 학생의 선발 및 전형 등 대학입시제도 를 자율적으로 마련할 수 있으므로, 국립교육대학교 등이 검정고시 출신자의 수시모집 지원을 제한하는 것 은 수시모집에 지원하려는 검정고시 출신자의 균등하게 교육을 받을 권리를 침해하는 것이 아니다.

④ 헌법 제31조 제1항에서 보장되는 교육의 기회균등권은 모든 국민에게 균등한 교육을 받게 하고 특히 경제 적 약자가 실질적인 평등교육을 받을 수 있도록 국가에게 적극적 정책을 실현할 것을 요구하므로, 헌법 제 31조 제1항으로부터 국민이 직접 실질적 평등교육을 위한 교육비를 청구할 권리가 도출된다.

> **ADVICE** ① 의무교육의 무상성에 관한 헌법상 규정은 교육을 받을 권리를 보다 실효성 있게 보장하기 위해 의무교육 비용을 학령아동 보호자의 부담으로부터 공동체 전체의 부담으로 이전하라는 명령일 뿐 의무교육의 모든 비용을 조세로 해결해야 함을 의미하는 것은 아니므로, 학교용지부담금의 부과대상을 수분양자가 아닌 개발사업자로 정하고 있는 이 사건 법률조항은 의무교육의 무상원칙에 위배되지 아니한다(헌재 2008. 9. 25. 2007헌가1).

② 교육을 받을 권리는 국민이 국가에 대해 직접 특정한 교육제도나 학교시설을 요구할 수 있음을 뜻하지는 않으며, 더구나 자신의 교육환경을 최상 혹은 최적으로 만들기 위해 타인의 교육시설 참여 기회를 제한할 것을 청구할 수 있는 기본권은 더더욱 아닌 것이다(헌재 2003. 9. 25. 2001헌마814).

③ 현행 대입입시제도 중 수시모집은 대학수학능력시험 점수를 기준으로 획일적으로 학생을 선발하는 것을 지양하고, 각 대학별로 다양한 전형방법을 통하여 대학의 독자적 특성이나 목표 등에 맞추어 다양한 경력과 소질 등이 있는 자를 선발하고자 하는 것이다. 수시모집은 과거 정시모집의 예외로서 그 비중이 그리 크지 않았으나 점차 그 비중이 확대되어, 정시모집과 같거나 오히려 더 큰 비중을 차지하는 입시전형의 형태로 자리 잡고 있다. 이러한 상황에서는 수시모집의 경우라 하더라도 응시자들에게 동등한 입학 기회가 주어질 필요가 있다. 그런데 이 사건 수시모집요강은 기초생활수급자·차상위계층, 장애인 등을 대상으로 하는 일부 특별전형에만 검정고시 출신자의 지원을 허용하고 있을 뿐 수시모집에서의 검정고시 출신자의 지원을 일률적으로 제한함으로써 실질적으로 검정고시 출신자의 대학입학 기회의 박탈이라는 결과를 초래하고 있다. 수시모집의 학생선발방법이 정시모집과 동일할 수는 없으나, 이는 수시모집에서 응시자의 수학능력이나 그 정도를 평가하는 방법이 정시모집과 다른 것을 의미할 뿐, 수학능력이 있는 자들에게 동등한 기회를 주고 합리적인 선발 기준에 따라 학생을 선발하여야 한다는 점은 정시모집과 다르지 않다. 따라서 수시모집에서 검정고시 출신자에게 수학능력이 있는지 여부를 평가받을 기회를 부여하지 아니하고 이를 박탈한다는 것은 수학능력에 따른 합리적인 차별이라고 보기 어렵다. 피청구인들은 정규 고등학교 학교생활기록부가 있는지 여부, 공교육 정상화, 비교내신 문제 등을 차별의 이유로 제시하고 있으나 이러한 사유가 차별취급에 대한 합리적인 이유가 된다고 보기 어렵다. 그렇다면 이 사건 수시모집요강은 검정고시 출신자인 청구인들을 합리적인 이유 없이 차별함으로써 청구인들의 균등하게 교육을 받을 권리를 침해한다(헌재 2017. 12. 28. 2016헌마649).

✎ **ANSWER** 3.② 4.①

④ 교육을 받을 권리의 내용과 관련하여 헌법재판소는 자신의 교육환경을 최상 혹은 최적으로 만들기 위해 타인의 교육시설 참여 기회를 제한할 것을 청구할 수 있는 것은 교육을 받을 권리의 내용이 아니고 자신이 이수한 교육과정을 유사한 다른 교육과정을 이수한 것과 동등하게 평가해 줄 것을 요구할 수 있음을 뜻하는 것도 아니며, <u>실질적인 평등교육을 실현해야 할 국가의 적극적인 의무가 인정된다고 하여 이로부터 국민이 직접 실질적 평등교육을 위한 교육비를 청구할 권리가 도출된다고 볼 수 없고</u>, 국가 및 지방자치단체가 사립유치원에 대하여 교사 인건비, 운영비 및 영양사 인건비를 예산으로 지원하여야 할 구체적인 작위의무가 헌법해석상 바로 도출된다고 볼 수 없다(헌재 2008. 9. 25. 2008헌마456).

5 평등의 원칙에 대한 설명으로 옳지 않은 것은? (다툼이 있는 경우 판례에 의함)

① 개별사건법률의 위헌 여부는, 그 형식만으로 가려지는 것이 아니라, 나아가 평등의 원칙이 추구하는 실질적 내용이 정당한지 아닌지를 따져야 비로소 가려진다.

② 헌법 제11조 제1항의 규범적 의미는 '법 적용의 평등'에서 끝나지 않고, 더 나아가 입법자에 대해서도 그가 입법을 통해서 권리와 의무를 분배함에 있어서 적용할 가치평가의 기준을 정당화할 것을 요구하는 '법 제정의 평등'을 포함한다.

③ 특정한 범죄에 대한 형벌이 그 자체로서의 책임과 형벌의 비례원칙에 위반되지 않더라도 보호법익과 죄질이 유사한 범죄에 대한 형벌과 비교할 때 현저히 불합리하거나 자의적이어서 형벌체계상의 균형을 상실한 것이 명백한 경우에는 평등원칙에 반하여 위헌이라 할 수 있다.

④ 구「공직선거법」이 고등학교를 졸업한 공직 후보자에 대해서는 수학기간의 기재를 요구하지 않으면서도 고등학교 졸업학력 검정고시에 합격한 공직 후보자에게는 고등학교를 중퇴한 경력에 대해서 그 학력을 기재할 때 그 수학기간을 기재하도록 요구하는 것은 불합리한 차별이므로 평등원칙에 위배된다.

> ADVICE ④ 특별한 사정이 없는 한 고등학교를 졸업한 경우는 그 수학기간이 3년이라고 쉽게 예측할 수 있는 반면 고등학교를 중퇴한 경우는 학교명과 중퇴라는 사실만으로는 그 사람이 중퇴한 학교에 다닌 이력을 정확히 알 수 없다. 따라서 <u>고등학교를 졸업한 사람에 대해서는 수학기간의 기재를 요구하지 않으면서도 고등학교 졸업학력 검정고시에 합격한 사람이라고 하더라도 고등학교를 중퇴한 경력에 대해서 그 학력을 기재할 때 그 수학기간을 기재하도록 요구하는 것이 불합리한 차별이라고 볼 수는 없어 중퇴학력 표시규정이 평등원칙에 위배된다고 볼 수 없다</u>(헌재 2017.12.28. 2015헌바232).

6 재판청구권에 대한 설명으로 옳지 않은 것은? (다툼이 있는 경우 판례에 의함)

① 헌법상 재판을 받을 권리의 보호범위에는 배심재판을 받을 권리가 포함되지 아니한다.

② 디엔에이감식시료채취영장 발부 과정에서 채취대상자에게 자신의 의견을 밝히거나 영장 발부 후 불복할 수 있는 절차 등에 관하여 규정하지 아니한 「디엔에이신원확인정보의 이용 및 보호에 관한 법률」의 조항은 채취대상자들의 재판청구권을 침해한다.

③ 헌법 해석상 국회가 선출하여 임명된 헌법재판소의 재판관 중 공석이 발생한 경우에 국회가 공정한 헌법재판을 받을 권리의 보장을 위하여 공석인 재판관의 후임자를 선출하여야 할 구체적 작위의무를 부담한다고 볼 수는 없다.

④ '헌법과 법률이 정한 법관에 의하여 법률에 의한 재판을 받을 권리'가 사건의 경중을 가리지 않고 모든 사건에 대하여 대법원을 구성하는 법관에 의한 재판을 받을 권리를 의미한다거나 또는 상고심재판을 받을 권리를 의미하는 것이라고 할 수는 없다.

> **ADVICE** ③ 헌법 제27조가 보장하는 재판청구권에는 공정한 헌법재판을 받을 권리도 포함되고, 헌법 제111조 제2항은 헌법재판소가 9인의 재판관으로 구성된다고 명시하여 다양한 가치관과 헌법관을 가진 9인의 재판관으로 구성된 합의체가 헌법재판을 담당하도록 하고 있으며, 같은 조 제3항은 재판관 중 3인은 국회에서 선출하는 자를 임명한다고 규정하고 있다. 그렇다면 헌법 제27조, 제111조 제2항 및 제3항의 해석상, 피청구인(국회)이 선출하여 임명된 재판관 중 공석이 발생한 경우, 국회는 공정한 헌법재판을 받을 권리의 보장을 위하여 공석인 재판관의 후임자를 선출하여야 할 구체적 작위의무를 부담한다고 할 것이다(헌재 2014. 4. 24. 2012헌마2).

① 형사소송절차에서 국민참여재판제도는 사법의 민주적 정당성과 신뢰를 높이기 위하여 배심원이 사실심 법관의 판단을 돕기 위한 권고적 효력을 가지는 의견을 제시하는 제한적 역할을 수행하게 되고, 헌법상 재판을 받을 권리의 보호범위에는 배심재판을 받을 권리가 포함되지 아니한다. 그러므로 이 사건 참여재판 배제조항은 청구인의 재판청구권을 침해한다고 볼 수 없다(헌재 2014. 1. 28. 2012헌바298).

② 디엔에이감식시료채취영장 발부 여부는 채취대상자에게 자신의 디엔에이감식시료가 강제로 채취당하고 그 정보가 영구히 보관·관리됨으로써 자신의 신체의 자유, 개인정보자기결정권 등의 기본권이 제한될 것인지 여부가 결정되는 중대한 문제이다. 그럼에도 불구하고 이 사건 영장절차 조항은 채취대상자에게 디엔에이감식시료채취영장 발부 과정에서 자신의 의견을 진술할 수 있는 기회를 절차적으로 보장하고 있지 않을 뿐만 아니라, 발부 후 그 영장 발부에 대하여 불복할 수 있는 기회를 주거나 채취행위의 위법성 확인을 청구할 수 있도록 하는 구제절차마저 마련하고 있지 않다. 위와 같은 입법상의 불비가 있는 이 사건 영장절차 조항은 채취대상자인 청구인들의 재판청구권을 과도하게 제한하므로, 침해의 최소성 원칙에 위반된다. 이 사건 영장절차 조항에 따라 발부된 영장에 의하여 디엔에이신원확인정보를 확보할 수 있고, 이로써 장래 범죄수사 및 범죄예방 등에 기여하는 공익적 측면이 있으나, 이 사건 영장절차 조항의 불완전·불충분한 입법으로 인하여 채취대상자의 재판청구권이 형해화되고 채취대상자가 범죄수사 및 범죄예방의 객체로만 취급받게 된다는 점에서, 양자 사이에 법익의 균형성이 인정된다고 볼 수도 없다. 따라서 이 사건 영장절차 조항은 과잉금지원칙을 위반하여 청구인들의 재판청구권을 침해한다(헌재 2018. 8. 30. 2016헌마344).

④ "헌법과 법률이 정하는 법관에 의하여 법률에 의한 재판을 받을 권리"가 사건의 경중을 가리지 않고 모든 사건에 대하여 대법원을 구성하는 법관에 의한 균등한 재판을 받을 권리를 의미하는 것이라고 할 수 없다. 또한 심급제도는 한정된 법발견자원의 합리적인 분배의 문제인 동시에 재판의 적정과 신속이라는 서로 상반되는 두 가지의 요청을 어떻게 조화시키느냐의 문제로 돌아가므로, 원칙적으로 입법자의 형성의 자유에 속하는 사항이다. 심리불속행조항은 비록 국민의 재판청구권을 제약하고 있기는 하지만 위 심급제도와 대법원의 기능에 비추어 볼 때 헌법이 요구하는 대법원의 최고법원성을 존중하면서 상고심재판을 받을 수 있는 객관적 기준을 정함에 있어 개별적 사건에서의 권리구제보다 법령해석의 통일을 더 우위에 둔 규정으로서 그 합리성이 있다고 할 것이므로 헌법에 위반되지 아니한다(헌재 2012. 8. 23. 2012헌마367).

✎ **ANSWER** 5.④ 6.③

7 청원에 대한 설명으로 옳지 않은 것은?

① 국민은 법령에 따라 행정 권한을 위임 또는 위탁받은 개인에게 청원을 제출할 수는 없다.

② 법률·명령·조례·규칙 등의 제정·개정 또는 폐지에 대하여 청원기관에 청원할 수 있다.

③ 국회의장은 청원을 접수하였을 때에는 청원요지서를 작성하여 인쇄하거나 전산망에 입력하는 방법으로 각 국회의원에게 배부하는 동시에 그 청원서를 소관 위원회에 회부하여 심사하게 한다.

④ 청원을 소개한 국회의원은 소관 위원회 또는 청원심사소위원회의 요구가 있을 때에는 청원의 취지를 설명하여야 한다.

> **ADVICE** ①

청원법 제4조(청원기관) 이 법에 따라 국민이 청원을 제출할 수 있는 기관(이하 "청원기관"이라 한다)은 다음 각 호와 같다.
1. 국회·법원·헌법재판소·중앙선거관리위원회, 중앙행정기관(대통령 소속 기관과 국무총리 소속 기관을 포함한다)과 그 소속 기관
2. 지방자치단체와 그 소속 기관
3. 법령에 따라 행정권한을 가지고 있거나 행정권한을 위임 또는 위탁받은 법인·단체 또는 그 기관이나 <u>개인</u>

②

제5조(청원사항) 국민은 다음 각 호의 어느 하나에 해당하는 사항에 대하여 청원기관에 청원할 수 있다.
1. 피해의 구제
2. 공무원의 위법·부당한 행위에 대한 시정이나 징계의 요구
3. <u>법률·명령·조례·규칙 등의 제정·개정 또는 폐지</u>
4. 공공의 제도 또는 시설의 운영
5. 그 밖에 청원기관의 권한에 속하는 사항

③ 국회법 제124조 제1항.

④ 국회법 제125조 제3항.

8 기본권의 보호범위에 대한 설명으로 옳은 것은? (다툼이 있는 경우 판례에 의함)

① 헌법 제20조 제1항에 근거한 종교전파의 자유는 국민에게 그가 선택한 임의의 장소에서 이를 자유롭게 행사할 수 있는 권리까지 보장한다.

② 변호사의 업무와 관련된 수임사건의 건수 및 수임액은 변호사의 내밀한 개인적 영역에 속하는 것이므로 이를 소속 지방변호사회에 보고하도록 한 것은 헌법 제17조의 사생활의 비밀과 자유에 대한 제한에 해당한다.

③ 음란표현은 헌법 제21조가 규정하는 언론·출판의 자유의 보호영역 내에 있다.

④ 헌법 제25조의 공무담임권의 보호영역에는 일반적으로 공직취임의 기회보장, 신분박탈, 직무의 정지가 포함되는 것일 뿐만 아니라, 여기서 더 나아가 공무원이 특정의 장소에서 근무하는 것 또는 특정의 보직을 받아 근무하는 것을 포함하는 일종의 '공무수행의 자유'까지 포함된다.

>ADVICE ③ 음란표현이 언론·출판의 자유의 보호영역에 해당하지 아니한다고 해석할 경우 음란표현에 대하여는 언론·출판의 자유의 제한에 대한 헌법상의 기본원칙, 예컨대 명확성의 원칙, 검열 금지의 원칙 등에 입각한 합헌성 심사를 하지 못하게 될 뿐만 아니라, 기본권 제한에 대한 헌법상의 기본원칙, 예컨대 법률에 의한 제한, 본질적 내용의 침해금지 원칙 등도 적용하기 어렵게 되는 결과, 모든 음란표현에 대하여 사전 검열을 받도록 하고 이를 받지 않은 경우 형사처벌을 하거나, 유통목적이 없는 음란물의 단순소지를 금지하거나, 법률에 의하지 아니하고 음란물출판에 대한 불이익을 부과하는 행위 등에 대한 합헌성 심사도 하지 못하게 됨으로써, 결국 음란표현에 대한 최소한의 헌법상 보호마저도 부인하게 될 위험성이 농후하게 된다는 점을 간과할 수 없다. 이 사건 법률조항의 음란표현은 헌법 제21조가 규정하는 언론·출판의 자유의 보호영역 내에 있다고 볼 것인바, 종전에 이와 견해를 달리하여 음란표현은 헌법 제21조가 규정하는 언론·출판의 자유의 보호영역에 해당하지 아니한다는 취지로 판시한 우리 재판소의 의견(헌재 1998. 4. 30. 95헌가16)을 변경한다(헌재 2009. 5. 28. 2006헌바109).

① 종교(선교활동)의 자유는 국민에게 그가 선택한 임의의 장소에서 자유롭게 행사할 수 있는 권리까지 보장한다고 할 수 없으며, 그 임의의 장소가 대한민국의 주권이 미치지 아니하는 지역 나아가 국가에 의한 국민의 생명·신체 및 재산의 보호가 강력히 요구되는 해외 위난지역인 경우에는 더욱 그러하다(헌재 2008. 6. 26. 2007헌마1366).

② 일반적으로 경제적 내지 직업적 활동은 복합적인 사회적 관계를 전제로 하여 다수 주체 간의 상호작용을 통하여 이루어지는 것이고, 특히 변호사의 업무는 다른 어느 직업적 활동보다도 강한 공공성을 내포한다는 점 등을 감안하여 볼 때, 변호사의 업무와 관련된 수임사건의 건수 및 수임액이 변호사의 내밀한 개인적 영역에 속하는 것이라고 보기 어렵고, 따라서 이 사건 법률조항이 청구인들의 사생활의 비밀과 자유를 침해하는 것이라 할 수 없다(헌재 2009. 10. 29. 2007헌마667).

④ 헌법 제25조의 공무담임권의 보호영역에는 일반적으로 공직취임의 기회보장, 신분박탈, 직무의 정지에 관련된 사항이 포함되지만, 특별한 사정도 없이 공무원이 특정의 장소에서 근무하는 것이나 특정의 보직을 받아 근무하는 것을 포함하는 일종의 '공무수행의 자유'까지 포함된다고 보기 어렵다. 단과대학장이라는 특정의 보직을 받아 근무할 것을 요구할 권리는 공무담임권의 보호영역에 포함되지 않는 공무수행의 자유에 불과하므로, 이 사건 심판대상조항에 의해 청구인들의 공무담임권이 침해될 가능성이 인정되지 아니한다(헌재 2014. 1. 28. 2011헌마239).

✎ **ANSWER** 7.① 8.③

9 재산권에 대한 설명으로 옳지 않은 것은? (다툼이 있는 경우 판례에 의함)

① 재산권 제한으로 인하여 토지소유자가 종래의 지목과 토지현황에 의한 이용방법에 따른 토지의 사용도 할 수 없거나 실질적으로 토지의 사용·수익을 전혀 할 수 없는 경우에는, 그러한 재산권 제한은 토지소유자가 수인해야 할 사회적 제약의 범주를 넘는 것으로서 손실을 완화하는 보상적 조치가 있어야 비례원칙에 부합한다.

② 소액임차인이 보증금 중 일부를 우선하여 변제받으려면 주택에 대한 경매신청의 등기 전에 대항력을 갖추어야 한다고 규정한 「주택임대차보호법」 조항은 입법형성의 한계를 벗어나 주택에 대한 경매신청의 등기 전까지 주민등록을 미처 갖추지 못한 소액임차인의 재산권을 침해한다고 보기 어렵다.

③ 재산권의 내용과 한계를 구체적으로 형성함에 있어서 입법자는 일반적으로 광범위한 입법형성권을 가진다고 할 것이고, 재산권의 본질적 내용을 침해하여서는 아니 된다거나 사회적 기속성을 함께 고려하여 균형을 이루도록 하여야 한다는 등의 입법형성권의 한계를 일탈하지 않는 한 재산권 형성적 법률규정은 헌법에 위반되지 아니한다.

④ 농지의 경우 그 사회성과 공공성의 정도는 일반적인 토지의 경우와 동일하므로, 농지 재산권을 제한하는 입법에 대한 헌법심사의 강도는 다른 토지 재산권을 제한하는 입법에 대한 것보다 낮아서는 아니 된다.

> **ADVICE** ④ 토지재산권에 대하여는 강한 사회성 내지는 공공성으로 말미암아 다른 재산권에 비하여 더 강한 제한과 의무가 부과될 수 있으나, 그렇다고 하더라도 토지재산권에 대한 제한입법 역시 다른 기본권을 제한하는 입법과 마찬가지로 과잉금지의 원칙을 준수해야 하고, 재산권의 본질적 내용인 사용·수익권과 처분권을 부인해서는 아니 된다. 다만 <u>농지의 경우 그 사회성과 공공성은 일반적인 토지의 경우보다 더 강하다고 할 수 있으므로, 농지 재산권을 제한하는 입법에 대한 헌법심사의 강도는 다른 토지 재산권을 제한하는 입법에 대한 것보다 낮다고 봄이 상당하다</u>(헌재 2010. 2. 25. 2008헌바80).
>
> ① 입법자가 재산권의 내용을 규율하면서 부과한 토지재산권에 대한 제한이 토지소유자가 수인해야 하는 사회적 제약의 한계를 넘어 가혹한 부담을 발생시키는 예외적인 경우에는 이를 완화·조정하는 보상규정을 두어야 한다. 토지소유자가 종래의 지목과 토지현황에 의한 이용방법에 따라 토지를 사용할 수 있는 한, 토지소유자에게 가해지는 재산권 제한은 그가 수인해야 하는 사회적 제약의 범주에 속한다. 그러나 <u>재산권 제한으로 인하여 토지소유자가 종래의 지목과 토지현황에 의한 이용방법에 따른 토지의 사용도 할 수 없거나 실질적으로 토지의 사용·수익을 전혀 할 수 없는 경우에는, 그러한 재산권 제한은 토지소유자가 수인해야 할 사회적 제약의 범주를 넘는 것으로서 손실을 완화하는 보상적 조치가 있어야 비례원칙에 부합한다</u>(헌재 2017. 9. 28. 2016헌마18).
>
> ② 임차주택의 소유자인 채무자는 채권자로부터 변제 독촉 등을 받는 상황에서 머지않아 경매가 시작될 것을 예상할 수 있으며, 경매가 개시되기 전에 얼마든지 주위 사람들을 동원하여 허위의 주민등록을 하여 가장임차인을 양산할 수 있다. 따라서 <u>심판대상조항이 주택에 대한 경매신청의 등기 전에 주택을 인도받아 주민등록을 갖춘 임차인에 한정하여 우선변제권을 보장하도록 한 것은, 담보권자 등 이해관계인을 보호하기 위해 필요한 최소한의 조치라고 볼 수 있다. 위와 같은 점들을 종합하여 볼 때, 심판대상조항이 주택에 대한 경매신청의 등기 전까지 주민등록을 갖춘 소액임차인에 한하여 우선변제를 받을 수 있도록 한 것이 입법형성의 한계를 벗어나 청구인의 재산권을 침해한다고 보기 어렵다</u>(헌재 2020. 8.28. 2018헌바422).
>
> ③ 헌법은 제23조 제1항 제1문에서 "모든 국민의 재산권은 보장된다"라고 하여 재산권의 보장을 선언하고, 제2문에서 "그 내용과 한계는 법률로 정한다"라고 하여 우리 헌법상의 재산권에 관한 규정은 다른 기본권 규정과는 달리 그 내용과 한계가 법률에 의해 구체적으로 형성되는 기본권 형성적 법률유보의 형태를 띠고 있다. 그리하여 <u>헌법이 보장하는 재산권의 내용과 한계는 국회에서 제정되는 형식적 의미의 법률에 의하여 정해지므로 이 헌법상의 재산권 보장은 재산</u>

권 형성적 법률유보에 의하여 실현되고 구체화하게 된다. 따라서 재산권의 구체적 모습은 재산권의 내용과 한계를 정하는 법률에 의하여 형성된다. 헌법이 보장하는 재산권의 내용과 한계를 정하는 법률은 재산권을 제한한다는 의미가 아니라 재산권을 형성한다는 의미를 갖는다(헌재 1993. 7. 29. 92헌바20).

10 사면 등에 대한 설명으로 옳지 않은 것은? (다툼이 있는 경우 판례에 의함)

① 법무부장관은 사면심사위원회의 심사를 거쳐 대통령에게 특별사면을 상신한다.

② 형의 집행유예를 선고받은 자에 대하여는 형 선고의 효력을 상실하게 하는 특별사면 또는 형을 변경하는 감형을 하거나 그 유예기간을 단축할 수 있다.

③ 유죄의 확정판결 후 형 선고의 효력을 상실케 하는 특별사면이 있었다면 이미 재심청구의 대상이 존재하지 아니하므로, 그러한 판결이 여전히 유효하게 존재함을 전제로 하는 재심청구는 부적법하다.

④ 특별사면은 국가원수인 대통령이 형의 집행을 면제하거나 선고의 효력을 상실케 하는 시혜적 조치로서, 형의 전부 또는 일부에 대하여 하거나, 중한 형 또는 가벼운 형에 대하여만 할 수도 있다.

> **ADVICE** ③ 유죄판결 확정 후에 형 선고의 효력을 상실케 하는 특별사면이 있었다고 하더라도, 형 선고의 법률적 효과만 장래를 향하여 소멸될 뿐이고 확정된 유죄판결에서 이루어진 사실인정과 그에 따른 유죄 판단까지 없어지는 것은 아니므로, 유죄판결은 형 선고의 효력만 상실된 채로 여전히 존재하는 것으로 보아야 하고, 한편 형사소송법 제420조 각 호의 재심사유가 있는 피고인으로서는 재심을 통하여 특별사면에도 불구하고 여전히 남아 있는 불이익, 즉 유죄의 선고는 물론 형 선고가 있었다는 기왕의 경력 자체 등을 제거할 필요가 있다. 그리고 형사소송법 제420조가 유죄의 확정판결에 대하여 선고를 받은 자의 이익을 위하여 재심을 청구할 수 있다고 규정하고 있는 것은 유죄의 확정판결에 중대한 사실인정의 오류가 있는 경우 이를 바로잡아 무고하고 죄 없는 피고인의 인권침해를 구제하기 위한 것인데, 만일 특별사면으로 형 선고의 효력이 상실된 유죄판결이 재심청구의 대상이 될 수 없다고 한다면, 이는 특별사면이 있었다는 사정만으로 재심청구권을 박탈하여 명예를 회복하고 형사보상을 받을 기회 등을 원천적으로 봉쇄하는 것과 다를 바 없어서 재심제도의 취지에 반하게 된다. 따라서 특별사면으로 형 선고의 효력이 상실된 유죄의 확정판결도 형사소송법 제420조의 '유죄의 확정판결'에 해당하여 재심청구의 대상이 될 수 있다(대판 2015. 5. 21. 2011도1932).

① 사면법 제10조(특별사면 등의 상신)
  ① 법무부장관은 대통령에게 특별사면, 특정한 자에 대한 감형 및 복권을 상신(上申)한다.
  ② 법무부장관은 제1항에 따라 특별사면, 특정한 자에 대한 감형 및 복권을 상신할 때에는 제10조의2에 따른 사면심사위원회의 심사를 거쳐야 한다.

② 사면법 제7조.

④ 특별사면은 위에서 본 바와 같이 국가원수인 대통령이 형의 집행을 면제하거나 선고의 효력을 상실케 하는 시혜적 조치로서, 형의 전부 또는 일부에 대하여 하거나, 중한 형 또는 가벼운 형에 대하여만 할 수도 있는 것이다. 그러므로 중한 형에 대하여 사면을 하면서 그보다 가벼운 형에 대하여 사면을 하지 않는 것이 형평의 원칙에 반한다고 할 수도 없다(헌재 2000. 6. 1. 97헌바74).

✏ **ANSWER** 9.④ 10.③

11 대통령에 대한 설명으로 옳지 않은 것은? (다툼이 있는 경우 판례에 의함)

① 대통령을 제외한 다른 공직자의 경우에는 파면결정으로 인한 효과가 일반적으로 적기 때문에 상대적으로 경미한 법위반행위에 의해서도 파면이 정당화될 가능성이 큰 반면, 대통령의 경우에는 파면결정의 효과가 지대하기 때문에 파면결정을 하기 위해서는 이를 압도할 수 있는 중대한 법위반이 존재해야 한다.

② 대통령은 행정부의 수반으로서 국가가 국민의 생명과 신체의 안전 보호의무를 충실하게 이행할 수 있도록 권한을 행사하고 직책을 수행하여야 하는 의무를 부담하지만, 국민의 생명이 위협받는 재난상황이 발생하였다고 하여 대통령이 직접 구조 활동에 참여하여야 하는 등 구체적이고 특정한 행위의무까지 바로 발생한다고 보기는 어렵다.

③ 대통령은 국가의 안위에 관계되는 중대한 교전상태에 있어서 국가를 보위하기 위하여 긴급한 조치가 필요하고 국회의 집회를 기다릴 여유가 없을 때에 한하여 법률의 효력을 가지는 긴급명령을 발할 수 있다.

④ 대통령의 임기가 만료되는 때에는 임기만료 70일 내지 40일 전에 후임자를 선거하고, 대통령이 궐위된 때 또는 대통령 당선자가 사망하거나 판결 기타의 사유로 그 자격을 상실한 때에는 60일 이내에 후임자를 선거한다.

> **ADVICE** ③
>
> 헌법 제76조
>
> ① 대통령은 내우·외환·천재·지변 또는 중대한 재정·경제상의 위기에 있어서 국가의 안전보장 또는 공공의 안녕질서를 유지하기 위하여 긴급한 조치가 필요하고 국회의 집회를 기다릴 여유가 없을 때에 한하여 최소한으로 필요한 재정·경제상의 처분을 하거나 이에 관하여 법률의 효력을 가지는 명령을 발할 수 있다.
>
> ② 대통령은 국가의 안위에 관계되는 중대한 교전상태에 있어서 국가를 보위하기 위하여 긴급한 조치가 필요하고 국회의 집회가 불가능한 때에 한하여 법률의 효력을 가지는 명령을 발할 수 있다.

① 헌법재판소법은 제53조 제1항에서 "탄핵심판청구가 이유 있는 때에는 헌법재판소는 피청구인을 당해 공직에서 파면하는 결정을 선고한다."고 규정하고 있는데, 위 규정은 헌법 제65조 제1항의 탄핵사유가 인정되는 모든 경우에 자동적으로 파면결정을 하도록 규정하고 있는 것으로 문리적으로 해석할 수 있으나, 직무행위로 인한 모든 사소한 법위반을 이유로 파면을 해야 한다면, 이는 피청구인의 책임에 상응하는 헌법적 징벌의 요청 즉, 법익형량의 원칙에 위반된다. 따라서 헌법재판소법 제53조 제1항의 '탄핵심판청구가 이유 있는 때'란, 모든 법위반의 경우가 아니라, 단지 공직자의 파면을 정당화할 정도로 '중대한' 법위반의 경우를 말한다(헌재 2004. 5. 14. 2004헌나1).

② 피청구인(대통령)은 행정부의 수반으로서 국가가 국민의 생명과 신체의 안전 보호의무를 충실하게 이행할 수 있도록 권한을 행사하고 직책을 수행하여야 하는 의무를 부담한다. 하지만 국민의 생명이 위협받는 재난상황이 발생하였다고 하여 피청구인이 직접 구조 활동에 참여하여야 하는 등 구체적이고 특정한 행위의무까지 바로 발생한다고 보기는 어렵다. 세월호 참사에 대한 피청구인(대통령)의 대응조치에 미흡하고 부적절한 면이 있었다고 하여 곧바로 피청구인(대통령)이 생명권 보호의무를 위반하였다고 인정하기는 어렵다(헌재 2017. 3. 10. 2016헌나1).

④ 헌법 제68조.

12 행정부에 대한 설명으로 옳은 것은? (다툼이 있는 경우 판례에 의함)

① 법률에서 위임받은 사항을 전혀 규정하지 아니하고 그대로 하위의 법규명령에 재위임하는 것은 허용되지 않으며 위임받은 사항에 관하여 대강(大綱)을 정하고 그 중의 특정사항을 범위를 정하여 하위의 법규명령에 다시 위임하는 경우에만 재위임이 허용된다.

② 입법자는 법률에서 구체적으로 범위를 정하여 대통령령에 입법사항을 위임할 수 있을 뿐 부령에 직접 입법사항을 위임할 수는 없다.

③ 국무위원은 행정각부의 장 중에서 국무총리의 제청으로 대통령이 임명한다.

④ 국회는 대통령에게 행정각부의 장의 해임을 건의할 수 있으나 국무위원의 해임은 건의할 수 없다.

> **ADVICE** ① 법령이 위임받은 사항에 대하여 전혀 규정하지 아니하고 재위임하는 것은 위임입법의 원리에 반한다고 할 것이나, <u>위임받은 사항에 관하여 대강을 정하고 그 중의 특정사항을 범위를 정하여 다시 하위법령에 위임하는 것은 헌법에 위반되지 않는다</u>(헌재 2002. 7. 18. 2001헌마605).

② 가입자인 국민이 납부하는 보험료와 국가의 재정지원으로 이루어지는 장기요양보험제도하에서는 한정된 재원으로 최적의 요양급여를 제공하면서도 국민에게 재정적으로 과도한 부담을 지우지 않아야 한다. 따라서 급여비용의 산정방법과 항목을 정함에 있어서는 부적절한 급여 제공이나 급여의 과잉 제공을 방지하고 동시에 요양급여의 일정한 수준을 담보할 수 있는 기준을 설정하여야 한다. 급여비용을 정함에 있어서는 요양보험의 재정 수준, 가입자의 보험료 및 본인부담금 등 부담수준, 요양급여의 수요와 요구되는 요양급여의 수준 등을 종합적으로 고려하여 정하여야 할 것이고 이러한 요소들은 사회적·경제적 여건에 따라 변화할 수 있다. 따라서 <u>요양급여비용의 구체적인 산정방법 및 항목 등을 미리 법률에 상세하게 규정하는 것은 입법기술상 매우 어렵다. 노인장기요양보험법(이하 '법')은 요양급여의 실시와 그에 따른 급여비용 지급에 관한 기본적이고도 핵심적인 사항을 이미 법률로 규정하고 있다. 따라서 '시설 급여비용의 구체적인 산정방법 및 항목 등에 관하여 필요한 사항'을 반드시 법률에서 직접 정해야 한다고 보기는 어렵고, 이를 보건복지부령에 위임하였다고 하여 그 자체로 법률유보원칙에 반한다고 볼 수는 없다</u>(헌재 2021. 8. 31. 2019헌바73).

③④

> 헌법 제87조
> ① <u>국무위원은 국무총리의 제청으로 대통령이 임명한다.</u>
> ② 국무위원은 국정에 관하여 대통령을 보좌하며, 국무회의의 구성원으로서 국정을 심의한다.
> ③ <u>국무총리는 국무위원의 해임을 대통령에게 건의할 수 있다.</u>
> ④ 군인은 현역을 면한 후가 아니면 국무위원으로 임명될 수 없다.

13 헌법소원심판의 대상이 되는 공권력의 행사에 해당하는 것은? (다툼이 있는 경우 판례에 의함)

① 정부의 법률안 제출
② 한국증권거래소의 상장법인인 회사에 대한 상장폐지확정결정
③ 한국방송공사의 예비사원 채용공고
④ 법학전문대학원협의회의 법학적성시험 시행계획 공고

> **ADVICE** ④ <u>법학전문대학원협의회는</u> 교육과학기술부장관으로부터 적성시험의 주관 및 시행업무를 위임받아 매년 1회 이상의 적성시험을 실시하므로, 최소한 적성시험의 주관 및 시행에 관해서는 교육과학기술부장관의 지정 및 권한의 위탁에 의해 관련 업무를 수행하는 공권력 행사의 주체라고 할 것이며, 2010학년도 적성시험의 구체적인 시험 일시는 위 공고에 따라 비로소 확정되는 것으로 위 공고는 헌법소원의 대상이 되는 공권력의 행사에 해당한다(헌재 2010. 4.29. 2009헌마399).
> ① <u>대통령의 법률안제출행위는</u> 국가기관간의 내부적 행위에 불과하고 국민에 대하여 직접적인 법률효과를 발생시키는 행위가 아니므로 헌법재판소법 제68조에서 말하는 공권력의 행사에 해당되지 않아 헌법소원의 대상이 되지 않는다(헌재 1994. 8.31. 92헌마174).
> ② <u>피청구인(한국증권거래소)은</u> 유가증권의 공정한 가격형성과 안정 및 그 유통의 원활을 기하기 위하여 증권거래법 제71조의 규정에 따라 일반 사인인 증권회사를 회원으로 설립되어 유가증권시장의 개설과 유가증권의 상장, 매매거래, 공시 등에 관한 업무에 종사하는 기관으로서, <u>그 기본적인 성격은 민법상 사단법인에 준하는 것이다.</u> 피청구인은 증권회사를 회원으로 하여 설립된 법인이고(증권거래법 제76조의2), 원칙적으로 피청구인의 회원이 아닌 자는 유가증권시장에서의 매매거래를 하지 못하며(동법 제85조 제1항), 유가증권시장에 유가증권을 상장하려는 법인은 피청구인과의 사이에 피청구인이 제정한 유가증권상장규정 등을 준수하겠다는 상장계약을 체결하는 것이다. 따라서 <u>유가증권의 상장은 피청구인과 상장신청법인 사이의 "상장계약"이라는 사법상의 계약에 의하여 이루어지는 것이고, 상장폐지결정 및 상장폐지확정결정 또한 그러한 사법상의 계약관계를 해소하려는 피청구인의 일방적인 의사표시라고 봄이 상당하다고 할 것이다. 따라서, 피청구인의 청구인회사에 대한 이 사건 상장폐지확정결정은 헌법소원의 대상이 되는 공권력의 행사에 해당하지 아니하므로 이를 대상으로 한 심판청구는 부적법하다</u>(헌재 2005. 2. 24. 2004헌마442).
> ③ 공법인의 행위는 일반적으로 헌법소원의 대상이 될 수 있으나, 그 중 대외적 구속력을 갖지 않는 단순한 내부적 행위나 사법적(私法的)인 성질을 지니는 것은 헌법소원의 대상이 되는 공권력의 행사에 해당하지 않는다. 방송법은 "한국방송공사 직원은 정관이 정하는 바에 따라 사장이 임면한다."고 규정하는 외에는(제52조) 직원의 채용관계에 관하여 달리 특별한 규정을 두고 있지 않으므로, 한국방송공사의 이 사건 공고 내지 직원 채용은 피청구인의 정관과 내부 인사규정 및 그 시행세칙에 근거하여 이루어질 수밖에 없다. 그렇다면 <u>한국방송공사의 직원 채용관계는 특별한 공법적 규제 없이 한국방송공사의 자율에 맡겨진 셈이 되므로 이는 사법적인 관계에 해당한다고 봄이 상당하다. 또한 직원 채용관계가 사법적인 것이라면, 그러한 채용에 필수적으로 따르는 사전절차로서 채용시험의 응시자격을 정한 이 사건 공고 또한 사법적인 성격을 지닌다고 할 것이다. 이 사건 공고는 헌법소원으로 다툴 수 있는 공권력의 행사에 해당하지 않는다</u>(헌재 2006. 11. 30. 2005헌마855).

14 국회와 관련된 정족수가 다른 것으로 연결된 것은?

① 계엄의 해제 요구 – 헌법개정안 발의
② 국회의 임시회 집회 요구 – 국무위원의 해임건의 발의
③ 국무총리의 해임건의 의결 – 법관에 대한 탄핵소추 의결
④ 국회의원의 제명 의결 – 대통령에 대한 탄핵소추 의결

> **ADVICE** ② 국회의 임시회 집회요구(국회재적의원 4분의 1이상(헌법 제47조 제1항)),
국무위원의 해임건의 발의(국회재적의원 3분의 1 이상(헌법 제63조 제2항))
① 재적의원 과반수(헌법 제77조 제5항, 헌법 제128조 제1항)
③ 재적의원 과반수(헌법 제63조 제2항, 헌법 제65조 제2항)
④ 재적의원 3분의 2 이상(헌법 제64조 제3항, 헌법 제65조 제2항 단서)

15 국회의원에 대한 설명으로 옳은 것만을 모두 고르면? (다툼이 있는 경우 판례에 의함)

> ㉠ 국회의원의 의안에 대한 심의·표결권은 국회의원 개인의 전속적 권한이므로, 국회의원의 개별적인 의사에 따라 포기할 수 있다.
> ㉡ 국회의원이 체포 또는 구금된 국회의원의 석방 요구를 발의할 때에는 재적의원 4분의 1 이상의 연서(連書)로 그 이유를 첨부한 요구서를 의장에게 제출하여야 한다.
> ㉢ 국회의원은 국무총리 또는 국무위원 직 외의 다른 직을 겸할 수 없으나, 다른 법률에서 국회의원이 임명·위촉되도록 정한 직은 겸할 수 있다.
> ㉣ 국회의원은 그 직무 외에 영리를 목적으로 하는 업무에 종사할 수 없으나, 다만 국회의원 본인 소유의 토지·건물 등의 재산을 활용한 임대업 등 영리업무를 하는 경우로서 국회의원 직무수행에 지장이 없는 경우에는 그러하지 아니하다.

① ㉠, ㉡   ② ㉡, ㉢
③ ㉢, ㉣   ④ ㉡, ㉢, ㉣

> **ADVICE** ㉡ 국회법 제28조.
> ㉢
> > 국회법 제29조(겸직 금지) ① 의원은 국무총리 또는 국무위원 직 외의 다른 직을 겸할 수 없다. 다만, 다음 각 호의 어느 하나에 해당하는 경우에는 그러하지 아니하다.
> > 1. 공익 목적의 명예직
> > 2. 다른 법률에서 의원이 임명·위촉되도록 정한 직
> > 3. 「정당법」에 따른 정당의 직

✏ **ANSWER** 13.④ 14.② 15.④

ⓔ 국회법 제29조의2 제1항.

ⓖ 국회의원의 법률안 심의·표결권은 국민에 의하여 선출된 국가기관으로서 국회의원이 그 본질적 임무인 입법에 관한 직무를 수행하기 위하여 보유하는 권한으로서의 성격을 갖고 있으므로 국회의원의 개별적인 의사에 따라 포기할 수 있는 것은 아니다(헌재 2009. 10. 29. 2009헌라8).

16 사법부에 대한 설명으로 옳지 않은 것은? (다툼이 있는 경우 판례에 의함)

① 법관에 대한 대법원장의 징계처분 취소청구소송을 대법원에 의한 단심재판에 의하도록 규정하고 있는 구「법관징계법」조항은 독립적으로 사법권을 행사하는 법관이라는 지위의 특수성과 법관에 대한 징계절차의 특수성을 감안하여 재판의 신속을 도모하기 위한 것으로 그 합리성을 인정할 수 있고, 사실확정도 대법원의 권한에 속하여 법관에 의한 사실확정의 기회가 박탈되었다고 볼 수 없으므로, 헌법 제27조 제1항의 재판청구권을 침해하지 아니한다.

② 약식절차에서 피고인이 정식재판을 청구한 경우 약식명령의 형보다 중한 형을 선고할 수 없도록 한 「형사소송법」조항은 피고인이 정식재판을 청구하는 경우 법관에게 부여된 형종에 대한 선택권이 검사의 일방적인 약식명령 청구에 의하여 심각하게 제한되므로 법관의 양형결정권을 침해한다.

③ 「법원조직법」제8조는 '상급법원의 재판에 있어서의 판단은 당해사건에 관하여 하급심을 기속한다.'고 규정하지만 이는 심급제도의 합리적 유지를 위하여 당해사건에 한하여 구속력을 인정한 것이고 그 후의 동종의 사건에 대한 선례로서의 구속력에 관한 것은 아니다.

④ 헌법이 대법원을 최고법원으로 규정하였다고 하여 대법원이 곧바로 모든 사건을 상고심으로서 관할하여야 한다는 결론이 당연히 도출되는 것은 아니다.

> **ADVICE** ② 형사재판에서 법관의 양형결정이 법률에 기속되는 것은 법률에 따라 심판한다는 헌법 제103조에 의한 것으로 법치국가원리의 당연한 귀결이다. 헌법상 어떠한 행위가 범죄에 해당하고 이를 어떻게 처벌할 것인지 여부를 정할 권한은 국회에 부여되어 있고 그에 대하여는 광범위한 입법재량 내지 형성의 자유가 인정되고 있으므로 형벌에 대한 입법자의 입법정책적 결단은 기본적으로 존중되어야 한다. 따라서 형사법상 법관에게 주어진 양형권한도 입법자가 만든 법률에 규정되어 있는 내용과 방법에 따라 그 한도내에서 재판을 통해 형벌을 구체화하는 것으로 볼 수 있다. 또한 검사의 약식명령청구사안이 적당하지 않다고 판단될 경우 법원은 직권으로 통상의 재판절차로 사건을 넘겨 재판절차를 진행시킬 수 있고 이 재판절차에서 법관이 자유롭게 형량을 결정할 수 있으므로 이러한 점들을 종합해 보면 이 사건 법률조항에 의하여 법관의 양형결정권이 침해된다고 볼 수 없다(헌재 2005. 3. 31. 2004헌가27).

  ① 구 법관징계법 제27조는 법관에 대한 대법원장의 징계처분 취소청구소송을 대법원에 의한 단심재판에 의하도록 규정하고 있는바, 이는 독립적으로 사법권을 행사하는 법관이라는 지위의 특수성과 법관에 대한 징계절차의 특수성을 감안하여 재판의 신속을 도모하기 위한 것으로 그 합리성을 인정할 수 있고, 대법원이 법관에 대한 징계처분 취소청구소송을 단심으로 재판하는 경우에는 사실확정도 대법원의 권한에 속하여 법관에 의한 사실확정의 기회가 박탈되었다고 볼 수 없으므로, 헌법 제27조 제1항의 재판청구권을 침해하지 아니한다(헌재 2012. 2. 23. 2009헌바34).

③ 법원조직법 제8조는 "상급법원의 재판에 있어서의 판단은 당해사건에 관하여 하급심을 기속한다."고 규정하지만 이는 심급제도의 합리적 유지를 위하여 당해사건에 한하여 구속력을 인정한 것이고 그 후의 동종의 사건에 대한 선례로서의 구속력에 관한 것은 아니다(헌재 2002. 6. 27 2002헌마18).

④ 헌법이 대법원을 최고법원으로 규정하였다고 하여 대법원이 곧바로 모든 사건을 상고심으로서 관할하여야 한다는 결론이 당연히 도출되는 것은 아니며, 헌법과 법률이 정한 법관에 의하여 법률에 의한 재판을 받을 권리가 사건의 경중을 가리지 아니하고 모든 사건에 대하여 대법원을 구성하는 법관에 의한 균등한 재판을 받을 권리를 의미한다거나 또는 상고심재판을 받을 권리를 의미하는 것이라고 할 수는 없다. 또한 심급제도는 사법에 의한 권리보호에 관한 한정된 법 발견 자원의 합리적인 분배의 문제인 동시에 재판의 적정과 신속이라는 서로 상반되는 두 가지의 요청을 어떻게 조화시키느냐의 문제로 돌아가므로 원칙적으로 입법자의 형성의 자유에 속하는 사항이다. 그러므로 이 사건 법률조항은 비록 국민의 재판청구권을 제약하고 있기는 하지만 위 심급제도와 대법원의 최고법원성을 존중하면서 민사, 가사, 행정, 특허 등 소송사건에 있어서 상고심 재판을 받을 수 있는 객관적인 기준을 정함에 있어 개별적 사건에서의 권리구제보다 법령해석의 통일을 더 우위에 둔 규정으로서 그 합리성이 있다고 할 것이므로 헌법에 위반되지 아니한다(헌재 2002. 6. 27 2002헌마18).

17 헌법소원에 대한 설명으로 옳지 않은 것은? (다툼이 있는 경우 판례에 의함)

① 법률조항 자체가 「헌법재판소법」 제68조 제1항의 헌법소원의 대상이 될 수 있으려면 그 법률조항에 의하여 구체적인 집행행위를 기다리지 아니하고 직접 자기의 기본권을 침해받아야 하며 집행행위에는 입법행위도 포함되므로, 법률규정이 그 규정의 구체화를 위하여 하위규범의 시행을 예정하고 있는 경우에는 원칙적으로 당해 법률의 직접성은 부인된다.

② 법령에 근거한 구체적인 집행행위가 재량행위인 경우에 법령은 집행기관에게 기본권 침해의 가능성만 부여할 뿐, 법령 스스로가 기본권의 침해행위를 규정하고 행정청이 이에 따르도록 구속하는 것이 아니고, 이때의 기본권의 침해는 집행기관의 의사에 따른 집행행위, 즉 재량권의 행사에 의하여 비로소 이루어지고 현실화되므로 이러한 경우에는 법령에 의한 기본권 침해의 직접성이 인정되지 않는다.

③ 국방부장관 등의 '군내 불온서적 차단대책 강구 지시'는 그 지시를 받은 하급 부대장이 일반 장병을 대상으로 하여 그에 따른 구체적인 집행행위를 하지 않더라도 곧바로 일반 장병의 기본권을 제한하는 직접적인 공권력 행사에 해당하므로 기본권 침해의 직접성이 인정된다.

④ 법령이 집행행위를 예정하고 있더라도, 법령이 일의적이고 명백한 것이어서 집행기관이 심사와 재량의 여지없이 그 법령에 따라 일정한 집행행위를 하여야 하는 경우와 당해 집행행위를 대상으로 하는 구제절차가 없거나, 구제절차가 있다고 하더라도 권리구제의 기대가능성이 없고 기본권 침해를 당한 청구인에게 불필요한 우회절차를 강요하는 것밖에 되지 않는 경우에는 예외적으로 당해 법령의 직접성을 인정할 수 있다.

ADVICE ③ 군인사법 제47조의2는 '군인의 복무에 관하여는 이 법에 규정한 것을 제외하고는 따로 대통령령이 정하는 바에 의한다.'고 규정하여 기본권 침해에 관하여 아무런 규율도 하지 아니한 채 이를 대통령령에 위임하고 있으므로, 그 내용이 국민의 권리관계를 직접 규율하는 것이라고 보기 어렵다. 또한 국방부장관 등의 '군내 불온서적 차단대책 강구 지시'는 그 지시를 받은 하급 부대장이 일반 장병을 대상으로 하여 그에 따른 구체적인 집행행위를 함으로써 비로소 청구인들을 비롯한 일반 장병의 기본권 제한의 효과가 발생한다 할 것이므로 직접적인 공권력 행사라고 볼 수 없다. 따라서 위 법률조항 및 지시는 기본권침해의 직접성이 인정되지 아니한다(헌재 2010. 10. 28. 2008헌마638).

① 법률조항 자체가 헌법재판소법 제68조 제1항의 헌법소원의 대상이 될 수 있으려면 그 법률조항이 구체적인 집행행위를 기다리지 아니하고 직접 청구인의 기본권을 침해하여야 한다. 집행행위에는 입법행위도 포함되므로 법률규정이 그 규정의 구체화를 위하여 하위규범의 시행을 예정하고 있는 경우에는 원칙적으로 당해 법률은 기본권 침해의 직접성이 부인된다(헌재 2013. 6. 27. 2011헌마475).

② 법령에 근거한 구체적인 집행행위가 재량행위인 경우에 법령은 집행기관에게 기본권 침해의 가능성만 부여할 뿐, 법령 스스로가 기본권의 침해행위를 규정하고 행정청이 이에 따르도록 구속하는 것이 아니고, 이때의 기본권의 침해는 집행기관의 의사에 따른 집행행위, 즉 재량권의 행사에 의하여 비로소 이루어지고 현실화되므로 이러한 경우에는 법령에 의한 기본권 침해의 직접성이 인정되지 않는다(헌재 1998. 4. 30. 97헌마141).

④ 법령 자체가 헌법소원의 대상이 될 수 있으려면 집행행위에 의하지 아니하고 법령 그 자체에 의하여 자유의 제한, 의무의 부과, 권리 또는 법적 지위의 박탈이 생겨야 한다. 다만 법령이 집행행위를 예정하고 있더라도, 법령이 일의적이고 명백한 것이어서 집행기관이 심사와 재량의 여지없이 그 법령에 따라 일정한 집행행위를 하여야 하는 경우와 당해 집행행위를 대상으로 하는 구제절차가 없거나, 구제절차가 있다고 하더라도 권리구제의 기대가능성이 없고 기본권 침해를 당한 청구인에게 불필요한 우회절차를 강요하는 것밖에 되지 않는 경우에는 예외적으로 당해 법령의 직접성을 인정할 수 있다(헌재 2005. 5. 26. 2004헌마671).

18 법원에 대한 설명으로 옳지 않은 것만을 모두 고르면?

> ㉠ 법관의 정년을 연장하기 위하여는 헌법을 개정하여야 한다.
> ㉡ 대법원장의 임기는 6년으로 하며, 법률이 정하는 바에 의하여 연임할 수 있다.
> ㉢ 법관은 재직 중 대법원장의 허가가 없더라도 보수를 받지 않는다면 국가기관 외의 법인·단체에 임원으로 취임할 수 있다.
> ㉣ 금고 이상의 형을 선고받은 사람은 법관으로 임용할 수 없다.

① ㉠, ㉢　　　　　　　　　　　　　② ㉡, ㉣
③ ㉠, ㉡, ㉢　　　　　　　　　　　④ ㉠, ㉡, ㉣

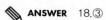 ㉠㉡

> 헌법 제105조
> ① 대법원장의 임기는 6년으로 하며, 중임할 수 없다.
> ② 대법관의 임기는 6년으로 하며, 법률이 정하는 바에 의하여 연임할 수 있다.
> ③ 대법원장과 대법관이 아닌 법관의 임기는 10년으로 하며, 법률이 정하는 바에 의하여 연임할 수 있다.
> ④ 법관의 정년은 법률로 정한다.
> 법원조직법 제45조(임기·연임·정년)
> ① 대법원장의 임기는 6년으로 하며, 중임(重任)할 수 없다.
> ② 대법관의 임기는 6년으로 하며, 연임할 수 있다.
> ③ 판사의 임기는 10년으로 하며, 연임할 수 있다.
> ④ 대법원장과 대법관의 정년은 각각 70세, 판사의 정년은 65세로 한다.
> ⑤ 판사는 그 정년에 이른 날이 2월에서 7월 사이에 있는 경우에는 7월 31일에, 8월에서 다음 해 1월 사이에 있는 경우에는 다음 해 1월 31일에 각각 당연히 퇴직한다.

㉢
> 법원조직법 제49조(금지사항) 법관은 재직 중 다음 각 호의 행위를 할 수 없다.
> 1. 국회 또는 지방의회의 의원이 되는 일
> 2. 행정부서의 공무원이 되는 일
> 3. 정치운동에 관여하는 일
> 4. 대법원장의 허가 없이 보수를 받는 직무에 종사하는 일
> 5. 금전상의 이익을 목적으로 하는 업무에 종사하는 일
> 6. 대법원장의 허가를 받지 아니하고 보수의 유무에 상관없이 국가기관 외의 법인·단체 등의 고문, 임원, 직원 등의 직위에 취임하는 일
> 7. 그 밖에 대법원규칙으로 정하는 일

㉣ 법원조직법 제43조 제1항 2호.

ANSWER 18.③

19 지방자치에 대한 설명으로 옳은 것만을 모두 고르면? (다툼이 있는 경우 판례에 의함)

ⓐ 헌법상 지방자치제도보장의 핵심영역 내지 본질적 부분이 지방자치단체에 의한 자치행정을 보장하는 것이 므로, 현행법에 따른 지방자치단체의 중층구조를 계속하여 존속하도록 할지 여부는 입법자의 입법형성권 의 범위에 포함되지 않는다.

ⓑ 권한쟁의가 「지방교육자치에 관한 법률」 제2조에 따른 교육·학예에 관한 지방자치단체의 사무에 관한 것 인 경우에는 교육감이 국가기관과 지방자치단체 간의 권한쟁의심판 및 지방자치단체 상호 간의 권한쟁의 심판의 당사자가 된다.

ⓒ 지방의회의원과 지방자치단체장을 선출하는 지방선거는 지방자치단체의 기관을 구성하고 그 기관의 각종 행위에 정당성을 부여하는 행위라 할 것이므로, 지방선거사무는 지방자치단체의 존립을 위한 자치사무에 해당한다 할 것이다.

ⓓ 법령에 위반되거나 재판 중인 사항을 포함하여 주민에게 과도한 부담을 주거나 중대한 영향을 미치는 지 방자치단체의 주요결정사항으로서 그 지방자치단체의 조례로 정하는 사항은 주민투표에 부칠 수 있다.

---

① ⓒ

② ⓐ, ⓓ

③ ⓑ, ⓒ

④ ⓑ, ⓓ

> **ADVICE** ⓑ 헌법재판소법 제62조 제2항.
>
> ⓒ 지방의회의원은 일정한 지역을 기반으로 당선되어 그 지역의 이익을 대변하고 지방자치단체의 기관인 지방의회를 구성하는 구성원이고, 이러한 지방의회의원으로 구성된 지방의회는 지역주민을 대표하고 지방행정사무와 법령의 범위 안에서의 지방자치단체의 의사를 결정하며, 지방행정사무에 관한 조례를 제정하고, 주민의 대표로서 집행기관의 업무를 감시, 감독하는 역할을 한다. 지방자치단체의 장은 지방자치단체의 최고집행기관으로서 자치단체의 사무를 통할하고 집행할 권한을 가지는 독임제(獨任制) 행정기관이다. 위와 같은 <u>지방의회의원과 지방자치단체장을 선출하는 지방선거는 지방자치단체의 기관을 구성하고 그 기관의 각종 행위에 정당성을 부여하는 행위라 할 것이므로 지방선거사무는 지방자치단체의 존립을 위한 자치사무에 해당한다 할 것이다</u>(헌재 2008. 6. 26. 2005헌라7).
>
> ⓐ 헌법상 지방자치제도보장의 핵심영역 내지 본질적 부분이 지방자치단체에 의한 자치행정을 일반적으로 보장하는 것이라면, <u>현행법에 따른 지방자치단체의 중층구조 또는 지방자치단체로서 특별시·광역시 및 도와 함께 시·군 및 구를 계속하여 존속하도록 할지 여부는 결국 입법자의 입법형성권의 범위에 들어가는 것</u>으로 보아야 한다. 같은 이유로 일정구역에 한하여 모든 자치단체를 전면적으로 폐지하거나 지방자치단체인 시·군이 수행해온 자치사무를 국가의 사무로 이관하는 것이 아니라 당해 지역 내의 지방자치단체인 시·군을 모두 폐지하여 중층구조를 단층화 하는 것 역시 입법자의 선택범위에 들어가는 것이다(헌재 2006. 4.27. 2005헌마1190).
>
> ⓓ
> > **주민투표법 제7조(주민투표의 대상)**
> > ① 주민에게 과도한 부담을 주거나 중대한 영향을 미치는 지방자치단체의 주요결정사항으로서 그 지방자치단체의 조례로 정하는 사항은 주민투표에 부칠 수 있다.
> > ② 제1항의 규정에 불구하고 다음 각 호의 사항은 이를 주민투표에 부칠 수 없다.
> > 　1. <u>법령에 위반되거나 재판중인 사항</u>

20 국회의 입법절차 및 의사절차에 대한 설명으로 옳지 않은 것은? (다툼이 있는 경우 판례에 의함)

① 「국회법」에 따른 국회의장의 직권상정권한은 국회의 수장이 국회의 비상적인 헌법적 장애상태를 회복하기 위하여 가지는 권한으로 국회의장의 의사정리권에 속하고, 의안심사에 관하여 위원회중심주의를 채택하고 있는 우리 국회에서는 비상적·예외적 의사절차에 해당한다.

② 국회의 회의는 국회의 활동을 주권자인 국민이 알 수 있도록 하는 데 필요하므로, 정보위원회를 비롯한 상임위원회의 회의는 공개하여야 한다.

③ 국회의장이 국회의 위임 없이 법률안을 정리하더라도 그러한 정리가 국회에서 의결된 법률안의 실질적 내용에 변경을 초래하는 것이 아닌 한 헌법이나 「국회법」상의 입법절차에 위반된다고 볼 수 없다.

④ 본회의는 안건을 심의할 때 그 안건을 심사한 위원장의 심사보고를 듣고 질의·토론을 거쳐 표결하나, 다만 위원회의 심사를 거치지 아니한 안건에 대해서는 제안자가 그 취지를 설명하여야 하고, 위원회의 심사를 거친 안건에 대해서는 의결로 질의와 토론을 모두 생략하거나 그중 하나를 생략할 수 있다.

> **ADVICE** ② 정보위원회의 회의는 공개하지 아니한다. 다만, 공청회 또는 제65조의2에 따른 인사청문회를 실시하는 경우에는 위원회의 의결로 이를 공개할 수 있다(국회법 제54조의2 제1항).

① 국회법 제85조 제1항의 직권상정권한은 국회의 수장이 국회의 비상적인 헌법적 장애상태를 회복하기 위하여 가지는 권한으로 국회의장의 의사정리권에 속하고, 의안 심사에 관하여 위원회 중심주의를 채택하고 있는 우리 국회에서는 비상적·예외적 의사절차에 해당한다. 국회법 제85조 제1항 각 호의 심사기간 지정사유는 국회의장의 직권상정권한을 제한하는 역할을 할 뿐 국회의원의 법안에 대한 심의·표결권을 제한하는 내용을 담고 있지는 않다. 국회법 제85조 제1항의 지정사유가 있다 하더라도 국회의장은 직권상정권한을 행사하지 않을 수 있으므로, 청구인들의 법안 심의·표결권에 대한 침해위험성은 해당안건이 본회의에 상정되어야만 비로소 현실화된다. 따라서 이 사건 심사기간 지정 거부행위로 말미암아 청구인들의 법률안 심의·표결권이 직접 침해당할 가능성은 없다(헌재 2016. 5. 26. 2015헌라1).

③ 본회의의 위임 의결이 없더라도 국회의장은 본회의에서 의결된 법률안의 조문이나 자구·숫자, 법률안의 체계나 형식 등의 정비가 필요한 경우 의결된 내용이나 취지를 변경하지 않는 범위 안에서 이를 정리할 수 있다고 봄이 상당하고, 이렇듯 국회의장이 본회의 위임 없이 법률안을 정리하더라도 그러한 정리가 본회의에서 의결된 법률안의 실질적 내용에 변경을 초래하는 것이 아닌 한 헌법이나 국회법상의 입법절차에 위반된다고 볼 수는 없다 할 것이다(헌재 2009. 6.25. 2007헌마451).

④ 국회법 제93조.

1 사회국가원리에 대한 설명으로 옳지 않은 것은? (다툼이 있는 경우 판례에 의함)

① 사회국가란 사회정의의 이념을 헌법에 수용한 국가로 경제·사회·문화의 모든 영역에서 사회현상에 관여하고 간섭하고 분배하고 조정하는 국가를 말하지만 국가에게 국민 각자가 실제로 자유를 행사할 수 있는 그 실질적 조건을 마련해 줄 의무까지 부여하는 것은 아니다.

② 국가는 복지국가를 실현하기 위하여 가능한 수단을 동원할 책무를 진다고 할 것이나 가능한 여러 가지 수단들 가운데 구체적으로 어느 것을 선택할 것인가는 기본적으로 입법자의 재량에 속한다.

③ 특수한 불법행위책임에 관하여 위험책임의 원리를 수용하는 것은 입법정책에 관한 사항으로서 입법자의 재량에 속한다고 할 것이므로 「자동차손해배상보장법」 조항이 운행자의 재산권을 본질적으로 제한하거나 평등의 원칙에 위반되지 아니하는 이상 위험책임의 원리에 기하여 무과실책임을 지운 것만으로 헌법 제119조제1항의 자유시장 경제질서에 위반된다고 할 수 없다.

④ 저소득층 지역가입자에 대하여 국가가 국고지원을 통하여 보험료를 보조하는 것은 경제적·사회적 약자에게도 의료보험의 혜택을 제공해야 할 사회국가적 의무를 이행하기 위한 것으로서 국고지원에 있어서의 지역가입자와 직장가입자의 차별취급은 사회국가원리의 관점에서 합리적인 차별에 해당하여 평등원칙에 위반되지 아니한다.

> **ADVICE** ① 우리 헌법은 사회국가원리를 명문으로 규정하고 있지는 않지만, 헌법의 전문, 사회적 기본권의 보장(헌법 제31조 내지 제36조), 경제 영역에서 적극적으로 계획하고 유도하고 재분배하여야 할 국가의 의무를 규정하는 경제에 관한 조항(헌법 제119조 제2항 이하) 등과 같이 사회국가원리의 구체화된 여러 표현을 통하여 사회국가원리를 수용하였다. <u>사회국가란 한마디로, 사회정의의 이념을 헌법에 수용한 국가, 사회현상에 대하여 방관적인 국가가 아니라 경제·사회·문화의 모든 영역에서 정의로운 사회질서의 형성을 위하여 사회현상에 관여하고 간섭하고 분배하고 조정하는 국가이며, 궁극적으로는 국민 각자가 실제로 자유를 행사할 수 있는 그 실질적 조건을 마련해 줄 의무가 있는 국가이다</u>(헌재 2002. 12. 18. 2002헌마52).
> ② <u>입법자가 사인간의 약정이자를 제한함으로써 경제적 약자를 보호하려는 직접적인 방법을 선택할 것인가 아니면 이를 완화하거나 폐지함으로써 자금시장의 왜곡을 바로잡아 경제를 회복시키고 자유와 창의에 기한 경제발전을 꾀하는 한편 경제적 약자의 보호문제는 민법상의 일반원칙에 맡길 것인가는 입법자의 위와 같은 재량에 속하는 것이라</u> 할 것이고, 입법자가 입법당시의 여러가지 경제적, 사회적 여건을 고려하여 후자를 선택한 것이 입법재량권을 남용하였거나 입법형성권의 한계를 일탈하여 명백히 불공정 또는 불합리하게 자의적으로 입법형성권을 행사한 것이라고 볼 수 없다(헌재 2001. 1. 18. 2000헌바7).
> ③ 자유시장 경제질서를 기본으로 하면서도 사회국가원리를 수용하고 있는 우리 헌법의 이념에 비추어, 일반불법행위책임에 관하여는 과실책임의 원리를 기본원칙으로 하면서 이 사건 법률조항과 같은 특수한 불법행위책임에 관하여 위험책임의 원리를 수용하는 것은 입법정책에 관한 사항으로서 입법자의 재량에 속한다고 할 것이므로, <u>이 사건 법률조항이 위험책임의 원리에 기하여 무과실책임을 지운 것만으로 자유시장 경제질서에 위반된다고 할 수 없다</u>(헌재 1998. 5. 28. 96헌가4).

④ 재정통합 후에도 지역가입자에 대해서만 국가가 보험료의 일부를 부담할 수 있도록 규정함으로써, 직장가입자와 지역가입자를 달리 취급하고 있다. 그러나 직장가입자에 비하여, 지역가입자에는 노인, 실업자, 퇴직자 등 소득이 없거나 저소득의 주민이 다수 포함되어 있고, 이러한 저소득층 지역가입자에 대하여 국가가 국고지원을 통하여 보험료를 보조하는 것은, 경제적·사회적 약자에게도 의료보험의 혜택을 제공해야 할 사회국가적 의무를 이행하기 위한 것으로서, <u>국고지원에 있어서의 지역가입자와 직장가입자의 차별취급은 사회국가원리의 관점에서 합리적인 차별에 해당하는 것으로서 평등원칙에 위반되지 아니한다</u>(헌재 2000. 6. 29. 99헌마289).

2 신체의 자유에 대한 설명으로 옳지 않은 것은? (다툼이 있는 경우 판례에 의함)

① 변호인의 조력을 받을 권리에 대한 헌법과 법률의 규정 및 취지에 비추어 보면 형사절차가 종료되어 교정시설에 수용중인 수형자는 원칙적으로 변호인의 조력을 받을 권리의 주체가 될 수 없다.

② 헌법 제12조제4항 본문에 규정된 '구속'은 사법절차에서 이루어진 구속뿐 아니라 행정절차에서 이루어진 구속까지 포함하는 개념이므로 헌법 제12조제4항 본문에 규정된 변호인의 조력을 받을 권리는 행정절차에서 구속을 당한 사람에게도 즉시 보장된다.

③ 음주운전 금지규정을 2회 이상 위반한 사람을 2년 이상 5년 이하의 징역이나 1천만원 이상 2천만원 이하의 벌금에 처하도록 한 구「도로교통법」조항은 보호법익에 미치는 위험 정도가 비교적 낮은 유형의 재범 음주운전행위도 일률적으로 그 법정형의 하한인 2년 이상의 징역 또는 1천만원 이상의 벌금을 기준으로 처벌하도록 하고 있어 책임과 형벌 간의 비례원칙에 위반된다.

④ 체포 또는 구속된 자와 변호인 등 간의 접견이 실제로 이루어지는 경우에 있어서의 '자유로운 접견'은 어떠한 명분으로도 제한될 수 없는 성질의 것이므로 변호인 등과의 접견 자체에 대하여 아무런 제한도 가할 수 없다는 것을 의미한다.

> **ADVICE** ④ 헌법재판소가 91헌마111 결정에서 미결수용자와 변호인과의 접견에 대해 어떠한 명분으로도 제한할 수 없다고 한 것은 구속된 자와 변호인 간의 접견이 실제로 이루어지는 경우에 있어서의 '자유로운 접견', 즉 '대화내용에 대하여 비밀이 완전히 보장되고 어떠한 제한, 영향, 압력 또는 부당한 간섭 없이 자유롭게 대화할 수있는 접견'을 제한할 수 없다는 것이지, <u>변호인과의 접견 자체에 대해 아무런 제한도 가할 수 없다는 것을 의미하는 것이 아니므로 미결수용자의 변호인 접견권 역시 국가안전보장·질서유지 또는 공공복리를 위해 필요한 경우에는 법률로써 제한될 수 있음은 당연하다</u>(헌재 2011. 5. 26. 2009헌마341).
>
> ① 변호인의 조력을 받을 권리에 대한 헌법과 법률의 규정 및 취지에 비추어 보면, '형사사건에서 변호인의 조력을 받을 권리'를 의미한다고 보아야 할 것이므로 <u>형사절차가 종료되어 교정시설에 수용 중인 수형자나 미결수용자가 형사사건의 변호인이 아닌 민사재판, 행정재판, 헌법재판 등에서 변호사와 접견할 경우에는 원칙적으로 헌법상 변호인의 조력을 받을 권리의 주체가 될 수 없다</u>(헌재 1998. 8. 27. 96헌마398).
>
> ② 헌법 제12조 제4항 본문의 문언 및 헌법 제12조의 조문 체계, 변호인 조력권의 속성, 헌법이 신체의 자유를 보장하는 취지를 종합하여 보면 <u>헌법 제12조 제4항 본문에 규정된 "구속"은 사법절차에서 이루어진 구속뿐 아니라, 행정절차에서 이루어진 구속까지 포함하는 개념이다.</u> 따라서 헌법 제12조 제4항 본문에 규정된 변호인의 조력을 받

✎ **ANSWER** 1.① 2.④

을 권리는 행정절차에서 구속을 당한 사람에게도 즉시 보장된다(헌재 2018. 5. 31. 2014헌마346).

③ 범죄 전력이 있음에도 다시 범행한 경우 가중된 행위책임을 인정할 수 있다고 하더라도, 전범을 이유로 아무런 시간적 제한 없이 무제한 후범을 가중처벌하는 예는 찾기 어렵고, 공소시효나 형의 실효를 인정하는 취지에도 부합하지 않는다. 또한 심판대상조항은 과거 위반 전력, 혈중알코올농도 수준 등에 비추어, <u>보호법익에 미치는 위험 정도가 비교적 낮은 유형의 재범 음주운전행위도 일률적으로 그 법정형의 하한인 2년 이상의 징역 또는 1천만 원 이상의 벌금을 기준으로 처벌하도록 하고 있어 책임과 형벌 사이의 비례성을 인정하기 어렵다.</u> 따라서 심판대상조항은 책임과 형벌 간의 비례원칙에 위반된다(헌재 2021. 11. 25. 2019헌바446).

3 기본권의 주체성에 대한 설명으로 옳지 않은 것은? (다툼이 있는 경우 판례에 의함)

① 무소속 국회의원으로서 교섭단체소속 국회의원과 동등하게 대우받을 권리는 입법권을 행사하는 국가기관인 국회를 구성하는 국회의원의 지위에서 향유할 수 있는 권한인 동시에 헌법이 일반국민에게 보장하고 있는 기본권이라고 할 수 있다.

② 국가 정책에 따라 정부의 허가를 받은 외국인은 정부가 허가한 범위 내에서 소득활동을 할 수 있는 것이므로 외국인이 국내에서 누리는 직업의 자유는 법률 이전에 헌법에 의해서 부여된 기본권이라고 할 수는 없고, 법률에 따른 정부의 허가에 의해 비로소 발생하는 권리이다.

③ 정당이 등록이 취소된 이후에도 '등록정당'에 준하는 '권리능력 없는 사단'으로서의 실질을 유지하고 있다고 볼 수 있으면 헌법소원의 청구인능력을 인정할 수 있다.

④ 공법상 재단법인인 방송문화진흥회가 최다출자자인 방송사업자는 「방송법」 등 관련 규정에 의하여 공법상의 의무를 부담하고 있지만, 그 설립목적이 언론의 자유의 핵심 영역인 방송 사업이므로 이러한 업무 수행과 관련해서는 기본권 주체가 될 수 있고, 그 운영을 광고수익에 전적으로 의존하고 있는 만큼 이를 위해 사경제 주체로서 활동하는 경우에도 기본권 주체가 될 수 있다.

> **ADVICE** ① 청구인이 국회법 제48조 제3항 본문에 의하여 침해당하였다고 주장하는 기본권은 청구인이 국회 상임위원회에 소속하여 활동할 권리, 청구인이 무소속 국회의원으로서 교섭단체소속 국회의원과 동등하게 대우받을 권리라는 것으로서 <u>이는 입법권을 행사하는 국가기관인 국회를 구성하는 국회의원의 지위에서 향유할 수 있는 권한일 수는 있을지언정 헌법이 일반국민에게 보장하고 있는 기본권이라고 할 수는 없다</u>(헌재 2000. 8. 31. 2000헌마156).

② 심판대상조항이 제한하고 있는 직업의 자유는 국가자격제도정책과 국가의 경제상황에 따라 법률에 의하여 제한할 수 있는 국민의 권리에 해당한다. <u>국가정책에 따라 정부의 허가를 받은 외국인은 정부가 허가한 범위 내에서 소득활동을 할 수 있는 것이므로, 외국인이 국내에서 누리는 직업의 자유는 법률에 따른 정부의 허가에 의해 비로소 발생하는 권리이다.</u> 따라서 외국인인 청구인에게는 그 기본권주체성이 인정되지 아니하며, 자격제도 자체를 다툴 수 있는 기본권주체성이 인정되지 아니하는 이상 국가자격제도에 관련된 평등권에 관하여 따로 기본권주체성을 인정할 수 없다(헌재 2014. 8. 28. 2013헌마359).

③ 청구인(사회당)은 등록이 취소된 이후에도, 취소 전 사회당의 명칭을 사용하면서 대외적인 정치활동을 계속하고 있고, 대내외 조직 구성과 선거에 참여할 것을 전제로 하는 당헌과 대내적 최고의사결정기구로서 당대회와, 대표단 및 중앙위원회, 지역조직으로 시·도위원회를 두는 등 계속적인 조직을 구비하고 있는 사실 등에 비추어 보면, 청

구인은 등록이 취소된 이후에도 '등록정당'에 준하는 '권리능력 없는 사단'으로서의 실질을 유지하고 있다고 볼 수 있으므로 이 사건 헌법소원의 청구인능력을 인정할 수 있다. 또한, 정당설립의 자유는 그 성질상 등록된 정당에게 만 인정되는 기본권이 아니라 청구인과 같이 등록정당은 아니지만 권리능력 없는 사단의 실체를 가지고 있는 정당에게도 인정되는 기본권이라고 할 수 있다(헌재 2006. 3. 30. 2004헌마246).

④ 청구인은 공법상 재단법인인 방송문화진흥회가 최다출자자인 방송사업자로서 방송법 등 관련 규정에 의하여 공법상의 의무를 부담하고 있지만, 그 설립목적이 언론의 자유의 핵심 영역인 방송 사업이므로 이러한 업무 수행과 관련해서는 기본권 주체가 될 수 있고, 그 운영을 광고수익에 전적으로 의존하고 있는 만큼 이를 위해 사경제 주체로서 활동하는 경우에도 기본권 주체가 될 수 있다. 이 사건 심판청구는 청구인이 그 운영을 위한 영업활동의 일환으로 방송광고를 판매하는 지위에서 그 제한과 관련하여 이루어진 것이므로 그 기본권 주체성이 인정된다(헌재 2013. 9. 26. 2012헌마271).

4 평등권 또는 평등원칙에 대한 설명으로 옳지 않은 것은? (다툼이 있는 경우 판례에 의함)

① 친일반민족행위자의 후손이라는 점이 헌법 제11조제1항 후문의 사회적 신분에 해당한다면 헌법에서 특별히 평등을 요구하고 있는 경우에 해당하여 친일반민족행위자의 후손에 대한 차별은 평등권 침해 여부의 심사에서 엄격한 기준을 적용해야 한다.

② 「국민연금법」이 형제자매를 사망일시금 수급권자로 규정하고 있는 것과는 달리 「공무원연금법」이 형제자매를 연금수급권자에서 제외하고 있다 하여도 합리적인 이유에 의한 차별로서 「국민연금법」상의 수급권의 범위와 비교하여 헌법상 평등권을 침해하였다고 볼 수 없다.

③ 평등원칙 위반의 특수성은 대상 법률이 정하는 '법률효과' 자체가 위헌이 아니라 그 법률효과가 수범자의 한 집단에만 귀속되어 '다른 집단과 사이에 차별'이 발생한다는 점에 있기 때문에, 평등원칙의 위반을 인정하기 위해서는 우선 법적용과 관련하여 상호 배타적인 '두 개의 비교집단'을 일정한 기준에 따라서 구분할 수 있어야 한다.

④ 변호인선임서 등을 공공기관에 제출할 때 소속 지방변호사회를 경유하도록 하는 「변호사법」 조항은 다른 전문직과 비교하여 차별취급의 합리적 이유가 있다고 할 것이므로 변호사의 평등권을 침해하지 아니한다.

> **ADVICE** ① 사회적 신분에 대한 차별금지는 헌법 제11조 제1항 후문에서 예시된 것인데, 헌법 제11조 제1항 후문의 규정은 불합리한 차별의 금지에 초점이 있는 것으로서, 예시한 사유가 있는 경우에 절대적으로 차별을 금지할 것을 요구함으로써 입법자에게 인정되는 입법형성권을 제한하는 것은 아니다. 그렇다면 친일반민족행위자의 후손이라는 점이 헌법 제11조 제1항 후문의 사회적 신분에 해당한다 할지라도 이것만으로는 헌법에서 특별히 평등을 요구하고 있는 경우라고 할 수 없고, 아래와 같이 친일재산의 국가귀속은 연좌제금지원칙이 적용되는 경우라고 볼 수도 없으며 그 외 달리 친일반민족행위자의 후손을 특별히 평등하게 취급하도록 규정한 헌법 규정이 없는 이상, 친일반민족행위자의 후손에 대한 차별은 평등권 침해 여부의 심사에서 엄격한 기준을 적용해야 하는 경우라 볼 수 없다(헌재 2011. 3. 31. 2008헌바141).

✎ **ANSWER** 3.① 4.①

② 공무원연금과 국민연금은 사회보장적 성격을 가진다는 점에서 동일하기는 하나, 제도의 도입 목적과 배경, 재원의 조성 등에 차이가 있고, <u>공무원연금은 국민연금에 비해 재정건전성 확보를 통하여 국가의 재정 부담을 낮출 필요가 절실하다는 점 등에 비추어 볼 때, 공무원연금의 수급권자에서 형제자매를 제외한 것은 합리적인 이유가 있다</u> (헌재 2014. 5. 29. 2012헌마555).

③ 헌재 2003. 12. 18. 2002헌마593

④ 변호인선임서 등의 지방변호사회 경유제도는 사건브로커 등 수임관련 비리의 근절 및 사건수임 투명성을 위하여 도입된 것으로서 그 입법목적이 정당하고 그 수단도 적절하다. 변호인선임서의 경유 시에 사건수임에 관한 기본적인 사항만을 작성하도록 하고 있는 점, 상당수의 지방변호사회에서 '인터넷 경유업무시스템'을 도입하여 직접경유로 인한 불편함을 최소화하고 있는 점, 급박한 사정이 있는 경우에는 변호사법 제29조 단서에서 예외를 규정하고 있는 점을 고려할 때 입법목적 달성에 필요한 범위를 넘지 아니하였으며, 그로 인한 사익 제한은 크지 않은 반면 사건수임 투명화라는 공익은 더 크므로, <u>변호사법 제29조는 변호사의 직업수행의 자유를 침해하지 아니한다.</u> 다른 전문직에 비하여 변호사는 포괄적인 직무영역과 그에 따른 더 엄격한 직무의무를 부담하고 있는바, 이는 <u>변호사 직무의 공공성 및 그 포괄적 직무범위에 따른 사회적 책임성을 고려한 것으로서, 다른 전문직과 비교하여 차별취급의 합리적 이유가 있다고 할 것이므로, 변호사법 제29조는 변호사의 평등권을 침해하지 아니한다</u>(헌재 2013. 5. 30. 2011헌마131).

---

5 **직업의 자유에 대한 설명으로 옳은 것은? (다툼이 있는 경우 판례에 의함)**

① 안경사 면허를 가진 자연인에게만 안경업소의 개설 등을 할 수 있도록 하고 위반 시 처벌하도록 규정한 구 「의료기사 등에 관한 법률」 조항은 자연인 안경사와 법인의 직업의 자유를 침해한다.

② 택시운전자격을 취득한 사람이 강제추행 등 성범죄를 범하여 금고 이상의 형의 집행유예를 선고받은 경우 그 자격을 취소하도록 규정한 「여객자동차 운수사업법」 조항은 택시운전자격을 취득한 사람의 직업의 자유를 침해한다.

③ 청원경찰이 금고 이상의 형의 선고유예를 받은 경우 당연 퇴직되도록 규정한 「청원경찰법」 조항은 청원경찰의 직업의 자유를 침해한다.

④ 교통사고로 사람을 사상한 후 필요한 조치 및 신고를 하지 아니하여 벌금 이상의 형을 선고 받고 운전면허가 취소된 사람은 운전면허가 취소된 날부터 4년간 운전면허를 받을 수 없도록 한 「도로교통법」 조항은 운전자의 직업의 자유를 침해한다.

> **ADVICE** ③ <u>심판대상조항은 청원경찰이 저지른 범죄의 종류나 내용을 불문하고 금고 이상의 형의 선고유예를 받게 되면 당연히 퇴직되도록 규정함으로써 청원경찰에게 공무원보다 더 가혹한 제재를 가하고 있으므로, 침해의 최소성 원칙에 위배된다.</u> 심판대상조항은 청원경찰이 저지른 범죄의 종류나 내용을 불문하고 범죄행위로 금고 이상의 형의 선고유예를 받게 되면 당연히 퇴직되도록 규정함으로써 <u>그것이 달성하려는 공익의 비중에도 불구하고 청원경찰의 직업의 자유를 과도하게 제한하고 있어 법익의 균형성 원칙에도 위배된다.</u> 따라서, <u>심판대상조항은 과잉금지원칙에 반하여 직업의 자유를 침해한다</u>(헌재 2018. 1. 25. 2017헌가26).

① 국민의 눈 건강과 관련된 국민보건의 중요성, 안경사 업무의 전문성, 안경사로 하여금 자신의 책임하에 고객과의 신뢰를 쌓으면서 안경사 업무를 수행하게 할 필요성 등을 고려할 때, 안경업소 개설은 그 업무를 담당할 자연인 안경사로 한정할 것이 요청된다. 법인 안경업소가 허용되면 영리추구 극대화를 위해 무면허자로 하여금 안경 조제·판매를 하게 하는 등의 문제가 발생할 가능성이 높아지고, 안경 조제·판매 서비스의 질이 하락할 우려가 있다. 또한 대규모 자본을 가진 비안경사들이 법인의 형태로 안경시장을 장악하여 개인 안경업소들이 폐업하면 안경사와 소비자 간 신뢰관계 형성이 어려워지고, 독과점으로 인해 안경 구매비용이 상승할 수 있다. 반면 현행법에 의하더라도 안경사들은 협동조합, 가맹점 가입, 동업 등의 방법으로 법인의 안경업소 개설과 같은 조직화, 대형화 효과를 어느 정도 누릴 수 있다. 따라서 <u>심판대상조항은 과잉금지원칙에 반하지 아니하여 자연인 안경사와 법인의 직업의 자유를 침해하지 아니한다</u>(헌재 2021. 6. 24. 2017헌가31).

② 택시를 이용하는 국민을 성범죄 등으로부터 보호하고, 여객운송서비스 이용에 대한 불안감을 해소하며, <u>도로교통에 관한 공공의 안전을 확보하려는 심판대상조항의 입법목적은 정당하고, 또한 해당 범죄를 범한 택시운송사업자의 운전자격의 필요적 취소라는 수단의 적합성도 인정된다.</u> 택시 승객은 운전자와 접촉하는 빈도와 밀도가 높고 야간에도 택시를 이용하는 등 위험에 노출될 확률이 높다. 범죄의 개별성·특수성을 일일이 고려하여 해당 운전자의 준법의식 구비 여부를 가리는 방법은 매우 번잡한 절차가 필요하므로, 심판대상조항과 같이 명백하고 일률적인 기준을 설정하는 것은 불가피하다. 법원이 범죄의 모든 정황을 고려한 다음 금고 이상 형의 집행유예를 선택하였다면 사회적 비난가능성도 적지 않다. 이러한 점을 종합하면 <u>임의적 운전자격 취소만으로는 입법목적을 달성하는 데 충분하다고 보기 어려우므로, 침해의 최소성도 인정된다.</u> 운전자격이 취소되더라도 집행유예기간이 경과하면 다시 운전자격을 취득할 수 있으므로 운수종사자가 받는 불이익은 제한적인 반면, <u>심판대상조항으로 달성되는 입법목적은 매우 중요하므로, 법익의 균형성 요건도 충족한다.</u> 따라서 <u>심판대상조항은 과잉금지원칙에 위배되지 않는다</u>(헌재 2018. 5. 31. 2016헌바14).

④ 심판대상조항은 교통사고로 타인의 생명 또는 신체를 침해하고도 이에 따른 피해자의 구호조치와 신고의무를 위반한 사람이 계속하여 교통에 관여하는 것을 금지함으로써, 국민의 생명·신체를 보호하고 도로교통에 관련된 공공의 안전을 확보함과 동시에 4년의 운전면허 결격기간이라는 엄격한 제재를 통하여 교통사고 발생 시 구호조치의무 및 신고의무를 이행하도록 하는 예방적 효과를 달성하고자 하는 데 그 입법목적을 가지고 있다. 이러한 <u>입법목적은 정당하고, 그 수단의 적합성 또한 인정된다.</u> 도로교통법 제82조 제2항이 심판대상조항과 함께 각 호에서 정하고 있는 위법행위의 내용에 따라 그 면허결격기간을 1년부터 5년까지 각각 달리 규정함으로써 사안의 유형에 따른 특수성을 이미 반영하여 규정하고 있고, 행정관청인 지방경찰청장이 운전자의 자진신고를 고려하여 운전면허의 취소가 아닌 운전면허 정지처분을 내리는 경우에는 심판대상조항에 해당되지 아니하며, 또한 구체적 사안에 따라 심판대상조항이 규정하는 법률효과를 발생시키는 것이 지나치게 가혹하다고 판단하여 개별사건을 담당하는 검찰이 기소유예처분을 하는 경우나 법원이 선고유예의 판결 또는 소년법상 보호처분결정을 하는 경우 역시 심판대상조항의 요건을 갖추지 못하게 되는 점 등을 고려하여 볼 때, 심판대상조항을 비롯한 관련 법규정은 구체적 사안의 개별성과 특수성도 고려할 수 있도록 하고 있다. <u>운전자의 기본적인 의무를 위반하여 국민의 생명·신체를 침해하고 교통상의 위해를 초래한 사람이 교통에 계속 관여하는 것을 금지하여 공공의 안전을 확보하는 한편 그와 같은 행위를 억제하는 예방적 효과를 달성하고자 하는 공익은 매우 중대하고, 심판대상조항이 위와 같은 공익의 달성에 기여하는 개연성 역시 인정할 수 있다. 따라서 심판대상조항은 직업의 자유 및 일반적 행동의 자유를 침해하지 않는다</u>(헌재 2017. 12. 28. 2016헌바254).

✎ **ANSWER** 5.③

6 정당에 대한 설명으로 옳은 것은? (다툼이 있는 경우 판례에 의함)

① 정당이 그 소속 국회의원을 제명하기 위해서는 당헌이 정하는 절차를 거치는 외에 그 소속 국회의원 전원의 3분의 1 이상의 찬성이 있어야 한다.

② 정당의 활동이란 정당 기관의 행위나 주요 정당관계자, 당원 등의 행위로서 그 정당에게 귀속시킬 수 있는 활동 일반을 의미하는데, 정당 소속의 국회의원 등은 비록 정당과 밀접한 관련성을 가지지만 헌법상으로는 정당의 대표자가 아닌 국민 전체의 대표자이므로 그들의 행위를 곧바로 정당의 활동으로 귀속시킬 수는 없다.

③ 헌법재판소가 정당해산결정을 내리기 위해서는 그 해산결정이 비례원칙에 부합하는지를 숙고해야 하는바, 이 경우의 비례원칙 준수 여부는 통상적으로 기능하는 위헌심사의 척도에 의한다.

④ 타인의 명의나 가명으로 납부된 당비는 국고에 귀속되며, 국고에 귀속되는 당비는 중앙선거관리위원회가 이를 납부받아 국가에 납입한다.

> **ADVICE** ② 정당의 활동이란, 정당 기관의 행위나 주요 정당관계자, 당원 등의 행위로서 그 정당에게 귀속시킬 수 있는 활동 일반을 의미한다. 여기에서는 정당에게 귀속시킬 수 있는 활동의 범위, 즉 정당과 관련한 활동 중 어느 범위까지를 그 정당의 활동으로 볼 수 있는지가 문제된다. 구체적으로 살펴보면, 당대표의 활동, 대의기구인 당대회와 중앙위원회의 활동, 집행기구인 최고위원회의 활동, 원내기구인 원내의원총회와 원내대표의 활동 등 정당 기관의 활동은 정당 자신의 활동이므로 원칙적으로 정당의 활동으로 볼 수 있고, 정당의 최고위원 등 주요 당직자의 공개된 정치 활동은 일반적으로 그 지위에 기하여 한 것으로 볼 수 있으므로 원칙적으로 정당에 귀속시킬 수 있을 것으로 보인다. <u>정당 소속의 국회의원 등은 비록 정당과 밀접한 관련성을 가지지만 헌법상으로는 정당의 대표자가 아닌 국민 전체의 대표자이므로 그들의 행위를 곧바로 정당의 활동으로 귀속시킬 수는 없겠으나</u>, <u>가령 그들의 활동 중에서도 국민의 대표자의 지위가 아니라 그 정당에 속한 유력한 정치인의 지위에서 행한 활동으로서 정당과 밀접하게 관련되어 있는 행위들은 정당의 활동이 될 수도 있을 것이다</u>(헌재 2014. 12. 19. 2013헌다1).
>
> ① 정당법 제33조
>
> > 정당법 제33조(정당소속 국회의원의 제명) 정당이 그 소속 국회의원을 제명하기 위해서는 당헌이 정하는 절차를 거치는 외에 <u>그 소속 국회의원 전원의 2분의 1 이상의 찬성</u>이 있어야 한다.
>
> ③ 일반적으로 비례원칙은 우리 재판소가 법률이나 기타 공권력 행사의 위헌 여부를 판단할 때 사용하는 위헌심사 척도의 하나이다. 그러나 <u>정당해산심판제도에서는 헌법재판소의 정당해산결정이 정당의 자유를 침해할 수 있는 국가권력에 해당하므로 헌법재판소가 정당해산결정을 내리기 위해서는 그 해산결정이 비례원칙에 부합하는지를 숙고해야 하는바, 이 경우의 비례원칙 준수 여부는 그것이 통상적으로 기능하는 위헌심사의 척도가 아니라 헌법재판소의 정당해산결정이 충족해야 할 일종의 헌법적 요건 혹은 헌법적 정당화 사유에 해당한다.</u> 이와 같이 강제적 정당해산은 우리 헌법상 핵심적인 정치적 기본권인 정당 활동의 자유에 대한 근본적 제한이므로 헌법재판소는 이에 관한 결정을 할 때 헌법 제37조 제2항이 규정하고 있는 비례원칙을 준수해야만 하는 것이다(헌재 2014. 12. 19. 2013헌다1).

④ 정치자금법 제4조 제2항, 제3항

> **정치자금법 제4조(당비)** ① 정당은 소속 당원으로부터 당비를 받을 수 있다.
> ② 정당의 회계책임자는 타인의 명의나 가명으로 납부된 당비는 국고에 귀속시켜야 한다.
> ③ 제2항의 규정에 의하여 국고에 귀속되는 당비는 관할 선거관리위원회가 이를 납부받아 국가에 납입하되, 납부기한까지 납부하지 아니한 때에는 관할 세무서장에게 위탁하여 관할 세무서장이 국세체납처분의 예에 따라 이를 징수한다.

7 헌정사에 대한 설명으로 옳지 않은 것은?

① 제1차 헌법개정(1952년 헌법)에서는 국무위원 임명에 있어서 국무총리의 제청권을 규정하였다.
② 제3차 헌법개정(1960년 헌법)에서는 위헌법률심판 및 헌법소원심판을 위한 헌법재판소를 설치하였다.
③ 제5차 헌법개정(1962년 헌법)에서는 헌법전문(前文)을 최초로 개정하여 4·19 이념을 명문화하였다.
④ 제8차 헌법개정(1980년 헌법)에서는 행복추구권, 사생활의 비밀과 자유에 관한 규정을 신설하였다.

>ADVICE ② 헌법소원심판은 현행헌법에서 처음으로 규정되었다.

8 언론·출판의 자유에 대한 설명으로 옳지 않은 것은? (다툼이 있는 경우 판례에 의함)

① 미결수용자의 규율위반행위 등에 대한 제재로서 금치처분과 함께 금치기간 중 신문과 자비구매도서의 열람을 제한하고 있는 「형의 집행 및 수용자의 처우에 관한 법률」 조항은 최장 30일의 기간 내에서만 신문이나 도서의 열람을 금지하고 열람을 금지하는 대상에 수용시설 내 비치된 도서는 포함시키지 않고 있으므로 미결수용자의 알 권리를 과도하게 제한한다고 보기 어렵다.
② 일간신문의 지배주주가 뉴스통신 법인의 주식 또는 지분의 2분의1 이상을 취득 또는 소유하지 못하도록 함으로써 이종 미디어 간의 결합을 규제하는 「신문법」 조항은 언론의 다양성을 보장하기 위한 필요한 한도 내의 제한이라고 할 것이어서 신문의 자유를 침해한다고 할 수 없다.
③ 인터넷신문의 언론으로서의 신뢰성을 제고하기 위해 5인 이상의 취재 및 편집 인력을 정식으로 고용하도록 강제하고, 이에 대한 확인을 위하여 국민연금 등 가입사실을 확인하는 것은 언론의 자유를 침해한다고 할 수 없다.
④ 학교 구성원으로 하여금 성별 등의 사유를 이유로 차별적 언사나 행동, 혐오적 표현 등을 통해 다른 사람의 인권을 침해하지 못하도록 한 「서울특별시 학생인권조례」 규정은 학교 구성원들의 표현의 자유를 침해한 것이라고 볼 수 없다.

 ANSWER 6.② 7.② 8.③

③ 고용조항 및 확인조항은 소규모 인터넷신문이 언론으로서 활동할 수 있는 기회 자체를 원천적으로 봉쇄할 수 있음에 비하여, 인터넷신문의 신뢰도 제고라는 입법목적의 효과는 불확실하다는 점에서 법익의 균형성도 잃고 있다. 따라서 고용조항 및 확인조항은 과잉금지원칙에 위배되어 청구인들의 언론의 자유를 침해한다(헌재 2016. 10. 27. 2015헌마1206).

① 미결수용자의 규율위반행위 등에 대한 제재로서 금치처분과 함께 금치기간 중 신문과 자비구매도서의 열람을 제한하는 것은, 규율위반자에 대해서는 반성을 촉구하고 일반 수용자에 대해서는 규율 위반에 대한 불이익을 경고하여 수용자들의 규율 준수를 유도하며 궁극적으로 수용질서를 확립하기 위한 것이다. 이 사건 신문 및 도서열람제한 조항은 최장 30일의 기간 내에서만 신문이나 도서의 열람을 금지하고 열람을 금지하는 대상에 수용시설 내 비치된 도서는 포함시키지 않고 있으므로 위 조항들이 청구인의 알 권리를 과도하게 제한한다고 보기 어렵다(헌재 2016. 4. 28. 2012헌마549).

② 신문법 제15조 제3항에서 일간신문의 지배주주가 뉴스통신 법인의 주식 또는 지분의 2분의1 이상을 취득 또는 소유하지 못하도록 함으로써 이종 미디어 간의 결합을 규제하는 부분은 언론의 다양성을 보장하기 위한 필요한 한도 내의 제한이라고 할 것이어서 신문의 자유를 침해한다고 할 수 없다. 그런데 제15조 제3항은 나아가 일간신문의 지배주주에 의한 신문의 복수소유를 규제하고 있다. 신문의 다양성을 보장하기 위하여 신문의 복수소유를 제한하는 것 자체가 헌법에 위반된다고 할 수 없지만, 신문의 복수소유가 언론의 다양성을 저해하지 않거나 오히려 이에 기여하는 경우도 있을 수 있는데, 이 조항은 신문의 복수소유를 일률적으로 금지하고 있어서 필요 이상으로 신문의 자유를 제약하고 있다. 그러나 신문의 다양성 보장을 위한 복수소유 규제의 기준을 어떻게 설정할지의 여부는 입법자의 재량에 맡겨져 있으므로 이 조항에 대해서는 단순위헌이 아닌 헌법불합치결정을 선고하고, 다만 입법자의 개선입법이 있을 때까지 계속 적용을 허용함이 상당하다(헌재 2006. 6. 29. 2005헌마165).

④ 헌재 2019. 11. 28. 2017헌마1356

9 인격권에 대한 설명으로 옳지 않은 것은? (다툼이 있는 경우 판례에 의함)

① 장래 가족의 구성원이 될 태아의 성별 정보에 대한 접근을 국가로부터 방해받지 않을 부모의 권리는 일반적 인격권에 의하여 보호된다.

② 이미 출국 수속 과정에서 일반적인 보안검색을 마친 승객을 상대로 촉수검색(patdown)과 같은 추가적인 보안 검색 실시를 예정하고 있는 국가항공보안계획은 달성하고자 하는 공익에 비해 추가 보안검색으로 인해 대상자가 느낄 모욕감이나 수치심의 정도가 크다고 할 수 있으므로 과잉금지원칙에 위반되어 해당 승객의 인격권을 침해한다.

③ 사자(死者)에 대한 사회적 명예와 평가의 훼손은 사자와의 관계를 통하여 스스로의 인격상을 형성하고 명예를 지켜온 그 후손의 인격권을 제한한다.

④ 변호사 정보 제공 웹사이트 운영자가 변호사들의 개인신상정보를 기반으로 한 인맥지수를 공개하는 서비스를 제공하는 행위는 변호사들의 개인정보에 관한 인격권을 침해한다.

✏ADVICE ② 국가항공보안계획은, 이미 출국 수속 과정에서 일반적인 보안검색을 마친 승객을 상대로, 촉수검색(patdown)과 같은 추가적인 보안 검색 실시를 예정하고 있으므로 이로 인한 인격권 및 신체의 자유 침해 여부가 문제된다. 이 사건 국가항공보안계획은 민간항공 보안에 관한 국제협약의 준수 및 항공기 안전과 보안을 위한 것으로 입법목적의 정당성 및 수단의 적합성이 인정되고, 항공운송사업자가 다른 체약국의 추가 보안검색 요구에 응하지 않을 경우 항공기의 취항 자체가 거부될 수 있으므로 이 사건 국가항공보안계획에 따른 추가 보안검색 실시는 불가피하며, 관련 법령에서 보안검색의 구체적 기준 및 방법 등을 마련하여 기본권 침해를 최소화하고 있으므로 침해의 최소성도 인정된다. 또한 국내외적으로 항공기 안전사고와 테러 위협이 커지는 상황에서, 민간항공의 보안 확보라는 공익은 매우 중대한 반면, 추가 보안검색 실시로 인해 승객의 기본권이 제한되는 정도는 그리 크지 아니하므로 법익의 균형성도 인정된다. 따라서 이 사건 국제항공보안계획은 헌법상 과잉금지원칙에 위반되지 않으므로, 청구인의 기본권을 침해하지 아니한다(헌재 2018. 2. 22. 2016헌마780).

① 헌법 제10조로부터 도출되는 일반적 인격권에는 각 개인이 그 삶을 사적으로 형성할 수 있는 자율영역에 대한 보장이 포함되어 있음을 감안할 때, 장래 가족의 구성원이 될 태아의 성별 정보에 대한 접근을 국가로부터 방해받지 않을 부모의 권리는 이와 같은 일반적 인격권에 의하여 보호된다고 보아야 할 것인바, 이 사건 규정은 일반적 인격권으로부터 나오는 부모의 태아 성별 정보에 대한 접근을 방해받지 않을 권리를 제한하고 있다고 할 것이다(헌재 2008. 7. 31. 2004헌마1010).

③ 이 사건 결정의 조사대상자를 비롯하여 대부분의 조사대상자는 이미 사망하였을 것이 분명하나, 조사대상자가 사자(死者)인 경우에도 인격적 가치에 대한 중대한 왜곡으로부터 보호되어야 하고, 사자(死者)에 대한 사회적 명예와 평가의 훼손은 사자와의 관계를 통하여 스스로의 인격상을 형성하고 명예를 지켜온 그들 후손의 인격권, 즉 유족의 명예 또는 유족의 사자(死者)에 대한 경애추모의 정을 침해한다고 할 것이다(헌재 2013. 5. 30. 2012헌바19).

④ 변호사 정보 제공 웹사이트 운영자가 변호사들의 개인신상정보를 기반으로 변호사들의 인맥지수를 산출하여 공개하는 서비스를 제공한 사안에서, 인맥지수의 사적·인격적 성격, 산출과정에서 왜곡 가능성, 인맥지수 이용으로 인한 변호사들의 이익 침해와 공적 폐해의 우려, 그에 반하여 이용으로 달성될 공적인 가치의 보호 필요성 정도 등을 종합적으로 고려하면, 운영자가 변호사들의 개인신상정보를 기반으로 한 인맥지수를 공개하는 표현행위에 의하여 얻을 수 있는 법적 이익이 이를 공개하지 않음으로써 보호받을 수 있는 변호사들의 인격적 법익에 비하여 우월하다고 볼 수 없어, 결국 운영자의 인맥지수 서비스 제공행위는 변호사들의 개인정보에 관한 인격권을 침해하는 위법한 것이다(대판 2011. 9. 2. 2008다42430(전합)).

✏ **ANSWER** 9.②

10 재판청구권에 대한 설명으로 옳은 것은? (다툼이 있는 경우 판례에 의함)

① 정식재판 청구기간을 약식명령의 고지를 받은 날로부터 7일 이내로 정하고 있는 「형사소송법」 조항은 합리적인 입법재량의 범위를 벗어나 약식명령 피고인의 재판청구권을 침해한다.

② 항소심 확정판결에 대한 재심소장에 붙일 인지액을 항소장에 붙일 인지액과 같게 정한 「민사소송 등 인지법」 조항은 항소심 확정판결에 대해서 재심을 청구하는 사람의 재판청구권을 침해하지 아니한다.

③ 헌법 제27조제1항이 규정하는 '법률에 의한' 재판청구권을 보장하기 위해서는 입법자에 의한 재판청구권의 구체적 형성이 불가피하므로 입법자의 광범위한 입법재량이 인정되며, 그러한 입법을 함에 있어서 헌법 제37조제2항의 비례의 원칙은 적용되지 않는다.

④ 심리불속행 상고기각판결의 경우 판결이유를 생략할 수 있도록 규정한 「상고심절차에 관한 특례법」 조항은 재판의 본질에 반하여 당사자의 재판청구권을 침해한다.

>ADVICE ② 항소심 확정판결에 대한 재심을 청구하는 사람에 대하여, 소송 목적의 값에 비례하여 계산한 제1심 소장에 붙여야 할 인지액에 1.5를 곱한 값의 인지를 붙이도록 하는 것은 재판유상주의, 재판 업무의 완성도와 효율성 보장, 확정판결의 법적 안정성 보장을 위해 적합한 수단이다. 인지상한제와 같은 방법으로 인지액을 일률적으로 낮추면 재판유상주의가 후퇴하고, 반드시 필요하지 않는 소송이 늘어나 재판업무의 완성도나 효율성이 떨어질 위험이 있고, 확정판결의 법적 안정성이 후퇴될 우려도 있다. 심판대상조항에 의한 인지액 산정의 기초가 되는 제1심 인지액을 정하는 비율 자체가 낮게 정해져 있고, 개정 전 조항에 비해 항소심 가중치도 낮추어졌으며, 재심에 대한 특별한 가중치도 없다. 아울러 법원이 소송구조제도를 통해 인지액을 납부할 경제적 능력이 부족한 사람들을 구제할 수 있다는 점을 고려하면 심판대상조항은 침해의 최소성 원칙에 위반되지 않는다. 따라서 심판대상조항은 재판청구권을 침해하지 아니한다(헌재 2017. 8. 31. 2016헌바447).

① 약식명령은 경미사건만을 대상으로 하는데다가, 그 내용 역시 약식기소된 공소사실의 존재와 그의 과형만을 담고 있을 뿐이어서 그 불복의 대상과 범위가 비교적 단순하다. 따라서 약식명령의 고지일로부터 7일의 불복기간이 불복기회를 실질적으로 박탈할 만큼의 단기라고 할 수 없으므로, 위 조항이 합리적인 입법재량의 범위를 벗어나 약식절차 피고인의 재판청구권을 침해한다고 볼 수 없다(헌재 2020. 3. 26. 2019헌마1019).

③ 입법자는 형사소송절차를 규율함에 있어서 형사피고인인 국민을 단순한 처벌대상으로 전락시키는 결과를 초래하는 등 헌법적으로 포기할 수 없는 요소를 무시하거나 헌법 제37조 제2항이 정하는 과잉금지원칙에 위반 되는 내용의 절차를 형성하지 아니하는 한, 재판절차를 합리적으로 형성할 수 있는 입법형성권을 가진다(헌재 1998. 12. 24. 94헌바46).

④ 심리불속행 상고기각 판결에 이유를 기재한다고 해도, 당사자의 상고이유가 법률상의 상고이유를 실질적으로 포함하고 있는지 여부만을 심리하는 심리불속행 재판의 성격 등에 비추어 현실적으로 상고심특례법 제4조의 심리속행사유에 해당하지 않는다는 정도의 이유기재에 그칠 수밖에 없고, 나아가 그 이상의 이유기재를 하게 하더라도 이는 법령해석의 통일을 주된 임무로 하는 상고심에 불필요한 부담만 가중시키는 것으로서 심리불속행제도의 입법취지에 반하는 결과를 초래할 수 있으므로, 상고심특례법 제5조 제1항이 재판청구권 등을 침해하여 위헌이라고 볼 수 없다(헌재 2013. 2. 28. 2011헌마218).

11 대통령에 대한 설명으로 옳지 않은 것은? (다툼이 있는 경우 판례에 의함)

① 대통령은 소속 정당원으로서 정치적 의견을 표시할 수 있지만, 국가기관의 신분에서 선거관련 발언을 하는 경우에는 선거에서의 정치적 중립의무의 구속을 받는다.

② 대통령은 계엄을 선포한 때에는 지체없이 국회에 통고하여야 하며, 국회가 재적의원 과반수의 찬성으로 계엄의 해제를 요구한 때에는 대통령은 이를 해제하여야 한다.

③ 대통령의 '직책을 성실히 수행할 의무'는 헌법적 의무에 해당하지만, '헌법을 수호해야 할 의무'와는 달리 규범적으로 그 이행이 관철될 수 있는 성격의 의무가 아니므로 원칙적으로 사법적 판단의 대상이 되기 어렵다.

④ 대통령의 개성공단 운영 전면중단 조치는 국가안보와 관련된 대통령의 의사 결정을 포함하고, 그러한 의사 결정은 고도의 정치적 결단을 요하는 문제이므로 사법심사의 대상이 될 수 없다.

> **ADVICE** ④ 개성공단 전면중단 조치가 고도의 정치적 결단을 요하는 문제이기는 하나, 조치 결과 개성공단 투자기업인 청구인들에게 기본권 제한이 발생하였고, 국민의 기본권 제한과 직접 관련된 공권력의 행사는 고도의 정치적 고려가 필요한 행위라도 헌법과 법률에 따라 결정하고 집행하도록 견제하는 것이 헌법재판소 본연의 임무이므로, 그 한도에서 헌법소원심판의 대상이 될 수 있다(헌재 2022. 1. 27. 2016헌마364).

① 대통령의 정치적 표현의 자유를 상시적으로 모든 영역에서 규제하는 것이 아니라, 선거가 임박한 시기에 부당한 영향력을 행사하는 방법으로 선거결과에 영향을 미치는 표현행위만을 규제하는 것이다. 따라서 대통령은 소속 정당원으로서 정치적 의견을 표시할 수 있지만, 국가의 원수 및 행정부 수반으로서의 지위에서 직무를 수행하는 때에는 원칙적으로 정당정치적 의견표명을 삼가야 하며, 나아가 대통령이 국가기관의 신분에서 선거관련 발언을 하는 경우에는 선거에서의 정치적 중립의무의 구속을 받는다(헌재 2004. 5. 14. 2004헌나1).

② 헌법 제77조 제4항, 제5항

③ 대통령의 '직책을 성실히 수행할 의무'는 헌법적 의무에 해당하지만, '헌법을 수호해야 할 의무'와는 달리 규범적으로 그 이행이 관철될 수 있는 성격의 의무가 아니므로 원칙적으로 사법적 판단의 대상이 되기는 어렵다. 세월호 참사 당일 피청구인이 직책을 성실히 수행하였는지 여부는 그 자체로 소추사유가 될 수 없어, 탄핵심판절차의 판단대상이 되지 아니한다(헌재 2017. 3. 10. 2016헌나1).

✎ **ANSWER** 10.② 11.④

12 행정입법에 대한 설명으로 옳은 것은? (다툼이 있는 경우 판례에 의함)

① 행정입법의 지체가 위법으로 되어 그에 대한 법적 통제가 가능하기 위하여는 우선 행정청에게 시행명령을 제정·개정할 법적 의무가 있어야 하고, 상당한 기간이 지났음에도 불구하고 명령제정·개정권이 행사되지 않아야 한다.

② 행정부에서 제정된 대통령령에서 규정한 내용이 정당한 것인지 여부와 위임의 적법성은 직접적인 관계가 있다.

③ 하위 행정입법의 제정 없이 상위 법령의 규정만으로 집행이 이루어질 수 있는 경우에도 하위 행정입법을 하여야 할 헌법적 작위의무가 인정된다.

④ 헌법 제75조에 근거한 포괄위임금지원칙은 누구라도 당해 법률로부터 하위법규에 규정될 내용의 대강을 예측할 수 있어야 함을 의미하지만, 위임입법이 대법원규칙인 경우에는 수권법률에서 이 원칙을 준수하여야 하는 것은 아니다.

> **ADVICE** ① 헌재 2013. 5. 30. 2011헌마198
> ② 위임입법의 정당성은 포괄위임의 법리에 따라 독자적으로 판단하여야 하고, 그 결과 위임이 정당하다면 <u>그 위임에 의해 대통령령에서 규정된 내용이 위헌적이어서 그 대통령령 자체가 무효임은 별론으로 하더라도, 그로 인하여 정당하게 입법권을 위임한 수권 법률조항까지 위헌으로 되는 것은 아니라고 할 것</u>이다(헌재 2011. 2. 24. 2009헌바289).
> ③ 삼권분립의 원칙, 법치행정의 원칙을 당연한 전제로 하고 있는 우리 헌법 하에서 행정권의 행정입법 등 법집행의무는 헌법적 의무라고 보아야 할 것이다. 그런데 이는 행정입법의 제정이 법률의 집행에 필수불가결한 경우로서 행정입법을 제정하지 아니하는 것이 곧 행정권에 의한 입법권 침해의 결과를 초래하는 경우를 말하는 것이므로, <u>만일 하위 행정입법의 제정 없이 상위 법령의 규정만으로도 집행이 이루어질 수 있는 경우라면 하위 행정입법을 하여야 할 헌법적 작위의무는 인정되지 아니한다</u>(헌재 2005. 12. 22. 2004헌마66).
> ④ <u>위임입법이 대법원규칙인 경우에도 수권법률에서 헌법 제75조에 근거한 포괄위임금지원칙을 준수하여야 하는 것은 마찬가지이나, 위임의 구체성·명확성의 정도는 다른 규율 영역에 비해 완화될 수 있다</u>(헌재 2016. 6. 30. 2013헌바370).

13 국회의원에 대한 설명으로 옳지 않은 것은? (다툼이 있는 경우 판례에 의함)

① 국회의원을 체포하거나 구금하기 위하여 국회의 동의를 받으려고 할 때에는 관할법원의 판사는 영장을 발부하기 전에 체포동의 요구서를 국회에 제출하여야 한다.

② 국회의원은 국회 내 의안 처리 과정에서 질의권 · 토론권 및 표결권을 침해받았음을 이유로 「헌법재판소법」 제68조제1항의 헌법소원을 청구할 수 없다.

③ 국회의원이 국회 내에서 하는 정부 · 행정기관에 대한 자료제출의 요구는 그것이 직무상 질문이나 질의를 준비하기 위한 것인 경우에 직무상 발언에 부수하여 행하여진 것으로서 면책특권이 인정되어야 한다.

④ 구「공직자윤리법」상 매각 또는 백지신탁의 대상이 되는 주식의 보유한도액을 결정함에 있어 국회의원 본인 뿐만 아니라 본인과 일정한 친족관계가 있는 자들의 보유주식 역시 포함하도록 하고 있는 것은 본인과 친족 사이의 실질적 · 경제적 관련성에 근거한 것이지, 실질적으로 의미 있는 관련성이 없음에도 오로지 친족관계 그 자체만으로 불이익한 처우를 가하는 것이 아니므로 헌법 제13조제3항에 위배되지 아니한다.

> **ADVICE** ① 국회법 제26조 제1항

> 국회법 제26조(체포동의 요청의 절차) ① 의원을 체포하거나 구금하기 위하여 국회의 동의를 받으려고 할 때에는 관할법원의 판사는 영장을 발부하기 전에 체포동의 요구서를 정부에 제출하여야 하며, 정부는 이를 수리(受理)한 후 지체 없이 그 사본을 첨부하여 국회에 체포동의를 요청하여야 한다.
>
> ② 의장은 제1항에 따른 체포동의를 요청받은 후 처음 개의하는 본회의에 이를 보고하고, 본회의에 보고된 때부터 24시간 이후 72시간 이내에 표결한다. 다만, 체포동의안이 72시간 이내에 표결되지 아니하는 경우에는 그 이후에 최초로 개의하는 본회의에 상정하여 표결한다.

② 국회의원이 국회 내에서 행하는 질의권 · 토론권 및 표결권 등은 입법권 등 공권력을 행사하는 국가기관인 국회의 구성원의 지위에 있는 국회의원에게 부여된 권한이지 국회의원 개인에게 헌법이 보장하는 권리 즉 기본권으로 인정된 것이라고 할 수 없으므로, 설사 국회의장의 불법적인 의안처리행위로 헌법의 기본원리가 훼손되었다고 하더라도 그로 인하여 헌법상 보장된 구체적 기본권을 침해당한 바 없는 국회의원인 청구인들에게 헌법소원심판청구가 허용된다고 할 수 없다(헌재 1995. 2. 23. 90헌마125).

③ 면책특권의 대상이 되는 행위는 국회의 직무수행에 필수적인 국회의원의 국회 내에서의 직무상 발언과 표결이라는 의사표현행위 자체에만 국한되지 않고 이에 통상적으로 부수하여 행하여지는 행위까지 포함되므로, 국회의원이 국회의 위원회나 국정감사장에서 국무위원 · 정부위원 등에 대하여 하는 질문이나 질의는 국회의 입법활동에 필요한 정보를 수집하고 국정통제기능을 수행하기 위한 것이므로 면책특권의 대상이 되는 발언에 해당함은 당연하고, 또한 국회의원이 국회 내에서 하는 정부 · 행정기관에 대한 자료제출의 요구는 국회의원이 입법 및 국정통제 활동을 수행하기 위하여 필요로 하는 것이므로 그것이 직무상 질문이나 질의를 준비하기 위한 것인 경우에는 직무상 발언에 부수하여 행하여진 것으로서 면책특권이 인정되어야 한다(대판 1996. 11. 8. 96도1742).

④ 이 사건 법률조항이 매각 또는 백지신탁의 대상이 되는 주식의 보유한도액을 결정함에 있어 국회의원 본인 뿐만 아니라 본인과 일정한 친족관계가 있는 자들의 보유주식 역시 포함하도록 하고 있는 것은 본인과 친족 사이의 실질적 · 경제적 관련성에 근거한 것이지, 실질적으로 의미 있는 관련성이 없음에도 오로지 친족관계 그 자체만으로 불이익한 처우를 가하는 것이 아니므로 헌법 제13조 제3항에 위배되지 아니한다(헌재 2012. 8. 23. 2010헌가65).

✎ **ANSWER** 12.① 13.①

14 국회의 구성 및 운영에 대한 설명으로 옳지 않은 것은?

① 각 교섭단체의 대표의원은 국회운영위원회의 위원 및 정보위원회의 위원이 된다.

② 상임위원회의 위원 정수는 국회규칙으로 정한다. 다만, 정보위원회의 위원 정수는 12명으로 한다.

③ 대통령이 임시회의 집회를 요구할 때에는 기간과 집회요구의 이유를 명시하여야 한다.

④ 연간 국회 운영 기본일정에 따라 국회는 2월·3월·4월·5월·6월 및 8월의 1일에 임시회를 집회한다.

〉ADVICE ④ 국회법 제5조의2 제2항 제1호

> 국회법 제5조의2(연간 국회 운영 기본일정 등)
> ② 제1항의 연간 국회 운영 기본일정은 다음 각 호의 기준에 따라 작성한다.
>   1. 2월·3월·4월·5월 및 6월 1일과 8월 16일에 임시회를 집회한다. 다만, 국회의원 총선거가 있는 경우 임시회를 집회하지 아니하며, 집회일이 공휴일인 경우에는 그 다음 날에 집회한다.
>   2. 정기회의 회기는 100일로, 제1호에 따른 임시회의 회기는 해당 월의 말일까지로 한다. 다만, 임시회의 회기가 30일을 초과하는 경우에는 30일로 한다.
>   3. 2월, 4월 및 6월에 집회하는 임시회의 회기 중 한 주(週)는 제122조의2에 따라 정부에 대한 질문을 한다.

① 국회법 제39조 제2항, 제48조 제3항

② 국회법 제38조

③ 헌법 제47조 제3항

15 지방자치에 대한 설명으로 옳지 않은 것은? (다툼이 있는 경우 판례에 의함)

① 헌법 제117조제1항은 '지방자치단체는 주민의 복리에 관한 사무를 처리하고 재산을 관리하며, 법령의 범위 안에서 자치에 관한 규정을 제정할 수 있다'라고 하여 지방자치제도의 보장과 지방자치단체의 자치권을 규정하고 있는데, 헌법 제117조제1항에서 규정하는 '법령'에는 법규명령으로서 기능하는 행정규칙이 포함된다.

② 헌법 제118조제2항에서 지방자치단체의 장의 '선임방법'에 관한 사항은 법률로 정한다고 규정하고 있으므로 지방자치단체의 장 선거권은 다른 공직선거권과 달리 헌법상 보장되는 기본권으로 볼 수 없다.

③ 헌법이 규정하는 지방자치단체의 자치권 가운데에는 자치에 관한 규정을 스스로 제정할 수 있는 자치입법권은 물론이고 그 밖에 그 소속 공무원에 대한 인사와 처우를 스스로 결정하고 이에 관련된 예산을 스스로 편성하여 집행하는 권한이 성질상 당연히 포함된다.

④ 지방자치단체의 구역은 주민·자치권과 함께 자치단체의 구성요소이며 자치권이 미치는 관할구역의 범위에는 육지는 물론 바다도 포함되므로 공유수면에 대해서도 지방자치단체의 자치권한이 존재한다고 보아야 한다.

② 공직선거 관련법상 지방자치단체의 장 선임방법은 '선거'로 규정되어 왔고, 지방자치단체의 장을 선거로 선출하여 온 우리 지방자치제의 역사에 비추어 볼 때, 지방자치단체의 장에 대한 주민직선제 이외의 다른 선출방법을 허용할 수 없다는 관행과 이에 대한 국민적 인식이 광범위하게 존재한다고 볼 수 있다. <u>주민자치제를 본질로 하는 민주적 지방자치제도가 안정적으로 뿌리내린 현 시점에서 지방자치단체의 장 선거권을 지방의회의원 선거권, 나아가 국회의원 선거권 및 대통령 선거권과 구별하여 하나는 법률상의 권리로, 나머지는 헌법상의 권리로 이원화하는 것은 허용될 수 없다. 그러므로 지방자치단체의 장 선거권 역시 다른 선거권과 마찬가지로 헌법 제24조에 의해 보호되는 기본권으로 인정하여야</u> 한다(헌재 2016. 10. 27. 2014헌마797).

① 헌법 제117조 제1항에서 규정하고 있는 '법령'에는 법률 이외에도 헌법 제75조 및 제95조 등에 의거한 '대통령령', '총리령' 및 '부령'과 같은 법규명령이 포함되는 것은 물론이지만, "법령의 직접적인 위임에 따라 수임행정기관이 그 법령을 시행하는데 필요한 구체적 사항을 정한 것이면, 그 제정형식은 비록 법규명령이 아닌 고시, 훈령, 예규 등과 같은 행정규칙이더라도, 그것이 상위법령의 위임한계를 벗어나지 아니하는 한, 상위법령과 결합하여 대외적인 구속력을 갖는 법규명령으로서 기능하게 된다고 보아야 한다"고 한 헌법재판소의 판시(헌재 1992. 6. 26. 91헌마25)에 따라 <u>헌법 제117조 제1항에서 규정하는 '법령'에는 법규명령으로서 기능하는 행정규칙이 포함된다고 보아야</u> 할 것이다(헌재 2002. 10. 31. 2002헌라2).

③ 헌법 제117조 제1항은 "지방자치단체는 주민의 복리에 관한 사무를 처리하고 재산을 관리하며, 법령의 범위안에서 자치에 관한 규정을 제정할 수 있다"고 규정하여 지방자치제도의 보장과 지방자치단체의 자치권을 규정하고 있다. <u>헌법이 규정하는 이러한 자치권 가운데에는 자치에 관한 규정을 스스로 제정할 수 있는 자치입법권은 물론이고 그 밖에 그 소속 공무원에 대한 인사와 처우를 스스로 결정하는 권한이 성질상 당연히 포함된다.</u> 자치권은 자치임무의 효율적인 수행의 전제가 되므로 위와 같은 자치권의 보장은 자치제도의 보장과 분리하여 생각할 수 없기 때문이다. 다만, 이러한 헌법상의 자치권의 범위는 법령에 의하여 형성되고 제한된다. 헌법도 제117조 제1항에서 법령의 범위 안에서 자치에 관한 규정을 제정할 수 있다고 하였고 제118조 제2항에서 지방자치단체의 조직과 운영에 관한 사항은 법률로 정한다고 규정하고 있다(헌재 2002. 10. 31. 2001헌라1).

④ 지방자치단체의 관할구역에 대해서는 지방자치법 제4조 제1항이 "지방자치단체의 명칭과 구역은 종전과 같이 하고, 명칭과 구역을 바꾸거나 지방자치단체를 폐지하거나 설치하거나 나누거나 합칠 때에는 법률로 정한다. 다만, 지방자치단체의 관할구역 경계변경과 한자 명칭의 변경은 대통령령으로 정한다."라고 규정하고 있는바, <u>지방자치단체의 구역은 주민·자치권과 함께 자치단체의 구성요소이며, 자치권이 미치는 관할구역의 범위에는 육지는 물론 바다도 포함되므로, 공유수면에 대해서도 지방자치단체의 자치권한이 존재한다고 보아야</u> 한다(헌재 2015. 7. 30. 2010헌라2).

ANSWER 14.④ 15.②

16 국무총리에 대한 설명으로 옳지 않은 것은? (다툼이 있는 경우 판례에 의함)

① 대통령직속의 헌법기관이 별도로 규정되어 있다는 이유만을 들어 법률에 의하더라도 헌법에 열거된 헌법기관 이외에는 대통령직속의 행정기관을 설치할 수 없다든가 또는 모든 행정기관은 헌법상 예외적으로 열거된 경우 등 이외에는 반드시 국무총리의 통할을 받아야 한다고는 말할 수 없다.

② 국무총리는 중앙행정기관의 장의 명령이나 처분이 위법 또는 부당하다고 인정될 경우에는 직권으로 이를 중지 또는 취소할 수 있다.

③ 대통령의 국법상 행위는 문서로써 하며, 이 문서에는 국무총리와 관계 국무위원이 부서한다. 군사에 관한 것도 또한 같다.

④ 국무총리가 사고로 직무를 수행할 수 없는 경우에는 기획재정부장관이 겸임하는 부총리, 교육부장관이 겸임하는 부총리의 순으로 직무를 대행하고, 국무총리와 부총리가 모두 사고로 직무를 수행할 수 없는 경우에는 대통령의 지명이 있으면 그 지명을 받은 국무위원이 그 직무를 대행한다.

> **ADVICE** ② 국무총리는 중앙행정기관의 장의 명령이나 처분이 위법 또는 부당하다고 인정될 경우에는 <u>대통령의 승인을 받아</u> 이를 중지 또는 취소할 수 있다(정부조직법 제18조 제2항).

　① <u>대통령직속의 헌법기관이 별도로 규정되어 있다는 이유만을 들어 법률에 의하더라도 헌법에 열거된 헌법기관 이외에는 대통령직속의 행정기관을 설치할 수 없다든가 또는 모든 행정기관은 헌법상 예외적으로 열거된 경우 등 이외에는 반드시 국무총리의 통할을 받아야 한다고는 말할 수 없다</u> 할 것이고 이는 현행 헌법상 대통령중심제의 정부조직원리에도 들어맞는 것이라 할 것이다(헌재 1994. 4. 28. 89헌마221).

　③ 헌법 제82조

　④ 정부조직법 제22조

> 정부조직법 제22조(국무총리의 직무대행) 국무총리가 사고로 직무를 수행할 수 없는 경우에는 <u>기획재정부장관이 겸임하는 부총리, 교육부장관이 겸임하는 부총리의 순</u>으로 직무를 대행하고, 국무총리와 부총리가 모두 사고로 직무를 수행할 수 없는 경우에는 <u>대통령의 지명이 있으면 그 지명을 받은 국무위원이, 지명이 없는 경우에는 제26조제1항에 규정된 순서</u>에 따른 국무위원이 그 직무를 대행한다.

17 감사원에 대한 설명으로 옳지 않은 것은? (다툼이 있는 경우 판례에 의함)

① 직무감찰의 범위를 정한 「감사원법」 조항에 의하면, 지방자치단체의 사무와 그에 소속한 지방공무원의 직무는 감사원의 감찰사항에 포함되며, 여기에는 공무원의 비위사실을 밝히기 위한 비위감찰권뿐만 아니라 공무원의 근무평정·행정관리의 적부심사분석과 그 개선 등에 관한 행정감찰권까지 포함된다.

② 감사원은 국무총리로부터 국가기밀에 속한다는 소명이 있는 사항이나 국방부장관으로부터 군기밀이거나 작전상 지장이 있다는 소명이 있는 사항은 감찰할 수 없다.

③ 감사원장이 60개 공공기관에 대하여 공공기관 선진화 계획의 이행실태, 노사관계 선진화 추진실태 등을 점검하고 공공기관 감사책임자회의에서 자율시정하도록 개선방향을 제시한 행위는 그 자체로 일정한 법적 효과의 발생을 목적으로 하는 것이므로 그 법적 성질은 행정지도로서의 한계를 넘어 규제적·구속적 성격을 강하게 갖는다.

④ 감사원은 감사 결과 위법 또는 부당하다고 인정되는 사실이 있을 때에는 소속 장관, 감독기관의 장 또는 해당 기관의 장에게 시정·주의 등을 요구할 수 있다.

▶ADVICE ③ 이 사건 개선요구는 이를 따르지 않을 경우의 불이익을 명시적으로 예정하고 있다고 보기 어렵고, 행정지도로서의 한계를 넘어 규제적·구속적 성격을 강하게 갖는다고 할 수 없어 헌법소원의 대상이 되는 공권력의 행사에 해당한다고 볼 수 없다(헌재 2011. 12. 29. 2009헌마330).

① 헌법은 국가의 세입·세출의 결산, 국가 및 법률이 정한 단체의 회계검사와 행정기관 및 공무원의 직무에 대한 감찰을 하기 위하여 대통령 소속하에 감사원을 두고(제97조), 감사원의 조직·직무범위·감사위원의 자격·감사대상 공무원의 범위 기타 필요한 사항은 법률로 정한다고 규정하고 있다(제100조). 이에 따라 직무감찰의 범위를 정한 감사원법 제24조 제1항 제2호에 의하면, 지방자치단체의 사무와 그에 소속한 지방공무원의 직무는 감사원의 감찰사항에 포함되며, 여기에는 공무원의 비위사실을 밝히기 위한 비위감찰권뿐만 아니라 공무원의 근무평정·행정관리의 적부심사분석과 그 개선 등에 관한 행정감찰권까지 포함된다고 해석된다(헌재 2008. 5. 29. 2005헌라3).

② 감사원법 제24조 제4항

> 감사원법 제24조(감찰 사항)
> ④ 제1항에 따라 감찰을 하려는 경우 다음 각 호의 어느 하나에 해당하는 사항은 감찰할 수 없다.
> 　1. 국무총리로부터 국가기밀에 속한다는 소명이 있는 사항
> 　2. 국방부장관으로부터 군기밀이거나 작전상 지장이 있다는 소명이 있는 사항

④ 감사원법 제33조 제1항

> 감사원법 제33조(시정 등의 요구) ① 감사원은 감사 결과 위법 또는 부당하다고 인정되는 사실이 있을 때에는 소속 장관, 감독기관의 장 또는 해당 기관의 장에게 시정·주의 등을 요구할 수 있다.
> ② 제1항의 요구가 있으면 소속 장관, 감독기관의 장 또는 해당 기관의 장은 감사원이 정한 날까지 이를 이행하여야 한다.

✎ **ANSWER** 16.② 17.③

18 국회의 의사절차에 대한 설명으로 옳지 않은 것은? (다툼이 있는 경우 판례에 의함)

① 팩스로 제출이 시도되었던 법률안의 접수가 완료되지 않아 동일한 법률안을 제출하기 전에 철회 절차가 필요 없다고 보는 것은 발의된 법률안을 철회하는 요건을 정한 「국회법」 규정에 반하지 않는다.

② 헌법상 의사공개원칙은 모든 국회의 회의를 항상 공개하여야 하는 것은 아니나 이를 공개하지 아니할 경우에는 헌법에서 정하고 있는 일정한 요건을 갖추어야 함을 의미한다.

③ 국민은 헌법상 보장된 알 권리의 한 내용으로서 국회에 대하여 입법과정의 공개를 요구할 권리를 가지며, 국회의 의사에 대하여는 직접적인 이해관계 유무와 상관없이 일반적 정보공개청구권을 가진다고 할 수 있다.

④ 사법개혁특별위원회의 신속처리안건 지정동의안에 대한 표결 전에 그 대상이 되는 법안의 배포나 별도의 질의·토론 절차를 거치지 않았다면 그 표결은 절차상 위법하다.

> **ADVICE** ④ 신속처리안건 지정동의안의 심의는 그 대상이 된 위원회 회부 안건 자체의 심의가 아니라, 이를 신속처리대상안건으로 지정하여 의사절차의 단계별 심사기간을 설정할 것인지 여부를 심의하는 것이다. 그리고 국회법 제85조의2 제1항에서 요건을 갖춘 지정동의가 제출된 경우 의장 또는 위원장은 '지체 없이' 무기명투표로 표결하도록 규정하고 있고, 이 밖에 신속처리안건 지정동의안의 표결 전에 국회법상 질의나 토론이 필요하다는 규정은 없다. 따라서 이 사건 사개특위의 신속처리안건 지정동의안에 대한 표결 전에 그 대상이 되는 법안의 배포나 별도의 질의·토론 절차를 거치지 않았으므로 그 표결이 절차상 위법하다는 주장은 더 나아가 살펴볼 필요 없이 이유가 없다(헌재 2020. 5. 27. 2019헌라3).
>
> ① 의안의 발의와 접수의 세부적인 절차는 국회의 의사자율권의 영역에 있으므로, 발의된 법률안이 철회의 대상이 될 수 있는 시점에 대해서도 국회가 의사자율의 영역에서 규칙 또는 자율적인 법해석으로 정할 수 있다. 따라서 팩스로 제출이 시도되었던 법률안의 접수가 완료되지 않아 동일한 법률안을 제출하기 전에 철회 절차가 필요 없다고 보는 것은 국회법 제90조에 반하지 않는다(헌재 2020. 5. 27. 2019헌라3).
>
> ② 헌법상 의사공개원칙은 모든 국회의 회의를 항상 공개하여야 하는 것은 아니나 이를 공개하지 아니할 경우에는 헌법에서 정하고 있는 일정한 요건을 갖추어야 함을 의미하는 것이다. 또한 헌법 제50조 제1항 단서가 정하고 있는 회의의 비공개를 위한 절차나 사유는 그 문언이 매우 구체적이므로, 예외적인 비공개 사유는 문언에 따라 엄격하게 해석되어야 한다(헌재 2022. 1. 27. 2018헌마1162).
>
> ③ 국회 의사공개의 원칙은 대의민주주의 정치에 있어서 공공정보의 공개를 통해 국정에 대한 국민의 참여도를 높이고 국정운영의 투명성을 확보하기 위하여 필요불가결한 요소이다. 이 같은 헌법규정의 취지를 고려하면, 국민은 헌법상 보장된 알권리의 한 내용으로서 국회에 대하여 입법과정의 공개를 요구할 권리를 가지며, 국회의 의사에 대하여는 직접적인 이해관계 유무와 상관없이 일반적 정보공개청구권을 가진다고 할 수 있다(헌재 2009. 9. 24. 2007헌바17).

19 공무담임권에 대한 설명으로 옳은 것은? (다툼이 있는 경우 판례에 의함)

① 순경 공개경쟁채용시험의 응시연령 상한을 30세 이하로 규정한 「경찰공무원임용령」 조항은 공무담임권을 침해하지 않는다.

② 군의 특수성을 고려하여 부사관으로 최초로 임용되는 사람의 최고연령을 27세로 정한 「군인사법」 조항은 부사관임용을 원하는 사람들의 공무담임권을 침해한다.

③ 구 「검사징계법」상 검사에 대한 징계로서 '면직' 처분을 인정하는 것은 과잉금지원칙에 반하여 공무담임권을 침해한다고 할 수 없다.

④ 공무담임권의 보호영역에는 공무원 신분의 부당한 박탈이나 권한 또는 직무의 부당한 정지뿐만 아니라 승진시험의 응시제한이나 이를 통한 승진기회의 보장 등 내부 승진인사에 관한 문제도 포함된다.

》ADVICE ③ 범죄의 수사와 공소제기 업무를 담당하는 검사의 지위와 위상을 고려할 때, 검사가 중대한 비위행위를 하였음에도 계속 그 직무를 수행하도록 한다면 검찰의 직무와 사법질서에 대한 국민의 불신이 초래된다는 점에서, <u>검사에 대한 징계로서 "면직" 처분을 인정하는 것은 과잉금지원칙에 반하여 공무담임권을 침해한다고 할 수 없다</u>(헌재 2011. 12. 29. 2009헌바282).

① <u>획일적으로 30세까지는 순경과 소방사·지방소방사 및 소방간부후보생의 직무수행에 필요한 최소한도의 자격요건을 갖추고, 30세가 넘으면 그러한 자격요건을 상실한다고 보기 어렵고</u>, 이 점은 순경을 특별 채용하는 경우 응시연령을 40세 이하로 제한하고, 소방사·지방소방사와 마찬가지로 화재현장업무 등을 담당하는 소방교·지방소방교의 경우 특채시험의 응시연령을 35세 이하로 제한하고 있는 점만 보아도 분명하다. 따라서 <u>이 사건 심판대상 조항들이 순경 공채시험, 소방사 등 채용시험, 그리고 소방간부 선발시험의 응시연령의 상한을 '30세 이하'로 규정하고 있는 것은 합리적이라고 볼 수 없으므로 침해의 최소성 원칙에 위배되어 청구인들의 공무담임권을 침해한다</u>(헌재 2012. 5. 31. 2010헌마278).

② <u>심판대상조항에서 정한 부사관의 최초 임용연령상한이 지나치게 낮아 부사관 임용을 원하는 사람의 응시기회를 실질적으로 차단한다거나 제한할 정도에 이르렀다고 보기 어렵다.</u> 나아가 심판대상조항으로 인하여 입는 불이익은 부사관 임용지원기회가 27세 이후에 제한되는 것임에 반하여, 이를 통해 달성할 수 있는 공익은 군의 전투력 등 헌법적 요구에 부응하는 적절한 무력의 유지, 궁극적으로 국가안위의 보장과 국민의 생명·재산 보호로서 매우 중대하므로, 법익의 균형성 원칙에도 위배되지 아니한다. 따라서 <u>심판대상조항이 과잉금지의 원칙을 위반하여 청구인들의 공무담임권을 침해한다고 볼 수 없다</u>(헌재 2014. 9. 25. 2011헌마414).

④ 공무담임권의 보호영역에는 일반적으로 공직취임의 기회보장, 신분박탈, 직무의 정지가 포함될 뿐이고 청구인이 주장하는 '승진시험의 응시제한'이나 이를 통한 승진기회의 보장 문제는 공직신분의 유지나 업무수행에는 영향을 주지 않는 단순한 내부 승진인사에 관한 문제에 불과하여 공무담임권의 보호영역에 포함된다고 보기는 어려우므로 결국 이 사건 심판대상 규정은 청구인의 공무담임권을 침해한다고 볼 수 없다(헌재 2007. 6. 28. 2005헌마1179).

✎ ANSWER 18.④ 19.③

20 예산에 대한 설명으로 옳은 것은?

① 예산결산특별위원회의 위원 수는 50명으로 하고 위원장은 교섭단체 소속 의원 수의 비율과 상임위원회 위원 수의 비율에 따라 각 교섭단체 대표의원의 요청으로 위원을 선임한다.

② 새로운 회계연도가 개시될 때까지 예산안이 의결되지 못한 경우, 이미 예산으로 승인된 사업의 계속을 위한 경비에 대해서는 국회에서 예산안이 의결될 때까지 정부는 아직 의결되지 못한 그 예산안에 따라 집행할 수 있다.

③ 국회는 정부의 동의 없이 정부가 제출한 지출예산 각항의 금액을 증가할 수는 없지만, 새 비목은 설치할 수 있다.

④ 정부는 회계연도마다 예산안을 편성하여 회계연도 개시 90일전까지 국회에 제출하고, 국회는 회계연도 개시 30일전까지 이를 의결하여야 한다.

>**ADVICE** ④ 헌법 제54조 제2항

　① 국회법 제45조 제2항

> 국회법 제45조(예산결산특별위원회) ① 예산안, 기금운용계획안 및 결산(세입세출결산과 기금결산을 말한다. 이하 같다)을 심사하기 위하여 예산결산특별위원회를 둔다.
> ② 예산결산특별위원회의 위원 수는 50명으로 한다. 이 경우 의장은 교섭단체 소속 의원 수의 비율과 상임위원회 위원 수의 비율에 따라 각 교섭단체 대표의원의 요청으로 위원을 선임한다.
> ③ 예산결산특별위원회 위원의 임기는 1년으로 한다. 다만, 국회의원 총선거 후 처음 선임된 위원의 임기는 선임된 날부터 개시하여 의원의 임기 개시 후 1년이 되는 날까지로 하며, 보임되거나 개선된 위원의 임기는 전임자 임기의 남은 기간으로 한다.
> ④ 예산결산특별위원회의 위원장은 예산결산특별위원회의 위원 중에서 임시의장 선거의 예에 준하여 본회의에서 선거한다.

　② 헌법 제54조 제3항

> 헌법 제54조 ①국회는 국가의 예산안을 심의·확정한다.
> ② 정부는 회계연도마다 예산안을 편성하여 회계연도 개시 90일전까지 국회에 제출하고, 국회는 회계연도 개시 30일전까지 이를 의결하여야 한다.
> ③ 새로운 회계연도가 개시될 때까지 예산안이 의결되지 못한 때에는 정부는 국회에서 예산안이 의결될 때까지 다음의 목적을 위한 경비는 전년도 예산에 준하여 집행할 수 있다.
> 　1. 헌법이나 법률에 의하여 설치된 기관 또는 시설의 유지·운영
> 　2. 법률상 지출의무의 이행
> 　3. 이미 예산으로 승인된 사업의 계속

　③ 헌법 제57조

> 헌법 제57조 국회는 정부의 동의없이 정부가 제출한 지출예산 각항의 금액을 증가하거나 새 비목을 설치할 수 없다.

21 사법권에 대한 설명으로 옳지 않은 것은? (다툼이 있는 경우 판례에 의함)

① 안마사 자격인정을 받지 아니한 자는 안마시술소 또는 안마원을 개설할 수 없도록 하고 이를 위반한 자를 처벌하는 구「의료법」조항은 벌금형과 징역형을 모두 규정하면서 그 하한에는 제한을 두지 않고 그 상한만 5년 이하의 징역형 또는 2천만원 이하의 벌금형으로 제한하고 있어 법관의 양형재량권을 침해한다고 볼 수 있다.

② 정신적인 장애로 항거불능 또는 항거곤란 상태에 있음을 이용하여 사람을 간음한 사람을 무기징역 또는 7년 이상의 징역에 처하도록 규정한 「성폭력범죄의 처벌 등에 관한 특례법」조항은 별도의 법률상 감경사유가 없는 한 법관이 작량감경을 하더라도 집행유예를 선고할 수 없게 되어 있지만 범죄의 죄질 및 행위자의 책임에 비하여 지나치게 가혹하다고 할 수 없어 책임과 형벌의 비례원칙에 반하지 않는다.

③ 약식절차에서 피고인이 정식재판을 청구한 경우 약식명령보다 더 중한 형을 선고할 수 없도록 한 「형사소송법」조항에 의하여 법관의 양형결정권이 침해된다고 볼 수 없다.

④ 근무성적이 현저히 불량하여 판사로서 정상적인 직무를 수행할 수 없는 경우에 연임발령을 하지 않도록 규정한 구「법원조직법」조항은 사법의 독립을 침해한다고 볼 수 없다.

> ADVICE ① 시각장애인들에 대한 실질적인 보호를 위하여 비안마사들의 안마시술소 개설행위를 실효적으로 규제하는 것이 필요하다. 이 사건 처벌조항은 벌금형과 징역형을 모두 규정하고 있으나, 그 하한에는 제한을 두지 않고 그 상한만 5년 이하의 징역형 또는 2천만 원 이하의 벌금형으로 제한하여 법관의 양형재량권을 폭넓게 인정하고 있으며 죄질에 따라 벌금형이나 선고유예까지 선고할 수 있으므로, 이러한 법정형이 위와 같은 입법목적에 비추어 지나치게 가혹한 형벌이라고 보기 어렵다(헌재 2017. 12. 28. 2017헌가15).
>
> ② 장애인준강간죄의 보호법익의 중요성, 죄질, 행위자 책임의 정도 및 일반예방이라는 형사정책의 측면 등 여러 요소를 고려하여 본다면, 입법자가 형법상 준강간죄나 장애인위계등간음죄(성폭력처벌법 제6조 제5항)의 법정형보다 무거운 '무기 또는 7년 이상의 징역'이라는 비교적 중한 법정형을 정하여, 법관의 작량감경만으로는 집행유예를 선고하지 못하도록 입법적 결단을 내린 것에는 나름대로 수긍할 만한 합리적인 이유가 있는 것이고, 그것이 범죄의 죄질 및 행위자의 책임에 비하여 지나치게 가혹하다고 할 수 없다. 따라서 심판대상조항은 책임과 형벌의 비례원칙에 위배되지 아니한다(헌재 2016. 11. 24. 2015헌바136).
>
> ③ 약식절차에서는 피고인에게 자신에게 유리한 각종 자료를 제출하고 주장할 기회가 전혀 주어지지 않는 반면, 정식재판절차는 약식절차와 동일심급의 소송절차로서 당사자인 피고인에게 제1심절차에서 인정되는 모든 공격·방어기회가 주어지며 자신에게 유리한 양형자료를 제출할 충분한 기회가 보장된다. 따라서 이 사건 법률조항은 오히려 피고인의 공정한 재판을 받을 권리를 실질적으로 보장하는 기능을 하며 그 입법목적이나 효과의 면에서 피고인의 권리를 제한하는 것으로 볼 수 없다. 또한 이 사건 법률조항에 의한 불이익변경금지원칙은 정식재판청구권의 실질적 보장을 위한 정책적 고려에 의하여 명문화한 것이므로 상소심에서 불이익변경금지원칙이 인정되는 논리적·이론적 근거와 크게 다르지 않으므로 불이익변경금지원칙을 약식절차에 확대하는 것이 불합리한 것으로 볼 수 없다. 형사법상 법관에게 주어진 양형권한도 입법자가 만든 법률에 규정되어 있는 내용과 방법에 따라 그 한도내에서 재판을 통해 형벌을 구체화하는 것으로 볼 수 있다. 또한 검사의 약식명령청구사안이 적당하지 않다고 판단될 경우 법원은 직권으로 통상의 재판절차로 사건을 넘겨 재판절차를 진행시킬 수 있고 이 재판절차에서 법관이 자유롭게 형량을 결정할 수 있으므로 이러한 점들을 종합해보면 이 사건 법률조항에 의하여 법관의 양형결정권이 침해된다고 볼 수 없다(헌재 2005. 3. 31. 2004헌가27).

✎ **ANSWER** 20.④ 21.①

④ 이 사건 연임결격조항은 직무를 제대로 수행하지 못하는 판사를 그 직에서 배제하여 사법부 조직의 효율성을 유지하기 위한 것으로 그 정당성이 인정된다. 판사의 근무성적은 공정한 기준에 따를 경우 판사의 사법운영능력을 판단함에 있어 다른 요소에 비하여 보다 객관적인 기준으로 작용할 수 있고, 이를 통해 국민의 재판청구권의 실질적 보장에도 기여할 수 있다. 나아가 연임심사에 반영되는 판사의 근무성적에 대한 평가는 10년이라는 장기간 동안 반복적으로 실시되어 누적된 것이므로, 특정 가치관을 가진 판사를 연임에서 배제하는 수단으로 남용될 가능성이 크다고 볼 수 없다. 근무성적평정을 실제로 운용함에 있어서는 재판의 독립성을 해칠 우려가 있는 사항을 평정사항에서 제외하는 등 평정사항을 한정하고 있으며, 연임 심사과정에서 해당 판사에게 의견진술권 및 자료제출권이 보장되고, 연임하지 않기로 한 결정에 불복하여 행정소송을 제기할 수 있는 점 등을 고려할 때, 판사의 신분보장과 관련한 예측가능성이나 절차상의 보장이 현저히 미흡하다고 볼 수도 없으므로, 이 사건 연임결격조항은 사법의 독립을 침해한다고 볼 수 없다(헌재 2016. 9. 29. 2015헌바331).

22 헌법재판소의 조직 및 심판절차에 대한 설명으로 옳은 것은?

① 「헌법재판소법」은 정당해산심판과 헌법소원심판에 대해서만 명문으로 가처분 규정을 두고 있다.

② 변론기일에 출석하여 본안에 관한 진술을 한 때에도 재판관에게 공정한 심판을 기대하기 어려운 사정이 있는 경우라면 당사자는 기피신청을 할 수 있다.

③ 위헌법률의 심판과 권한쟁의에 관한 심판은 서면심리에 의한다. 다만, 재판부는 필요하다고 인정하는 경우에는 변론을 열어 당사자, 이해관계인, 그 밖의 참고인의 진술을 들을 수 있다.

④ 헌법소원심판에서 헌법재판소가 국선대리인을 선정하지 아니한다는 결정을 한 때에는 지체 없이 그 사실을 신청인에게 통지하여야 한다. 이 경우 신청인이 선임신청을 한 날부터 그 통지를 받은 날까지의 기간은 「헌법재판소법」 제69조의 청구기간에 산입하지 아니한다.

>ADVICE ④ 헌법재판소법 제70조 제4항

① 정당해산심판과 권한쟁의심판에만 가처분을 규정(헌법재판소법 제57조, 제65조)

> 헌법재판소법 제57조(가처분) 헌법재판소는 정당해산심판의 청구를 받은 때에는 직권 또는 청구인의 신청에 의하여 종국결정의 선고 시까지 피청구인의 활동을 정지하는 결정을 할 수 있다.
> 제65조(가처분) 헌법재판소가 권한쟁의심판의 청구를 받았을 때에는 직권 또는 청구인의 신청에 의하여 종국결정의 선고 시까지 심판 대상이 된 피청구인의 처분의 효력을 정지하는 결정을 할 수 있다.

② 재판관에게 공정한 심판을 기대하기 어려운 사정이 있는 경우 당사자는 기피신청을 할 수 있다. 다만, 변론기일에 출석하여 본안에 관한 진술을 한 때에는 그러하지 아니하다(헌법재판소법 제24조 제3항).

③ 헌법재판소법 제30조 제1항, 제2항

> 헌법재판소법 제30조(심리의 방식) ① 탄핵의 심판, 정당해산의 심판 및 권한쟁의의 심판은 구두변론에 의한다.
> ② 위헌법률의 심판과 헌법소원에 관한 심판은 서면심리에 의한다. 다만, 재판부는 필요하다고 인정하는 경우에는 변론을 열어 당사자, 이해관계인, 그 밖의 참고인의 진술을 들을 수 있다.
> ③ 재판부가 변론을 열 때에는 기일을 정하여 당사자와 관계인을 소환하여야 한다.

23 선거관리위원회에 대한 설명으로 옳은 것은? (다툼이 있는 경우 판례에 의함)

① 법관과 법원공무원 이외의 공무원은 각급선거관리위원회의 위원이 될 수 없다.

② 중앙선거관리위원회는 대통령이 임명하는 3인, 국회에서 선출하는 3인과 대법원장이 지명하는 3인의 위원으로 구성한다. 위원장은 국회의 동의를 얻어 위원 중에서 대통령이 임명한다.

③ 각급선거관리위원회의 위원장·상임위원·부위원장이 모두 사고가 있을 때에는 위원 중에서 임시위원장을 호선하여 위원장의 직무를 대행하게 한다.

④ 각급선거관리위원회 위원·직원의 선거범죄 조사에 있어서 피조사자에게 자료제출의무를 부과하는 「공직선거법」 조항은 이 규정에 위반하여 허위의 자료를 제출한 경우 형사처벌을 규정하고 있는바, 이는 형벌에 의한 불이익이라는 심리적, 간접적 강제수단을 통하여 진실한 자료를 제출하도록 하는 강제처분을 수반하는 것으로 영장주의의 적용대상이다.

> **ADVICE** ③ 위원장이 사고가 있을 때에는 상임위원 또는 부위원장이 그 직무를 대행하며 <u>위원장·상임위원·부위원장이 모두 사고가 있을 때에는 위원중에서 임시위원장을 호선하여 위원장의 직무를 대행하게 한다</u>(선거관리위원회법 제5조 제5항).
>
> ① <u>법관과 법원공무원 및 교육공무원 이외의 공무원은 각급선거관리위원회의 위원이 될 수 없다</u>(선거관리위원회법 제4조 제6항).
>
> ② 중앙선거관리위원회 위원장은 위원중에서 호선한다(헌법 제114조 제2항).
>
> ④ <u>심판대상조항에 의한 자료제출요구는 그 성질상 대상자의 자발적 협조를 전제로 할 뿐이고 물리적 강제력을 수반하지 아니한다.</u> 심판대상조항은 피조사자로 하여금 자료제출요구에 응할 의무를 부과하고, 허위 자료를 제출한 경우 형사처벌하고 있으나, 이는 형벌에 의한 불이익이라는 심리적, 간접적 강제수단을 통하여 진실한 자료를 제출하도록 함으로써 조사권 행사의 실효성을 확보하기 위한 것이다. 이와 같이 <u>심판대상조항에 의한 자료제출요구는 행정조사의 성격을 가지는 것으로 수사기관의 수사와 근본적으로 그 성격을 달리하며, 청구인에 대하여 직접적으로 어떠한 물리적 강제력을 행사하는 강제처분을 수반하는 것이 아니므로 영장주의의 적용대상이 아니다</u>(헌재 2019. 9. 26. 2016헌바381).

24 헌법소원심판에 대한 설명으로 옳은 것은? (다툼이 있는 경우 판례에 의함)

① 대한변호사협회가 변호사 등록사무의 수행과 관련하여 정립한 규범은 단순한 내부 기준이라 볼 수 있으므로 변호사 등록을 하려는 자와의 관계에서 대외적 구속력을 가지는 공권력 행사에 해당한다고 할 수 없다.

② 헌법소원의 대상이 되는 공권력에는 입법작용도 포함되므로 입법기관의 소관사항인 법률의 개정 및 폐지를 요구하는 것은 헌법소원심판의 대상이 된다.

③ 법률 또는 법률조항 자체가 헌법소원의 대상이 될 수 있으려면 구체적인 집행행위를 기다리지 아니하고 그 법률 또는 법률조항에 의하여 직접, 현재, 자기의 기본권을 침해받아야 하는바, 위에서 말하는 집행행위에 입법행위는 포함되지 않으므로 법률규정이 그 규정의 구체화를 위하여 하위규범의 시행을 예정하고 있는 경우에는 당해 법률규정의 직접성은 인정된다.

④ 헌법재판소는 「헌법재판소법」 제68조제1항에 따른 헌법소원을 인용할 때에는 인용결정서의 주문에 침해된 기본권과 침해의 원인이 된 공권력의 행사 또는 불행사를 특정하여야 하며, 그 경우에 공권력의 행사 또는 불행사가 위헌인 법률 또는 법률의 조항에 기인한 것이라고 인정될 때에는 인용결정에서 해당 법률 또는 법률의 조항이 위헌임을 선고할 수 있다.

>ADVICE ④ 헌법재판소법 제75조 제2항, 제5항

> 헌법재판소법 제75조(인용결정)
> ② 제68조제1항에 따른 헌법소원을 인용할 때에는 인용결정서의 주문에 침해된 기본권과 침해의 원인이 된 공권력의 행사 또는 불행사를 특정하여야 한다.
> ⑤ 제2항의 경우에 헌법재판소는 공권력의 행사 또는 불행사가 위헌인 법률 또는 법률의 조항에 기인한 것이라고 인정될 때에는 인용결정에서 해당 법률 또는 법률의 조항이 위헌임을 선고할 수 있다.

① 변호사 등록제도는 그 연혁이나 법적 성질에 비추어 보건대, 원래 국가의 공행정의 일부라 할 수 있으나, 국가가 행정상 필요로 인해 대한변호사협회(이하 '변협'이라 한다)에 관련 권한을 이관한 것이다. 따라서 <u>변협은 변호사 등록에 관한 한 공법인으로서 공권력 행사의 주체이다.</u> 또한 변호사법의 관련 규정, 변호사 등록의 법적 성질, 변호사 등록을 하려는 자와 변협 사이의 법적 관계 등을 고려했을 때 변호사 등록에 관한 한 공법인 성격을 가지는 변협이 등록사무의 수행과 관련하여 정립한 규범을 단순히 내부 기준이라거나 사법적인 성질을 지니는 것이라 볼 수는 없고, <u>변호사 등록을 하려는 자와의 관계에서 대외적 구속력을 가지는 공권력 행사에 해당한다고 할 것이다</u>(헌재 2019. 11. 28. 2017헌마759).

② <u>헌법재판소법 제75조 제7항의 개정과 동법 동조 제4항의 폐지는 입법기관의 소관사항이므로 헌법소원심판청구는 부적법하다</u>(헌재 1992. 6. 26. 89헌마132).

③ 법률 또는 법률조항 자체가 헌법소원의 대상이 될 수 있으려면 구체적인 집행행위를 기다리지 아니하고 그 법률 또는 법률조항에 의하여 직접, 현재, 자기의 기본권을 침해받아야 하는 바, 위에서 말하는 집행행위에는 입법행위도 포함되므로 법률 규정이 그 규정의 구체화를 위하여 하위규범의 시행을 예정하고 있는 경우에는 당해 <u>법률규정의 직접성은 부인된다</u>(헌재 1996. 2. 29. 94헌마213).

25 재판의 전제성에 대한 설명으로 옳은 것은? (다툼이 있는 경우 판례에 의함)

① 법원에서 당해 소송사건에 적용되는 재판규범 중 위헌제청신청대상이 아닌 관련 법률에서 규정한 소송요건을 구비하지 못하였기 때문에 부적법하다는 이유로 소각하판결을 선고하고 그 판결이 확정되거나, 소각하판결이 확정되지 않았더라도 당해 소송사건이 부적법하여 각하될 수밖에 없는 경우, 당해 소송사건이 각하될 것이 불분명한 경우에는 당해 소송사건에 관한 '재판의 전제성' 요건이 흠결된 것으로 본다.

② 법원이 심판대상조항을 적용함이 없이 다른 법리를 통하여 재판을 한 경우 심판대상조항의 위헌 여부는 당해사건법원의 재판에 직접 적용되거나 관련되는 것이 아니어서 재판의 전제성이 인정되지 않는다.

③ 형사사건에 있어서 원칙적으로 공소가 제기되지 아니한 법률조항의 위헌 여부는 당해 형사사건의 재판의 전제가 될 수 없으나 공소장에 적용법조로 기재되었다면 재판의 전제성을 인정할 수 있다.

④ 항소심에서 당해 사건의 당사자들 간에 임의조정이 성립되어 소송이 종결된 경우 1심 판결에 적용된 법률조항에 대해서는 재판의 전제성이 인정될 수 있다.

> **ADVICE** ② 구 국세징수법 제47조 제2항은 부동산등에 대한 압류는 압류의 등기 또는 등록을 한 후에 발생한 체납액에 대하여도 효력이 미친다는 내용임에 반하여, 당해사건의 법원은 압류등기 후에 압류부동산을 양수한 소유자에게 압류처분의 취소를 구할 당사자적격이 있는지에 관한 법리 및 압류해제, 결손처분에 관한 법리를 통하여 당해사건을 판단하였고, 그러한 당해사건법원의 판단은 그대로 대법원에 의하여 최종적으로 확정되었는 바, 그렇다면 <u>위 법률조항의 위헌여부는 당해사건법원의 재판에 직접 적용되거나 관련되는 것이 아니어서 그 재판의 전제성이 없다</u>(헌재 2001. 11. 29. 2000헌바49).

  ① 헌법재판소법 제68조 제2항에 의한 헌법소원에 있어서는 일반법원에 계속 중인 구체적 사건에 적용할 법률이 헌법에 위반되는지 여부가 당해사건의 재판의 전제로 되어야 한다. 이 경우 재판의 전제가 된다고 하려면 우선 그 법률이 당해 사건에 적용할 법률이어야 하고 그 위헌 여부에 따라 재판의 주문이 달라지거나 재판의 내용과 효력에 관한 법률적 의미가 달라지는 경우를 말하고, 여기에서 당해 사건이 일반법원에 계속 중이라는 의미는 원칙적으로 '적법하게' 계속되어 있어야 한다. 그러므로, 법원에서 당해 소송사건에 적용되는 재판규범 중 <u>위헌제청신청대상이 아닌 관련 법률에서 규정한 소송요건을 구비하지 못하였기 때문에 부적법하다는 이유로 소각하 판결을 선고하고 그 판결이 확정되거나, 소각하 판결이 확정되지 않았더라도 당해 소송사건이 부적법하여 각하될 수밖에 없는 경우에는 당해 소송사건에 관한 '재판의 전제성' 요건이 흠결되어 헌법재판소법 제68조 제2항의 헌법소원심판청구가 부적법하다 할 것이나, 이와는 달리 당해 소송사건이 각하될 것이 불분명한 경우에는 '재판의 전제성'이 흠결되었다고 단정할 수 없는 것이다</u>(헌재 2013. 11. 28. 2012헌바279).

  ③ 형사사건에 있어서는, 원칙적으로 공소가 제기되지 아니한 법률조항의 위헌 여부는 당해 형사사건의 재판의 전제가 될 수 없으나, <u>공소장에 적용법조로 기재되었다는 이유만으로 재판의 전제성을 인정할 수도 없다</u>(헌재 1997. 1. 16. 89헌마240

  ④ <u>항소심에서 당해 사건의 당사자들에 의해 소송이 종결되었다면 구체적인 사건이 법원에 계속 중인 경우라 할 수 없을 뿐 아니라, 조정의 성립에 1심판결에 적용된 법률조항이 적용된 바도 없으므로 위 법률조항에 대하여 위헌결정이 있다 하더라도 청구인으로서는 당해 사건에 대하여 재심을 청구할 수 없어 종국적으로 당해 사건의 결과에 대하여 이를 다툴 수 없게 되었다 할 것이므로, 위 법률조항이 헌법에 위반되는지 여부는 당해 사건과의 관계에서 재판의 전제가 되지 못한다</u>(헌재 2010. 2. 25. 2007헌바34).

✎ **ANSWER** 24.④ 25.②

1 신뢰보호의 원칙에 대한 설명으로 옳지 않은 것은? (다툼이 있는 경우 판례에 의함)

① 입법자가 반복하여 음주운전을 하는 자를 총포소지허가의 결격사유로 규제하지 않을 것이라는 데 대한 신뢰가 보호가치 있는 신뢰라고 보기 어렵다.

② 무기징역의 집행 중에 있는 자의 가석방 요건을 종전의 '10년 이상'에서 '20년 이상' 형 집행 경과로 강화한 개정 「형법」 조항을 「형법」 개정 당시에 이미 수용 중인 사람에게도 적용하는 「형법」 부칙 규정은 신뢰보호원칙에 위배되지 아니한다.

③ 부진정소급입법은 원칙적으로 허용되지만 소급효를 요구하는 공익상의 사유와 신뢰보호의 요청 사이의 교량과정에서 신뢰보호의 관점이 입법자의 형성권에 제한을 가하게 된다.

④ 위법건축물에 대하여 이행강제금을 부과하도록 하면서 이행강제금제도 도입 전의 위법건축물에 대하여도 적용의 예외를 두지 아니한 「건축법」(2008. 3. 21. 법률 제8974호) 부칙 규정은 신뢰보호의 원칙에 위반된다.

> **ADVICE** ④ 위법건축물에 대하여 종전처럼 과태료만이 부과될 것이라고 기대한 신뢰는 제도상의 공백에 따른 반사적인 이익에 불과하여 그 보호가치가 그리 크지 않은데다가, 이미 이행강제금 도입으로 인한 국민의 혼란이나 부담도 많이 줄어든 상태인 반면, 이행강제금제도 도입 전의 위법건축물이라 하더라도 이행강제금을 부과함으로써 위법상태를 치유하여 건축물의 안전, 기능, 미관을 증진하여야 한다는 공익적 필요는 중대하다 할 것이다. 따라서 이 사건 부칙조항은 신뢰보호원칙에 위배된다고 볼 수 없다(헌재 2015. 10. 21. 2013헌바248).
>
> ① 총포의 소지는 원칙적으로 금지되고 예외적으로 허가되는 것이므로, 그 결격사유 또한 새로이 규정, 시행될 수 있다. 따라서 이에 대한 청구인의 신뢰는 보호가치 있는 신뢰라고 보기 어려운 반면, 총기 안전사고를 예방하여 공공의 안전을 확보하는 것은 가능한 조속히 달성해야 하는 것으로서 그 공익적 가치가 중대하다. 심판대상조항은 신뢰보호원칙에 반하여 직업의 자유 및 일반적 행동의 자유를 침해한다고 할 수 없다(헌재 2018. 4. 26. 2017헌바341).
>
> ② 수형자가 형법에 규정된 형 집행경과기간 요건을 갖춘 것만으로 가석방을 요구할 권리를 취득하는 것은 아니므로, 10년간 수용되어 있으면 가석방 적격심사 대상자로 선정될 수 있었던 구 형법 제72조 제1항에 대한 청구인의 신뢰를 헌법상 권리로 보호할 필요성이 있다고 할 수 없다. 가석방 제도의 실제 운용에 있어서도 구 형법 제72조 제1항이 정한 10년보다 장기간의 형 집행 이후에 가석방을 해 왔고, 무기징역형을 선고받은 수형자에 대하여 가석방을 한 예가 많지 않으며, 2002년 이후에는 20년 미만의 집행기간을 경과한 무기징역형 수형자가 가석방된 사례가 없으므로, 청구인의 신뢰가 손상된 정도도 크지 아니하다. 그렇다면 죄질이 더 무거운 무기징역형을 선고받은 수형자를 가석방할 수 있는 형 집행 경과기간이 개정 형법 시행 후에 유기징역형을 선고받은 수형자의 경우와 같거나 오히려 더 짧게 되는 불합리한 결과를 방지하고, 사회를 방위하기 위한 이 사건 부칙조항이 신뢰보호원칙에 위배되어 청구인의 신체의 자유를 침해한다고 볼 수 없다(헌재 2013. 8. 29. 2011헌마408).

③ '소급입법'은 신법이 이미 종료된 사실관계나 법률관계에 적용되는지, 아니면 현재 진행 중인 사실관계나 법률관계에 적용되는지에 따라 '진정소급입법'과 '부진정소급입법'으로 구분되는데, 전자는 헌법상 원칙적으로 허용되지 않고 특단의 사정이 있는 경우에만 예외적으로 허용되는 반면, 후자는 원칙적으로 허용되지만 소급효를 요구하는 공익상의 사유와 신뢰보호 요청 사이의 교량 과정에서 신뢰보호의 관점이 입법자의 입법형성권에 일정한 제한을 가하게 된다는 데에 차이가 있다(헌재 2015. 12. 23. 2013헌바259).

2 교육을 받을 권리에 대한 설명으로 옳지 않은 것은? (다툼이 있는 경우 판례에 의함)

① 검정고시응시자격을 제한하는 것은 국민의 교육받을 권리 중 그 의사와 능력에 따라 균등하게 교육받을 것을 국가로부터 방해받지 않을 권리를 제한하는 것이므로 그 제한에 대하여는 과잉금지원칙에 따른 심사를 받아야 한다.

② 헌법 제31조제1항이 보장하는 국민의 교육을 받을 권리로부터 국가 및 지방자치단체에게 사립유치원에 대한 교사 인건비, 운영비 및 영양사 인건비를 예산으로 지원하라는 작위의무가 도출된다.

③ 헌법 제31조제3항에 규정된 의무교육 무상의 원칙에 있어서 무상의 범위는 헌법상 교육의 기회균등을 실현하기 위해 필수불가결한 비용, 즉 모든 학생이 의무교육을 받음에 있어서 경제적인 차별 없이 수학하는 데 반드시 필요한 비용에 한한다.

④ 의무교육 대상인 중학생의 학부모에게 급식 관련 비용 일부를 부담하도록 규정한 구「학교급식법」의 조항은 헌법상 의무교육의 무상원칙에 반하지 않는다.

> ADVICE ② 국가 및 지방자치단체에게 사립유치원에 대한 교사 인건비, 운영비 및 영양사 인건비를 예산으로 지원하라는 헌법상 명문규정이 없음은 분명하다. 그리고 헌법 제31조 제1항은 국민의 교육을 받을 권리를 보장하고 있지만 그 권리는 통상 국가에 의한 교육조건의 개선·정비와 교육기회의 균등한 보장을 적극적으로 요구할 수 있는 권리로 이해되고 있을 뿐이고, 그로부터 위와 같은 작위의무가 헌법해석상 바로 도출된다고 볼 수 없다. 또한 사립유치원 운영자 등의 영업의 자유나 평등권을 보장하는 헌법규정으로부터도 위와 같은 작위의무가 도출된다고 볼 수 없다(헌재 2006. 10. 26. 2004헌마13).

① 이 사건 수시모집요강(수시모집 전형에 있어서는 검정고시 출신자의 지원을 제한)이 자유권적 성격의 교육을 받을 권리를 침해하는지 여부는 비례성 심사를 하여야 한다. 대학의 연구 및 교육의 내용, 그 방법과 대상, 교과과정의 편성, 학생의 선발 및 전형 등도 대학의 자율의 범위에 속하고 따라서 입학시험제도도 자주적으로 마련될 수 있어야 함을 감안하더라도 마찬가지이다. 과거 헌법재판소가 자유권적 성격의 교육을 받을 권리를 제한하는 것은 헌법 제37조 제2항의 비례원칙에 의한 심사, 즉 과잉금지원칙에 따른 심사를 받아야 한다고 판단한 것도 같은 맥락에 있다(헌재 2008. 4. 24. 2007헌마1456).

③ 헌법 제31조 제3항에 규정된 의무교육 무상의 원칙에 있어서 무상의 범위는 헌법상 교육의 기회균등을 실현하기 위해 필수불가결한 비용, 즉 모든 학생이 의무교육을 받음에 있어서 경제적인 차별 없이 수학하는 데 반드시 필요한 비용에 한한다고 할 것이며, 수업료나 입학금의 면제, 학교와 교사 등 인적·물적 기반 및 그 기반을 유지하기 위한 인건비와 시설유지비, 신규시설투자비 등의 재원마련 및 의무교육의 실질적인 균등보장을 위해 필수불가결한 비용은 무상의 범위에 포함된다(헌재 2012. 8. 23. 2010헌바220).

✎ **ANSWER** 1.④ 2.②

④ 학교급식은 학생들에게 한 끼 식사를 제공하는 영양공급 차원을 넘어 교육적인 성격을 가지고 있지만, 이러한 교육적 측면은 기본적이고 필수적인 학교 교육 이외에 부가적으로 이루어지는 식생활 및 인성교육으로서의 보충적 성격을 가지므로 의무교육의 실질적인 균등보장을 위한 본질적이고 핵심적인 부분이라고까지는 할 수 없다. 이 사건 법률조항들은 비록 중학생의 학부모들에게 급식관련 비용의 일부를 부담하도록 하고 있지만, 학부모에게 급식에 필요한 경비의 일부를 부담시키는 경우에 있어서도 학교급식 실시의 기본적 인프라가 되는 부분은 배제하고 있으며, 국가나 지방자치단체의 지원으로 학부모의 급식비 부담을 경감하는 조항이 마련되어 있고, 특히 저소득층 학생들을 위한 지원방안이 마련되어 있다는 점 등을 고려해 보면, 이 사건 법률조항들이 입법형성권의 범위를 넘어 헌법상 의무교육의 무상원칙에 반하는 것으로 보기는 어렵다(헌재 2012. 4. 24. 2010헌바164).

3 집회의 자유에 대한 설명으로 옳지 않은 것은? (다툼이 있는 경우 판례에 의함)

① 일반적으로 집회는 일정한 장소를 전제로 하여 특정 목적을 가진 다수인이 일시적으로 회합하는 것을 말하는 것으로 일컬어지고 있으나, 그 공동의 목적은 적어도 '내적인 유대 관계'를 넘어서 공공의 이익을 추구하는 것이어야 한다.

② 집회의 자유는 개인의 인격발현의 요소이자 민주주의를 구성하는 요소라는 이중적 헌법적 기능을 가지고 있다.

③ 헌법 제21조제2항은 헌법 자체에서 언론·출판에 대한 허가나 검열의 금지와 더불어 집회에 대한 허가금지를 명시함으로써, 집회의 자유에 있어서는 다른 기본권 조항들과는 달리, '허가'의 방식에 의한 제한을 허용하지 않겠다는 헌법적 결단을 분명히 하고 있다.

④ 누구든지 헌법재판소의 결정에 따라 해산된 정당의 목적을 달성하기 위한 집회 또는 시위를 주최하여서는 아니 된다.

> **ADVICE** ① 집시법상 집회에 대한 정의규정은 존재하지 아니한다. 그러나 일반적으로 집회는, 일정한 장소를 전제로 하여 특정 목적을 가진 다수인이 일시적으로 회합하는 것을 말하는 것으로 일컬어지고 있고, 그 공동의 목적은 '내적인 유대 관계'로 족하다(헌재 2009. 5. 28. 2007헌바22)
>
> ② 헌법 제21조 제1항은 "모든 국민은 언론·출판의 자유와 집회·결사의 자유를 가진다."고 규정하여, 타인과의 의견교환을 위한 기본권인 표현의 자유, 집회의 자유, 결사의 자유를 함께 국민의 기본권으로 보장하고 있다. 헌법은 집회의 자유를 국민의 기본권으로 보장함으로써, 평화적 집회 그 자체는 공공의 안녕질서에 대한 위험이나 침해로서 평가되어서는 아니 되며, 개인이 집회의 자유를 집단적으로 행사함으로써 불가피하게 발생하는 일반대중에 대한 불편함이나 법익에 대한 위험은 보호법익과 조화를 이루는 범위 내에서 국가와 제3자에 의하여 수인되어야 한다는 것을 헌법 스스로 규정하고 있는 것이다. 집회의 자유는 개인의 인격발현의 요소이자 민주주의를 구성하는 요소라는 이중적 헌법적 기능을 가지고 있다(헌재 2003. 10. 30. 2000헌바67).
>
> ③ 헌법 제21조 제2항은 "언론·출판에 대한 허가나 검열과 집회·결사에 대한 허가는 인정되지 아니한다."고 규정하여 헌법 자체에서 언론·출판에 대한 허가나 검열의 금지와 더불어 집회에 대한 허가금지를 명시함으로써, 집회의 자유에 있어서는 다른 기본권 조항들과는 달리, '허가'의 방식에 의한 제한을 허용하지 않겠다는 헌법적 결단을 분명히 하고 있다(헌재 2014. 4. 24. 2011헌가29).

④ 집회 및 시위에 관한 법률 제5조 제1항 1호

> 집시법 제5조(집회 및 시위의 금지) ①누구든지 다음 각 호의 어느 하나에 해당하는 집회나 시위를 주최하여서는 아니 된다.
> 1. 헌법재판소의 결정에 따라 해산된 정당의 목적을 달성하기 위한 집회 또는 시위
> 2. 집단적인 폭행, 협박, 손괴(損壞), 방화 등으로 공공의 안녕 질서에 직접적인 위협을 끼칠 것이 명백한 집회 또는 시위

4 대통령에 대한 설명으로 옳지 않은 것은? (다툼이 있는 경우 판례에 의함)

① 대통령은 행정부의 수반으로서 공정한 선거가 실시될 수 있도록 총괄·감독해야 할 의무가 있으므로, 당연히 선거에서의 중립의무를 지는 공직자에 해당하는 것이고, 이로써 「공직선거법」 제9조의 공무원에 포함된다.

② 대통령은 법률안에 이의가 있을 때에는 정부에 이송된 후 15일 이내에 이의서를 붙여 국회로 환부하고, 그 재의를 요구할 수 있으며, 국회의 폐회 중에도 또한 같다.

③ 「계엄법」상 대통령은 전시·사변 또는 이에 준하는 국가비상사태 시 사회질서가 교란되어 일반 행정기관만으로는 치안을 확보할 수 없는 경우에 공공의 안녕질서를 유지하기 위하여 비상계엄을 선포한다.

④ 대통령이 궐위된 때 또는 대통령 당선자가 사망하거나 판결 기타의 사유로 그 자격을 상실한 때에는 60일 이내에 후임자를 선거한다.

> ADVICE ③ 계엄법 제2조 제3항

> 계엄법 제2조(계엄의 종류와 선포 등) ① 계엄은 비상계엄과 경비계엄으로 구분한다.
> ② 비상계엄은 대통령이 전시·사변 또는 이에 준하는 국가비상사태 시 적과 교전(交戰) 상태에 있거나 사회질서가 극도로 교란(攪亂)되어 행정 및 사법(司法) 기능의 수행이 현저히 곤란한 경우에 군사상 필요에 따르거나 공공의 안녕질서를 유지하기 위하여 선포한다.
> ③ 경비계엄은 대통령이 전시·사변 또는 이에 준하는 국가비상사태 시 사회질서가 교란되어 일반 행정기관만으로는 치안을 확보할 수 없는 경우에 공공의 안녕질서를 유지하기 위하여 선포한다.

① 공선법 제9조는 헌법 제7조 제1항(국민 전체에 대한 봉사자로서의 공무원의 지위), 헌법 제41조, 제67조(자유선거원칙) 및 헌법 제116조(정당의 기회균등의 원칙)로부터 도출되는 헌법적 요청인 '선거에서의 공무원의 중립의무'를 구체화하고 실현하는 법규정이다. 따라서 공선법 제9조의 '공무원'이란, 위 헌법적 요청을 실현하기 위하여 선거에서의 중립의무가 부과되어야 하는 모든 공무원 즉, 구체적으로 '자유선거원칙'과 '선거에서의 정당의 기회균등'을 위협할 수 있는 모든 공무원을 의미한다. 그런데 사실상 모든 공무원이 그 직무의 행사를 통하여 선거에 부당한 영향력을 행사할 수 있는 지위에 있으므로, 여기서의 공무원이란 원칙적으로 국가와 지방자치단체의 모든 공무원 즉, 좁은 의미의 직업 공무원은 물론이고, 적극적인 정치활동을 통하여 국가에 봉사하는 정치적 공무원(예컨대, 대통령, 국무총리, 국무위원, 도지사, 시장, 군수, 구청장 등 지방자치단체의 장)을 포함한다(헌재 2004. 5. 14. 2004헌나1).

② 헌법 제53조 제1항, 제2항

④ 헌법 제68조 제2항

✏ **ANSWER** 3.① 4.③

5 법치국가원리에 대한 설명으로 옳지 않은 것은? (다툼이 있는 경우 판례에 의함)

① 오늘날 법률유보원칙은 국가공동체와 그 구성원에게 기본적이고도 중요한 의미를 갖는 영역, 특히 국민의 기본권 실현과 관련된 영역에 있어서는 국민의 대표자인 입법자가 그 본질적 사항에 대해서 스스로 결정하여야 한다는 요구까지 내포하고 있다.

② 죄형법정주의란 무엇이 범죄이며 그에 대한 형벌이 어떠한 것인가를 반드시 국민의 대표로 구성된 입법부가 제정한 법률로써 정하여야 한다는 원칙을 말하므로, 형사처벌요건을 입법부가 행정부에서 제정한 명령이나 규칙에 위임하는 것은 허용되지 않는다.

③ 법률이 구체적인 사항을 대통령령에 위임하고 있고, 그 대통령령에 규정되거나 제외된 부분의 위헌성이 문제되는 경우, 헌법의 근본원리인 권력분립주의와 의회주의 내지 법치주의의 원리상, 법률조항의 위임에 따라 대통령령으로 규정한 내용이 헌법에 위반될 경우라도 그로 인하여 정당하고 적법하게 입법권을 위임한 수권법률조항까지도 위헌으로 되는 것은 아니다.

④ 자기책임원리는 인간의 자유와 유책성, 그리고 인간의 존엄성을 진지하게 반영한 원리로 민사법이나 형사법에 국한된 원리라기보다는 근대법의 기본이념으로서 법치주의에 당연히 내재하는 원리이다.

> **ADVICE** ② 헌법은 제12조 제1항 후단과 제13조 제1항 전단에서 죄형법정주의원칙을 천명하고 있는데, 죄형법정주의는 자유주의, 권력분립, 법치주의 및 국민주권의 원리에 입각한 것으로서 무엇이 범죄이며 그에 대한 형벌이 어떠한 것인가는 반드시 국민의 대표로 구성된 입법부가 제정한 법률로써 정하여야 한다는 원칙을 의미한다. 그런데 <u>아무리 권력분립이나 법치주의가 민주정치의 원리라 하더라도 현대국가의 사회적 기능증대와 사회현상의 복잡화에 따라 국민의 권리·의무에 관한 사항이라 하여 모두 입법부에서 제정한 법률만으로 다 정할 수는 없기 때문에 합리적인 이유가 있으면 예외적으로 행정부에서 제정한 명령에 위임하는 것이 허용된다</u>(헌재 1994. 7. 29. 93헌가12).
>
> ① 헌법은 법치주의를 그 기본원리의 하나로 하고 있고, 법치주의는 행정작용에 국회가 제정한 형식적 법률의 근거가 요청된다는 법률유보를 그 핵심적 내용으로 하고 있다. 그런데 오늘날 <u>법률유보원칙은 단순히 행정작용이 법률에 근거를 두기만 하면 충분한 것이 아니라, 국가공동체와 그 구성원에게 기본적이고도 중요한 의미를 갖는 영역, 특히 국민의 기본권 실현에 관련된 영역에 있어서는 행정에 맡길 것이 아니라 국민의 대표자인 입법자 스스로 그 본질적 사항에 대하여 결정하여야 한다는 요구, 즉 의회유보원칙까지 내포하는 것으로 이해되고 있다.</u> 이 때 입법자가 형식적 법률로 스스로 규율하여야 하는 사항이 어떤 것인가는 일률적으로 획정할 수 없고 구체적인 사례에서 관련된 이익 내지 가치의 중요성 등을 고려하여 개별적으로 정할 수 있다고 할 것이다(헌재 2015. 5. 28. 2013헌가6).
>
> ③ 헌재 2011. 2. 24. 2009헌바289
>
> ④ 헌법 제10조가 정하고 있는 행복추구권에서 파생되는 자기결정권 내지 일반적 행동자유권은 이성적이고 책임감 있는 사람의 자기 운명에 대한 결정·선택을 존중하되 그에 대한 책임은 스스로 부담함을 전제로 한다. 자기책임원리는 자기결정권의 한계논리로서 책임부담의 근거로 기능하는 동시에 자기가 결정하지 않은 것이나 결정할 수 없는 것에 대하여는 책임을 지지 않고 책임부담의 범위도 스스로 결정한 결과 내지 그와 상관관계가 있는 부분에 국한됨을 의미하는 책임의 한정원리로 기능한다. <u>자기책임원리는 인간의 자유와 유책성, 그리고 인간의 존엄성을 진지하게 반영한 원리로 민사법이나 형사법에 국한된 원리라기보다는 근대법의 기본이념으로서 법치주의에 당연히 내재하는 원리로 볼 수 있다</u>(헌재 2016. 12. 29. 2015헌바198).

6 인간으로서의 존엄과 가치 및 행복추구권에 대한 설명으로 옳지 않은 것은? (다툼이 있는 경우 판례에 의함)

① 「성폭력범죄의 처벌 등에 관한 특례법」에 규정된 카메라등이용촬영죄는 인격권에 포함된다고 볼 수 있는 '자신의 신체를 함부로 촬영당하지 않을 자유'를 보호하기 위한 것이다.

② 자신이 속한 부분사회의 자치적 운영에 참여하는 것은 사회공동체의 유지, 발전을 위하여 필요한 행위로서 특정한 기본권의 보호범위에 들어가지 않는 경우에는 일반적 행동자유권의 보호대상이 될 수 있다.

③ 교통사고 발생에 고의나 과실이 있는 운전자는 물론, 아무런 책임이 없는 무과실 운전자도 자신이 운전하는 차로 인하여 교통사고가 발생하기만 하면 즉시 정차하여 사상자를 구호하는 등 필요한 조치를 할 의무를 규정하고, 교통사고 발생 시 사상자 구호 등 필요한 조치를 하지 않은 자를 형사처벌하는 「도로교통법」 조항은 과잉금지원칙에 위반되어 운전자의 일반적 행동자유권을 침해한다.

④ 운전면허를 받은 사람이 다른 사람의 자동차등을 훔친 경우에는 운전면허를 필요적으로 취소하도록 하는 것은 임의적 취소 혹은 정지라는 보다 덜 제한적인 수단이 있어 일반적 행동자유권(운전을 업으로 하는 자에 대하여는 직업의 자유)에 대한 과도한 침해가 되어 위헌이다.

> **ADVICE** ③ 교통사고 발생 시 조치의무를 형사처벌로 강제하는 심판대상조항은, 교통사고로 인한 사상자의 신속한 구호 및 교통상의 위험과 장해의 방지 · 제거를 통하여 안전하고 원활한 교통을 확보하기 위한 것으로, 입법목적의 정당성 및 수단의 적합성을 인정할 수 있다. 교통사고 관련 운전자등이 조치의무를 이행하지 않고 그대로 현장을 벗어날 유인이 많은 점을 고려할 때, 과태료와 같은 행정적 제재만으로는 조치의무의 실효성을 담보할 수 없으므로 최소침해성의 원칙에 위배되지 않으며, 심판대상조항이 운전자등의 시간적, 경제적 손해를 유발할 가능성이 있는 것은 사실이나 이미 발생한 피해자의 생명 · 신체에 대한 피해 구호와 안전한 교통의 회복이라는 공익은 운전자등이 제한당하는 사익보다 크므로, 심판대상조항은 법익균형성을 갖추었다. 따라서 심판대상조항은 <u>청구인의 일반적 행동자유권을 침해하지 않는다</u>(헌재 2019. 4. 11. 2017헌가28).
>
> ① 성폭력처벌법은 성폭력범죄 피해자의 생명과 신체의 안전을 보장하고 건강한 사회질서를 확립하는 것을 그 목적으로 하고(제1조), 카메라등이용촬영죄는 이른바 '몰래카메라'의 폐해가 사회문제화 되면서 촬영대상자의 의사에 반하는 촬영 및 반포 등의 행위를 처벌하기 위한 조항이다. 따라서 <u>심판대상조항은 개인의 초상권 내지 명예권과 유사한 권리로서 일반적 인격권에 포함된다고 볼 수 있는 '자신의 신체를 함부로 촬영당하지 않을 자유'와 '사회의 건전한 성풍속 확립'을 보호하기 위한 것이라고 볼 수 있다</u>(헌재 2017. 6. 29. 2015헌바243).
>
> ② 헌법 제15조가 보장하고 있는 직업의 자유의 보호대상이 되는 직업은 '생활의 기본적 수요를 충족시키기 위한 계속적 소득활동'을 의미하므로, 이 사건 아파트의 동별 대표자의 지위가 이에 해당한다고 볼 수 없으므로 심판대상조항은 청구인의 직업선택의 자유를 제한한다고 보기 어렵다. 또한 <u>자신이 속한 부분사회의 자치적 운영에 참여하는 것은 사회공동체의 유지, 발전을 위하여 필요한 행위로서 특정한 기본권의 보호범위에 들어가지 않는 경우에는 일반적 행동자유권의 보호대상이 될 수 있다</u>(헌재 2007. 3. 29. 2005헌마1144).
>
> ④ 심판대상조항은 다른 사람의 자동차등을 훔친 범죄행위에 대한 행정적 제재를 강화하여 자동차등의 운행과정에서 야기될 수 있는 교통상의 위험과 장해를 방지함으로써 안전하고 원활한 교통을 확보하기 위한 것이다. 그러나 <u>자동차등을 훔친 범죄행위에 대한 행정적 제재를 강화하더라도 불법의 정도에 상응하는 제재수단을 선택할 수 있도록 임의적 운전면허 취소 또는 정지사유로 규정하여도 충분히 그 목적을 달성하는 것이 가능함에도, 심판대상조항은 필요적으로 운전면허를 취소하도록 하여 구체적 사안의 개별성과 특수성을 고려할 수 있는 여지를 일절 배제하고 있다.</u> 자동차 절취행위에 이르게 된 경위, 행위의 태양, 당해 범죄의 경중이나 그 위법성의 정도, 운전자의 형사처벌 여부 등 제반사정을 고려할 여지를 전혀 두지 아니한 채 다른 사람의 자동차등을 훔친 모든 경우에 필요적으로 운전면허를 취소하는 것은, 그것이 달성하려는 공익의 비중에도 불구하고 운전면허 소지자의 직업의 자유 내지 일반적 행동의 자유를 과도하게 제한하는 것이다. 그러므로 <u>심판대상조항은 직업의 자유 내지 일반적 행동의 자유를 침해한다</u>(헌재 2017. 5. 25. 2016헌가6).

ANSWER 5.② 6.③

7 통신의 자유에 대한 설명으로 옳지 않은 것은? (다툼이 있는 경우 판례에 의함)

① 수형자가 수발하는 서신에 대한 검열로 인하여 수형자의 통신의 비밀이 일부 제한되는 것은 국가안전보장·질서유지 또는 공공복리라는 정당한 목적을 위하여 부득이할 뿐만 아니라 유효적절한 방법에 의한 최소한의 제한이며 통신의 자유의 본질적 내용을 침해하는 것이 아니므로 헌법에 위반된다고 할 수 없다.

② 자유로운 의사소통은 통신내용의 비밀을 보장하는 것만으로는 충분하지 아니하고 구체적인 통신으로 발생하는 외형적인 사실관계, 특히 통신관여자의 인적 동일성·통신시간·통신장소·통신횟수 등 통신의 외형을 구성하는 통신이용의 전반적 상황의 비밀까지도 보장해야 한다.

③ 통신의 자유란 통신수단을 자유로이 이용하여 의사소통할 권리이고, 이러한 '통신수단의 자유로운 이용'에는 자신의 인적사항을 누구에게도 밝히지 않는 상태로 통신수단을 이용할 자유, 즉 통신수단의 익명성 보장도 포함된다.

④ 수용자가 집필한 문서의 내용이 사생활의 비밀 또는 자유를 침해하는 등 우려가 있는 때 교정시설의 장이 문서의 외부반출을 금지하도록 규정한 법률 조항은, 집필문을 창작하거나 표현하는 것을 금지하거나 이에 대한 허가를 요구하는 조항이므로, 제한되는 기본권은 통신의 자유가 아니라 표현의 자유로 보아야 한다.

> **ADVICE** ④ 청구인은 심판대상조항에 의해 표현의 자유 또는 예술창작의 자유가 제한된다고 주장하나, <u>심판대상조항은 집필문을 창작하거나 표현하는 것을 금지하거나 이에 대한 허가를 요구하는 조항이 아니라 이미 표현된 집필문을 외부의 특정한 상대방에게 발송할 수 있는지 여부에 대해 규율하는 것이므로, 제한되는 기본권은 헌법 제18조에서 정하고 있는 통신의 자유로 봄이 상당하다</u>(헌재 2016. 5. 26. 2013헌바98).
>
> ① 수형자의 교화·갱생을 위하여 서신수발의 자유를 허용하는 것이 필요하다고 하더라도, 구금시설은 다수의 수형자를 집단으로 관리하는 시설로서 규율과 질서유지가 필요하므로 수형자의 서신수발의 자유에는 내재적 한계가 있고, 구금의 목적을 달성하기 위하여 서신에 대한 검열은 불가피하다. <u>현행법령과 제도하에서 수형자가 수발하는 서신에 대한 검열로 인하여 수형자의 통신의 비밀이 일부 제한되는 것은 국가안전보장·질서유지 또는 공공복리라는 정당한 목적을 위하여 부득이할 뿐만 아니라 유효적절한 방법에 의한 최소한의 제한이며 통신의 자유의 본질적 내용을 침해하는 것이 아니다</u>(헌재 1998. 8. 27. 96헌마398).
>
> ② 2018. 6. 28. 2012헌마191
>
> ③ 헌법 제18조에서는 "모든 국민은 통신의 비밀을 침해받지 아니한다."라고 규정하여 통신의 비밀보호를 그 핵심내용으로 하는 통신의 자유를 기본권으로 보장하고 있다. 심판대상조항은 휴대전화 통신계약을 체결하려는 자, 즉 휴대전화를 통한 문자·전화·모바일 인터넷 등 통신기능을 사용하고자 하는 자에게 반드시 사전에 본인확인 절차를 거치는 데 동의해야만 이를 사용할 수 있도록 한다. <u>통신의 자유란 통신수단을 자유로이 이용하여 의사소통할 권리이고, 이러한 '통신수단의 자유로운 이용'에는 자신의 인적사항을 누구에게도 밝히지 않는 상태로 통신수단을 이용할 자유, 즉 통신수단의 익명성 보장도 포함된다</u>(대판 2019. 9. 26. 2017헌마1209).

8 명확성원칙에 대한 설명으로 옳은 것은? (다툼이 있는 경우 판례에 의함)

① 공중도덕상 유해한 업무에 취업시킬 목적으로 근로자를 파견한 사람을 형사처벌하도록 규정한 구「파견근로자보호 등에 관한 법률」조항 중 '공중도덕상 유해한 업무' 부분은 그 행위의 의미가 문언상 불분명하다고 할 수 없으므로 죄형법정주의의 명확성원칙에 위배되지 않는다.

② 외국인이 귀화허가를 받기 위해서는 '품행이 단정할 것'의 요건을 갖추도록 한 구「국적법」조항은 그 해석이 불명확하여 수범자의 예측가능성을 해하고, 법 집행기관의 자의적인 집행을 초래할 정도로 불명확하다고 할 수 있으므로, 명확성원칙에 위배된다.

③ 혈액투석 정액수가에 포함되는 비용의 범위를 정한 '의료급여수가의 기준 및 일반기준' 제7조제2항 본문의 정액범위조항에 사용된 '등'은 열거된 항목 외에 같은 종류의 것이 더 있음을 나타내는 의미로 해석할 수 있으나, 다른 조항과의 유기적·체계적 해석을 통해 그 적용범위를 합리적으로 파악할 수는 없으므로 명확성원칙에 위배된다.

④ 형의 선고와 함께 소송비용 부담의 재판을 받은 피고인이 '빈곤'을 이유로 해서만 집행면제를 신청할 수 있도록 한 「형사소송법」 규정에 따른 소송비용에 관한 부분 중 '빈곤'은 경제적 사정으로 소송비용을 납부할 수 없는 경우를 지칭하는 것으로 해석될 수 있으므로 명확성원칙에 위배되지 않는다.

> **ADVICE** ④ 헌재 2021. 2. 25. 2019헌바64

　① '공중도덕(公衆道德)'은 시대상황, 사회가 추구하는 가치 및 관습 등 시간적·공간적 배경에 따라 그 내용이 얼마든지 변할 수 있는 규범적 개념이므로, 그것만으로는 구체적으로 무엇을 의미하는지 설명하기 어렵다. '파견근로자보호 등에 관한 법률'(이하 '파견법')의 입법목적에 비추어보면, 심판대상조항은 공중도덕에 어긋나는 업무에 근로자를 파견할 수 없도록 함으로써 근로자를 보호하고 올바른 근로자파견사업 환경을 조성하려는 취지임을 짐작해 볼 수 있다. 하지만 이것만으로는 '공중도덕'을 해석함에 있어 도움이 되는 객관적이고 명확한 기준을 얻을 수 없다. 파견법은 '공중도덕상 유해한 업무'에 관한 정의조항은 물론 그 의미를 해석할 수 있는 수식어를 두지 않았으므로, 심판대상조항이 규율하는 사항을 바로 알아내기도 어렵다. 심판대상조항과 관련하여 파견법이 제공하고 있는 정보는 파견사업주가 '공중도덕상 유해한 업무'에 취업시킬 목적으로 근로자를 파견한 경우 불법파견에 해당하여 처벌된다는 것뿐이다. 결국, 심판대상조항의 입법목적, 파견법의 체계, 관련조항 등을 모두 종합하여 보더라도 '공중도덕상 유해한 업무'의 내용을 명확히 알 수 없다. 아울러 심판대상조항에 관한 이해관계기관의 확립된 해석기준이 마련되어 있다거나, 법관의 보충적 가치판단을 통한 법문 해석으로 심판대상조항의 의미내용을 확인할 수 있다는 사정을 발견하기도 어렵다. 심판대상조항은 건전한 상식과 통상적 법감정을 가진 사람으로 하여금 자신의 행위를 결정해 나가기에 충분한 기준이 될 정도의 의미내용을 가지고 있다고 볼 수 없으므로 죄형법정주의의 명확성원칙에 위배된다(헌재 2016. 11. 24. 2015헌가23).

　② 심판대상조항은 외국인에게 대한민국 국적을 부여하는 '귀화'의 요건을 정한 것인데, '품행', '단정' 등 용어의 사전적 의미가 명백하고, 심판대상조항의 입법취지와 용어의 사전적 의미 및 법원의 일반적인 해석 등을 종합해 보면, '품행이 단정할 것'은 '귀화신청자를 대한민국의 새로운 구성원으로서 받아들이는 데 지장이 없을 만한 품성과 행실을 갖춘 것'을 의미하고, 구체적으로 이는 귀화신청자의 성별, 연령, 직업, 가족, 경력, 전과관계 등 여러 사정을 종합적으로 고려하여 판단될 것임을 예측할 수 있다. 따라서 심판대상조항은 명확성원칙에 위배되지 아니한다(헌재 2016. 7. 28. 2014헌바421).

　③ 정액범위조항에 사용된 '등'은 열거된 항목 외에 같은 종류의 것이 더 있음을 나타내는 의미로 해석할 수 있고, 다른 조항과의 유기적·체계적 해석을 통해 그 적용범위를 합리적으로 파악할 수 있으므로, 명확성원칙에 위배되지 않는다(헌재 2020. 4. 23. 2017헌마103).

✎ **ANSWER** 7.④ 8.④

9 영장주의 및 적법절차원칙에 대한 설명으로 옳지 않은 것은? (다툼이 있는 경우 판례에 의함)

① 헌법 제12조제3항이 영장의 발부에 관하여 '검사의 신청'에 의할 것을 규정한 취지는 모든 영장의 발부에 검사의 신청이 필요하다는 데에 있는 것이 아니라 수사단계에서 영장의 발부를 신청할 수 있는 자를 검사로 한정함으로써 검사 아닌 다른 수사기관의 영장신청에서 오는 인권유린의 폐해를 방지하고자 함에 있다.

② 전투경찰순경에 대한 징계처분을 규정하고 있는 구「전투경찰대 설치법」의 조항 중 '전투경찰순경에 대한 영창' 부분은 그 사유의 제한, 징계대상자의 출석권과 진술권의 보장 및 법률에 의한 별도의 불복절차가 마련되어 있으므로 헌법 제12조제1항의 적법절차원칙에 위배되지 않는다.

③ 피의자를 긴급체포하여 조사한 결과 구금을 계속할 필요가 없다고 판단하여 48시간 이내에 석방하는 경우까지도 수사기관이 반드시 체포영장발부절차를 밟게 하는 것은 인권침해적 상황을 예방하는 적절한 방법이다.

④ 헌법 제12조제3항의 영장주의는 법관이 발부한 영장에 의하지 아니하고는 수사에 필요한 강제처분을 하지 못한다는 원칙으로, 교도소장이 마약류 관련 수형자에게 소변을 받아 제출하도록 한 것은 교도소의 안전과 질서유지를 위한 것으로 수사에 필요한 처분이 아닐 뿐만 아니라 검사대상자들의 협력이 필수적이어서 강제처분이라고 할 수도 없어 영장주의의 원칙이 적용되지 않는다.

> **ADVICE** ③ 이 사건 영장청구조항은 수사기관이 긴급체포한 피의자를 사후 영장청구 없이 석방할 수 있도록 규정하고 있다. <u>피의자를 긴급체포하여 조사한 결과 구금을 계속할 필요가 없다고 판단하여 48시간 이내에 석방하는 경우까지도 수사기관이 반드시 체포영장발부절차를 밟게 한다면, 이는 피의자, 수사기관 및 법원 모두에게 비효율을 초래할 가능성이 있고,</u> 경우에 따라서는 오히려 인권침해적인 상황을 발생시킬 우려도 있다. 형사소송법은 긴급체포를 예외적으로만 허용하고 있고 피의자 석방 시 석방의 사유 등을 법원에 통지하도록 하고 있으며 긴급체포된 피의자도 체포적부심사를 청구할 수 있어 긴급체포제도의 남용을 예방하고 있다. 이 사건 영장청구조항은 사후 구속영장의 청구시한을 체포한 때부터 48시간으로 정하고 있다. 이는 긴급체포의 특수성, 긴급체포에 따른 구금의 성격, 형사절차에 불가피하게 소요되는 시간 및 수사현실 등에 비추어 볼 때 입법재량을 현저하게 일탈한 것으로 보기 어렵다. 또한 <u>이 사건 영장청구조항은 체포한 때로부터 48시간 이내라 하더라도 피의자를 구속할 필요가 있는 때에는 지체 없이 구속영장을 청구하도록 함으로써 사후영장청구의 시간적 요건을 강화하고 있다. 따라서 이 사건 영장청구조항은 헌법상 영장주의에 위반되지 아니한다</u>(헌재 2021. 3. 25. 2018헌바212).
> ① 헌법 제12조 제3항이 영장의 발부에 관하여 "검사의 신청"에 의할 것을 규정한 취지는 모든 영장의 발부에 검사의 신청이 필요하다는 데에 있는 것이 아니라 <u>수사단계에서 영장의 발부를 신청할 수 있는 자를 검사로 한정함으로써 검사 아닌 다른 수사기관의 영장신청에서 오는 인권유린의 폐해를 방지하고자 함에 있으므로,</u> 공판단계에서 법원이 직권에 의하여 구속영장을 발부할 수 있음을 규정한 형사소송법 제70조 제1항 및 제73조 중 "피고인을 …… 구인 또는 구금함에는 구속영장을 발부하여야 한다." 부분은 헌법 제12조 제3항에 위반되지 아니한다(헌재 1997. 3. 27. 96헌바28).
> ② 헌법 제12조 제1항의 적법절차원칙은 형사소송절차에 국한되지 않고 모든 국가작용 전반에 대하여 적용되므로, <u>전투경찰순경의 인신구금을 내용으로 하는 영창처분에 있어서도 적법절차원칙이 준수되어야 한다.</u> 그런데 전투경찰순경에 대한 영창처분은 그 사유가 제한되어 있고, 징계위원회의 심의절차를 거쳐야 하며, 징계 심의 및 집행에 있어 징계대상자의 출석권과 진술권이 보장되고 있다. 또한 소청과 행정소송 등 별도의 불복절차가 마련되어 있고 소청에서 당사자 의견진술 기회 부여를 소청결정의 효력에 영향을 주는 중요한 절차적 요건으로 규정하는바, 이러한 점들을 종합하면 <u>이 사건 영창조항이 헌법에서 요구하는 수준의 절차적 보장 기준을 충족하지 못했다고 볼 수 없으므로 헌법 제12조 제1항의 적법절차원칙에 위배되지 아니한다</u>(헌재 2016. 3. 31. 2013헌바190).
> ④ 헌재 2006. 7. 27. 2005헌마277

10 참정권에 대한 설명으로 옳지 않은 것은? (다툼이 있는 경우 판례에 의함)

① 헌법상 직접민주주의에 따른 참정권으로 헌법개정안에 대한 국민투표권과, 외교·국방·통일 기타 국가안위에 관한 중요정책에 대한 국민투표권이 규정되어 있는데 전자는 필수적이고 후자는 대통령의 재량으로 이뤄진다.

② 10개월의 징역형을 선고받고 그 집행이 종료되지 아니한 사람은 선거권이 없다.

③ 「출입국관리법」 제10조에 따른 영주의 체류자격 취득일 후 3년이 경과한 18세 이상의 외국인으로서 선거인명부작성기준일 현재 「출입국관리법」 제34조에 따라 해당 지방자치단체의 외국인등록대장에 올라 있는 사람은 그 구역에서 선거하는 지방자치단체의 의회의원 및 장의 선거권이 있다.

④ 공직을 직업으로 선택하는 경우에 있어서 직업선택의 자유는 공무담임권을 통해서 그 기본권보호를 받게 된다고 할 수 있으므로 공무담임권을 침해하는지 여부를 심사하는 이상 이와 별도로 직업선택의 자유 침해 여부를 심사할 필요는 없다.

> **ADVICE** ② 공직선거법 제18조 제1항 2호

> 공직선거법 제18조(선거권이 없는 자) ①선거일 현재 다음 각 호의 어느 하나에 해당하는 사람은 선거권이 없다.
> 2. <u>1년 이상의 징역 또는 금고의 형의 선고를 받고 그 집행이 종료되지 아니하거나 그 집행을 받지 아니하기로 확정되지 아니한 사람.</u> 다만, 그 형의 집행유예를 선고받고 유예기간 중에 있는 사람은 제외한다.

① 헌법 제130조 제2항은 헌법개정안에 대한 국민투표를 필수적 절차로 규정하고 있고, 헌법 제72조는 국민투표를 임의적인 절차로 규정하고 있다.

〈관련판례〉헌법 제72조는 "대통령은 필요하다고 인정할 때에는 <u>외교·국방·통일 기타 국가안위에 관한 중요정책을 국민투표에 붙일 수 있다.</u>"고 규정하여 국민투표에 부쳐질 중요정책인지 여부를 대통령이 재량에 의하여 결정하도록 명문으로 규정하고 있다. 특히 우리 헌법은 국민에 의하여 직접 선출된 국민의 대표자가 국민을 대신하여 국가의사를 결정하는 대의민주주의를 기본으로 하고 있어, 중요 정책에 관한 사항이라 하더라도 반드시 국민의 직접적인 의사를 확인하여 결정해야 한다고 보는 것은 전체적인 헌법체계와 조화를 이룰 수 없다. 헌법재판소 역시 <u>헌법 제72조가 대통령에게 국민투표의 실시 여부, 시기, 구체적 부의사항, 설문내용 등을 결정할 수 있는 임의적인 국민투표발의권을 독점적으로 부여하였다고 하여 이를 확인하고 있다</u>(헌재 2005. 11. 24. 2005헌마579).

③ 공직선거법 제15조 제2항 3호

> 공직선거법 제15조(선거권)
> ② 18세 이상으로서 제37조제1항에 따른 선거인명부작성기준일 현재 다음 각 호의 어느 하나에 해당하는 사람은 그 구역에서 선거하는 지방자치단체의 의회의원 및 장의 선거권이 있다.
> 3. <u>「출입국관리법」 제10조에 따른 영주의 체류자격 취득일 후 3년이 경과한 외국인으로서 같은 법 제34조에 따라 해당 지방자치단체의 외국인등록대장에 올라 있는 사람</u>

✏️ **ANSWER** 9.③ 10.②

④ 직업의 자유 침해 여부에 관하여 보건대, <u>침해한 기본권 주체의 행위에 적용될 수 있는 여러 기본권들 중의 하나가 다른 기본권에 대하여 특별법적 지위에 있는 경우에는 기본권의 경합은 성립되지 않고 특별법적 지위에 있는 기본권이 우선적으로 적용되고 다른 기본권은 배제되는바</u>, 공무원직은 그 자체가 다른 사적인 직업들과는 달라서 그 수가 한정되어 있을 뿐만 아니라 일정한 자격요건을 갖추어야 하기 때문에 처음부터 주관적 및 객관적 사유에 의한 제한이 전제되어 있다. 따라서 공무원직의 선택 내지는 제한에 있어서는 공무담임권에 관한 헌법규정이 직업의 자유에 대한 특별규정으로서 우선적으로 적용되어야 하며 <u>직업의 자유의 적용은 배제된다고 보아야 할 것이므로 위 부분에 대하여도 별도 판단을 하지 아니한다</u>(헌재 2000. 12. 14. 99헌마112).

11 헌법기관의 구성과 국회의 인사절차에 대한 설명으로 옳지 않은 것은?

① 대법원장이 지명하는 헌법재판관 3인은 법제사법위원회의 인사청문회를 거쳐야 하나 대통령의 임명에 국회의 동의가 필요한 것은 아니다.
② 국회에서 선출하는 헌법재판관 3인은 인사청문특별위원회의 인사청문회를 거쳐야 한다.
③ 국회에서 선출하는 중앙선거관리위원회 위원 3인은 인사청문특별위원회의 인사청문회를 거쳐야 한다.
④ 대법원장이 지명하는 중앙선거관리위원회 위원 3인은 법제사법위원회의 인사청문회를 거쳐야 하며 대통령의 임명에 국회의 동의가 필요하다.

> **ADVICE** ④ 대법원장이 지명하는 중앙선거관리위원회 위원 3인은 국회법 제65조의2 제2항 3호에 따라 법제사법위원회의 인사청문을 거쳐야 하며, 임명에 국회의 동의를 요하지는 않는다.

국회법 제65조의2(인사청문회)
② 상임위원회는 다른 법률에 따라 다음 각 호의 어느 하나에 해당하는 공직후보자에 대한 인사청문 요청이 있는 경우 인사청문을 실시하기 위하여 <u>각각 인사청문회를 연다.</u>
　1. <u>대통령이 임명하는 헌법재판소 재판관</u>, 중앙선거관리위원회 위원, 국무위원, 방송통신위원회 위원장, 국가정보원장, 공정거래위원회 위원장, 금융위원회 위원장, 국가인권위원회 위원장, 고위공직자범죄수사처장, 국세청장, 검찰총장, 경찰청장, 합동참모의장, 한국은행 총재, 특별감찰관 또는 한국방송공사 사장의 후보자
　2. 대통령당선인이 「대통령직 인수에 관한 법률」 제5조제1항에 따라 지명하는 국무위원 후보자
　3. <u>대법원장이 지명하는</u> 헌법재판소 재판관 또는 <u>중앙선거관리위원회 위원</u>의 후보자

인사청문회법 제3조(인사청문특별위원회) ①국회법 제46조의3의 규정에 의한 <u>인사청문특별위원회</u>는 임명동의안등(국회법 제65조의2제2항의 규정에 의하여 다른 법률에서 국회의 인사청문을 거치도록 한 공직후보자에 대한 인사청문요청안을 제외한다)이 국회에 제출된 때에 구성된 것으로 본다.

헌법 제114조 ① 선거와 국민투표의 공정한 관리 및 정당에 관한 사무를 처리하기 위하여 선거관리위원회를 둔다.
② <u>중앙선거관리위원회는 대통령이 임명하는 3인, 국회에서 선출하는 3인과 대법원장이 지명하는 3인의 위원으로 구성한다. 위원장은 위원중에서 호선한다.</u>

---

12 사법권에 대한 설명으로 옳지 않은 것은?

① 명령·규칙 또는 처분이 헌법이나 법률에 위반되는 여부가 재판의 전제가 된 경우에는 대법원은 이를 최종적으로 심사할 권한을 가진다.

② 헌법 제64조에서 국회의원의 징계와 제명에 대해 법원에 제소할 수 없도록 규정한 것은 사법권의 실정헌법상 한계로서 국회의 자율성 존중이라는 권력분립적 고려에 기초한 것이다.

③ 비상계엄하의 군사재판은 군인·군무원의 범죄나 군사에 관한 간첩죄의 경우와 초병·초소·유독음식물공급·포로에 관한 죄 중 법률이 정한 경우에 한하여 군사법원이 단심으로 재판할 수 있으나, 사형을 선고한 경우에는 그러하지 아니하다.

④ 법관은 대통령비서실에 파견되거나 대통령비서실의 직위를 겸임할 수 있다.

> ADVICE ④ 법원조직법 제49조 2호

법원조직법 제49조(금지사항) 법관은 재직 중 다음 각 호의 행위를 할 수 없다.
1. 국회 또는 지방의회의 의원이 되는 일
2. 행정부서의 공무원이 되는 일
3. 정치운동에 관여하는 일
4. 대법원장의 허가 없이 보수를 받는 직무에 종사하는 일
5. 금전상의 이익을 목적으로 하는 업무에 종사하는 일
6. 대법원장의 허가를 받지 아니하고 보수의 유무에 상관없이 국가기관 외의 법인·단체 등의 고문, 임원, 직원 등의 직위에 취임하는 일
7. 그 밖에 대법원규칙으로 정하는 일

---

① 헌법 제107조 제2항

② 헌법 제64조는 국회가 법률에 저촉되지 아니하는 범위 안에서 의사와 내부규율에 관한 규칙을 제정할 수 있고, 국회의원의 자격심사·징계·제명에 관하여 자율적 결정을 할 수 있음을 규정하여 국회의 자율권을 보장하고 있다. 이에 따라 국회는 국민의 대표기관이자 입법기관으로서 의사와 내부규율 등 국회운영에 관하여 다른 국가기관의 간섭을 받지 아니하고 스스로의 문제를 자주적으로 처리할 수 있는 폭넓은 자율권을 가진다. 국회의 자율권은 의회주의사상에 그 뿌리를 두고 권력분립의 원칙에 입각한 것으로, 현대국가의 의회에서는 국회가 갖는 입법·재정·견제·인사기능의 실효성을 높이기 위해서 필요불가결한 국회기능의 하나로 간주되고 있다(헌재 1997. 7. 16. 96헌라2).

③ 헌법 제110조 제4항

✎ **ANSWER** 11.④ 12.④

13 감사원의 권한과 운영에 대한 설명으로 옳지 않은 것은?

① 원장이 궐위(闕位)되거나 사고(事故)로 인하여 직무를 수행할 수 없을 때에는 감사위원으로 최장기간 재직한 감사위원이 그 권한을 대행하며, 재직기간이 같은 감사위원이 2명 이상인 경우에는 연장자가 그 권한을 대행한다.

② 감사원이 직권으로 재심의한 것에 대하여는 재심의를 청구할 수 없다.

③ 감사원은 필요하다고 인정하거나 국무총리의 요구가 있는 경우에는 국가 또는 지방자치단체가 자본금의 일부를 출자한 자의 회계를 검사할 수 있다.

④ 감사원은 세입·세출의 결산을 매년 검사하여 대통령과 차년도국회에 그 결과를 보고하여야 한다.

>**ADVICE** ② 청구에 따라 재심의한 사건에 대하여는 또다시 재심의를 청구할 수 없다. 다만, 감사원이 직권으로 재심의한 것에 대하여는 재심의를 청구할 수 있다(감사원법 제40조 제1항 단서).
　　① 감사원법 제4조 제3항
　　③ 감사원법 제23조 4호
　　④ 헌법 제99조

14 국회에 대한 설명으로 옳지 않은 것은? (다툼이 있는 경우 판례에 의함)

① 본회의가 탄핵소추안을 법제사법위원회에 회부하기로 의결하지 아니한 경우에는 본회의에 보고된 때부터 24시간 이후 72시간 이내에 탄핵소추 여부를 무기명투표로 표결하되, 이 기간 내에 표결하지 아니한 탄핵소추안은 폐기된 것으로 본다.

② 지방자치단체 중 특별시·광역시·도에 대한 국정감사의 범위는 국가위임사무와 국가가 보조금 등 예산을 지원하는 사업으로 한정된다.

③ 정기회의 회기는 100일을, 임시회의 회기는 30일을 초과할 수 없으며, 정기회와 임시회를 합하여 연 150일을 초과할 수 없다.

④ 국회의원의 심의·표결권은 국회의 대내적인 관계에서 행사되고 침해될 수 있을 뿐 다른 국가기관과의 대외적인 관계에서는 침해될 수 없다.

>**ADVICE** ③ 정기회의 회기는 100일을, 임시회의 회기는 30일을 초과할 수 없고(헌법 제47조 제2항), 정기회와 임시회의 연 합산에 관해서는 규정하고 있지 않다.
　　① 국회법 제130조 제2항
　　② 국정감사 및 조사에 관한 법률 제7조 2호
　　④ 국회의 동의권이 침해되었다고 하여 동시에 국회의원의 심의·표결권이 침해된다고 할 수 없고, 또 국회의원의 심의·표결권은 국회의 대내적인 관계에서 행사되고 침해될 수 있을 뿐 다른 국가기관과의 대외적인 관계에서는 침해될 수 없는 것이므로, 국회의원들 상호 간 또는 국회의원과 국회의장 사이와 같이 국회 내부적으로만 직접적인 법적 연관성을 발생시킬 수 있을 뿐이고 대통령 등 국회 이외의 국가기관과 사이에서는 권한침해의 직접적인 법적 효과를 발생시키지 아니한다. 따라서 피청구인인 대통령이 국회의 동의 없이 조약을 체결·비준하였다 하더라도 국회의 조약 체결·비준에 대한 동의권이 침해될 수는 있어도 국회의원인 청구인들의 심의·표결권이 침해될 가능성은 없다(헌재 2016. 4. 28. 2015헌라5).

15 국회의 의사공개원칙에 대한 설명으로 옳지 않은 것은? (다툼이 있는 경우 판례에 의함)

① 국민은 헌법상 보장된 알권리의 한 내용으로서 국회에 대하여 입법과정의 공개를 요구할 권리를 가지며, 국회의 의사에 대하여는 직접적인 이해관계 유무와 상관없이 일반적 정보공개청구권을 가진다고 할 수 있다.

② 본회의는 공개하며, 의장의 제의 또는 의원 10명 이상의 연서에 의한 동의(動議)로 본회의 의결이 있거나 의장이 각 교섭단체 대표의원과 협의하여 국가의 안전보장을 위하여 필요하다고 인정할 때에는 공개하지 아니할 수 있다.

③ 헌법은 국회 회의의 공개 여부에 관하여 회의 구성원의 자율적 판단을 허용하고 있으므로, 소위원회 회의의 공개여부 또한 소위원회 또는 소위원회가 속한 위원회에서 여러 가지 사정을 종합하여 합리적으로 결정할 수 있다 할 것이다.

④ 국회 정보위원회의 모든 회의는 실질적으로 국가기밀에 관한 사항과 직·간접적으로 관련되어 있으므로 국가안전보장을 위하여 회의 일체를 비공개로 하더라도 정보취득의 제한을 이유로 알권리에 대한 침해로 볼 수는 없다.

>ADVICE ④ 헌법 제50조 제1항은 본문에서 국회의 회의를 공개한다는 원칙을 규정하면서, 단서에서 '출석의원 과반수의 찬성이 있거나 의장이 국가의 안전보장을 위하여 필요하다고 인정할 때'에는 이를 공개하지 아니할 수 있다는 예외를 두고 있다. 이러한 헌법 제50조 제1항의 구조에 비추어 볼 때, 헌법상 의사공개원칙은 모든 국회의 회의를 항상 공개하여야 하는 것은 아니나 이를 공개하지 아니할 경우에는 헌법에서 정하고 있는 일정한 요건을 갖추어야 함을 의미한다. 또한 헌법 제50조 제1항 단서가 정하고 있는 회의의 비공개를 위한 절차나 사유는 그 문언이 매우 구체적이어서, 이에 대한 예외는 엄격하게 인정되어야 한다. 이러한 점에 비추어 보면 헌법 제50조 제1항으로부터 일체의 공개를 불허하는 절대적인 비공개가 허용된다고 볼 수는 없는바, 특정한 내용의 국회의 회의나 특정 위원회의 회의를 일률적으로 비공개한다고 정하면서 공개의 여지를 차단하는 것은 헌법 제50조 제1항에 부합하지 아니한다. 심판대상조항(정보위원회 회의는 공개하지 아니한다고 정하고 있는 국회법 제54조의2)은 정보위원회의 회의 일체를 비공개 하도록 정함으로써 정보위원회 활동에 대한 국민의 감시와 견제를 사실상 불가능하게 하고 있다. 또한 헌법 제50조 제1항 단서에서 정하고 있는 비공개사유는 각 회의마다 충족되어야 하는 요건으로 입법과정에서 재적의원 과반수의 출석과 출석의원 과반수의 찬성으로 의결되었다는 사실만으로 헌법 제50조 제1항 단서의 '출석위원 과반수의 찬성'이라는 요건이 충족되었다고 볼 수도 없다. 따라서 심판대상조항은 헌법 제50조 제1항에 위배되는 것으로 과잉금지원칙 위배 여부에 대해서는 더 나아가 판단할 필요 없이 청구인들의 알 권리를 침해한다(헌재 2022. 1. 27. 2018헌마1162).

① 국회 의사공개의 원칙은 대의민주주의 정치에 있어서 공공정보의 공개를 통해 국정에 대한 국민의 참여도를 높이고 국정운영의 투명성을 확보하기 위하여 필요불가결한 요소이다. 이 같은 헌법규정의 취지를 고려하면, 국민은 헌법상 보장된 알권리의 한 내용으로서 국회에 대하여 입법과정의 공개를 요구할 권리를 가지며, 국회의 의사에 대하여는 직접적인 이해관계 유무와 상관없이 일반적 정보공개청구권을 가진다고 할 수 있다(헌재 2009. 9. 24. 2007헌바17).

② 국회법 제75조 제1항

③ 국회의 회의는 공개한다. 다만, 출석의원 과반수의 찬성이 있거나 의장이 국가의 안전보장을 위하여 필요하다고 인정할 때에는 공개하지 아니할 수 있다(헌법 제50조 제1항).
소위원회의 회의는 공개한다. 다만, 소위원회의 의결로 공개하지 아니할 수 있다(국회법 제57조 제5항).

✎ **ANSWER** 13.② 14.③ 15.④

16 예산에 대한 설명으로 옳은 것은? (다툼이 있는 경우 판례에 의함)

① 예산 역시 일종의 법규범이고 법률과 마찬가지로 국회의 의결을 거쳐 제정되므로 국가기관과 국민을 모두 구속한다.

② 정부는 예산안을 국회에 제출한 후 부득이한 사유로 인하여 그 내용의 일부를 수정하고자 하는 때에는 국무회의의 심의를 거쳐 국무총리의 승인을 얻은 수정예산안을 국회에 제출할 수 있다.

③ 국회는 정부의 동의 없이 정부가 제출한 지출예산 각항의 금액을 증가할 수 있으나 새 비목을 설치할 수는 없다.

④ 세출예산은 예산으로 성립하여 있다고 하더라도 그 경비의 지출을 인정하는 법률이 없는 경우 정부는 지출행위를 할 수 없다.

> **ADVICE** ④ 예산의 편성, 집행, 결산은 국가재정법이 적용된다.
> ① 예산은 국가기관만을 구속한다.
> ② 정부는 예산안을 국회에 제출한 후 부득이한 사유로 인하여 그 내용의 일부를 수정하고자 하는 때에는 <u>국무회의의 심의를 거쳐 대통령의 승인을 얻은 수정예산안을 국회에 제출할 수 있다</u>(국가재정법 제35조).
> ③ 국회는 정부의 동의없이 정부가 제출한 지출예산 <u>각항의 금액을 증가하거나 새 비목을 설치할 수 없다</u>(헌법 제57조).

17 헌법재판의 가처분에 대한 설명으로 옳지 않은 것은? (다툼이 있는 경우 판례에 의함)

① 국회에서 탄핵소추의 대상으로 발의된 자는 그때부터 헌법재판소의 심판이 있을 때까지 그 권한 행사가 정지된다.

② 헌법재판소가 권한쟁의심판의 청구를 받았을 때에는 직권 또는 청구인의 신청에 의하여 종국결정의 선고시까지 심판 대상이 된 피청구인의 처분의 효력을 정지하는 결정을 할 수 있다.

③ 「헌법재판소법」 제68조제1항에 의한 헌법소원심판절차에 있어서도 가처분의 필요성은 있을 수 있고, 달리 가처분을 허용하지 아니할 상당한 이유를 찾아볼 수 없으므로 헌법소원심판청구사건에서도 가처분은 허용된다.

④ 가처분의 요건을 갖춘 것으로 인정되고, 이에 덧붙여 가처분을 인용한 뒤 종국결정에서 청구가 기각되었을 때 발생하게 될 불이익과 가처분을 기각한 뒤 청구가 인용되었을 때 발생하게 될 불이익에 대한 비교형량을 하여 후자의 불이익이 전자의 불이익보다 크다면 가처분을 인용할 수 있다.=

> **ADVICE** ① <u>탄핵소추의 의결을 받은 자는 탄핵심판이 있을 때까지 그 권한행사가 정지된다</u>(헌법 제65조 제3항).
> ② 헌법재판소법 제65조
> ③④ 헌법재판소법은 정당해산심판과 권한쟁의심판에 관해서만 가처분에 관한 규정을 두고 있지만(제57조, 제65조) 헌법재판소법 제68조 제1항에 의한 헌법소원심판절차에 있어서도 가처분의 필요성은 있을 수 있고, 달리 <u>가처분을 허용하지 아니할 상당한 이유를 찾아볼 수 없으므로 헌법소원심판청구사건에서도 가처분은 허용된다</u>. 헌법소원심판에서 가처분결정은 다투어지는 '공권력 행사 또는 불행사'의 현상을 그대로 유지시킴으로 인하여 생길 회복하기 어

러운 손해를 예방할 필요가 있어야 하고 그 효력을 정지시켜야 할 긴급한 필요가 있어야 한다는 것 등이 그 요건이 된다 할 것이므로, 본안심판이 부적법하거나 이유 없음이 명백하지 않는 한, 위와 같은 가처분의 요건을 갖춘 것으로 인정되고, 이에 덧붙여 <u>가처분을 인용한 뒤 종국결정에서 청구가 기각되었을 때 발생하게 될 불이익과 가처분을 기각한 뒤 청구가 인용되었을 때 발생하게 될 불이익에 대한 비교형량을 하여 후자의 불이익이 전자의 불이익보다 크다면 가처분을 인용할 수 있다</u>(헌재 2006. 2. 23. 2005헌사754).

18 권한쟁의심판에 대한 설명으로 옳은 것만을 모두 고르면? (다툼이 있는 경우 판례에 의함)

> ㉠ 법률에 의하여 설치된 국가인권위원회는 권한쟁의심판의 당사자능력이 인정되지 아니한다.
> ㉡ 지방자치단체 상호간의 권한쟁의심판을 규정하고 있는 「헌법재판소법」 제62조제1항제3호의 경우에는 이를 예시적으로 해석하여야 한다.
> ㉢ 국회 상임위원회 위원장이 위원회를 대표해서 의안을 심사하는 권한이 국회의장으로부터 위임된 것임을 전제로 하는 국회의장에 대한 권한쟁의 심판청구는 피청구인 적격이 없는 자를 상대로 한 청구로서 부적법하다.
> ㉣ 정부가 법률안을 제출하는 행위는 권한쟁의심판의 독자적 대상이 되기 위한 법적 중요성을 지닌 행위로 볼 수 있다.

① ㉠, ㉡

② ㉠, ㉢

③ ㉡, ㉣

④ ㉢, ㉣

> ADVICE ㉠ 권한쟁의 심판은 국회의 입법행위 등을 포함하여 권한쟁의 상대방의 처분 또는 부작위가 헌법 또는 법률에 의하여 부여받은 <u>청구인(국가인권위원회)</u>의 권한을 침해하였거나 침해할 현저한 위험이 있는 때 제기할 수 있는 것인데, <u>헌법상 국가에게 부여된 임무 또는 의무를 수행하고 그 독립성이 보장된 국가기관이라고 하더라도 오로지 법률에 설치근거를 둔 국가기관이라면 국회의 입법행위에 의하여 존폐 및 권한범위가 결정될 수 있으므로 이러한 국가기관은 '헌법에 의하여 설치되고 헌법과 법률에 의하여 독자적인 권한을 부여받은 국가기관'이라고 할 수 없다.</u> 즉, 청구인이 수행하는 업무의 헌법적 중요성, 기관의 독립성 등을 고려한다고 하더라도, 국회가 제정한 국가인권위원회법에 의하여 비로소 설립된 청구인은 국회의 위 법률 개정행위에 의하여 존폐 및 권한범위 등이 좌우되므로 헌법 제111조 제1항 제4호 소정의 헌법에 의하여 설치된 국가기관에 해당한다고 할 수 없다. 결국, <u>권한쟁의 심판의 당사자능력은 헌법에 의하여 설치된 국가기관에 한정하여 인정하는 것이 타당하므로, 법률에 의하여 설치된 청구인에게는 권한쟁의 심판의 당사자능력이 인정되지 아니한다</u>(헌재 2010. 10. 28. 2009헌라6).
> ㉢ 국회 상임위원회가 그 소관에 속하는 의안, 청원 등을 심사하는 권한은 법률상 부여된 위원회의 고유한 권한이므로, <u>국회 상임위원회 위원장이 위원회를 대표해서 의안을 심사하는 권한이 국회의장으로부터 위임된 것임을 전제로 한 국회의장에 대한 이 사건 심판청구는 피청구인적격이 없는 자를 상대로 한 청구로서 부적법하다</u>(헌재 2010. 12. 28. 2008헌라7).

✎ **ANSWER** 16.④ 17.① 18.②

ⓒ '국가기관'의 경우에는 헌법 자체에 의하여 그 종류나 범위를 확정할 수 없고 달리 헌법이 법률로 정하도록 위임하지도 않았기 때문에 헌법재판소법 제62조 제1항 제1호가 규정하는 '국회, 정부, 법원 및 중앙선거관리위원회'를 국가기관의 예시에 불과한 것이라고 해석할 필요가 있었던 것과는 달리, '지방자치단체'의 경우에는 지방자치단체 상호간의 권한쟁의심판을 규정하고 있는 헌법재판소법 제62조 제1항 제3호를 예시적으로 해석할 필요성 및 법적 근거가 없다(헌재 2010. 4. 29. 2009헌라11).

ⓔ 정부가 법률안을 제출하였다 하더라도 그것이 법률로 성립되기 위해서는 국회의 많은 절차를 거쳐야 하고, 법률안을 받아들일지 여부는 전적으로 헌법상 입법권을 독점하고 있는 의회의 권한이다. 따라서 정부가 법률안을 제출하는 행위는 입법을 위한 하나의 사전 준비행위에 불과하고, 권한쟁의심판의 독자적 대상이 되기 위한 법적 중요성을 지닌 행위로 볼 수 없다(헌재 2005. 12. 22. 2004헌라3).

19 헌법재판에 대한 설명으로 옳은 것은?

① 재판부는 결정으로 다른 국가기관 또는 공공단체의 기관에 심판에 필요한 사실을 조회하거나, 기록의 송부나 자료의 제출을 요구할 수 있으나, 재판·소추 또는 범죄수사가 진행 중인 사건의 기록에 대하여는 송부를 요구할 수 없다.

② 위헌으로 결정된 형벌에 관한 법률 또는 법률의 조항은 소급하여 그 효력을 상실하나, 해당 법률 또는 법률의 조항에 대하여 종전에 합헌으로 결정한 사건이 있는 경우에는 그 결정이 있는 날로 소급하여 효력을 상실한다.

③ 헌법재판소는 심판사건을 접수한 날부터 180일 이내에 종국결정의 선고를 하여야 하나, 재판관 1인의 궐위로 8명의 출석이 가능한 경우에는 그 궐위된 기간은 심판기간에 산입하지 아니한다.

④ 각종 심판절차에서 당사자인 국가기관 또는 지방자치단체는 변호사의 자격이 있는 소속 직원을 대리인으로 선임하여 심판을 수행하게 할 수 없다.

> **ADVICE** ① 헌법재판소법 제32조
> ② 헌법재판소법 제47조 제3항
>
> | 헌법재판소법 제47조(위헌결정의 효력) ① 법률의 위헌결정은 법원과 그 밖의 국가기관 및 지방자치단체를 기속(羈束)한다. |
> | --- |
> | ② 위헌으로 결정된 법률 또는 법률의 조항은 그 결정이 있는 날부터 효력을 상실한다. |
> | ③ 제2항에도 불구하고 형벌에 관한 법률 또는 법률의 조항은 소급하여 그 효력을 상실한다. 다만, 해당 법률 또는 법률의 조항에 대하여 종전에 합헌으로 결정한 사건이 있는 경우에는 그 결정이 있는 날의 다음 날로 소급하여 효력을 상실한다. |
> | ④ 제3항의 경우에 위헌으로 결정된 법률 또는 법률의 조항에 근거한 유죄의 확정판결에 대하여는 재심을 청구할 수 있다. |
>
> ③ 헌법재판소는 심판사건을 접수한 날부터 180일 이내에 종국결정의 선고를 하여야 한다. 다만, 재판관의 궐위로 7명의 출석이 불가능한 경우에는 그 궐위된 기간은 심판기간에 산입하지 아니한다(헌법재판소법 제38조).
> ④ 각종 심판절차에서 당사자인 국가기관 또는 지방자치단체는 변호사 또는 변호사의 자격이 있는 소속 직원을 대리인으로 선임하여 심판을 수행하게 할 수 있다(헌법재판소법 제25조 제2항).

20 헌법상 경제조항에 대한 설명으로 옳은 것은? (다툼이 있는 경우 판례에 의함)

① 헌법 제119조제2항은 국가가 경제영역에서 실현하여야 할 목표의 하나로서 적정한 소득의 분배를 들고 있지만, 이로부터 반드시 소득에 대하여 누진세율에 따른 종합과세를 시행하여야 할 구체적인 헌법적 의무가 조세입법자에게 부과되는 것이라고 할 수 없다.

② 헌법 제119조제2항에 규정된 경제주체간의 조화를 통한 경제민주화의 이념은 경제영역에서 정의로운 사회질서를 형성하기 위하여 추구할 수 있는 국가목표에 그치므로 개인의 기본권을 제한하는 국가행위를 정당화하는 헌법규범이라고 볼 수 없다.

③ 경제적 기본권을 제한하는 법률의 합헌성 여부를 심사하는 경우, 그 법률을 정당화하는 공익은 헌법에 명시적으로 규정된 목표에만 제한된다.

④ 주택재개발사업에서 부과하는 임대주택공급의무는 재개발로 발생하는 세입자들의 주거문제를 해결하기 위한 제도이고, 재건축사업에서 임대주택공급제도는 개발이익의 환수차원에서 부과되는 의무라 할 것이므로, 두 사업 모두에 임대주택공급의무를 부과하는 것은 재건축조합의 조합원 등의 평등권을 침해하고 있다.

> **ADVICE** ① 제119조 제2항은 국가가 경제영역에서 실현하여야 할 목표의 하나로서 "적정한 소득의 분배"를 들고 있지만, 이로부터 반드시 소득에 대하여 누진세율에 따른 종합과세를 시행하여야 할 구체적인 헌법적 의무가 조세입법자에게 부과되는 것이라고 할 수 없다. 이 사건 법률규정은 "적정한 소득의 분배"만이 아니라 "균형있는 국민경제의 성장과 안정"이라는, 경우에 따라 상충할 수 있는 법익을 함께 고려하여 당시의 경제상황에 적절하게 대처하기 위하여 내린 입법적 결정의 산물로서, 그 결정이 현저히 불합리하다거나 자의적이라고 할 수 없으므로 이를 두고 헌법상의 경제질서에 위반되는 것이라고 볼 수 없다(헌재 1999. 11. 25. 98헌마55).
> ② 헌법 제119조 제2항에 규정된 '경제주체간의 조화를 통한 경제민주화'의 이념은 경제영역에서 정의로운 사회질서를 형성하기 위하여 추구할 수 있는 국가목표로서 개인의 기본권을 제한하는 국가행위를 정당화하는 헌법규범이다(헌재 2003. 11. 27. 2001헌바35).
> ③ 경제적 기본권의 제한을 정당화하는 공익이 헌법에 명시적으로 규정된 목표에만 제한되는 것은 아니고, 헌법은 단지 국가가 실현하려고 의도하는 전형적인 경제목표를 예시적으로 구체화하고 있을 뿐이므로 기본권의 침해를 정당화할 수 있는 모든 공익을 아울러 고려하여 법률의 합헌성 여부를 심사하여야 한다(헌재 1996. 12. 26. 96헌가18).
> ④ 임대주택공급의무는 이 사건 재건축사업뿐만이 아니라 재개발사업에도 부과되고 있으나, 주택재개발사업에서 부과하는 임대주택공급의무는 재개발로 발생하는 세입자들의 주거문제를 해결하기 위한 제도이고, 이 사건 재건축임대주택공급제도는 개발이익의 환수차원에서 부과되는 의무라 할 것이므로 두 사업 모두에 임대주택공급의무를 부과하고 있더라도 이것이 평등권을 침해하고 있다고는 볼 수 없다(헌재 2008. 10. 30. 2005헌마222).

1 헌법재판소의 일반심판절차에 대한 설명으로 옳지 않은 것은?

① 당사자는 동일한 사건에 대하여 2명 이상의 재판관을 기피할 수 없다.

② 위헌법률의 심판과 헌법소원에 관한 심판은 구두변론에 의하고, 탄핵의 심판, 정당해산의 심판 및 권한쟁의의 심판은 서면심리에 의한다.

③ 법률의 위헌결정, 탄핵의 결정, 정당해산의 결정 또는 헌법소원에 관한 인용결정을 하는 경우에는 재판관 6명 이상의 찬성이 있어야 한다.

④ 헌법재판소의 심판절차에 관하여 「헌법재판소법」에 특별한 규정이 있는 경우를 제외하고는 헌법재판의 성질에 반하지 아니하는 한도에서 민사소송에 관한 법령을 준용하며, 탄핵심판의 경우에는 형사소송에 관한 법령을 준용하고, 권한쟁의심판 및 헌법소원심판의 경우에는 「행정소송법」을 함께 준용한다.

》ADVICE ② 헌법재판소법 제30조

> 제30조(심리의 방식) ① 탄핵의 심판, 정당해산의 심판 및 권한쟁의의 심판은 구두변론에 의한다.
> ② 위헌법률의 심판과 헌법소원에 관한 심판은 서면심리에 의한다. 다만, 재판부는 필요하다고 인정하는 경우에는 변론을 열어 당사자, 이해관계인, 그 밖의 참고인의 진술을 들을 수 있다.

2 법률의 제·개정절차에 대한 설명으로 옳지 않은 것은?

① 국회는 헌법 또는 법률에 특별한 규정이 없는 한 재적의원 과반수의 출석과 출석의원 과반수의 찬성으로 의결하며, 가부동수인 때에는 가결된 것으로 본다.

② 국회에 제출된 법률안은 회기 중에 의결되지 못한 이유로 폐기되지 않지만, 국회의원의 임기가 만료된 때에는 그러하지 아니하다.

③ 법률은 특별한 규정이 없는 한 공포한 날로부터 20일을 경과함으로써 효력을 발생한다.

④ 대통령은 법률안의 일부에 대하여 또는 법률안을 수정하여 재의를 요구할 수 없다.

》ADVICE ① 국회는 헌법 또는 법률에 특별한 규정이 없는 한 재적의원 과반수의 출석과 출석의원 과반수의 찬성으로 의결한다. 가부동수인 때에는 부결된 것으로 본다(헌법 제39조).

3 청원권에 대한 설명으로 옳은 것은?

① 현행 헌법규정에 의하면 청원은 문서 또는 구두(口頭)로 할 수 있다.

② 국민은 지방자치단체와 그 소속 기관에 청원을 제출할 수 있다.

③ 청원서의 일반인에 대한 공개를 위해 30일 이내에 100명 이상의 찬성을 받도록 하고, 청원서가 일반인에게 공개되면 그로부터 30일 이내에 10만 명 이상의 동의를 받도록 한 「국회청원심사규칙」 조항은 청원의 요건을 지나치게 까다롭게 설정하여 국민의 청원권을 침해한다.

④ 국민은 공무원의 위법·부당한 행위에 대한 시정이나 징계의 요구를 청원할 수 없다.

》ADVICE ① 모든 국민은 법률이 정하는 바에 의하여 국가기관에 <u>문서로 청원할 권리</u>를 가진다(헌법 제26조 제1항).

③ 국민동의법령조항들은 의원소개조항에 더하여 추가적으로 국민의 동의를 받는 방식으로 국회에 청원하는 방법을 허용하면서 그 구체적인 요건과 절차를 규정하고 있는 것으로, 청원권의 구체적인 입법형성에 해당한다. <u>국민동의법령조항들이 청원서의 일반인에 대한 공개를 위해 30일 이내에 100명 이상의 찬성을 받도록</u> 한 것은 일종의 사전동의제도로서, 중복게시물을 방지하고 비방, 욕설, 혐오표현, 명예훼손 등 부적절한 청원을 줄이며 국민의 목소리를 효율적으로 담아내고자 함에 그 취지가 있다. 다음으로, <u>청원서가 일반인에게 공개되면 그로부터 30일 이내에 10만 명 이상의 동의를 받도록</u> 한 것은 국회의 한정된 심의 역량과 자원의 효율적 배분을 고려함과 동시에, 일정 수준 이상의 인원에 해당하는 국민 다수가 관심을 갖고 동의하는 의제가 논의 대상이 되도록 하기 위한 것이다. 국회에 대한 청원은 법률안 등과 같이 의안에 준하여 위원회 심사를 거쳐 처리되고, 다른 행정부 등 국가기관과 달리 국회는 합의제 기관이라는 점에서 청원 심사의 실효성을 확보할 필요성 또한 크다. 이와 같은 점에서 <u>국민동의법령조항들이 설정하고 있는 청원찬성·동의를 구하는 기간 및 그 인원수는 불합리하다고 보기 어렵다. 따라서 국민동의법령조항들은 입법재량을 일탈하여 청원권을 침해하였다고 볼 수 없다</u>(헌재결 2023. 3. 23. 2018헌마460).

④ 청원법 제5조

> 제5조(청원사항) <u>국민</u>은 다음 각 호의 어느 하나에 해당하는 사항에 대하여 청원기관에 <u>청원할 수 있다.</u>
> 1. 피해의 구제
> 2. <u>공무원의 위법·부당한 행위에 대한 시정이나 징계의 요구</u>
> 3. 법률·명령·조례·규칙 등의 제정·개정 또는 폐지
> 4. 공공의 제도 또는 시설의 운영
> 5. 그 밖에 청원기관의 권한에 속하는 사항

4 사법권에 대한 설명으로 옳지 않은 것은?

① 국회의원의 자격심사, 징계, 제명은 법원에의 제소가 금지된다.

② 비상계엄하의 군인·군무원의 범죄에 대한 군사재판은 사형을 선고한 경우에도 단심으로 할 수 있다.

③ 「공유수면 관리 및 매립에 관한 법률」에 따른 매립지가 속할 지방자치단체를 정하는 행정안전부장관의 결정에 대하여 이의가 있는 경우 관계 지방자치단체의 장은 그 결과를 통보받은 날부터 15일 이내에 대법원에 소송을 제기할 수 있다.

④ 상급법원 재판에서의 판단은 해당 사건에 관하여 하급심을 기속한다.

>ADVICE ② 헌법 제110조 제4항

> 제110조
> ④ 비상계엄하의 군사재판은 군인·군무원의 범죄나 군사에 관한 간첩죄의 경우와 초병·초소·유독음식물공급·포로에 관한 죄 중 법률이 정한 경우에 한하여 <u>단심으로 할 수 있다. 다만, 사형을 선고한 경우에는 그러하지 아니하다.</u>

5 국회의원에 대한 설명으로 옳은 것은?

① 국회의원을 제명하려면 국회재적의원 과반수 출석과 출석의원 3분의 2 이상의 찬성이 있어야 한다.

② 국회의원이 다른 의원의 자격에 대하여 이의가 있을 때에는 30명 이상의 연서로 의장에게 자격심사를 청구할 수 있다.

③ 국회의원의 법률안 심의·표결권은 국회의원 각자에게 보장되는 법률상 권한이라는 것 또한 의문의 여지가 없으므로, 이는 국회의원의 개별적 의사에 따라 포기할 수 있는 성질의 것이다.

④ 국회의 구성원인 국회의원이 국회를 위하여 국회의 권한침해를 주장하는 권한쟁의심판의 청구는 그 권능이 권력분립원칙과 소수자보호의 이념으로부터 도출될 수 있으므로, 「헌법재판소법」에 명문의 규정이 없더라도 적법하다고 보아야 한다.

>ADVICE ① 의원을 제명하려면 국회재적의원 3분의 2 이상의 찬성이 있어야 한다(헌법 제64조 제3항).

③ <u>국회의원의 법률안 심의·표결권은</u> 국민에 의하여 선출된 국가기관으로서 국회의원이 그 본질적 임무인 입법에 관한 직무를 수행하기 위하여 보유하는 권한으로서의 성격을 갖고 있으므로 <u>국회의원의 개별적인 의사에 따라 포기할 수 있는 것은 아니다</u>(헌재결 2009. 10. 29. 2009헌라8).

④ 권한쟁의심판의 청구인은 청구인의 권한침해만을 주장할 수 있도록 하고 있을 뿐, <u>국가기관의 부분기관이 자신의 이름으로 소속기관의 권한을 주장할 수 있는 '제3자 소송담당'의 가능성을 명시적으로 규정하고 있지 않은 현행법 체계에서</u> 국회의 구성원인 청구인들은 국회의 '예산 외에 국가의 부담이 될 계약의 체결에 있어 동의권의 침해를 주장하는 <u>권한쟁의심판을 청구할 수 없다</u>(헌재결 2008. 1. 17. 2005헌라10).

6 문화국가의 원리에 대한 설명으로 옳지 않은 것은?

① 우리나라는 건국헌법 이래 문화국가의 원리를 헌법의 기본원리로 채택하고 있다.

② 헌법은 제9조에서 "문화의 영역에 있어서 각인의 기회를 균등히" 할 것을 선언하고 있을 뿐 아니라, 국가에게 전통문화의 계승 발전과 민족문화의 창달을 위하여 노력할 의무를 지우고 있다.

③ 헌법 제9조의 규정취지와 민족문화유산의 본질에 비추어 볼 때, 국가가 민족문화유산을 보호하고자 하는 경우 이에 관한 헌법적 보호법익은 '민족문화유산의 존속' 그 자체를 보장하는 것이고, 원칙적으로 민족문화유산의 훼손등에 관한 가치보상이 있는지 여부는 이러한 헌법적 보호법익과 직접적인 관련이 없다.

④ 국가는 학교교육에 관한 한, 교육제도의 형성에 관한 폭넓은 권한을 가지고 있지만, 학교교육 밖의 사적인 교육영역에서는 원칙적으로 부모의 자녀교육권이 우위를 차지하고, 국가 또한 헌법이 지향하는 문화국가이념에 비추어, 학교교육과 같은 제도교육 외에 사적인 교육의 영역에서도 사인의 교육을 지원하고 장려해야 할 의무가 있으므로 사적인 교육영역에 대한 국가의 규율권한에는 한계가 있다.

> **ADVICE** ② 국가는 전통문화의 계승 · 발전과 민족문화의 창달에 노력하여야 한다(헌법 제9조). 그리고 '정치 · 경제 · 사회 · 문화의 모든 영역에 있어서 각인의 기회를 균등히 하고'는 헌법 전문에서 규정하고 있다.
> ④ 자녀의 양육과 교육에 있어서 부모의 교육권은 교육의 모든 영역에서 존중되어야 하며, 다만, <u>학교교육에 관한 한, 국가는 헌법 제31조에 의하여 부모의 교육권으로부터 원칙적으로 독립된 독자적인 교육권한을 부여받음으로써 부모의 교육권과 함께 자녀의 교육을 담당하지만, 학교 밖의 교육영역에서는 원칙적으로 부모의 교육권이 우위를 차지한다</u>(헌재결 2000. 4. 27. 98헌가16).

7 역대 헌법에 대한 설명으로 옳지 않은 것은?

① 제헌헌법에서 모든 국민은 국가 각기관에 대하여 문서로써 청원을 할 권리가 있으며, 청원에 대하여 국가는 심사할 의무를 진다고 규정하였다.

② 1952년 제1차 헌법개정에서 단원제 국회가 규정되었고, 국무위원은 국무총리의 제청에 의하여 대통령이 임면한다고 규정하였다.

③ 1962년 제5차 헌법개정에서 중앙선거관리위원회는 대통령이 임명하는 2인, 국회에서 선출하는 2인과 대법원 판사회의에서 선출하는 5인의 위원으로 구성하고, 위원장은 위원 중에서 호선한다고 규정하였다.

④ 1980년 제8차 헌법개정에서 모든 국민은 깨끗한 환경에서 생활할 권리를 가지며, 국가와 국민은 환경보전을 위하여 노력하여야 한다고 규정하였다.

> **ADVICE** ② 제1차 헌법개정에서는 국회의 양원제(민의원, 참의원)를 규정하고 있었으나 참의원을 두지 아니하여 단원제로 운영되었다. 주요 내용으로는 대통령과 부통령의 직선제, 국무위원의 국회에 대한 책임, 국무위원 임명에 있어서 국무총리의 제청권 등이 있다.

 **ANSWER** 4.② 5.② 6.② 7.②

8 국적에 대한 설명으로 옳지 않은 것은?

① 「국적법」 조항 중 거짓이나 그 밖의 부정한 방법으로 국적회복허가를 받은 사람에 대하여 그 허가를 취소할 수 있도록 규정한 부분은 과잉금지원칙에 위배하여 거주·이전의 자유 및 행복추구권을 침해하지 아니한다.

② 1978. 6. 14.부터 1998. 6. 13. 사이에 태어난 모계출생자(모가 대한민국 국민이거나 모가 사망할 당시에 모가 대한민국 국민이었던 자)가 대한민국 국적을 취득할 수 있는 특례를 두면서 2004. 12. 31.까지 국적 취득신고를 한 경우에만 대한민국 국적을 취득하도록 한 「국적법」 조항은, 모계출생자가 권리를 남용할 가능성을 억제하기 위하여 특례기간을 2004. 12. 31.까지로 한정하고 있는바, 이를 불합리하다고 볼 수 없고 평등원칙에 위배되지 않는다.

③ 「국적법」 조항 중 "외국에 주소가 있는 경우"는 입법취지 및 사전적 의미 등을 고려할 때 다른 나라에 생활근거가 있는 경우를 뜻함이 명확하므로 명확성원칙에 위배되지 아니한다.

④ 복수국적자가 외국에 주소가 있는 경우에만 국적이탈을 신고할 수 있도록 정한 「국적법」 조항은 복수국적자에게 과도한 불이익을 발생시켜 과잉금지원칙에 위배되어 국적이탈의 자유를 침해한다.

> **ADVICE** ③④ 국적법 제14조 제1항 본문의 '외국에 주소가 있는 경우'라는 표현은 입법취지 및 그에 사용된 단어의 사전적 의미 등을 고려할 때 다른 나라에 생활근거가 있는 경우를 뜻함이 명확하므로 명확성원칙에 위배되지 아니한다. 심판대상조항은 국가 공동체의 운영원리를 보호하고자 복수국적자의 기회주의적 국적이탈을 방지하기 위한 것으로, 더 완화된 대안을 찾아보기 어려운 점, 외국에 생활근거 없이 주로 국내에서 생활하며 대한민국과 유대관계를 형성한 자가 단지 법률상 외국 국적을 지니고 있다는 사정을 빌미로 국적을 이탈하려는 행위를 제한한다고 하여 과도한 불이익이 발생한다고 보기도 어려운 점 등을 고려할 때 심판대상조항은 과잉금지원칙에 위배되어 국적이탈의 자유를 침해하지 아니한다(헌재결 2023. 2. 23. 2020헌바603).

9 정당제도에 대한 설명으로 옳지 않은 것은?

① 1980년 제8차 헌법개정에서 국가는 법률이 정하는 바에 의하여 정당의 운영에 필요한 자금을 보조할 수 있다고 규정하였다.

② 정당의 법적 지위는 적어도 그 소유재산의 귀속관계에 있어서는 법인격 없는 사단(社團)으로 보아야 하고, 중앙당과 지구당과의 복합적 구조에 비추어 정당의 지구당은 단순한 중앙당의 하부조직이 아니라 어느 정도의 독자성을 가진 단체로서 역시 법인격 없는 사단에 해당한다.

③ 위헌정당해산제도의 실효성을 확보하기 위하여 헌법재판소의 위헌정당 해산결정에 따라 해산된 정당 소속 비례대표 지방의회의원은 해산결정 시 의원의 지위를 상실한다.

④ "누구든지 2 이상의 정당의 당원이 되지 못한다."라고 규정하고 있는 「정당법」 조항은 정당의 정체성을 보존하고 정당 간의 위법·부당한 간섭을 방지함으로써 정당정치를 보호·육성하기 위한 것으로서, 정당 당원의 정당 가입·활동의 자유를 침해한다고 할 수 없다.

③ 헌법재판소의 해산결정으로 정당이 해산되는 경우에 그 정당 소속 국회의원이 의원직을 상실하는지에 대하여 명문의 규정은 없으나, 정당해산심판제도의 본질은 민주적 기본질서에 위배되는 정당을 정치적 의사형성과정에서 배제함으로써 국민을 보호하는 데에 있는데 <u>해산정당 소속 국회의원의 의원직을 상실시키지 않는 경우 정당해산결정의 실효성을 확보할 수 없게 되므로</u>, 이러한 정당해산제도의 취지 등에 비추어 볼 때 헌법재판소의 정당해산결정이 있는 경우 그 정당 소속 국회의원의 의원직은 당선 방식을 불문하고 모두 상실되어야 한다(헌재결 2014. 12. 19. 2013헌다1).

10 헌법재판에 대한 설명으로 옳지 않은 것은? (다툼이 있는 경우 헌법재판소 결정에 의함)

① 한정위헌결정의 기속력을 부인하여 청구인들의 재심청구를 기각한 법원의 재판은 '법률에 대한 위헌결정의 기속력에 반하는 재판'으로 이에 대한 헌법소원이 허용될 뿐 아니라 헌법상 보장된 재판청구권을 침해하였으므로 「헌법재판소법」 제75조제3항에 따라 취소되어야 한다.

② 법률에 대한 헌법재판소의 한정위헌결정 이전에 그 법률을 적용하여 확정된 유죄판결은 '헌법재판소가 위헌으로 결정한 법령을 적용하여 국민의 기본권을 침해한 재판'에는 해당하지 않지만, '위헌결정의 기속력에 반하는 재판'이므로 그 판결을 대상으로 한 헌법소원 심판청구는 적법하다.

③ 「헌법재판소법」 제68조제1항의 헌법소원은 행정처분에 대하여도 청구할 수 있는 것이나, 그것이 법원의 재판을 거쳐 확정된 행정처분인 경우에는 당해 행정처분을 심판의 대상으로 삼았던 법원의 재판이 예외적으로 헌법소원심판의 대상이 되어 그 재판 자체가 취소되는 경우에 한하여 심판이 가능한 것이고, 이와 달리 법원의 재판이 취소될 수 없는 경우에는 당해 행정처분 역시 헌법소원심판청구의 대상이 되지 아니한다.

④ 헌법소원심판청구인이 심판대상 법률조항의 특정한 해석이나 적용 부분의 위헌성을 주장하는 한정위헌청구는 원칙적으로 적법하지만, 한정위헌청구의 형식을 취하고 있으면서도 실제로는 개별적·구체적 사건에서의 법률조항의 단순한 포섭·적용에 관한 문제를 다투거나 의미 있는 헌법문제를 주장하지 않으면서 법원의 법률해석이나 재판결과를 다투는 심판청구는 부적법하다.

② 위헌결정이 있기 전에 그 법률을 법원이 적용하는 것은 제도적으로 정당성이 보장되므로 아직 헌법재판소에 의하여 <u>위헌으로 선언된 바가 없는 법률이 적용된 재판을 그 후에 위헌결정이 선고되었다는 이유로 위법한 공권력의 행사라고 하여 헌법소원심판의 대상으로 삼을 수는 없다.</u> 그러므로, 이 사건 과세처분을 심판대상으로 삼았던 법원의 재판인 재심대상판결은 법률에 대한 위헌결정의 기속력에 반하는 재판에 해당하지 않는다(헌재결 2022. 7. 21. 2013헌마242).

11 탄핵심판에 대한 설명으로 옳지 않은 것은?

① 헌법 제65조제1항은 탄핵사유를 '헌법이나 법률을 위배한 때'로 규정하고 있는데, '헌법'에는 명문의 헌법규정만이 포함되고, 헌법재판소의 결정에 의하여 형성되어 확립된 불문헌법은 포함되지 않는다.

② 탄핵심판에서는 국회 법제사법위원회 위원장이 소추위원이 되고, 소추위원은 헌법재판소에 소추의결서 정본을 제출하여 탄핵심판을 청구하며, 심판의 변론에서 피청구인을 신문할 수 있다.

③ 헌법 제65조제1항은 '직무집행에 있어서'라고 하여, 탄핵사유의 요건을 '직무' 집행으로 한정하고 있으므로, 대통령의 직위를 보유하고 있는 상태에서 범한 법위반행위만 소추사유가 될 수 있다.

④ 국회의 탄핵소추절차는 국회와 대통령이라는 헌법기관 사이의 문제이고, 국회의 탄핵소추의결에 의하여 사인으로서의 대통령의 기본권이 침해되는 것이 아니라, 국가기관으로서의 대통령의 권한행사가 정지되는 것이므로, 국가기관이 국민과의 관계에서 공권력을 행사함에 있어서 준수해야 할 법원칙으로서 형성된 적법절차의 원칙을 국가기관에 대하여 헌법을 수호하고자 하는 탄핵소추절차에는 직접 적용할 수 없다.

> **ADVICE** ① 헌법 제65조에 규정된 탄핵사유를 구체적으로 살펴보면, '직무집행에 있어서'의 '직무'란, 법제상 소관 직무에 속하는 고유 업무 및 통념상 이와 관련된 업무를 말한다. 따라서 직무상의 행위란, 법령·조례 또는 행정관행·관례에 의하여 그 지위의 성질상 필요로 하거나 수반되는 모든 행위나 활동을 의미한다. <u>헌법은 탄핵사유를 "헌법이나 법률에 위배한 때"로 규정하고 있는데, '헌법'에는 명문의 헌법규정뿐만 아니라 헌법재판소의 결정에 의하여 형성되어 확립된 불문헌법도 포함된다.</u> '법률'이란 단지 형식적 의미의 법률 및 그와 등등한 효력을 가지는 국제조약, 일반적으로 승인된 국제법규 등을 의미한다(헌재결 2004. 5. 14. 2004헌나1).

12 대통령 선거에 대한 설명으로 옳은 것은?

① 대통령 후보자가 1인일 때에는 그 득표수가 선거권자 총수의 과반수가 아니면 대통령으로 당선될 수 없다.

② 대통령선거 예비후보자등록을 신청하는 사람에게 대통령선거 기탁금의 100분의 20에 해당하는 금액인 6,000만 원을 기탁금으로 납부하도록 한 「공직선거법」 조항 중 해당부분은 경제력이나 조직력이 약한 사람의 예비후보자등록을 억제하거나 예비후보자로 나서는 것 자체를 원천적으로 차단하게 되어 대통령선거 예비후보자의 공무담임권을 침해한다.

③ 헌법은 대통령의 임기가 만료되는 때에는 임기만료 70일 내지 40일 전에 후임자를 선거하고, 대통령이 궐위된 때 또는 대통령 당선자가 사망하거나 판결 기타의 사유로 그 자격을 상실한 때에는 60일 이내에 후임자를 선거한다고 규정한다.

④ 전임자의 임기가 만료된 후에 실시하는 선거와 궐위로 인한 선거에 의한 대통령의 임기는 선거일의 다음날 0시부터 개시된다.

> **ADVICE** ① 대통령선거에 있어서는 중앙선거관리위원회가 유효투표의 다수를 얻은 자를 당선인으로 결정하고, 이를 국회의장에게 통지하여야 한다. 다만, <u>후보자가 1인인 때에는 그 득표수가 선거권자총수의 3분의 1 이상에 달하여야 당선인으로 결정한다</u>(공직선거법 제187조 제1항).

② 예비후보자 기탁금제도는 예비후보자의 무분별한 난립을 막고 책임성과 성실성을 담보하기 위한 것인데, 선거권자 추천제도 역시 상당한 숫자의 선거권자로부터 추천을 받는 데에 적지 않은 노력과 비용이 소요될 것이므로 예비후보자의 수를 적정한 범위로 제한하는 방법으로서 덜 침해적인 것이라고 단정할 수 없다. <u>대통령선거는 가장 중요한 국가권력담당자를 선출하는 선거로서 후보난립의 유인이 다른 선거에 비해 훨씬 더 많으며, 본선거의 후보자로 등록하고자 하는 예비후보자에게 예비후보자 기탁금은 본선거 기탁금의 일부를 미리 납부하는 것에 불과하다는 점 등을 고려하면 기탁금 액수가 과다하다고도 할 수 없으므로 심판대상조항이 과잉금지원칙에 위배되어 공무담임권을 침해한다고 볼 수 없다</u>(헌재결 2015. 7. 30. 2012헌마402).

④ 대통령의 임기는 전임대통령의 임기만료일의 다음날 0시부터 개시된다. 다만, <u>전임자의 임기가 만료된 후에 실시하는 선거와 궐위로 인한 선거에 의한 대통령의 임기는 당선이 결정된 때부터 개시된다</u>(공직선거법 제14조 제1항).

13 국회와 대통령에 대한 설명으로 옳은 것은?

① 대통령은 국회 임시회의 집회를 요구할 수 있으며, 집회를 요구할 때 집회기간을 명시하여야 하는 것은 아니다.

② 계엄을 선포한 때에는 대통령은 지체없이 국회에 보고하여 승인을 얻어야 하며, 국회의 승인을 얻지 못한 때에는 계엄은 그때부터 효력을 상실한다.

③ 대통령은 국회에 출석하여 발언하거나 서한으로 의견을 표시할 수 있으나, 국회의 요구가 있을 때 국회에 출석·답변할 헌법상 의무가 있는 것은 아니다.

④ 대통령의 임기연장 또는 중임변경을 위한 헌법개정은 그 헌법개정 제안 당시의 대통령에 대하여 효력이 있다.

> **ADVICE** ① 헌법 제47조

> 제47조 ①국회의 정기회는 법률이 정하는 바에 의하여 매년 1회 집회되며, <u>국회의 임시회는 대통령 또는 국회재적의원 4분의 1 이상의 요구에 의하여 집회</u>된다.
> ② 정기회의 회기는 100일을, 임시회의 회기는 30일을 초과할 수 없다.
> ③ <u>대통령이 임시회의 집회를 요구할 때에는 기간과 집회요구의 이유를 명시하여야 한다.</u>

② 헌법 제77조

> 제77조 ①대통령은 전시·사변 또는 이에 준하는 국가비상사태에 있어서 병력으로써 군사상의 필요에 응하거나 공공의 안녕질서를 유지할 필요가 있을 때에는 법률이 정하는 바에 의하여 계엄을 선포할 수 있다.
> ② 계엄은 비상계엄과 경비계엄으로 한다.
> ③ 비상계엄이 선포된 때에는 법률이 정하는 바에 의하여 영장제도, 언론·출판·집회·결사의 자유, 정부나 법원의 권한에 관하여 특별한 조치를 할 수 있다.
> ④ <u>계엄을 선포한 때에는 대통령은 지체없이 국회에 통고하여야</u> 한다.
> ⑤ <u>국회가 재적의원 과반수의 찬성으로 계엄의 해제를 요구한 때에는 대통령은 이를 해제하여야 한다.</u>

④ 대통령의 임기연장 또는 중임변경을 위한 헌법개정은 그 헌법개정 제안 당시의 대통령에 대하여는 효력이 없다(헌법 제128조 제2항).

ANSWER 11.① 12.③ 13.③

14 국무회의 및 국무위원에 대한 설명으로 옳은 것만을 모두 고르면?

> ㉠ 국무회의는 의장인 대통령과 부의장인 국무총리, 그리고 15인 이상 30인 이하의 국무위원으로 구성된다.
> ㉡ 국무회의는 구성원 과반수의 출석으로 개의하고 출석 구성원 과반수의 찬성으로 의결한다.
> ㉢ 검찰총장·합동참모의장·각군참모총장·국립대학교총장·대사 기타 법률이 정한 공무원과 국영기업체관리자의 임명은 국무회의의 심의를 거쳐야 한다.

① ㉠   ② ㉡
③ ㉠, ㉢   ④ ㉠, ㉡, ㉢

>ADVICE ㉡ (x) 국무회의는 구성원 과반수의 출석으로 개의(開議)하고, 출석구성원 3분의 2 이상의 찬성으로 의결한다(국무회의 규정 제6조 제1항).

15 경제질서에 대한 설명으로 옳지 않은 것은?

① 헌법 제119조는 헌법상 경제질서에 관한 일반조항으로서 국가의 경제정책에 대한 하나의 헌법적 지침일 뿐, 그 자체가 기본권의 성질을 가진다거나 독자적인 위헌심사의 기준이 된다고 할 수 없다.
② 헌법 제119조제2항은 독과점규제라는 경제정책적 목표를 개인의 경제적 자유를 제한할 수 있는 정당한 공익의 하나로 명문화하고 있는데, 독과점규제의 목적이 경쟁의 회복에 있다면 이 목적을 실현하는 수단 또한 자유롭고 공정한 경쟁을 가능하게 하는 방법이어야 한다.
③ '사영기업의 국유 또는 공유로의 이전'은 일반적으로 공법적 수단에 의하여 사기업에 대한 소유권을 국가나 기타 공법인에 귀속시키고 사회정책적·국민경제적 목표를 실현할 수 있도록 그 재산권의 내용을 변형하는 것을 말하며, 또 사기업의 '경영에 대한 통제 또는 관리'라 함은 비록 기업에 대한 소유권의 보유주체에 대한 변경은 이루어지지 않지만 사기업 경영에 대한 국가의 광범위하고 강력한 감독과 통제 또는 관리의 체계를 의미한다고 할 것이다.
④ 구「상속세 및 증여세법」제45조의3제1항은 이른바 일감 몰아주기로 수혜법인의 지배주주 등에게 발생한 이익에 대하여 증여세를 부과함으로써 적정한 소득의 재분배를 촉진하고, 시장의 지배와 경제력의 남용 우려가 있는 일감 몰아주기를 억제하려는 것이지만, 거래의 필요성, 영업외손실의 비중, 손익변동 등 구체적인 사정을 고려하지 않은 채, 특수관계법인과 수혜법인의 거래가 있으면 획일적 기준에 의하여 산정된 미실현 이익을 수혜법인의 지배주주가 증여받은 것으로 보아 수혜법인의 지배주주의 재산권을 침해한다.

>ADVICE ④ 구 상증세법 제45조의3 제1항은 이른바 일감 몰아주기로 수혜법인의 지배주주 등에게 발생한 이익에 대하여 증여세를 부과함으로써 적정한 소득의 재분배를 촉진하고, 시장의 지배와 경제력의 남용 우려가 있는 일감 몰아주기를 억제하려는 것이다. 특수관계법인과 수혜법인 사이의 거래를 통해 수혜법인의 지배주주 등에게 발생한 이익에는 정상적인 거래에 따른 소득, 시장상황 등에 따른 이익, 특수관계법인이 제공한 사업기회의 경제적 가치 등이 분리할 수 없게

혼재되어 있으므로, 일정한 비율을 초과하는 특수관계법인과 수혜법인 사이의 거래가 있으면 지배주주 등이 일정한 이익을 증여받은 것으로 의제하고, 하위법령에서 특정한 유형의 거래를 과세 대상에서 제외하는 방법을 택할 수밖에 없다. 일감 몰아주기를 통해 수혜법인의 지배주주 등에게 발생한 이익에 관하여 소득세를 부과하는 방식이 증여세를 부과하는 방식에 비하여 일률적으로 납세의무자에게 덜 침해적이라고 단정할 수 없고, 수혜법인의 지배주주 등이 사업기회를 제공한 특수관계법인에 상당한 영향력이 있다는 점 등을 고려하면 증여세를 부과하는 것은 그 입법목적에 비추어 실체에 가장 근접한 과세라 할 수 있다. 미실현이득인 수혜법인의 세후영업이익을 기초로 지배주주 등의 증여의제이익을 계산하도록 규정한 것은 실현이득에 대한 과세로는 입법목적을 달성하기 곤란하기 때문이고, 다른 미실현이득인 수혜법인 주식의 시가상승분 등을 지배주주 등의 증여의제이익의 계산의 기초로 삼는 방식은 특수관계법인과 수혜법인 사이의 거래와 무관한 요소들이 개입할 여지가 크므로 명백히 덜 침해적인 대안이라 보기 어렵다. <u>소득세법 시행령은 수혜법인 주식의 양도소득을 계산할 때 구 상증세법 제45조의3에 따라 증여세를 과세 받은 증여의제이익 전부를 취득금액에 가산하도록 규정하므로, 수혜법인 주식의 양도시점에 이르러 지배주주 등의 전체 조세부담이 그 담세력에 상응하도록 과세조정이 행진다. 이상을 종합하면, 납세의무자의 경제적 불이익이 소득의 재분배 촉진 및 일감 몰아주기 억제라는 공익에 비하여 크다고 할 수 없고, 구 상증세법 제45조의3 제1항은 재산권을 침해하지 아니한다</u>(헌재결 2018. 6. 28. 2016헌바347).

16 재산권에 대한 설명으로 옳지 않은 것은?

① 환매권의 발생기간을 제한하고 있는 「공익사업을 위한 토지 등의 취득 및 보상에 관한 법률」 조항 중 '토지의 협의취득일 또는 수용의 개시일부터 10년 이내에' 부분의 위헌성은 헌법상 재산권인 환매권의 발생기간을 제한한 것 자체에 있다.

② 유언자가 생전에 최종적으로 자신의 재산권에 대하여 처분할 수 있는 법적 가능성을 의미하는 유언의 자유는 생전증여에 의한 처분과 마찬가지로 헌법상 재산권의 보호를 받는다.

③ 지방의회의원으로 선출되어 받게 되는 보수가 기존의 연금에 미치지 못하는 경우에도 연금 전액의 지급을 정지하도록 정한 구「공무원연금법」 조항은, 연금을 대체할 만한 적정한 소득이 있다고 할 수 없는 경우에도 일률적으로 연금전액의 지급을 정지하여 지급정지제도의 본질 및 취지에 어긋나 과잉금지원칙에 위배되어 재산권을 침해한다.

④ 제1차 투표에서 유효투표수의 100분의 10 이상 100분의 15 미만을 득표한 경우에는 기탁금 반액을 반환하고, 반환되지 않은 기탁금은 국립대학교발전기금에 귀속하도록 정한 국립대학 총장임용후보자 선정 규정은, 후보자의 진지성과 성실성을 담보하기 위한 최소한의 제한이므로 총장임용후보자선거의 후보자의 재산권을 침해하지 않는다.

> **ADVICE** ① <u>이 사건 법률조항의 위헌성은 환매권의 발생기간을 제한한 것 자체에 있다기보다는 그 기간을 10년 이내로 제한한 것에 있다.</u> 이 사건 법률조항의 위헌성을 제거하는 다양한 방안이 있을 수 있고 이는 입법재량 영역에 속한다. 이 사건 법률조항의 적용을 중지하더라도 환매권 행사기간 등 제한이 있기 때문에 법적 혼란을 야기할 뚜렷한 사정이 있다고 보이지는 않는다. 이 사건 법률조항 적용을 중지하는 헌법불합치결정을 하고, 입법자는 가능한 한 빠른 시일 내에 이와 같은 결정 취지에 맞게 개선입법을 하여야 한다(헌재결 2020. 11. 26. 2019헌바131).

✎ **ANSWER** 14.③ 15.④ 16.①

17 변호인의 조력을 받을 권리에 대한 설명으로 옳지 않은 것은?

① 접촉차단시설이 설치되지 않은 장소에서의 수용자 접견 대상을 소송사건의 대리인인 변호사로 한정한 구「형의 집행 및 수용자의 처우에 관한 법률 시행령」조항은, 그로 인해 접견의 상대방인 수용자의 재판청구권이 제한되는 효과도 함께 고려하면 수용자의 대리인이 되려는 변호사의 직업수행의 자유와 수용자의 변호인의 조력을 받을 권리를 침해한다.

② '변호인이 되려는 자'의 접견교통권은 피의자 등을 조력하기 위한 핵심적인 부분으로서, 피의자 등이 가지는 헌법상의 기본권인 '변호인이 되려는 자'와의 접견교통권과 표리의 관계에 있어, 피의자 등이 가지는 '변호인이 되려는 자'의 조력을 받을 권리가 실질적으로 확보되기 위해서는 '변호인이 되려는 자'의 접견교통권 역시 헌법상 기본권으로서 보장되어야 한다.

③ 수사서류에 대한 법원의 열람·등사 허용 결정이 있음에도 검사가 열람·등사를 거부하는 경우 수사서류 각각에 대하여 검사가 열람·등사를 거부할 정당한 사유가 있는지를 심사할 필요 없이 그 거부행위 자체로써 청구인의 변호인의 조력을 받을 권리를 침해하는 것이 되고, 이는 법원의 수사서류에 대한 열람·등사 허용 결정이 있음에도 검사가 해당 서류에 대한 열람만을 허용하고 등사를 거부하는 경우에도 마찬가지이다.

④ 교도소장이 금지물품 동봉 여부를 확인하기 위하여 미결수용자와 같은 지위에 있는 수형자의 변호인이 위 수형자에게 보낸 서신을 개봉한 후 교부한 행위는 교정사고를 미연에 방지하고 교정시설의 안전과 질서 유지를 위한 것으로, 금지물품이 들어 있는지를 확인하기 위하여 서신을 개봉하는 것만으로는 미결수용자와 같은 지위에 있는 수형자의 변호인의 조력을 받을 권리를 침해하지 않는다.

> **ADVICE** ① 접견 제한에 따른 변호사의 직업수행의 자유 제한에 대한 심사에서는 변호사 자신의 직업 활동에 가해진 제한의 정도를 살펴보아야 할 뿐 아니라 그로 인해 접견의 상대방인 수용자의 재판청구권이 제한되는 효과도 함께 고려되어야 하나, <u>소송대리인이 되려는 변호사의 수용자 접견의 주된 목적은 소송대리인 선임 여부를 확정하는 것이고 소송준비와 소송대리 등 소송에 관한 직무활동은 소송대리인 선임 이후에 이루어지는 것이 일반적이므로 소송대리인 선임 여부를 확정하기 위한 단계에서는 접촉차단시설이 설치된 장소에서 접견하더라도 그 접견의 목적을 수행하는데 필요한 의사소통이 심각하게 저해될 것이라고 보기 어렵다</u>(헌재결 2022. 2. 24. 2018헌마1010).

18 헌법기관의 구성에 대한 설명으로 옳지 않은 것은?

① 중앙선거관리위원회 위원은 모두 대통령이 임명하는데, 위원 중 3인은 국회에서 선출하는 자를, 3인은 대법원장이 지명하는 자를 임명한다.

② 헌법재판소 재판관은 모두 대통령이 임명하는데, 재판관 중 3인은 국회에서 선출하는 자를, 3인은 대법원장이 지명하는 자를 임명한다.

③ 대법원장은 국회의 동의를 얻어 대통령이 임명하고, 대법관은 대법원장의 제청으로 국회의 동의를 얻어 대통령이 임명한다.

④ 감사원장은 국회의 동의를 얻어 대통령이 임명하고, 감사위원은 감사원장의 제청으로 대통령이 임명한다.

>ADVICE ① 중앙선거관리위원회는 대통령이 임명하는 3인, 국회에서 선출하는 3인과 대법원장이 지명하는 3인의 위원으로 구성한다. 위원장은 위원 중에서 호선한다(헌법 제114조 제2항).
② 헌법 제111조 제2항, 제3항
③ 헌법 제104조 제1항, 제2항
④ 헌법 제98조 제2항, 제3항

19 적법절차원리에 대한 설명으로 옳지 않은 것은?

① 농림수산식품부장관 등 관련 국가기관이 국민의 생명·신체의 안전에 영향을 미치는 고시 등의 내용을 결정함에 있어서 이해관계인의 의견을 사전에 충분히 수렴하는 것이 바람직하기는 하지만, 그것이 헌법의 적법절차 원칙상 필수적으로 요구되는 것이라고 할 수는 없다.

② 강제퇴거명령을 받은 사람을 보호할 수 있도록 하면서 보호기간의 상한을 마련하지 아니한 「출입국관리법」 조항에 의한 보호는 형사절차상 '체포 또는 구속'에 준하는 것으로 볼 수 있는 점을 고려하면, 보호의 개시 또는 연장 단계에서 그 집행기관인 출입국관리공무원으로부터 독립되고 중립적인 지위에 있는 기관이 보호의 타당성을 심사하여 이를 통제할 수 있어야 한다.

③ 형사재판에 계속 중인 사람에 대하여 출국을 금지할 수 있다고 규정한 「출입국관리법」에 따른 법무부장관의 출국금지결정은 성질상 신속성과 밀행성을 요하므로, 출국금지 대상자에게 사전통지를 하거나 청문을 실시하도록 한다면 국가 형벌권 확보라는 출국금지제도의 목적을 달성하는 데 지장을 초래할 우려가 있으며, 출국금지 후 즉시 서면으로 통지하도록 하고 있고, 이의신청이나 행정소송을 통하여 출국금지결정에 대해 사후적으로 다툴 수 있는 기회를 제공하여 절차적 참여를 보장해 주고 있으므로 적법절차원칙에 위배된다고 보기 어렵다.

④ 효율적인 수사와 정보수집의 신속성, 밀행성 등을 고려하여 사전에 정보주체인 이용자에게 그 내역을 통지하는 것이 적절하지 않기 때문에, 수사기관 등이 통신자료를 취득한 이후에도 수사 등 정보수집의 목적에 방해가 되지 않도록 「전기통신사업법」 조항이 통신자료 취득에 대한 사후 통지절차를 두지 않은 것은 적법절차원칙에 위배되지 아니한다.

>ADVICE ④ 이 사건 법률조항에 의한 통신자료 제공요청이 있는 경우 통신자료의 정보주체인 이용자에게는 통신자료 제공요청이 있었다는 점이 사전에 고지되지 아니하며, 전기통신사업자가 수사기관 등에게 통신자료를 제공한 경우에도 이러한 사실이 이용자에게 별도로 통지되지 않는다. 그런데 당사자에 대한 통지는 당사자가 기본권 제한 사실을 확인하고 그 정당성 여부를 다툴 수 있는 전제조건이 된다는 점에서 매우 중요하다. 효율적인 수사와 정보수집의 신속성, 밀행성 등의 필요성을 고려하여 사전에 정보주체인 이용자에게 그 내역을 통지하도록 하는 것이 적절하지 않다면 수사기관 등이 통신자료를 취득한 이후에 수사 등 정보수집의 목적에 방해가 되지 않는 범위 내에서 통신자료의 취득사실을 이용자에게 통지하는 것이 얼마든지 가능하다. 그럼에도 이 사건 법률조항은 통신자료 취득에 대한 사후통지절차를 두지 않아 적법절차원칙에 위배된다(헌재결 2022. 7. 21. 2016헌마388).

✎ **ANSWER** 17.① 18.① 19.④

20 권한쟁의심판에 대한 설명으로 옳지 않은 것은?

① 국회가 제정한 「국가경찰과 자치경찰의 조직 및 운영에 관한 법률」에 의하여 설립된 국가경찰위원회는 국가기관 상호간의 권한쟁의심판의 당사자능력이 있다.

② 권한쟁의의 심판은 그 사유가 있음을 안 날부터 60일 이내에, 그 사유가 있은 날부터 180일 이내에 청구하여야 한다.

③ 헌법재판소의 권한쟁의심판의 결정은 모든 국가기관과 지방자치단체를 기속한다.

④ 헌법재판소가 권한쟁의심판의 청구를 받았을 때에는 직권 또는 청구인의 신청에 의하여 종국결정의 선고시까지 심판 대상이 된 피청구인의 처분의 효력을 정지하는 결정을 할 수 있다.

> **ADVICE** ① 국회가 제정한 경찰법에 의하여 비로소 설립된 청구인은 국회의 경찰법 개정행위에 의하여 존폐 및 권한범위 등이 좌우되므로, 헌법 제111조 제1항 제4호 소정의 헌법에 의하여 설치된 국가기관에 해당한다고 할 수 없다. <u>국가경찰위원회</u> 제도를 채택하느냐의 문제는 우리나라 치안여건의 실정이나 경찰권에 대한 민주적 통제의 필요성 등과 관련하여 입법 정책적으로 결정되어야 할 사항이다. 정부조직법상 합의제 행정기관을 포함한 정부의 부분기관 사이의 권한에 관한 다툼은 정부조직법상의 상하 위계질서나 국무회의, 대통령에 의한 조정 등을 통하여 자체적으로 해결될 가능성이 있고 청구인의 경우도 정부 내의 상하관계에 의한 권한질서에 의하여 권한쟁의를 해결하는 것이 불가능하지 않다. 따라서 <u>권한쟁의심판의 당사자능력은 헌법에 의하여 설치된 국가기관에 한정하여 인정하는 것이 타당하므로, 법률에 의하여 설치된 청구인에게는 권한쟁의심판의 당사자능력이 인정되지 아니한다</u>(헌재결 2022. 12. 22. 2022헌라5).

21 다음 사례에 대한 설명으로 옳지 않은 것은?

> 「공직선거법」 조항이 한국철도공사와 같이 정부가 100분의 50 이상의 지분을 가지고 있는 기관의 상근직원은 선거운동을 할 수 없도록 규정하고 있음에도 불구하고, 甲은 한국철도공사 상근직원으로서, 특정 정당과 그 정당의 후보자에 대한 지지를 호소하는 내용의 메일을 한국철도공사 경기지부 소속 노조원에게 발송하였다는 이유로 기소되었다. 甲은 소송 계속 중 자신의 선거운동을 금지하고 있는 「공직선거법」 조항에 대하여 위헌법률심판제청신청을 하였으나 기각되자, 「헌법재판소법」 제68조 제2항의 헌법소원심판을 청구하였다.

① 선거운동의 자유는 선거권 행사의 전제 내지 선거권의 중요한 내용을 이룬다고 할 수 있으므로, 甲에 대한 선거운동의 제한은 선거권의 제한으로도 파악될 수 있다.

② 위 「공직선거법」 조항은 한국철도공사 상근직원의 직급이나 직무의 성격에 대한 검토 없이 일률적으로 모든 상근직원의 선거운동을 전면적으로 금지하는 것으로 선거운동의 자유를 침해한다.

③ 선거운동의 자유는 선거의 공정성이라는 또 다른 가치를 위하여 무제한 허용될 수는 없는 것이고, 선거운동이 허용되거나 금지되는 사람의 인적 범위는 입법자가 재량의 범위 내에서 직무의 성질과 내용 등 제반 사정을 종합적으로 검토하여 정할 사항이므로 제한입법의 위헌여부에 대하여는 다소 완화된 심사기준이 적용되어야 한다.

④ 선거운동의 자유는 널리 선거과정에서 자유로이 의사를 표현할 자유의 일환이므로 표현의 자유의 한 태양이기도 한데, 이러한 정치적 표현의 자유는 선거과정에서의 선거운동을 통하여 국민이 정치적 의견을 자유로이 발표, 교환함으로써 비로소 그 기능을 다하게 된다 할 것이므로 선거운동의 자유는 헌법이 정한 언론·출판·집회·결사의 자유 및 보장규정에 의한 보호를 받는다.

> **ADVICE** ③ 한국철도공사 상근직원의 지위와 권한에 비추어볼 때, 특정 개인이나 정당을 위한 선거운동을 한다고 하여 그로 인한 부작용과 폐해가 일반 사기업 직원의 경우보다 크다고 보기 어려우므로, 직급이나 직무의 성격에 대한 검토 없이 일률적으로 모든 상근직원에게 선거운동을 전면적으로 금지하고 이에 위반한 경우 처벌하는 것은 선거운동의 자유를 지나치게 제한하는 것이다. 또한, 한국철도공사의 상근직원은 공직선거법의 다른 조항에 의하여 직무상 행위를 이용하여 선거운동을 하거나 하도록 하는 행위를 할 수 없고, 선거에 영향을 미치는 전형적인 행위도 할 수 없다. 더욱이 그 직을 유지한 채 공직선거에 입후보할 수 없는 상근임원과 달리, 한국철도공사의 상근직원은 그 직을 유지한 채 공직선거에 입후보하여 자신을 위한 선거운동을 할 수 있음에도 타인을 위한 선거운동을 전면적으로 금지하는 것은 과도한 제한이다. 따라서 심판대상조항은 선거운동의 자유를 침해한다(헌재결 2018. 2. 22. 2015헌바124).

22 경찰이 경찰청예규인 「채증활동규칙」에 따라 집회참가자를 촬영한 행위에 대한 설명으로 옳지 않은 것은?

① 「채증활동규칙」은 집회·시위 현장에서 불법행위의 증거자료를 확보하기 위해 행정조직의 내부에서 상급행정기관이 하급행정기관에 대하여 발령한 내부기준으로 행정규칙이지만 직접 집회참가자들의 기본권을 제한하므로 이에 대한 헌법소원심판청구는 기본권 침해의 직접성 요건을 충족하였다.
② 경찰의 촬영행위는 개인정보자기결정권의 보호대상이 되는 신체, 특정인의 집회·시위 참가 여부 및 그 일시·장소 등의 개인정보를 정보주체의 동의 없이 수집하였다는 점에서 개인정보자기결정권을 제한할 수 있다.
③ 근접촬영과 달리 먼 거리에서 집회·시위 현장을 전체적으로 촬영하는 소위 조망촬영이 기본권을 덜 침해하는 방법이라는 주장도 있으나, 최근 기술의 발달로 조망촬영과 근접촬영 사이에 기본권 침해라는 결과에 있어서 차이가 있다고 보기 어려워, 경찰이 집회·시위에 대해 조망촬영이 아닌 근접촬영을 하였다는 이유만으로 헌법에 위반되는 것은 아니다.
④ 옥외집회·시위에 대한 경찰의 촬영행위에 의해 취득한 자료는 '개인정보'의 보호에 관한 일반법인 「개인정보 보호법」이 적용될 수 있다.

> **ADVICE** 이 사건 채증규칙은 법률의 구체적인 위임 없이 제정된 경찰청 내부의 행정규칙에 불과하고, 청구인들은 구체적인 촬영행위에 의해 비로소 기본권을 제한받게 되므로, 이 사건 채증규칙이 직접 기본권을 침해한다고 볼 수 없다. 미신고 옥외집회·시위 또는 신고범위를 넘는 집회·시위에서 단순 참가자들에 대한 경찰의 촬영행위는 비록 그들의 행위가 불법행위로 되지 않는다 하더라도 주최자에 대한 집시법 위반에 대한 증거를 확보하는 과정에서 불가피하게 이루어지는 측면이 있다. 이러한 촬영행위에 의하여 수집된 자료는 주최자의 집시법 위반에 대한 직접·간접의 증거가 될 수 있을 뿐만 아니라 그 집회 및 시위의 규모·태양·방법 등에 대한 것으로서 양형자료가 될 수 있다. 근접촬영과 달리 먼 거리에서 집회·시위 현장을 전체적으로 촬영하는 소위 조망촬영이 기본권을 덜 침해하는 방법이라는 주장도 있으

✏️ **ANSWER** 20.① 21.③ 22.①

나, 최근 기술의 발달로 조망촬영과 근접촬영 사이에 기본권 침해라는 결과에 있어서 차이가 있다고 보기 어려우므로, 경찰이 이러한 집회·시위에 대해 조망촬영이 아닌 근접촬영을 하였다는 이유만으로 헌법에 위반되는 것은 아니다. 옥외집회·시위에 대한 경찰의 촬영행위는 증거보전의 필요성 및 긴급성, 방법의 상당성이 인정되는 때에는 헌법에 위반된다고 할 수 없으나, 경찰이 옥외집회 및 시위 현장을 촬영하여 수집한 자료의 보관·사용 등은 엄격하게 제한하여, 옥외집회·시위 참가자 등의 기본권 제한을 최소화해야 한다. 옥외집회·시위에 대한 경찰의 촬영행위에 의해 취득한 자료는 '개인정보'의 보호에 관한 일반법인 '개인정보 보호법'이 적용될 수 있다(헌재결 2018. 8. 30. 2014헌마843).

23 명확성원칙에 대한 설명으로 옳지 않은 것은?

① 「전기통신사업법」 제83조제3항에 규정된 '국가안전보장에 대한 위해를 방지하기 위한 정보수집'은 국가의 존립이나 헌법의 기본질서에 대한 위험을 방지하기 위한 목적을 달성함에 있어 요구되는 최소한의 범위 내에서의 정보수집을 의미하는 것으로 명확성원칙에 위배되지 않는다.

② 선거운동기간 중 당해 홈페이지 게시판 등에 정당·후보자에 대한 지지·반대 등의 정보를 게시하는 경우 실명을 확인받는 기술적 조치를 하도록 정한 「공직선거법」 조항 중 '인터넷언론사'는 「공직선거법」 및 관련 법령이 구체적으로 '인터넷언론사'의 범위를 정하고 있고, 중앙선거관리위원회가 설치·운영하는 인터넷선거보도심의위원회가 심의대상인 인터넷언론사를 결정하여 공개하는 점 등을 종합하면 명확성원칙에 반하지 않는다.

③ 「국가공무원법」 조항 중 초·중등교원인 교육공무원의 가입 등이 금지되는 '그 밖의 정치단체'에 관한 부분은 '특정 정당이나 특정 정치인을 지지·반대하는 단체로서 그 결성에 관여하거나 가입하는 경우 공무원의 정치적 중립성 및 교육의 정치적 중립성을 훼손할 가능성이 높은 단체'로 한정할 수 있어 명확성원칙에 반하지 않는다.

④ 의료인이 아닌 자의 문신시술업을 금지하고 처벌하는 「의료법」 조항 중 '의료행위'는, 의학적 전문지식을 기초로 하는 경험과 기능으로 진찰, 검안, 처방, 투약 또는 외과적 시술을 시행하여 하는 질병의 예방 또는 치료행위 이외에도 의료인이 행하지 아니하면 보건위생상 위해가 생길 우려가 있는 행위로 분명하게 해석되어 명확성원칙에 위배된다고 할 수 없다.

▶ADVICE ③ 국가공무원법조항 중 '그 밖의 정치단체'에 관한 부분은, '그 밖의 정치단체'가 무엇인가에 대하여 규범 내용을 확정할 수 없는 불명확한 개념을 사용하고 있어, 표현의 자유를 규제하는 법률조항, 형벌의 구성요건을 규정하는 법률에 대하여 헌법이 요구하는 명확성원칙의 엄격한 기준을 충족하지 못하였다(헌재결 2020. 4. 23. 2018헌마551).

24 지방자치제도에 대한 설명으로 옳지 않은 것은?

① 국가기본도에 표시된 해상경계선은 그 자체로 불문법상 해상경계선으로 인정되는 것은 아니나, 관할 행정 청이 국가기본도에 표시된 해상경계선을 기준으로 하여 과거부터 현재에 이르기까지 반복적으로 처분을 내 리고, 지방자치단체가 허가, 면허 및 단속 등의 업무를 지속적으로 수행하여 왔다면 국가기본도상의 해상 경계선은 여전히 지방자치단체 관할 경계에 관하여 불문법으로서 그 기준이 될 수 있다.

② 헌법이 감사원을 독립된 외부감사기관으로 정하고 있는 취지, 중앙정부와 지방자치단체는 서로 행정기능과 행정책임을 분담하면서 중앙행정의 효율성과 지방행정의 자주성을 조화시켜 국민과 주민의 복리증진이라는 공동목표를 추구하는 협력관계에 있다는 점을 고려하면 지방자치단체의 자치사무에 대한 합목적성 감사의 근거가 되는 「감사원법」 조항은 지방자치권의 본질적 내용을 침해하였다고는 볼 수 없다.

③ 연간 감사계획에 포함되지 아니하고 사전조사가 수행되지 아니한 감사의 경우 「지방자치법」에 따른 감사의 절차와 방법 등에 관한 관련 법령에서 감사대상이나 내용을 통보할 것을 요구하는 명시적인 규정이 없어, 광역지방자치단체가 기초지방자치단체의 자치사무에 대한 감사에 착수하기 위해서는 감사대상을 특정하여 야 하나, 특정된 감사대상을 사전에 통보할 것까지 요구된다고 볼 수는 없다.

④ 감사 과정에서 사전에 감사대상으로 특정되지 아니한 사항에 관하여 위법사실이 발견된 경우, 당초 특정된 감사대상과 관련성이 인정되는 것으로서 당해 절차에서 함께 감사를 진행하더라도 감사대상 지방자치단체 가 절차적인 불이익을 받을 우려가 없고, 해당 감사대상을 적발하기 위한 목적으로 감사가 진행된 것으로 볼 수 없는 사항이라 하더라도, 감사대상을 확장하거나 추가하는 것은 허용되지 않는다.

> **ADVICE** ④ 지방자치단체의 자치사무에 대한 무분별한 감사권의 행사는 헌법상 보장된 지방자치권을 침해할 가능성이 크므로, 원칙적으로 감사 과정에서 사전에 감사대상으로 특정되지 아니한 사항에 관하여 위법사실이 발견되었다고 하더라도 감 사대상을 확장하거나 추가하는 것은 허용되지 않는다고 보아야 할 것이다. 다만, 자치사무의 합법성 통제라는 감사의 목적이나 감사대상 지방자치단체의 입장에서도 별도의 감사 절차가 개시되어 다시 처음부터 조사를 받는 것보다는 이 미 개시된 절차에서 함께 감사를 받는 것이 효율적일 수 있다는 측면을 고려할 때, 예외적으로 감사대상의 확장이나 추가를 인정할 필요성도 인정된다. 어떠한 경우에 감사대상의 확장이나 추가가 허용될 것인지는 구체적인 사안에서 감 사의 목적, 감사대상의 내용, 추가 감사대상을 특정하게 된 경위 등에 따라 개별적으로 판단하여야 할 것이지만, 적어 도 당초 특정된 감사대상과 관련성이 인정되는 것으로서 당해 절차에서 함께 감사를 진행하더라도 감사대상 지방자치 단체가 절차적인 불이익을 받을 우려가 없고, 해당 감사대상을 적발하기 위한 목적으로 감사가 진행된 것으로 볼 수 없는 사항에 대하여는 감사대상의 확장 내지 추가가 허용된다고 볼 것이다(헌재결 2023. 3. 23. 2020헌라5).

✏️ **ANSWER** 23.③ 24.④

25 헌법재판소 결정의 재심에 대한 설명으로 옳지 않은 것은?

① 공권력의 작용에 대한 권리구제형 헌법소원심판절차에 있어서 '헌법재판소의 결정에 영향을 미칠 중대한 사항에 관하여 판단을 유탈한 때'를 재심사유로 허용하는 것이 헌법재판의 성질에 반한다고 볼 수 없으므로 「민사소송법」 규정을 준용하여 '판단유탈'도 재심사유로 허용되어야 한다.

② 헌법재판은 그 심판의 종류에 따라 그 절차의 내용과 결정의 효과가 한결같지 아니하기 때문에 재심의 허용 여부 내지 허용 정도 등은 심판절차의 종류에 따라서 개별적으로 판단될 수밖에 없다.

③ 정당해산심판절차에서는 재심을 허용하지 아니함으로써 얻을 수 있는 법적 안정성의 이익이 재심을 허용함으로써 얻을 수 있는 구체적 타당성의 이익보다 더 크므로 재심을 허용하여서는 아니 된다.

④ 위헌법률심판을 구하는 헌법소원에 대한 헌법재판소의 결정에 대하여는 재심을 허용하지 아니함으로써 얻을 수 있는 법적 안정성의 이익이 재심을 허용함으로써 얻을 수 있는 구체적 타당성의 이익보다 훨씬 높을 것으로 예상할 수 있으므로 헌법재판소의 이러한 결정에는 재심에 의한 불복방법이 그 성질상 허용될 수 없다.

〉**ADVICE** ③ 당해산심판은 원칙적으로 해당 정당에게만 그 효력이 미치며, 정당해산결정은 대체정당이나 유사정당의 설립까지 금지하는 효력을 가지므로 오류가 드러난 결정을 바로잡지 못한다면 장래 세대의 정치적 의사결정에까지 부당한 제약을 초래할 수 있다. 따라서 정당해산심판절차에서는 재심을 허용하지 아니함으로써 얻을 수 있는 법적 안정성의 이익보다 재심을 허용함으로써 얻을 수 있는 구체적 타당성의 이익이 더 크므로 재심을 허용하여야 한다. 한편, 이 재심절차에서는 원칙적으로 민사소송법의 재심에 관한 규정이 준용된다(헌재결 2016. 5. 26. 2015헌아20).

1 문화국가원리에 대한 설명으로 옳은 것은?

① 국가의 문화육성은 국민에게 문화창조의 기회를 부여한다는 의미에서 서민문화, 대중문화는 그 가치를 인정하고 정책적인 배려의 대상으로 하여야 하지만, 엘리트문화는 이에 포함되지 않는다.

② 문화국가원리는 국가의 문화정책과 밀접 불가분의 관계를 맺고 있는바, 오늘날 문화국가에서의 문화정책은 문화풍토의 조성이 아니라 문화 그 자체에 초점을 두어야 한다.

③ 국가가 민족문화유산을 보호하고자 하는 경우 이에 관한 헌법적 보호법익은 민족문화유산의 훼손 등에 관한 가치보상에 있는 것이지 '민족문화유산의 존속' 그 자체를 보장하는 것은 아니다.

④ 헌법 제9조의 정신에 따라 우리가 진정으로 계승·발전시켜야 할 전통문화는 이 시대의 제반 사회·경제적 환경에 맞고 또 오늘날에 있어서도 보편타당한 전통윤리 내지 도덕관념이라 할 것이다.

> ADVICE ①② 문화국가원리의 실현과 문화정책문화국가원리는 국가의 문화국가실현에 관한 과제 또는 책임을 통하여 실현되는바, <u>국가의 문화정책과 밀접 불가분의 관계를 맺고 있다</u>. 과거 국가절대주의사상의 국가관이 지배하던 시대에는 국가의 적극적인 문화간섭정책이 당연한 것으로 여겨졌다. 그러나 <u>오늘날에 와서는 국가가 어떤 문화현상에 대하여도 이를 선호하거나, 우대하는 경향을 보이지 않는 불편부당의 원칙이 가장 바람직한 정책으로 평가받고 있다. 오늘날 문화국가에서의 문화정책은 그 초점이 문화 그 자체에 있는 것이 아니라 문화가 생겨날 수 있는 문화풍토를 조성하는 데 두어야 한다.</u> 문화국가원리의 이러한 특성은 문화의 개방성 내지 다원성의 표지와 연결되는데, 국가의 문화육성의 대상에는 원칙적으로 모든 사람에게 문화창조의 기회를 부여한다는 의미에서 모든 문화가 포함된다. 따라서 엘리트문화뿐만 아니라 서민문화, 대중문화도 그 가치를 인정하고 정책적인 배려의 대상으로 하여야 한다(헌재결 2004. 5. 27. 2003헌가1).

> ③ 국가가 민족문화유산을 보호하고자 하는 경우 이에 관한 헌법적 보호법익은 '민족문화유산의 존속' 그 자체를 보장하는 것이고, 원칙적으로 민족문화유산의 훼손등에 관한 가치보상(價値補償)이 있는지 여부는 이러한 헌법적 보호법익과 직접적인 관련이 없다(헌재결 2003. 1. 30. 2001헌바64).

2 국회의 입법권에 대한 설명으로 옳지 않은 것은?

① 헌법 제40조 "입법권은 국회에 속한다."의 의미는 적어도 국민의 권리와 의무의 형성에 관한 사항을 비롯하여 국가의 통치조직과 작용에 관한 기본적이고 본질적인 사항은 반드시 국회가 정하여야 한다는 것이다.

② 헌법 제52조는 "20명 이상의 국회의원과 정부는 법률안을 제출할 수 있다."고 규정하고 있다.

③ 국회의원이 발의한 법률안 중 국회에서 의결된 제정법률안 또는 전부개정법률안을 공표하거나 홍보하는 경우에는 해당 법률안의 부제를 함께 표기할 수 있다.

④ 의안을 발의하는 국회의원은 그 안을 갖추고 이유를 붙여 찬성자와 연서하여 이를 국회의장에게 제출하여야 한다.

> **ADVICE** ②③④ 헌법 제52조, 국회법 제79조

> 헌법 제52조 국회의원과 정부는 법률안을 제출할 수 있다.
>
> 국회법 제79조(의안의 발의 또는 제출)
>
> ① 의원은 10명 이상의 찬성으로 의안을 발의할 수 있다.
>
> ② 의안을 발의하는 의원은 그 안을 갖추고 이유를 붙여 찬성자와 연서하여 이를 의장에게 제출하여야 한다.
>
> ③ 의원이 법률안을 발의할 때에는 발의의원과 찬성의원을 구분하되, 법률안 제명의 부제(副題)로 발의의원의 성명을 기재한다.
>
> ⑤ 의원이 발의한 법률안 중 국회에서 의결된 제정법률안 또는 전부개정법률안을 공표하거나 홍보하는 경우에는 해당 법률안의 부제를 함께 표기할 수 있다.

3 국회의 의사절차 및 입법절차에 대한 설명으로 옳지 않은 것은?

① 자유위임원칙은 헌법이 추구하는 가치를 보장하고 실현하기 위한 통치구조의 구성원리 중 하나이므로, 다른 헌법적 이익에 언제나 우선하는 것은 아니고, 국회의 기능 수행을 위해서 필요한 범위 내에서 제한될 수 있다.

② 일사부재의원칙을 경직되게 적용하는 경우에는 국정운영이 왜곡되고 다수에 의해 악용되어 다수의 횡포를 합리화하는 수단으로 전락할 수도 있으므로, 일사부재의원칙은 신중한 적용이 요청된다.

③ 국회의원이 국회 내에서 행하는 질의권·토론권 및 표결권 등은 입법권 등 공권력을 행사하는 국가기관인 국회의 구성원의 지위에 있는 국회의원 개인에게 헌법이 보장하는 권리, 즉 기본권으로 인정된 것이라고 할 수 있다.

④ 국회 본회의에서 수정동의를 지나치게 넓은 범위에서 인정할 경우, 국회가 의안 심의에 관한 국회운영의 원리로 채택하고 있는 위원회 중심주의를 저해할 우려가 있다.

> **ADVICE** ③ 국회의원이 국회 내에서 행하는 질의권·토론권 및 표결권 등은 입법권 등 공권력을 행사하는 국가기관인 국회의 구성원의 지위에 있는 국회의원에게 부여된 권한이지 국회의원 개인에게 헌법이 보장하는 권리 즉 기본권으로 인정된 것이라고 할 수 없으므로, 설사 국회의장의 불법적인 의안처리행위로 헌법의 기본원리가 훼손되었다고 하더라도 그로 인하여 헌법상 보장된 구체적 기본권을 침해당한 바 없는 국회의원인 청구인들에게 헌법소원심판청구가 허용된다고 할 수 없다(헌재결 1995. 2. 23. 90헌마125).

4 헌법 제72조의 국민투표에 대한 설명으로 옳지 않은 것은?

① 대통령은 필요하다고 인정할 때에는 외교·국방·통일 기타 국가안위에 관한 중요정책을 국민투표에 붙일 수 있다.

② 대통령이 위헌적인 재신임 국민투표를 단지 제안만 하였을 뿐 국민투표를 시행하지는 않았다면, 대통령의 이러한 제안은 헌법 제72조에 위반되는 것이 아니다.

③ 재외선거인은 대의기관을 선출할 권리가 있는 국민으로서 대의기관의 의사결정에 대해 승인할 권리가 있으므로, 국민투표권자에는 재외선거인이 포함된다.

④ 헌법 제72조의 국민투표권은 대통령이 어떠한 정책을 국민투표에 부의한 경우에 비로소 행사가 가능한 기본권이라 할 수 있다.

> **ADVICE** ② 국민투표는 직접민주주의를 실현하기 위한 수단으로서 '사안에 대한 결정' 즉, 특정한 국가정책이나 법안을 그 대상으로 한다. 따라서 <u>국민투표의 본질상 '대표자에 대한 신임'은 국민투표의 대상이 될 수 없으며, 우리 헌법에서 대표자의 선출과 그에 대한 신임은 단지 선거의 형태로써 이루어져야 한다.</u> 대통령이 자신에 대한 재신임을 국민투표의 형태로 묻고자 하는 것은 헌법 제72조에 의하여 부여받은 국민투표부의권을 위헌적으로 행사하는 경우에 해당하는 것으로, 국민투표제도를 자신의 정치적 입지를 강화하기 위한 정치적 도구로 남용해서는 안 된다는 헌법적 의무를 위반한 것이다. 물론, <u>대통령이 위헌적인 재신임 국민투표를 단지 제안만 하였을 뿐 강행하지는 않았으나, 헌법상 허용되지 않는 재신임 국민투표를 국민들에게 제안한 것은 그 자체로서 헌법 제72조에 반하는 것으로 헌법을 실현하고 수호해야 할 대통령의 의무를 위반한 것이다</u>(헌재결 2004. 5. 14. 2004헌나1).

5 인간으로서의 존엄과 가치 및 행복추구권에 대한 설명으로 옳지 않은 것은?

① 정당한 사유 없는 예비군 훈련 불참을 형사처벌하는 「예비군법」 제15조제9항제1호 중 "제6조제1항에 따른 훈련을 정당한 사유 없이 받지 아니한 사람"에 관한 부분은 청구인의 일반적 행동자유권을 침해하지 않는다.

② 임신한 여성의 자기낙태를 처벌하는 「형법」 조항은 「모자보건법」이 정한 일정한 예외를 제외하고는 임신기간 전체를 통틀어 모든 낙태를 전면적·일률적으로 금지하고, 이를 위반할 경우 형벌을 부과하도록 정함으로써 임신한 여성에게 임신의 유지·출산을 강제하고 있으므로, 과잉금지원칙을 위반하여 임신한 여성의 자기결정권을 침해한다.

③ 운전 중 휴대용 전화를 사용하지 아니할 의무를 지우고 이에 위반했을 때 형벌을 부과하는 것은 운전자의 일반적 행동자유권을 제한한다고 볼 수 없다.

④ 전동킥보드의 최고속도는 25 km/h를 넘지 않도록 규정한 것은 자전거도로에서 통행하는 다른 자전거보다 속도가 더 높아질수록 사고위험이 증가할 수 있는 측면을 고려한 기준 설정으로서, 전동킥보드 소비자의 자기결정권 및 일반적 행동자유권을 침해하지 아니한다.

✎ **ANSWER** 2.② 3.③ 4.② 5.③

③ 운전 중 전화를 받거나 거는 것, 수신된 문자메시지의 내용을 확인하는 것과 같이 휴대용 전화를 단순 조작하는 경우에도 전방주시율, 돌발 상황에 대한 대처능력 등이 저하되어 교통사고의 위험이 증가하므로, 국민의 생명·신체·재산을 보호하기 위해서는 휴대용 전화의 사용을 원칙적으로 금지할 필요가 있다. 운전 중 안전에 영향을 미치지 않거나 긴급한 필요가 있는 경우에는 휴대용 전화를 이용할 수 있고, 지리안내 영상 또는 교통정보안내 영상, 국가비상사태·재난상황 등 긴급한 상황을 안내하는 영상, 운전을 할 때 자동차등의 좌우 또는 전후방을 볼 수 있도록 도움을 주는 영상이 표시되는 범위에서 휴대용 전화를 '영상표시장치'로 사용하는 행위도 허용된다. 이 사건 법률조항으로 인하여 청구인은 운전 중 휴대용 전화 사용의 편익을 누리지 못하고 그 의무에 위반할 경우 20만 원 이하의 벌금이나 구류 또는 과료에 처해질 수 있으나 이러한 부담은 크지 않다. 이에 비하여 운전 중 휴대용 전화 사용 금지로 교통사고의 발생을 줄임으로써 보호되는 국민의 생명·신체·재산은 중대하다. 그러므로 이 사건 법률조항은 과잉금지원칙에 반하여 청구인의 일반적 행동의 자유를 침해하지 않는다(헌재결 2021. 6. 24. 2019헌바5). (제한은 하지만 침해의 정도에는 이르지 않았다는 의미)

6 대통령의 헌법상 권한에 대한 설명으로 옳지 않은 것은?

① 대통령은 법률에서 구체적으로 범위를 정하여 위임받은 사항과 법률을 집행하기 위하여 필요한 사항에 관하여 대통령령을 발할 수 있다.
② 대통령은 내우·외환·천재·지변 또는 중대한 재정·경제상의 위기에 있어서 국가의 안전보장 또는 공공의 안녕질서를 유지하기 위하여 긴급한 조치가 필요하고 국회의 집회를 기다릴 여유가 없을 때에 한하여 최소한으로 필요한 재정·경제상의 처분을 하거나 이에 관하여 법률의 효력을 가지는 명령을 발할 수 있다.
③ 대통령은 전시·사변 또는 이에 준하는 국가비상사태에 있어서 병력으로써 군사상의 필요에 응하거나 공공의 안녕질서를 유지할 필요가 있고 국회의 집회가 불가능한 때에 한하여 계엄을 선포할 수 있다.
④ 대통령은 국가의 안위에 관계되는 중대한 교전상태에 있어서 국가를 보위하기 위하여 긴급한 조치가 필요하고 국회의 집회가 불가능한 때에 한하여 법률의 효력을 가지는 명령을 발할 수 있다.

③ 대통령은 전시·사변 또는 이에 준하는 국가비상사태에 있어서 병력으로써 군사상의 필요에 응하거나 공공의 안녕질서를 유지할 필요가 있을 때에는 법률이 정하는 바에 의하여 계엄을 선포할 수 있다(헌법 제77조 제1항).
① 헌법 제75조
② 헌법 제76조 제1항
④ 헌법 제76조 제2항

7 법원에 대한 설명으로 옳은 것은?

① 대법원의 심판권은 대법관 전원의 3분의 2 이상의 합의체에서 행사하나, 명령 또는 규칙이 법률에 위반된다고 인정하는 경우에 한해 대법관 3명 이상으로 구성된 부에서 먼저 사건을 심리하여 의견이 일치한 경우에 한정하여 그 부에서 재판할 수 있다.

② 고등법원 · 특허법원 · 지방법원 · 가정법원 · 행정법원 및 군사법원과 대법원규칙으로 정하는 지원에 사법행정에 관한 자문기관으로 판사로 구성된 판사회의를 두며, 판사회의의 조직과 운영에 필요한 사항은 「법원조직법」으로 정한다.

③ 대법원에 두는 양형위원회는 위원장 1명을 포함한 14명의 위원으로 구성하되, 위원장이 아닌 위원 중 1명은 상임위원으로 한다.

④ 대법원장과 대법관이 아닌 법관은 대법관회의의 동의를 얻어 대법원장이 임명한다.

> **ADVICE** ① 법원조직법 제7조 제1항

> 제7조(심판권의 행사) ① 대법원의 심판권은 대법관 전원의 3분의 2 이상의 합의체에서 행사하며, 대법원장이 재판장이 된다. 다만, 대법관 3명 이상으로 구성된 부(部)에서 먼저 사건을 심리(審理)하여 의견이 일치한 경우에 한정하여 다음 각 호의 경우를 제외하고 그 부에서 재판할 수 있다.
> 1. 명령 또는 규칙이 헌법에 위반된다고 인정하는 경우
> 2. 명령 또는 규칙이 법률에 위반된다고 인정하는 경우
> 3. 종전에 대법원에서 판시(判示)한 헌법 · 법률 · 명령 또는 규칙의 해석 적용에 관한 의견을 변경할 필요가 있다고 인정하는 경우
> 4. 부에서 재판하는 것이 적당하지 아니하다고 인정하는 경우

> ② 법원조직법 제9조의2

> 제9조의2(판사회의) ① 고등법원 · 특허법원 · 지방법원 · 가정법원 · 행정법원 및 회생법원과 대법원규칙으로 정하는 지원에 사법행정에 관한 자문기관으로 판사회의를 둔다.
> ② 판사회의는 판사로 구성하되, 그 조직과 운영에 필요한 사항은 대법원규칙으로 정한다.

> ③ 위원회는 위원장 1명을 포함한 13명의 위원으로 구성하되, 위원장이 아닌 위원 중 1명은 상임위원으로 한다(법원조직법 제81조의3 제1항).

8 헌법재판소의 조직 및 심판절차에 대한 설명으로 옳지 않은 것은?

① 헌법재판소 전원재판부는 재판관 7명 이상의 출석으로 사건을 심리하며, 탄핵의 심판, 정당해산의 심판, 권한쟁의의 심판은 구두변론에 의한다.

② 헌법재판소 전원재판부는 종국심리에 관여한 재판관 과반수의 찬성으로 사건에 관한 결정을 한다. 다만, 법률의 위헌결정, 탄핵의 결정, 정당해산의 결정 또는 헌법소원의 인용결정을 하는 경우와 종전에 헌법재판소가 판시한 헌법 또는 법률의 해석 적용에 관한 의견을 변경하는 경우에는 재판관 6명 이상의 찬성이 있어야 한다.

③ 헌법소원심판에서 대리인의 선임 없이 청구된 경우에 지정재판부는 재판관 전원의 일치된 의견에 의한 결정으로 심판청구를 각하할 수 있으며, 헌법소원심판의 청구 후 30일이 지날 때까지 각하결정이 없는 때에는 청구된 헌법소원은 재판부의 심판에 회부되지 않은 것으로 본다.

④ 헌법재판소의 권한쟁의심판의 결정은 모든 국가기관과 지방자치단체를 기속하며, 국가기관 또는 지방자치단체의 처분을 취소하는 결정은 그 처분의 상대방에 대하여 이미 생긴 효력에 영향을 미치지 아니한다.

> **ADVICE** ③ 지정재판부는 전원의 일치된 의견으로 제3항의 각하결정을 하지 아니하는 경우에는 결정으로 헌법소원을 재판부의 심판에 회부하여야 한다. 헌법소원심판의 청구 후 30일이 지날 때까지 각하결정이 없는 때에는 심판에 회부하는 결정(이하 "심판회부결정")이 있는 것으로 본다(헌법재판소법 제72조 제4항).

9 행정부에 대한 설명으로 옳지 않은 것은?

① 정부의 구성단위로서 그 권한에 속하는 사항을 집행하는 중앙행정기관을 반드시 국무총리의 통할을 받는 '행정각부'의 형태로 설치하거나 '행정각부'에 속하는 기관으로 두어야 하는 것이 헌법상 강제되는 것은 아니므로, 법률로써 '행정각부'에 속하지 않는 독립된 형태의 행정기관을 설치하는 것이 헌법상 금지된다고 할 수 없다.

② 국무위원은 국무총리의 제청으로 대통령이 임명하고, 국무총리와 국회는 국무위원의 해임을 대통령에게 건의할 수 있다.

③ 국무총리가 특별히 위임하는 사무를 수행하기 위하여 부총리 2명을 두며, 부총리는 국무위원으로 보한다.

④ 대통령이 국회에 파병동의안을 제출하기 전에 대통령을 보좌하기 위하여 파병정책을 심의, 의결한 국무회의의 의결은 국가기관의 내부적 의사결정행위에 해당하지만, 국민에 대하여 직접적인 법률효과를 발생할 수 있는 행위이므로 헌법소원의 대상이 되는 공권력의 행사에 해당한다.

> **ADVICE** ④ 국무회의의 이 사건 파병동의안 의결이 이러한 공권력의 행사인지의 점에 관하여 살피건대, 국군을 외국에 파견하려면, 대통령이 국무회의의 심의를 거쳐 국회에 파병동의안 제출, 국회의 동의(헌법 제60조 제2항), 대통령의 파병결정, 국방부장관의 파병 명령, 파견 대상 군 참모총장의 구체적, 개별적 인사명령의 절차를 거쳐야 하는바, 이러한 절차에 비추어 파병은 대통령이 국회의 동의를 얻어 파병 결정을 하고, 이에 따라 국방부장관 및 파견 대상 군 참모총장이 구체적, 개별적인 명령을 발함으로써 비로소 해당 국민, 즉 파견 군인 등에게 직접적인 법률효과를 발생시키는 것이고, 대통령이 국회에 파병동의안을 제출하기 전에 대통령을 보좌하기 위하여 파병 정책을 심의, 의결한 국무회의의 의결은 국가기관의 내부적 의사결정행위에 불과하여 그 자체로 국민에 대하여 직접적인 법률효과를 발생시키는 행위가 아니므로 헌법재판소법 제68조 제1항에서 말하는 공권력의 행사에 해당하지 아니한다(헌재결 2003. 12. 18. 2003헌마225).

10 선거제도에 대한 설명으로 옳은 것만을 모두 고르면?

㉠ 지역구국회의원선거 예비후보자가 정당의 공천심사에서 탈락한 후 후보자등록을 하지 않은 경우를 기탁금 반환 사유로 규정하지 않은 「공직선거법」 조항은 과잉금지원칙에 반하여 예비후보자의 재산권을 침해한다.

㉡ 예비후보자 선거비용을 후보자가 부담한다고 하더라도 그것이 지나치게 다액이라서 선거공영제의 취지에 반하는 정도에 이른다고 할 수는 없고, 예비후보자의 선거비용을 보전해 줄 경우 선거가 조기에 과열되어 악용될 소지가 있으므로 지역구국회의원선거에서 예비후보자의 선거비용을 보전대상에서 제외하고 있는 「공직선거법」 조항은 청구인들의 선거운동의 자유를 침해하지 않는다.

㉢ 부재자투표시간을 오전 10시부터 오후 4시까지로 정하고 있는 「공직선거법」 제155조제2항 본문 중 "오전 10시에 열고" 부분은 투표관리의 효율성을 도모하고 행정부담을 줄이며, 부재자투표의 인계·발송절차의 지연위험 등을 경감하기 위한 것이므로 청구인의 선거권이나 평등권을 침해하지 않는다.

㉣ 신체의 장애로 인하여 자신이 기표할 수 없는 선거인에 대해 투표보조인이 가족이 아닌 경우 반드시 2인을 동반하여서만 투표를 보조하게 할 수 있도록 정하고 있는 「공직선거법」 조항은 선거의 공정성을 확보하는 데 치우친 나머지 비밀선거의 중요성을 간과하고 있으므로 과잉금지원칙에 반하여 청구인의 선거권을 침해한다.

---

① ㉠, ㉡

② ㉠, ㉢

③ ㉡, ㉣

④ ㉢, ㉣

> **ADVICE** ㉢ (X) 이 사건 투표시간조항이 투표개시시간을 일과시간 이내인 오전 10시부터로 정한 것은 투표시간을 줄인 만큼 투표관리의 효율성을 도모하고 행정부담을 줄이는 데 있고, 그 밖에 부재자투표의 인계·발송절차의 지연위험 등 과는 관련이 없다. 이에 반해 일과시간에 학업이나 직장업무를 하여야 하는 부재자투표자는 이 사건 투표시간조항 중 투표개시시간 부분으로 인하여 일과시간 이전에 투표소에 가서 투표할 수 없게 되어 사실상 선거권을 행사할 수 없게 되는 중대한 제한을 받는다. 따라서 <u>이 사건 투표시간조항 중 투표개시시간 부분은 수단의 적정성, 법익의 균형성을 갖추지 못하므로 과잉금지원칙에 위배하여 청구인의 선거권과 평등권을 침해하는 것이다</u>(헌재결 2012. 2. 23. 2010헌마601).
>
> ㉣ (X) <u>심판대상조항은 신체의 장애로 인하여 자신이 기표할 수 없는 선거인의 선거권을 실질적으로 보장하고, 투표보조인이 장애인의 선거권 행사에 부당한 영향력을 미치는 것을 방지하여 선거의 공정성을 확보하기 위한 것이므로, 입법목적의 정당성이 인정된다. 또한 심판대상조항이 투표보조인이 가족이 아닌 경우 반드시 2인을 동반하도록 한 것은 위와 같은 목적을 달성하기 위한 적절한 수단이므로, 수단의 적합성도 인정된다.</u> 투표의 결과가 공개되는 범위를 최소화하기 위해 심판대상조항 대신 투표보조인을 1인만 동반하게 하면서도 투표보조의 요건과 절차를 엄격히 하는 방법을 고려해볼 수 있지만, 이러한 방법을 사용하더라도 선거의 공정성을 해칠 가능성을 완전히 차단할 수는 없고, 오히려 투표보조 제도를 활용하는 것을 어렵게 만들어 중증장애인들이 선거권 행사를 포기하게 될 수 있으므로, 이를 심판대상조항과 동일한 수준으로 입법목적을 달성할 수 있는 대안이라고 볼 수 없다. 또한 근본적으로 신체에 장애가 있는 선거인이 투표보조인의 도움 없이 스스로 기표행위를 할 수 있도록 선거용 보조기구를 마련하도록 할 수도 있으나, 중증장애인들의 장애의 유형이나 정도에 따라 이들이 이용할 수 있는 선거용 보조기

✎ **ANSWER** 8.③ 9.④ 10.①

구를 모두 마련하는 것은 쉽지 않고, 새로운 보조기구를 도입하는 데에는 종합적인 고려가 필요하며, 이를 도입하더라도 여전히 보조인이 필요할 수 있으므로, 투표보조인의 보조를 통한 투표가 현재로서는 더 현실적인 방안이다. 나아가 심판대상조항은 선거인이 투표보조 제도를 쉽게 활용하면서 투표의 비밀이 보다 유지되도록 투표보조인을 상호 견제가 가능한 최소한의 인원인 2인으로 한정하고 있고, 중앙선거관리위원회는 실무상 선거인이 투표보조인 2인을 동반하지 않은 경우 투표사무원 중에 추가로 투표보조인으로 선정하여 투표를 보조할 수 있도록 함으로써 선거권 행사를 지원하고 있으며, 공직선거법은 처벌규정을 통해 투표보조인이 비밀유지의무를 준수하도록 강제하고 있다. 따라서 <u>심판대상조항은 침해의 최소성원칙에 반하지 않는다.</u> 심판대상조항이 달성하고자 하는 공익은 중증장애인의 실질적인 선거권 보장과 선거의 공정성 확보로서 매우 중요한 반면, 심판대상조항으로 인해 청구인이 받는 불이익은 투표보조인이 가족이 아닌 경우 2인을 동반해야 하므로, 투표보조인이 1인인 경우에 비하여 투표의 비밀이 더 유지되기 어렵고, 투표보조인을 추가로 섭외해야 한다는 불편에 불과하므로, 심판대상조항은 <u>법익의 균형성원칙에 반하지 않는다.</u> 그러므로 <u>심판대상조항은 비밀선거의 원칙에 대한 예외를 두고 있지만 필요하고 불가피한 예외적인 경우에 한하고 있으므로, 과잉금지원칙에 반하여 청구인의 선거권을 침해하지 않는다</u>(헌재결 2020. 5. 27. 2017헌마867).

11 선거관리위원회에 대한 설명으로 옳지 않은 것은?

① 중앙선거관리위원회는 주민투표·주민소환관계법률의 제정·개정 등이 필요하다고 인정하는 경우에는 국회에 그 의견을 구두 또는 서면으로 제출할 수 있다.

② 각급선거관리위원회는 선거인명부의 작성 등 선거사무와 국민투표사무에 관하여 관계 행정기관에 필요한 지시를 할 수 있으며, 지시를 받은 당해 행정기관은 이에 응하여야 한다.

③ 각급선거관리위원회의 회의는 당해 위원장이 소집한다. 다만, 위원 3분의 1 이상의 요구가 있을 때에는 위원장은 회의를 소집하여야 하며 위원장이 회의소집을 거부할 때에는 회의소집을 요구한 3분의 1 이상의 위원이 직접 회의를 소집할 수 있다.

④ 각급선거관리위원회는 위원 과반수의 출석으로 개의하고 출석위원 과반수의 찬성으로 의결하며, 위원장은 표결권을 가지고 가부동수인 때에는 결정권을 가진다.

>ADVICE ① 선거관리위원회법 제17조 제2항

> 제17조(법령에 관한 의견표시등)
> ② 중앙선거관리위원회는 다음 각 호의 어느 하나에 해당하는 <u>법률의 제정·개정 등이 필요하다고 인정하는 경우에는 국회에 그 의견을 서면으로 제출할 수 있다.</u>
> 1. 선거·국민투표·정당관계법률
> 2. <u>주민투표·주민소환관계법률. 이 경우 선거관리위원회의 관리 범위에 한정한다.</u>

12 헌정사에 대한 설명으로 옳은 것은?

① 1954년 제2차 개헌에서는 헌법개정의 한계 사항을 규정하였다.
② 1960년 제3차 개헌에서는 양원제 국회를 처음으로 규정하며 의원내각제 정부형태를 채택하였다.
③ 1969년 제6차 개헌에서는 "그 헌법 개정 제안 당시의 대통령에 한해서 계속 재임은 3기로 한다."고 규정하였다.
④ 1972년 제7차 개헌에서는 정당운영자금의 국고보조조항을 신설하였다.

>ADVICE ② 1952년 제1차 개정 헌법에서 양원제를 규정하였으나 실시하지 못하였다.
③ 1969년 제6차 개정 헌법 제69조 제3항에 '대통령의 계속 재임은 3기에 한한다'고 규정
④ 1980년 제8차 개정 헌법에서 신설

13 알 권리에 대한 설명으로 옳지 않은 것은?

① 재판이 확정되면 속기록 등을 폐기하도록 규정한 「형사소송규칙」 제39조가 청구인의 알 권리를 침해하였다고 볼 수 없다.
② 신문의 편집인 등으로 하여금 아동보호사건에 관련된 아동학대행위자를 특정하여 파악할 수 있는 인적 사항 등을 신문 등 출판물에 싣거나 방송매체를 통하여 방송할 수 없도록 하는 「아동학대범죄의 처벌 등에 관한 특례법」 제35조제2항 중 '아동학대행위자'에 관한 부분은 언론·출판의 자유와 국민의 알 권리를 침해하지 않는다.
③ 정치자금의 수입과 지출명세서 등에 대한 사본교부 신청이 허용된다고 하더라도, 검증자료에 해당하는 영수증, 예금통장을 직접 열람함으로써 정치자금 수입·지출의 문제점을 발견할 수 있다는 점에서 이에 대한 접근이 보장되어야 한다.
④ 공시대상정보로서 교원의 교원단체 및 노동조합 가입현황(인원 수)만을 규정할 뿐 개별 교원의 명단은 규정하고 있지 아니한 구「교육관련기관의 정보공개에 관한 특례법 시행령」 제3조제1항 별표1제15호아목 중 "교원" 부분은 과잉금지원칙에 반하여 학부모들의 알 권리를 침해한다.

>ADVICE ④ 이 사건 시행령조항은 공시대상정보로서 교원의 교원단체 및 노동조합 "가입현황(인원 수)"만을 규정할 뿐 개별 교원의 명단은 규정하고 있지 아니한바, 교원의 교원단체 및 노동조합 가입에 관한 정보는 '개인정보 보호법'상의 민감정보로서 특별히 보호되어야 할 성질의 것이고, 인터넷 게시판에 공개되는 '공시'로 말미암아 발생할 교원의 개인정보 자기결정권에 대한 중대한 침해의 가능성을 고려할 때, 이 사건 시행령조항은 학부모 등 국민의 알 권리와 교원의 개인정보 자기결정권이라는 두 기본권을 합리적으로 조화시킨 것이라 할 수 있으므로, 학부모들의 알 권리를 침해하지 않는다(헌재결 2011. 12. 29. 2010헌마293).

14 지방자치에 대한 설명으로 옳지 않은 것은?

① 조례 제정은 지방자치단체의 고유사무인 자치사무와 국가사무로서 지방자치단체의 장에게 위임된 기관위임사무에 관해서 허용되며, 개별 법령에 의하여 지방자치단체에 위임된 단체위임사무에 관해서는 조례를 제정할 수 없다.

② 조례의 제정권자인 지방의회는 지역적인 민주적 정당성을 지니고 있으며, 헌법이 지방자치단체에 대해 포괄적인 자치권을 보장하고 있는 취지에 비추어, 조례에 대한 법률의 위임은 반드시 구체적으로 범위를 정하여 할 필요가 없으며 포괄적인 것으로 족하다.

③ 주민투표권이나 조례제정·개폐청구권은 법률에 의하여 보장되는 권리에 해당하고, 헌법상 보장되는 기본권이라거나 헌법 제37조제1항의 '헌법에 열거되지 아니한 권리'로 보기 어렵다.

④ 법령에서 조례로 정하도록 위임한 사항은 그 법령의 하위 법령에서 그 위임의 내용과 범위를 제한하거나 직접 규정할 수 없다.

> **ADVICE** ① 지방자치단체가 조례를 제정할 수 있는 사항은 지방자치단체의 고유사무인 자치사무와 개별 법령에 의하여 지방자치단체에 위임된 단체위임사무에 한하고, 국가사무가 지방자치단체의 장에게 위임되거나 상위 지방자치단체의 사무가 하위 지방자치단체의 장에게 위임된 기관위임사무에 관한 사항은 원칙적으로 조례의 제정범위에 속하지 않는다. 법령상 지방자치단체의 장이 처리하도록 규정하고 있는 사무가 자치사무인지 기관위임사무에 해당하는지를 판단함에는 그에 관한 법령의 규정 형식과 취지를 우선 고려하여야 할 것이지만, 그 밖에도 그 사무의 성질이 전국적으로 통일적인 처리가 요구되는 사무인지 여부나 그에 관한 경비부담과 최종적인 책임귀속의 주체 등도 아울러 고려하여야 한다(대판 2013. 4. 11. 2011두12153).

15 진술거부권에 대한 설명으로 옳지 않은 것은?

① '2020년도 장교 진급지시' Ⅳ. 제4장 5. 가. 2) 나) 중 '민간법원에서 약식명령을 받아 확정된 사실이 있는 자'에 관한 부분은 육군 장교가 민간법원에서 약식명령을 받아 확정된 사실만을 자진신고 하도록 하고 있는바, 위 사실 자체는 형사처벌의 대상이 아니고 약식명령의 내용이 된 범죄사실의 진위 여부를 밝힐 것을 요구하는 것도 아니므로, 범죄의 성립과 양형에서의 불리한 사실 등을 말하게 하는 것이라 볼 수 없다.

② 교통·에너지·환경세의 과세물품 및 수량을 신고하도록 한 「교통·에너지·환경세법」 제7조제1항은 진술거부권을 제한하는 것이다.

③ 「민사집행법」상 재산명시의무를 위반한 채무자에 대하여 법원이 결정으로 20일 이내의 감치에 처하도록 규정하는 것은 감치의 제재를 통해 이를 강제하는 것이 형사상 불이익한 진술을 강요하는 것이라고 할 수 없으므로, 위 채무자의 양심의 자유 및 진술거부권을 침해하지 아니한다.

④ 헌법 제12조제2항은 "모든 국민은 형사상 자기에게 불리한 진술을 강요당하지 아니한다."라고 하여 진술거부권을 보장하였는바, 이러한 진술거부권은 형사절차뿐만 아니라 행정절차나 국회에서의 조사절차에서도 보장된다.

② 대체유류에는 적법하게 제조되어 석유사업법상 처벌대상이 되지 않는 석유대체연료를 포함하는 것이므로 '대체유류'를 제조하였다고 신고하는 것이 곧 석유사업법을 위반하였음을 시인하는 것과 마찬가지라고 할 수 없고, 신고의무 이행시 진행되는 과세절차가 곧바로 석유사업법위반죄 처벌을 위한 자료의 수집·획득 절차로 이행되는 것도 아니다. 따라서 <u>교통·에너지·환경세법 제7조 제1항은 형사상 불이익한 사실의 진술을 강요한 것으로 볼 수 없으므로 진술거부권을 제한하지 아니한다</u>(헌재결 2014. 7. 24. 2013헌바177).

16 평등권에 대한 설명으로 옳은 것만을 모두 고르면?

ⓐ 치과전문의 자격 인정 요건으로 '외국의 의료기관에서 치과의사 전문의 과정을 이수한 사람'을 포함하지 아니한 「치과의사전문의의 수련 및 자격 인정 등에 관한 규정」 제18조제1항은 청구인들의 평등권을 침해한다.

ⓑ 공직선거 후보자의 배우자가 그와 함께 다니는 사람 중에서 지정한 1명도 명함을 교부할 수 있도록 한 「공직선거법」 제93조제1항제1호 중 제60조의3제2항제3호 관련 부분이 배우자 없는 후보자에게 결과적으로 다소 불리한 상황이 발생하더라도, 이는 입법자가 선거운동의 자유를 확대하는 입법을 함으로써 해결되어야 할 문제이므로 배우자 없는 청구인의 평등권을 침해하지 않는다.

ⓒ 대한민국 국적을 가지고 있는 영유아 중에서 재외국민인 영유아를 보육료·양육수당의 지원대상에서 제외함으로써, 청구인들과 같이 국내에 거주하면서 재외국민인 영유아를 양육하는 부모를 차별하는 보건복지부지침은 청구인들의 평등권을 침해한다.

ⓓ 자율형 사립고등학교를 지원한 학생에게 평준화지역 후기학교에 중복지원하는 것을 금지한 「초·중등교육법 시행령」 제81조제5항 중 '제91조의3에 따른 자율형 사립고등학교는 제외한다' 부분은 고교별 특성을 고려한 것으로 청구인 학생의 평등권을 침해하지 않는다.

---

① ㉠, ㉡

② ㉠, ㉢

③ ㉡, ㄹ

④ ㉢, ㉣

㉡ (X) 배우자가 그와 함께 다니는 사람 중에서 지정한 1명까지 명함을 교부할 수 있도록 하여 배우자 유무에 따른 <u>차별효과를 더욱 커지게 하고 있다</u>. 또한, 배우자가 아무런 제한 없이 함께 다닐 수 있는 사람을 지정할 수 있도록 함으로써, 결과적으로 배우자 있는 후보자는 배우자 없는 후보자에 비하여 선거운동원 1명을 추가로 지정하는 효과를 누릴 수 있게 되는바, 이는 헌법 제116조 제1항의 선거운동의 기회균등 원칙에도 반한다. 그러므로 3호 관련조항은 <u>배우자의 유무라는 우연한 사정에 근거하여 합리적 이유 없이 배우자 없는 후보자와 배우자 있는 후보자를 차별 취급하므로 평등권을 침해한다</u>(헌재결 2016. 9. 29. 2016헌마287).

㉣ (X) 자사고와 평준화지역 후기학교의 입학전형 실시권자가 달라 자사고 불합격자에 대한 평준화지역 후기학교 배정에 어려움이 있다면 이를 해결할 다른 제도를 마련하였어야 함에도, 이 사건 <u>중복지원금지 조항은 중복지원금지 원칙만을 규정하고 자사고 불합격자에 대하여 아무런 고등학교 진학 대책을 마련하지 않았다. 결국 이 사건 중복지원금지 조항은 고등학교 진학 기회에 있어서 자사고 지원자들에 대한 차별을 정당화할 수 있을 정도로 차별 목적과 차별 정도 간에 비례성을 갖춘 것이라고 볼 수 없다</u>(헌재결 2019. 4. 11 2018헌마221).

*중복지원 금지조항은 위헌, 동시선발조항은 합헌

17 통신의 자유에 대한 설명으로 옳지 않은 것은?

① 3인 간의 대화에 있어서 그 중 한 사람이 그 대화를 녹음하는 경우에 다른 두 사람의 발언은 그 녹음자에 대한 관계에서 '타인간의 대화'라고 볼 수 없어 이런 녹음은 「통신비밀보호법」 제3조제1항에 위배되지 않는다.

② 자유로운 의사소통은 통신내용의 비밀을 보장하는 것만으로는 충분하지 아니하고 구체적인 통신관계의 발생으로 야기된 모든 사실관계, 특히 통신관여자의 인적 동일성·통신장소·통신횟수·통신시간 등 통신의 외형을 구성하는 통신이용의 전반적 상황의 비밀까지도 보장한다.

③ 전기통신사업자는 검사, 사법경찰관 또는 정보수사기관의 장에게 통신사실 확인자료를 제공한 때에는 자료제공현황 등을 연 2회 과학기술정보통신부장관에게 보고하고, 해당 통신사실 확인자료 제공사실등 필요한 사항을 기재한 대장과 통신사실확인자료제공요청서등 관련자료를 통신사실확인자료를 제공한 날부터 7년간 비치하여야 한다.

④ 「통신비밀보호법」상 국가안전보장을 위한 통신제한조치를 하는 경우에 대통령령이 정하는 정보수사기관의 장은 고등법원장의 허가를 받아야 감청할 수 있다.

〉ADVICE ④ 통신비밀보호법 제7조

> 제7조(국가안보를 위한 통신제한조치) ①대통령령이 정하는 정보수사기관의 장(이하 "情報搜査機關의 長")은 국가안전보장에 상당한 위험이 예상되는 경우 또는 「국민보호와 공공안전을 위한 테러방지법」 제2조제6호의 대테러활동에 필요한 경우에 한하여 그 위해를 방지하기 위하여 이에 관한 정보수집이 특히 필요한 때에는 다음 각호의 구분에 따라 통신제한조치를 할 수 있다.
>
> 1. 통신의 일방 또는 쌍방당사자가 내국인인 때에는 고등법원 수석판사의 허가를 받아야 한다. 다만, 군용전기통신법 제2조의 규정에 의한 군용전기통신(작전수행을 위한 전기통신에 한한다)에 대하여는 그러하지 아니하다.
> 2. 대한민국에 적대하는 국가, 반국가활동의 혐의가 있는 외국의 기관·단체와 외국인, 대한민국의 통치권이 사실상 미치지 아니하는 한반도내의 집단이나 외국에 소재하는 그 산하단체의 구성원의 통신인 때 및 제1항제1호 단서의 경우에는 서면으로 대통령의 승인을 얻어야 한다.

18 교육제도에 대한 설명으로 옳지 않은 것은?

① 학교법인 운영의 투명성, 효율성은 사립학교 및 그에 의해 수행되는 교육의 공공성과 직결되므로, 이를 제고하기 위하여 사적 자치를 넘어서는 새로운 제도를 형성하거나 학교법인의 자율적인 조직구성권 및 학교운영권에 공법적 규제를 가하는 것까지도 교육이나 사학의 자유의 본질적 내용을 침해하지 않는 한 궁극적으로는 입법자의 형성의 자유에 속하는 것으로 허용된다 할 것이다.

② 헌법재판소는 비록 헌법에 명문의 규정은 없지만 학교법인을 설립하고 이를 통하여 사립학교를 설립·경영하는 것을 내용으로 하는 사학의 자유가 헌법 제10조, 제31조제1항, 제4항에서 도출되는 기본권임을 확인한 바 있다.

③ 우리나라는 사립학교도 공교육체계에 편입시켜 국가 등의 지도·감독을 받도록 함과 동시에 그 기능에 충실하도록 많은 재정적 지원과 각종 혜택을 부여하고 있는바, 목적의 달성이 불가능하여 그 존재 의의를 상실한 학교법인은 적법한 절차를 거쳐 해산시키는 것이 필요하므로 구「사립학교법」상의 해산명령조항은 과잉금지원칙에 반하지 않는다.

④ 대학의 자율성에 대한 침해 여부를 심사함에 있어서는 대학의 자치보장을 위하여 엄격한 심사를 하여야 하므로, 입법자가 입법형성의 한계를 넘는 자의적인 입법을 하였는지 여부만을 판단하여서는 아니된다.

> ᐅ**ADVICE** ④ 국가는 헌법 제31조 제6항에 따라 모든 학교제도의 조직, 계획, 운영, 감독에 관한 권한 즉, 학교제도에 관한 전반적인 형성권과 규율권을 부여받고 있으므로, 이 사건 법률조항이 <u>대학의 자율성을 침해하는지 여부는 입법자가 헌법 제37조 제2항에 의한 합리적인 입법한계를 벗어나 자의적으로 그 본질적 내용을 침해하였는지 여부에 따라 판단되어야 할 것이다</u>(헌재결 2006. 4. 27. 2005헌마1047).
>
> ③ 이 사건 해산명령조항은 학교법인으로 하여금 사립학교의 설치·경영이라는 목적 달성에 충실하도록 하며, 비정상적으로 운영되는 사립학교의 존립 가능성을 사전에 차단함으로써, 전체 교육의 수준을 일정 수준 이상으로 유지하기 위한 것이다. 학교법인이 목적의 달성이 불가능하다면 그 자체로 해당 학교법인은 이미 존재의의를 상실한 것이다. 특히 우리나라는 사립학교도 공교육체계에 편입시켜 국가 등의 지도·감독을 받도록 함과 동시에 그 기능에 충실하도록 많은 재정적 지원과 각종 혜택을 부여하고 있다. 따라서 목적의 달성이 불가능하여 그 존재 의의를 상실한 학교법인은 적법한 절차를 거쳐 해산시키는 것이 필요하고, 이를 그대로 존치시키는 것은 사회 전체적으로 볼 때 바람직하지 않다. <u>학교법인에 대한 해산명령은 학교법인에게 설립목적을 제대로 유지·계승할 수 있는 기회를 주었음에도 제대로 시정되지 아니하였을 때 내려지는 최후의 제재수단으로서 그 전에 청문절차도 거쳐야 한다. 이 사건 해산명령조항에 따라 학교법인이 해산됨으로써 달성할 수 있는 공익이, 학교법인 해산으로 인하여 발생하게 될 불이익보다 작다고 할 수도 없다.</u> 따라서 이 사건 해산명령조항은 과잉금지원칙에 반하지 않는다(헌재결 2018. 12. 27. 2016헌바217).

✎ **ANSWER** 17.④ 18.④

19 거주 · 이전의 자유에 대한 설명으로 옳지 않은 것은?

① 생활의 근거지에 이르지 못하는 일시적인 이동을 위한 장소의 선택과 변경은 거주 · 이전의 자유의 보호영역에 포함되지 않는다.

② 대한민국 국민이 자진하여 외국 국적을 취득하는 경우 대한민국 국적을 상실하도록 하는 것은 대한민국 국민의 거주 · 이전의 자유를 침해한다고 볼 수 없다.

③ 법인이 과밀억제권역 내에 본점의 사업용 부동산으로 건축물을 신축하여 이를 취득하는 경우 취득세를 중과세하는 구「지방세법」조항은 거주 · 이전의 자유를 침해하는 것이다.

④ 여권발급 신청인이 북한 고위직 출신의 탈북 인사로서 신변에 대한 위해 우려가 있다는 이유로 신청인의 미국 방문을 위한 여권발급을 거부한 것은 거주 · 이전의 자유를 과도하게 제한하는 것으로서 위법하다.

>ADVICE ③ 이 사건 법률조항은 수도권에 인구 및 경제 · 산업시설이 밀집되어 발생하는 문제를 해결하고 국토의 균형 있는 발전을 도모하기 위하여 법인이 과밀억제권역 내에 본점의 사업용 부동산으로 건축물을 신축 · 증축하여 이를 취득하는 경우 취득세를 중과세하는 조항으로서, 구법과 달리 인구유입과 경제력 집중의 효과가 뚜렷한 건물의 신축, 증축 그리고 부속토지의 취득만을 그 적용대상으로 한정하여 부당하게 중과세할 소지를 제거하였다. 최근 대법원 판결도 구체적인 사건에서 인구유입이나 경제력집중 효과에 관한 판단을 전적으로 배제한 것으로는 보기 어렵다. 따라서 이 사건 법률조항은 거주 · 이전의 자유와 영업의 자유를 침해하지 아니한다(헌재결 2014. 7. 24. 2012헌바408).

20 국회에 대한 설명으로 옳지 않은 것은?

① 「국회법」상 안건조정위원회의 활동기한 90일은 국회 소수세력의 안건처리 지연을 통한 의사 저지 수단을 제도적으로 보장한 것으로서 90일을 초과할 수 없고, 그 축소도 안건조정위원회를 구성할 때 안건조정위원회의 위원장과 간사가 합의한 경우에만 가능하므로, 안건조정위원회의 활동기한이 만료되기 전 안건조정위원회가 안건에 대한 조정 심사를 마쳐서 조정안을 의결하여 안건조정위원회 위원장이 그 조정안의 가결을 선포한 것은 「국회법」 위반이다.

② 국회의 예비금은 사무총장이 관리하되, 국회운영위원회의 동의와 국회의장의 승인을 받아 지출한다. 다만, 폐회 중일 때에는 국회의장의 승인을 받아 지출하고 다음 회기 초에 국회운영위원회에 보고한다.

③ 국가기관의 부분 기관이 자신의 이름으로 소속기관의 권한을 주장할 수 있는 '제3자 소송담당'을 명시적으로 허용하는 법률의 규정이 없는 현행법 체계하에서는 국회의 구성원인 국회의원이 국회의 조약에 대한 체결·비준 동의권의 침해를 주장하는 권한쟁의심판을 청구할 수 없다.

④ 헌법은 국회회의의 공개 여부에 관하여 회의 구성원의 자율적 판단을 허용하고 있으므로, 소위원회 회의의 공개 여부 또한 소위원회 또는 소위원회가 속한 위원회에서 여러 가지 사정을 종합하여 합리적으로 결정할 수 있다.

>**ADVICE** ① 국회법상 안건조정위원회의 활동기한은 그 활동할 수 있는 기간의 상한을 의미한다고 보는 것이 타당하고, 안건조정위원회의 활동기한이 만료되기 전이라고 하더라도 안건조정위원회가 안건에 대한 조정 심사를 마치면 조정안을 의결할 수 있다. 이 사건에서 <u>국회법상 90일 또는 신속처리대상안건의 심사기간과 같은 안건조정위원회의 활동기한이 도래하지 않았음에도 피청구인 조정위원장이 이 사건 조정안의 가결을 선포하였다는 사정만으로 국회법을 위반하였다고 볼 수는 없다</u>(헌재결 2020. 5. 27. 2019헌라5).

② 국회법 제23조 제4항

③ 헌재결 2016. 5. 26. 2015헌라1

④ 헌법 제50조 제1항 본문에서 천명하고 있는 국회 의사공개의 원칙이 소위원회의 회의에 적용되는 것과 마찬가지로, <u>출석의원 과반수의 찬성이 있거나 의장이 국가의 안전보장을 위하여 필요하다고 인정할 때에는 국회 회의를 공개하지 아니할 수 있다고 규정한 동항 단서 역시 소위원회의 회의에 적용된다.</u> 국회법 제57조 제5항 단서는 헌법 제50조 제1항 단서가 국회의사공개원칙에 대한 예외로서의 비공개 요건을 규정한 내용을 소위원회 회의에 관하여 그대로 이어받아 규정한 것에 불과하므로, 헌법 제50조 제1항에 위반하여 국회 회의에 대한 국민의 알권리를 침해하는 것이라거나 과잉금지의 원칙을 위배하는 위헌적인 규정이라 할 수 없다(헌재결 2009. 9. 24. 2007헌바17).

서원각 용어사전 시리즈

상식은 "용어사전"

용어사전으로 중요한 용어만 한눈에 보자

중요한 용어만 공부하자 !

✱ 시사용어사전 1200
매일 접하는 각종 기사와 정보 속에서 현대인이
놓치기 쉬운, 그러나 꼭 알아야 할 최신 시사상식
을 쏙쏙 뽑아 이해하기 쉽도록 정리했다!

2 경제용어사전 1030
주요 경제용어는 거의 다 실었다! 경제가 쉬워지
는 책, 경제용어사전!

3 부동산용어사전 1300
부동산에 대한 이해를 높이고 부동산의 개발과 활
용, 투자 및 부동산 용어 학습에도 적극적으로 이
용할 수 있는 부동산용어사전!

- 최신 관련 기사 수록
- 다양한 용어를 수록하여 1000개 이상의 용어 한눈에 파악
- 용어별 중요도 표시 및 꼼꼼한 용어 설명
- 파트별 TEST를 통해 실력점검